História do Pensamento Econômico

Uma Perspectiva Crítica

O GEN | Grupo Editorial Nacional – maior plataforma editorial brasileira no segmento científico, técnico e profissional – publica conteúdos nas áreas de ciências sociais aplicadas, exatas, humanas, jurídicas e da saúde, além de prover serviços direcionados à educação continuada e à preparação para concursos.

As editoras que integram o GEN, das mais respeitadas no mercado editorial, construíram catálogos inigualáveis, com obras decisivas para a formação acadêmica e o aperfeiçoamento de várias gerações de profissionais e estudantes, tendo se tornado sinônimo de qualidade e seriedade.

A missão do GEN e dos núcleos de conteúdo que o compõem é prover a melhor informação científica e distribuí-la de maneira flexível e conveniente, a preços justos, gerando benefícios e servindo a autores, docentes, livreiros, funcionários, colaboradores e acionistas.

Nosso comportamento ético incondicional e nossa responsabilidade social e ambiental são reforçados pela natureza educacional de nossa atividade e dão sustentabilidade ao crescimento contínuo e à rentabilidade do grupo.

História do Pensamento Econômico

Uma Perspectiva Crítica

3ª edição

E. K. Hunt
Mark Lautzenheiser

Tradução e Revisão Técnica
André Arruda Villela

- Os autores deste livro e a editora empenharam seus melhores esforços para assegurar que as informações e os procedimentos apresentados no texto estejam em acordo com os padrões aceitos à época da publicação, *e todos os dados foram atualizados pelos autores até a data de fechamento do livro.* Entretanto, tendo em conta a evolução das ciências, as atualizações legislativas, as mudanças regulamentares governamentais e o constante fluxo de novas informações sobre os temas que constam do livro, recomendamos enfaticamente que os leitores consultem sempre outras fontes fidedignas, de modo a se certificarem de que as informações contidas no texto estão corretas e de que não houve alterações nas recomendações ou na legislação regulamentadora.

- Os autores e a editora se empenharam para citar adequadamente e dar o devido crédito a todos os detentores de direitos autorais de qualquer material utilizado neste livro, dispondo-se a possíveis acertos posteriores caso, inadvertida e involuntariamente, a identificação de algum deles tenha sido omitida.

- **Atendimento ao cliente: (11) 5080-0751 | faleconosco@grupogen.com.br**

- Traduzido de History of Economic Thought: A Critical Perspective 3rd Edition by E. K. Hunt and Mark Lautzenheiser
Copyright © 2011 Taylor & Francis Group.
All Rights Reserved.
Authorised translation from the English language edition first published by M.E. Sharpe, Inc. and now published by Routledge, a member of the Taylor & Francis Group.
ISBN: 978-0-7656-2599-1

- Direitos exclusivos para a língua portuguesa
Copyright © 2013 (Elsevier Editora Ltda), © 2022 (12ª impressão) by
GEN | GRUPO EDITORIAL NACIONAL S.A.
Publicado pelo selo Editora Atlas Ltda.
Travessa do Ouvidor, 11
Rio de Janeiro – RJ – 20040-040
www.grupogen.com.br

- Reservados todos os direitos. É proibida a duplicação ou reprodução deste volume, no todo ou em parte, em quaisquer formas ou por quaisquer meios (eletrônico, mecânico, gravação, fotocópia, distribuição pela Internet ou outros), sem permissão, por escrito, do GEN | Grupo Editorial Nacional Participações S/A.

- Capa: Guilherme Xavier

- Editoração eletrônica: Thomson Digital

- Ficha catalográfica

H921h

Hunt, E. K.

História do pensamento econômico / E. K. Hunt, Mark Lautzenheiser ; [tradução de André Arruda Villela]. – 3. ed. [12. Reimpr.]. – Rio de Janeiro: GEN | Grupo Editorial Nacional. Publicado pelo selo Editora Atlas, 2022.
   504p.: 24 cm

Tradução de: History of economic thought, 3rd ed.
Inclui índice e bibliografia
ISBN 978-85-352-5609-3

1. Economia – História. I. Lautzenheiser, Mark, 1968-. II. Título.
12-7764.   CDD: 330.09
                       CDU: 330(09)

23.10.12   30.10.12   040148

Introdução à Terceira Edição

É uma honra escrever a Introdução a esta nova edição de *História do Pensamento Econômico: uma Perspectiva Crítica*. Raramente lemos algo que nos pega pelos ombros, nos sacode e muda a forma como enxergamos o mundo à nossa volta. No início de minha carreira, como um jovem economista, um artigo de autoria de alguém que eu só viria a conhecer pessoalmente anos mais tarde mudou para sempre a maneira como eu penso sobre os mercados. Na esperança de que a passagem que E.K. Hunt escreveu e que mudou minha visão de mundo venha a afetar outros da mesma forma, eu a citarei longamente:

> *O calcanhar de Aquiles da economia do bem-estar é seu tratamento das externalidades... Em uma economia de mercado qualquer ato de um indivíduo ou firma que provoque prazer ou dor em qualquer outro indivíduo ou firma e é super ou subprecificado pelo mercado constitui uma externalidade. Uma vez que a esmagadora maioria dos atos de produção ou consumo são sociais, isto é, em alguma medida envolvem mais de uma pessoa, daí segue que envolverão externalidades. Caso suponhamos o homem econômico maximizador da Economia burguesa, e se supusermos que o governo estabelece direitos de propriedade e mercados para tais direitos sempre que se descubra uma deseconomia externa [a solução 'preferida' da tendência conservadora e crescentemente dominante no campo das finanças públicas], então cada homem logo descobrirá que, usando-se de sagacidade, poderá impor deseconomias externas a outros homens, sabendo que a negociação dentro do novo mercado que será criado, certamente, o beneficiará. Quanto maior o custo social imposto a seu vizinho, maior será a sua recompensa no processo de negociação. Segue da hipótese ortodoxa do homem maximizador que cada homem criará o máximo de custos sociais que puder impor aos demais. Ralph d'Arge e eu batizamos este processo de 'o pé invisível' do mercado... laissez faire. O 'pé invisível' nos garante que em uma economia de... livre-mercado cada indivíduo buscando apenas o seu próprio bem irá, automaticamente, e da forma mais eficiente, fazer a sua parte para maximizar a miséria pública geral... Parafraseando um conhecido precursor desta teoria: Cada indivíduo, necessariamente, trabalha para tornar os custos externos anuais da sociedade os mais elevados possíveis. Na verdade, ele, geralmente, não pretende promover a miséria pública, ou sabe em que medida está promovendo-a. Ele busca apenas o seu ganho próprio e, nisto, como em vários outros casos, ele é levado por um pé invisível a promover um fim que não fazia parte de sua intenção. Tampouco será melhor para a sociedade que não fizesse parte. Ao buscar o seu próprio interesse ele, frequentemente, promove a miséria social de forma mais eficaz do que caso, de fato, pretendesse promovê-la.*[1]

Ao contrário de muitos alunos atualmente, minha educação na pós-graduação já havia me ensinado o quanto forças desequilibradoras podem levar os mercados a gerar resultados ineficientes, e porque os mercados de capital e trabalho não conseguem distribuir a renda equitativamente. Além disso, eu já preferia encontrar formas de fazer as pessoas cooperarem entre elas equitativamente ao invés de sucumbirem à economia da competição e da ganância da qual os mercados nos levam a participar. Mas o ponto de Hunt era que, mesmo que desconsiderássemos questões distributivas, mesmo que os mercados, miraculosamente, encontrassem seus novos equilíbrios instantaneamente, mesmo que não

---

[1] "A Radical Critique of Welfare Economics", *in Growth, Profits, and Property*, ed. Edward J. Nell. Nova York: Cambridge University Press, 1980, p. 245-246.

entrassem questões de monopólio; em outras palavras, mesmo sob as melhores circunstâncias possíveis, se as externalidades são ubíquas, não se pode depender dos mercados para fazer aquela coisa que seus defensores garantem que eles fazem bem – alocar recursos de forma eficiente. Se as externalidades são a regra e não a exceção, os mercados irão, sistematicamente, alocar de forma errada muitos recursos para a produção de bens cujo consumo ou produção acarretam externalidades negativas, e poucos recursos à produção de bens cuja produção ou consumo geram externalidades positivas. Mais ainda, a criação de novos direitos de propriedade pode até agravar, em vez de mitigar, o problema.

Eu também estou feliz em escrever a Introdução à edição de 2011 de um livro que resenha a história do pensamento econômico com um olhar crítico. Nos dias atuais as mentes irrequietas se perguntam como é que a profissão dos economistas pôde estar dormindo ao volante enquanto as políticas para as quais ela sorri há décadas estavam ocupadas fermentando a grande crise financeira de 2008. E as dezenas de milhões que estão desempregados, perderam suas casas ou saíram da "classe média" estão se perguntando por que, após três anos da 'Grande Recessão', sem que haja qualquer recuperação à vista – pelo menos, não para eles – a profissão dos economistas continua a recomendar medidas ineficazes e contraproducentes. Em parte, a resposta é tão simples quanto difícil de entender: Os economistas hoje em dia são tristemente ignorantes a respeito da história da própria profissão. Infelizmente, a disciplina de História do Pensamento Econômico, na qual os novos economistas possam aprender importantes lições de seus antecessores, foi retirada da grade dos cursos obrigatórios dirigidos a alunos de Ph.D. nos mais 'prestigiosos' departamentos de Economia. Como resultado, muitos da geração atual de economistas, ainda que altamente treinados em técnicas matemáticas, portam-se como *idiot savants* quando chamados a darem conselhos a nossos governantes.

Espera-se que ninguém que leia esta história do pensamento econômico e, portanto, venha a aprender algo sobre a vida e obra do maior economista do século XX, John Maynard Keynes, se torne vítima dos erros dos economistas do século XIX e recomende austeridade fiscal em meio a uma profunda recessão. Espera-se que ninguém que leia esta história do pensamento econômico e, portanto, aprenda com o maior economista americano, Thorstein Veblen, algo sobre como os interesses industriosos e pecuniários entram em conflito deixará de compreender como a desregulamentação do setor financeiro cria um acidente prestes a acontecer, e resgates de bancos sem qualquer contrapartida são uma receita para desastres futuros. Espera-se que ninguém que tenha superado preconceitos da Guerra Fria há tempo suficiente para ler algo sobre Karl Marx nesta história do pensamento econômico deixará de constatar que as políticas econômicas são, frequentemente, escolhidas visando servir aos interesses de classe, e não aos interesses da sociedade. E, espera-se que aqueles que lerem esta história do pensamento econômico compreenderão que as virtudes do fundamentalismo do livre-mercado nunca passaram sem críticas e que muitos dos que se tornaram nossos economistas mais famosos o foram porque nos alertaram para algum novo tipo de 'falha de mercado', a exigir alguma nova forma de intervenção social.

Robin Hahnel

Prefácio

Este livro oferece uma perspectiva única da história do pensamento econômico. Nós enfatizamos as diversas visões e crenças que os economistas têm quanto ao funcionamento do capitalismo, e, como resultado, os distintos arcabouços teóricos que eles construíram. Em nenhuma outra época na história recente pareceria mais premente compreender a história do pensamento econômico a partir da perspectiva das divergências que têm ocorrido em sua história. Ao estudar a história do pensamento econômico desta forma, cremos ser possível obter uma maior compreensão do estado atual da teoria econômica e das políticas que daí decorrem. Uma vez que apresentamos uma perspectiva crítica da história, este prefácio se inicia com a explicitação de três de nossas crenças que influenciaram os critérios de seleção dos economistas e teorias incluídos nos capítulos seguintes.

Critérios de Seleção

O escritor de uma história do pensamento econômico deve, acima de tudo, ter alguns princípios de seletividade. Durante os últimos 200 anos, muitas centenas de pensadores econômicos escreveram muitos milhares de livros sobre teoria econômica e capitalismo. O historiador contemporâneo, no espaço de um livro, pode, portanto, apresentar somente um limitado número das mais importantes ideias dos mais importantes pensadores.

Entretanto, "importância" não é uma categoria científica sobre a qual todos os historiadores do pensamento devem estar de acordo. Todo historiador deve ter alguns critérios de seletividade. Quando se examinam todos os livros publicados sobre a história do pensamento econômico, tem-se a impressão de que os costumes e a tradição são os critérios principais. As ideias incluídas nas histórias do pensamento de uma geração parecem ser repetidas, com poucas mudanças, pela maioria dos historiados da geração seguinte. É difícil saber até que ponto a semelhança é simplesmente uma questão de os historiadores reafirmarem o que encontraram em fontes secundárias anteriores ou uma consequência de um conjunto comum de critérios de seleção.

Este livro, entretanto, é muito diferente de qualquer outra história do pensamento já publicada. Assim, é importante dar ao leitor alguma ideia dos pressupostos intelectuais fundamentais implícitos em nossos critérios de seleção. Os critérios aqui utilizados derivam de três crenças gerais.

Primeiro, acreditamos que as teorias sociais e os processos sócio-históricos são interligados. Teorias são baseadas em eventos e circunstâncias sociais em curso, do mesmo modo que deles surgem, refletem-nos e procuram explicá-los. Assim, em certo sentido, pode-se dizer que as teorias sociais são produto das circunstâncias econômicas e sociais em que são concebidas. É igualmente verdadeiro, entretanto, que os seres humanos agem, criam, formam e mudam essas circunstâncias econômicas e sociais com base em ideias que têm sobre essas circunstâncias. Consequentemente, pôde-se concluir que as circunstâncias sociais e econômicas são produto de ideias e teorias sociais. Desse modo, embora o livro trate da história do pensamento econômico, foram incluídas várias descrições breves de alguns aspectos de história econômica e social que serão úteis para melhor compreender as ideias discutidas.

Em segundo lugar, acreditamos que, enquanto as mudanças sociais e econômicas são contínuas e enquanto o capitalismo de hoje é, em inúmeros aspectos, diferente do capitalismo do final do século XVIII, existem importantes características institucionais básicas no capitalismo que, através de todas essas mudanças, permaneceram tão óbvias e marcantes quanto as próprias mudanças. Portanto, na medida em que os economistas se preocupam com essas características fundamentais do capitalismo, as muitas diferenças entre os pontos de vista dos economistas do final do século XVIII e do século XIX repetem-se, hoje, nos escritos dos economistas contemporâneos. Consequentemente, ao escrever este livro, tentamos lançar luz sobre a natureza das controvérsias contemporâneas em torno da teoria econômica, examinando seus antecedentes históricos. Isso afetou a seleção de teoristas a examinar. Por exemplo, a maioria das histórias do pensamento econômico não discute as ideias de Thompson, Hodgskin e Bastiat. Nós as incluímos, porque acreditamos serem exposições claras e convincentes de pontos de vista que, de uma forma apenas ligeiramente modificada, são muito importantes hoje. Da mesma forma, as ideias de Hobson, Luxemburg e Lênin têm sido, geralmente, ignoradas na história do pensamento econômico. Contudo, para nós, suas ideias representam contribuições significativas para a compreensão dos debates contemporâneos sobre as implicações da globalização.

Em terceiro lugar, acreditamos que todos os economistas estejam e sempre estiveram essencialmente comprometidos com questões morais, políticas, sociais e práticas. Consequentemente, seus escritos têm tanto um elemento cognitivo, científico, quanto um elemento emotivo, moral ou ideológico. Além do mais, esses dois elementos não são inteiramente dissociáveis. A investigação cognitiva, científica, é sempre *dirigida* para certos problemas e questões, e o leque de soluções para essas questões e problemas que qualquer pensador considerará como "legítimas" é *limitado*. Os valores morais e a visão ideológica do pensador darão a direção de investigação científica, cognitiva, e fixarão limites quanto ao que constituirá o leque de soluções "legítimo" para esse pensador. Além do mais, os valores morais e a visão ideológica do pensador baseiam-se em suas teorias científicas, ou cognitivas, de como a sociedade funciona de fato, e por meio delas são defendidos. Daí, mesmo que conceitualmente possamos, ao menos em parte, separar os elementos científicos e ideológicos de uma teoria social, essa separação nunca poderá ser completa. Jamais poderemos compreender completamente o elemento científico, cognitivo, na teoria de um economista, sem compreender, nem que seja em parte, os elementos valorativos e ideológicos da teoria. Neste livro, discutimos ambos os elementos nas várias teorias consideradas.

Traços Distintivos deste Livro

A terceira crença é, talvez, a que mais marcadamente diferencia este livro da maioria dos outros de sua espécie. Existe, nos meios acadêmicos, uma opinião generalizada de que ciência e juízo de valor são antitéticos. Segundo essa visão, na medida em que juízos de valor se insinuam em um trabalho, ele deixa de ser científico. Consequentemente, historiadores com essa postura, em geral, veem seu próprio trabalho, na história do pensamento econômico, como livre de juízos de valor e apresentam os escritos daqueles teóricos que lhes agradam como se fossem também isentos de juízos de valor. Analogamente, teóricos de quem não gostam, em especial Marx, são apresentados como tendo juízos de valor em seus trabalhos, o que (ao menos implicitamente) diminui o valor científico desses trabalhos. Na nossa opinião, todos os teóricos, todos os historiadores e todos os seres humanos (inclusive nós mesmos, é claro) têm valores que permeiam de modo significativo todos os esforços cognitivos. Assim, quando discutimos os valores e os aspectos ideológicos dos escritos dos vários teóricos, não há qualquer intenção de induzir à noção de que o fato de ter valores, *per se*, sirva de base para criticar um pensador. Acredito que a tese de que alguns teóricos são "isentos de valor" seja uma tentativa de iludir os outros ou uma autoilusão. Os julgamentos não deveriam se basear no fato de um pensador ter ou não valores – já que todos eles têm – mas, sim, na fundamentação concreta da natureza desses valores. Por essa razão, discutimos alguns dos valores subjacentes às teorias apresentadas. Em vez de

Prefácio

procurar tratar cada uma das teorias isoladamente, utilizamos determinados temas que perpassam todo o livro de modo a prover uma narrativa mais coerente. Um dos temas que frequentemente reaparece na história do pensamento econômico – e que é um tema central neste livro – é a discussão sobre ser o capitalismo um sistema que conduz à harmonia ou ao conflito. Nos escritos de Smith e Ricardo, ambos os temas foram desenvolvidos. Depois de Ricardo, a maioria dos economistas viu o capitalismo ou como fundamentalmente harmonioso ou conflitante. O ponto de vista de cada economista sobre essa questão é extremamente significativo para determinar o alcance do método e do conteúdo de sua análise. Outro tema persistente é o debate sobre a estabilidade ou a instabilidade inerente ao capitalismo. Cada um desses e de outros temas é amplamente debatido neste livro.

Um dos temas que talvez mereça menção especial neste prefácio é a questão da relação entre a formação de preços dos bens de consumo e a formação dos preços dos "fatores de produção" ou a distribuição da renda. Os economistas clássicos e Marx sustentaram que a distribuição da renda era um importante determinante dos preços das mercadorias, enquanto os economistas neoclássicos, geralmente, invertiam a relação da causalidade. A maioria dos autores de livros de história do pensamento econômico aceita a versão neoclássica sem questionamento e trata a versão clássica de Marx como uma antiquada curiosidade histórica. Os progressos teóricos iniciados nos anos 1960 a partir da publicação de *Production of Commodities by Means of Commodities*, de Piero Sraffa, inverteram as posições. A visão clássica de Marx aparece agora calcada em uma base teórica mais segura. Desde a publicação do livro de Sraffa tem havido uma revitalização da visão clássica de Marx entre os economistas modernos, enquanto que os economistas neoclássicos têm procurado ignorar as implicações para a sua própria teoria. Este livro não apenas busca descrever a ruptura teórica trazida por Sraffa, como também usa os *insights* de Sraffa para reinterpretar pensadores anteriores.

Nota à 3ª Edição

Tínhamos dois objetivos para essa nova edição. Primeiro, queríamos aumentar o acesso ao livro e flexibilizar seu uso na sala de aula. O livro sempre foi direcionado para um vasto público. Por outro lado, nós esperamos que um leitor sem nenhum conhecimento de teoria econômica possa se beneficiar dele. A matemática por trás das teorias foi mantida em um nível mínimo de dificuldade ao mesmo tempo em que as ideias essenciais e a lógica dessas teorias foram abordadas. Por outro lado, acreditamos que a perspectiva a partir da qual nós cobrimos as várias teorias difere tão substancialmente de outros textos sobre história do pensamento econômico que estudantes de graduação avançados, pós-graduandos e professores considerarão o livro tanto informativo quanto estimulante. Com este público diversificado em mente, colocamos os materiais mais difíceis em termos de técnica nos apêndices. Por exemplo, o detalhe técnico da teoria do equilíbrio geral de Walras encontra-se agora no apêndice do capítulo 10. A discussão dentro do capítulo será suficiente para compreender as ideias essenciais da estrutura da teoria do equilíbrio geral necessárias para entender seu significado e sua menção nos capítulos seguintes. Dois apêndices adicionais nos capítulos 15 e 16, que foram acrescentados, contêm problemas técnicos ligeiramente mais difíceis. A colocação dessas questões técnicas dentro dos apêndices deve permitir maior flexibilidade para o instrutor que adotar esse livro como parte de sua classe sobre a história do pensamento econômico.

Os capítulos 14 e 16 constituem uma crítica do que nós chamamos de os três princípios das teorias econômicas neoclássicas. O capítulo 14 inicia essa crítica através do questionamento da figura do capitalismo como um ideal de racionalidade e eficiência que culmina em preços de mercado racionais. O capítulo 15 conta com os escritos de Keynes para questionar a fé na natureza automata e autorregularizadora do mercado. O capítulo 16 se concentra na crítica iniciada por Sraffa, atingindo seu pico na controvérsia do capital, na figura do capitalismo como um ideal de justiça distributiva. Os novos apêndices dos capítulos 15 e 16 oferecem o pano de fundo para se entender as questões envolvidas na estabilidade ou instabilidade do capitalismo e na distribuição de renda. O apêndice do capítulo 15 apresenta as importantes ideias de Harrod e Domar sobre a instabilidade potencial do capitalismo. O apêndice do capítulo 16 demonstra como essas ideias de instabilidade foram domadas pelo modelo de crescimento de Solow. Ao tratar da contribuição de Solow, esperamos esclarecer a vasta extensão das implicações dos debates sobre o capital para o próprio conceito de capital, problemas com a teoria marginal de produtividade e a teoria neoclássica de crescimento.

Nosso segundo objetivo para esta edição era realizar atualizações necessárias. Algumas dessas atualizações dizem respeito aos dados contidos nesse livro. Leitores das edições anteriores vão lembrar que, em vários lugares, menções são feitas a questões contemporâneas. Essa era uma das características únicas do livro dentre outros sobre história do pensamento econômico. Em vários lugares, tentamos demonstrar como um entendimento das teorias da história do pensamento econômico pode ser usado para cultivar uma compreensão mais profunda sobre os debates e as questões econômicas contemporâneas. Dado o recente tumulto dentro das economias capitalistas e os constantes debates sobre política econômica, era especialmente importante atualizar os dados contidos nas seções sobre militarização e economias endividadas do capítulo 15 sobre Keynes. Embora nós não providenciemos uma análise detalhada do atual estado da economia, esperamos que o que é apresentado possa começar a criar uma ligação conceitual entre passado e presente.

Atualizações também foram feitas nos últimos três capítulos do livro. A intenção desses capítulos é prover uma introdução para as teorias econômicas contemporâneas e suas diversas escolas de pensamentos. O leitor notará um tom desses capítulos diferente dos demais, propositadamente. Em um livro como este, não podemos apresentar em detalhes o estado corrente da teoria econômica em nenhuma de suas diversas abordagens. Livros inteiros são devotados a praticamente cada uma das seções desses três capítulos finais. O propósito desses capítulos é demonstrar como a história do pensamento econômico oferece uma compreensão das teorias econômicas contemporâneas. Com isso em mente, não foi necessário tentar prover um resumo completo dos capítulos. Por exemplo, a bifurcação que existe hoje entre teorias econômicas neoclássicas tem suas raízes históricas na divergência de opiniões entre Mill e Bastiat na metade do século XIX. Os escritos de Samuelson e Friedman no século XX carrega essa bifurcação adiante até o limite do estado corrente da tradição neoclássica. Os leitores que continuarem seu estudo de teoria econômica devem se encontrar em uma boa posição para entender a história da bifurcação que eles encontram hoje. A seção final do capítulo 17 foi adicionada a fim de ajudar nessa compreensão. Os últimos dois capítulos visam fazer muito do mesmo em termos de escolas contemporâneas de pensamento fora do *mainstream*. Aqui, mais uma vez, nós só podemos esperar introduzir o leitor a essas escolas alternativas de pensamento enquanto demonstramos, ao mesmo tempo, como elas estão ligadas a teorias passadas. O capítulo 18 desta edição presente contém novo material sobre teorias econômicas pós-keynesianas, enquanto uma nova seção do capítulo 19 destaca alguns dos desenvolvimentos recentes dentro da tradição radical.

Agradecimentos

O presente livro é, creio eu, o primeiro livro abrangente de história do pensamento econômico a descrever a ruptura teórica de Sraffa e a reinterpretar pensadores anteriores à luz das ideias de Sraffa,

Prefácio

embora, de maneira mais restrita, Maurice Dobb tenha trabalhado brilhantemente sobre esse tema na história do pensamento econômico.

O livro termina com uma discussão sobre as diferenças entre as teorias econômicas contemporâneas. Espero que o livro todo contribua para uma maior compreensão da teoria contemporânea. A Matemática incluída no texto não vai além de uns poucos gráficos e equações simples. Uma pessoa sem formação anterior em teoria econômica pode ler e entender o livro. Ao mesmo tempo, creio que minha perspectiva sobre as diversas teorias discutidas é suficientemente diferente de qualquer outra história do pensamento econômico e que muitos professores e estudantes pós-graduados em Economia irão encontrar no livro muito de original, informativo e estimulante.

Minhas dívidas intelectuais gerais são muitas. O professor que mais estimulou meu interesse em história do pensamento econômico foi Lawrence Nabers. Dentre os autores que tiveram significativa influência sobre mim incluem-se Karl Marx, John Dewey, Thorstein Veblen, Leo Rogin e Maurice Dobb. John Gunman e os professores James M. Cypher, Douglas Dowd, Howard Sherman, Norris C. Clement e Warren Samuels fizeram valiosos comentários sobre os manuscritos deste livro. E muito obrigado a Mark Price por preparar o manuscrito para a editora. Mais do que tudo, gostaria de agradecer a Ginger Alewine: sem sua ajuda, esta edição jamais seria concluída. Ela é uma pessoa especial, pela qual tenho muita gratidão e carinho.

Desejo agradecer aos editores de vários textos que escrevi para outras publicações, por terem me permitido utilizar, neste livro, algumas das ideias ou curtos trechos desses trabalhos.*

Finalmente, gostaríamos de expressar nossa profunda gratidão às nossas famílias. E.K. Hunt gostaria de expressar seu amor e agradecimento a seus dois filhos, Jeffrey e Andrew, a quem dedico este livro, com meu mais intenso e profundo amor. Mark Lautzenheiser gostaria de expressar seu amor e gratidão à sua esposa, Tracy, por sua paciência e incentivo durante o processo de elaboração desta edição. Ele também deseja registrar seu amor e apreço a seu filho Johnathan, e que este livro lhe seja útil na compreensão do mundo em que ele vive. A eles dedicamos esta edição.

E. K. Hunt
Mark Lautzenheiser

---

*Incluem-se: *Property and Prophets, the Evolution of Economic Institutions and Ideologies*. 6ª ed., Nova York: Harper and Row, 1990; "Marxian Labor Values, Prices, and Profits", *Intermountain Economic Review* (Primavera 1978); "An Essay on the Criteria Defining Social Economics", *Review of Social Economics* (Dez. 1978); "Value Theory in the Writings of the Classical Economists, Thomas Hodfskin and Karl Marx", *History of Political Economy* (Outono 1977); "Utilitarianism and the Labor Theory of Value", *History of Political Economy* (Primavera 1980); permissão para usar algumas ideias ou trechos curtos dos dois artigos de *History of Political Economy* dada pela Duke University Press; "A Radical Critique of Welfare Economics". In: E. J. Nell (ed.) *Value, Distribution and Growth: Essays in the Revival of Political Economy*. Nova York: Cambridge University Press, 1978.

Agradecimentos

Trechos de Paul A. Baran e Paul M. Sweezy, *Monopoly Capital*, foram reproduzidos com permissão da Monthly Review Press.

Trechos de Harry Braverman, *Labor and Monopoly Capital: The Degradation of Work in Twentieth Century*, foram reproduzidos com permissão Monthly Review Press.

Trechos de Milton Friedman, *Capitalism and Freedom*, © 1962, pela University of Chicago, foram reproduzidos com permissão da University of Chicago Press e Milton Friedman.

Trechos de J.A. Hobson, *Imperialism: A Study*, foram reproduzidos com permissão da University of Michigan Press.

Trechos de John Maynard Keynes, *The General Theory of Employment, Interest and Money*, foram reproduzidos com permissão da Harcourt Brace Jovanovich e Right Honorable Lord Kahn.

Trechos de Alfred Marshall, *Principles of Economics*, 8th ed., foram reproduzidos com permissão da Mcmillan, London e Basingstoke.

Trechos de Ronald L. Meek, *Economics and Ideology and Other Essays*, foram reproduzidos com permissão da Chapman and Hall; trechos de *Studies in the Labour Theory of Value*, rev. ed., © 1976 por Ronald L. Meek, foram reproduzidos com permissão da Monthly Review Press.

Trechos de D.M. Nuti, "Vulgar Economy in the Theory of Income Distribution", in *A Critique of Economic Theory*, ed. E.K. Hunt e Jesse G. Schwartz, foram reproduzidos com permissão da D.M. Nuti.

Trechos de Paul A. Samuelson, "A Summing Up", *Quarterly Journal of Economics*, foram reproduzidos com permissão da John Wiley; trechos de *Economics*, 10th. ed., © 1976 McGraw-Hill, foram reproduzidos com permissão da McGraw-Hill.

Trechos de Piero Sraffa, *Production of Commodities by Means of Commodities*, foram reproduzidos com permissão da Cambridge University Press.

Trechos de Thorstein Veblen, *The Place of Science in Modern* Civilisation, and Other Essays, 1919, com um novo prefácio de Joseph Dorfman, foram reproduzidos com permissão de Russell and Russell; trechos de *Essays in Our Changing Order, Absentee Ownership and Business Enterprise in Recent Times, The Instinct of Workmanship, The Engineers and the Price System, The Theory of Business Enterprise*, e *The Theory of the Leisure Class* foram todos reproduzidos com permissão de Augustus M. Kelley.

Sumário

Introdução à Terceira Edição v

Prefácio... vii

Agradecimentos..xiii

Capítulo 1: Introdução 1

  Uma Definição de Capitalismo 1

  A Economia Europeia Pré-capitalista 5

  O Crescimento do Comércio de Longa Distância... 8

  O Sistema Doméstico de Trabalho e o Nascimento da Indústria Capitalista 10

  O Declínio do Sistema Senhorial 11

  O Surgimento da Classe Trabalhadora 12

  Outras Forças na Transição para o Capitalismo..13

  O Mercantilismo 15

Capítulo 2: Ideias Econômicas Anteriores a Adam Smith 19

  Primeiros Escritos Mercantilistas sobre Valor e Lucro 20

  Escritos Mercantilistas Posteriores e a Filosofia do Individualismo 23

  O Protestantismo e a Ética Individualista 25

  As Políticas Econômicas do Individualismo 26

  Os Primórdios da Teoria Clássica de Preços e Lucros......................................27

  Os Fisiocratas como Reformadores Sociais...29

  As Ideias Econômicas de Quesnay..30

  Conclusão..31

Capítulo 3: Adam Smith 33

  O Contexto Histórico das Ideias de Smith...34

  As Teorias de História e Sociologia, de Smith..36

  A Teoria do Valor, de Smith..41

  A Teoria do Bem-estar Econômico, de Smith 47

  Conflito de Classes e Harmonia Social 51

Capítulo 4: Thomas Robert Malthus 55

  Conflitos de Classes no Tempo de Malthus...56

  A Teoria da População 60

  Economia de Troca e Conflito de Classes..66

  A Teoria da Superprodução 70

Capítulo 5: David Ricardo **77**

A Teoria da Renda da Terra e Primeira Abordagem dos Lucros 78

Base Econômica do Conflito entre Capitalistas e Proprietários de Terras. 82

A Teoria do Valor-trabalho. 84

Determinação de Preços com Diferentes Composições de Capital 88

Um Exemplo Numérico de Determinação de Preços 92

Distribuição de Renda e a Teoria do Valor-trabalho. 94

A Impossibilidade da Superprodução 97

A Maquinaria como Causa de Desemprego Involuntário 98

A Teoria das Vantagens Comparativas e Comércio Internacional. 100

Harmonia Social e Conflito de Classes 101

Capítulo 6: O Subjetivismo Racionalista: A Economia de Bentham, Say e Senior **107**

Origens Sociais das Premissas da Teoria da Utilidade. 107

Jeremy Bentham e a Utilidade. 111

Bentham como Reformador Social 113

Jean-Baptiste Say e a Utilidade, a Produção e a Distribuição de Renda. 115

A Lei dos Mercados, de Say. 117

A Orientação Social de Nassau Senior 118

A Metodologia Teórica de Senior 121

As Quatro Proposições de Senior. 122

Maximização da Utilidade, Preços e Superprodução, Segundo Senior .123

As Ideias de Senior sobre População e Bem-estar dos Trabalhadores 124

Acumulação de Capital e Abstinência, Segundo Senior 125

A Renda e a Distribuição da Renda entre as Classes, Segundo Senior .126

Harmonia Social *Versus* Economia Política dos Pobres. 127

Capítulo 7: A Economia Política dos Pobres: As Ideias de William Thompson
e Thomas Hodgskin **131**

A Resistência dos Trabalhadores à Industrialização. 131

O Utilitarismo e a Teoria do Valor-trabalho, de Thompson 133

A Argumentação de Thompson em Defesa de um Socialismo Igualitário de Mercado 134

A Crítica de Thompson ao Socialismo de Mercado 136

Uma Crítica ao Utilitarismo, de Thompson 139

Thomas Hodgskin e a Origem do Lucro. 142

A Teoria do Valor, de Hodgskin 143

O Conceito de Capital, de Hodgskin 144

O Utilitarismo, Segundo Hodgskin 145

Sumário

Capítulo 8: Utilitarismo Puro *Versus* Utilitarismo Eclético: Os Escritos de Bastiat e Mill **149**

A Disseminação das Ideias Socialistas 150

Fundamentos e Escopo da Economia Utilitarista, de Bastiat 151

Utilidade e Troca.. 153

Bastiat e a Defesa da Propriedade Privada, Capital, Lucros e Renda da Terra...... 155

Bastiat e a Troca, a Harmonia Social e o Papel do Governo...................... 158

O Utilitarismo, de Mill.. 159

A Teoria do Valor, de Mill 161

Mill e os Salários 163

A Tendência Decrescente da Taxa de Lucro 164

O Socialismo, Segundo Mill 166

O Reformismo Intervencionista, de Mill...................................... 168

Uma Crítica ao Reformismo de Mill 170

Capítulo 9: Karl Marx **175**

A Crítica de Marx à Economia Clássica 176

Mercadorias, Valor, Valor de Uso e Valor de Troca............................ 179

Trabalho Útil e Trabalho Abstrato.. 181

A Natureza Social da Produção de Mercadorias 182

Circulação Simples de Mercadorias e Circulação Capitalista 183

Mais-valia, Troca e a Esfera da Circulação 184

Circulação do Capital e a Importância da Produção 185

Trabalho, Força de Trabalho e a Definição de Capitalismo 186

O Valor da Força de Trabalho 187

Trabalho Necessário, Trabalho Excedente e Criação e Realização de Mais-valia 188

Capital Constante, Capital Variável e a Taxa de Mais-valia...................... 190

Duração da Jornada de Trabalho 191

A Teoria do Valor-Trabalho e o Problema da Transformação 192

Propriedade Privada, Capital e Capitalismo 199

Acumulação Primitiva... 200

Acumulação de Capital 202

Concentração Econômica 202

Tendência Decrescente da Taxa de Lucro 203

Desequilíbrios Setoriais e Crises Econômicas 205

Alienação e Miséria Crescente do Proletariado.................................. 207

Capítulo 10: O Triunfo do Utilitarismo: A Economia de Jevons, Menger e Walras 213

A Teoria da Utilidade Marginal e da Troca, de Jevons 216

A Teoria da Utilidade Marginal, dos Preços e da Distribuição da Renda, de Menger 220

Os Argumentos de Menger sobre Metodologia 226

A Teoria do Equilíbrio Econômico Geral, de Walras 228

Estabilidade do Equilíbrio Geral 232

A Defesa Ideológica do Capitalismo, Segundo Walras 235

A Perspectiva Intelectual do Marginalismo Neoclássico 238

Apêndice 239

Capítulo 11: Teorias Neoclássicas da Firma e da Distribuição de Renda: As Obras de Marshall, Clark e Böhm-Bawerk 247

A Contribuição de Marshall à Teoria da Utilidade e à Teoria da Demanda 248

Simetria entre as Teorias Neoclássicas da Família e da Firma 250

A Teoria da Firma, de Marshall 252

As Curvas de Produção e de Custo da Firma, no Curto Prazo 253

O Equilíbrio no Curto Prazo 255

O Longo Prazo e o Problema da Concorrência 256

Marshall e a Defesa Ideológica do Capitalismo 257

Clark e a Teoria da Distribuição, Segundo a Produtividade Marginal 261

A Economia como Troca e o Papel do Empresário 263

Clark e a Defesa da Propriedade Privada 265

A Concepção de Capital, Segundo Clark 266

A Medida do Capital, Segundo Böhm-Bawerk 268

As Relações de Classe Capitalistas, Segundo a Teoria Neoclássica da Distribuição 270

Capítulo 12: Thorstein Veblen 275

A Filosofia Social Evolucionista Geral, de Veblen 277

A Crítica de Veblen à Economia Neoclássica 279

A Dicotomia Antagônica do Capitalismo 282

Propriedade Privada, Sociedade de Classe e a Subjugação da Mulher 282

A Estrutura de Classes do Capitalismo e o Domínio da Indústria pelos Negócios 285

O Governo e a Luta de Classes 289

O Imperialismo Capitalista 291

Os Costumes Sociais da Cultura Pecuniária 293

Avaliação das Ideias de Veblen 298

xviii

Sumário

Capítulo 13: Teorias do Imperialismo: Os Escritos de Hobson, Luxemburg e Lênin **303**

A Teoria do Imperialismo Capitalista, de Hobson...305

A Teoria do Imperialismo Capitalista, de Luxemburg 310

A Teoria do Imperialismo Capitalista, de Lênin 317

Comparação das Teorias de Hobson, Luxemburg e Lênin......................................320

Capítulo 14: Consumação, Consagração e Destruição da "Mão Invisível":
a Economia Neoclássica do Bem-estar **325**

Maximização da Utilidade e Maximização do Lucro 328

A Visão Beatífica e a Felicidade Eterna 331

Teoria Microeconômica, Economia Neoclássica e Economia do Bem-estar 333

Bases Hedonistas da Economia do Bem-estar..334

Natureza Essencial da Norma do *Ótimo*, de Pareto 336

Valores Sociais Subjacentes à Economia do Bem-estar 336

Premissas Analíticas e Empíricas da Economia do Bem-estar 338

A Economia Neoclássica do Bem-estar como Guia para a Formulação de Políticas 339

Economia do Bem-estar e Externalidades...340

A Crítica Normativa da Análise de Pareto 344

Capítulo 15: A Ideologia Neoclássica e o Mito do Mercado Autorregulador:
Os Escritos de John Maynard Keynes.. **349**

O Contexto Teórico da Análise de Keynes...353

Keynes e a Defesa da Teoria da Distribuição, Segundo a Produtividade Marginal...............356

Keynes e a Análise das Depressões Capitalistas 358

Eficácia das Políticas Keynesianas 364

A Economia Militar..365

A Economia da Dívida...368

Fundamentos Ideológicos das Ideias de Keynes 371

Apêndice..373

Capítulo 16: A Negação do Mito da Produtividade Mensurável do Capital:
Os Escritos de Sraffa **381**

Estado Atual da Teoria Neoclássica da Distribuição...381

Sraffa e a Crítica à Economia Neoclássica 386

Apêndice..395

História do Pensamento Econômico

Capítulo 17: Economia Contemporânea I: A Bifurcação da Ortodoxia **403**

A Revolução Bolchevique e a Industrialização Soviética 403

A Grande Depressão 406

W. Arthur Lewis e as Origens da Economia do Desenvolvimento 409

Economia Neoclássica Liberal e Conservadora 411

Paul A. Samuelson *Versus* Milton Friedman e os Neoclássicos Conservadores 412

A Defesa do Utilitarismo, de Samuelson 413

A Escola Austríaca e a Escola de Chicago...417

A Batalha Continua 425

Capítulo 18: Economia Contemporânea II: Institucionalistas e Pós-keynesianos **431**

A Economia Institucionalista de Clarence E. Ayres...433

A Economia Pós-keynesiana..438

A Teoria dos Preços de Sraffa 444

Capítulo 19: Economia Contemporânea III: O Renascimento da Economia Política Crítica ... **451**

Renascimento e Desenvolvimento da Teoria do Valor-trabalho 452

Mudanças no Processo de Trabalho sob o Capitalismo 457

Desempenho do Capitalismo no Nível Agregado 461

Dando Continuidade à Tradição Heterodoxa..465

Comentários sobre a Perspectiva Social Implícita neste Livro.................................467

Sugestões para Leitura Complementar... **475**

Índice Remissivo **479**

Lista de Quadros e Figuras

Quadros

5.1 Custos e preços quando os salários são de $1,00 e a taxa de lucro é de 50% — 93

5.2 Custos e preços quando os salários são de $2,00 e a taxa de lucro é de 10% — 93

5.3 Número de horas necessárias para produzir uma unidade de tecido e vinho na Inglaterra e em Portugal — 100

9.1 Taxas de Lucro Quando os Preços são Iguais aos Valores — 198

9.2 Desvio dos Preços em Relação aos Valores com Taxas de Lucro Iguais — 198

10.1 Uma ilustração da utilidade marginal decrescente — 221

Figuras

5.1 Produto líquido e renda de três lotes de terra — 80

5.2 Produtividade decrescente na agricultura — 80

5.3 Separação da renda da terra dos lucros e dos salários — 81

5.4 Variações da distribuição da renda com a ampliação da margem de cultivo — 82

5.5 Redução do capital a trabalho passado — 90

5.6 Sequência de trabalho ordenado no tempo — 91

5.7 Dois processos de produção com a mesma quantidade de trabalho, mas com diferentes composições de capital — 92

10.1 Relação entre utilidade total e utilidade marginal — 222

10.2 Preços que equilibram a oferta e a demanda da mercadoria a — 241

10.3 Preços que equilibram a oferta e a demanda da mercadoria b — 241

10.4 Equilíbrio nos mercados de a e b e as quatro regiões de desequilíbrio — 242

10.5 Equilíbrio nos mercados de a, b e c e as seis regiões de desequilíbrio — 243

11.1 A lei das proporções variáveis — 253

11.2 As curvas de custo da firma — 254

11.3 Equilíbrio no curto prazo de um setor e de sua firma representativa — 255

11.4 As curvas do produto marginal e do valor do produto marginal da firma — 261

11.5 Determinação do salário e do nível de emprego de mão de obra pela firma — 262

11.6 Determinação da taxa de juros e do nível de emprego de capital pela firma — 263

14.1 Maximização da utilidade pelo consumidor — 329

14.2 Maximização do lucro — 330

15.1 Determinação neoclássica do salário e da produção total — 354

15.2 Juros, poupança e investimento — 356

15.3 Determinação da taxa de juros e a desigualdade entre poupança e investimento — 361

15.4 Situação em que a taxa de juros não consegue igualar os níveis de poupança e de investimento de pleno emprego — 362

15.5 Situação em que a política monetária não consegue igualar os níveis de poupança e de investimento de pleno emprego — 363

História do Pensamento Econômico

16.1	Três relações possíveis entre r e w	391
16.2	A escolha da técnica de produção menos cara	391
16.3	Retroca de técnicas de produção	392
16.4	A generalidade da reversibilidade nos métodos de proteção	393
16.5	O Modelo de Crescimento de Solow	396
18.1	Taxas de Crescimento e de Lucros de Equilíbrio	442

CAPÍTULO 1

Introdução

Costuma-se dizer que a moderna teoria econômica começou com Adam Smith (1723-1790). Este livro trata das ideias principalmente econômicas desde Smith até hoje. O elemento comum às ideias aqui apresentadas é a preocupação em compreender a natureza do sistema econômico capitalista. Todos os autores que discutiremos buscavam identificar as características que seriam mais importantes para o funcionamento do capitalismo, como o sistema funcionava, o que determinava o volume de produção, qual era a origem do crescimento econômico, o que determinava a distribuição da riqueza e da renda e outras questões pertinentes. Também buscavam avaliar o capitalismo: quão adequado seria o sistema para a satisfação das necessidades humanas? Como poderia ser mudado para melhor atender a essas necessidades?

Uma Definição de Capitalismo

A afirmação de que as tentativas de compreender o capitalismo começaram com Adam Smith é, naturalmente, muito simplista. O capitalismo como sistema econômico, político e social dominante surgiu muito lentamente, em um período de vários séculos, primeiro na Europa Ocidental e, depois, em grande parte do mundo. À medida que surgia, as pessoas buscavam compreendê-lo.

Para resumir as tentativas de compreender o capitalismo, é necessário, primeiro, defini-lo e, então, rever resumidamente as principais características históricas de seu aparecimento. Deve-se afirmar

História do Pensamento Econômico

desde já que não há consenso geral entre economistas e historiadores econômicos quanto ao que sejam as características essenciais do capitalismo. De fato, alguns economistas sequer acreditam que seja útil definir sistemas econômicos diferentes; eles acreditam em uma continuidade histórica, na qual os mesmos princípios gerais são suficientes para compreender todos os ordenamentos econômicos. Entretanto, a maioria dos economistas concordaria que o capitalismo é um sistema econômico que funciona de modo bem diverso dos sistemas econômicos anteriores e dos sistemas econômicos não capitalistas. Este livro é baseado numa abordagem metodológica que define um sistema econômico segundo o modo de produção no qual se baseia. O *modo de produção*, por sua vez, é definido pelas *forças produtivas* e pelas *relações sociais de produção*.

As forças produtivas constituem o que comumente se chamaria tecnologia produtiva de uma sociedade. Essa tecnologia consiste no estado atual do conhecimento técnico ou produtivo, nas especializações, técnicas organizacionais etc., bem como nas ferramentas, implementos, máquinas e prédios usados na produção. Dentro de qualquer conjunto de forças produtivas, deve-se incorrer em determinados custos necessários à manutenção da existência do sistema. Outros recursos, as matérias-primas, devem ser continuamente extraídos da natureza. Maquinaria, ferramentas e outros implementos de produção desgastam-se com o uso e devem ser substituídos. Mais importante ainda é que os seres humanos, que fazem o esforço necessário para assegurar a disponibilidade das matérias-primas e para transformá-las em produtos acabados, devem ter uma quantidade mínima de alimentos, roupas, moradia e outros bens necessários à vida em sociedade.

Os modos de produção que não satisfizeram a essas necessidades mínimas de produção contínua desapareceram. Muitos modos históricos de produção conseguiram atender a essas necessidades mínimas durante certo tempo, mas, devido à mudança das circunstâncias, tornaram-se incapazes de continuar a fazê-lo e, consequentemente, se extinguiram. A maioria dos modos de produção que continuaram a existir por muito tempo, de fato, tem produzido não apenas o suficiente para atender às necessidades mínimas, mas também um excesso, ou *excedente social*, além dos custos necessários. O excedente social é definido como aquela parte da produção material da sociedade que sobra, após serem deduzidos os custos materiais necessários para a produção.

O desenvolvimento histórico das forças produtivas tem resultado em uma capacidade sempre crescente de as sociedades produzirem excedentes sociais cada vez maiores. Dentro dessa evolução histórica, cada sociedade tem sido dividida, de modo geral, em dois grupos separados. A maioria das pessoas, em cada sociedade, trabalha exaustivamente para produzir o necessário para sustentar e perpetuar o modo de produção, bem como o excedente social, enquanto uma pequena minoria se apropria desse excedente e o controla. Neste livro, as classes sociais são diferenciadas entre si em função desse fato; as relações sociais de produção são definidas como relações entre essas duas classes. Um modo de produção é, portanto, o conjunto social da tecnologia de produção (as forças produtivas) e os arranjos sociais através dos quais uma classe une suas forças produtivas para produzir todos os bens, inclusive o excedente, e a outra dele se apropria (as relações sociais de produção).

No contexto desse conjunto geral de definições, podemos definir *capitalismo* como o modo particular de produção com o qual os pensadores estudados neste livro têm se preocupado. O capitalismo é caracterizado por quatro conjuntos de arranjos institucionais e comportamentais: produção de mercadorias, orientada para o mercado; propriedade privada dos meios de produção; um grande segmento da população que não pode existir, a não ser que venda sua força de trabalho no mercado; e comportamento individualista, aquisitivo, maximizador, da maioria dos indivíduos dentro do sistema econômico. Cada uma dessas características será discutida brevemente.

Introdução

No capitalismo, o valor dos produtos do trabalho humano é dado por duas razões distintas. Primeiro, tais produtos têm características físicas particulares, em virtude das quais se tornam utilizáveis e satisfazem às necessidades humanas. Quando uma mercadoria é avaliada por seu uso na satisfação das nossas necessidades, diz-se que tem *valor de uso*. Todo produto do trabalho humano, em todas as sociedades, tem valor de uso. No capitalismo, os produtos têm valor porque podem ser vendidos no mercado, em troca de dinheiro. Esse dinheiro é desejado porque pode ser trocado por produtos que têm um valor de uso desejado. Na medida em que os produtos têm valor, porque podem ser trocados por moeda, diz-se que eles têm *valor de troca*. Os produtos do trabalho humano têm valor de troca somente nos modos de produção caracterizados pela produção de mercadorias. Para que a produção de mercadorias exista, é preciso que a sociedade tenha um mercado muito desenvolvido, no qual os produtos possam ser livremente comprados ou vendidos em troca de moeda. Existe produção de mercadorias quando os produtos são fabricados pelos produtores sem qualquer interesse pessoal imediato em seu valor de uso, mas, sim, em seu valor de troca. A produção de mercadorias não é um meio direto de satisfação de necessidades. É um meio de adquirir moeda pela troca de produtos por moeda, que, por sua vez, pode ser utilizada na compra dos produtos desejados por seu valor de uso. Sob tais condições, os produtos do trabalho humano são mercadorias, e a sociedade é caracterizada como voltada para a produção de mercadorias.

Na produção de mercadorias, a atividade produtiva de uma pessoa não tem qualquer ligação direta com seu consumo; ambos devem ser mediados pela troca e pelo mercado. Além disso, uma pessoa não tem qualquer ligação direta com as pessoas que produzem as mercadorias que consomem. Tal relação social também é mediada pelo mercado. A produção de mercadorias implica um alto grau de especialização produtiva, em que cada produtor isolado cria somente uma ou poucas mercadorias, dependendo, assim, de que outros indivíduos, com quem ele não tem qualquer relação pessoal direta, comprem suas mercadorias no mercado. Uma vez que ele tenha trocado suas mercadorias por dinheiro, novamente dependerá de que pessoas com as quais ele não tem relação pessoal direta ofereçam, no mercado, aquelas mercadorias que ele tem de comprar para satisfazer às suas necessidades pessoais.

Nesse tipo de economia, existem inter-relações e dependências econômicas extremamente complexas e que não envolvem interação e associação pessoal direta. O indivíduo interage somente com a instituição social impessoal do mercado, no qual o indivíduo troca mercadorias por moeda e moeda por mercadorias. Consequentemente, o que, em realidade, é um conjunto de complexas relações econômicas e sociais entre pessoas é, para cada indivíduo, apenas uma série de relações impessoais entre coisas – isto é, mercadorias. Cada indivíduo depende das forças impessoais do mercado, de compra e venda, ou demanda e oferta, para a satisfação de suas necessidades.

A segunda característica definidora do capitalismo é a propriedade privada dos meios de produção. Isso significa que a sociedade dá a certas pessoas o direito de determinar como matérias-primas, ferramentas, maquinaria e prédios destinados à produção podem ser usados. Tal direito necessariamente implica que outros indivíduos sejam excluídos do grupo daqueles que têm algo a dizer sobre como esses meios de produção podem ser usados. As primeiras defesas da propriedade privada falavam em termos de cada produtor individual possuir – e, portanto, controlar – os meios de sua própria produção. No entanto, muito cedo na evolução do capitalismo, as coisas se desenvolveram de modo diferente. De fato, a terceira característica definidora do capitalismo é que muitos produtores não são proprietários dos meios necessários para a execução de sua atividade produtiva. A propriedade se concentra nas mãos de um pequeno segmento da sociedade – os capitalistas. Um capitalista proprietário não precisava representar qualquer papel direto no processo produtivo, de modo a controlá-lo; a propriedade lhe dava esse controle. E essa propriedade foi o que permitiu ao capitalista apropriar-se do excedente social. Assim, a propriedade dos meios de produção é a característica do capitalismo que confere à classe capitalista o poder pelo qual controla o excedente social, estabelecendo-se, a partir daí, como classe social dominante.

Essa dominação, é claro, implica a terceira característica definidora de capitalismo – a existência de uma numerosa classe trabalhadora, que não tem qualquer controle sobre os meios necessários para a execução de suas atividades produtivas. No capitalismo, a maioria dos trabalhadores não possui as matérias-primas nem os implementos com os quais produz mercadorias. Isso quer dizer que as mercadorias que os trabalhadores produzem não lhes pertencem, mas sim, aos capitalistas proprietários dos meios de produção. O trabalhador típico entra no mercado possuindo ou controlando somente uma coisa – sua capacidade de trabalho, isto é, a sua força de trabalho. Para se dedicar à atividade produtiva, tem de vender sua força de trabalho a um capitalista. Em troca, recebe um salário e produz mercadorias que pertencem ao capitalista. Desse modo, ao contrário de qualquer outro modo de produção anterior, o capitalismo faz da força produtiva humana uma mercadoria em si mesma – a força de trabalho – e gera um conjunto de condições pelas quais a maioria das pessoas não pode viver, a não ser que sejam capazes de vender a mercadoria de que são proprietárias – a força de trabalho – a um capitalista, em troca de um salário. Com esse salário, podem comprar dos capitalistas somente uma fração das mercadorias que eles mesmos produziram. O restante das mercadorias que produziram constitui o excedente social e é retido e controlado pelos capitalistas.

A quarta e última característica definidora de capitalismo é a de que a maioria das pessoas é motivada por um comportamento individualista, aquisitivo e maximizador. Isso é necessário para o funcionamento adequado do capitalismo. Primeiro, para assegurar uma oferta adequada ao trabalho e facilitar o rígido controle dos trabalhadores, é necessário que produzam mercadorias cujo valor exceda em muito o valor das mercadorias que consomem. Nos primórdios do capitalismo, isso foi conseguido de dois modos. Primeiro, os trabalhadores recebiam salários tão baixos que, com suas famílias, viviam nos limites da mais extrema insegurança e pobreza materiais. O único modo claro de reduzir a insegurança e a pobreza era trabalhar mais horas e mais intensamente, para obter um salário mais adequado e evitar ser forçado a juntar-se ao grande exército de trabalhadores desempregados, que tem sido um fenômeno social sempre presente no sistema capitalista.

À medida que o capitalismo foi evoluindo, a produtividade dos trabalhadores foi crescendo. Eles buscavam organizar-se coletivamente em sindicatos e associações de trabalhadores, para lutar por melhores salários. Por volta do final do século passado e início do século XX, após diversos avanços e inúmeros retrocessos, essa luta começou a surtir algum efeito. Desde então, o poder de compra do salário do trabalhador vem crescendo lenta e firmemente. Em lugar da privação física generalizada, o capitalismo tem sido obrigado a recorrer cada vez mais a novos tipos de motivação, para manter a massa dos trabalhadores produzindo o excedente social. Um novo *ethos* social, às vezes chamado *consumismo*, tornou-se dominante. Caracteriza-se pela crença de que mais renda, por si só, sempre significa mais felicidade.

Os *mores* sociais do capitalismo têm levado as pessoas a acreditar que praticamente toda necessidade ou infelicidade subjetiva pode ser eliminada comprando-se mais mercadorias. O mundo competitivo e economicamente inseguro no qual se movem os trabalhadores cria sentimentos subjetivos de ansiedade, solidão e alienação. A maioria dos trabalhadores vê como causa desses sentimentos sua própria incapacidade de comprar mercadorias suficientes para fazê-los felizes. Contudo, à medida que recebem salários maiores e compram mais mercadorias, verificam que o sentimento geral de insatisfação e ansiedade continua. Assim, os trabalhadores tendem a concluir que o problema é que o aumento dos salários é insuficiente. Como não identificam a verdadeira origem de seus problemas,

Introdução

caem em um círculo vicioso asfixiante, no qual quanto mais se tem, mais necessidade se sente; quanto mais rápido se corre, mais devagar se parece andar; quanto mais arduamente se trabalha, maior parece ser a necessidade de trabalhar cada vez mais arduamente.

Em segundo lugar, os capitalistas também são induzidos a um comportamento combativo e aquisitivo. A razão mais imediata disso é o fato de que o capitalismo sempre foi caracterizado pela luta competitiva entre capitalistas por fatias maiores do excedente social. Nessa luta sem fim, o poder de cada capitalista depende do volume de capital que ele controla. Se os concorrentes de um capitalista adquirem capital – e, com isso, tamanho e poder econômico – mais rapidamente que ele, maior a probabilidade de ele ter de enfrentar a própria extinção. Assim, sua existência como capitalista depende de sua habilidade em acumular capital pelo menos no mesmo ritmo que os concorrentes. Daí o capitalismo ter sido sempre caracterizado pelo esforço frenético dos capitalistas em obter mais lucro e converter seus lucros em mais capital.

O consumismo entre capitalistas tem sido importante também para o funcionamento adequado do capitalismo. No processo de produção, os capitalistas se apropriam do excedente produzido, a mais-valia, sob a forma de mercadorias. Para que essa mais-valia seja convertida em lucro monetário, essas mercadorias devem ser vendidas no mercado. Pode-se esperar, de modo geral, que os trabalhadores gastem todo o salário em mercadorias, mas seus salários podem comprar só parte das mercadorias produzidas (caso contrário, não haveria qualquer excedente social). Os capitalistas comprarão muitas mercadorias como investimento a acrescentar à sua acumulação de capital. Entretanto, essas duas fontes de demanda jamais foram suficientes para gerar o gasto necessário para os capitalistas, como classe, para venderem todas as suas mercadorias. Portanto, para haver uma procura monetária suficiente para os capitalistas venderem todas as suas mercadorias, é preciso uma terceira fonte de demanda: os gastos crescentes de consumo dos próprios capitalistas.

Quando tal procura não se concretiza, o capitalismo sofre depressões; quando as mercadorias não podem ser vendidas, os trabalhadores são despedidos, os lucros caem, gerando uma crise econômica geral. O capitalismo, através de sua história, tem sofrido crescentes crises dessa espécie. Uma grande preocupação da maioria dos pensadores econômicos discutida neste livro tem sido compreender a natureza e as causas dessas crises e descobrir remédios para eliminá-las ou, ao menos, aliviar seus efeitos.

A Economia Europeia Pré-capitalista

Para esboçar a evolução histórica do capitalismo, primeiro é necessário dizer algumas palavras sobre o feudalismo – o sistema socioeconômico que precedeu o capitalismo na Europa Ocidental. O declínio da parte ocidental do velho Império Romano deixou a Europa sem as leis e a proteção que o Império oferecia. O vácuo foi preenchido pela criação de uma hierarquia feudal na qual o servo ou camponês era protegido pelos senhores feudais, que, por sua vez, deviam fidelidade e eram protegidos por senhores mais poderosos. Assim se estruturava o sistema, indo até o rei. Os fortes protegiam os fracos, mas a um alto preço. Em troca de pagamento em moeda, alimentos, trabalho ou fidelidade militar, os senhores concediam o feudo – um direito hereditário ao uso da terra – a seus vassalos. Na base estava o servo, que cultivava a terra. A grande maioria da população cultivava, visando à alimentação e ao vestuário, ou criava ovelhas, para obter a lã e o vestuário.[1]

Os costumes e a tradição são a chave para a compreensão das relações medievais. Em lugar de leis, tal qual as conhecemos hoje, o que governava eram os costumes vigentes no feudo. Na Idade Média,

História do Pensamento Econômico

não havia autoridade central forte que pudesse impor o cumprimento de um sistema de leis. Toda a organização medieval baseava-se em um sistema de serviços e obrigações mútuas, envolvendo toda a hierarquia feudal. A posse ou o uso da terra obrigava a certos serviços ou pagamentos costumeiros, em troca de proteção. O senhor estava tão obrigado a proteger o servo quanto este estava obrigado a pagar, em troca, uma parte de sua colheita ou trabalhar para o senhor.

É claro que os costumes eram quebrados; nenhum sistema opera, de fato, tal como a teoria determina. Não se deve, porém, subestimar a força dos costumes e da tradição que determinou a vida e as ideias do povo medieval. As disputas entre servos eram resolvidas na corte do senhor, segundo não só as circunstâncias especiais de cada caso, como também o costume do feudo para tais casos. É claro que, em geral, um senhor decidia a seu favor, em uma disputa entre ele próprio e seu servo. Entretanto, mesmo nessas circunstâncias, especialmente na Inglaterra, um senhor mais poderoso impunha sanções ou punições a um outro que, como seu vassalo, persistentemente violasse os costumes no tratamento dos servos. As regras segundo os costumes do feudo aparecem em profundo contraste, comparadas com o sistema legal e jurídico do capitalismo. O sistema capitalista baseia-se no cumprimento de leis de caráter universalista e contratos, cumprimento esse que só raramente é relaxado por circunstâncias atenuantes ou por costumes que, nos tempos medievais, influenciavam com muito mais frequência o julgamento do senhor feudal.

Até que ponto o senhor feudal podia fazer cumprir seus "direitos" variava muito, de acordo com a época e o lugar. Foi o fortalecimento dessas obrigações e da capacidade dos nobres de fazê-las serem cumpridas por uma extensa hierarquia de vassalos numa região muito grande que acabou levando ao aparecimento dos modernos Estados-nação. Esse processo ocorreu durante o período de transição do feudalismo para o capitalismo. Entretanto, ao longo da maior parte da Idade Média, muitos dos direitos do senhor feudal eram fracos ou incertos, já que o controle político estava fragmentado.

A instituição econômica básica da vida rural medieval era o feudo, no qual havia duas classes distintas: os nobres, ou senhores, e os servos (do latim *servens*, ou "escravo"). Os servos não eram de fato escravos. Ao contrário do escravo, que era uma simples propriedade a ser comprada ou vendida à vontade, o servo não podia ser separado de sua família nem de sua terra. Se seu senhor transferisse a posse do feudo a outro nobre, o servo simplesmente teria outro senhor. Em graus variáveis, no entanto, os servos tinham obrigações que, às vezes, se tornavam pesadas, e das quais, frequentemente, não havia como escapar. Normalmente, o servo estava longe de ser livre.

O senhor vivia do trabalho dos servos que cultivavam seus campos e pagavam impostos em espécie e em moeda, de acordo com o costume do feudo. De forma análoga, o senhor dava proteção, supervisionava e administrava a Justiça, de acordo com o costume do feudo. Deve-se acrescentar que, embora o sistema repousasse na reciprocidade das obrigações, a concentração do poder político e econômico nas mãos do senhor conduzia a um sistema no qual, por qualquer critério, o servo era explorado ao extremo.

Durante a Idade Média, a Igreja Católica era, de longe, o maior proprietário de terras. Embora bispos e abades ocupassem posições semelhantes às de condes e duques, na hierarquia feudal, havia uma importante diferença. Os senhores feudais seculares podiam mudar a sua lealdade de um chefe supremo (*overlord*, no original) para outro, dependendo das circunstâncias e do equilíbrio de poder em questão, mas os senhores religiosos deviam sempre (em princípio, ao menos), em primeiro lugar, uma lealdade à Igreja de Roma. Essa foi também uma época em que o ensino religioso ministrado pela Igreja teve uma influência forte e profunda em toda a Europa Ocidental. Esses fatores combinados fizeram da Igreja a instituição mais próxima de um governo forte e centralizado durante todo esse período.

Introdução

Assim, o feudo podia ser secular ou religioso (muitos senhores eram vassalos de senhores religiosos e vice-versa), mas as relações básicas entre senhores e servos não eram significativamente afetadas por essa distinção. Existe pouca evidência de que o servo seria tratado menos severamente por senhores religiosos do que por senhores seculares. Os senhores religiosos e a nobreza feudal formavam as classes dominantes; controlavam a terra e o poder dela decorrente. Em troca de apropriações muito pesadas do trabalho, da produção e do dinheiro do servo, a nobreza dava proteção militar e a Igreja, ajuda espiritual.

Além dos feudos, a Europa medieval tinha muitas cidades, que eram importantes centros manufatureiros. Os bens manufaturados eram vendidos aos feudos e, algumas vezes, comercializados no comércio de longa distância. As instituições econômicas dominantes nas cidades eram as guildas – associações artesanais, profissionais e de ofício – que existiam desde o Império Romano. Quem quisesse produzir ou vender qualquer bem ou serviço teria de entrar para uma guilda.

As guildas se envolviam também em questões sociais e religiosas, tanto quanto nas econômicas. Controlavam a vida de seus membros em todas as atividades: pessoais, sociais, religiosas e econômicas. Embora regulassem cuidadosamente a produção e a venda de mercadorias, as guildas se mostravam mais voltadas para a salvação espiritual de seus membros do que para a obtenção de lucros. A salvação exigia que o indivíduo vivesse uma vida ordenada, baseada nos costumes e ensinamentos da Igreja. Assim, as guildas exercem uma poderosa influência como sustentadores do *status quo* nas cidades medievais.

Contudo, a sociedade medieval era predominantemente agrária. A hierarquia social era baseada nos laços do indivíduo com a terra, e o sistema social por inteiro repousava sobre uma base agrícola. No entanto, ironicamente, os aumentos da produtividade agrícola constituíram o ímpeto original para uma série de mudanças profundas, ocorridas ao longo de vários séculos, e que resultaram na dissolução do feudalismo medieval e no início do capitalismo. O mais importante avanço tecnológico da Idade Média foi a substituição do sistema de plantio de dois campos para o sistema de três campos. Embora haja evidência de que o sistema de três campos tenha sido introduzido na Europa já no século VIII, seu uso não se generalizou antes do século XI.

O plantio anual da mesma área esgotava a terra e acabava por torná-la inútil. Assim, no sistema de dois campos, metade da terra era sempre deixada ociosa, de modo que se recuperasse do plantio do ano anterior. Com o sistema de três campos, a terra arável era dividida em três partes iguais. No outono, no primeiro campo, cultivava-se centeio ou trigo de inverno. Plantava-se aveia, feijão ou ervilha, na primavera, no segundo campo, deixando-se o terceiro campo em repouso. Todo ano, havia uma rotação dessas posições. Assim, um dado trecho da terra teria uma cultura de outono em um ano, de primavera no ano seguinte e descansaria no terceiro ano. Dessa mudança aparentemente simples na tecnologia agrícola resultou um dramático aumento do produto agrícola. Com a mesma quantidade de terra arável, o sistema de três campos aumentou a área cultivada, em qualquer época, em até 50%.[2]

O sistema de três campos induziu a outras mudanças importantes. Plantações de aveia e forragem, na primavera, permitiam a criação de mais cavalos, que começaram a substituir o boi como a principal fonte de energia, na agricultura. Os cavalos eram muito mais rápidos do que os bois e, assim, a área cultivável pôde ser estendida. Maiores áreas cultivadas permitiram que o campo alimentasse centros urbanos mais populosos. Com o cavalo, o transporte de homens, mercadorias e equipamentos tornou-se muito mais eficiente. O próprio ato de arar tornou-se mais eficiente: um arado puxado por uma parelha de bois exigia três homens para controlá-lo, ao passo que um arado puxado por cavalos poderia ser operado por um homem só. Além disso, no século XIII, o custo do transporte de produtos agrícolas foi substancialmente reduzido, quando a carroça de duas rodas foi substituída pela de quatro rodas, com eixo dianteiro móvel. Esses melhoramentos na agricultura e no transporte contribuíram para duas mudanças importantes e de longo alcance. Primeiro, tornaram possível um rápido aumento do crescimento da população. As melhores estimativas mostram que a população da Europa dobrou entre 1000 e 1300.[3] Segundo, houve um rápido aumento de concentração urbana, estreitamente ligado à expansão da população. Antes do ano 1000, a Europa era essencialmente constituída de feudos, vilas e algumas poucas cidades pequenas, além de alguns poucos centros comerciais, no Mediterrâneo. Por volta de 1300, já havia cidades grandes e prósperas.

O crescimento das vilas e cidades conduziu ao crescimento da especialização rural-urbana. A produção de bens manufaturados cresceu enormemente, com os trabalhadores urbanos rompendo todos os laços com a terra. Junto com essa crescente produção manufatureira e crescente especialização econômica vieram muitos ganhos adicionais de produtividade. Outro importante resultado da especialização crescente foi o desenvolvimento do comércio inter-regional e de longa distância.

O Crescimento do Comércio de Longa Distância

Muitos historiadores sustentam que a disseminação do comércio foi a mais importante força para a desintegração do feudalismo medieval. A importância do comércio não pode ser posta em dúvida, mas deve-se destacar que esse comércio não surgiu por acaso ou por fatores completamente externos à economia europeia, como, por exemplo, o aumento dos contatos com os árabes. Ao contrário, vimos, na seção anterior, que esse crescimento do comércio foi sustentado pela evolução econômica interna da Europa. O crescimento da produtividade agrícola significava que o excedente de alimentos e manufaturados tornava-se disponível tanto para os mercados locais quanto para o mercado internacional. A melhoria na energia e no transporte tornou possível e lucrativo concentrar os indivíduos nas cidades, produzir em grande escala e vender os bens produzidos nos mercados mais amplos, de longa distância. Assim, esses desenvolvimentos básicos na agricultura e na indústria foram pré-requisitos necessários para a disseminação do comércio, o que, por sua vez, estimulou mais ainda a expansão urbana e incentivou a indústria.

Entretanto, o crescimento do comércio não pode ser considerado a principal força na dissolução do feudalismo ou na criação do capitalismo. Embora a transição do feudalismo para o capitalismo tenha coincidido com o aumento do comércio na Europa Ocidental, e embora o comércio tenha sido, decididamente, importante para a dissolução do feudalismo e para o crescimento do capitalismo na Europa Ocidental, a intensificação da atividade comercial na Europa Oriental tendeu a contribuir para a consolidação e a perpetuação das relações econômicas e sociais feudais.

Tais efeitos diferenciados do comércio foram devidos à diferença nos estágios de desenvolvimento do feudalismo em que se encontravam as duas regiões. Na Europa Oriental, o feudalismo era um sistema econômico relativamente novo e vigoroso, com considerável potencial econômico de maior desenvolvimento. Nesse contexto, o comércio tendia a ser estritamente mantido subordinado aos interesses da classe feudal dominante. Na Europa Ocidental, o feudalismo tinha atingido, e provavelmente ultrapassado, seu pleno potencial econômico. Muito antes de o comércio começar a ser uma parte significativa da vida da Europa Ocidental, o feudalismo já começara a se dissolver. O impulso inicial dessa dissolução foi o fato de que, a despeito dos aumentos de produtividade, o excedente social se tornava cada vez menor para sustentar uma classe dominante que crescia rapidamente. Isso provocou conflitos cada vez mais sérios e irreconciliáveis dentro da própria classe dominante. No contexto desses conflitos graves entre vários segmentos da nobreza e do clero, o comércio se tornou uma força

Introdução

desestabilizante, corrosiva.[4] Em nosso resumo, nos limitaremos a discutir o feudalismo na Europa Ocidental, onde o comércio tendeu a acelerar a dissolução do feudalismo e a estabelecer muitas das fundações institucionais do capitalismo.

A expansão do comércio, particularmente de longa distância, levou ao estabelecimento de cidades industriais e comerciais para servir a esse comércio. O crescimento dessas cidades, bem como o seu crescente controle por capitalistas comerciantes, provocou importantes mudanças, tanto na agricultura quanto na indústria. Cada uma dessas áreas, particularmente a agricultura, teve seus laços enfraquecidos e, por fim, rompidos com a estrutura socioeconômica feudal.

Desde o início do período medieval, algum comércio de longa distância vinha sendo feito em muitas partes da Europa. Esse comércio era muito importante no sul da Europa, nos mares Mediterrâneo e Adriático, e a leste, no Mar do Norte e no Mar Báltico. Entretanto, entre essas duas áreas de comércio, o sistema feudal senhorial da maior parte da Europa permaneceu relativamente inalterado pelo comércio até a última fase da Idade Média.

A partir do século XI, as Cruzadas deram força a uma marcante expansão do comércio. Todavia, as Cruzadas em si não podem ser vistas como um fator externo ou acidental no desenvolvimento da Europa. Elas não foram promovidas por razões religiosas nem foram o resultado de ataques otomanos a peregrinos, já que os turcos mantiveram a política muçulmana de tolerância. Os acontecimentos no lado turco, de fato, levavam a ataques cada vez mais fortes a Bizâncio, mas o Ocidente, normalmente, enviava ajuda apenas simbólica, já que não havia grande simpatia por Bizâncio. As razões lógicas para as Cruzadas podem ser vistas no desenvolvimento intenso da França, onde tinham seu mais forte apoio. A França tornava-se cada vez mais forte, tinha crescentes relações comerciais com o leste e necessitava de uma válvula de escape para a inquietação social interna. Uma propaganda adicional em prol das Cruzadas era feita pela oligarquia de Veneza, que queria expandir seu comércio e sua influência no leste.[5]

O desenvolvimento do comércio com os árabes e com os *vikings*, no norte, levou ao crescimento da produção para a exportação e às grandes feiras comerciais, que floresceram do século XII ao final do século XIV. Realizadas anualmente nas principais cidades comerciais europeias, essas feiras geralmente duravam de uma a várias semanas. Os mercadores do norte da Europa trocavam cereais, peixes, lã, tecidos, madeira, breu, alcatrão, sal e ferro por especiarias, brocados, vinhos, frutas, ouro e prata, artigos dominantes no comércio do sul da Europa.

Por volta do século XV, as feiras já estavam sendo substituídas por cidades comerciais, onde florescia um mercado permanente. O comércio e o negócio nessas cidades se tornaram incompatíveis com os restritivos costumes e tradições feudais. Em geral, as cidades conseguiam ganhar independência de seus senhores feudais e da Igreja. Sistemas complexos de câmbio, compensação e facilidades creditícias se desenvolveram nesses centros comerciais, e instrumentos modernos, como letras de câmbio, tornaram-se de uso corrente. Novos sistemas de leis comerciais foram criados. Ao contrário do sistema paternalista de execução de dívidas, baseado nos costumes e na tradição vigentes no feudo, a lei comercial era fixada por um código preciso. Assim, essa lei tornou-se a base das modernas leis capitalistas dos contratos, títulos negociáveis, representação comercial e leilões.

No sistema artesanal senhorial, o produtor (o mestre artesão) era também o vendedor. Entretanto, as indústrias que apareciam nas novas cidades eram basicamente indústrias de exportação, nas quais o produtor estava distante do comprador final. Os artesãos vendiam seus produtos aos comerciantes que, por sua vez, os transportavam e revendiam. Outra diferença importante era a de que o artesão feudal era também um fazendeiro, de modo geral. O novo artesão das cidades desistiu da terra para dedicar-se inteiramente ao trabalho com o qual ele poderia obter uma renda monetária que podia ser usada para satisfazer as suas outras necessidades.

O Sistema Doméstico de Trabalho e o Nascimento da Indústria Capitalista

À medida que o comércio prosperava e se expandia, a necessidade de mais manufaturados e maior confiabilidade na oferta levaram a um crescente controle do processo produtivo pelo capitalista comerciante. Por volta do século XVI, o tipo de indústria artesanal, no qual o artesão era proprietário de sua oficina, de suas ferramentas e matérias-primas e funcionava como um pequeno produtor independente, tinha sido largamente substituído, nas indústrias de exportação, pelo sistema doméstico de trabalho. No início da utilização desse sistema, o capitalista comerciante fornecia a matéria-prima ao artesão independente e lhe pagava uma quantia para transformá-la em produtos acabados. Desse modo, o capitalista era proprietário do produto ao longo de todo o processo de produção, embora o trabalho fosse feito em oficinas independentes. Já em épocas mais avançadas de utilização desse sistema, o capitalista comerciante era proprietário das ferramentas e máquinas e, frequentemente, do prédio onde a produção tinha lugar. Ele contratava os trabalhadores para usar as ferramentas, fornecia-lhes a matéria-prima e recebia o produto acabado.

O trabalhador já não vendia um produto acabado ao comerciante. Vendia somente seu próprio trabalho. As indústrias têxteis estavam entre as primeiras em que o –sistema doméstico de trabalho se desenvolveu. Tecelões, fiandeiros, pisoeiros e tintureiros se encontravam em uma situação em que sua ocupação, e, portanto, sua capacidade de sustentar a si mesmo e suas famílias, dependia dos capitalistas comerciantes, que tinham de vender o que os trabalhadores produziam a um preço suficientemente alto para pagar salários e outras contas e ainda obter lucro.

O controle capitalista foi, então, estendido ao processo de produção. Ao mesmo tempo, foi criada uma força de trabalho que possuía pouco ou nenhum capital e nada tinha a vender, a não ser sua força de trabalho. Essas duas características marcam o surgimento do sistema econômico do capitalismo. Alguns autores e historiadores têm afirmado que o capitalismo já existia, quando o comércio e o espírito comercial se expandiram e se tornaram dominantes na Europa. O comércio, entretanto, existiu ao longo de toda a era feudal. Contudo, enquanto a tradição feudal permaneceu como o princípio organizador da produção, o comércio foi, na realidade, mantido fora do sistema econômico e social. O mercado e a busca de lucro monetário substituíram os costumes e a tradição, na determinação de quem executaria certa tarefa, como seria executada essa tarefa e se os trabalhadores poderiam ou não encontrar trabalho para o seu sustento. Quando isso ocorreu, o sistema capitalista foi criado.[6]

O capitalismo só se tornou dominante quando as relações entre capitalistas e trabalhadores, existentes nas indústrias de exportação do século XVI, foram estendidas à maioria das outras indústrias da economia. Para que tal sistema se desenvolvesse, a autossuficiência econômica do feudo tinha de ser quebrada e as tradições e os costumes feudais esvaziados ou destruídos. A agricultura tinha de se tornar um risco capitalista, no qual os trabalhadores vendessem seu trabalho aos capitalistas, e os capitalistas só comprassem trabalho se esperassem obter lucro no processo.

Existia uma indústria têxtil capitalista em Flandres, no século XIII. Quando, por várias razões, sua prosperidade começou a declinar, a riqueza e a pobreza que tinha criado provocaram uma longa série de violentas guerras de classes, começando por volta de 1280, que quase destruiu completamente a indústria. No século XIV, uma indústria têxtil capitalista prosperou em Florença. Tal como em Flandres, as condições adversas dos negócios conduziram a tensões entre uma classe trabalhadora miserável e seus ricos empregadores capitalistas. Essas tensões resultaram em rebeliões violentas, em 1379 e 1382. A incapacidade de resolver tais antagonismos de classes agravou significativamente o rápido declínio da indústria têxtil florentina, tal como já tinha ocorrido em Flandres.

Introdução

No século XV, a Inglaterra dominava o mercado têxtil mundial. Sua indústria têxtil capitalista tinha resolvido os problemas do conflito de classes, interiorizando-se. Enquanto as indústrias têxteis capitalistas anteriores, de Flandres e Florença, se localizavam em cidades densamente povoadas, nas quais os trabalhadores eram mantidos juntos e a resistência organizada era fácil de ser iniciada, as tecelagens inglesas estavam espalhadas pelo interior. Isso significava que os trabalhadores estavam isolados em pequenos grupos e não havia possibilidade de desenvolverem qualquer resistência organizada.

Entretanto, o novo sistema, em que os ricos proprietários do capital empregavam artesãos desprovidos de bens, era, antes, um fenômeno mais urbano do que rural. Desde o começo, essas empresas capitalistas buscavam posições monopolistas, controlando a demanda por seus produtos. O surgimento das guildas patronais, ou associações de comerciantes capitalistas empregadores, criou inúmeras barreiras para proteger a posição desses empregadores. Diferentes tipos de associações, com privilégios especiais e isenções para os filhos dos ricos, taxas elevadas pagas pelos seus membros e outras barreiras impediam os artesãos ambiciosos, porém mais pobres, de competir com a nova classe capitalista ou dela fazer parte. Na verdade, essas barreiras, de modo geral, resultaram na transformação dos artesãos mais pobres e seus filhos em uma nova classe trabalhadora urbana, que vivia exclusivamente de sua força de trabalho.

O Declínio do Sistema Senhorial

Antes, porém, que um sistema capitalista completo surgisse, a força das relações de mercado capitalistas deveria invadir a herdade senhorial, o bastião do feudalismo. Isso aconteceu em decorrência do enorme incremento de população nas novas cidades comerciais. As grandes populações urbanas dependiam da agricultura para obter alimentos e grande parte das matérias-primas para as indústrias de exportação. Essas necessidades estimulavam especializações urbanas e rurais e um grande fluxo de comércio entre o campo e a cidade. Os senhores feudais começaram a depender das cidades para conseguir bens manufaturados e procuravam cada vez mais os bens de luxo que os mercadores podiam vender.

Os camponeses do feudo também descobriram que poderiam trocar excedentes por dinheiro, nos mercados locais de cereais; o dinheiro poderia ser usado para pagar –taxas ao senhor feudal, em lugar do trabalho forçado.[7] Essa comutação, quase sempre, transformava o camponês em um pequeno negociante independente. Ele poderia arrendar terras do senhor, vender seus produtos para cobrir o aluguel e reter a receita excedente. Esse sistema dava ao camponês maior incentivo para produzir e, portanto, aumentar seus excedentes comercializáveis, o que induzia a mais comutação, maiores vendas subsequentes e assim por diante. O efeito cumulativo foi um rompimento gradual dos laços feudais, substituídos pelo mercado e pela busca do lucro como os princípios organizadores da produção. Por volta de meados do século XIV, os aluguéis pagos em dinheiro já excediam o valor dos serviços compulsórios em muitas partes da Europa.

Outro fator que levou as forças de mercado ao setor rural, estreitamente ligado à comutação, foi a alienação do domínio dos senhores feudais. Os senhores feudais que necessitavam de dinheiro para comprar bens manufaturados e bens de luxo começaram a arrendar suas próprias terras a camponeses, em lugar de trabalhá-las diretamente, utilizando o serviço obrigatório do servo. Esse processo induziu a uma situação na qual o senhor feudal simplesmente passava a ser um proprietário rural, no moderno sentido do termo. De fato, muito frequentemente ele se tornava ausente, na medida em que muitos senhores preferiam mudar para as cidades ou estavam longe, na guerra.

História do Pensamento Econômico

O esfacelamento do sistema feudal, todavia, se originou mais diretamente de uma série de catástrofes, no final do século XIV e no século XV. A Guerra dos Cem Anos, entre a França e a Inglaterra (1337-1453), estabeleceu a inquietação e a desordem geral, nesses dois países. A "Peste Negra" foi ainda mais devastadora. Às vésperas da epidemia de 1348-1349, a população inglesa atingira 4 milhões de habitantes. No início do século XV, após os efeitos das guerras e das epidemias, a população da Inglaterra mal atingia 2,5 milhões de habitantes. Isso era bastante representativo do que acontecia em outros países europeus. O despovoamento provocou uma enorme falta de mão de obra, e os salários de todos os tipos de trabalho se elevaram abruptamente. O aluguel da terra, agora relativamente abundante, começou a cair.

Tais fatos levaram a nobreza feudal a uma tentativa de anular as comutações que tinham concedido e restabelecer os serviços obrigatórios dos servos e camponeses (camponeses eram antigos servos que tinham atingido certo grau de independência e liberdade das restrições feudais). Descobriram, entretanto, que não se podia mais voltar à situação anterior desejada. O mercado tinha se estendido às regiões rurais e com ele aumentara a liberdade, a independência e a prosperidade dos camponeses. Esses resistiam muito aos esforços para restabelecer as antigas obrigações, e essa resistência não ficou sem resposta.

Como resultado, houve as famosas revoltas de camponeses, que explodiram em toda a Europa, do final do século XIV ao princípio do século XVI. Essas rebeliões se caracterizavam por sua extrema crueldade e ferocidade. Um escritor francês dessa época descreveu um bando de camponeses que mataram "um cavaleiro, atravessaram seu corpo com um espeto e assaram-no vivo, diante de sua esposa e filhos. Dez ou doze deles violentaram a mulher e a obrigaram a comer da carne do marido. Então, mataram-na e às suas crianças. Por onde essa gente desgraçada passava, destruía casas firmes e sólidos castelos".[8] Ao final, os camponeses rebeldes foram dizimados com igual ou maior crueldade e ferocidade pela nobreza.

A Inglaterra experimentou uma sucessão de tais revoltas, do final do século XIV ao século XV. No entanto, as revoltas ocorridas na Alemanha, no princípio do século XVI, foram provavelmente as mais sangrentas. A rebelião camponesa de 1524-1525 foi esmagada pelas tropas imperiais do Sacro Imperador Romano, que dizimou milhares de camponeses. Provavelmente só na Alemanha foram mortas mais de 100 mil pessoas.

Essas revoltas foram aqui mencionadas para ilustrar o fato de que as mudanças fundamentais na estrutura política e econômica, frequentemente, só são conseguidas após conflitos violentos e traumatizantes. Qualquer sistema econômico gera uma ou mais classes, cujos privilégios dependem da continuação desse sistema. Essas classes fazem de tudo para resistir a mudanças e proteger suas posições, como é natural. A nobreza feudal desencadeou uma reação selvagem contra o novo sistema capitalista de mercado, mas as forças da mudança agastaram completamente essa reação. Embora as mudanças importantes tenham sido introduzidas pelos comerciantes em ascensão e a pequena nobreza, os camponeses foram as tristes vítimas políticas das convulsões sociais consequentes. E, ironicamente, eles estavam, na maioria das vezes, lutando para proteger o *status quo*.

O Surgimento da Classe Trabalhadora

O início do século XVI é um divisor de águas na História da Europa. Marca a tênue linha divisória entre a ordem feudal decadente e o sistema capitalista que surgia. Após 1500, mudanças econômicas e sociais importantes começaram a ocorrer com maior frequência, cada uma reforçando a anterior, e

Introdução

todas juntas conduzindo ao capitalismo. Entre as mais importantes estavam aquelas que criavam uma classe trabalhadora sistematicamente privada do controle sobre o processo de produção e forçada a uma situação em que a venda de sua força de trabalho era a única possibilidade de sobrevivência. A população da Europa Ocidental, que tinha permanecido relativamente estagnada durante um século e meio, aumentou em quase um terço, no século XVI, chegando a 70 milhões em 1600.

O aumento na população foi acompanhado pelos *movimentos dos cercamentos*, que começou na Inglaterra, já no século XIII. A nobreza feudal, cada vez mais necessitada de dinheiro, cercava ou fechava terras até então usadas como pasto comum, utilizando-a, então, como pasto de ovelhas, para satisfazer à explosiva demanda por lã pela indústria têxtil lanífera inglesa. As ovelhas davam bons lucros e exigiam um mínimo de trabalho nas pastagens.

O movimento dos cercamentos atingiu seu ponto máximo nos séculos XV e XVI, quando, em algumas áreas, de 3/4 a 9/10 dos habitantes foram expulsos do campo e forçados a buscar sustento nas cidades. Ondas subsequentes de cercamento continuaram até o século XIX. Os cercamentos e o crescimento populacional destruíram os laços feudais remanescentes, criando uma grande e nova força de trabalho – uma força de trabalho sem terra, sem quaisquer ferramentas ou instrumentos de produção, apenas com a força do trabalho para vender. Essa migração para as cidades significava mais trabalho para as indústrias capitalistas, mais homens para os exércitos e marinhas, mais homens para colonizar novas terras e mais consumidores ou compradores potenciais de produtos.

Mas os cercamentos e o aumento populacional não foram, de modo algum, a única origem da nova classe operária. Inúmeros camponeses, pequenos proprietários de terra e membros da pequena nobreza foram à falência com os exorbitantes aumentos dos aluguéis monetários. Dívidas acumuladas que não podiam ser saldadas arruinaram muitos outros. Nas cidades maiores e menores, as guildas passaram a preocupar-se cada vez mais com os níveis de renda de seus membros. Era óbvio, para os artífices e mercadores das corporações, que os passos dados para minimizar o número de seus membros serviriam para monopolizar seus ofícios e para aumentar suas rendas. Um número cada vez maior de produtores urbanos passou a não ter direito a ter qualquer meio de produção independente, à medida que as guildas ficavam mais exclusivas. Assim, uma parcela considerável da nova classe trabalhadora foi criada nas cidades pequenas e grandes.

Muitos agricultores e artesãos, que tinham sido, então, expulsos da terra e impedidos de ter acesso a seus meios originais de produção, tornaram-se vadios e mendigos. Um número ainda maior procurou garantir sua subsistência, apossando-se ilegalmente de terras marginais e não usadas, onde podiam plantar para seu próprio uso. Foram aprovadas leis extremamente repressivas contra esse tipo de lavoura e contra a vadiagem.[9] Assim, quando a força, a fraude e a morte pela fome foram insuficientes para criar a nova classe trabalhadora, lançou-se mão de estatutos criminais e repressão do governo.

Outras Forças na Transição para o Capitalismo

Outras forças de mudança também foram instrumentais na transição para o capitalismo. Entre elas estava o despertar intelectual do século XVI, que promoveu o progresso científico, que logo foi aproveitado na prática da navegação. O telescópio e a bússola permitiram que os homens navegassem com muito mais precisão, cobrindo distâncias muito maiores. Isso levou às Grandes Descobertas. Em um curto período, os europeus tinham mapeado rotas marítimas para as Índias, a África e as Américas. Essas descobertas tiveram uma dupla importância: primeiro, resultaram num fluxo rápido e intenso de metais preciosos para a Europa; em segundo lugar, anunciaram uma época de colonização.

História do Pensamento Econômico

Entre 1300 e 1500, a produção de ouro e prata, na Europa, tinha estagnado. O comércio capitalista, que se expandia rapidamente, e a extensão do sistema de mercado para a cidade e o campo tinham provocado uma escassez aguda de moedas. Como eram basicamente de ouro e prata, a necessidade desses metais era crítica. A partir mais ou menos de 1450, essa situação foi aliviada um pouco, quando os portugueses começaram a extrair metais da Costa do Ouro, na África, mas a escassez geral continuou até meados do século XVI. Daí em diante, houve uma entrada tão grande de ouro e prata vindos das Américas, que a Europa experimentou a inflação mais rápida e duradoura de sua história.

Durante o século XVI, os preços subiram, na Europa, entre 150% e 400%, dependendo do país ou da região. Os preços dos produtos manufaturados aumentaram muito mais rápido do que os aluguéis ou os salários. De fato, a disparidade entre preços e salários persistiu até fins do século XVII. Isso quer dizer que a classe dos proprietários de terras (ou a nobreza feudal) e a classe trabalhadora sofreram, porque suas rendas subiram menos rapidamente do que suas despesas. A classe capitalista foi a grande beneficiária da revolução dos preços. Recebeu lucros cada vez maiores e pagou salários reais cada vez mais baixos, comprando matérias-primas que se valorizavam muito durante o tempo em que eram mantidas em estoque.

Esses lucros maiores foram acumulados como capital. O capital inclui os materiais necessários à produção e ao comércio e consiste em todas as ferramentas, equipamentos, fábricas, matérias-primas, produtos em elaboração, meios de transporte dos produtos e dinheiro. Existem meios físicos de produção em todos os tipos de sistema econômico, mas eles só podem tornar-se capital em um contexto social em que existam as relações sociais necessárias à produção de mercadorias e à propriedade privada. Assim, o capital refere-se a mais do que simples objetos físicos; refere-se a um conjunto complexo de relações sociais. Em nossa discussão anterior, vimos que uma das características que definem o sistema capitalista é a existência de uma classe de capitalistas que possui o capital. É em virtude da propriedade deste capital que ela aufere seus lucros. Esses lucros são reinvestidos ou usados para aumentar o capital. Essa acumulação de capital leva a mais lucros, que, por sua vez, levam a mais acumulação, e o sistema continua em uma espiral ascendente.

O termo *capitalismo* descreve de modo bastante correto esse sistema de busca de lucro e de acumulação de capital. A propriedade do capital é a fonte dos lucros e, daí, a fonte de mais acumulação de capital. Contudo, esse processo do "ovo e da galinha" teria de ter um começo. A acumulação inicial substancial ou acumulação primitiva de capital ocorreu no período que está sendo considerado. As quatro fontes mais importantes de acumulação inicial de capital foram: (1) o volume do comércio, que cresceu rapidamente; (2) o sistema industrial de produção doméstica; (3) o movimento dos cercamentos; (4) a grande inflação de preços. Havia muitas outras fontes de acumulação inicial de capital, algumas das quais eram menos respeitáveis e, muitas vezes, esquecidas – por exemplo, a pilhagem colonial, a pirataria e o comércio de escravos.

Durante os séculos XVI e XVII, o sistema doméstico de trabalho foi ampliado até tornar-se comum em quase todos os tipos de indústria. Embora ainda não fosse o tipo moderno de produção fabril, o maior grau de especialização do sistema permitiu significativos aumentos de produtividade. Os avanços técnicos da construção naval e da navegação também baixaram os custos do transporte. Assim, durante esse período, a produção e o comércio capitalista prosperaram e cresceram muito depressa. A nova classe capitalista (classe média ou burguesia) substituiu, lenta, porém inexoravelmente, a nobreza como classe que dominava o sistema econômico e social.

O aparecimento dos novos Estados-nação assinalou o começo da transição para uma nova classe dominante. Os novos monarcas, em geral, procuravam o apoio da classe capitalista burguesa, em seu esforço de derrotar seus rivais feudais e unificar o estado sob o mesmo poder central. Essa unificação libertou os mercadores do emaranhado feudal de regras, regulamentos, leis, pesos, medidas e moedas diferentes; consolidou muitos mercados; e deu proteção militar aos empreendimentos comerciais. Em troca, o monarca dependia dos capitalistas para as tão necessárias fontes de receita.

Embora a Inglaterra tenha sido nominalmente unificada muito antes, só foi unificada, de fato, quando Henrique VII (1485-1509) iniciou a dinastia dos monarcas Tudor. Henrique VIII (1509-1547) e Elizabeth I (1558-1603) conseguiram completar o trabalho de construção da nação apenas porque tiveram o apoio do Parlamento, que representava as classes médias dos condados e cidades. Nas revoluções de 1648 e 1688, a supremacia do Parlamento, ou da classe média burguesa, foi finalmente estabelecida.

Os outros Estados-nação capitalistas importantes também surgiram nessa época. Na França, Luís XI (1461-1483) foi o primeiro rei a unificar efetivamente a França, desde a época de Carlos Magno. O casamento de Fernando de Aragão e Isabela de Castilha, em 1469, e a posterior derrota por eles infligida aos mouros, levaram à unificação da Espanha. A República Holandesa – o quarto dos Estado-nação importantes – só conseguiu sua independência em 1690, quando acabou expulsando os opressores espanhóis.

Em fins do século XVI e início do século XVIII, quase todas as grandes cidades da Inglaterra, França, Espanha e dos Países Baixos (Bélgica e Holanda) já tinham se transformado em prósperas economias capitalistas, dominadas pelos mercadores capitalistas, que controlavam não só o comércio, mas também grande parte da indústria. Nos modernos Estados-nação, coalizões de monarcas e capitalistas tinham retirado o poder efetivo da nobreza feudal de muitas áreas importantes, principalmente nas relacionadas com a produção e o comércio. Essa época do início do capitalismo é conhecida como *mercantilismo*.

O Mercantilismo

A fase inicial do mercantilismo – geralmente chamada *bulionismo* – originou-se no período em que a Europa estava passando por uma aguda escassez de ouro e prata em barra, não tendo, portanto, moeda suficiente para atender ao volume crescente do comércio. Foram estabelecidas políticas bulionistas para atrair ouro e prata para um país e mantê-los no próprio país, proibindo-se sua exportação. Essas restrições duraram desde o fim da Idade Média até os séculos XVI e XVII.

A Espanha – o país para onde foi quase todo o ouro das Américas – aplicou restrições bulionistas por mais tempo e impôs a punição mais severa para a exportação de ouro e prata: a morte. Contudo, as necessidades do comércio eram tão urgentes e os lucros com a importação de mercadorias estrangeiras poderiam ser tão altos, que até na Espanha os mercadores capitalistas conseguiram subornar funcionários corruptos ou contrabandear grandes quantidades de barras de ouro e prata para fora do país. O ouro e a prata espanhóis logo penetraram em toda a Europa, tendo sido, em larga medida, responsáveis pelo longo período de inflação já descrito. A Espanha só legalizou a exportação de ouro e prata muito depois de as restrições bulionistas terem sido suspensas na Inglaterra e na Holanda, em meados do século XVI.

Após uma época bulionista, a vontade dos mercantilistas de maximizar o ouro e a prata dentro de um país assumiu a forma de tentativas dos governos para conseguir um saldo favorável na balança comercial, quer dizer, ter mais moeda entrando no país do que dele saindo. Assim, as exportações de bens, bem como o transporte e os seguros (quando feitos por cidadãos do país e pagos por estrangeiros) foram estimulados, e as importações de bens e os custos de transporte e seguros pagos a estrangeiros foram desestimulados.

História do Pensamento Econômico

Um dos tipos mais importantes de política destinada a aumentar o valor das exportações e diminuir as importações foi a criação de monopólios comerciais. Um país como a Inglaterra poderia comprar mais barato (de uma área atrasada, por exemplo) se apenas um mercador inglês barganhasse com os estrangeiros, em vez de vários mercadores ingleses concorrentes pressionarem a elevação dos preços, na tentativa de ficar com o negócio. Analogamente, os mercadores ingleses poderiam vender suas mercadorias aos estrangeiros a preços muito mais altos se houvesse apenas um vendedor, em vez de vários vendedores, baixando o preço para atrair os fregueses de seus concorrentes.

O governo inglês podia proibir os mercadores ingleses de concorrer numa área em que um desses monopólios tivesse sido concedido. Todavia, era muito mais difícil manter afastados os mercadores franceses, holandeses ou espanhóis. Vários governos procuraram excluir esses mercadores estrangeiros rivais, estabelecendo impérios coloniais que podiam ser controlados pela metrópole, para assegurar um monopólio comercial. As possessões coloniais poderiam, com isso, fornecer matérias-primas baratas à matriz e delas comprar produtos manufaturados caros.

Além de estabelecer monopólios, todos os países da Europa Ocidental (exceto a Holanda) aplicavam extensos regulamentos às atividades de exportação e importação. Esses regulamentos talvez fossem mais amplos na Inglaterra, onde os exportadores que achavam difícil concorrer com os estrangeiros recebiam devoluções de impostos ou, como se isso não bastasse, recebiam subsídios. Uma grande lista de matérias-primas pagava imposto de exportação, para que não saíssem da Inglaterra. Assim, o preço que os mercadores-industriais ingleses tinham de pagar por essas matérias-primas seria minimizado. Às vezes, quando esses artigos tinham uma oferta reduzida para os industriais ingleses, o Estado proibia completamente sua exportação. A indústria têxtil inglesa recebeu esse tipo de proteção. No começo do século XVIII, ela representava aproximadamente a metade das exportações da Inglaterra. Os ingleses proibiram a exportação de quase todas as matérias-primas e produtos semiacabados, ovelhas, lã, fios e estambre, que eram usados pela indústria têxtil.

Medidas visando ao desestímulo das importações também eram muito comuns. A importação de algumas mercadorias era proibida, e outras mercadorias pagavam direitos alfandegários tão altos que eram quase eliminadas do comércio. Dava-se ênfase especial à proteção das principais indústrias de exportação da Inglaterra contra a concorrência estrangeira que tentasse penetrar nos mercados internos das indústrias exportadoras.

É claro que essas restrições beneficiavam alguns capitalistas e prejudicavam outros. Conforme esperado, grupos especiais estavam sempre em conluio, para manter as restrições ou para estendê-las a diferentes áreas, de diferentes maneiras. Tentativas como os *Atos de Navegação* ingleses de 1651 e 1660 foram feitas para promover o uso de navios ingleses (fabricados na Inglaterra e com tripulação inglesa) no comércio de importação e exportação. Todas essas regulamentações do comércio exterior e dos transportes visavam a aumentar o fluxo de moeda para dentro do país e, ao mesmo tempo, diminuir a saída de moeda do país. É desnecessário dizer que muitas dessas medidas também decorreram de apelos e pressões de grupos de interesse especiais.

Além dessas restrições ao comércio exterior, havia um emaranhado de restrições e regulamentos destinados ao controle da produção interna. Além das isenções tributárias, dos subsídios e de outros privilégios usados para estimular a maior produção das indústrias exportadoras importantes, o Estado também se envolvia na regulamentação dos métodos de produção e da qualidade dos produtos produzidos. Na França, o regime de Luís XIV codificou, centralizou e ampliou os antigos controles descentralizados das guildas. Técnicas de produção específicas tornaram-se obrigatórias e foram aprovadas amplas medidas de controle de qualidade, com inspetores nomeados em Paris encarregados de fazer cumprir essas leis localmente. Jean Baptiste Colbert, famoso ministro e conselheiro econômico de Luís

16

XIV, foi o responsável pelo estabelecimento de regulamentos extensos e minuciosos. Na indústria têxtil, por exemplo, a largura de uma peça de tecido e o número exato de fios contidos nesse tecido eram rigidamente especificados pelo governo.

Na Inglaterra, o *Estatuto dos Artífices* (1563) transferiu, na prática, para o Estado as funções das antigas corporações de artífices. Levou ao controle central sobre o treinamento dos trabalhadores da indústria, sobre as condições de emprego e sobre a alocação de mão de obra em diferentes tipos de ocupação. A regulamentação dos salários, da qualidade de muitas mercadorias e de outros detalhes da produção interna também foi tentada na Inglaterra nessa época.

Não está exatamente claro até que ponto o pensamento mercantilista foi sinceramente motivado pelo desejo de aumentar o poder do Estado ou até que ponto foi um esforço mal disfarçado para promover os interesses especiais dos capitalistas. A distinção é relativamente sem importância, porque quase todos os mercantilistas acreditavam que a melhor maneira de promover os interesses do Estado era promover políticas que aumentassem os lucros dos mercadores-capitalistas. De muito maior interesse são as ideias mercantilistas sobre uma questão que será sempre mencionada neste livro: qual é a natureza e quais são as origens do lucro? São suas ideias sobre essa questão que abordaremos no próximo capítulo.

Notas do Capítulo 1

1. Uma discussão mais completa do sistema econômico e social medieval pode ser encontrada em J. M. Chapman e Eileen E. Powers, eds., *The Agrarian Life of the Middle Ages*. 2ª ed., *The Cambridge Economic History of Europe*, vol. 1. Londres: Cambridge University Press, 1966.
2. WHITE Jr., Lynn. *Medieval Technology and Social Change*. Oxford: Claredon Press, 1962. p. 71-72.
3. MISKIMIN, Harry A. *The Economy of Early Renaissance Europe, 1300-1460*. Englewood Cliffs, N.J: Prentice-Hall, 1969. p. 20.
4. Um exemplo histórico concreto dos conflitos cada vez maiores no interior da classe feudal dominante e da consequente deterioração econômica e social do feudalismo antes do crescimento do comércio pode ser encontrado em BEITSCHER, Jane K. e HUNT, E.K. "Insights into the Dissolution of the Feudal Mode of Production". *Science and Society*, 40 (1), p. 57-71, 1976.
5. Uma discussão mais completa da ascensão do comércio e dos negócios pode ser encontrada em DILLARD, Dudley, *Economic Development of the North Atlantic Community*. Englewood Cliffs, N.J.: Prentice-Hall, 1967, p. 3-17.
6. Ver DOBB, Maurice. *Studies in the Development of Capitalism*. Londres: Routledge & Kegan Paul, 1946. (Principalmente o Capítulo 4.).
7. A comutação envolvia a substituição do trabalho exigido do servo pelo pagamento de aluguel em dinheiro.
8. GRAS, NSB. *A History of Agriculture in Europe and America*. Nova York: Appleton, 1940. p. 108.
9. Ver DOBB. *Development of Capitalism,* capítulo 6.

CAPÍTULO 2

Ideias Econômicas Anteriores a Adam Smith

No início da época mercantilista, quase toda a produção ficava a cargo de trabalhadores que ainda eram donos de seus próprios meios de produção e os controlavam. Os capitalistas eram, basicamente, mercadores e seu capital consistia, quase todo, em dinheiro e estoques de mercadorias a serem vendidas. Portanto, era natural que os autores mercantilistas vissem as trocas ou as compras e vendas como a fonte dos lucros. É claro que esses lucros eram trocados por mercadorias que representavam uma parte do excedente, mas a parte desse excedente que cabia ao mercador não era, naquele período inicial, conseguida através do controle do processo produtivo. Os senhores feudais ainda controlavam, de modo geral, a produção e ficavam com o excedente. O resultado da troca entre os mercadores e os senhores feudais era uma divisão do excedente entre os dois grupos. Portanto, do ponto de vista dos mercadores, eram as trocas, e não a produção, que geravam seus lucros.

O capital do mercador era a propriedade dos meios de compra, transporte e venda, ao passo que o capital industrial consistia na propriedade dos meios necessários para a produção. Nesse período, o capital industrial ainda era bastante insignificante e pouco visível, enquanto o capital comercial era difundido e significativo. Portanto, não foi a incapacidade intelectual ou teórica que fez com que os autores mercantilistas considerassem a compra e a venda como fonte dos lucros, em vez da produção. Suas ideias refletiam a realidade econômica da época em que escreveram.

Primeiros Escritos Mercantilistas sobre Valor e Lucro

O capital mercantil gerava lucro quando o preço pelo qual uma mercadoria era vendida era suficientemente alto para cobrir o preço pago por ela, mais as despesas de manuseio, armazenagem, transporte e venda da mercadoria e, mais ainda, um excedente sobre esses custos. Esse excedente era o lucro do mercador. Portanto, compreender os determinantes dos preços pelos quais as mercadorias eram compradas e vendidas era crucial para compreender os lucros do mercador.

Os primeiros pensadores medievais afirmavam que o preço de uma mercadoria tinha de ser suficiente para cobrir os custos diretos de produção de um artesão e ainda permitir que ele conseguisse um retorno sobre seu próprio trabalho, suficiente para manter-se no estilo de vida tradicionalmente reputado como adequado para os artesãos. Em outras palavras, os preços eram determinados pelos custos de produção, inclusive uma remuneração implícita e apropriada do trabalho dos artesãos.[1]

Os primeiros mercantilistas, de modo geral, abandonaram essa abordagem baseada no custo de produção para a compreensão dos preços e se concentraram no ponto de venda para analisar os valores de troca. Um estudioso das ideias mercantilistas concluiu que, apesar de haver uma vasta gama de diferenças em aspectos específicos, existem três noções importantes sempre presentes em quase todos os primeiros registros mercantilistas escritos sobre a teoria do valor. A primeira é o "valor" ou "valor natural" das mercadorias – que era, simplesmente, seu preço real de mercado. A segunda refere-se às forças da oferta e da demanda, que determinavam o valor de mercado. A terceira é que os autores mercantilistas quase sempre discutiam "valor intrínseco" ou valor de uso como o fator mais importante na determinação da demanda, sendo, portanto, um determinante causal importante do valor de mercado.[2]

Nicholas Barbon, um dos mais importantes autores mercantilistas, resumiu esses três pontos em seu panfleto intitulado *A Discourse on Trade*:

1. O preço dos produtos é o valor atual... O mercado é o melhor juiz do valor; isto porque é com o encontro de compradores e vendedores que a quantidade dos produtos e a ocasião são mais bem conhecidas: as coisas valem tão somente o preço pelo qual podem ser vendidas, de acordo com a antiga regra: *valet quantum vendi potest.*

2. O preço dos produtos é o valor atual e é obtido calculando-se as ocasiões ou seus usos, com a quantidade servindo aquela ocasião... É impossível, para o mercador, ao comprar suas mercadorias, saber por quanto as venderá: seu valor depende da diferença entre a ocasião e a quantidade; embora esta observação seja a principal preocupação do mercador, o preço depende de tantas circunstâncias, que é impossível sabê-lo. Portanto, se o excesso de mercadorias tiver baixado o preço, o mercado as retira até a quantidade ser consumida e o preço subir.

3. O valor de todos os produtos deriva do seu uso; coisas sem uso algum não têm valor algum. O uso das coisas visa a satisfazer os desejos e necessidades do homem; a humanidade nasce com dois desejos gerais: os desejos do corpo e os desejos da mente; para satisfazê-los, tudo o que está sob o Sol torna-se útil, tendo, portanto, um valor... O valor de todos os produtos deriva de seu uso, e seu preço, caro ou barato, deriva de sua abundância e de sua escassez.[3]

O panfleto de Barbon foi escrito em uma época em que as atitudes econômicas estavam começando a passar por uma rápida mudança. As passagens citadas refletem as atitudes dos primeiros mercantilistas, que viam o lucro como originário basicamente do ato de troca. Seu lucro era proveniente, em grande parte, de duas fontes. Primeiro, a inflação dos séculos XVI e XVII (discutida no capítulo anterior) tinha criado uma situação na qual houve, de modo geral, um aumento substancial do valor dos estoques existentes. Entre a data em que os mercadores compravam as mercadorias e a data em que as vendiam,

Ideias Econômicas Anteriores a Adam Smith

o aumento do preço dessas mercadorias resultava em lucros extraordinários. Em segundo lugar, o que era mais importante, as diferentes condições de produção em várias regiões de um país ou em várias partes do mundo, juntamente com o fato de que havia muito pouca mobilidade de recursos, tecnologia e mão de obra entre essas regiões, faziam com que os preços relativos de mercadorias fossem muito diferentes, nas várias regiões ou países. Os mercadores compravam uma mercadoria em uma região ou em um país em que ela fosse relativamente barata e a vendiam em uma região ou em um país onde ela fosse relativamente cara.

Nessas circunstâncias, não é de admirar que os mercadores tivessem uma concepção do valor de uma mercadoria em termos de seu preço de mercado e não de suas condições de produção. Além do mais, era muito natural que eles vissem as diferenças de preços de mercado como resultado de diferenças de disposição ou de vontade de comprar determinadas mercadorias. A oferta só começava a ser considerada à medida que os mercadores viam que, com certo grau de vontade de comprar uma mercadoria, seu preço seria alto se ela tivesse uma oferta reduzida ou baixo se sua oferta fosse abundante. Era por essa razão que as grandes companhias de comércio procuravam monopólios criados e defendidos pelo Estado.

A concorrência entre os mercadores levava, inevitavelmente, a uma redução das diferenças de preços relativos e, daí, a uma redução de seus lucros. Se determinada mercadoria tivesse um preço muito alto, em determinada região, o mercador que tivesse comprado essa mercadoria a um preço baixo, e que a tivesse transportado para essa região, teria um lucro maior. Mas esse lucro seria, inevitavelmente, uma isca que atrairia outros mercadores para vender a mesma mercadoria na mesma região. Entretanto, um número maior de mercadores implicaria maior oferta, o que levaria a um preço mais baixo e a menores lucros. Assim, as grandes companhias de comércio iam muito longe para evitar concorrentes e manter seus privilégios monopolistas.

Os primeiros mercantilistas achavam que o controle das condições que afetavam a oferta de mercadorias era o principal meio através do qual poderiam ser conseguidos e mantidos os altos lucros. Contudo, o período inicial do mercantilismo ainda não tinha passado pela mudança de atitudes sociais que, mais tarde, perdoaria e justificaria a incessante busca do lucro como um fim em si mesmo. As motivações e as racionalizações dos governos, em suas políticas de promoção dos lucros dos mercadores, eram muito diferentes das motivações e racionalizações que vão caracterizar os governos capitalistas desde o século XIX até os dias atuais.

No início do período mercantilista, havia uma continuidade ideológica entre as defesas intelectuais das políticas mercantilistas e as primeiras ideologias que defendiam a ordem econômica medieval. Essa última baseava-se na ética cristã paternalista, que justificava extremas desigualdades de riqueza, supondo que Deus escolhera os ricos como guardiães benevolentes do bem-estar material das massas.[4] A Igreja Católica tinha sido a instituição através da qual esse paternalismo fora posto em prática. À medida que o capitalismo foi se desenvolvendo, a Igreja ficou mais fraca e os governos dos Estados-nação que iam surgindo se tornaram mais fortes. No início do período mercantilista, os autores de trabalhos de Economia passaram a substituir cada vez mais a Igreja medieval pelo Estado, como a instituição que deveria cuidar do bem-estar público.

Durante o reinado de Henrique VIII, a Inglaterra rompeu com o catolicismo romano. Esse acontecimento foi importante, porque marcou a secularização final (pelo menos na Inglaterra) das funções da Igreja medieval. Com Henrique VIII, "o Estado, sob a forma de uma monarquia divina, assumiu o papel e as funções da antiga Igreja universal. O que Henrique VIII fez, à sua própria maneira grosseira, foi santificar os processos deste mundo".[5] Durante seu reinado e os reinados de Elizabeth I, Jaime I e Carlos I (1558-1649), houve inquietação social generalizada. A causa dessa inquietação era a pobreza;

a causa de grande parte dessa pobreza era o desemprego; a causa de grande parte desse desemprego era o movimento dos cercamentos.

Contudo, outro fator foi o declínio da exportação de lã, na segunda metade do século XVI, que provocou grande desemprego na principal indústria inglesa. Houve também muitas crises comerciais parecidas com a fase de depressão dos ciclos econômicos posteriores, embora sem a mesma regularidade. Além desses fatores, o desemprego sazonal fazia com que muitos trabalhadores ficassem sem trabalhar até durante quatro meses por ano.

O povo não podia mais procurar a Igreja Católica para fugir do desemprego e da pobreza. A destruição do poder da Igreja tinha eliminado o sistema organizado de caridade, e o Estado procurava assumir a responsabilidade pelo bem-estar geral da sociedade. Para isso, "os líderes ingleses iniciaram um programa geral e coordenado de reorganização e racionalização... da indústria, estabelecendo as especificações de padrões de produção e comercialização".[6] Todas essas medidas visavam a estimular o comércio inglês e a minorar o problema do desemprego.

De fato, parece que o desejo de alcançar o pleno emprego é o tema unificador de quase todas as medidas de política advogadas pelos autores mercantilistas. Os mercantilistas preferiam medidas destinadas a estimular o comércio exterior, em lugar do comércio interno, "porque achavam que ele contribuía mais para o emprego, a riqueza e o poder da nação. Os autores passaram a ressaltar, depois de 1600, o efeito inflacionário de um excesso de exportações sobre as importações e o consequente aumento de empregos provocados pela inflação".[7]

Entre outras medidas tomadas para estimular a indústria naquele período, podemos citar a concessão de patentes de monopólio. A primeira patente importante foi concedida em 1561, no reinado de Elizabeth I. Davam-se direitos de monopólio para estimular as invenções e para criar novas indústrias. Esses direitos eram alvo de grandes abusos, conforme era de se esperar. Além disso, levavam a um sistema complexo de privilégios e apadrinhamentos especiais e a uma série de outros males, que escandalizavam quase todos os autores mercantilistas, tanto quanto os mesmos abusos escandalizavam os reformadores americanos do fim do século XIX. Os males do monopólio levaram ao *Estatuto dos Monopólios* de 1624, que colocava fora da lei todos os monopólios, exceto os que envolvessem verdadeiras invenções ou que fossem instrumentos de promoção de um balanço de pagamentos favorável. É claro que essas brechas eram grandes, e os abusos continuaram praticamente sem coibição.

O *Estatuto dos Artífices* (1563) especificava condições de emprego e o tempo do aprendizado, previa avaliações salariais periódicas e estabelecia salários máximos a serem pagos aos operários. Esse estatuto era importante, porque ilustrava o fato de que a ética paternalista da Coroa nunca levou a qualquer tentativa de elevar o *status* das classes trabalhadoras. Os monarcas desse período sentiam-se obrigados a proteger as classes trabalhadoras, mas, como seus antecessores da Idade Média, acreditavam que aquelas classes deveriam ficar em seu devido lugar. Os salários máximos visavam a proteger os capitalistas e, além do mais, os juízes que os estabeleciam e que faziam cumprir o estatuto, geralmente, pertenciam à classe empregadora. É provável que esses níveis máximos reduzissem os salários reais dos trabalhadores, porque os preços, em geral, subiam mais rapidamente do que os salários, com o passar dos anos.

As "Leis dos Pobres", aprovadas em 1531 e 1536, procuraram enfrentar os problemas do desemprego, da pobreza e da miséria, generalizados na Inglaterra. A primeira dessas leis procurou fazer uma distinção entre pobres "com merecimento" e "sem merecimento"; só os primeiros tinham permissão de mendigar. A segunda lei estabeleceu que cada paróquia, em toda a Inglaterra, seria responsável pelos seus pobres e que a paróquia deveria, por meio de contribuições voluntárias, manter um fundo para os pobres. Isso se revelou inteiramente inadequado, e o problema da pobreza foi ficando cada vez mais grave.

Ideias Econômicas Anteriores a Adam Smith

Finalmente, em 1572, o Estado aceitou o princípio de que os pobres teriam de ser mantidos por recursos tributários e estabeleceu um "imposto para os pobres compulsório". Em 1576, foram autorizadas a funcionar "casas de correção" para os "vadios incorrigíveis", tendo-se tomado providências no sentido de as paróquias comprarem matérias-primas para serem trabalhadas pelos pobres e vadios mais tratáveis. Daquela época até o fim do século XVI, foram aprovados muitos outros estatutos dos pobres.

A *Lei dos Pobres*, de 1601, foi a tentativa dos Tudor consolidarem aquelas leis de forma coerente. Suas disposições principais incluíam o reconhecimento formal do direito de os pobres receberem auxílio, a imposição de contribuições em nível de paróquias e o tratamento diferenciado para várias classes de pobres. As pessoas de idade e os doentes poderiam receber ajuda em suas casas; os filhos dos pobres que tivessem muito pouca idade para receber treinamento em um ofício ficariam internos; os pobres merecedores e os desempregados receberiam trabalho, segundo as disposições da lei de 1576; os vadios incorrigíveis deveriam ser mandados para casas de correção e prisões.[8]

Com base na discussão anterior, podemos concluir que o período do mercantilismo inglês se caracterizou pela aceitação, segundo o espírito da ética cristã paternalista, da ideia de que "o Estado tinha a obrigação de servir à sociedade, aceitando e satisfazendo a responsabilidade pelo bem-estar geral".[9] Os vários estatutos aprovados naquele período "assentavam-se na ideia de que a pobreza, em vez de ser um pecado pessoal, era função do sistema econômico".[10] Reconheciam que as vítimas das deficiências do sistema econômico deveriam ser alvo dos cuidados daqueles que dele se beneficiavam.

Escritos Mercantilistas Posteriores e a Filosofia do Individualismo

À medida, porém, que o capitalismo foi se desenvolvendo, duas novidades econômicas foram tornando a visão mercantilista insatisfatória para as necessidades do novo sistema e para a maioria dos capitalistas importantes da época. Primeiro, apesar dos esforços das grandes companhias de comércio para manter seus monopólios, a difusão do comércio e o aumento da concorrência (principalmente dentro dos próprios Estados-nação) foram continuamente diminuindo as diferenças relativas de preços entre as diversas regiões e nações. Isso reduziu os lucros que poderiam ser auferidos pelo simples aproveitamento dessas diferenças de preços.

A segunda mudança estava intimamente relacionada com a primeira. À medida que os lucros potenciais auferidos somente pelas diferenças de preços foram sendo reduzidos, passando a haver uma integração do controle capitalista, tanto dos processos de produção, quanto do comércio. Essa integração teve duas origens. Inicialmente, os mercadores procuraram obter maior controle sobre a produção, criando o sistema doméstico de trabalho (discutido no capítulo anterior). Um pouco mais tarde, porém, houve outra inovação, que acabou sendo muito mais revolucionária. Já no século XVI, as guildas passaram a ser sistemas relativamente fechados, destinados a proteger o *status* e a renda dos mestres de corporação, restringindo o número de aprendizes e de artífices que poderiam se tornar mestres. Com o tempo, em muitas corporações, os mestres foram se transformando, cada vez mais, nos organizadores e controladores do processo produtivo, deixando de ser meros trabalhadores que operavam ao lado dos aprendizes e dos artífices. Os mestres passaram a ser empregadores ou capitalistas, e os artífices passaram a ser simples trabalhadores contratados, com pouca ou nenhuma perspectiva de se tornarem mestres.

No início do século XVII, esses capitalistas produtores começaram a entrar no ramo do comércio. Logo passaram a constituir uma grande força na vida econômica da Inglaterra – uma força que, segundo

Dobb, constituía "um importante deslocamento do centro de gravidade" do sistema socioeconômico inglês.[11] Os interesses desse novo segmento da classe capitalista eram, desde o início, quase sempre contrários aos interesses dos antigos mercadores capitalistas.

Essas mudanças econômicas de longo alcance levaram a duas mudanças muito importantes nas ideias econômicas. Primeiro, havia um grande segmento de filósofos, economistas e outros pensadores que rejeitavam a antiga visão paternalista do Estado e da regulamentação estatal e que começaram a formular uma nova filosofia do individualismo. Em segundo lugar, houve uma mudança de interpretação de que os preços e o lucro eram determinados basicamente pelas forças da oferta e da demanda e, em particular, pela utilidade, para a interpretação de que os preços eram determinados pelas condições de produção e os lucros eram originários do processo produtivo. Examinaremos cada uma dessas duas mudanças isoladamente.

Em fins do século XVII, um número cada vez maior de capitalistas, em especial os que tinham origens nas guildas, havia se tornado muito inibido na busca por lucros, pela complexidade das restrições e regulamentações mercantilistas que beneficiaram, inicialmente, as grandes companhias de comércio; os capitalistas procuravam livrar-se dessas restrições. Também não gostavam dos remanescentes mercantilistas do antigo paternalismo cristão, que condenavam o comportamento ambicioso, aquisitivo, e a vontade de acumular riquezas. A economia de mercado capitalista, que se ampliava significativamente em áreas muito importantes da produção e do comércio, precisava de um comportamento baseado na iniciativa individual, aquisitivo, para funcionar bem. Nesse contexto, começaram a afirmar que os motivos pessoais e egoístas eram os motivos básicos – quando não os únicos – que levavam o homem a agir.

Essa interpretação do comportamento humano é expressa nas obras de muitos pensadores importantes da época. Muitos filósofos e teóricos sociais começaram a afirmar que todo ato humano estava relacionado com a autopreservação e que, por isso, era egoísta, no sentido mais puro do termo. O nobre inglês Robert Filmer ficou muitíssimo espantado com o grande número de pessoas que falava de "liberdade natural da humanidade, uma opinião nova, plausível e perigosa", com implicações anarquistas.[12] *Leviathan*, de Thomas Hobbes, publicado em 1651, articulou objetivamente uma opinião, bastante difundida, de que todos os motivos humanos advinham de um desejo por tudo que promovesse o "movimento vital" do organismo (homem). Hobbes acreditava que os motivos de todas as pessoas – até mesmo a compaixão – eram meramente diversos tipos de autointeresse disfarçado: "A tristeza com a calamidade dos outros é *piedade* e deriva da imaginação de que a mesma calamidade pode acontecer consigo mesmo; assim, é chamada... de *compaixão* e de ... solidariedade".[13]

Exceto os poucos grupos de interesses especiais que se beneficiavam com as grandes restrições e regulamentações de comércio e produção nesse período, os capitalistas, em sua maioria, sentiam-se inibidos e limitados em sua busca por lucros, pelas regulamentações estatais. As doutrinas individualistas e egoístas foram ansiosamente defendidas por esses homens e começaram a dominar o pensamento econômico, até mesmo entre os mercadores. Um historiador meticuloso afirma que "quase toda a política... mercantilista pressupunha que o interesse próprio governava a conduta individual".[14]

A maioria dos autores mercantilistas era formada de capitalistas ou empregados privilegiados de capitalistas. Por isso, era muito natural que percebessem os motivos dos capitalistas como universais. Das ideias dos capitalistas sobre a natureza da humanidade e suas necessidades de serem livres das grandes restrições econômicas é que nasceu a filosofia do individualismo, que serviu de base para o liberalismo clássico. Contra a visão bem ordenada e paternalista que a Europa tinha herdado da sociedade feudal, eles sustentavam "a ideia de que o ser humano deveria ser independente, dirigir-se a si mesmo, ser autônomo, livre – deveria ser um indivíduo, uma unidade distinta de massa social, e não ficar perdido nela".[15]

O Protestantismo e a Ética Individualista

Um dos exemplos mais importantes desse individualismo e dessa filosofia de classe média foi a teologia protestante, que surgiu com a Reforma. Os novos capitalistas da classe média queriam ter liberdade, não só em relação às restrições econômicas que atrapalhavam a produção e o comércio, mas também em relação ao opróbrio moral que a Igreja Católica tinha associado aos seus motivos e às suas atividades. O protestantismo não só os libertou da condenação religiosa, como também acabou transformando em virtudes os motivos pessoais, egoístas e aquisitivos que a Igreja medieval tanto desprezara.[16]

Os principais mentores do movimento protestante estavam muito próximos da posição católica, em questões como a usura e o preço justo. Na maioria das questões sociais, eram profundamente conservadores. Durante a revolta dos camponeses, na Alemanha, em 1524, Lutero escreveu um folheto cheio de rancor, intitulado *Contra as Hordas de Camponeses Assassinos*, em que dizia que os príncipes deveriam "derrubar, estrangular e apunhalar... Que tempos maravilhosos eram estes, em que um príncipe merecia o céu mais facilmente pelo derramamento de sangue do que um outro pelas orações!". Seu conselho contribuiu para o clima geral em que foram assassinados mais de 100 mil camponeses, tudo em nome do zelo religioso.

Contudo, apesar do conservadorismo dos fundadores do protestantismo, essa visão religiosa contribuiu para a influência crescente da nova filosofia individualista. O princípio básico do protestantismo, que preparou o terreno para as atitudes religiosas que deveriam aprovar as práticas econômicas da classe média, era a doutrina de que os homens eram justos pela fé e não pelas obras. A Igreja Católica ensinava que os homens se tornavam bons pelas *obras*, e isso implicava, em geral, cerimônias e rituais. Segundo a visão católica, nenhum homem poderia ser justo apenas pelos seus próprios méritos. "Ser justo pelas obras... não queria dizer que o indivíduo pudesse salvar-se por si próprio: significava que ele poderia ser salvo por intermédio da Igreja. Daí o poder do clero. A confissão obrigatória, a imposição de penitências a toda a população... juntamente com a possibilidade de excomunhão davam aos padres um terrível poder."[17] Esses poderes também criaram uma situação em que as doutrinas medievais da Igreja Católica não eram abandonadas com facilidade, e o indivíduo ainda estava subordinado à sociedade (representada pela Igreja).

A doutrina protestante da justificação pela fé afirmava que os motivos eram mais importantes que os atos ou os rituais específicos. A fé era "nada mais que a verdade do coração".[18] Todo homem tinha que indagar a si mesmo se seus atos se originavam de um coração puro e da fé em Deus; todo homem tinha de se julgar a si próprio. Essa confiança individualista na consciência particular de cada um atraía muitíssimo os artesãos da nova classe média e os pequenos comerciantes:

> *Quando o empresário de Genebra, Amsterdã ou Londres, dos séculos XVI e XVII, olhava para o íntimo de seu coração, verificava que Deus lhe tinha incutido um profundo respeito pelo princípio da propriedade privada... Estes homens achavam sincera e decididamente que suas práticas econômicas, embora pudessem entrar em conflito com a lei tradicional da antiga Igreja, não ofendiam a Deus. Pelo contrário, glorificavam-no.*[19]

Foi com essa insistência na interpretação da vontade de Deus pelo próprio indivíduo que os "puritanos procuraram espiritualizar os (novos) processos econômicos" e acabaram acreditando que "Deus tinha criado o mercado e a troca".[20] Todavia, não levou muito tempo até que os protestantes expusessem um dogma que esperavam viesse a ser aceito por todos. Entretanto, o novo dogma era radicalmente diferente das doutrinas medievais. As novas doutrinas enfatizavam a necessidade de sair-se bem em sua passagem pela Terra como o melhor caminho para agradar a Deus e ressaltavam a diligência e o trabalho duro.

A antiga desconfiança cristã das riquezas traduziu-se numa condenação da extravagância e da dissipação desnecessária da riqueza. Assim, a ética protestante ressaltava a importância do ascetismo e da frugalidade abstêmia. Um teólogo que estudou a relação entre religião e capitalismo resumiu a relação da seguinte maneira:

> O valor religioso baseado no trabalho constante, sistemático e eficiente, por iniciativa própria, como o meio mais rápido de se assegurar a salvação e de se glorificar a Deus, tornou-se um poderosíssimo instrumento de expansão econômica. As limitações rígidas do consumo, por um lado, e, por outro, a intensificação metódica da produção só poderiam ter um resultado: a acumulação de capital.[21]

Assim, embora nem Calvino nem Lutero tenham sido porta-vozes da nova classe média capitalista, no contexto do novo individualismo religioso, os capitalistas encontraram uma religião na qual, com o tempo, "os lucros... passaram a ser considerados uma vontade de Deus, uma marca de Seus favores e uma prova de sucesso em se ter sido chamado".[22]

As Políticas Econômicas do Individualismo

Durante todo o período do mercantilismo, esse novo individualismo levou a inúmeros protestos contra a subordinação dos assuntos econômicos à vontade do Estado. Desde meados do século XVII, quase todos os autores mercantilistas condenaram os monopólios concedidos pelo Estado e outras formas de proteção e favoritismo na economia interna (contrariamente ao comércio internacional). Muitos achavam que, em um mercado em concorrência, que colocava um comprador diante do outro, um vendedor diante do outro e comprador contra vendedor, a sociedade lucraria mais se o preço pudesse flutuar livremente, encontrando seu nível adequado (de equilíbrio do mercado). Um dos primeiros autores mercantilistas importantes, John Hales, argumentou que a produtividade agrícola poderia ser aperfeiçoada se os lavradores tivessem permissão para

> ter mais lucro do que estão tendo com ela, e liberdade para vender a produção em qualquer ocasião e em todos os lugares, com a mesma liberdade que os homens têm de fazer as outras coisas. Mas não há dúvida de que, nesse caso, o preço dos cereais subiria, principalmente no começo, mas não a longo prazo; contudo, este preço faria com que todos arassem o solo, cultivassem terras livres, transformassem as terras reservadas para pastagem em terras aráveis; isto porque todos fariam isso com mais disposição, quando vissem os lucros e ganhos maiores. Com isso, haveria, necessariamente, muitos cereais e também muita riqueza para este reino; além disso, teríamos muito mais mantimentos.[23]

Esta crença – de que as restrições à produção e ao comércio dentro de uma nação eram prejudiciais aos interesses de todos – difundiu-se cada vez mais, em fins do século XVII e no começo do século XVIII. Podem-se encontrar muitas exposições desse ponto de vista nas obras de autores como Malynes, Petty, North, Law e Child.[24] Desses, talvez Dudley North (1641-1691) tenha sido o primeiro porta-voz claro da ética individualista que se transformaria na base do liberalismo clássico. North achava que todos os homens eram motivados primordialmente pelo interesse próprio e que deveriam ter liberdade para competir por si sós num mercado livre, para que o bem-estar público fosse maximizado. Argumentava que, sempre que mercadores ou capitalistas defendiam leis especiais para regular a produção ou o comércio, "geralmente viam ao seu próprio interesse imediato como a *Medida do Bem e do Mal*. E há muitos que, para ganhar um pouco no seu próprio comércio, não se importam com o sofrimento alheio;

e cada homem luta para que todos os outros sejam obrigados, em suas transações, a agir de modo a que favoreçam seu lucro, mas em nome do público".[25] O bem-estar público seria mais bem atendido, na opinião de North, se a maioria das leis restritivas que concediam privilégios especiais fosse inteiramente abolida.

Em 1714, Bernard Mandeville publicou *The Fable of the Bees: or Private Vices, Publick Benefits* [*A Fábula das Abelhas: ou Lucros Privados, Benefícios Públicos*], em que apresentou o paradoxo aparentemente estranho de que os vícios mais desprezados pelo antigo código moral, se praticados por todos, resultariam em maior proveito para o público. Ele afirmava que o egoísmo, a ambição, e o comportamento aquisitivo tenderiam a contribuir para a industrialização e para uma economia próspera. A resposta a esse paradoxo era, obviamente, que aquilo visto como vício pelos moralistas medievais eram as próprias forças motivadoras que impeliam o novo sistema capitalista. E, segundo as novas filosofias religiosas, morais e econômicas da época capitalista, esses motivos não eram mais vícios.

Muitos capitalistas tinham lutado, durante toda a época mercantilista, para libertar-se de todas as restrições em sua busca por lucro. Essas restrições – que só beneficiavam um número relativamente pequeno de companhias de comércio mais antigas, já estabelecidas e monopolistas – eram fruto das leis paternalistas, que eram remanescentes da versão feudal da ética cristã paternalista. Tal ética simplesmente não era compatível com o novo sistema econômico, que funcionava com base em obrigações contratuais estritas entre as pessoas, e não em vínculos pessoais tradicionais. Inúmeros mercadores e capitalistas novos procuraram minar as posições privilegiadas dos monopólios dos mercadores mais antigos e criar um sistema sociopolítico mais voltado para a busca livre e desinibida do lucro. Os mercadores e capitalistas que investiam grandes somas em empreendimentos no mercado não podiam depender da força dos costumes para proteger seus investimentos. Tampouco podiam buscar, efetivamente, lucros no emaranhado de restrições governamentais que caracterizavam o início da época mercantilista.

A busca do lucro só poderia ser eficaz em uma sociedade baseada na proteção dos direitos de propriedade e na certeza do cumprimento dos compromissos contratuais impessoais entre os indivíduos. Nesse quadro institucional, os capitalistas tinham de poder continuar buscando os lucros livremente. A nova ideologia que estava se enraizando firmemente nos séculos XVII e XVIII justificava esses motivos e essas relações entre os indivíduos. Ao mesmo tempo, uma mudança igualmente importante estava ocorrendo na maneira pela qual os ideólogos econômicos explicavam os preços, a natureza e as origens dos lucros.

Os Primórdios da Teoria Clássica de Preços e Lucros

Com a integração entre produção e comércio e a dificuldade cada vez maior de obter lucro com a simples exploração das diferenças de preço, começou uma nova abordagem para entender os preços e os lucros. Um famoso estudioso dessa época escreveu o seguinte: "No fim do século XVIII, principalmente na Inglaterra, a antiga começa a dar sinais claros de renascimento. Passa-se a dar cada vez mais ênfase aos custos de produção, particularmente na indústria."[26]

Com a criação de uma mão de obra "livre" – quer dizer, um número substancial de produtores que não podiam ter controle algum sobre os meios de produção necessários e que eram obrigados a vender sua força de trabalho para sobreviver – foi se tornando cada vez mais claro que o controle sobre esses produtores era a chave para a obtenção de lucros. Típica desse enfoque foi a afirmativa de Daniel Defoe, em sua obra *A General History of Trade* (1713), de que "são o trabalho e o esforço das pessoas que, por si sós, geram riqueza e tornam... o comércio lucrativo para a nação".[27] Outra das inúmeras afirmativas que expressam esse ponto de vista pode ser encontrada na obra *Britannia Language* (1680), de William Petty: "Só se pode acumular um tesouro suficiente com o trabalho das pessoas... Portanto, as pessoas são a mercadoria principal, mais básica e preciosa, da qual podem ser obtidos todos os tipos de produtos industrializados, navios, riquezas, conquistas e domínio sólido".[28]

A indústria capitalista começou a gerar aumentos substanciais da produtividade do trabalho, aumentando a divisão do trabalho, pela qual diferentes trabalhadores se especializavam apenas em uma ou poucas tarefas; os pensadores econômicos do início do século XVIII começaram a identificar dois princípios distintos e importantes que norteavam esse aumento de produtividade. Primeiramente, viram que os recursos naturais só se transformavam em mercadorias com valor de troca depois de o trabalhador os ter transformado em produtos com valor de uso. Em segundo lugar, com o aumento da especialização e a divisão do trabalho, ficou claro que uma troca de mercadorias poderia ser vista como uma troca dos diferentes trabalhos especializados incorporados nessas mercadorias. Isso foi visto com mais clareza por Bernard Mandeville:

> A providência ordenou as coisas de tal modo, que não só diferentes partes do mesmo país têm sua própria produção mais adequada: da mesma forma, homens diferentes têm aptidões adaptadas a uma grande variedade de artes e indústrias diferentes. Portanto, o comércio, ou a troca de uma mercadoria... por outra, é altamente conveniente e benéfico para a humanidade... Para facilitar as trocas, os homens inventaram a moeda, adequadamente chamada meio de troca, porque, com ela, troca-se trabalho por trabalho ou uma mercadoria por outra... E o comércio, em geral, nada mais é do que a troca de trabalho por trabalho e, por isso, o valor de todas as coisas é... medido mais corretamente pelo trabalho.[29]

O precursor mais evidente da teoria do valor-trabalho dos economistas clássicos foi o autor anônimo de um folheto publicado em 1738, intitulado *Algumas Ideias sobre os Juros do Dinheiro em Geral*, que concluiu que

> o valor das ... (mercadorias), quando são trocadas umas pelas outras, é regulado pela quantidade de trabalho necessária e comumente usada em sua produção; e seu valor ou preço, quando são compradas e vendidas e comparadas com um meio comum, será determinado pela quantidade de trabalho empregada e pela maior ou menor quantidade do meio ou da medida comum.[30]

Com base nesse ponto de vista, é óbvio que, se o trabalho é o mais importante determinante dos preços em geral, o trabalho também tem de ser a fonte dos lucros, porque eles são obtidos pela compra e venda. Quando os lucros são auferidos através do controle do processo de produção, têm de refletir a diferença entre os preços pagos pelos insumos necessários à produção e a quantidade produzida. Durante toda aquela época, muitos autores passaram a ver os lucros como um *excedente*, que restava após os trabalhadores terem conseguido as mercadorias necessárias para seu próprio consumo. Em 1696, John Cary escreveu que as mercadorias "exportadas dão mais ou menos lucro, de acordo com o trabalho das pessoas incorporado ao seu valor".[31] Em 1751, essa fonte de lucro estava sendo chamada de excedente de produção sobre as necessidades de consumo dos trabalhadores:

> A fonte da riqueza é o número de habitantes;... quanto mais populoso for um país, mais rico ele é ou poderá ser... Isto porque a terra é gratuita e remunera seu trabalho não apenas com o suficiente, mas com abundância... Ora, tudo o que sobra sem ser consumido é excedente que constitui a riqueza da nação.[32]

Ideias Econômicas Anteriores a Adam Smith

No entanto, esses pensadores não conseguiram entender o processo com clareza suficiente para mostrar como era possível que a quantidade de trabalho incorporada a uma mercadoria fosse, ao mesmo tempo, o determinante dos preços e a fonte do valor excedente e do lucro. Para isso tornar-se possível, teria de haver um claro reconhecimento de que o lucro sobre o capital era uma categoria distinta da renda de classe, que ia para o dono do capital, porque sua propriedade permitia que ele controlasse o emprego dos trabalhadores, e isso representava mais ou menos o valor de troca do capital do dono. Ronald L. Meek, eminente historiador das ideias econômicas, chegou à seguinte conclusão:

> O lucro sobre o capital e as classes sociais que passaram a auferir rendas deste tipo eram, obviamente, o produto final de vários séculos de desenvolvimento econômico. Mas foi só a partir da segunda metade do século XVIII, ao que parece, que o lucro sobre o capital como um novo tipo genérico de renda de classe tornou-se tão claramente diferenciado dos demais tipos de renda, que os economistas conseguiram captar todo o seu significado e delinear suas características básicas.[33]

Em 1776, Adam Smith publicou sua famosa obra, intitulada *A Riqueza das Nações*. Ela foi a primeira análise sistemática e ampla do capitalismo, em que essa maneira de entender o lucro sobre o capital foi plenamente elaborada. No próximo capítulo, examinaremos as ideias de Smith. Antes de fazê-lo, é preciso fazer um breve resumo das ideias dos fisiocratas, uma escola francesa de economistas do século XVIII, cujas obras iriam exercer uma influência considerável sobre o desenvolvimento subsequente das doutrinas econômicas.

Os Fisiocratas como Reformadores Sociais

Os fisiocratas eram um grupo de reformadores sociais franceses, discípulos intelectuais de François Quesnay (1694-1774). Quase todas as suas ideias se originavam direta ou indiretamente do *Tableau Economique*, de Quesnay.[34] Sua influência imediata sobre os assuntos econômicos e políticos franceses durou cerca de duas décadas e terminou quando seu membro politicamente mais influente, Anne Robert Jacques Turgot (1727-1781), perdeu seu cargo de controlador geral das finanças, em 1776.

Os fisiocratas estavam interessados em reformar a França, que estava passando por desordens econômicas e sociais, causadas principalmente por uma combinação heterogênea de muitas das piores características do feudalismo e do capitalismo comercial. A tributação era desordenada, ineficiente, opressiva e injusta. A agricultura ainda usava a tecnologia feudal, feita em pequena escala, ineficiente, e continuava sendo uma fonte de poder feudal que inibia o avanço do capitalismo. O governo era responsável por um emaranhado extraordinariamente complexo de tarifas, restrições, subsídios e privilégios nas áreas da indústria e do comércio. O resultado disso foi o caos social e econômico, que culminou com a Revolução Francesa.

Os fisiocratas achavam que as sociedades eram governadas pela lei natural e que os problemas da França eram devidos à incapacidade de seus dirigentes compreenderem essa lei natural e ordenarem a produção e o comércio de acordo com ela. Quesnay formulou um modelo simples de como uma sociedade deveria ser estruturada, a fim de refletir a lei natural, e, com base nesse modelo, os fisiocratas advogavam a reforma política: a abolição das guildas e a remoção de todas as tarifas, impostos, subsídios, restrições e regulamentações existentes que prejudicassem a indústria e o comércio. Propuseram a substituição da agricultura em pequena escala e ineficiente, então vigente, pela agricultura capitalista em grande escala. Mas a proposta de reforma pela qual os fisiocratas são mais lembrados foi a recomendação de que toda a renda do governo fosse obtida através de um único imposto, para todo o país, sobre as atividades agrícolas (por razões que ficarão claras na discussão subsequente).

História do Pensamento Econômico

As reformas estavam destinadas a ser inatingíveis, porque os fisiocratas não questionavam o direito da nobreza feudal de receber a renda de suas terras, enquanto a nobreza percebia – bastante corretamente – que os esquemas fisiocratas levariam ao empobrecimento da classe proprietária de terras e à ascensão da classe capitalista. Mudanças sociais que exigem a remoção de uma classe dominante por outra não podem ser alcançadas por meio de reformas. Exigem revolução, e a França precisou da revolução de 1789 para que mudanças parecidas com as defendidas pelos fisiocratas se tornassem possíveis.[35]

Portanto, a influência dos fisiocratas foi basicamente intelectual e não política. Algumas das ideias expressas no *Tableau Economique* de Quesnay iriam tornar-se, depois, muito importantes na literatura econômica. Dedicaremos o restante deste capítulo a uma discussão de três tópicos nos quais a ideias de Quesnay haveriam de ter um impacto importante: (1) a noção de trabalho produtivo e improdutivo e de excedente econômico; (2) a interdependência mútua dos processos de produção; (3) os fluxos circulares da moeda e das mercadorias e as crises econômicas que podem ser causadas pelo entesouramento do dinheiro.

As Ideias Econômicas de Quesnay

O *Tableau Economique* é, basicamente, um modelo de uma economia. O modelo mostra os processos de produção, circulação da moeda e das mercadorias e a distribuição da renda. O modelo pressupõe que a produção ocorra em ciclos anuais e que tudo o que é produzido em um ano é consumido naquele ano ou se transforma nos insumos necessários para a produção do ano seguinte. O centro de atenção é a agricultura. Por exemplo, em determinado ano, o setor agrícola produz 5 bilhões.[36] O setor industrial produz um bilhão. O produto bruto é de 6 bilhões. Um bilhão vai imediatamente substituir o ativo durável usado pela agricultura na produção, deixando um produto líquido de 5 bilhões.

Do produto agrícola, 2 bilhões ficam com os produtores. Incluem as sementes para o período seguinte e os salários da administração (lucro) para os fazendeiros capitalistas e os salários dos agricultores. Todo o estoque da moeda (2 bilhões) está nas mãos dos fazendeiros capitalistas, no início do período. Eles pagam 2 bilhões em moeda à classe dos proprietários rurais, como arrendamento. Essa é a renda excedente no sistema. Os proprietários de terras não desempenham qualquer função econômica em troca desse pagamento.

Esses 2 bilhões representam um excedente produzido no setor agrícola, que ultrapassa o consumo dos agricultores e os custos de reposição dos ativos consumidos na produção agrícola. Os fisiocratas consideravam esse excedente um presente da natureza e achavam que só através do contato direto com a natureza, na produção extrativa ou agrícola, é que o trabalho humano poderia produzir um excedente. Os agricultores eram, portanto, chamados de *classe produtiva*. Os produtores de mercadorias industrializadas eram chamados de *classe estéril*, não porque não produzissem, mas porque o valor do que produziam era, presumivelmente, igual aos custos necessários de matérias-primas mais os necessários salários de subsistência dos produtores. Não se achava que pudesse sobrar qualquer excedente ou lucro na atividade industrial. Havia, portanto, três classes: a classe produtiva (capitalistas e trabalhadores dedicados à produção agrícola), a classe estéril (capitalistas e trabalhadores ligados à indústria) e a classe ociosa (os donos de terras, que consumiam o excedente produzido pela classe produtiva).

Após o recebimento de sua renda pela classe dos proprietários de terras, o *Tableau* prosseguia com uma longa lista de transações que mostravam como os produtos dos setores agrícola e industrial eram distribuídos ou alocados e como era necessário haver a perfeita circulação da moeda para essa alocação.

Ideias Econômicas Anteriores a Adam Smith

No fim de todo o processo, se as transações fossem agregadas, veríamos que a economia voltaria ao seu estado inicial. Em cada período, o setor industrial reproduzia o mesmo valor que tivesse usado em insumos (matérias-primas e consumo de subsistência do setor agrícola); o setor agrícola reproduzia o valor de seus insumos (sementes, consumo de subsistência e ativos agrícolas duráveis usados) e um valor excedente de 2 bilhões, que era apropriado pela classe dos proprietários de terras e consumido sob a forma de produtos agrícolas e produtos industriais.

Esse modelo ilustra o fato de que os dois setores de produção são interdependentes e que o produto de cada um deles é um insumo necessário para o outro. Essa interdependência tecnológica de diferentes indústrias deveria servir (conforme discutiremos mais adiante, em outro capítulo) de base para as futuras versões da teoria do valor-trabalho. O modelo também ilustra o fato de que a alocação de insumos e produtos requer a circulação contínua de moeda. Os fisiocratas se anteciparam a T. R. Malthus, Karl Marx, J. M. Keynes e muitos outros economistas posteriores, que mostraram como o entesouramento da moeda ou a criação de pontos de estrangulamento ou desequilíbrios no processo de circulação monetária poderia atrapalhar a alocação de insumos e de produtos, provocando crises ou depressões econômicas.

Finalmente, muito embora quase todos os economistas posteriores tenham rejeitado a noção de que o excedente era um dom da natureza, a classificação dos trabalhadores cuja força de trabalho cria valor excedente como produtivos e daqueles cuja força de trabalho não cria excedente como improdutivos iria tornar-se um elemento importante na análise econômica do século XIX.

Conclusão

Em geral, deve-se dizer que poucos economistas anteriores a Adam Smith apresentaram o mesmo tipo de análises coerentes e bem elaboradas dos processos econômicos do capitalismo, que encontraremos nos capítulos que se seguem. Isso não ocorreu por serem eles intelectualmente inferiores aos seus sucessores, mas porque estavam escrevendo numa época de transição socioeconômica em que as características do sistema capitalista emergente estavam permeadas de muitos vestígios do antigo sistema. Em fins do século XVIII, as características mais gerais do capitalismo já se tinham tornado muito mais visíveis. Daquela época em diante, os pensadores econômicos puderam perceber muitas dessas características, com uma clareza cada vez maior. Além do mais, depois de o capitalismo ter aparecido claramente como o sistema econômico dominante da Europa Ocidental, cada geração de economistas que passava podia aproveitar e refinar as ideias de seus predecessores.

Não obstante, o leitor verá que muitas das ideias discutidas neste capítulo têm –reaparecido várias vezes até os dias de hoje. Apesar das enormes mudanças ocorridas desde o século XVI, o capitalismo continua baseando-se em muitos dos mesmos fundamentos sociais, políticos, jurídicos e econômicos que eram percebidos apenas por alto, na época em que estavam começando a dominar a sociedade da Europa Ocidental.

Notas do Capítulo 2

1. Ver MEEK, Ronald L. *Studies in the Labour Theory of Value*. Ed. Rev. Nova York: Monthly Review Press, 1976, p. 12-14. Quase toda a primeira parte deste capítulo se baseia no Capítulo 1 desse excelente livro.
2. Ibid., p. 15.
3. Ibid., p. 15-16.
4. Ver HUNT, E.K. *Property and Prophets*. Nova York: Harper & Row, 1975, p. 8-11.

História do Pensamento Econômico

5. WILLIAM, Appleman Williams. *The Contours of American History*. Nova York: Quadrangle, 1966, p. 36.

6. Ibid., p. 40.

7. GRAMPP, William D. *Economic Liberalism*. Nova York: Random House, 1965, 2 v., 1, p. 59.

8. Para uma elaboração desta discussão acerca das Leis dos Pobres, ver BIRNIE, Arthur. *An Economic History of the British Isles*. Londres: Methuen, 1936, Capítulos 12, 18.

9. WILLIAMS, *Contours of American History*, p. 41.

10. Ibid., p. 44.

11. DOBB, Maurice H. *Studies in the Development of Capitalism*. Londres: Routledge & Kegan Paul, 1946, p. 134.

12. Ver McDONALD, Cameron Lee. *Western Political* Theory: *The Modern Age*. Nova York: Harcourt Brace Jovanovich, 1962, 29.

13. Citado por GIRVETZ, Harry K. *The Evolution of Liberalism*. Nova York: Colliers, 1963, p. 28-29.

14. GRAMPP, *Economic Liberalism*, vol. 1, p. 69.

15. McDONALD. *Western Political Theory*, p. 16

16. Os estudos clássicos da relação entre o protestantismo e o capitalismo são os de MAX WEBER, *A Ética Protestante e o Espírito do Capitalismo*. Nova York: Scribner, 1958, e TAWNEY, Richard H. *Religion and the Rise of Capitalism*. Nova York: Mentor Books, 1954.

17. HILL, Christopher. "Protestantism and the Rise of Capitalism". In : D.S., Landes, (ed.). *The Rise of Capitalism*. Nova York: Macmillam, 1966, p. 43.

18. Ibid., p. 43.

19. Ibid., p. 46-47.

20. Ibid., p. 49.

21. FULLERTON, Kemper. "Calvinism and Capitalism; an Explanation of the Weber Thesis". In : Robert, W., Green, (ed.). *Protestantism and Capitalism: The Weber Thesis and Its Critics*. Lexington: Mass, Heath, 1959, p. 19.

22. Ibid., p. 18.

23. Citado por GRAMPP. *Economic Liberalism*. vol. 1, p. 78.

24. Ibid., p. 77-81.

25. Citado por Robert Lekachman, (ed.). *The Varieties of Economics*. Nova York: Meridian, 1962, 2 vols., vol. 1, p. 185.

26. MEEK. *Labour Theory of Value*, p. 18.

27. Citado por FURNISS, Edgar S. *The Position of the Laborer in a System of Nationalism*. Nova York: Augustus M. Kelly, 1965, p. 16.

28. Ibid., p. 16-17.

29. Citado por MEEK. *Labour Theory of Value*, p. 41.

30. Ibid., p. 42-43.

31. Citado por FURNISS. *Position of the Laborer*, p. 19.

32. HAY, William. Op. cit.

33. MEEK. *Labour Theory of Value*, p. 24-25.

34. QUESNAY, François. *Tableau Economique*. Londres: H. Higgs, 1894; original impresso privadamente. (Versalhes: 1758).

35. Uma defesa mais completa desta afirmativa pode ser encontrada em ROGIN, Leo. *The Meaning and Validity of Economic Theory*. Nova York: Harper & Row, 1957, p. 14-50.

36. Estou adotando a terminologia de Rogin em *Economic Theory*, p. 20, e não a de Quesnay.

CAPÍTULO 3

Adam Smith

Adam Smith (1723-1790) nasceu na Escócia, onde viveu quase toda a sua vida. Cursou as universidades de Glasgow e Oxford (1737-1746) e foi professor em Glasgow, de 1751 a 1764. Em 1759, publicou uma de suas duas principais obras: *The Theory of Moral Sentiments* – um tratado de filosofia social e moral. Passou dois anos na França – de 1764 a 1766 –, onde entrou em contato com muitos dos principais intelectuais franceses, dentre eles os fisiocratas Quesnay e Turgot. Em 1776, publicou sua obra mais importante: *An Inquiry into the Nature and Causes of the Wealth of Nations* (geralmente chamada *A Riqueza das Nações*).

Smith se distingue de todos os economistas que o antecederam, não só por sua formação acadêmica e pela vastidão de seus conhecimentos, como também porque foi o primeiro a elaborar um modelo abstrato completo e relativamente coerente da natureza, da estrutura e do funcionamento do sistema capitalista. Notava que havia importantes ligações entre as principais classes sociais, os vários setores de produção, a distribuição da riqueza e da renda, o comércio, a circulação da moeda, os processos de formação dos preços e o processo de crescimento econômico. Baseava muitas de suas recomendações de política nas conclusões tiradas de seu modelo. Esses modelos sistemáticos do capitalismo, considerados no todo ou em parte, caracterizaram as obras da maioria dos economistas importantes, a partir de Smith. O modelo de Smith é igualmente interessante, quer se examinem suas coerências lógicas, quer suas contradições. Ele foi o primeiro a exercer influência no moderno pensamento econômico; a maioria dos economistas dos séculos XIX e XX, cujos pontos de vista são bastante conflitantes, pode associar muitas de suas ideias importantes a conceitos formulados sistematicamente, pela primeira vez, por Smith, em *A Riqueza das Nações*.

O Contexto Histórico das Ideias de Smith

O modo de produção capitalista, após finalmente romper os grilhões do feudalismo e superar o período transitório do mercantilismo, atingiu seu clímax e revelou com mais clareza suas características socioeconômicas intrínsecas na Revolução Industrial, que ocorreu primeiro na Inglaterra e na Escócia, por volta das três últimas décadas do século XVIII e começo do século XIX, e difundiu-se por muitas partes da Europa Ocidental, no início do século XIX.

Entre 1700 e 1770, os mercados externos para os produtos ingleses cresceram muito mais rapidamente do que os mercados internos ingleses. Entre 1700 e 1750, a produção das indústrias internas aumentou 7%, ao passo que a das indústrias de exportação aumentou 76%. Para o período de 1750 a 1770, os respectivos aumentos foram de 7% e 80%. Esse rápido crescimento da procura externa por produtos industrializados ingleses desencadeou a Revolução Industrial, que acabou determinando uma das transformações mais fundamentais da vida humana na História.

A Inglaterra do século XVIII tinha uma economia com um mercado bem desenvolvido, no qual o preconceito tradicional contra o mercado capitalista, em termos de atitudes e ideologia, já estava muito enfraquecido. Na Inglaterra daquela época, maiores quantidades de produtos industrializados a preços mais baixos significavam lucros sempre crescentes. Assim, a busca do lucro, estimulada pela crescente procura externa, foi o motivo da virtual explosão de inovações tecnológicas ocorridas em fins do século XVIII e no início do século XIX – e que, além de transformarem radicalmente toda a Inglaterra, acabaram por transformar quase todo o mundo.

A indústria têxtil foi de suma importância, no início da Revolução Industrial. Em 1700, os lanifícios convenceram o governo a proibir a importação de xitas da Índia, garantindo, com isso, a proteção do mercado interno para os produtores ingleses. Conforme já assinalamos, a demanda externa crescente estimulou a mecanização da indústria.

Mais especificamente, o desequilíbrio entre os processos de fiação e tecelagem levou a muitas inovações. A roda de fiar não era tão produtiva quanto o tear manual, especialmente após a década de 1730, quando foi inventada a lançadeira móvel, que tornou o processo de tecelagem bastante mais rápido. Esse desequilíbrio foi invertido graças a três invenções posteriores: a fiadeira de fusos (*spinning jenny*), criada em 1769, com a qual uma só pessoa podia torcer vários fios ao mesmo tempo; o filatório contínuo (*water frame*), inventado em 1775, aperfeiçoou a fiação pelo uso de rolos que trabalhavam a diferentes velocidades, e a fiadeira automática (*mule*), inventada no fim da década de 1770, que combinava características das outras duas máquinas e permitia o aproveitamento da energia do vapor. Essas novas invenções podiam ser usadas de maneira mais econômica em fábricas localizadas perto das fontes de energia hidráulica (e, mais tarde, de energia a vapor). Richard Arkwright, que se dizia inventor do filatório contínuo, levantou capital suficiente para colocar em operação muitas fábricas, cada uma delas empregando de 150 a 600 pessoas. Outros seguiram seu exemplo, e a produção de têxteis na Inglaterra se transformou, rapidamente, de pequenas oficinas domésticas em uma indústria fabril.

A indústria metalúrgica também teve papel muito importante na arrancada inicial para a produção fabril mecanizada. No início do século XVIII, a indústria metalúrgica inglesa era bastante incipiente. O carvão vegetal ainda era usado para a fundição – o que vinha sendo feito desde a pré-história. No entanto, naquela época, as florestas que circundavam as minas de ferro estavam quase que completamente devastadas. A Inglaterra viu-se obrigada a importar ferro-gusa de suas colônias e da Suécia, da Alemanha e da Espanha. Em 1709, Abraham Darby desenvolveu um processo para a produção de coque de carvão, para ser usado no processo de fundição. Apesar da relativa abundância de carvão perto das minas de ferro, só no fim do século XVIII (quando as encomendas militares feitas às indústrias de armamento e munições foram muito grandes) foi que a indústria metalúrgica começou a usar o coque de um modo mais generalizado. Essa maior procura levou ao desenvolvimento do processo de "pudlagem", que eliminava o excesso de carbono deixado pelo coque. Seguiu-se toda uma série de inovações, inclusive as laminadoras, o alto-forno, o martelo a vapor e os tornos de trabalhar metais. Todas essas invenções levaram a uma rápida expansão das indústrias metalúrgicas e de mineração de carvão – o que permitiu o uso generalizado de máquinas de ferro em uma grande variedade de indústrias.

Empresários de muitas outras indústrias viram as possibilidades de maiores lucros, se conseguissem aumentar a produção e baixar os custos. Nesse período, houve "um verdadeiro surto de atividades inventivas":

> Durante a segunda metade do século XVIII, cresceu de modo incomum o interesse pelas inovações técnicas. Durante os cem anos anteriores a 1760, o número de patentes concedidas, em cada década, só alcançara 102 apenas uma vez e flutuara entre um mínimo de 22 (1700-1709) e um máximo de 92 (1750-1759). No período de trinta anos que se seguiu (1760-1789), o número médio de patentes concedidas aumentou de 205, na década de 1760, para 294, na década de 1770, e 477, na década de 1780.[1]

Não há dúvida de que a mais importante dessas inovações foi o desenvolvimento do motor a vapor. Os motores a vapor industriais tinham aparecido no começo do século XVIII, mas as dificuldades mecânicas tinham limitado seu uso ao bombeamento de água das minas. Em 1769, James Watt projetou um motor com especificações tão exatas, que o simples movimento de um pistão podia ser transformado em movimento giratório. Um fabricante de Birmingham, chamado Boulton, associou-se a Watt e, com os recursos financeiros de Boulton, eles conseguiram iniciar uma produção, em larga escala, de motores a vapor. No fim daquele século, o vapor estava substituindo rapidamente a água como principal fonte de energia na indústria. O desenvolvimento da energia a vapor levou a profundas mudanças econômicas e sociais.

> Com este novo e importante acontecimento – a invenção do motor a vapor – iniciou-se o estágio final e mais decisivo da Revolução Industrial. Libertando-a de seus últimos grilhões, o vapor permitiu o enorme e rápido desenvolvimento da indústria em larga escala. Isto porque o uso do vapor não dependia, como o uso da água, da localização geográfica das fábricas e dos recursos locais. Sempre que se pudesse comprar carvão a preço razoável, poder-se-ia construir um motor a vapor. A Inglaterra tinha muito carvão e, no fim do século XVIII, ele já vinha sendo aplicado com muitas finalidades diferentes, ao mesmo tempo que uma rede hidroviária construída para este fim permitia que ele fosse transportado para toda parte, a baixo custo; todo o país se transformou numa terra privilegiada, adaptado, mais do que todos os outros, ao crescimento da indústria. As fábricas não estavam mais presas aos vales, onde tinham aparecido, solitárias, ao lado de rápidas correntes de água. Passou a ser possível trazê-las para mais perto dos mercados, onde eram compradas suas matérias-primas e onde eram vendidos seus produtos finais, e para mais perto dos centros populacionais onde se recrutava mão de obra. As fábricas se multiplicaram próximas umas das outras e, amontoadas, deram origem às grandes e escuras cidades industriais, que o motor a vapor cercava com uma per-pétua cortina de fumaça.[2]

O crescimento das principais cidades industriais foi realmente impressionante. Por exemplo, a população de Manchester passou de 17.000 habitantes, em 1760, para 237 mil, em 1831, e para 400 mil, em 1851. A produção manufatureira foi quase duplicada, na segunda metade do século XVIII, e cresceu mais depressa ainda, no início do século XIX. Em 1801, quase 30% da mão de obra inglesa estava empregada

História do Pensamento Econômico

na indústria e na mineração; em 1831, esse percentual tinha subido para mais de 40%. Assim, a Revolução Industrial transformara a Inglaterra em um país com grandes centros urbanos industriais, no qual o sistema fabril era dominante. O resultado foi um crescimento muito rápido da produtividade, que colocou a Inglaterra na posição de maior potência econômica e política do século XIX.

O fato de Adam Smith ter escrito *A Riqueza das Nações* na época em que a Revolução Industrial estava apenas começando é uma prova tanto do fato de que muitas características econômicas que viriam a dominar as grandes cidades industriais no início do século XIX estavam presentes, de alguma forma, em algumas cidades inglesas e escocesas de meados do século XVIII (principalmente Glasgow), como também do fato de que Adam Smith era, na verdade, um cientista social extremamente perspicaz. Um grande historiador daquela época escreveu o seguinte: "Smith, analisando a organização econômica da indústria de sua época, conseguiu, claramente, observar mais ou menos como norma o que muitos historiadores econômicos de hoje, com uma visão retrospectiva da mesma época, só conseguiram observar como exceção".[3]

Em meados do século XVIII havia, em muitas cidades comerciais e industriais (inclusive em Glasgow), uma parcela substancial da produção ocorria no que era chamado de "manufaturas". A manufatura era um centro de produção em que um capitalista possuía o prédio, os equipamentos de produção e as matérias-primas e contratava operários assalariados para fazer o trabalho. Pode ser diferenciada da fábrica típica dos estágios posteriores da Revolução Industrial pelo fato de os operários, geralmente, empregarem as antigas técnicas artesanais de produção e não as técnicas mecanizadas da linha de montagem.

Nas manufaturas, o comerciante capitalista poderia ser considerado economicamente distinto, não só do mercador, como também do trabalhador assalariado. Além do mais, na época de Smith, era nessas manufaturas que estava, claramente, o grande potencial da organização capitalista de produção. Smith ficou muitíssimo impressionado com o grau de divisão do trabalho nas manufaturas e com os resultantes aumentos de produtividade do trabalho.

Nesse contexto, Smith foi o primeiro economista importante a fazer a clara distinção entre os lucros que se destinavam ao capital industrial, salários, aluguéis e os lucros do capital comercial. Também foi o primeiro a avaliar o significado do fato de que as três principais categorias funcionais de renda – lucros, aluguéis e salários – correspondiam às três classes sociais mais importantes do sistema capitalista de sua época – os capitalistas, os proprietários de terras e os operários "livres", que só podiam viver se vendessem sua força de trabalho em troca de um salário. Também elaborou uma teoria histórica na qual procurou explicar a evolução dessa forma de sociedade de classes e uma teoria sociológica para explicar as relações de poder entre as três classes.

As Teorias de História e Sociologia, de Smith

As teorias de História e Sociologia de Smith incluíam uma análise das origens e do desenvolvimento do conflito de classes na sociedade e uma análise da maneira pela qual o poder era exercido na luta de classes. Nessas teorias, estava sempre presente um tema que Smith discutiu com mais detalhes em sua teoria econômica: era o de que, embora os indivíduos pudessem agir de forma egoísta e estritamente em proveito próprio ou da classe à qual pertencessem, e muito embora o conflito individual e o conflito de classes parecessem, à primeira vista, resultar desses atos, havia, nas "leis da natureza" ou na "divina providência", o que Smith chamava de "mão invisível", que guiava esses atos, que aparentemente provocavam conflitos, na direção da harmonia benevolente. A "mão invisível" não era fruto do desígnio de qualquer indivíduo. Era, simplesmente, o funcionamento sistemático de leis naturais. Essa é, inquestionavelmente, a maior incongruência – senão a maior contradição – da obra de Smith. Pode-se encontrar a mesma contradição na obra de David Ricardo, como veremos no Capítulo 5. É por essa razão que as duas grandes correntes conflitantes do pensamento econômico dos séculos XIX e XX – uma delas enfatizando a harmonia social do capitalismo e a outra enfatizando seus conflitos sociais – podem ser associadas, em suas raízes intelectuais, às obras de Smith e Ricardo.

A teoria da História, de Smith, começou com a proposição de que a maneira pela qual os seres humanos produziam e distribuíam as necessidades materiais da vida era o mais importante determinante das instituições sociais de qualquer sociedade, bem como das relações pessoais e de classe entre seus membros.[4] Os tipos de relação de propriedade eram de particular importância na determinação da forma de governo de qualquer sociedade. Smith acreditava que havia quatro estágios distintos de desenvolvimento econômico e social: a caça, o pastoreio, a agricultura e o comércio. Em cada estágio, o entendimento dos métodos de produção e distribuição das necessidades econômicas de uma sociedade era a chave para a compreensão de suas instituições sociais e governos. A relação entre a base econômica e a superestrutura social e política não era, porém, tão rigidamente determinista. Smith deixava margem para variações locais e regionais, devidas à geografia e à cultura. Todas as sociedades estavam basicamente em algum desses estágios, embora pudessem estar passando por um período de transição em que certas características de dois estágios estivessem presentes. Não havia, porém, qualquer pressuposto de que as sociedades passassem obrigatoriamente de um estágio para o estágio seguinte. Só quando estivesse presente o conjunto apropriado de circunstâncias geográficas, econômicas e culturais é que haveria uma evolução social progressista.

Smith definiu o estágio da caça como "o estado mais baixo e rude da sociedade, tal como encontramos entre as tribos nativas da América do Norte".[5] Nessas sociedades, a pobreza e a precariedade da existência envolviam uma igualdade, na qual inexistia qualquer forma institucionalizada de poder ou de privilégios, porque a base econômica necessária para esses privilégios e para esse poder não existia. Portanto, "neste estado de coisas, não existe, na verdade, soberanos ou bem comum".[6]

O estágio imediatamente mais elevado era o do pastoreio, "um estado mais avançado da sociedade, tal como encontramos entre os tártaros e os árabes".[7] Nesse estágio, a economia permitia maiores agrupamentos sociais. A produção baseava-se na domesticação de animais e a criação exigia uma existência nômade. Nesse tipo de sociedade, encontramos, pela primeira vez, uma forma de riqueza que pode ser acumulada – o gado. A propriedade do gado tornou-se, então, a primeira forma de relação de propriedade e com ela surgiu a necessidade de criar uma proteção institucionalizada do privilégio e do poder:

> Portanto, a aquisição de propriedades valiosas e extensas requer, necessariamente, o estabelecimento do governo civil. Quando não existe propriedade... o governo civil não é tão necessário.
>
> O governo civil pressupunha uma certa subordinação, mas, à medida que a necessidade do governo civil vai gradativamente aumentando com a aquisição de propriedades de valor, com o crescimento destas propriedades de valor também vão gradativamente aumentando as principais causas que criam, naturalmente, a subordinação.[8]

Smith prosseguiu, então, investigando as circunstâncias ou causas que "dão aos homens... uma superioridade sobre a maior parte de seus semelhantes".[9] Analisou várias circunstâncias particulares que levavam à subordinação institucionalizada e coercitiva de algumas pessoas a outras, em vários contextos sociais, mas descobriu uma circunstância importante, comum a todos os casos: "O governo civil, instituído com a finalidade de oferecer segurança à propriedade, é, na realidade, instituído para defender o rico do pobre ou os que têm alguma propriedade dos que não têm propriedade alguma".[10]

História do Pensamento Econômico

O terceiro estágio social – o da agricultura – era identificado com a economia medieval, feudal, da Europa Ocidental. Nesse estágio, as sociedades se fixavam permanentemente em uma área, e a agricultura se tornava a atividade econômica mais importante. Com isso, a propriedade da terra passava a ser a relação de propriedade mais significativa na diferenciação das classes, segundo seus privilégios e poder. Naquela época, todas as terras "foram ocupadas, em sua maioria, por poucos, mas grandes proprietários".[11]

A propriedade de grandes áreas de terra era a fonte de poder social e político. Portanto, a sociedade era dividida em governados e governantes. Eles constituíam a nobreza e eram considerados geneticamente superiores aos governados. A lei da primogenitura impedia as grandes propriedades rurais de serem divididas, protegendo, assim, o poder da classe dirigente.

> Quando a terra era considerada, não como um simples meio de subsistência, mas como um meio de poder e proteção, achava-se que era melhor ela ser herdada por uma só pessoa. Naquela época desordenada, todo proprietário de terras era uma espécie de "pequeno príncipe". Seus arrendatários eram seus súditos. Ele era o juiz e, de certa forma, o legislador durante a paz e o líder durante a guerra.[12]

Smith achava de particular importância duas características da sociedade agrícola. Primeiramente, a nobreza rica era severamente limitada nas formas pelas quais poderia usar sua riqueza:

> Num país que não tenha comércio exterior ou qualquer produto manufaturado mais refinado, um grande proprietário, nada tendo por que trocar a maior parte do produto de suas terras, que não esteja ligado à manutenção dos agricultores, consumirá tudo no ambiente doméstico rústico. Se este excedente for suficiente para manter cem ou mil homens, ele só poderá usá-lo mantendo cem ou mil homens. Portanto, estará sempre cercado de um grande número de agregados e dependentes que, não tendo com que retribuir sua manutenção e sendo inteiramente mantidos pela generosidade do proprietário das terras, são obrigados a obedecer a ele, pela mesma razão pela qual os soldados têm que obedecer ao Príncipe que lhes paga.[13]

Em segundo lugar, esse método de organização econômica envolvia a manipulação do poder absoluto pela nobreza, com muito poucos direitos e muito pouca liberdade para a grande maioria do povo. A extensão dos direitos e o aumento da liberdade da maioria dos produtores eram considerados por Smith dois dos aperfeiçoamentos mais importantes introduzidos pelo avanço até o estágio mais alto, ou comercial, da sociedade.

Na opinião de Smith, o aparecimento das cidades europeias foi a grande força que levou ao estabelecimento do estágio comercial de desenvolvimento social. Essas cidades eram vistas como dependentes do comércio exterior e, em larga escala, como economicamente independentes da economia agrícola medieval. Os senhores medievais permitiram o crescimento de cidades independente, por causa dos aluguéis e de outros benefícios que delas poderiam obter. Nas cidades, surgiu um novo ambiente político no qual os produtores gozavam de mais liberdade do que tiveram em qualquer estágio anterior de desenvolvimento social. Também houve uma extensão muito maior dos direitos de propriedade, que permitiu aos produtores aspirar à criação de riqueza para si próprio e não para um senhor. Essa maior liberdade e segurança liberou um dos mais poderosos motivos humanos: a vontade de acumular riquezas materiais.

Smith acreditava que a natureza tinha, em toda parte, criado uma ilusão nas pessoas: a de que a felicidade pessoal era fruto, principalmente, da riqueza material. Embora ele próprio acreditasse na falsidade dessa ilusão, ficou muito impressionado com os efeitos econômicos e sociais do desejo de ganhos pessoais criado por essa ilusão. Discutindo a ilusão criada pela natureza, Smith escreveu o seguinte:

> *É bom que a natureza se nos imponha desta maneira. É esta ilusão que cria e mantém o movimento contínuo da operosidade da humanidade. Foi ela que primeiro incitou os homens a cultivar o solo, a construir casas, a fundar cidades e comunidades e a inventar e fazer progredir todas as ciências e artes que enobrecem e embelezam a vida humana.*[14]

Vemos, aqui, o tema que permeava as obras de Smith: a ideia de que as pessoas são conduzidas por uma "mão invisível", no sentido de promover o bem social, sem que essa promoção seja parte de seu intento ou motivo.

O crescimento das cidades, na opinião de Smith, transformou a agricultura rural e criou o estágio comercial da sociedade, o capitalismo, criando mercados nos quais os senhores feudais podiam trocar seu excedente agrícola por produtos manufaturados. O desejo de obter produtos manufaturados levou aos movimentos de cercamentos. Isso ocorreu, segundo Smith, porque a agricultura medieval era muito ineficiente. A vontade de comprar mais produtos levou os senhores a aumentar a eficiência, mandando embora os colonos desnecessários e diminuindo o número de trabalhadores da terra "ao número necessário para cultivá-la, de acordo com o estado imperfeito de cultivo e os progressos daquela época".[15]

Isso também levou à característica que Smith considerava como a mais progressista no capitalismo – o aumento da liberdade e da segurança da maioria dos produtores. Enquanto os proprietários de terras lutavam para aumentar a eficiência econômica, motivos puramente egoístas os levaram a abolir as condições de servidão e escravidão e a permitir que esses antigos servos e escravos gozassem de certos direitos de propriedade e segurança. Ele argumentava que "uma pessoa que não pudesse adquirir propriedade alguma não poderia ter outro interesse que não o de comer o mais que pudesse e trabalhar o mínimo possível".[16] Assim, o que poderia parecer um ato esclarecido e moral, era, na realidade, outro exemplo da "mão invisível" ou da "sabedoria divina": "Quando, por *princípios naturais*, somos levados a progredir rumo aos fins que nos seriam recomendados por uma razão refinada e esclarecida, somos bem capazes... de imaginar que isto é a sabedoria do homem quando, em realidade, é a sabedoria de Deus".[17]

A maior eficiência da agricultura orientada para o comércio estabeleceu a base econômica para a expansão das cidades e para um crescimento contínuo da manufatura lucrativa. A partir daí, o desenvolvimento da indústria e do comércio promoveu a produção agrícola eficiente e capitalista, que, por sua vez, incentivou o maior desenvolvimento da agricultura capitalista. O crescimento dessa troca mutuamente benéfica criou a sociedade comercial ou capitalista, que Smith considerava a forma mais elevada e progressista da sociedade humana. Entretanto, uma vez mais, esse resultado não tinha sido desejado intencionalmente pelas pessoas que o tinham criado. Nas palavras de Andrew Skinner, um famoso estudioso das ideias de Smith:

> *Assim, por um lado, ele (Smith) argumentava que os proprietários que usavam o produto de suas próprias terras em troca de manufaturados só estavam procurando satisfazer "à vaidade mais infantil", enquanto que, por outro lado, os mercadores e artífices só estavam agindo com base no princípio (egoísta) de "ganhar dinheiro onde quer que ele pudesse ser ganho". Acrescentou ele: "Nenhum deles tinha conhecimento nem antevisão da grande revolução que a insensatez de um e a operosidade de outro estavam gradativamente provocando." Mais uma vez, encontramos um exemplo da tese típica de Smith, de que o homem é conduzido, como que por uma "mão invisível", a promover fins que não fazem parte de sua intenção inicial.*[18]

História do Pensamento Econômico

Em uma sociedade capitalista, Smith via que diferentes condições de propriedade eram, uma vez mais, a base das grandes divisões de classes. A propriedade determinava a fonte da renda de um indivíduo, e essa fonte de renda era o principal determinante do *status* da classe social:

> *Toda a produção anual... de todo país... divide-se naturalmente... em três partes – o aluguel da terra, os salários ligados ao trabalho e os lucros do capital – e constitui a renda de três ordens diferentes de pessoas: os que vivem de aluguéis, os que vivem de salários e os que vivem de lucros. Essas são as três ordens principais, originais e constituintes de todo país civilizado.[19]*

Contudo, em uma sociedade de mercado em que a terra e o capital não eram de classes separadas, quer dizer, em uma sociedade em que os próprios trabalhadores controlavam os meios de produção, "toda a produção do trabalho pertencia ao trabalhador".[20] Smith não tinha dúvidas quanto ao fato de que, das três classes sociais, o trabalho é o único criador de valor ou riquezas: "O produto anual da terra e do trabalho de qualquer nação não pode ser aumentado por qualquer outro meio, que não seja o aumento do número de trabalhadores produtivos ou da força produtiva dos trabalhadores já empregados";[21] e, ainda, "não foi com o ouro nem com a prata, mas com o trabalho, que toda a riqueza do mundo foi comprada pela primeira vez".[22]

Todavia, uma vez que uma pequena classe viesse a possuir os meios de produção, adquiriria o poder, através de seus direitos de propriedade, de impedir o trabalhador de produzir, a não ser que essa classe recebesse uma parte do que ele produzisse:

> *Logo que o capital se acumula nas mãos de certas pessoas, algumas delas o empregam, naturalmente, dando trabalho a pessoas capazes... a fim de ter lucro com a venda do trabalho delas ou com o que o trabalho delas adiciona ao valor da matérias-primas... O valor adicionado às matérias-primas pelos trabalhadores, portanto, se transforma no lucro do empregador.[23]*

A divisão do produto do trabalho entre salários e lucros foi determinada na luta entre trabalhadores e capitalistas para determinar a taxa de salários:

> *O salário comumente pago pelo trabalho depende, sempre, do contrato que é feito entre as duas partes, cujos interesses não são, de modo algum, os mesmos. Os trabalhadores querem ganhar o máximo e os patrões querem pagar o mínimo possível. Aqueles se dispõem a juntar-se para elevar os salários e os patrões se dispõem a juntar-se, para diminuir os salários pagos pelo trabalho.[24]*

No entanto, essa luta não era, de forma alguma, uma luta entre iguais. Smith não tinha dúvida de que os capitalistas eram a classe mais poderosa e dominante nesse conflito. O trecho a seguir, citado em toda a sua extensão, mostra que Smith identificava três fontes do poder dos capitalistas para dominar os trabalhadores. Sua maior riqueza permitia que eles aguentassem muito mais tempo nas disputas trabalhistas; eles podiam manipular e controlar a opinião pública e tinham a vantagem inestimável de contar com o apoio do governo (que – lembramos uma vez mais – "tinha sido instituído para defender os ricos dos pobres"). Em suas lutas, tanto os capitalistas quanto os trabalhadores se juntavam (segundo as palavras de Smith, "entravam em combinação") para melhorar sua posição na luta de classes:

> *Não é, porém, difícil prever qual das duas partes leva, em todas as ocasiões comuns, vantagem na disputa e obriga a outra a aceitar seus termos. Os patrões, em menor número, podem juntar-se com muito mais facilidade; a lei, por outro lado, autoriza ou, pelo menos, não proíbe estes conluios, ao passo que proíbe os dos trabalhadores. O Parlamento não toma medidas contra o conluio para baixar o preço do trabalho, mas tem muitas medidas contra o conluio para aumentá-lo. Em todas estas*

disputas, os patrões podem aguentar muito mais tempo. Um proprietário de terras, um fazendeiro, um patrão industrial ou um comerciante, mesmo sem empregar um único operário, poderia, em geral, viver um ano ou dois do capital que já tivesse acumulado. Muitos trabalhadores não conseguiriam subsistir uma semana; poucos poderiam subsistir um mês e talvez nenhum conseguisse ficar um ano sem emprego... Os patrões estão sempre, e em toda parte, numa espécie de conluio tácito, porém constante e uniforme, para não elevar os salários dos trabalhadores... Na verdade, raramente ouvimos falar destas combinações, porque elas são o estado comum e natural das coisas, do qual ninguém ouve falar. Os patrões também fazem, às vezes, combinações particulares para baixar mais ainda os salários pagos pelo trabalho. Estas são sempre feitas sob o maior silêncio e o maior segredo, até a hora de serem postas em prática, e, quando os trabalhadores cedem, como às vezes ocorre, sem resistência – embora gravemente prejudicados – elas nunca chegam ao conhecimento de outras pessoas. Estas combinações, porém, sofrem, frequentemente, a resistência de uma combinação defensiva e contrária dos trabalhadores... Mas... suas combinações... sempre são muito comentadas... Eles ficam desesperados e agem com a loucura e a extravagância de homens desesperados, que têm que morrer de fome ou assustar os patrões para que estes aceitem imediatamente suas exigências. Os patrões, nestas ocasiões, também reclamam muito do outro lado e nunca deixam de clamar pela ajuda do magistrado civil e de pedir o cumprimento rigoroso das leis aprovadas com tanta severidade contra as combinações de empregados, trabalhadores e tarefeiros. As combinações (dos empregados)..., geralmente, não dão em nada, exceto na punição ou na ruína dos seus líderes.[25]

Assim, Smith reconhecia claramente a importância central do conflito de classes entre capitalistas e trabalhadores. Via que a principal base de diferenciação da classe era a propriedade da terra e do capital. Também via que o poder dos capitalistas advinha de várias fontes inter-relacionadas: sua riqueza, sua capacidade de influenciar a opinião pública e seu controle do governo.

A Teoria do Valor, de Smith

Embora Smith nunca tenha apresentado uma teoria do valor-trabalho formulada com coerência, apresentou muitas ideias que viriam a ser a base das versões mais sofisticadas da teoria do valor-trabalho, de David Ricardo e de Karl Marx. O ponto de partida dessa teoria é o reconhecimento de que, em todas as sociedades, o processo de produção pode ser reduzido a uma série de esforços humanos. Diferente do que acontece com alguns animais que vivem em um meio natural facilmente adaptável às suas necessidades de sobrevivência, os seres humanos, em geral, não conseguem sobreviver sem se esforçar para transformar o ambiente natural de uma forma que lhes seja mais conveniente. Os progressos da produtividade humana têm sido, em geral, associados à extensão ou à elaboração dos processos de trabalho, que culminam na criação de determinado produto. Na maioria das vezes, essa maior produtividade resulta da produção de novos instrumentos.

Quando esses instrumentos são, depois, usados na produção, alguns observadores, principalmente de certas escolas contemporâneas de pensamento econômico, têm a impressão de que os próprios instrumentos são, em parte, responsáveis pela produção subsequente. Assim, diz-se que tanto o "capital" (quer dizer, os instrumentos ou outros meios de produção), quanto o trabalho são produtivos e que ambos contribuem igualmente para a produção subsequente. Smith e outros teóricos do trabalho, porém, reconheciam o fato óbvio de que os instrumentos são fruto do trabalho e que a contribuição por eles dada à produção é, na realidade, simplesmente a contribuição humana dada pelos que os produziram. Um trabalhador que produz um tear está, na verdade, contribuindo com uma das várias séries de despesas com o trabalho, que culminam na produção de tecido; visto dessa maneira, o tear é uma espécie de produto intermediário que pode ser visto como uma determinada quantidade de tecido produzida. Esse é o ponto de partida da teoria do valor-trabalho e foi enfatizado por Smith: "O trabalho era o primeiro preço, o dinheiro da compra inicial que era pago por todas as coisas. Não foi com o ouro nem com a prata, mas com o trabalho, que toda a riqueza do mundo foi inicialmente comprada".[26]

Assim, Smith afirmou que o pré-requisito para qualquer mercadoria ter valor era que ela fosse o produto do trabalho humano. Entretanto, a teoria do valor-trabalho vai além disso. Afirma que o valor de troca de uma mercadoria é determinado pela quantidade de trabalho contido nessa mercadoria, mais a alocação relativa, em diferentes ocasiões, da mão de obra indireta (o trabalho que produziu os meios usados na produção da mercadoria) e da mão de obra direta (o trabalho que usa os meios para a produção da mercadoria) usadas na produção. Smith conseguiu ver o trabalho como o determinante do valor de troca apenas nas economias iniciais pré-capitalistas, nas quais não havia capitalistas nem proprietários de terras:

> Naquele estágio inicial e rude da sociedade, que precede tanto à acumulação de capital, quanto à apropriação de terra, a proporção entre as quantidades de trabalho necessárias para se adquirir diferentes objetos parece ser a única circunstância capaz de ditar qualquer regra de troca entre elas. Se, por exemplo, em uma nação de caçadores, de modo geral, o trabalho de matar um castor custar o dobro do trabalho de matar um veado, um castor deve ser, naturalmente, trocado por dois veados. É natural que o que representa, normalmente, o produto de dois dias ou de duas horas de trabalho valha o dobro do que normalmente representa o produto de um dia ou de uma hora de trabalho...
>
> ... Neste estágio, todo o produto do trabalho pertence ao trabalhador, e a quantidade de trabalho comumente empregada na aquisição ou na produção de qualquer mercadoria é a única circunstância que pode regular a quantidade de trabalho que deve ser, normalmente, a necessária para ter a mercadoria, comprá-la ou trocá-la.[27]

Todavia, quando os capitalistas assumiram o controle dos meios de produção, e os proprietários de terras monopolizaram a terra e os recursos naturais, Smith achou que o valor de troca ou o preço passou a ser a soma das três partes componentes: os salários, os lucros e os aluguéis. "Logo que o capital se acumula nas mãos de determinadas pessoas", escreveu ele, o trabalhador

> tem, na maioria dos casos, que o dividir (o produto de seu trabalho) com o dono do capital que o emprega. A quantidade de trabalho comumente empregada na compra ou na produção de qualquer mercadoria deixa de ser a única circunstância que pode regular a quantidade que deve ser necessária para, normalmente, comprar, ter ou trocar a mercadoria. É evidente que é preciso uma quantidade adicional para o lucro do capital...
>
> ...Quando as terras de qualquer país se transformam, todas elas, em propriedade privada, os proprietários, como todos os outros homens, passam a querer colher o que nunca plantaram e exigem um aluguel... (O trabalhador) tem que desistir de uma parcela do que o seu trabalho produz ou colhe para entregá-la ao proprietário da terra. Esta parcela ou, o que vem a dar no mesmo, o preço desta parcela constitui o aluguel da terra, tornando-se uma terceira parte componente do preço da maior parte das mercadorias.[28]

Como os lucros e o aluguel têm de ser somados aos salários para a determinação dos preços, a teoria dos preços de Smith foi chamada, por um eminente historiador de "uma *Teoria da Soma* – uma (mera) soma dos três componentes básicos do preço".[29] A razão pela qual essa teoria diferia da teoria do trabalho que Smith julgava fosse aplicável ao "estado inicial e rude da sociedade" era que o componente lucro de um preço não tinha a necessária relação com o trabalho incorporado à mercadoria. Smith percebeu que a concorrência tendia a igualar os lucros auferidos sobre capitais do mesmo valor, isto é, se um capitalista tivesse $100 em teares e recebesse $40 de lucro por ano sobre eles, a concorrência e a busca de lucros máximos tenderiam a criar uma situação em que $100 de qualquer outro tipo de capital também renderiam $40 de lucro por ano:

> Os lucros do capital poderiam ser considerados apenas uma denominação diferente para os salários de determinado tipo de trabalho – o trabalho de inspeção e direção. Mas são totalmente diferentes, são regulados por princípios bastante autossuficientes e não são proporcionais à quantidade, à dificuldade ou à criatividade deste suposto trabalho de inspeção e direção. São regulados inteiramente pelo valor do capital empregado e são maiores ou menores em proporção a este valor.[30]

Segue-se desse princípio que os preços poderiam continuar proporcionais às quantidades de trabalho incorporadas à mercadoria, apenas no caso de o valor do capital por trabalhador ter sido o mesmo em diferentes linhas de produção. Se essa condição se verificasse, os lucros baseados no valor do capital teriam a mesma proporção em relação aos salários de cada linha de produção, e os salários adicionados aos lucros dariam um total (ou um preço, se o aluguel fosse ignorado) proporcional ao trabalho incorporado à produção das mercadorias. Contudo, se o valor do capital por trabalhador diferisse, nos vários setores da economia, a adição dos lucros aos salários daria um total que não seria proporcional ao trabalho incorporado à produção das mercadorias. Smith aceitou como fato óbvio e empírico a afirmativa de que o valor do capital por trabalhador diferia de uma indústria para outra. Não conseguiu um modo de mostrar como o trabalho incorporado à produção determinava o valor de troca nessas circunstâncias. Ficou a cargo de David Ricardo mostrar a natureza geral da relação entre o trabalho incorporado às mercadorias e seus valores de troca, nessas circunstâncias, e a Karl Marx e aos teóricos posteriores formular uma teoria do valor-trabalho completa, apresentando uma coerência lógica.

A teoria dos preços de Smith, baseada no custo de produção, não visava a explicar as flutuações concretas e diárias dos preços no mercado. Ele estabeleceu uma distinção entre preço de mercado e preço natural. O preço de mercado era o verdadeiro preço da mercadoria, em determinado momento e em determinado mercado. Acreditava que esse preço fosse regulado pela relação entre a quantidade da mercadoria que os vendedores queriam vender e a quantidade que os compradores queriam comprar, a vários preços. Em outras palavras, o preço de mercado era determinado pelas forças da oferta e da demanda. Se a oferta fosse pequena, em comparação com a demanda, a oferta pequena seria alocada aos compradores que se dispusessem a pagar um preço alto. Se a oferta fosse grande, em relação à demanda, o preço teria de baixar, para induzir os compradores a comprar toda a quantidade. O preço natural era o preço ao qual a receita da venda fosse apenas suficiente para dar – ao proprietário de terras, ao capitalista e aos trabalhadores – aluguéis, lucros e salários equivalentes aos níveis habituais ou médios de aluguéis, lucros e salários, em termos sociais.

Havia, porém, uma ligação muito importante entre o preço de mercado e o preço natural. Ele era uma espécie de preço de equilíbrio, em torno do qual os preços de mercado variavam de um dia para o outro, e eram as forças da oferta e da demanda que tendiam a impelir o preço de mercado para junto do preço natural. Se a demanda fosse grande, em comparação com a oferta, e se o preço de mercado estivesse mais alto do que o preço natural, os lucros ultrapassariam a taxa média socialmente aceitável de lucro. Esses lucros elevados atrairiam outros capitalistas que estivessem sempre procurando encontrar indústrias nas quais pudessem ter mais lucro. À medida que esses novos capitalistas começassem a produzir e a vender a mercadoria, sua oferta aumentaria e, com isso, seu preço baixaria. Enquanto o preço de mercado continuasse acima do preço natural, esse processo prosseguiria, mas, quando o preço de mercado tivesse sido forçado a baixar até chegar ao preço natural, os lucros auferidos naquela indústria passariam a ser iguais à taxa média de lucros socialmente aceita, e não haveria mais incentivo para os capitalistas aumentarem a oferta da mercadoria.

Se a procura fosse pequena em relação à oferta, e se o preço de mercado fosse mais baixo do que o preço natural, os lucros ficariam aquém da taxa média socialmente aceita. Esses lucros baixos induziriam alguns capitalistas a sair do setor e a investir seu capital em outro setor, nas quais a taxa de lucro fosse maior. Isso reduziria a oferta e, como consequência, aumentaria o preço da mercadoria. Mais uma vez, esse processo prosseguiria até o preço de mercado ter sido elevado a ponto de atingir o preço natural.

Assim, o preço natural era um preço de equilíbrio determinado pelos custos de produção, mas estabelecido no mercado pelas forças de oferta e da demanda; as flutuações do preço de mercado tenderiam a ficar em torno do preço natural. Pela teoria dos preços de Smith, a quantidade demandada alocaria o capital da sociedade pelos diversos setores, determinando, assim, a composição ou as quantidades relativas das diferentes mercadorias produzidas. Entretanto, o custo da produção determinaria, por si só, o preço de equilíbrio ou preço natural que tenderia a prevalecer em qualquer mercado.

Havia dois grandes pontos fracos na teoria dos preços de Smith. Primeiramente, os três componentes dos preços – salários, lucros e aluguéis – eram, eles próprios, preços ou derivavam de preços. Uma teoria que explica os preços com base em outros preços não pode explicar os preços em geral. Se, para entendermos um preço, temos de saber quais são os outros preços, surge logo a questão de como esses outros preços foram explicados. E se eles também tiverem de ser explicados em termos de outros preços, ficamos presos numa cadeia interminável, em que os determinantes últimos dos preços nunca podem ser explicados.

Smith compreendeu vagamente essa dificuldade e dedicou os capítulos 8, 9 e 11 do Livro I da *Riqueza das Nações* a tentativas de explicar os níveis dos salários, dos lucros e dos aluguéis, em termos das circunstâncias históricas e institucionais do sistema capitalista de sua época. Essas tentativas, muito embora ricas em *insights* importantes, não tiveram êxito, e a teoria dos preços de Smith tem de ser vista como tendo apresentado um elemento de circularidade (explicação de preços em termos de outros preços), do qual ele nunca conseguiu se livrar. Conforme veremos em outros capítulos, só duas teorias do valor tiveram, de fato, êxito na quebra dessa circularidade e na explicação de todos os preços com base em um determinante externo. A primeira foi a teoria do valor-trabalho, que Smith não conseguiu formular em situações em que o valor do capital por trabalhador diferisse, em diferentes setores da economia. A segunda foi a teoria do valor-utilidade, que tornou os preços dependentes do valor de uso ou valor de utilidade.

A rejeição de Smith ao valor de uso como possível determinante dos preços ficou explícita:

> A palavra **valor** – deve-se observar – tem dois significados diferentes e, às vezes, expressa a utilidade de determinado objeto e, outras vezes, o poder de comprar outros bens, conferido pela posse desse objeto. Um deles pode ser chamado de "valor de uso" e do outro, de "valor de troca". As coisas que têm mais valor de uso têm, quase sempre, pouco ou nenhum valor de troca; ao contrário, as coisas que têm mais valor de troca têm, frequentemente, pouco ou nenhum valor de uso. Nada mais útil do que a água; no entanto, ela compra muito pouca coisa; quase nada pode ser obtido em troca de água. Um diamante, pelo contrário, tem pouco valor de uso, mas pode ser, quase sempre, trocado por uma grande quantidade de outros bens.[31]

Os economistas que defendem uma teoria do valor baseada na utilidade referem-se a essa passagem como "o paradoxo da água e do diamante".[32] Smith, porém, não via isso como um paradoxo, mas, simplesmente, como uma afirmativa de que o valor de uso e o valor de troca não estavam sistematicamente relacionados entre si. Mais tarde, teóricos da utilidade explicariam essa diferenciação entre a utilidade total dos diamantes (à qual Smith se referira) e sua utilidade marginal.[33] A teoria do valor-utilidade será discutida em outros capítulos. Por ora, basta dizer que Smith rejeitou explicitamente tanto a teoria do valor-utilidade quanto a teoria do valor-trabalho da determinação do preço, tendo ficado com uma teoria em que um elemento de circularidade não foi eliminado.

O segundo grande ponto fraco da teoria dos preços baseados no custo de produção, de Smith, que viria a ser o ponto central da crítica feita a Smith por Ricardo, era que a teoria levava a conclusões sobre o *nível* geral de todos os preços (ou, em outras palavras, sobre o poder de compra da moeda) e não aos valores relativos de diferentes mercadorias. Pela teoria de Smith, se acontecesse algo que aumentasse qualquer um dos três componentes do custo de uma mercadoria, o valor dessa mercadoria teria de aumentar. Isso acontecia principalmente com os salários, porque eles representavam a principal parcela dos custos de produção de todas as mercadorias. Smith e todos os economistas clássicos acreditavam que os salários tenderiam a ficar no nível de subsistência ou próximo dele. A maior parcela dos gastos de subsistência de um trabalhador era com alimentos, que, na época de Smith, eram, em sua maioria, produtos baseados em cereais (ou "trigo", como eram chamados os cereais naquela época). Seguia-se, portanto, que, se o preço do trigo estivesse alto, os salários monetários necessários para manter os trabalhadores no nível de subsistência também teriam de ser altos, mas, se os salários fossem altos, o preço de todas as mercadorias teria de ser alto, porque os salários constituíam o maior componente dos custos de toda a produção.

Com base nessa linha de raciocínio, Smith concluiu que um imposto que servisse para subsidiar a exportação de trigo aumentaria imediatamente o preço do trigo no mercado interno. O efeito final desse imposto seria

> *não tanto o aumento do valor real do trigo, quanto a diminuição do valor real da prata, ou, então, fazer com que a mesma quantidade dessa última fosse trocada por uma menor quantidade não só de trigo, mas também de todas as outras mercadorias nacionais... O preço monetário do trabalho e de tudo o que é produzido por meio da terra ou do trabalho tem de aumentar ou baixar, necessariamente, de modo proporcional ao preço monetário do trigo.*[34]

O significado político prático dos impostos e subsídios do governo inglês contemporâneo que afetavam o preço do trigo será discutido nos capítulos sobre Malthus e Ricardo. Nesse ponto, estamos interessados nas implicações desse enfoque com relação à teoria do valor. A ideia de que o valor da prata não dependia, como o das outras mercadorias, de seus custos de produção, mas do valor do trigo, parecia um paradoxo que precisava ser explicado. Além do mais, está claro que variações de preço de qualquer mercadoria que fosse amplamente usada como insumo produtivo teriam o mesmo impacto sobre o valor da prata que as mudanças de valor do trigo. Portanto, a teoria de Smith poderia ser reduzida à afirmativa de que o valor da prata depende do valor das mercadorias amplamente usadas como insumos produtivos.

Isso, porém, criava problemas especiais. A prata (ou moeda) era a medida de valor de troca comumente usada (ou o *numerário*, em termos do qual se expressavam os valores de troca relativos). Estava claro, para Ricardo e para outros críticos de Smith, que, se o preço do trigo ou de qualquer outro insumo produtivo aumentasse, os efeitos sobre os valores de várias mercadorias seriam diferentes. Para algumas mercadorias, o trigo seria um insumo muito significativo (essas mercadorias poderiam ser chamadas de *intensivas em trigo*), enquanto, para outras, seria relativamente insignificante. Era óbvio que o preço monetário das mercadorias intensivas em trigo aumentaria muito mais do que os preços monetários das mercadorias nas quais o trigo fosse um insumo menos significativo. Isso queria dizer que haveria uma mudança nas razões de troca entre os dois conjuntos de mercadoria. As mercadorias intensivas em trigo teriam um valor relativamente mais alto e as demais mercadorias teriam um valor relativamente mais baixo. Contudo, pela teoria de Smith, o valor de todas as mercadorias seria maior, simplesmente porque a medida de valor (o *numerário* do valor, ou moeda) teria mudado. Smith não apresentava argumento algum em defesa da noção de que um aumento do preço do trigo diminuiria o valor relativo da prata. Além do mais, se a mercadoria na qual o trigo era usado mais intensamente como insumo fosse usada como medida, o valor de todas as mercadorias teria diminuído (porque essa mercadoria teria aumentado seu valor em relação a todas as outras mercadorias).

Seguia-se, então, que, pela teoria de Smith, o impacto de uma variação do preço do trigo sobre os valores de outras mercadorias dependeria da mercadoria escolhida como *numerário*. Todavia, Smith, os outros economistas clássicos e Marx estavam, todos eles, interessados em formular uma teoria do valor na qual não só pudessem explicar os preços relativos, como também calcular o valor total do produto, de maneira a não refletir a ambiguidade de uma medida arbitrariamente escolhida. Se a composição do produto estivesse mudando e as razões de troca relativas e o valor da medida também estivessem variando, o valor do produto total poderia aumentar ou diminuir, dependendo da medida escolhida.

Para os economistas que formularam a teoria do valor-trabalho, esse era um problema particularmente importante, conforme veremos nos capítulos sobre Ricardo e Marx. A versão da teoria do valor-trabalho de Ricardo exigia uma medida independente das variações de preço, com a qual ele pudesse comparar todo o produto social com o total dos insumos necessários, a fim de chegar à mais-valia total. A mais-valia, por sua vez, passava a ser a base para o cálculo da taxa de lucro, que, por sua vez, era necessária para explicar o padrão dos preços relativos. Isso será discutido mais detidamente; por enquanto, basta explicar por que os economistas clássicos procuravam uma "medida invariável de valor" e por que Ricardo, em particular, criticou essa deficiência da teoria de preços de Smith.

Embora a incapacidade de Smith em mostrar como uma teoria do valor-trabalho poderia explicar os preços em uma economia capitalista fosse um sinal de que ele não atribuía a mesma importância que Ricardo e Marx atribuíam à descoberta de uma medida invariável de valor, ele realmente tentou encontrar a melhor medida possível de valor. Começou rejeitando o ouro e a prata, porque as condições em que eram produzidos variavam e, portanto, seriam medidas variáveis. Insistiu em dizer que "uma mercadoria que está sempre variando de valor nunca pode ser uma medida exata do valor de outras mercadorias".[35] A melhor medida do valor, em sua opinião, era a quantidade de trabalho que qualquer mercadoria poderia oferecer em uma troca. Quando alguém possuía uma mercadoria, argumentava ele:

> o poder que essa posse lhe dá imediata e diretamente é o poder de compra; um certo controle sobre todo o trabalho ou sobre todo o produto do trabalho que se encontra no mercado naquele momento. Sua fortuna é maior ou menor precisamente em proporção a esse poder ou à quantidade de trabalho de outros homens ou – o que equivale ao mesmo – ao produto do trabalho de outros homens que sua fortuna permite comprar ou ter. O valor de troca de tudo tem sempre de ser precisamente igual ao grau desse poder conferido ao seu dono.[36]

Essa, porém, não era uma boa escolha. Assim como o preço do ouro ou da prata podia variar, os salários pagos pelo trabalho também podiam variar. E, como o salário representa o preço de compra do trabalho, a medida de valor de Smith era variável. É óbvio que o preço de qualquer mercadoria pode variar e, de fato, varia. Portanto, a quantidade de qualquer mercadoria que pode ser comprada depende tanto de seu próprio valor, quanto do valor do objeto por ela trocado, podendo modificar-se de acordo com a variação de qualquer um dos dois. Portanto, a quantidade de qualquer mercadoria que pode ser obtida em troca nunca pode ser um padrão de valor invariável.

Às vezes, é possível compreender algumas coisas analisando-se os erros cometidos por um grande pensador, tanto quanto estudando suas proposições cientificamente válidas. A escolha de Smith do trabalho incorporado como uma medida invariável de valor é um desses erros. Tal erro nos pode esclarecer quanto à perspectiva social geral segundo a qual Smith quase sempre tendia a ver os processos econômicos de sua época. O historiador Ronald L. Meek escreveu o seguinte:

> Do ponto de vista de um empregador capitalista, que organiza a produção de mercadorias, não porque queira ele mesmo consumi-las ou trocá-las por bens de subsistência, mas porque queira vendê-las com lucro e acumular capital, a medida mais apropriada do "valor real" dessas mercadorias pode até parecer a quantidade de trabalho assalariado que a venda das mercadorias permite que o capitalista consiga no período seguinte de produção. Quanto maior a quantidade de trabalho assalariado contido nessas mercadorias, maior será o acréscimo que o capitalista poderá fazer em sua mão de obra e maior será, portanto, a quantidade que ele poderá acumular.[37]

Concluindo nossa discussão sobre a teoria do valor, de Smith, devemos dizer que aqui, como em muitas outras partes de suas teorias sociais e econômicas, existem ambiguidades que nos deixam perplexos. Ele disse, explicitamente, que, quando os capitalistas monopolizavam a propriedade dos meios de produção e os proprietários de terras monopolizavam a propriedade da terra, as quantidades de trabalho incorporadas à produção de diferentes mercadorias não mais regulavam o valor dessas mercadorias; no entanto, em grande parte de suas discussões, escreveu como se a teoria do valor-trabalho ainda bastasse para explicar os preços. As três citações a seguir são exemplos de como ele usava a teoria do trabalho:

> Como custa menos trabalho trazer esses metais da mina para o mercado, quando eles são trazidos para cá, eles compram ou incorporam menos trabalho.[38]
>
> Num país naturalmente fértil, mas cuja maior parte das terras ainda esteja inteiramente sem ser aproveitada, o gado, as aves, toda a espécie de caça etc., por poderem ser adquiridos com uma quantidade de trabalho muito pequena, também comprarão apenas uma quantidade muito pequena.[39]
>
> Custou uma quantidade muito maior de trabalho trazer os bens para o mercado. Quando eles foram trazidos para cá, portanto, tiveram de ser comprados ou trocados ao preço de uma maior quantidade.[40]

A Teoria do Bem-estar Econômico, de Smith

A teoria econômica de Smith era, acima de tudo, uma teoria normativa ou orientada para as políticas. Sua principal preocupação era identificar as forças sociais e econômicas que mais promoviam o bem-estar humano e, com base nisso, recomendar políticas que melhor promovessem a felicidade humana. A definição de Smith de bem-estar econômico era bastante simples e direta. O bem-estar humano dependia da quantidade do "produto do trabalho" anual e do "número dos que deveriam consumi-lo".[41] Outro critério de bem-estar não explicitamente definido por Smith, porém importante em muitas de suas discussões, era o de que o bem-estar poderia ser aumentado à medida que a composição do produto a ser consumido correspondesse mais às necessidades e aos desejos dos que comprassem e usassem o produto.

Analisando as forças que tendiam a aumentar o bem-estar econômico, Smith elaborou um modelo que delineava os componentes sociais e econômicos mais importantes do capitalismo e explicitava a principal motivação que impelia o sistema. O capitalismo era dividido em dois setores básicos de produção – a agricultura e a indústria. A produção de mercadorias exigia três grupos distintos de insumos – a terra (inclusive os recursos naturais), o trabalho e o capital. As três principais classes sociais do capitalismo – os proprietários de terras, os trabalhadores e os capitalistas – correspondiam a esses três grupos. As bases legais e sociais dessa divisão de classes eram as leis da propriedade e a distribuição da propriedade real entre as pessoas. Cada uma das três classes sociais recebia uma forma distinta de remuneração monetária – aluguéis, salários e lucros. Essas formas de renda de classe, conforme vimos, correspondiam às três partes componentes dos custos de produção e determinavam os preços das mercadorias. Smith supunha que todo comportamento econômico fosse caracterizado por motivos egoístas e aquisitivos (apesar de admitir que, no comportamento não econômico, as pessoas tivessem outros motivos, inclusive altruístas). O pressuposto de que todo comportamento econômico se baseia em motivos egoístas e aquisitivos iria tornar-se o fundamento da economia neoclássica, em fins do século XIX e começo do século XX.

No contexto da teoria da História, de Smith, o capitalismo representava o estágio mais alto de civilização e atingiria seu ponto culminante quando tivesse evoluído para um estado em que o governo tivesse adotado uma política de *laissez-faire*, permitindo que as forças da concorrência e o livre jogo da oferta e da demanda regulassem a economia, que ficaria quase que completamente livre das restrições do governo ou de suas intervenções. Toda a estrutura de *A Riqueza das Nações* leva às conclusões de *laissez-faire*, de Smith. A primeira terça parte da obra (Livros I e II) desenvolve os conceitos e as teorias econômicas de Smith. O Livro III detalha as ideias de Smith sobre o aparecimento histórico do capitalismo. O Livro IV é dedicado basicamente a uma discussão das políticas e teorias dos mercantilistas (Capítulos 1 a 8) e aos fisiocratas (Capítulo 9).

Ao final do Capítulo 9 do Livro IV, juntam-se todos os elementos da análise. Com base em suas próprias análises, Smith rejeitou as teorias e políticas, tanto dos mercantilistas como dos fisiocratas, e depois indicou qual era o sistema que maximizaria o bem-estar econômico. Essa afirmação é a principal conclusão do livro: o capitalismo *laissez-faire* ou, conforme Smith o chamava, "o sistema óbvio e simples de liberdade natural", é afirmado como o melhor sistema econômico possível.

> *Portanto, tendo sido completamente afastados todos os sistemas de preferência ou de restrição, o sistema óbvio e simples de liberdade natural se estabelece por si mesmo. Todo homem... fica perfeitamente livre para buscar seus próprios interesses, à sua própria maneira, e para concorrer, com seu esforço e com seu capital, com o esforço e o capital de outros homens ou tipos de homem. O soberano fica completamente livre do... dever de supervisionar o esforço particular das pessoas e de dirigi-lo para as finalidades mais adaptadas ao interesse da sociedade.[42]*

Resumiremos agora alguns argumentos com base nos quais Smith tirou essa conclusão final.

O nível de produção de qualquer sociedade dependia, em sua opinião, do número de trabalhadores produtivos e do nível de sua produtividade. Ela, por sua vez, dependia da especialização ou da extensão da divisão do trabalho: "O maior aumento da capacidade produtiva do trabalho e a maior parte da habilidade, destreza e capacidade de julgamento que o dirige para qualquer fim ou com que ele é feito parecem ter sido fruto da divisão do trabalho".[43] O grau de divisão do trabalho era governado por duas circunstâncias. Primeiramente, tinha de haver um mercado bem desenvolvido ou uma economia de trocas comerciais, a fim de que houvesse uma especialização generalizada. Existindo uma economia de mercado, o grau de especialização dependeria do tamanho do mercado. "Assim como o poder de troca ocasiona a divisão do trabalho, a extensão dessa divisão será sempre limitada pela extensão daquele poder ou, em outras palavras, pela extensão do mercado."[44]

A divisão do trabalho mais importante ou fundamental era entre a agricultura rural e a indústria urbana. "Existem algumas espécies de indústria", escreveu Smith, "que só podem operar numa grande cidade".[45] A ordem natural do desenvolvimento econômico era, primeiro, a agricultura, seguida pela manufatura urbana e pelo comércio exterior. "O grande comércio de toda sociedade civilizada é o que existe entre os habitantes da cidade e os do interior. Consiste na troca de produtos brutos por produtos manufaturados."[46]

Quando uma sociedade comercial já se desenvolveu a ponto de permitir essa especialização urbano-rural, torna-se mais importante a segunda circunstância que governa a extensão da divisão do trabalho:

Como a acumulação de capital tem, pela própria natureza das coisas, que anteceder a divisão do trabalho, o trabalho pode ser cada vez mais subdividido, mas somente na proporção do acúmulo de capital. A quantidade de matérias-primas com a qual o mesmo número de pessoas pode trabalhar aumenta em grandes proporções, à medida que o trabalho se subdivide cada vez mais; e, à medida que o trabalho de cada trabalhador se vai reduzindo gradativamente a um grau maior de simplicidade, são inventadas várias máquinas novas para facilitar e abreviar o trabalho... portanto... é preciso acumular maior estoque de matérias-primas e ferramentas.[47]

Portanto, quando comparamos a situação de uma nação em dois períodos diferentes e verificamos que o produto anual de sua terra e de seu trabalho é, evidentemente, maior no segundo período, que sua terra está mais bem cultivada, suas indústrias são mais numerosas e estão florescendo mais e seu comércio é maior, podemos ter certeza que seu capital terá, necessariamente, aumentado, entre um período e outro.[48]

A acumulação de capital terá sido, então, a principal fonte de progresso econômico, e os lucros terão sido a fonte do novo capital. Dado esse significado central dos lucros e da acumulação de capital, Smith deu bastante ênfase à distinção entre trabalho produtivo e improdutivo. Estava preocupado em contra-argumentar a tese dos fisiocratas, de que o trabalho incorporado à indústria era estéril ou improdutivo. Percebeu que esse trabalho era uma fonte de lucros e de maior acumulação e, portanto, uma fonte de progresso econômico.

Propôs duas definições de trabalho produtivo. Primeiramente, argumentou que os trabalhadores eram produtivos, quando seu trabalho resultava em renda para os capitalistas, suficiente para recuperar os custos dos salários, permitindo, ainda, que sobrasse um lucro. Em segundo lugar, argumentava que os trabalhadores cujo trabalho estivesse incorporado a uma mercadoria palpável e que pudesse ser vendida eram produtivos. Em ambos os casos, estava tentando distinguir os trabalhadores que contribuíam para o processo de acumulação de capital daqueles que meramente vendiam seus serviços a pessoas ricas ou ao governo. Esses eram considerados por ele uma espécie de "servidores inferiores", cujos serviços, apesar de úteis, não resultavam na geração de lucros nem na acumulação de capital – não promovendo, portanto, o progresso econômico. Esses serviços eram por ele considerados trabalho improdutivo.

É óbvio, com base em nossa visão retrospectiva contemporânea, que as duas definições de trabalho produtivo de Smith eram incompatíveis. No entanto, como observou Maurice Dobb,

pode-se supor, de modo bastante compreensível, que Adam Smith não visse conflito algum entre as duas definições, porque ele não supunha que fosse possível haver lucro ou mais-valia sem que o trabalho em questão tivesse produzido uma mercadoria que pudesse ser vendida. Não há dúvida de que, em muitos sentidos, ambas as noções equivalem à mesma coisa. Mas, como Marx... observou, atores, músicos, professores de dança, cozinheiros e prostitutas poderiam, todos eles, criar um excedente ou gerar um lucro para um empregador, se viessem a ser empregados por "um empresário de teatro, sala de concertos, bordel etc."[49]

O ponto importante era que o trabalho produtivo era o que promovesse a acumulação de capital. O novo capital aumentava o bem-estar econômico, porque aumentava a produtividade do trabalho.

Smith argumentava, porém, que o capital era mais produtivo em alguns empregos do que em outros. O capital empregado na agricultura era o mais produtivo; o aplicado na indústria vinha logo a seguir e, depois, vinha o capital empregado no comércio interno e, por fim, o empregado no comércio externo.[50] O leitor deve lembrar-se de que esse escalonamento da produtividade do capital corresponde ao que Smith julgava ser a ordem natural do desenvolvimento econômico. Se os governos nada fizessem para estimular ou desestimular o investimento de capital em qualquer setor, a própria busca egoísta de lucro máximo dos capitalistas levaria ao desenvolvimento econômico, segundo essa lei natural e essa ordem socialmente benéfica. "Se as instituições humanas" – escreveu Smith – "nunca tivessem inibido... as inclinações naturais (do homem), a ordem das coisas... seria... promovida pelas inclinações naturais do homem."[51] Na ordem natural do desenvolvimento econômico, a agricultura aparecia em primeiro lugar. Se o mercado fosse livre e se não houvesse qualquer intervenção governamental, "a maioria dos homens optaria por empregar seu capital na melhoria e no cultivo da terra; ao invés de na indústria ou no comércio exterior".[52]

Depois de a produção agrícola ter-se transformado num "sistema de liberdade natural", o capital seria destinado à indústria. Nesse estágio de desenvolvimento, a indústria interna ainda contribuiria mais para o bem-estar humano do que para o comércio exterior. Descrevendo o fluxo de capital para a indústria interna num "sistema de liberdade natural", Smith formulou a proposição mais famosa de sua tese, segundo a qual em um mercado livre os atos egoístas dos indivíduos são dirigidos, como que por uma "mão invisível", para a maximização do bem-estar econômico:

> *Todo indivíduo que emprega seu capital na promoção da indústria interna esforça-se para que o produto desta indústria tenha o maior valor possível.*
>
> *O produto da indústria é o que ela adiciona às matérias-primas por ela utilizadas. Na medida em que o valor desse produto seja grande ou pequeno, os lucros do empregador serão grandes ou pequenos, mas é apenas visando ao lucro que alguém emprega um capital na indústria, e, portanto, ele sempre se esforçará para empregá-lo na indústria cujo produto tenha probabilidades de ter o maior valor ou de poder ser trocado pela maior quantidade de moeda ou de outros bens.*
>
> *A receita anual de toda sociedade, porém, é sempre precisamente igual ao valor de troca de todo o produto anual de sua indústria... Portanto, quando todo indivíduo se esforça o mais que pode, não só para empregar seu capital na indústria interna, como também para que seu produto tenha o maior valor possível, trabalha, necessariamente, no sentido de aumentar o máximo possível a renda anual da sociedade. Na verdade, ele geralmente não pretende promover o interesse público, nem sabe até que ponto o está promovendo. Preferindo aplicar na indústria interna, e não na externa, só está visando à sua própria segurança; dirigindo a indústria de tal maneira que seu produto possa ter o maior valor possível, só está querendo promover seu próprio interesse e está, neste e em muitos outros casos, sendo levado por uma "mãe invisível" a promover um fim que não fazia parte de suas intenções. Do mesmo modo, nem sempre é pior para a sociedade que não tenha sido essa a sua intenção. Cuidando do seu próprio interesse, o indivíduo, quase sempre, promove o interesse da sociedade mais eficientemente do que quando realmente deseja promovê-lo.[53]*

Assim, Smith concluiu que as intervenções, as regulamentações, as concessões de monopólio e os subsídios especiais do governo – tudo isso tendia a alocar mal o capital e a diminuir sua contribuição para o bem-estar econômico. Além do mais, esses atos do governo tendiam a restringir os mercados, reduzindo, assim, a taxa de acumulação de capital e diminuindo a extensão da divisão do trabalho e, com isso, o nível de produção social.

Os mercados livres e em concorrência não só dirigiriam o emprego de capital para os setores em que ele fosse mais produtivo, como também fariam – mais uma vez por meio da "mão invisível", que dirigia a maximização egoísta do lucro para canais socialmente úteis – com que fossem produzidas as mercadorias de que as pessoas precisassem e mais desejassem:

> *Não devemos esperar que nosso jantar venha da benevolência do açougueiro, do cervejeiro ou do padeiro, mas, sim, de sua consideração para com seus próprios interesses. Nós não nos dirigimos ao seu humanitarismo, e sim ao seu amor-próprio, e nunca lhes falamos de nossas necessidades, mas de suas vantagens.*[54]

A influência de Smith nas doutrinas econômicas socialmente conservadoras desses dois últimos séculos está principalmente em sua crença de que, numa economia de mercado concorrencial, *laissez-faire* e capitalista, o livre mercado dirigia todos os atos egoístas, aquisitivos e voltados para o lucro para um "sistema óbvio e simples", socialmente benéfico e harmonioso, "de liberdade natural". Declarou ele que as funções apropriadas do governo deveriam ser estritamente limitadas:

> *O homem de governo que tentasse dirigir as pessoas dizendo como elas deveriam empregar seu capital não só ficaria sobrecarregado com uma tarefa de todo desnecessária, como também assumiria uma autoridade que não poderia ser confiada a uma única pessoa, nem mesmo a um conselho ou a um senado, e que em nenhum outro lugar seria tão perigosa quanto nas mãos de um homem que fosse suficientemente louco e presunçoso para julgar-se apto para exercê-la.*[55]

O governo só deveria ter três funções:

> *primeiro, a função de proteger a sociedade da violência e da invasão de outras sociedades independentes; segundo, a função de proteger, na medida do possível, todo membro da sociedade da injustiça e da opressão de qualquer de seus membros ou a função de oferecer uma perfeita administração da Justiça; e, por fim, a função de fazer e conservar certas obras públicas e de criar e manter certas instituições públicas, cuja criação e manutenção nunca despertariam o interesse de qualquer indivíduo ou de um grupo de indivíduos, porque o lucro nunca cobriria as despesas que teriam estes indivíduos, embora, quase sempre, tais despesas pudessem beneficiar e reembolsar a sociedade como um todo.*[56]

Conflito de Classes e Harmonia Social

Está claro que o "sistema óbvio e simples de liberdade natural" de Smith era visto como um sistema econômico no qual prevalecia a harmonia. É claro que Smith tinha consciência de que os motivos egoístas e aquisitivos levavam a conflitos individuais e a conflitos de classes. Todavia, no contexto social do capitalismo concorrencial, esses conflitos eram apenas aparentes e acabavam não sendo reais. A "mão invisível" solucionava automaticamente os conflitos superficiais ou aparentes da melhor maneira, para a felicidade humana.

As obras de Smith, porém, impressionam o leitor por serem extremamente ambíguas, quando não contraditórias, quanto à questão do conflito de classes *versus* harmonia social, no capitalismo. Um argumento central, ao qual voltaremos em outros capítulos deste livro, é o de que os proponentes da teoria do valor-trabalho veem o conflito de classes como algo de importância fundamental para a compreensão do capitalismo, enquanto a teoria do valor-utilidade vê a harmonia social como fundamental e leva, inevitavelmente, a uma versão do argumento da "mão invisível", de Smith. Só quando Smith abandonou a teoria do valor-trabalho é que ele pôde argumentar em favor da "mão invisível" e da harmonia social.

Grande parte da análise de Smith, porém, deriva de sua perspectiva da teoria do trabalho. Assim, ele conseguiu argumentar que o trabalho era o único criador original de valor, que os trabalhadores tinham de dividir o produto de seu trabalho com duas classes, cuja fonte de poder e cuja reivindicação à renda não decorriam da produção de mercadorias, mas da propriedade; que a propriedade dava a algumas pessoas "o direito de colher o que não tinham plantado" e que a proteção dos direitos de propriedade pelo governo era, basicamente, uma "defesa do rico contra o pobre".

Além disso, como vimos, Smith acreditava que os salários fossem determinados por uma luta econômica, social e política entre trabalhadores e capitalistas, na qual os capitalistas, quase sempre, levavam a melhor. Também sabia que os empresários usavam de todos os meios disponíveis para evitar a concorrência e garantir monopólios, como fica evidenciado pelas duas citações seguintes:

> As pessoas que têm os mesmos negócios raramente se reúnem – mesmo em festas ou em locais de diversão – mas sua conversa termina em uma conspiração contra o povo ou em alguma combinação para aumentar os preços.[57]
>
> O interesse dos empresários, porém, em qualquer ramo de comércio ou indústria é sempre, em alguns aspectos, diferente e até mesmo oposto ao interesse do povo... Seu interesse é sempre diminuir a concorrência... Mas isso sempre será contrário... (aos interesses do povo), e só poderá servir para permitir que os empresários, aumentando seus lucros para níveis maiores que o normal, cobrem, em proveito próprio, um imposto absurdo do resto de seus concidadãos.[58]

Analisando os efeitos do capitalismo, da acumulação de capital e de sua consequente divisão do trabalho sobre a maioria dos trabalhadores, as duas citações seguintes também são reveladoras:

> A diferença de talentos naturais em diferentes homens é, na realidade, muito menor do que percebemos... A diferença de caráter entre um filósofo e de um simples carregador, por exemplo, não parece ser devida tanto à natureza, mas ao hábito, aos costumes e à educação. Quando eles vieram ao mundo, e durante os seis ou oito primeiros anos de vida, talvez fossem muito parecidos e nem seus pais nem seus colegas de brincadeiras conseguiriam perceber qualquer diferença marcante. Mais ou menos com essa idade, ou logo depois, eles passaram a se dedicar a ocupações muito diferentes.[59]
>
> No progresso da divisão do trabalho, o emprego da maior parte dos que vivem do trabalho, quer dizer, da grande maioria das pessoas, acaba sendo limitado a umas poucas operações simples – quase sempre uma ou duas. O entendimento da maior parte dos homens é, porém, necessariamente, fruto de seus empregos comuns. O homem que passa a vida inteira executando algumas operações simples e cujos efeitos talvez sejam sempre os mesmos ou bastante parecidos não tem oportunidade alguma de usar sua mente ou aproveitar sua capacidade inventiva para descobrir expedientes para vencer dificuldades que nunca ocorrem. Portanto, ele perde, naturalmente, o hábito deste esforço e, geralmente, fica tão "burro" e ignorante quanto uma criatura humana se pode tornar. O torpor de sua mente o torna não só incapaz de apreciar ou de manter qualquer conversa racional, como

Adam Smith

também de conceber qualquer sentimento generoso, nobre ou terno e, consequentemente, ter qualquer opinião até sobre muitos deveres rotineiros da vida cotidiana.[60]

Para esses trabalhadores, o valor da "mão invisível" e do "sistema óbvio e simples de liberdade natural" parece muito afastado. Além do mais, quando se considera que o governo existe para "proteger os ricos dos pobres", que é usado como principal meio para os capitalistas sobrepujarem os trabalhadores em suas lutas por salários, e que os capitalistas usam todos os meios à sua disposição – inclusive o governo – para garantir e proteger seus monopólios, fica-se pensando como Smith esperava que se alcançasse o "sistema de liberdade natural", no qual o governo só tivesse três deveres e a "mão invisível" dirigisse todos os atos egoístas e gananciosos para um todo harmonioso e mutuamente benéfico.

Levando-se em conta essas dificuldades e as inúmeras análises profundas e esclarecedoras de *A Riqueza das Nações*, não é de admirar que a influência intelectual de Smith possa ser percebida em duas tradições rivais do pensamento econômico dos séculos XIX e XX, uma delas enfatizando a teoria do valor-trabalho e o conflito de classes e a outra enfatizando a teoria do valor-utilidade, a harmonia social e a "mão invisível".

Notas do Capítulo 3

1. BENDIX, Reinhard. *Work and Authority in Industry*. Nova York: Harper & Row, 1963, p. 27.
2. Mantoux, Paul. *The Industrial Revolution in the Eighteenth Century*. Nova York: Harcourt Brace Jovanovich, 1927, p. 344-345.
3. MEEK, Ronald L. "Adam Smith and the Classical Theory of Profit". In: *Economics and Ideology and Other Essays*. Londres: Chapman and Hall, 1967, p. 25. Os três parágrafos seguintes baseiam-se neste ensaio de Meek.
4. Resumos úteis da teoria da História, de Smith, podem ser encontrados em MEEK, Ronald. "The Scottish Contribution to Marxist Sociology". In: *Economics and Ideology and Other Essays*. Londres: Chapman and Hall, 1967, p. 34-50; e em SKINNER, Andrew, em sua introdução à *Riqueza das Nações*. Baltimore: Penguin, 1970. Seção 2, p. 29-43. Um resumo útil da Sociologia, de Smith, pode ser encontrado em SAMUELS, Warren J.S. "Adam Smith and the Economy as a System of Power". In: *Review of Social Economy*, 31 (2), 1973, p. 123-137.
5. SMITH, Adam. *An Inquiry into the Nature and Causes of the Wealth of Nations*. Nova York: Modern Library, 1937, p. 653.
6. Ibid.
7. Ibid.
8. Ibid., p. 670.
9. Ibid.
10. Ibid., p. 674.
11. Ibid., p. 361.
12. Ibid., p. 361-362.
13. Ibid., p. 385.
14. Citado por Skinner,;1; em sua introdução à *Riqueza das Nações*, p. 23.
15. Ibid., p. 39.
16. Ibid.
17. Ibid., p. 26-27.
18. Ibid., p. 40.
19. SMITH. *Wealth of Nations*, p. 248.
20. Ibid., p. 47.
21. Ibid., p. 326.
22. Ibid., p. 30.
23. Ibid., p. 48.

24. Ibid., p. 66.
25. Ibid., p. 66-67.
26. Ibid., p. 30.
27. Ibid., p. 47-48.
28. Ibid., p. 48-49.
29. DOBB, Maurice. *Theorie of Value and Distribution since Adam Smith*. Cambridge: Cambridge University Press, 1973, p. 46.
30. SMITH. *Wealth of Nations*, p. 48.
31. Ibid., p. 28.
32. Ver, por exemplo, BLAUG, Mark. *Economic Theory in Retrospect*. Homewood, Ill.: Irwin, 1968, p. 31.
33. Ibid., p. 43.
34. SMITH, *Wealth of Nations*, p. 476-477.
35. Ibid., p. 32-33.
36. Ibid., p. 31.
37. MEEK, Ronald L. *Studies in the Labour Theory of Value*. Nova York: Monthly Review Press, 1973, p. 65-66.
38. SMITH. *Wealth of Nations*, p. 32.
39. Ibid., p. 186.
40. Ibid., p. 246.
41. Ibid., p. 1vii.
42. Ibid., p. 651.
43. Ibid., p. 3.
44. Ibid., p. 17.
45. Ibid.
46. Ibid., p. 356.
47. Ibid., p. 260.
48. Ibid., p. 326.
49. DOBB, Maurice. *Theories of Value and Distribution*, p. 61.
50. SMITH. *Wealth of Nations*, p. 341-355.
51. Ibid., p. 357.
52. Ibid., p. 357-358.
53. Ibid., p. 422-423.
54. Ibid., p. 14.
55. Ibid., p. 423.
56. Ibid., p. 651.
57. Ibid., p. 128.
58. Ibid., p. 250.
59. Ibid., p. 15.
60. Ibid., p. 734-735.

CAPÍTULO 4

Thomas Robert Malthus

Thomas Robert Malthus (1766-1834) era filho de uma família inglesa de posses. Foi educado na Universidade de Cambridge e, em 1805, foi nomeado para o corpo docente da faculdade da Companhia das Índias Orientais, em Harleybury. Ocupou a primeira cátedra inglesa de Economia Política, onde permaneceu até sua morte, em 1834.

Malthus viveu numa época tumultuada, de intensos conflitos de classes, e suas obras refletem sua posição com relação a esses conflitos. Havia dois conflitos principais. Discutiremos cada um deles separadamente. Primeiro, a Revolução Industrial só foi possível com imensos sacrifícios e grande sofrimento da classe operária em geral. Os trabalhadores nem sempre aceitavam humildemente esses sacrifícios e, consequentemente, sofriam não só com as angústias sociais e econômicas, como também com a opressão legislativa e política. Em segundo lugar, em fins do século XVIII e início do século XIX, a antiga classe proprietária de terras ainda tinha o controle efetivo do Parlamento inglês e travou-se um intenso conflito entre essa classe e a nova classe capitalista industrial. Esse conflito foi travado com vistas ao controle do Parlamento, mas a razão última era decidir se a Inglaterra deveria continuar com uma economia agrícola relativamente autossuficiente ou transformar-se numa ilha dedicada basicamente à produção industrial.

Conflitos de Classes no Tempo de Malthus

A Revolução Industrial trouxe aumentos da produtividade humana sem precedentes na história. A construção generalizada de fábricas e a disseminação do uso de máquinas constituíram a base mecânica desse aumento. Contudo, para canalizar a capacidade produtiva da economia para a criação de bens de capital, era preciso destinar uma parte relativamente muito menor dessa capacidade à fabricação de bens de consumo. Os bens de capital tinham de ser comprados a um custo social que implicava privações em massa. Embora as mudanças tecnológicas tenham aumentado a produtividade, diminuindo, com isso, um pouco esse custo social, seus efeitos não foram, de modo algum, suficientes em relação ao volume crescente de capital que estava sendo acumulado.

Historicamente, em todos os casos em que a sociedade foi obrigada a suportar um nível de mera subsistência para alguns de seus membros, os sacrifícios sempre foram feitos pelos que tinham menos poder econômico e político. O mesmo aconteceu com a Revolução Industrial, na Inglaterra. A classe operária vivia perto do nível de subsistência, em 1750, e seu padrão de vida (medido em termos do poder de compra dos salários) deteriorou-se na segunda metade do século XVIII. Essa tendência dos padrões de vida da classe operária nas primeiras décadas do século XIX é um tema controvertido entre os historiadores. O fato de muitos estudiosos eminentes encontrarem evidências suficientes para argumentar que o padrão de vida deixou de aumentar, ou até mesmo baixou, nos leva à conclusão de que qualquer aumento, naquela época, deve ter sido, quando muito, modesto.

Em toda a época da Revolução Industrial, não há dúvida de que o padrão de vida dos pobres caiu sensivelmente em relação aos padrões das classes média e superior. Uma análise detalhada mostra que

> os relativamente pobres ficaram mais pobres simplesmente porque o país e sua classe rica e média ficaram, obviamente, mais ricos. No exato momento em que os pobres estavam nas piores condições possíveis... a classe média estava com sobra de capital, que investia quase que integralmente em estradas de ferro e gastava em mobiliário e artigos domésticos apresentados na Grande Exposição de 1851 e em construções opulentas nas cidades... nas escuras cidades do norte.[1]

Não pode haver dúvida quanto à classe que arcava com os custos sociais, em termos do consumo sacrificado necessário para a industrialização.

No entanto, os custos, em termos de menor consumo, não eram, de modo algum, a única e talvez nem a pior dificuldade que a Revolução Industrial obrigou a classe operária a suportar. O novo sistema fabril destruiu completamente o modo de vida tradicional dos trabalhadores, lançando-os em um mundo de pesadelos para o qual estavam completamente despreparados. Eles perderam o orgulho da habilidade pessoal no trabalho e a proximidade das relações pessoais que existiam nas indústrias artesanais. Pelo novo sistema, sua única relação com seu empregador era através do mercado impessoal, ou o *elo do dinheiro*. Eles perderam o acesso direto aos meios de produção, tendo sido reduzidos a meros vendedores de força de trabalho, totalmente dependentes das condições de mercado para sua sobrevivência.

Talvez pior do que qualquer dessas dificuldades fosse a regularidade monótona e mecânica imposta ao operário pelo sistema fabril. Na Europa pré-industrial, as tarefas do operário não eram tão especializadas. Ele passava de uma tarefa para outra, e seu trabalho era interrompido pela variação das estações do ano ou do tempo. Quando queria descansar, divertir-se ou mudar o ritmo de sua rotina de trabalho, tinha certa liberdade para fazê-lo. O emprego na fábrica trouxe a tirania do relógio. A produção era mecanizada e era preciso uma regularidade absoluta para coordenar a complexa interação dos processos e maximizar o uso da nova e cara maquinaria. O ritmo de trabalho não era mais decidido pelo indivíduo, mas pela máquina.

A máquina, que, antes, era um apêndice do homem, se tornava, agora, o ponto central do processo de produção. O homem passou a ser um simples apêndice da máquina fria, implacável e ditadora do ritmo de trabalho. Em fins do século XVIII e começo do século XIX, uma revolta espontânea contra o novo sistema fabril fez com que grupos de trabalhadores destruíssem máquinas e fábricas que, para eles, eram responsáveis pela sua má situação. Essas revoltas, chamadas *revolta dos ludditas*, terminaram em 1813, quando muitos trabalhadores foram enforcados ou deportados por suas atividades.

A extensa divisão do trabalho na fábrica tornou grande parte do trabalho tão rotineiro que mulheres e crianças sem treinamento algum podiam trabalhar tão bem quanto os homens. Como as mulheres e as crianças podiam ser empregadas com salários muito mais baixos do que os dos homens e como, em muitos casos, famílias inteiras tinham de trabalhar para ganhar o suficiente para comer, as mulheres e as crianças eram muito requisitadas. Muitos donos de fábrica preferiam as mulheres e as crianças, porque elas podiam ser reduzidas a um estado de obediência passiva mais facilmente do que os homens. A ideologia difundida naquela época – de que a boa mulher era a mulher submissa – era de grande valia para seus empregadores.

As crianças eram ligadas às fábricas por contratos de aprendizado, com a duração de sete anos ou até atingirem 21 anos de idade. As crianças não recebiam quase nada em troca das muitas horas de trabalho, nas piores condições possíveis. As autoridades que controlavam as *Leis dos Pobres* podiam contratar os filhos dos pobres, e isso levava a "negociações habituais... (em que) as crianças... eram tratadas como meras mercadorias... entre os empresários das fiações de um lado e as autoridades que controlavam as *Leis dos Pobres* do outro. Grupos de cinquenta, oitenta ou mesmo cem crianças eram mandados para as fábricas como gado, onde ficavam presas muitos anos".[2]

As crianças viviam na mais cruel servidão. Permaneciam totalmente isoladas de quem quer que pudesse ter pena delas, ficando, assim, à mercê dos capitalistas ou de seus gerentes contratados, cuja principal preocupação era o desafio das fábricas concorrentes. A jornada de trabalho das crianças durava de 14 a 18 horas ou até elas caírem completamente exaustas. Os capatazes eram pagos de acordo com o volume de produção das crianças e, portanto, as pressionavam sem misericórdia. Na maioria das fábricas as crianças tinham não mais que 20 minutos por dia para sua principal (e muitas vezes única) refeição. "Os acidentes eram muito comuns, principalmente no fim do interminável dia de trabalho, quando as crianças, exaustas, quase dormiam durante o trabalho. Nunca acabavam os casos de dedos cortados e membros esmagados pelas rodas."[3] As crianças eram disciplinadas de maneira tão brutal e selvagem, que uma narrativa dos métodos empregados pareceria inteiramente inacreditável para o leitor de hoje.

As mulheres eram quase tão maltratadas quanto as crianças. O trabalho na fábrica era longo, árduo e monótono. A disciplina era rígida. Muitas vezes, o preço do emprego em uma fábrica era a submissão ao assédio sexual dos empregadores e capatazes.[4] As mulheres empregadas nas minas trabalhavam de 14 a 16 horas por dia, despidas até a cintura, ao lado de homens e executando trabalho de homem. Havia casos de mulheres que saíam das minas para ter filho e voltavam dias depois de terem dado à luz. Existem muitos relatos das condições de trabalho incrivelmente cruéis e desumanas das mulheres daquela época. É claro que os homens que trabalhavam não estavam em condições muito melhores do que as mulheres e as crianças.

Outra consideração importante para a avaliação do padrão de vida da classe operária na época de industrialização capitalista era o rápido ritmo da industrialização daquela época. Em 1750, só duas cidades da Inglaterra tinham mais de 50 mil habitantes. Em 1850, havia 29. Nessa data, quase a terça parte da população vivia em cidades com mais de 50 mil habitantes.

História do Pensamento Econômico

As condições de vida nas cidades daquela época eram terríveis:

> E que cidades! Não era apenas o fato de estarem sempre enfumaçadas e cheias de sujeira, de os serviços públicos mais banais – abastecimento de água, saneamento, limpeza das ruas, espaços livres etc. – não conseguirem acompanhar a migração em massa para as cidades, provocando, com isso, depois de 1830, epidemias de cólera, tifo e um índice espantoso dos dois grandes causadores de mortes nas cidades do século XIX: a poluição do ar e da água e as doenças respiratórias e intestinais... As novas populações das cidades... (eram) comprimidas em cortiços horrorosos e cheíssimos, cujo simples aspecto deixava impressionadíssimo quem para eles olhasse. "A civilização faz seus milagres" – escreveu o grande liberal francês de Tocqueville sobre Manchester – "e o homem civilizado volta a ser quase um selvagem."[5]

Exemplos desses cortiços havia em um distrito de Glasgow, que, segundo o relatório de um funcionário do governo, tinha

> uma população flutuante de 15 mil a 30 mil. Esse distrito era formado por muitas ruas estreitas e pátios quadrados, no meio dos quais havia imundície. Embora a aparência externa desses lugares fosse revoltante, eu estava bastante despreparado para ver a sujeira e a miséria que havia lá dentro. Em alguns quartos que visitamos à noite, encontramos uma grande massa de gente deitada no chão. Havia, muitas vezes, de 15 a 20 homens e mulheres amontoados, alguns vestidos e outros despidos. Quase não havia mobiliário, e a única coisa que dava àquelas tocas a aparência de habitação era o fogo queimando na lareira. O roubo e a prostituição eram as principais fontes de renda daquelas pessoas.[6]

A destruição total da forma de vida tradicional dos trabalhadores e a disciplina severa do novo sistema fabril, associadas às condições de vida deploráveis nas cidades, geravam inquietação social, econômica e política. Houve reações em cadeia de sublevação, tumulto e rebelião, nos anos de 1811-1813, 1815-1817, 1819, 1826, 1829-1835, 1838-1842, 1843-1844 e 1846-1848. Em muitos lugares, esses levantes eram puramente espontâneos e de natureza basicamente econômica. Em 1816, conta-se que um sublevado gritou: "Estou aqui, entre o céu e a Terra. Ajude-me, meu Deus! Prefiro perder a vida a voltar para casa como estou. Quero pão e vou conseguir pão".[7] Em 1845, um americano chamado Colman contou que os trabalhadores de Manchester eram "criaturas humanas miseráveis, enganadas, oprimidas e esmagadas – verdadeiros rebotalhos humanos, diante de toda a sociedade".[8]

Não pode haver dúvida de que o capitalismo industrial foi construído com base no sofrimento vil da classe operária, à qual era vedado o acesso aos frutos da economia em rápida expansão e que era sujeita aos excessos mais degradantes para aumentar os lucros dos capitalistas. A causa básica dos grandes males da época eram

> o poder absoluto e sem controle do capitalista. Isso era reconhecido, admitido e até proclamado com uma brutal sinceridade pela heroica era dos grandes empreendimentos. Era um problema do empregador. Ele fazia o que bem entendia e não achava necessário qualquer justificativa de sua conduta. Devia aos empregados salários e, uma vez pagos esses salários, eles não podiam reclamar mais nada.[9]

Desde a introdução inicial da produção fabril nas indústrias têxteis, os operários procuraram reunir-se para, coletivamente, proteger seus interesses. Em 1787, em uma época de abundância de empregos, os fabricantes de musselina de Glasgow –procuraram baixar os salários que estavam pagando por peça. Os operários resistiram coletivamente, recusaram-se a trabalhar por menos de certo valor mínimo e organizaram um boicote aos fabricantes que não pagassem este mínimo. A luta se transformou em revolta aberta e em tiroteio, mas os operários conseguiram provar que eram um grupo forte e bem disciplinado e formaram um sindicato forte. Em 1792, um sindicato de tecelões obrigou a Bolton and Bury Manufacturers a assinar um acordo coletivo.

As organizações trabalhistas difundiram-se rapidamente na década de 1790. Por causa disso e do crescimento paralelo do descontentamento social e econômico, as classes mais altas se inquietaram bastante. A lembrança da Revolução Francesa estava bem fresca em sua memória e temiam o poder dos operários sindicalizados. O resultado foi a *Lei do Conluio*, de 1799, que tornava ilegal qualquer combinação entre operários, com a finalidade de conseguir salários mais altos, jornadas de trabalho mais curtas ou a introdução de qualquer regulamentação que restringisse a liberdade de ação de seus empregadores. Os proponentes dessa lei baseavam seus argumentos em termos da necessidade de livre concorrência e dos males do monopólio – princípios cardeais do liberalismo clássico –, mas não mencionavam combinações de empregadores nem suas práticas monopolistas. Os efeitos dessa legislação foram resumidos da seguinte maneira:

> *As leis contra o conluio dos empregados eram consideradas uma necessidade absoluta para impedir extorsões ruinosas por parte dos operários, que, se não fossem coibidas, destruiriam todo o comércio, os fabricantes e a agricultura da nação... Tão arraigada estava essa falsa noção, que, sempre que os operários eram processados e condenados por terem entrado em conluio para regular seus salários ou sua jornada de trabalho, por mais dura que fosse sua sentença e por mais severa que fosse sua execução, ninguém manifestava o menor sentimento de compaixão para com os infelizes sofredores. A justiça estava completamente fora de questão: raramente eles conseguiam uma audiência com um magistrado, e esta era sempre conduzida com impaciência e insultos... Caso se pudessem relatar os processos, as audiências diante dos magistrados, os julgamentos nos tribunais e na Corte Real ficariam evidenciadas, alguns anos depois, a grande injustiça, as injúrias infames e as terríveis punições impostas.*[10]

Outra causa que foi alvo de intensa campanha dos defensores do capitalismo *laissez-faire* foi a abolição do sistema *Speenhamland* de ajuda aos pobres, que tinha sido estabelecido em 1795. Esse sistema era (dando continuidade à tradição do *Estatuto dos Artífices* elisabetano) fruto da ética paternalista cristã. Sustentava que os desafortunados teriam direito a um padrão de vida mínimo, quer estivessem empregados, quer não. Não há dúvida de que o sistema tinha defeitos graves: na verdade, fazia com que os salários caíssem abaixo do nível de subsistência em muitos casos (com os impostos da paróquia cobrindo a diferença) e limitavam demasiadamente a mobilidade dos trabalhadores, em uma época em que era preciso a maior mobilidade possível. Quase todos os argumentos, porém, não se limitavam a essas características do sistema *Speenhamland*. Eles se opunham a qualquer ajuda do governo aos pobres, e muitos dos seus argumentos baseavam-se nas ideias de Malthus.

Na década de 1790, a situação dos operários deteriorou-se rapidamente. As guerras que estavam sendo travadas pela Inglaterra tinham diminuído quase todas as suas importações de alimentos, e o preço dos cereais subiu muito. O trigo, por exemplo, custava 31 shillings por quarto de tonelada, em 1750. Em 1775, o preço tinha aumentado para 46 shillings e, nos 25 anos seguintes, chegou a atingir 128 shillings. Embora os salários nominais tenham subido, naquele período, a quantidade de alimentos que um operário podia comprar com seu salário diminuíra.

Igualmente importante era o fato de que os preços dos produtos industrializados, em geral, não subiram tão depressa quanto os salários (alguns até baixaram, no período) e menos depressa ainda que os preços dos produtos agrícolas. Em 1815, com o término da longa série de guerras, um dos problemas

História do Pensamento Econômico

políticos mais críticos do Parlamento britânico relacionava-se às Leis dos Cereais. A classe dos proprietários de terras usava toda a sua influência social, intelectual e política para conseguir novos preços para os produtos agrícolas. Queria estabelecer tarifas tão altas, que os cereais estrangeiros, que podiam ser importados a preços muito mais baixos que os vigentes na Grã-Bretanha, não conseguiriam entrar no mercado do país. Isso manteria altos os preços dos produtos agrícolas britânicos e asseguraria a continuidade das altas rendas recebidas pelos proprietários de terras, durante todos os anos de guerra.

Os capitalistas industriais ingleses se opunham às Leis dos Cereais por duas razões fundamentais. Primeiro, porque os cereais e os produtos feitos à base de cereais constituíam a maior parte da necessária subsistência dos trabalhadores, e o alto preço dos cereais obrigava os capitalistas a pagar salários mais altos aos operários, para que esses e suas famílias pudessem subsistir. Esse salário nominal mais alto reduzia os lucros dos capitalistas. Assim, os altos preços dos produtos agrícolas tinham o efeito de transferir grande parte da mais-valia, criada pelos operários, dos lucros dos capitalistas para as rendas dos proprietários de terras. Em segundo lugar, no início do século XIX, a indústria britânica já era muito mais eficiente do que suas concorrentes do continente europeu e, por isso, os preços dos produtos manufaturados britânicos eram muito mais baixos do que os dos outros países da Europa. Isso significava que, se todas as tarifas pudessem ser abolidas e se se pudesse estabelecer a liberdade de comércio internacional, os produtores britânicos venceriam seus concorrentes europeus na disputa pelas vendas. Para que a Grã-Bretanha, porém, pudesse vender produtos manufaturados para a Europa continental teria que de lá comprar algumas mercadorias. Se a Grã-Bretanha importasse cereais da Europa continental, os europeus receberiam libras esterlinas e poderiam comprar produtos industrializados britânicos.

O que estava, afinal, em jogo era de enorme importância. Os proprietários de terras queriam que a Grã-Bretanha continuasse com uma economia predominantemente agrícola, a fim de perpetuar sua posição, sua renda e seu poder. Os capitalistas industriais queriam que a Grã-Bretanha se especializasse na indústria, a fim de aumentar sua renda e seu poder, além de diminuir a parcela da mais-valia que ia para os proprietários de terras. O que estava, de fato, ocorrendo era a última batalha entre os elementos antagônicos da classe dominante inglesa. Os proprietários de terras constituíam o último vestígio da classe dominante feudal e, como a nobreza feudal, seu poder se originava do controle da terra. O poder dos capitalistas originava-se de seu controle sobre o trabalho e o processo de produção. A mais-valia gerada pelos trabalhadores era dividida entre capitalistas e proprietários de terras, cada uma dessas classes lutando para tornar-se a facção dominante da classe dirigente do capitalismo.

Em 1815, os proprietários de terras ganharam uma batalha. Foi aprovada uma lei dos cereais, que proibia todas as importações de cereais até o preço interno ter atingido um nível relativamente elevado. O trigo, por exemplo, só poderia ser importado quando o preço inglês atingisse 80 shillings por quarto. Os capitalistas industriais tinham o domínio econômico, mas os proprietários de terras ainda controlavam o Parlamento. Essa situação não poderia, porém ser, mantida indefinidamente. A classe econômica dominante sempre acaba estendendo seu domínio econômico ao domínio político. Então, a luta continuou e, por fim, em 1846, o Parlamento votou favoravelmente à abolição total das Leis dos Cereais. Esse fato assinalou o domínio político final dos capitalistas industriais.

A Teoria da População

Malthus escreveu muitos livros, panfletos e ensaios durante sua vida. Seus escritos podem ser divididos em dois períodos, cada um caracterizado por sua respectiva –preocupação social dominante e por sua abordagem teórica. Na década de 1790 e no início da década de 1800, sua principal preocupação

Thomas Robert Malthus

era com a inquietação dos trabalhadores e com os esquemas que estavam sendo defendidos por intelectuais radicais, com relação à reestruturação da sociedade, a fim de promover o bem-estar e a felicidade dos trabalhadores. Estes esquemas – conforme Malthus percebeu corretamente – só poderiam tentar promover a causa dos trabalhadores em detrimento da riqueza e do poder das duas classes de proprietários – os capitalistas e os proprietários de terras. Malthus era defensor declarado dos ricos, e sua teoria da população serviu de arcabouço para defendê-los. Em 1798, publicou sua obra intitulada *An Essay on the Principle of Population as It Affects the Future Improvement of Society, with Remarks on the Speculations of Mr. Godwin, M. Condorcet, and Other Writers*, geralmente conhecida como *Ensaio sobre o Princípio da População*. Em 1803 publicou uma edição revista em que as emendas eram tantas que se tratava, de fato, de outro livro. Esse livro é geralmente conhecido como o segundo *Ensaio sobre o Princípio da População*. Mais tarde, publicou *A Summary View of the Principle of Population*.[11]

Por volta de 1814 em diante, a principal preocupação de Malthus passou a ser com relação às Leis dos Cereais e à luta entre os proprietários de terras e os capitalistas. Nesse período, ele sempre defendeu os interesses da classe dos proprietários de terras. Os fundamentos intelectuais dessa defesa estão contidos em sua obra intitulada *Principles of Political Economy Considered with a View to Their Practical Application*, publicada pela primeira vez em 1820.[12] Nos *Princípios*, a base teórica mais importante de sua defesa dos proprietários de terras era sua teoria da "superprodução" ou das depressões econômicas.

As condições abjetas da classe operária e a inquietação dos trabalhadores de fins do século XVIII tinham feito surgir muitos defensores da classe operária. De especial influência entre eles, podemos citar o francês Marie Jean Antoine Nicholas de Caritat, Marquês de Condorcet (1743-1794), e o inglês William Godwin (1756-1836). Era principalmente contra as ideias desses dois homens que se destinou o primeiro *Ensaio* de Malthus.

Condorcet tivera uma importante influência nas primeiras fases da Revolução Francesa, mas, depois de os jacobinos dominarem a Convenção, ele argumentou que a República deveria abolir a pena de morte, protestou contra a execução do rei e a prisão dos girondinos e disse à Convenção que Robespierre era pobre, não só de ideias, como também de sentimentos humanos. Por isso, Condorcet foi condenado à morte. Escondido, escreveu *Esquisse d'um Tableau Historique des Progrès de L'esprit Humain,* sua obra mais famosa. Em seu livro, argumentava que havia uma ordem natural do progresso humano, que deveria atingir seu estágio mais alto depois da Revolução Francesa. Nesse estágio, os homens poderiam desenvolver-se moral, espiritual e intelectualmente muito além do nível que tinha sido possível até então.

Os pré-requisitos mais importantes para esse desenvolvimento eram, porém, maior igualdade e segurança econômica. Condorcet advogava duas reformas básicas para se atingirem esses objetivos. Primeiramente, embora aceitasse a divisão de classes existente na sociedade, argumentava que a reduzida renda da classe pobre e trabalhadora poderia ser melhorada se o governo criasse um fundo para o bem-estar das pessoas idosas e das mulheres e crianças que tivessem perdido seus maridos e pais. Em segundo lugar, achava que o poder e a riqueza dos capitalistas poderiam ser diminuídos se o governo regulasse o crédito. Limitando o crédito oferecido aos capitalistas poderosos e ampliando o crédito oferecido aos trabalhadores comuns, achava ele que os trabalhadores poderiam ficar, aos poucos, mais independentes dos capitalistas, daí resultando uma igualdade social e econômica muito maior.

William Godwin era muito mais radical do que Condorcet. Enquanto quase todos os conservadores ingleses e muitos reformadores liberais clássicos deploravam a preguiça e a depravação "natural" da classe operária, ele argumentava que os defeitos da classe operária podiam ser atribuídos a instituições sociais corruptas e injustas. Na opinião de Godwin, a sociedade capitalista tornava inevitáveis a fraude e o roubo: "Se todo homem conseguisse, com perfeita facilidade, atender às necessidades da vida... a tentação seria mais fraca".[13] Os homens nem sempre podiam conseguir satisfazer às suas necessidades, porque as leis da propriedade privada criavam grandes desigualdades na sociedade. A justiça exigia que as relações de propriedade capitalistas fossem abolidas e que a propriedade fosse de quem ela mais beneficiasse:

> *A quem pertence, com justiça, qualquer propriedade, digamos, um pedaço de pão? A quem mais precisa dela, ou a quem ela mais beneficie? Digamos que existam seis homens famintos, cuja fome possa ser satisfeita pelo pão. Qual deles tem o direito de beneficiar-se das propriedades do pão? Todos eles talvez sejam irmãos, e a lei da primogenitura dá o pão exclusivamente ao mais velho. Mas a justiça confirma esta decisão? As leis de diferentes países dispõem sobre a propriedade de várias formas diferentes; mas só pode haver uma maneira que seja a mais racional.[14]*

Essa maneira tem, obviamente, de se basear na igualdade de todos os homens. A quem o pobre poderia recorrer para corrigir as injustiças do sistema? Na opinião de Godwin, é quase certo que não seria ao governo. Com o poder econômico, vinha o poder político. Os ricos são, "direta ou indiretamente, os legisladores do Estado; por isso, estão sempre transformando a opressão em sistema".[15] A lei é, então, o meio pelo qual o rico oprime o pobre, pois "a legislação, em quase todos os países, é, de modo geral, favorável ao rico e contra o pobre".[16]

Essas duas ideias de Godwin viriam a ser muitas vezes repetidas pelos socialistas do século XIX: (1) as instituições sociais e econômicas capitalistas, particularmente as relações de propriedade privada, eram as causas dos males e do sofrimento no sistema e (2) o governo de um sistema capitalista nunca repararia esses males, pois era controlado pela classe capitalista. Godwin, porém, tinha uma resposta para essa situação aparentemente impossível. Acreditava que a razão humana salvaria a sociedade. Quando os homens fossem educados com relação aos males dessa situação raciocinariam juntos e chegariam à única solução racional. Essa solução – tal como vista por Godwin – implicava a abolição do governo, a abolição das leis, a abolição da propriedade privada e das classes sociais e o estabelecimento da igualdade econômica, social e política.

O primeiro *Ensaio*, de Malthus, destinou-se a combater as ideias desses dois homens. Malthus achava que um homem que defendesse essas ideias

> *estaria igualmente contra a causa da verdade. Com os olhos voltados para uma melhor condição da sociedade, cujas bênçãos são por ele pintadas nas cores mais vivas, incorre no erro de acusar da pior maneira possível todas as instituições existentes, sem usar seu talento para pensar nos meios mais seguros e melhores de acabar com os abusos e sem parecer ter consciência dos enormes obstáculos que ameaçam, mesmo teoricamente, o progresso do homem rumo à perfeição.[17]*

Em todo o seu primeiro *Ensaio*, havia dois temas dominantes, que sempre eram ventilados. O primeiro era o argumento de que, independente do êxito conseguido pelos reformadores, em suas tentativas de modificar o capitalismo, a atual estrutura de proprietários ricos e trabalhadores pobres reapareceria inevitavelmente. Essa divisão de classes era, segundo Malthus, uma consequência inevitável da lei natural.

Ele apresentou argumentos complicados para mostrar que, mesmo que Godwin e seus discípulos pudessem reconstruir a sociedade segundo seus ideais, essa

> *sociedade – constituída de acordo com a forma mais bela que pudesse ser concebida pela imaginação, com a benevolência como seu princípio norteador, em vez do amor-próprio, e com toda a inclinação para o mal de seus membros corrigida pela razão e não pela força – logo se degeneraria, pelas leis inevitáveis da natureza e não por qualquer depravação inerente ao homem, transformando-se numa*

Thomas Robert Malthus

sociedade construída com base num plano que não seria essencialmente diferente do que prevalece em todo estado então conhecido; quer dizer, uma sociedade dividida numa classe de proprietários e numa classe de trabalhadores e com o amor-próprio como mola propulsora da grande máquina.[18]

O segundo tema que estava sempre presente em sua teoria da população era que a pobreza e o sofrimento abjeto eram o destino inevitável da maioria das pessoas, em toda sociedade. Além do mais, as tentativas de minorar a pobreza e o sofrimento, por mais bem intencionadas que pudessem ser, tornariam a situação pior, e não melhor:

Parecia que, pelas leis inevitáveis da natureza, alguns seres humanos teriam de passar necessidade. Essas são as pessoas infelizes que, na grande loteria da vida, tinham tirado um bilhete em branco.[19]

Nenhum sacrifício possível dos ricos, particularmente em termos monetários, poderia evitar a volta da miséria dos membros de nível mais baixo da sociedade, quem quer que eles fossem.[20]

"Devemos reprovar remédios específicos para o sofrimento humano" – argumentava Malthus – "e também devemos reprovar os homens bem intencionados, mas muito enganados, que pensam que estão prestando um serviço à humanidade, projetando esquemas para a eliminação total de erros particulares."[21]

A teoria da população em que Malthus baseava essas conclusões era relativamente simples. Ele acreditava que quase todas as pessoas eram impelidas por um desejo quase que insaciável de prazer sexual e que, por isso, as taxas de reprodução, *quando incontidas*, levariam a aumentos em progressão geométrica da população; especificamente, a população duplicaria a cada geração. "Todos os animais" – argumentava ele – "têm uma capacidade de se reproduzir em progressão geométrica".[22] Quanto a esse aspecto, os seres humanos não eram diferentes dos outros animais:

Apesar de o homem estar acima de todos os outros animais, por sua capacidade intelectual, não se deve supor que as leis físicas às quais está sujeito sejam essencialmente diferentes das que se aplicam em outros segmentos da natureza animada.[23]

Portanto, pode-se afirmar com segurança que a população, quando incontida, aumenta em progressão geométrica, de modo a duplicar-se a cada vinte e cinco anos.[24]

Era óbvio, para Malthus, que em nenhuma sociedade a população tinha crescido nesse ritmo durante muito tempo, porque, em muito pouco tempo, cada metro quadrado da Terra estaria habitado. Então, a questão central a qual ele procurou responder prendia-se às forças que tinham atuado para conter o crescimento da população no passado e quais as forças que, provavelmente, atuariam no futuro.

A resposta mais imediata e óbvia era que a população de qualquer território era limitada pela quantidade de alimentos. Embora Malthus estivesse consciente de que, com mais trabalho e melhores métodos de produção de alimentos, os seres humanos poderiam aumentar o nível de produção de alimentos, afirmava que era quase certo que os aumentos conseguidos em cada geração seriam cada vez menores, em determinado território. Na melhor das hipóteses, achava que a produção de alimentos poderia aumentar em progressão aritmética, quer dizer, cada geração só poderia aumentar a produção em quantidade mais ou menos equivalente ao aumento conseguido pela geração anterior:

Pelas leis da natureza relativas à capacidade de um território limitado, os acréscimos que podem ser conseguidos na produção de alimentos, em períodos iguais, têm de ser, a curto prazo, constantemente decrescentes – o que realmente ocorreria – ou, na melhor das hipóteses, podem permanecer estacionários, de modo a aumentar os meios de subsistência apenas em progressão aritmética.[25]

História do Pensamento Econômico

Então, se não houvesse qualquer outro controle, a fome acabaria limitando o crescimento populacional à taxa máxima segundo a qual pudesse ser aumentada a produção de alimentos. Havia, porém, muitos outros controles. Às vezes, Malthus classificava esses controles em duas categorias: preventivos e positivos. Os controles preventivos reduziam a taxa de natalidade; incluíam a esterilidade, a abstinência sexual e o controle de nascimentos. Os controles positivos aumentavam a taxa de mortalidade; incluíam a fome, a miséria, as pragas, a guerra e o controle final e inevitável da morte pela fome. A população era sempre limitada por uma combinação desses controles, para ficar dentro dos limites da oferta disponível de alimentos. Se os controles preventivos fossem inadequados, os controles positivos seriam inevitáveis e, se houvesse uma insuficiência de doenças, guerras e catástrofes naturais, a morte pela fome sempre controlaria o crescimento da população.

Malthus também tinha um segundo esquema de classificação que mais nos aproxima da possibilidade de entender o lado normativo de sua teoria. Os "controles" positivos e preventivos, "que reprimem o poder superior da população e mantêm seus efeitos compatíveis com o nível de subsistência, se resumem em restrição moral, em vício e miséria".[26] Segundo esse esquema de classificação, Malthus pôde argumentar que, se a riqueza e a renda de qualquer membro da sociedade aumentasse, a grande maioria reagiria, tendo tantos filhos que logo voltaria ao nível simples de subsistência; só o homem moralmente virtuoso poderia escapar a esse destino. "A contenção moral" era definida, de modo bastante simples, como "evitar o casamento e não o substituir por satisfações irregulares".[27] É, entretanto, óbvio, em toda a obra de Malthus, que ele acreditava que essa contenção moral só poderia ser encontrada em pessoas que tivessem todas as outras virtudes que ele apreciava. Também é óbvio que Malthus achava que a falta de contenção sexual seria uma característica dos que esbanjariam todo o dinheiro que recebessem acima de seu nível de subsistência em "bebida, jogo e farras".[28]

Assim, pela teoria de Malthus, a diferença final entre o rico e o pobre era o alto nível moral daquele e o baixo nível moral desse. Achava o controle da natalidade um vício, que nem seria mencionado por um bom cristão e, muito menos, defendido. Além disso, associava-o exclusivamente a relações sexuais antes do casamento ou fora dele:

> Uma relação promíscua, a ponto de impedir o nascimento de filhos, parece rebaixar, de modo marcante, a dignidade da natureza humana. Não pode deixar de ter seus efeitos sobre os homens, e nada pode ser mais óbvio do que sua tendência a degradar a natureza feminina e a destruir todas as suas características mais belas e inconfundíveis.[29]

A conclusão parecia óbvia a Malthus quando ele observou "que a falta de cuidado e de frugalidade... (predomina) entre os pobres". Observou que, "mesmo quando eles têm oportunidade de economizar, raramente o fazem; pelo contrário, tudo o que ganham além de suas necessidades do momento é gasto, de modo geral, nos bares".[30] Qualquer cavalheiro cristão, como Malthus, teria de concluir que, onde não houvesse contenção moral, a população seria contida pelo vício ou pela miséria. Portanto, um bom cristão teria de denunciar, vigorosamente, o vício e aceitar, de forma realista, a miséria inevitável, necessária impedir que a população superasse os meios de subsistência.

Malthus rejeitava, portanto, todos os esquemas que redistribuíssem renda ou riqueza. Essas redistribuições, simplesmente, aumentariam o número de trabalhadores pobres e fariam com que eles voltassem ao nível de subsistência. Às vezes, Malthus argumentava até que essa redistribuição nem mesmo aumentaria o bem-estar dos trabalhadores, durante o curto período em que eles ainda não tivessem tido filhos:

> Suponhamos que, por uma concessão dos ricos, os 18 pence que um homem ganha hoje fossem aumentados para cinco shillings. Poder-se-ia imaginar, talvez, que eles, então, poderiam viver com

Thomas Robert Malthus

conforto e comer carne todos os dias, no jantar. Mas essa seria uma conclusão inteiramente falsa... O salário de cinco shillings por dia, em vez de 18 pence, faria com que todos se julgassem relativamente ricos e capazes de passar muitas horas ou dias sem trabalhar. Isso se refletiria de modo imediato e sensível na produção industrial e, em pouco tempo, não só a nação estaria mais pobre, como também as classes mais baixas estariam sofrendo muito mais do que quando recebiam apenas 18 pence por dia.[31]

Malthus também se opunha a quase todas as tentativas de aprovação de leis que diminuíssem o sofrimento dos pobres.

As "leis dos pobres" da Inglaterra tendem a piorar as condições gerais dos pobres de duas maneiras. A primeira delas é a tendência óbvia a aumentar a população, sem aumentar a quantidade de alimentos à sua disposição... A segunda é que a quantidade de alimentos consumidos nos asilos para pobres (workhouses), por uma parte da sociedade que não pode, em geral, ser considerada a parte mais útil, diminui o que de outra forma iria para os membros mais produtivos e mais úteis.[32]

Os membros mais úteis da sociedade eram, obviamente, a classe rica dos proprietários, cujo valor era não só econômico, como também cultural. Para ilustrar o valor econômico dos ricos, Malthus argumentava que, em qualquer sociedade, a única fuga possível da anarquia e da total insegurança era o estabelecimento dos direitos de propriedade e o casamento. Uma vez estabelecidas essas instituições, as pessoas com alto caráter moral começariam a acumular propriedades, enquanto a maioria dos cidadãos esbanjaria suas propriedades numa vida desregrada.

Nesse ponto, as classes mais baixas não teriam meios de continuar existindo, se a elite moral e rica não dividisse com elas seus recursos acumulados, mas haveria tanta gente pobre que a elite rica teria de escolher com quem dividiria seus recursos.

E parece não só natural, como também justo... que sua escolha deva recair sobre os que pudessem esforçar-se – e que demonstrassem estar dispostos a se esforçar – para conseguir mais excedente de produção, beneficiando, com isso, a comunidade e permitindo que os proprietários prestassem assistência a mais pessoas...

A felicidade ou o grau de miséria das classes mais baixas vivendo em todo estado conhecido atualmente depende, principalmente, do volume desses recursos (dos proprietários).[33]

Essa afirmativa é acompanhada da afirmativa já citada de que as "leis inevitáveis da natureza" decretam que todas as sociedades sejam "divididas numa classe de proprietários e numa classe de trabalhadores".

O valor social e cultural da classe de proprietários ricos era maior ainda. Malthus achava que o sistema de propriedade privada e a desigualdade de classes por ele criada eram responsáveis por todas as grandes realizações culturais da humanidade:

É à administração estabelecida da propriedade e ao princípio aparentemente estreito do amor-próprio que devemos todas as manifestações mais nobres do talento humano, todas as emoções mais requintadas e delicadas da alma, tudo, realmente, que diferencia o estado civilizado do estado selvagem; e ainda não houve uma mudança suficiente na natureza do homem civilizado que nos permita dizer que ele seja ou venha a ser capaz de atingir um estágio em que possa, seguramente, jogar fora a escada que lhe permitiu chegar a essa altura...

Deve-se observar que o principal argumento deste Ensaio só prova a necessidade de uma classe de proprietários e de uma classe de trabalhadores.[34]

História do Pensamento Econômico

Às vezes, Malthus ia além do mero combate à redistribuição de renda e riqueza e às tentativas de mitigar a pobreza cruel:

É evidente que, qualquer que seja a taxa de aumento dos meios de subsistência, o aumento da população tem que ser por ela limitado, pelo menos depois de os alimentos terem sido divididos até atingir as quantidades mínimas necessárias para a vida. Todas as crianças que nascessem além do número exigido para manter a população neste nível teriam que morrer, a não ser que houvesse lugar para elas com a morte de adultos.

... Portanto, para agirmos coerentemente, devemos facilitar, em vez de, tolamente e em vão, nos esforçarmos para impedir a ação da natureza, provocando esta mortalidade; se temermos a visita muito frequente da fome terrível, devemos, diligentemente, estimular as outras formas de destruição que obrigamos a natureza a usar. Em vez de recomendar limpeza para os pobres, devemos estimular hábitos contrários. Em nossas cidades, devemos estreitar as ruas, encher mais as casas de gente e pedir a volta das pragas. No país, devemos construir nossas aldeias perto de águas estagnadas e incentivar, especialmente, a ocupação do solo em lugares pantanosos e insalubres. Mas, acima de tudo, devemos reprovar remédios específicos para doenças devastadoras, bem como os homens bem intencionados, mas muito enganados, que acham que estão prestando um serviço à humanidade, projetando esquemas para a eliminação total de certos erros. Se, por estes e por outros meios semelhantes, a mortalidade anual aumentasse,... talvez todos nós pudéssemos nos casar na puberdade, embora, apesar disso, alguns morreriam de fome.[35]

Talvez Malthus tivesse percebido que até o conservador mais insensível pudesse achar suas sugestões de política demasiadamente severas. Por isso, terminou seu primeiro *Ensaio* com um apelo santarrão à religião e à vontade de Deus. Ao concluir o último capítulo, reafirmou aos seus leitores:

A vida é, em termos gerais, uma bênção... Portanto, a dor parcial que é infligida pelo supremo Criador, enquanto está formando muitos seres humanos para os prazeres superiores, é apenas o pó na balança, em comparação com a felicidade que eles terão, e temos todas as razões para achar que não existem mais males no mundo do que os que são absolutamente necessários como um dos ingredientes do processo de sua vontade.[36]

A teoria da população de Malthus teria uma enorme influência intelectual. Inspirou Charles Darwin a formular sua teoria da evolução e algumas variantes dessa teoria da população são amplamente aceitas hoje em dia – principalmente em teorias que tratam dos países menos desenvolvidos. A orientação normativa da teoria continua existindo – como existia com Malthus – para convencer-nos de que a pobreza é inevitável, de que pouco ou quase nada pode ser feito a seu respeito e de que ela é, em termos gerais, devida à fraqueza ou à inferioridade moral dos pobres.

Economia de Troca e Conflito de Classes

Durante e após a segunda década do século XIX, a preocupação de Malthus deslocou-se do conflito de classes entre os proprietários e trabalhadores para o conflito entre as duas classes antagônicas de proprietários – a dos capitalistas e a dos proprietários de terras. Quase todos os seus escritos teóricos, nesse período, foram incorporados em seus *Princípios de Economia Política*, e o restante deste capítulo será dedicado a uma discussão das ideias contidas naquela obra.

Malthus não tinha a mesma visão da História que Smith. Em sua visão bastante condicionada pela cultura egocêntrica, havia apenas dois estados da sociedade: o estado rude, não civilizado, e o estado civilizado. Ele tinha ido muito longe em seu *Ensaio sobre o Princípio da População*, "para provar a necessidade de uma classe de proprietários e uma classe de trabalhadores", em toda sociedade civilizada. Entretanto, essa divisão de classes pressupunha não só uma sociedade de trocas monetárias e que produzisse mercadorias, como também uma sociedade em que a força de trabalho tivesse se transformado em mercadoria. Com essa visão a-histórica, não é de admirar que, diversamente de Smith, Malthus tenha sido incapaz de comparar os métodos de apropriação do excedente econômico que tinham sido empregados nas sociedades pré-capitalistas com os empregados no capitalismo. Se tivesse feito essa comparação, teria percebido, como Smith, que o excedente é criado no processo produtivo e que, para entender a criação desse excedente, é preciso examinar o processo produtivo e *não* o processo de circulação da moeda e das mercadorias; quer dizer, o processo de troca, ou a oferta e a demanda do mercado, nunca pode esclarecer a natureza e as origens da mais-valia.

Quando Smith examinou o capitalismo do ponto de vista da produção, foi levado a adotar uma visão da economia baseada em conflitos de classes; quando a examinou do ponto de vista da troca, foi levado a adotar uma visão de harmonia social. Malthus, embora estivesse, decerto, consciente dos conflitos de classes que caracterizavam a sociedade britânica, adotou o ponto de vista da troca ou da oferta e demanda. Consequentemente, a ele pareceu que os conflitos existentes eram baseados na ignorância de como funcionava a economia capitalista. Quando se chegasse a um entendimento adequado, ele achava que todas as classes perceberiam seus interesses comuns e harmoniosos.

A razão pela qual o ponto de vista da troca em geral defende uma visão de harmonia social é que, por esse ponto de vista, aceitam-se como coisa natural as leis da propriedade vigentes e a distribuição dos direitos de propriedade. Pelo ponto de vista da produção (ou a teoria do valor-trabalho), pelo contrário, consideram-se esses elementos da economia explicáveis pela teoria, vistos como a manifestação legal das divisões de classe. Quando se aceitam como coisa natural as leis da propriedade e sua distribuição, toda troca pode ser vista como mutuamente benéfica para ambas as partes envolvidas. O trabalhador que nada tem a vender, a não ser sua força de trabalho, ficará em melhor situação, se puder encontrar um comprador – independente de quão baixo seja o salário – do que se morrer de fome. Portanto, toda troca é benéfica para o capitalista e para o trabalhador, particularmente se for aceita a inevitabilidade de uma classe de proprietários e de uma classe de trabalhadores.

A utilidade universal da troca, que, como veremos em outros capítulos, iria transformar-se no centro normativo da economia neoclássica, foi definida sucintamente por Malthus:

> *Toda troca ocorrida num país gera uma distribuição de sua produção mais adaptada aos desejos da sociedade. É, para ambas as partes interessadas, uma troca daquilo que se quer menos por aquilo que se quer mais e, portanto, tem que aumentar o valor de ambos os produtos.*[37]

Esse é o fundamento das teorias que ressaltam a harmonia social. Portanto, Malthus teve de mostrar que os conflitos de classes aparentes em sua sociedade eram, de fato, passíveis de uma solução harmoniosa. Fez isso apresentando um argumento no qual, apesar das aparências superficiais em contrário, os interesses últimos e a longo prazo, tanto dos capitalistas, quanto dos trabalhadores, seriam melhor promovidos atendendo-se os interesses imediatos e a curto prazo dos proprietários de terras: "Pode-se afirmar seguramente que nenhum interesse de outra classe do Estado está ligado necessariamente e tão de perto à sua riqueza, prosperidade e poder (do Estado ou da sociedade em geral) do que o interesse do proprietário de terras".[38]

História do Pensamento Econômico

O ponto de vista das trocas foi incorporado à análise de Malthus, logo de início. Enquanto Smith definira riqueza como um produto do trabalho, Malthus escreveu: "Devo definir a riqueza como sendo os objetos materiais, necessários, úteis ou agradáveis para o homem, de que se apossam voluntariamente os indivíduos ou as nações."[39] Em uma nota de rodapé dessa definição, Malthus afirmou que "um objeto poderia ser considerado uma riqueza, sem qualquer trabalho a ele incorporado".[40] Definia trabalho produtivo como o trabalho que produzia riqueza material. Mas fazia objeção ao termo *trabalho improdutivo*, porque achava que ele tinha a conotação de trabalho socialmente sem importância. Preferia "substituir trabalho improdutivo pela expressão *serviços pessoais*".[41]

Como Smith, Malthus achava que a quantidade de trabalho contida em um produto era a melhor medida do valor. Também aceitava a teoria do valor baseada no custo de produção. O preço natural era a soma dos salários, aluguéis e lucros, quando cada um desses custos permitia que seus beneficiários recebessem a taxa de retorno "normal" sobre seu trabalho, sua terra e seu capital. Sua discussão da teoria do valor baseada no custo da produção diferia, porém, da de Smith, de duas maneiras muito importantes. Em primeiro lugar, diversamente de Smith, que via o trabalho como o único custo social de produção absolutamente necessário, Malthus argumentava que os salários, os aluguéis e os lucros eram todos igualmente necessários. Em segundo lugar, não achava que as forças de mercado da oferta e demanda deslocariam obrigatoriamente o preço de mercado em direção ao preço natural. Essas duas diferenças eram significativas e serão discutidas separadamente, com mais detalhes.

Do ponto de vista da produção, pode-se abstrair das instituições sociais específicas por meio de que o excedente econômico é apropriado, quer dizer, as formas de relação de propriedade dominantes em determinada economia. Quando se faz isso, a produção é vista como uma consequência, no tempo, de tarefas voltadas para a transformação de recursos naturais em produtos úteis. Isso acontece em qualquer modo de produção. Foi partindo desse ponto de vista que Smith afirmou que o trabalho era o único custo de produção socialmente necessário e que, antes da apropriação privada da terra e do capital, o trabalho recebia tudo o que produzia.

Do ponto de vista da troca, adotado por Malthus, a propriedade aparecia como "natural" e inevitável. A produção era vista como uma troca de insumos produtivos. Cada classe tinha um insumo diferente, mas igualmente necessário. Nos *Princípios*, assim como em seu *Ensaio*, Malthus gostava de referir-se a uma "loteria", em que a alguns só cabia, por acaso, a propriedade de seu próprio trabalho, ao passo que a outros cabia a propriedade do capital e da terra. O princípio fundamental da propriedade era – segundo Malthus – o mesmo nos três casos (quer dizer, porque os trabalhadores não eram propriedade dos outros nem eram escravos, tinham a mesma posição socioeconômica ou jurídica que os donos dos meios de produção). Dizia ele que "não se pode deduzir que o trabalhador ou lavrador que, na loteria da vida humana, não tenha tirado um prêmio de terra, seja alvo de qualquer injustiça, por ser obrigado a dar algo em troca do uso de algo que pertence a outro".[42]

Toda classe só possuía um tipo de mercadoria, e cada umas delas tinha de ser remunerada para dar permissão para o uso de sua mercadoria na produção. "Portanto, não é correto" – insistia Malthus – "identificar, como fez Adam Smith, os lucros do capital como uma dedução do produto do trabalho".[43] Além do mais, "referindo-se aos proprietários de terras, a linguagem de Adam Smith é, mais uma vez, censurável. Pinta-os, bastante hostilmente, como pessoas que gostam de colher o que não semearam".[44] Todos os três componentes do preço natural tinham a mesma base na propriedade:

> Os donos da terra... se comportam, no que diz respeito à sua propriedade, exatamente da mesma forma que os donos do trabalho e do capital, e alugam ou trocam o que têm pelo valor que quem está procurando o que eles têm está disposto a pagar.

*A... remuneração que... forma o preço normal de qualquer mercadoria trocável pode ser consi-
derada como resultante de três partes; a que paga os salários dos trabalhadores empregados em
sua produção; a que paga os lucros do capital, inclusive os adiantamentos feitos aos trabalhadores,
com os quais a produção foi facilitada; a que paga o arrendamento da terra ou a remuneração pela
capacidade produtiva vinculada à terra possuída pelo proprietário; o preço de cada uma dessas
partes componentes é determinado exatamente pelas mesmas causas que determinam o preço
como um todo.*[45]

Como a produção não poderia ocorrer sem recursos naturais, os produtos do trabalho passado e do
trabalho presente, e como os donos de cada um desses fatores, simplesmente, tinham conseguido seu
tipo de propriedade "na loteria da vida humana", cada classe tinha o mesmo direito a uma remuneração
que representasse sua contribuição para o processo de produção. Desse ponto de vista da troca, que mais
tarde viria a dominar a economia neoclássica, a contribuição distintamente humana para a produção
era ter propriedade – não uma atividade produtiva, mas uma relação legal. Além do mais, só possuir a
própria força de trabalho não era, em princípio, diferente de possuir os meios de produção.

A justificativa de Malthus dos lucros como um retorno sobre uma contribuição produtiva dos capitalistas era simples. Os operários podiam produzir mais quando tinham instrumentos e máquinas do que
quando não os tinham. Isso aumentava a produtividade e ocorria porque os capitalistas permitiam
que seus instrumentos e suas máquinas fossem usados. Portanto, Smith estava errado, e os capitalistas,
realmente, contribuíam para a produção. Malthus desconsiderou o argumento de Smith de que os instrumentos e as máquinas eram, simplesmente, a representação, no presente, de trabalho passado.

Em sua defesa do aluguel dos proprietários de terras como algo que também constituía remuneração
pela sua contribuição para a produção, Malthus preocupou-se em refutar a noção – bastante difundida,
na época – de que o aluguel era o retorno de um monopólio ou uma forma de renda auferida sem se
ter trabalhado. Já em 1815, ele tinha publicado um panfleto intitulado *An Inquiry into the Nature and
Causes of Rent, and the Principles by Which It Is Regulated*. Nesse panfleto, Malthus elaborou uma teoria
da renda muito parecida com uma teoria que estava sendo, ao mesmo tempo, elaborada por David
Ricardo (e outros), e que depois passou a ser associada basicamente a Ricardo. As ideias de Malthus
sobre a renda serão resumidas aqui e, no próximo capítulo, apresentaremos uma discussão completa
do que passou a ser conhecido por "renda ricardiana".

Malthus igualava a renda de um monopólio à renda resultante de restrições da oferta artificialmente
criadas. Insistia que "a renda é o resultado natural de uma qualidade inteiramente inestimável do solo
que Deus concedeu ao Homem – a qualidade de poder manter mais pessoas do que as que são necessárias para nele trabalhar".[46] Mas nem todos os solos ofereciam a mesma dádiva. "Tinha de haver uma
diversidade de solos e de situações em todos os países..." "Nem toda terra" – argumentava ele – "podia
ser a mais fértil".[47] A renda existia por causa das diferenças de fertilidade do solo.

Quando a população de um país era pequena, sua necessidade de alimentos podia ser satisfeita
pelo cultivo apenas das terras mais férteis. Contudo, com a acumulação de capital e o crescimento
da população, seria preciso cultivar terras cada vez menos férteis. Com terras inferiores, o lucro e os
custos dos salários para a produção de determinada quantidade de produtos agrícolas aumentariam.
Portanto, para tornar lucrativa a agricultura nas terras inferiores, os preços agrícolas teriam de subir
o suficiente para cobrir esses custos mais elevados. No entanto, os custos de produção de uma dada
quantidade de produtos agrícolas na terra mais fértil continuariam mais baixos. Seguia-se que o aumento
dos preços dos produtos agrícolas daria um maior excedente de preço sobre os custos de produção
para os produtos cultivados em terra mais fértil. Esse excedente, criado pelas diferenças de fertilidade

da terra, é que era a base da renda. Assim, a renda não era o retorno de uma limitação artificial da oferta; era devida às diferenças das dádivas da natureza ao Homem. Mais uma vez, Malthus não questionava os direitos de propriedade, mas achava bastante correto considerar um dom da natureza as contribuições pessoais que os proprietários de terra davam à produção.

Além da renda baseada em diferenças de fertilidade natural do solo, Malthus argumentava que algumas diferenças de fertilidade eram devidas às melhorias do solo feitas pelo proprietário. A renda também tinha um valor social especial – o que não acontecia com os lucros. A maior produção de alimentos permitia que uma população maior subsistisse, criando, assim, sua própria demanda, pois essas outras pessoas teriam de comer. A maior produção industrial não criava qualquer demanda adicional. Segundo sua teoria da superprodução ou das depressões – conforme veremos –, essa procura criada era um benefício social importante da agricultura.

Discutindo as causas econômicas das rendas elevadas, Malthus concluiu que os lucros elevados, a prosperidade econômica e o crescimento populacional eram, de modo geral, as forças que levavam à maior produção agrícola. Essa teria, obrigatoriamente, de exigir o cultivo de terras cada vez menos férteis, aumentando, com isso, as rendas. Portanto, as rendas elevadas eram tanto uma consequência, quanto o melhor indicador de prosperidade econômica e social geral.

> As rendas são a recompensa da bravura e da sabedoria presentes, bem como da força e da capacidade passadas. Todo dia se compram terras com o fruto da capacidade de realização e do talento. Elas permitem o grande prêmio, o otium cum dignitate, a qualquer tipo de esforço louvável, e, no progresso da sociedade, existem ótimas razões para se acreditar que, à medida que as terras vão ficando mais valiosas com o aumento do capital e da população e com o aperfeiçoamento da agricultura, os benefícios por elas oferecidos poderão ser divididos por um número muito maior de pessoas.

> Qualquer que seja, então, o ponto de vista adotado, a qualidade da terra que, pelas leis naturais, tem de gerar renda parece uma bênção de grande importância para a felicidade da humanidade.[48]

A Teoria da Superprodução

O segundo reparo de Malthus à teoria dos preços de Smith foi quanto à insistência desse em que as forças de oferta e da demanda do mercado não fazem, automaticamente, com que o preço de mercado se iguale ao preço natural. "O valor de uma mercadoria no lugar em que é estimado" – escreveu Malthus – "é o preço de mercado e não seu preço natural".[49] Quando os preços de mercado diferiam dos preços naturais, aqueles eram "determinados pelas relações extraordinárias ou acidentais da oferta e da demanda".[50] Foi em sua análise dessas relações extraordinárias ou acidentais da oferta e da demanda que Malthus deu sua contribuição mais importante e duradoura à teoria econômica – sua teoria da superprodução ou das depressões.

Embora o ponto de vista da produção tenha permitido a Smith e Ricardo chegarem a uma compreensão muito mais sofisticada da natureza da mais-valia do que a de Malthus, talvez o ponto de vista da troca, de Malthus, tenha sido um fator que o levou a investigar de modo mais completo e sofisticado o processo de circulação da moeda e das mercadorias. Malthus sabia que, para que o valor natural de todas as mercadorias produzidas fosse realizado através da troca monetária, teria de haver uma demanda monetária "efetiva" total dessas mercadorias, igual, em valor, ao valor natural das mercadorias. Como os custos que compunham o valor natural de todas as mercadorias também representavam as rendas das três classes da sociedade, seguia-se que, em qualquer período, os custos totais que formavam o valor natural agregado de todas as mercadorias produzidas teriam de ser iguais à renda agregada recebida pelas três classes, no mesmo período. Portanto, a condição necessária para a demanda efetiva ser igual ao valor de todas as mercadorias produzidas era que as três classes em conjunto estivessem dispostas a gastar, e pudessem gastar toda a sua renda coletiva nas mercadorias produzidas em cada período.

Existem duas maneiras pelas quais se poderia gastar a renda. A primeira era comprar mercadorias para o consumo. A segunda era comprar mercadorias que seriam acumuladas como capital. Os economistas clássicos (e quase todos os economistas, até hoje) definiam poupança como a renda que sobra após a dedução dos gastos para o consumo. Seguia-se, então, que, para toda a renda ser gasta, os gastos com mercadorias a serem acumuladas como capital teriam de ser iguais à renda poupada. (Os economistas modernos definem como investimento a compra de mercadorias produzidas no período, com o intento de acumulação de capital. Por isso, a condição necessária para a oferta agregada ser igual à demanda agregada é que o investimento seja igual à poupança.)

Adam Smith tinha conhecimento dessa condição necessária para a circulação regular e contínua da moeda e das mercadorias, mas supunha que ninguém pouparia, a não ser que quisesse guardar para o futuro. Com essa poupança, uma pessoa acumularia capital que lhe renderia a poupança inicial mais um lucro ou o emprestaria a um capitalista em troca de uma parcela de seus lucros, paga como juros. Em ambos os casos, a pessoa receberia mais, no futuro, do que se tivesse deixado o dinheiro parado. Smith concluiu, então, o seguinte:

> Tudo o que uma pessoa poupa de sua renda soma ao seu capital, empregando-o por conta própria, contratando mais operários produtivos ou permitindo que outra pessoa o faça, emprestando-lhe dinheiro a juros, quer dizer, em troca de uma participação em seus lucros...
>
> O que é poupado, por ano, é tão consumido quanto o que é gasto por ano e, também, quase que ao mesmo tempo, mas é consumido por outras pessoas.[51]

Por isso, Smith e quase todos os outros economistas clássicos argumentavam que o capitalismo nunca passaria pela dificuldade de uma demanda agregada insuficiente por todas as mercadorias produzidas e destinadas à venda. Entretanto, o sistema capitalista teve e continua tendo esses problemas.

Desde o início, sempre que se dependeu das forças de oferta e demanda do mercado para regular a produção das mercadorias e a alocação de recursos, isso resultou em crises econômicas que se repetem ou em depressões. Nas depressões, os empresários sempre encontram problemas para achar compradores para suas mercadorias, a capacidade de produção fica ociosa, o desemprego é muito pior do que o habitual e o aumento da pobreza e do sofrimento social é o resultado inevitável.

Na Inglaterra, em fins de 1818, houve uma queda acentuada dos preços dos produtos agrícolas, acompanhada de uma depressão geral em 1819. A depressão provocou muito desemprego, o ressurgimento da militância trabalhista e a inquietação social generalizada. Em agosto daquele ano, milhares de trabalhadores fizeram passeatas nas ruas de Manchester. O governo britânico convocou as Forças Armadas, e os manifestantes foram brutalmente reprimidos. Dez manifestantes foram mortos e centenas deles ficaram gravemente feridos, no que veio a ficar conhecido como o *Massacre de Peterloo*. Isso aconteceu apenas um ano antes da publicação da primeira edição dos *Princípios*, de Malthus. Malthus tinha aguda consciência de que as depressões não só podiam acontecer, como, de fato, aconteciam, em uma economia capitalista; também estava bastante ciente do perigo revolucionário potencial dessas sublevações dos trabalhadores. Seu objetivo mais importante, ao escrever os *Princípios*, foi promover o entendimento dessas crises, ou superproduções, e propor políticas para reduzi-las. É claro que essas políticas eram sempre coerentes com sua crença de que "o interesse de nenhuma outra classe, no Estado, estava tão íntima e necessariamente ligado à sua riqueza, prosperidade e poder do que o interesse do proprietário de terras".[52]

Para Malthus, parecia óbvio que a causa de uma superprodução geral de mercadorias era a insuficiência periódica de demanda efetiva. Para entender a fonte e o remédio dessa falta de demanda, ele analisou o padrão de gastos de cada uma das três classes. Os trabalhadores gastavam toda a sua renda em sua subsistência. Os capitalistas eram levados pela paixão a acumular capital e não tinham tempo ou inclinação para gastar grande parte de seus lucros em consumo ou em serviços pessoais. Ele concluiu que

> esse consumo não é compatível com os hábitos reais dos capitalistas em geral. O grande objetivo de sua vida é fazer fortuna, tanto porque é seu dever guardar um pouco para a família, como porque eles não podem gastar uma renda com tanto conforto para si próprios, porque são obrigados a ficar no trabalho sete ou oito horas por dia.[53]

Os proprietários de terras, porém, eram cavalheiros do ócio. Como tinham a garantia de uma renda contínua de suas terras, gastavam toda ela em ambientes confortáveis, com criados, e promovendo a arte, as universidades e outras instituições culturais. Gastavam sempre toda sua renda em bens de consumo ou em "serviços pessoais" e, nesse processo, promoviam "todas as manifestações mais nobres do gênio humano, todas as emoções mais finas e delicadas da alma".[54]

Cada uma das três classes procurava gastar toda a sua renda, mas os capitalistas procuravam gastar todos os seus lucros na compra de novo capital. Malthus achava que o problema era que, com o progresso do capitalismo, havia uma tendência para os capitalistas receberem muita renda. Eles não podiam investir em capital, com lucro, todo o dinheiro que poupavam. "Quase todos os comerciantes e industriais poupam nas épocas de prosperidade" – escreveu Malthus – "muito mais depressa do que seria possível aumentar o capital nacional para acompanhar o valor do produto".[55]

A pergunta importante a que Malthus tinha de responder era: por que os capitalistas não podiam – conforme sugerira Smith – empregar sempre mais operários e auferir mais lucros, à medida que fossem aumentando seu capital no ritmo que pudessem? Malthus deu duas respostas a essa pergunta. Ou o novo capital incorporaria a mesma tecnologia que o antigo ou incorporaria inovações técnicas que tornariam os operários mais produtivos. Em ambos os casos, ele achava que surgiriam problemas.

Em uma época de prosperidade, se os lucros fossem investidos em novo capital que incorporasse a mesma tecnologia que o capital antigo, qualquer quantidade de capital novo empregaria o mesmo número de operários que a mesma quantidade de capital antigo. Isso exigiria – para haver um número suficiente de operários – que a mão de obra aumentasse no mesmo ritmo que o capital. O problema era que, com o advento da prosperidade, o capital começaria a crescer imediatamente. Malthus, porém, insistia em que era "óbvio... que, pela própria natureza da população e pelo tempo necessário para trabalhadores adultos entrarem no mercado, um súbito aumento de capital e de produto não poderia conseguir uma oferta proporcional de trabalho em menos de 16 ou 18 anos".[56] Por isso, quando esse novo capital excedia a oferta de trabalho, duas coisas podiam acontecer. Primeira: algum capital não encontraria trabalho para empregar e, por isso, ficaria ocioso. Segunda: haveria uma escassez temporária de trabalho. "Se o mercado fosse relativamente carente de trabalho" – escreveu Malthus – "os proprietários de terras e os capitalistas seriam obrigados a dar maior quantidade do produto a cada operário".[57] Nesse caso, "os salários... continuariam sempre aumentando... enquanto o capital continuasse aumentando".[58] Em ambos os casos, os capitalistas preferiram guardar sua renda sob a forma de moeda improdutiva a continuar reduzindo os lucros sobre o capital já empregado com a acumulação de mais capital. Assim, os capitalistas deixariam de gastar toda a sua renda, e haveria uma insuficiência de demanda efetiva.

Esses desequilíbrios da circulação da moeda e das mercadorias, sem dúvida alguma, ocorrem, e Malthus deu uma importante contribuição para se entender a economia, ao analisar seus efeitos. A análise, porém, parece contradizer sua teoria da população, embora seja verdade que, se a taxa de acumulação de capital "aumentasse subitamente", a quantidade de trabalhadores adultos não poderia aumentar de repente. O que não está claro – diante de sua teoria da população – é por que sempre iria haver um aumento repentino de capital que exigisse um súbito aumento da população. Independente da taxa de lucro e da consequente taxa de acumulação, uma vez que elas fossem historicamente estabelecidas, seria de se esperar que a taxa de crescimento da população se ajustasse à taxa de acumulação. Assim, se o capital fosse acumulado a uma taxa anual de 10%, o crescimento de 10% da população, em um ano, ofereceria os trabalhadores necessários para os 10% de crescimento de capital que ocorreria em 16 anos. De forma análoga, se aquela taxa se mantivesse durante certo tempo, o aumento da população ocorrido há 16 anos teria sido suficiente para satisfazer a demanda atual por trabalho. Logo, por uma questão de consistência teórica, Malthus não conseguiria explicar desequilíbrios na circulação de moeda e mercadorias desta forma, ao mesmo tempo que mantinha a sua teoria da população. A dificuldade, em nossa opinião, não está na teoria da superprodução de Malthus, mas em sua teoria da população.

O segundo tipo de acumulação possível envolvia mudanças tecnológicas que aumentassem a produtividade do trabalho. Esse novo capital poupador de mão de obra atuaria como substituto do trabalho. Seria possível obter a mesma quantidade de produtos com mais capital e menos trabalho. Mas o afastamento dos operários diminuiria a demanda. Portanto,

> se a substituição de trabalho por capital fixo fosse feita muito mais depressa do que o tempo necessário para se encontrar um mercado suficiente para a oferta mais abundante, propiciada por esse capital fixo, e para os novos produtos dos trabalhadores que tivessem perdido o emprego, haveria, em toda parte, uma queda da demanda por trabalho e aflições para as classes operárias da sociedade.[59]

Então, em ambos os casos, a causa final da superprodução devia-se aos lucros excessivos, que levavam a uma taxa insustentável de acumulação de capital. A única resposta para esse problema, na opinião de Malthus, era adotar políticas que alterassem a distribuição da renda, deixando os capitalistas com menos lucros e alguma outra classe com mais renda para ser gasta em consumo. A relação entre a teoria da superprodução de Malthus e a controvérsia que cercava as leis dos cereais torna-se, agora, evidente. Segundo as próprias palavras de Malthus:

> Deve haver, portanto, uma classe considerável de pessoas que têm a vontade e o poder de consumir mais bens materiais do que produzem, ou as classes mercantis não poderiam continuar produzindo com lucro além do que seria consumido. Neste caso, não há dúvida de que os proprietários de terras têm uma posição de destaque.[60]

Os proprietários de terras não consumiriam todo o excesso de produção. Malthus achava que eles contratariam muitos criados e outros trabalhadores improdutivos ou prestadores de "serviços pessoais", que gastariam suas rendas comprando as mercadorias produzidas no setor industrial. Assim, a solução apontada por Malthus implicava a criação de um exército de trabalhadores improdutivos como criados dos proprietários de terras. Eles consumiriam a riqueza material sem produzi-la e, com isso, eliminariam o problema da insuficiência da demanda agregada.

A única maneira de garantir uma demanda efetiva suficiente era, então, através de algum mecanismo de redistribuição, como as leis dos cereais, que permitisse aos proprietários de terras receberem mais renda e, com isso – por meio de seus próprios gastos e dos gastos de seus criados –, contribuírem mais para a demanda agregada, sem contribuir para aumentar mais ainda a produção. Uma vez mais o bem-estar econômico de toda a sociedade dependia da promoção dos interesses dos proprietários de terras. Para dar uma base mais sólida ainda ao seu argumento – depois de ter mostrado que os proprietários de terras eram econômica e culturalmente indispensáveis para a Inglaterra – Malthus argumentou que seu poder político no Parlamento também favorecia toda a sociedade:

> *É uma verdade histórica, que não pode ser posta em dúvida de forma alguma, que a origem e a subsequente preservação e aperfeiçoamento de nossa atual constituição, bem como das liberdades e privilégios de que vêm há tanto tempo gozando os ingleses, devem-se, principalmente, a uma aristocracia da terra.*[61]

Resta uma última pergunta: "como é que Malthus combatia uma redistribuição que aumentasse os salários a fim de aumentar a demanda agregada? Lendo seu *Ensaio sobre o Princípio da População*, poderíamos supor que ele teria argumentado que isso não traria benefício social algum, pois os aumentos da quantidade de trabalhadores, simplesmente, fariam com que eles voltassem ao nível de subsistência. Contudo, como vimos, em sua teoria da superprodução, Malthus abandonou sua teoria da população, pelos menos a curto prazo. Ou, novamente com base no *Ensaio*, poderíamos supor que ele argumentasse que o aumento dos salários "faria com que todos se julgassem relativamente ricos", levando, com isso, a "uma grande e imediata limitação à indústria produtiva".[62] Embora os *Princípios* contivessem alguns indícios desse último argumento, o ataque principal de Malthus ao aumento dos salários estava no seguinte trecho:

> *É, na verdade, importantíssimo observar que nenhum poder de consumo das classes trabalhadoras pode... por si só estimular o emprego de capital. Ninguém empregará capital meramente para atender à demanda dos que trabalham para ele. A menos que os trabalhadores produzam um excedente em relação ao que consomem... é óbvio que seu capital não será empregado em sua manutenção... Aumentando muito o custo de produção, um grande aumento de consumo das classes trabalhadoras diminuirá, sem dúvida alguma, os lucros e enfraquecerá ou destruirá o motivo para a acumulação.*[63]

Esse trecho é interessante porque ilustra uma questão abordada em um capítulo anterior deste livro: quando um pensador importante e poderoso comete um erro aparentemente óbvio de lógica, isso quase sempre é um exemplo de até que ponto sua orientação social ou sua lealdade de classe – e não a lógica pura – determina suas conclusões. Como as categorias de renda de classe eram idênticas aos três componentes do custo de produção, qualquer medida política, como as leis dos cereais, que resultasse em um aumento da renda da terra ou dos salários, teria o efeito de diminuir os lucros. As objeções que Malthus supunha – corretamente – que os capitalistas fariam a qualquer reforma que reduzisse os lucros, aumentando os *salários*, eram idênticas às objeções que eles teriam contra as reformas que reduzissem os lucros, aumentando a *renda da terra*.

David Ricardo, o principal porta-voz intelectual da classe capitalista daquela época, entendeu imediata e claramente o erro da conclusão de Malthus. Escreveu o seguinte:

> *Um grupo de trabalhadores improdutivos é tão necessário e útil para a produção futura quanto um incêndio que destrua, nos depósitos do fabricante, as mercadorias que teriam sido, de outra forma, consumidas por aqueles trabalhadores improdutivos... Que vantagem teria eu se outro homem que nada me dá em troca consumisse minhas mercadorias? Como é que esse consumo me permite auferir os lucros?... Os capitalistas, para poderem continuar com seus hábitos de poupança, diz o Sr. Malthus, "têm que consumir mais ou produzir menos"... As mercadorias consumidas por trabalhadores improdutivos lhes são dadas, e não vendidas em troca de algo... Retirar cem peças de roupa de uma fábrica e com elas vestir soldados e marinheiros aumentará os lucros do fabricante? Irá estimulá-lo a produzir? Sim,*

Thomas Robert Malthus

da mesma forma que um incêndio... Se a doutrina do Sr. Malthus fosse verdadeira, o que seria mais aconselhável do que aumentar o exército e duplicar os ordenados dos funcionários públicos?[64]

Quem estava certo no debate entre Malthus e Ricardo? Na opinião dos autores deste livro, ambos estavam, em parte, certos, mas ambos se esqueceram da verdade parcial do argumento do outro. O capitalismo realmente tende a provocar desequilíbrios na circulação da moeda e das mercadorias. Esses desequilíbrios manifestam-se, frequentemente, como crises em que a demanda agregada é insuficiente para comprar todas as mercadorias produzidas. Nessa situação, é do interesse dos capitalistas – considerados coletivamente como classe – achar alguma fonte de aumento da demanda. Todavia, cada capitalista, considerado individualmente, percebe que seus próprios custos de produção não afetam de maneira direta, de modo significativo, a demanda por seu produto. No entanto, seus custos afetam significativamente seus lucros. Portanto, ele tem uma forte motivação para manter seus custos de produção o mais baixo possível. Contudo, os custos de produção dos capitalistas, considerados coletivamente, geram as rendas usadas para comprar seus produtos. Portanto, seria ideal que cada capitalista, considerado individualmente, mantivesse seus custos o mais baixo possível, enquanto os outros capitalistas estivessem pagando salários e rendas da terra elevados, gerando, assim, uma grande demanda pelos produtos daquele capitalista.

Existe, em suma, uma contradição entre as necessidades de qualquer capitalista, considerado individualmente, e as necessidades de todos os capitalistas, considerados coletivamente. Malthus e Ricardo tinham consciência clara de um dos lados desse dilema, mas cada um deles procurou resolver o problema ignorando ou negando o outro lado. Não era nem é possível uma solução como essa. Discutiremos esse dilema de modo mais completo no capítulo sobre John Maynard Keynes, no qual avaliaremos o impacto de suas ideias sobre as economias capitalistas após a Segunda Guerra Mundial.

Notas do Capítulo 4

1. HOBSBAWM, E.J. *Industry and Empire: An Economic History of Britain since 1750.* Londres: Weidenfeld & Nicolson, 1968, p. 72. Várias ideias de Hobsbawm aparecem neste capítulo.
2. MANTOUX, Paul. *The Industrial Revolution in the Eighteenth Century.* Nova York: Harcourt Brace Jovanovich, 1927, p. 410-411.
3. Ibid., p. 413.
4. Ibid., p. 416.
5. HOBSBAWM, *Industry and Empire,* p. 67-68.
6. Citado por ENGELS, F. *The Condition of the Working Class in England in 1844.* Nova York: Macmillan, 1958, p. 46.
7. Citado por HOBSBAWM, *Industry and Empire,* p. 74.
8. Ibid., p. 75.
9. MANTOUX, *Industrial Revolution,* p. 417.
10. Ibid., p. 449.
11. O primeiro *Ensaio* e o *Resumo* foram publicados juntos, em um só volume. MALTHUS, T.R. *An Essay on the Principle of Population and a Summary View of the Principles of Population.* Baltimore: Penguin, 1970. Editado por A. Flew. O segundo Ensaio foi publicado em dois volumes. MALTHUS, T.R. *An Essay on the Principle of Population.* Nova York: Dutton, 1960.
12. A segunda edição de *Princípios* foi publicada em 1836. Todas as referências deste capítulo serão a esta segunda edição: MALTHUS, T.R. *Principles of Political Economy.* Nova York: Augustus M. Kelley, 1964.
13. Citado por GRAY, Alexander. *The Socialist Tradition.* Londres: Longmans: 1963, p. 119.
14. Ibid., p. 131.
15. Ibid., p. 119.

História do Pensamento Econômico

16. Ibid.
17. MALTHUS, primeiro *Ensaio*, p. 68-69.
18. Ibid., p. 144.
19. Ibid., p. 143.
20. MALTHUS, segundo *Ensaio*, 2:39.
21. Ibid., 2:179.
22. MALTHUS, *Summary View*, p. 226.
23. Ibid., p. 225.
24. Ibid., p. 238.
25. Ibid., p. 242.
26. MALTHUS, segundo *Ensaio*, 1:19.
27. Ibid., 1:14.
28. Ibid., 2:13.
29. Ibid., 1:13.
30. MALTHUS, primeiro *Ensaio*, p. 98.
31. Ibid., p. 94-95.
32. Ibid., p. 97.
33. Ibid., p. 143-144.
34. Ibid., p. 176-177.
35. Ibid., p. 176-177.
36. MALTHUS, primeiro *Ensaio*, p. 215-216.
37. MALTHUS, *Principles of Political Economy*, p. 282-283.
38. Ibid., p. 206.
39. Ibid., p. 33.
40. Ibid., p. 34.
41. Ibid., p. 35.
42. Ibid., p. 76-77.
43. Ibid., p. 76.
44. Ibid.
45. Ibid., p. 77.
46. Ibid., p. 148.
47. Ibid., p. 149.
48. Ibid., p. 216-217.
49. Ibid., p. 78.
50. Ibid.
51. SMITH, Adam. *An Inquiry into the Nature and Causes of the Wealth of Nations*. Nova York: Modern Library, 1937, p. 321.
52. MALTHUS, *Principles*, p. 206
53. Ibid., p. 400.
54. MALTHUS, Primeiro *Ensaio*, p. 176-177.
55. MALTHUS, *Principles*, p. 400.
56. Ibid., p. 280.
57. Ibid., p. 279.
58. Ibid., p. 277.
59. Ibid., p. 238.
60. Ibid., p. 400.
61. Ibid., p. 380.
62. MALTHUS, primeiro *Ensaio*, p. 95.
63. MALTHUS, *Princípios*, p. 404-405.
64. Citado por COONTZ, Sydney H. *Productive Labour and Effective Demand*. Nova York: Augustus M. Kelley, 1966, p. 45-46.

CAPÍTULO 5

David Ricardo

David Ricardo (1772-1823) era filho de um rico capitalista inglês, que tinha feito fortuna na bolsa de valores, após ter migrado da Holanda para a Inglaterra. O jovem Ricardo teve mais êxito ainda na bolsa de valores do que seu pai, tendo se transformado em um homem muito rico antes dos 30 anos de idade. Em 1799, leu *A Riqueza das Nações*, de Adam Smith, e, desde então, até sua morte, passou o tempo estudando e escrevendo sobre questões de Economia Política e aumentando sua fortuna. É de aceitação geral considerá-lo o teórico mais rigoroso entre os economistas clássicos. Sua capacidade de construir um modelo abstrato de como funcionava o capitalismo e dele deduzir todas as sua implicações lógicas foi insuperável, em sua época. Além disso, sua teoria econômica estabeleceu um estilo de modelos econômicos abstratos e dedutivos que vem dominando a teoria econômica até hoje. Como Adam Smith, ele iria exercer uma poderosa influência tanto sobre o marxismo radical quanto sobre as tradições neoclássicas conservadoras da teoria econômica em todo o restante do século XIX e no século XX. Ele foi, inquestionavelmente, um dos cinco ou seis economistas que mais influenciaram a época atual.

Ricardo viveu na mesma época turbulenta que Malthus e, como ele, foi influenciado pela Revolução Francesa, pela Revolução Industrial, pela crescente inquietação da classe operária e a luta entre os capitalistas e os proprietários de terras ingleses. Sua opinião sobre a classe operária não era essencialmente diferente da de Malthus. Ricardo aceitou a teoria da população de Malthus e suas conclusões quanto à natureza e às causas da pobreza dos trabalhadores. Escreveu o seguinte:

Fico satisfeito por ter, agora, a oportunidade de expressar minha admiração pelo Ensaio sobre a População, do Sr. Malthus. Os ataques dos oponentes dessa grande obra só serviram para provar sua grande força, e estou convencido de que sua fama se difundirá com o cultivo daquela Ciência, por ela tão valorizada.[1]

Ricardo foi, porém, um inimigo intelectual de Malthus a vida toda, embora fosse seu amigo pessoal. A principal questão social em que suas opiniões diferiam era o conflito entre os capitalistas e os proprietários de terras. Ricardo sempre defendia os interesses da classe capitalista. As principais questões teóricas em que suas ideias diferiam eram a teoria do valor e a teoria da superprodução de Malthus.

Em seu prefácio à obra *Principles of Political Economy and Taxation*, Ricardo definiu o que ele via como o problema central da Economia Política:

O produto da terra – tudo o que é retirado de sua superfície pelo emprego conjunto do trabalho, das máquinas e do capital – é dividido entre três classes da comunidade, a saber: o proprietário da terra, o dono do capital necessário para o seu cultivo e os trabalhadores que entram com o trabalho para o cultivo da terra.

O principal problema da Economia Política é determinar as leis que regem essa distribuição.[2]

Malthus publicou sua obra *An Inquiry into the Nature and Causes of Rent* em 1815 e Ricardo a leu, logo após sua publicação. Reconheceu que a teoria da renda da terra, de Malthus, complementava uma teoria do lucro em que ele vinha trabalhando havia algum tempo.[3] Ele já tinha chegado à conclusão de que o preço dos cereais, em relação ao preço das mercadorias industrializadas, era regulado pela tendência do trabalho e do capital, quando empregados em terras cada vez menos férteis, a produzir cada vez menos cereais. Também tinha chegado à conclusão de que a taxa de lucro era governada pela produtividade decrescente do trabalho agrícola. A teoria da renda da terra, de Malthus, apresentava, explicitamente, portanto, as ideias que já estavam implícitas na teoria do lucro, de Ricardo. Três semanas após a publicação do panfleto de Malthus, Ricardo publicou um *Ensaio sobre a Influência de um Preço Baixo dos Cereais sobre os Lucros do Capital, Mostrando a Inutilidade das Restrições à Importação*. Nele, formulou pela primeira vez os elementos essenciais de sua teoria da distribuição.

A Teoria da Renda da Terra e Primeira Abordagem dos Lucros

A teoria da renda da terra, de Ricardo, em seus *Princípios*, era uma elaboração coerente da ideia presente em seu *Ensaio*, de 1815. Definia renda da terra como "a parte do produto da terra que é paga ao seu proprietário pelo uso dos poderes originais e indestrutíveis do solo".[4] Sua teoria da determinação da renda baseava-se em duas hipóteses: a primeira era a de que a terra era diferente, em sua fertilidade, e que todas as terras podiam ser ordenadas a partir da mais fértil para a menos fértil; a segunda era a de que a concorrência sempre igualava a taxa de lucro dos fazendeiros capitalistas que arrendassem terra dos proprietários. Sua teoria da renda da terra não pode ser resumida melhor do que ele mesmo o fez. Sua discussão da determinação da renda da terra será, portanto, citada em toda a sua extensão. No entanto, antes de ler este trecho, o leitor deve entender a definição que Ricardo deu para *produto líquido*. Produto líquido era a quantidade total produzida, menos todos os custos de produção necessários, inclusive a reposição do capital usado na produção e os salários dos operários. Produto líquido era, portanto, todo o valor excedente criado pelo trabalho, que poderia ser destinado aos lucros ou à renda da terra. A teoria da renda da terra, de Ricardo, é a seguinte, segundo suas próprias palavras:

É apenas... porque a terra não é ilimitada em sua quantidade nem uniforme em sua qualidade e porque, com o aumento da população, é preciso usar terra de qualidade inferior, que se paga renda (aluguel) pelo seu uso. Quando, com o progresso da sociedade, se cultivam terras do segundo grau de fertilidade, a terra de primeira qualidade começa imediatamente a dar renda, e o volume dessa renda dependerá da diferença de qualidade das duas terras.

Quando se passa a cultivar a terra de terceira categoria, a terra de segunda categoria começa logo a dar renda, que é determinada, como antes, pela diferença de sua capacidade produtiva. Ao mesmo tempo, a renda da terra de primeira categoria aumentará, pois terá sempre de estar acima da renda da segunda, em montante equivalente à diferença entre seus produtos com determinada quantidade de capital e trabalho. Toda vez que a população aumenta, o país é obrigado a recorrer à terra de pior qualidade para poder aumentar a oferta de alimentos, e a renda de toda terra mais fértil aumenta.

Suponhamos, então, que as terras – nos 1, 2, e 3 – produzam, com o mesmo emprego de capital e trabalho, um produto líquido de 100, 90 e 80 quartos de cereal... Logo que a população tivesse aumentado, tornando necessário cultivar a terra no 2... a terra no 1 começaria a receber renda; isso porque ou precisaria haver duas taxas de lucro sobre o capital agrícola ou dez quartos... teriam de ser retirados do produto da terra no 1 para outro cultivo.

Para quem quer que cultivasse a terra no 1 – seu proprietário ou qualquer outra pessoa – esses dez quartos constituiriam, da mesma forma, renda da terra; isso porque quem estivesse cultivando a terra no 2 conseguiria o mesmo resultado com seu capital quer cultivasse a terra no 1, pagando dez quartos de renda, quer continuasse cultivando a terra no 2, sem pagar renda alguma. Da mesma forma, poder-se-ia mostrar que, quando a terra no 3 começasse a ser cultivada, a renda da terra no 2 teria de ser de dez quartos... enquanto a da terra no 1 subiria para vinte quartos; isso porque quem estivesse cultivando a terra no 3 teria o mesmo lucro se pagasse vinte quartos pela renda da terra no 1, dez quartos pela renda da terra no 2 ou cultivasse a terra no 3 sem pagar renda alguma.[5]

Era a concorrência entre os fazendeiros capitalistas que garantia que a renda se comportaria dessa forma. Suponhamos que o fazendeiro da terra no 1, no exemplo de Ricardo, pagasse somente 15 quartos de renda após a terra no 3 ter começado a ser cultivada. Nesse caso, ele estaria tendo 85 quartos de lucro (100 quartos de produto líquido menos 15 quartos de renda paga) sobre o mesmo capital com o qual os outros dois fazendeiros capitalistas estavam ganhando somente 80 quartos de lucro. Os outros dois fazendeiros capitalistas poderiam aumentar seus lucros dispondo-se a pagar mais renda ao dono da terra no 1 – digamos, 18 quartos – para poderem cultivar sua terra. Contudo, enquanto a renda da terra no 1 estivesse abaixo de 20 quartos, os capitalistas continuariam tendo um incentivo para fazer subir a renda da terra. Só quando a renda atingisse 20 quartos é que eles não teriam mais esse incentivo. Nesse ponto, a taxa de lucro seria igual para todos os fazendeiros capitalistas. Ricardo acreditava que, em geral, a concorrência tenderia a igualar a taxa de lucro de todos os capitalistas. "A vontade constante de todos os empregadores do capital" – escreveu ele – "de sair de um negócio menos lucrativo para entrar num negócio mais lucrativo tem uma grande tendência a igualar a taxa de lucro de todos".[6]

A teoria da renda, de Ricardo, era tão importante para as conclusões de seu modelo econômico que iremos ilustrá-la de duas formas. Na Figura 5.1, as áreas de cada uma das três barras representam o produto líquido, no exemplo de Ricardo. O produto líquido é formado pelo lucro mais a renda da terra,

História do Pensamento Econômico

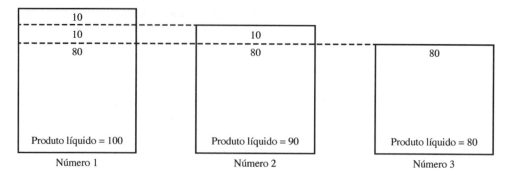

FIGURA 5.1 **Produto líquido e renda de três lotes de terra.**

quer dizer, é igual ao produto total menos os salários e a reposição do capital usado na produção. Se apenas a terra no 1 for cultivada, o fazendeiro capitalista terá um lucro de 100 quartos. Se a terra no 2 passar a ser usada, a concorrência fará a renda da terra no 1 elevar-se para 10 quartos, e cada capitalista ganhará 90 quartos de lucro. Se a terra no 3 for usada, a concorrência fará com que a renda da terra no 2 suba para 10 quartos e a da no 1, para 20 quartos, e cada capitalista ganhará 80 quartos de lucro.

À medida que mais terras forem cultivadas, a quantidade de terra que chamamos de *lote* se torna arbitrária. Portanto, como estamos supondo que a terra vá ficando cada vez menos fértil, podemos subdividi-la em lotes cada vez menores, cada um dos quais apresentando um produto líquido menor do que o do lote anterior. Representando-se as barras em um quadrante cujos eixos indiquem o número de lotes que estão sendo cultivados e o produto líquido por lote, poderíamos ter um gráfico como o da Figura. 5.2. À medida que o tamanho dos lotes vai diminuindo, a parte superior das barras vai tendendo a uma simples reta descendente. Podemos supor que cada unidade de terra seja tão pequena, que se possa usar uma linha reta para mostrar a fertilidade decrescente da terra. Na Figura 5.2, *PL* é essa linha. Ela mostra que o produto líquido por pequena unidade de terra diminui à medida que aumenta a quantidade de terra cultivada. Supondo que os salários sejam o único custo de produção, os salários pagos por unidade de terra cultivada poderão ser somados à linha *PL* da Figura 5.2, para mostrar o produto

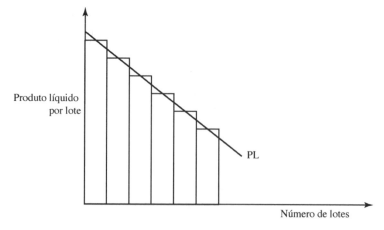

FIGURA 5.2 **Produtividade decrescente na agricultura.**

total. O resultado, na Figura 5.3, é uma linha *P*, que mostra o produto total para qualquer quantidade de terra à medida que a terra cultivada vai aumentando. Enquanto *PL* mostra apenas o produto líquido (lucro menos renda da terra), a linha *P* mostra o produto total (lucro mais renda da terra mais salários). Se estiverem sendo usadas *x* unidades de terra, o produto total da última unidade pequena (que não paga renda) de terra em uso será *y*. A área do triângulo *a* será o valor total da renda recebida pela classe dos proprietários de terras; a área do retângulo *b* será o lucro total e os salários recebidos pelos capitalistas e pelos lavradores. Esse diagrama será usado a seguir para ilustrar uma das conclusões mais importantes do modelo de Ricardo.

A teoria dos lucros, de Ricardo, talvez fosse o elemento mais crucial e básico de toda a sua teoria. Em sua primeira abordagem da teoria do lucro, ele supôs que existisse uma economia simples, na qual houvesse proprietários de terras, capitalistas e trabalhadores que só produzissem cereais. Ricardo via o lucro como um excedente. Já vimos que a concorrência igualava os lucros de todos os fazendeiros capitalistas que cultivassem as terras de qualidade superior aos lucros auferidos pelo capitalista que cultivasse a terra marginal, que não pagasse renda alguma. Portanto, os lucros seriam explicados pelos determinantes do lucro do capitalista que cultivasse a terra que não pagasse renda alguma.

Ricardo aceitou a teoria da população de Malthus e seu corolário mais importante: o crescimento populacional tenderia a forçar os salários dos trabalhadores a baixar até o nível de subsistência. Portanto, o nível de lucro da terra que não pagasse renda seria o produto total dessa terra menos a subsistência dos lavradores que trabalhassem nessa mesma terra. Em outras palavras, o lucro seria simplesmente o que restasse, após o pagamento dos salários. Nesse modelo de uma só mercadoria, o capital consistia, simplesmente, no cereal que o capitalista "adiantava" aos lavradores como salário. Da mesma forma, a taxa de lucro era a razão entre o produto líquido na terra que não pagava renda e os salários, ambos expressos em cereal. Seguia-se, então, que, enquanto o produto líquido fosse decrescente, à medida que os lotes de terra menos férteis fossem sendo cultivados e enquanto o salário, em termos de cereal, se mantivesse inalterado, a taxa de lucro (o produto líquido além do salário, em termos de cereal) teria de diminuir.

Essa visão dos lucros tem sido chamada de *Teoria do Lucro como Cereal*, de Ricardo.[7] Ele achava que o modelo poderia ser facilmente ampliado, de modo a incluir mercadorias industrializadas, porque, se os aumentos da população diminuíssem a taxa de lucro na agricultura, se a taxa de lucro fosse

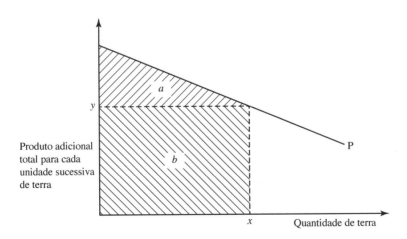

FIGURA 5.3 **Separação da renda da terra dos lucros e dos salários.**

determinada somente pela produtividade do trabalho e do capital na terra que não pagasse renda e se a concorrência igualasse todas as taxas de lucro, a taxa de lucro, no setor industrial e na agricultura, dependeria somente da produtividade da terra que não pagasse renda.

Base Econômica do Conflito entre Capitalistas e Proprietários de Terras

Podemos, agora, usar o gráfico da Figura 5.3 para demonstrar a afirmativa de Ricardo, em seu *Ensaio*, de que "o interesse do proprietário de terras sempre se opunha ao interesse de todas as outras classes da comunidade".[8] Ricardo identificava a prosperidade econômica com a acumulação de capital e com o crescimento e a prosperidade econômica promovidos por essa acumulação (como todos os economistas clássicos). Quando os capitalistas auferiam lucros, acumulavam capital, o que resultaria em maior demanda por mão de obra. O aumento dessa demanda provocava um aumento do salário de mercado, que ultrapassava o salário natural (de subsistência), e isso levava a um aumento da população. Enquanto os capitalistas continuassem tendo lucro, essa sequência poderia repetir-se indefinidamente. Enquanto ela se repetisse, a economia estaria crescendo, haveria prosperidade geral, e os salários dos trabalhadores ficariam acima do nível de subsistência. Todavia, a economia tinha dificuldades por causa da produtividade decrescente da agricultura, que fazia com que a renda da terra diminuísse os lucros.

O raciocínio de Ricardo é exemplificado pela Figura 5.4. Essa figura é idêntica à Figura 5.3. A única diferença é que foi introduzida a linha *w*, para mostrar o salário de subsistência que precisa ser pago aos lavradores que trabalham em uma unidade de terra, e a linha *w**, para mostrar o salário um pouco mais elevado, que prevalecerá enquanto estiver havendo acumulação de capital. Associamos letras a vários pontos do gráfico, para ilustrar nosso raciocínio.

Suponhamos que a economia seja observada em um ponto em que $x1$ unidades de terra estejam sendo cultivadas. Suponhamos, também, que tenha havido acumulação no passado e que o salário esteja em *w**. Ora, em $x1$, a quantidade total de produto destinada à renda da terra seria a área do triângulo *abc*. Os salários seriam a área do retângulo *Ohed* (com o retângulo *fged* representando o excesso dos salários sobre o valor necessário à subsistência). O lucro seria o resíduo ou a área do retângulo *debc*. Com os salários em *w**, acima do nível de subsistência, a população cresceria. Isso exigiria que mais terras fossem cultivadas.

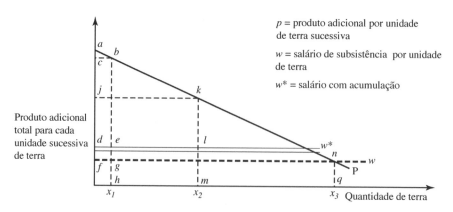

FIGURA 5.4 **Variações da distribuição da renda com a ampliação da margem de cultivo.**

David Ricardo

Agora, suponhamos que a população em crescimento tivesse atingido o ponto em que $x2$ fosse a área de terra cultivada. Nesse ponto, os salários são dados pela área do retângulo *Omld*, a renda da terra é a área do triângulo *akj*, e os lucros são a área do retângulo *dlkj*. Observe-se que, embora o salário se tenha mantido inalterado, o lucro total, como parcela do produto total, bem como a taxa de lucro declinaram substancialmente.

É fácil ver, na Figura 5.4, que existe um limite para esse crescimento econômico. Quando a economia tiver cultivado uma área de terra equivalente a $x3$, os salários terão voltado ao nível de subsistência (*w*); a renda da terra será a área do triângulo *anf*, e os salários serão a área do retângulo *Oqnf*. Não haverá lucro e, por isso, os salários voltarão ao nível de subsistência.

Isso explica por que, na luta dos proprietários de terra e dos capitalistas pelo excedente ou produto líquido, Ricardo achava que a diminuição da produtividade na agricultura faria com que os lucros fossem gradativamente sendo comprimidos pela renda da terra cada vez mais alta. Assim, em seu *Ensaio*, Ricardo afirmou que a renda da terra era, "em todos os casos, uma parcela dos lucros previamente conseguidos sobre a terra... Nunca era receita nova, sendo sempre uma parte de uma receita que já tinha sido auferida".[9]

No modelo de Ricardo, a renda da terra não era diretamente responsável pela compressão do lucro. Representava, isso sim, os aumentos do custo do trabalho, provocados pelo aumento do custo dos cereais – o principal produto para a subsistência dos trabalhadores. Ricardo teve de mostrar como o aumento dos salários redistribuía uma parcela cada vez maior do produto líquido do lucro para a renda da terra. Para isso, supõe um nível constante de preços *médios* (ou um poder de compra da moeda constante). Acreditando que a concorrência igualava todas as taxas de lucro, seguia-se que, quando os preços dos cereais e do trabalho aumentavam, os preços teriam de se ajustar, para igualar a taxa de lucro dos diferentes setores da economia. O trabalho incorporado à produção dos cereais tinha aumentado, porque se tornava menos produtivo, à medida que a margem de cultivo aumentava. Isso baixava os lucros do setor agrícola. Entretanto, a produtividade do trabalho permanecia a mesma, na indústria, e, por isso, o trabalho incorporado aos produtos industrializados não se alterava. Para a concorrência igualar as taxas de lucro, seria, portanto, necessário que os preços de quase todos os produtos industrializados diminuíssem em relação ao preço dos cereais. Com a hipótese de Ricardo de haver um nível constante de preços médios, o aumento dos preços dos produtos agrícolas teria de ser compensado por uma baixa dos preços de, pelo menos, alguns produtos industrializados. O efeito dessas variações de preços seria o restabelecimento de uma taxa de lucro uniforme, em ambos os setores, embora mais baixa. Cada aumento da margem de cultivo resultaria, então, em maior declínio do nível geral de preços dos produtos industrializados (ficando todos os preços, inclusive os preços dos produtos agrícolas, novamente no mesmo nível médio) e em um declínio da taxa geral de lucro. A queda dos lucros significava uma queda da taxa de acumulação e, com isso, um atraso do crescimento econômico e uma diminuição do bem-estar social geral.

Com base nesses argumentos, Ricardo se opunha às leis dos cereais. Proibindo a importação dos cereais, o governo britânico estava fazendo com que o setor agrícola usasse terras cada vez menos férteis. Esse processo estava diminuindo os lucros e acabaria interrompendo o progresso econômico, se fosse mantido por muito tempo. Em seu debate sobre as leis dos cereais, o argumento de Ricardo era, sem dúvida, mais coerente e lógico do que o de Malthus, muito embora ele tenha sido, de modo geral, incapaz de impressionar a maioria dos membros do Parlamento, que representavam os interesses dos proprietários de terras.

Malthus, porém, encontrou muitos fundamentos para atacar o argumento de Ricardo. Uma de suas objeções foi levada muito a sério por Ricardo. Malthus escreveu que

> os lucros dependem dos preços das mercadorias e da causa determinante desses preços, isto é, a oferta, em comparação com a demanda... (enquanto) a teoria do lucro (de Ricardo) depende inteiramente da circunstância de a maioria das mercadorias continuar com o mesmo preço e de a moeda continuar com o mesmo valor, qualquer que seja a variação do preço do trabalho... Nada podemos inferir acerca da taxa de lucro, no caso de subirem os salários nominais, se as mercadorias, em vez de continuarem com o mesmo preço, forem afetadas de modo desigual, algumas subindo, outras descendo, e um número muito pequeno delas permanecendo com preço inalterado.[10]

Ricardo percebeu que, para defender seu modelo dessa crítica, precisava elaborar uma teoria dos preços mais adequada. Fez exatamente isso com seus *Princípios*.

A Teoria do Valor-trabalho

Ricardo começou seus *Princípios* afirmando que, embora todas as mercadorias que tinham valor tivessem de ter utilidade – caso contrário não poderiam ser colocadas no mercado – a utilidade não estabelecia o valor. Disse ele: "Possuindo utilidade, as mercadorias recebem seu valor de troca de duas fontes: de sua escassez e da quantidade de trabalho necessária para sua obtenção".[11] Na página seguinte, afirmava que a escassez era importante, apenas, para as mercadorias que não pudessem ser reproduzidas livremente. Algumas mercadorias, como "estátuas e quadros raros, livros e moedas raras e vinhos de determinada qualidade", tinham um valor "totalmente independente da quantidade de trabalho originalmente necessário para sua produção, que variava de acordo com a riqueza e as inclinações daqueles que tivessem vontade de possuí-las".[12]

No entanto, essas mercadorias não tinham qualquer importância, na opinião de Ricardo. As mercadorias, em sua grande maioria – insistia ele – "podem ser multiplicadas... quase que sem limite, se estivermos dispostos a empregar o trabalho necessário para sua obtenção".[13] Sua teoria do valor só se interessava pelas mercadorias que podiam ser reproduzidas livremente.

Um dos argumentos que seriam apresentados por defensores posteriores da teoria do valor-utilidade era o de que suas teorias eram mais gerais do que a de Ricardo. Os teóricos da utilidade diriam que todos os preços dependem, em última análise, "do grau de riqueza e das inclinações dos que têm vontade de possuir as mercadorias". A vantagem dessa maior generalidade da teoria da utilidade não teria, porém, impressionado Ricardo. Ele não acreditava que esses poucos produtos de luxo não reprodutíveis tivessem qualquer importância para a determinação das leis que afetam a distribuição do "produto da terra... entre as três classes da comunidade",[14] sendo, portanto, sem importância e, sem efeito sobre a acumulação de capital, essa, sim, o principal determinante do bem-estar de um país. "À medida que o capital de um país diminui" – escreveu Ricardo – "seu produto, necessariamente, diminui... com uma reprodução constantemente decrescente, os recursos do povo e do Estado baixarão com uma rapidez cada vez maior, seguindo-se o sofrimento e a ruína."[15]

A teoria do valor-trabalho permitiu que Ricardo se concentrasse nas forças que influenciavam a acumulação de capital. A teoria da utilidade nunca contribuiu para que essas forças fossem entendidas (por razões que serão discutidas em outros capítulos). Por isso, Ricardo não ficaria impressionado com o fato de a teoria da utilidade poder explicar os poucos preços dos produtos de luxo que não podiam ser reproduzidos, ao passo que a teoria do valor-trabalho só podia explicar os preços das mercadorias que podiam ser reproduzidas livremente. Em outros capítulos, argumentaremos que a teoria do valor-trabalho se concentra nos *aspectos sociais da produção e da troca das mercadorias*, ao passo que a teoria do valor-utilidade só se concentra nos *aspectos individuais da troca*. A maior generalidade dessa teoria tem um preço muito alto.

David Ricardo

"Se a quantidade de trabalho incorporada às mercadorias estabelecer seu valor de troca" – escreveu Ricardo – "todo aumento da quantidade de trabalho terá de aumentar o valor da mercadoria em que ele for empregado, e toda diminuição terá de baixar esse valor".[16] Ele não tinha dúvida alguma da importância disso: "O fato de ser realmente esse o fundamento do valor de troca de todas as coisas, exceto as que não podem ser aumentadas pelo trabalho humano, é uma doutrina da máxima importância, em Economia Política".[17]

Ricardo formulou a teoria, apresentando-a, primeiro, como a hipótese simplificada de que os preços das mercadorias eram estritamente proporcionais ao trabalho nelas empregado, durante o processo produtivo. Depois, descreveu com algum detalhe como esse princípio simples teria de ser modificado, devido a uma série de circunstâncias especiais. Acreditava que essas modificações eram inteiramente explicáveis de modo sistemático e coerente e que, portanto, não constituíam argumentos contra a teoria do valor-trabalho, mas que mostravam, isso sim, a complexidade e o realismo da teoria.

Começou citando com aprovação a afirmativa já mencionada de Adam Smith:

Se, numa nação de caçadores, por exemplo, o trabalho de matar um castor, habitualmente, custar o dobro do trabalho de matar um veado, um castor deverá, naturalmente, ser trocado por dois veados. É natural que o produto habitual de dois dias ou de duas horas de trabalho valha o dobro do produto habitual de um dia ou de uma hora de trabalho.[18]

Diversamente de Smith, Ricardo achava que sua afirmativa era tão válida para uma sociedade capitalista quanto para o estado "primitivo e rude" da sociedade. Na sociedade capitalista, porém, eram necessárias várias qualificações e modificações da afirmação da simples proporcionalidade entre o trabalho incorporado e os preços. Antes de fazer essas modificações, Ricardo discutiu e, depois, refutou duas objeções à teoria do valor-trabalho. Elas eram, primeiramente, a de que não era possível combinar tipos diferentes de trabalho com habilidades diferentes e salários diferentes; a segunda era a de que a teoria do valor-trabalho não explicava a maior produtividade possibilitada pelos recursos naturais e pelo capital. Essas objeções têm sido repetidas de vez em quando, desde quando foram feitas as primeiras formulações da teoria do valor-trabalho, até hoje. Portanto, as respostas de Ricardo a elas são de considerável interesse.

Considerando o problema das diferentes habilidades e dos diferentes salários dos trabalhadores, Ricardo se interessou, principalmente, pelas *variações* dos preços relativos no tempo, isto é, interessou-se em saber por que os preços dos produtos agrícolas aumentavam com o tempo, em relação aos preços dos produtos manufaturados. Apenas com esse objetivo, ele estava muito certo, quando afirmou que a estrutura geral das várias habilidades do trabalho e dos vários salários, "uma vez estabelecida, era pouco variável".[19] Daí tirou uma conclusão válida:

Portanto, comparando-se o valor da mesma mercadoria em diferentes pontos no tempo, quase não é preciso levar em conta a qualificação e a intensidade relativas do trabalho necessário para a produção da mercadoria em questão, já que elas têm a mesma influência em ambos os pontos.[20]

Quando, porém, a teoria do valor-trabalho é usada para explicar a estrutura exata dos preços relativos em determinado momento, essa solução para o problema é insuficiente. Em uma frase, Ricardo mencionou, por alto, a ideia crucial que viria a ser a base das soluções adequadas posteriores para esse problema: "qualquer que seja o tempo necessário para adquirir uma espécie de habilidade manual mais do que outra, ele continua mais ou menos inalterado de uma geração para outra".[21] Formulações posteriores da teoria do valor-trabalho usaram essa noção de que as diferenças de habilidade poderiam ser reduzidas ao tempo gasto na aquisição dessas habilidades para mostrar que o trabalho qualificado era criado com

História do Pensamento Econômico

trabalho. O trabalho qualificado poderia, então, ser reduzido a um múltiplo do simples trabalho não qualificado, no cálculo de todo o trabalho incorporado a uma mercadoria. A principal razão pela qual Ricardo não chegou a essa solução – a que Marx, mais tarde, chegaria – foi o fato de ele não achar que a própria força de trabalho fosse uma mercadoria cujo valor era determinado da mesma forma que o das outras mercadorias. O reconhecimento de Marx do fato de que a força de trabalho era uma mercadoria cujo preço podia ser explicado da mesma maneira que os preços de outras mercadorias foi um dos principais pontos em que ele foi além de Ricardo na elaboração da teoria do valor-trabalho.

A resposta de Ricardo à acusação de que a teoria do valor-trabalho não levava em conta os aumentos da produtividade possibilitados pela terra e pelo capital foi, contudo, mais adequada, e continua até hoje sendo parte integrante da teoria do valor-trabalho. Argumentava ele que as ferramentas e as máquinas eram produtos *intermediários* do trabalho, que só eram criados porque contribuíam para o fim último de produção de uma mercadoria para consumo. A produção era uma série de trabalhos que introduzia uma transformação nos recursos naturais, que passavam de formas em que não podiam ser usadas, sob a qual existiam antes da ação humana, a formas que tinham valor de uso. Sem um ambiente a ser transformado, não poderia haver produção, quer dizer, os seres humanos nem mesmo poderiam existir. Considerar, porém, o ambiente produtivo por si mesmo era atribuir atividade humana à matéria inerte. A produção, e daí a criação de valor de troca, era um esforço estritamente humano que envolvia apenas trabalho. Ricardo insistiu que os recursos encontrados na natureza

> *nos são úteis, aumentando as quantidades produzidas, tornando os homens mais ricos, criando valor de uso, mas, como eles fazem seu trabalho gratuitamente – pois nada se paga pelo uso do ar, do calor ou da água – a assistência que eles nos prestam nada acrescenta ao valor na troca.*[22]

Ricardo tinha, com certeza, conhecimento de que se pagava renda aos proprietários dos recursos naturais; na verdade, como vimos, grande parte de seus *Princípios* era dedicada à análise da renda da terra. A produção continuava sendo apenas uma atividade de seres humanos. Em termos de custos humanos, ele estava certo ao afirmar que os recursos naturais fazem "seu trabalho gratuitamente". Citou, com completo acordo e aprovação, as seguintes frases de Adam Smith: "O preço real de tudo... é o trabalho de adquiri-lo... O trabalho era o primeiro preço – o dinheiro da compra inicial que era pago por todas as coisas".[23]

Os recursos naturais eram, então, os objetos que o trabalho transformava em produção, mas existiam simplesmente de graça e não eram um custo social de produção. O capital era um determinado número de produtos do trabalho humano, que representava recursos que só eram parcialmente transformados em suas formas utilitárias finais. Um tear, por exemplo, era produzido pelo trabalho, com o único objetivo de ajudar a produção de tecido. Portanto, um tear incorporava parte do trabalho que acabava sendo incorporado ao tecido. Diante disso, um tear podia ser visto apenas como parte do tecido produzido. Produzir era uma atividade humana. Em vez de dizer que o tecelão e o tear tinham, ambos, contribuído para a produção de tecido, Ricardo dizia que o tecelão e o operário que tinha produzido o tear tinham contribuído para a produção do tecido. Vejamos os termos do próprio Ricardo quanto a essa questão:

> *No cálculo do valor de troca de meias, por exemplo, verificaremos que seu valor, em relação ao valor de outras coisas, depende da quantidade total de trabalho necessário para fabricá-las e trazê-las para o mercado. Primeiro, existe o trabalho necessário para cultivar a terra em que se plantará o algodão; segundo, o trabalho de levar o algodão para o país onde as meias serão fabricadas, que inclui parte do trabalho com a construção do navio em que será transportado, cobrado no frete das mercadorias; terceiro, o trabalho do fiandeiro e do tecelão; quarto, uma parcela do trabalho*

do engenheiro, do ferreiro e do carpinteiro que construíram os edifícios e produziram as máquinas que ajudam a produzir as meias. O trabalho do comerciante varejista e de muitos outros, que não é preciso particularizar. A soma agregada destes vários tipos de trabalho determina a quantidade de outras coisas pelas quais estas meias serão trocadas, e as várias quantidades de trabalho empregadas nestas outras coisas determinarão, da mesma forma, a quantidade dessas coisas que terá que ser dada em troca das meias.[24]

Ao reconhecer o fato de que a contribuição das máquinas para a produção era, realmente, apenas a contribuição do trabalho passado, Ricardo estava repetindo o que Smith havia deduzido e que sempre serviu como ponto de partida da teoria do valor-trabalho. Ricardo, porém, tinha uma visão não histórica do capitalismo, segundo a qual as relações sociais do capitalismo eram consideradas naturais ou eternas. Portanto, via toda a História anterior, simplesmente, como o desenvolvimento das instituições do capitalismo. Por isso, cometeu um erro fundamental ao afirmar que o capital era, em toda a parte e sempre, idêntico às ferramentas e máquinas, bem como aos outros meios de produção. "O capital" – escreveu ele – "é a parte da riqueza de um país empregada na produção e consiste em alimentos, roupas, ferramentas, matérias-primas, máquinas etc., necessários ao trabalho."[25] Assim, Ricardo afirmou que, "mesmo no estágio inicial a que Adam Smith se refere, seria necessário algum capital – muito embora talvez produzido e acumulado pelo próprio caçador – para ele poder matar sua caça".[26] Ricardo achava que, se os trabalhadores fizessem e possuíssem seu próprio capital, ele não resultaria em um sistema de preços diferente do que existiria quando "todos os implementos necessários... (à produção) pertencessem a uma classe de homens e o trabalho empregado... ficasse por conta de outra classe".[27]

Para chegar a essa conclusão, Ricardo raciocinou que, quando os trabalhadores possuíssem seu próprio capital, uma parte de suas rendas consistiria em lucros e a outra em salários. O sistema de fixação de preços funcionaria exatamente da mesma maneira, mas cada pessoa seria, ao mesmo tempo, um trabalhador e um capitalista. O erro de Ricardo foi não ter percebido que, embora sempre tivessem sido usadas ferramentas na produção, nunca tinham sido auferidos lucros com a simples posse das ferramentas e que as pessoas nunca sequer tinham imaginado ou concebido mentalmente a existência de lucros pela simples propriedade do capital, até uma classe conseguir um monopólio da propriedade dos meios de produção e ter surgido outra classe, que só podia existir vendendo uma mercadoria – sua força de trabalho – no mercado. Então, o capital só passou a existir quando surgiu essa relação de classe, mas sempre existiram ferramentas, desde que os homens passaram a produzir. Coube a Thomas Hodgskin, que iremos discutir no Capítulo 7, reconhecer que a característica verdadeiramente essencial do capital era que ele refletia uma determinada relação social.

Tendo afastado as duas objeções previamente mencionadas à teoria do valor-trabalho, Ricardo considerou, em seguida, a objeção que tinha levado Adam Smith a abandonar a teoria. Como Ricardo só considerou a produção agrícola com uma margem de cultivo da terra que não pagava renda, juntamente com a indústria, todos os preços podiam ser traduzidos em salários e lucros. A renda da terra – lembremos – era uma renda residual determinada pelo preço dos produtos agrícolas (que, por sua vez, dependiam da área total cultivada). A renda não era, portanto, uma parte componente dos custos que determinavam os preços, mas um resíduo determinado pelos preços. Por isso, na análise dos custos de produção que determinariam o preço natural de uma mercadoria, Ricardo só considerou os lucros e os salários. Suas definições de preços naturais e de preços de mercado eram idênticas às de Smith, com exceção de que a renda da terra não era um componente dos custos necessários de produção. Sua discussão de como a oferta e a demanda, igualando as taxas de lucro, tendiam a fazer com que o preço de mercado igualasse o preço natural também era muito parecida com a de Smith. O problema da teoria do valor-trabalho era mostrar como os preços naturais, cada um sendo a soma dos custos dos salários e dos custos dos lucros, eram determinados pelo trabalho incorporado à produção das mercadorias.

Determinação de Preços com Diferentes Composições de Capital

Smith – como já dissemos – tinha percebido que, para os preços serem proporcionais às quantidades de trabalho incorporadas às mercadorias, era necessário que a razão entre os lucros e os salários fosse igual para todas as mercadorias. Como, porém, a concorrência tendia a igualar a taxa de lucros sobre diferentes capitais, uma razão igual entre lucros e salários implicava, necessariamente, uma razão igual entre capital e trabalho na produção de cada mercadoria. Ele tinha percebido que a quantidade de capital por trabalhador diferia bastante de um setor para outro e que era provável que tais diferenças sempre existissem. Portanto, abandonou a noção de que a quantidade de trabalho incorporado à mercadoria determinava o seu valor. Usou, então, uma teoria simples dos preços, baseada no custo de produção.

Tanto Ricardo quanto Marx acreditavam que a concorrência tendia a igualar as taxas de lucro de diferentes capitais. Também achavam que o preço natural (ou preço de equilíbrio) era igual ao custo de produção, quando o trabalho e o capital recebessem as taxas socialmente médias de salários e lucros. Ambos perceberam, porém, que, como os salários e os lucros são preços ou derivados de outros preços, não seria possível explicar os preços em geral sem encontrar uma causa ou um determinante que não fosse também um preço. Em nossa discussão da teoria de Adam Smith, no Capítulo 3, explicamos por que sua teoria dos preços em geral era circular, não sendo, portanto, adequada. Para Ricardo e Marx, o trabalho incorporado às mercadorias servia como aquele fator causal, ou determinante, que não era um preço. A teoria do valor-trabalho e a teoria do valor-utilidade (que serão discutidas em outros capítulos) são as únicas teorias coerentes que chegaram a soluções para esse problema.

Ricardo tinha, então, que mostrar que, mesmo com diferentes razões entre capital e trabalho, a teoria do valor-trabalho poderia ser modificada para mostrar uma relação sistemática entre o trabalho incorporado a uma mercadoria e seu valor de troca. O problema pode ser percebido facilmente se se imaginarem duas firmas capitalistas. Na primeira, o capital do proprietário consiste quase que inteiramente em um fundo para pagar os salários dos trabalhadores, durante o período de produção, para que a mercadoria que está sendo produzida possa ser vendida. Na segunda, o capital do proprietário consiste basicamente em máquinas caras, e apenas uma pequena parcela consiste em um fundo para o pagamento de salários. Se no primeiro período de produção cada firma empregar 100 trabalhadores, o preço da mercadoria da primeira firma terá, então, de ser igual aos salários dos 100 trabalhadores, mais os lucros de, digamos, 10% do fundo com o qual o capitalista pagou os salários. O preço da mercadoria da segunda firma será maior. A segunda mercadoria contém o trabalho dos 100 trabalhadores, mais parte do trabalho dos operários que produziram as máquinas caras. O segundo preço incluirá, então, os salários dos 100 trabalhadores, mais os 10% de lucro sobre o fundo dos salários do capitalista, mais o custo das máquinas usadas na produção, mais o lucro de 10% sobre o dinheiro investido pelo capitalista nas máquinas. Suponhamos que, quando esses custos forem somados, o preço da segunda mercadoria seja o dobro do preço da primeira.

Suponhamos, agora, que, no próximo período de produção, por qualquer razão, os salários aumentem. Dado o mesmo nível de produto e o mesmo nível de emprego de trabalho, e usando as mesmas técnicas de produção, é óbvio que os salários mais altos resultarão em um decréscimo dos lucros; mas, se o trabalho incorporado às mercadorias for o único determinante de seus preços, os preços relativos deverão manter-se inalterados, pois o trabalho incorporado não mudou.

Consideremos, agora, os novos preços. Os salários constituíam aproximadamente 90% do custo da primeira mercadoria, e os lucros constituíam 10%. O aumento dos salários terá um efeito muito grande sobre o novo preço, e o decréscimo da taxa de lucro terá um efeito relativamente pequeno. Não há dúvida de que o preço da primeira mercadoria subirá substancialmente. Os salários constituíam uma porcentagem relativamente pequena do custo da segunda mercadoria, de modo que o impacto do aumento dos salários sobre seus custos totais será relativamente pequeno. Os custos da maquinaria usada na produção da mercadoria podem subir ou descer, dependendo do impacto do aumento salarial sobre a firma que produza essas máquinas; mas incluídos nos custos da segunda mercadoria estão os lucros, não só sobre o fundo dos salários, como também sobre a maquinaria cara usada em sua produção. Portanto, o efeito da nova taxa mais baixa de lucro será muito maior sobre os custos da segunda mercadoria do que sobre os da primeira.

Surgem três possibilidades relativas à variação do preço da segunda mercadoria. Primeiramente, o menor aumento dos custos salariais pode mais do que compensar o declínio de seus custos, causado pela menor taxa de lucro. Nesse caso, seu preço subirá, mas a uma porcentagem muito menor do que o aumento do preço da primeira mercadoria. Em segundo lugar, seus custos salariais mais elevados podem ser exatamente iguais aos seus custos do lucro mais baixo e, nesse caso, o preço permanecerá inalterado. Em terceiro lugar, a diminuição dos custos do lucro pode ser maior do que o aumento dos custos salariais e, nesse caso, o preço baixará. (A título de simplificação, ignoramos quaisquer mudanças dos preços que a segunda firma teria de pagar por sua maquinaria, em decorrência da variação dos salários.)

Em cada um desses três casos surge um fato claro: quer o preço da segunda mercadoria suba ou baixe, o preço da primeira aumentará muito mais do que o preço da segunda. Portanto, a razão entre os preços não mais será de dois para um; a primeira mercadoria terá um preço relativamente mais alto. A razão pode descer para 1,5 por 1, por exemplo. Tudo o que podemos deduzir desse exemplo é que a segunda mercadoria ainda terá de ter um valor mais alto (pois tem os mesmos custos salariais, mas também tem custos de maquinaria), enquanto a diferença entre os dois preços tem de baixar (pois o preço da primeira mercadoria aumenta em relação ao da segunda). O ponto mais importante a ser observado é que a *razão entre os preços variou, ao passo que as quantidades de trabalho incorporado às duas mercadorias permaneceram inalteradas.* Foi isso que motivou Adam Smith a abandonar a teoria do valor-trabalho.

A tarefa de Ricardo era explicar sob que condições uma variação dos salários levaria a uma variação dos preços relativos, muito embora as quantidades de trabalho incorporado às mercadorias permanecessem inalteradas. Isso era particularmente importante para Ricardo, porque ele tinha argumentado que o aumento da margem de cultivo agrícola aumentaria os preços dos cereais; que os preços mais altos dos cereais exigiriam salários mais altos para manter os operários no nível de subsistência e que salários mais altos sempre diminuiriam a taxa geral de lucro e o nível médio de preços dos produtos industrializados. Ele teve de usar a teoria do valor-trabalho para demonstrar como todos esses efeitos eram fruto de um aumento da margem de cultivo. Afirmou ele que havia três situações nas quais uma variação dos salários alteraria os preços relativos, isto é, três situações em que os preços não seriam proporcionais ao trabalho incorporado.

Primeiramente, as "proporções... nas quais o capital destinado a pagar o trabalho e o capital investido em ferramentas, maquinaria e prédios podem ser combinadas de diversas maneiras".[28] Foi esse o caso de nosso exemplo anterior, em que a razão entre os fundos salariais dos capitalistas e o valor de sua maquinaria diferia. Ricardo dividia o capital em *capital fixo* e *capital circulante*. Nesse, incluía o dinheiro para o pagamento de salários, as matérias-primas e, em geral, todo capital que fosse usado imediatamente em um período de produção. O capital fixo era todo capital que tivesse maior durabilidade. Se ambos estivessem em proporções diferentes, em dois processos produtivos, os preços não seriam proporcionais ao trabalho incorporado à produção. Em segundo lugar, "as ferramentas, os implementos, os prédios e a maquinaria empregada em diferentes indústrias poderiam ter diferentes graus de durabilidade".[29] Nesse caso, mesmo que a mão de obra direta usada na produção e o custo da maquinaria realmente usada na produção fossem iguais, o capitalista que tivesse muito mais máquinas duráveis teria mais dinheiro investido em maquinaria. Uma taxa igual de lucro significaria que esse capitalista receberia lucros maiores, em relação ao trabalho incorporado à produção, do que os recebidos pelo capitalista que tivesse menos maquinaria durável. Portanto, os dois preços não seriam proporcionais ao trabalho incorporado à produção. A terceira situação era aquela em que (o capital de diferentes capitalistas) "voltava para os seus empregadores em prazos diferentes".[30] Um capitalista que imobilizasse seu capital por um prazo mais longo receberia um lucro mais do que proporcionalmente maior do que um capitalista que usasse o fator trabalho a prazo mais curto.

Na verdade, os três casos especiais de Ricardo são, tão somente, maneiras diferentes de encarar o mesmo fenômeno. Como esse fenômeno é muito importante em todas as versões da teoria do valor-trabalho, desde Ricardo até hoje, iremos discuti-lo em detalhe.

Cada um dos três casos apresentados por Ricardo pode ser caracterizado de duas maneiras. Primeiro, se considerarmos como capital meras mercadorias previamente produzidas, usadas como insumos para a produção, então, em todos os casos, a razão entre as mercadorias e o trabalho empregado na produção será diferente. Lembrando de que Ricardo via o capital como a simples incorporação de trabalho passado às mercadorias-insumos usadas no momento na produção, poderíamos dizer isso da seguinte maneira: em cada um dos três casos, a razão entre o trabalho passado (incorporado às mercadorias) e o trabalho presente é diferente. Segundo, tão logo introduzimos as palavras *passado* e *presente*, introduzimos uma dimensão temporal na produção. Nos três casos citados por Ricardo, também é verdade que, se a produção é vista como uma sequência de insumos de trabalho no tempo, existem diferentes sequências no tempo de insumos de trabalho em cada um deles. Ambas as maneiras de se mostrar o elemento comum, em cada um dos três casos citados por Ricardo, são equivalentes.

Ilustraremos, agora, o efeito de diferentes razões entre capital e trabalho (trabalho passado/trabalho presente). Primeiro, na Figura 5.5, vemos como o capital pode ser reduzido a uma série de insumos de trabalho ordenados no tempo. As barras da fileira de cima representam os insumos produtivos do trabalho (l) e as mercadorias previamente produzidas (c). As mercadorias foram produzidas no período anterior pelo trabalho (l_1) e pelas mercadorias (c_1). Essas mercadorias foram, por sua vez, produzidas, no período anterior, pelo trabalho (l_2), pelas mercadorias (c_2) e assim por diante. Em cada caso, a barra que representa as mercadorias é construída com linhas pontilhadas para mostrar que essas mercadorias podem ser substituídas por trabalho e mercadorias usadas no período anterior.

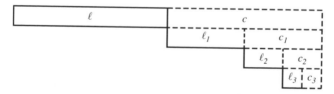

FIGURA 5.5 Redução do capital a trabalho passado.

David Ricardo

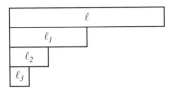

FIGURA 5.6 **Sequência de trabalho ordenado no tempo.**

Na Figura 5.6, simplesmente tiramos os retângulos com linhas pontilhadas que representam as mercadorias. Essa retirada reflete o fato de cada uma das barras referentes às mercadorias ter sido reduzida a trabalho e mercadorias anteriores. Em algum ponto, as mercadorias restantes ficarão suficientemente reduzidas, podendo ser ignoradas. Sobra, apenas, no processo produtivo, uma série de trabalho ordenado no tempo. Na Figura 5.6, o trabalho presente é chamado de 1; o trabalho passado tem um índice que indica quantos períodos passados ele representa.

Chegamos à raiz da dificuldade, quando percebemos que o lucro é recebido sobre o capital de todo o período durante o qual o capitalista é obrigado a imobilizar seus recursos no processo produtivo. No processo simbolizado na Figura 5.6, por exemplo, o capitalista contratou trabalho, representado por 1_3, três anos antes (admitindo-se que cada período seja de um ano). O trabalho incorporado às mercadorias produzidas por 1_3 só dará frutos como mercadoria acabada de *consumo* no fim do período atual. Há três anos o capitalista pagou salários de 1_3. Ao final daquele ano, o valor dos bens intermediários produzidos por 1_3 foi o custo do trabalho mais os lucros auferidos pelo capitalista por ter imobilizado seu dinheiro nesse processo produtivo. No fim do ano seguinte (dois anos antes), o capitalista calculou de novo seus lucros, dessa vez sobre os custos iniciais de salário e os lucros do período anterior que ainda estavam imobilizados na produção. Repete-se o mesmo processo todos os anos, de modo que os custos iniciais, há três anos, aumentem a uma *taxa composta* todo ano.

Por exemplo, se os custos dos salários de 1_3 forem $100 e a taxa de lucros for de 10%, em todo o período, o capitalista terá duas opções: pode investir seus $100 no começo de uma série de processos de produção de um ano e, depois, reinvestir toda a quantia todos os anos, inclusive seus lucros auferidos no período anterior; pode, também, investir no projeto de quatro anos, ilustrado na Figura 5.6. Se escolher a primeira alternativa, receberá $110 no fim do primeiro ano. Reinvestindo toda a quantia, receberá $121 no fim do segundo ano e $133,10 no fim do terceiro. Portanto, se o projeto de quatro anos der o mesmo lucro, as mercadorias que representam a parcela do capital que incorpora o trabalho 13 terão de ter o valor de $133,10 no início do último ano, e os lucros da produção do último ano terão de ser de $13,31 sobre essa parcela do capital. Então, o trabalho 13, que custa inicialmente $100 ao capitalista, acaba gerando $146,41, que são somados ao preço da mercadoria. Desses $146,41, retornam ao capitalista suas despesas iniciais de $100 com salários, e $46,41 são seu lucro, por ter imobilizado $100 de capital durante quatro anos. Ele acabará com a mesma quantia se investir em quatro empreendimentos separados por um período de um ano, em que receba um lucro de 10%, e desde que reinvista, todo ano, seus $100 iniciais, mais todos os lucros que tenha auferido até aquela data.

É por isso que – segundo as palavras de Ricardo – tanto um maior volume de capital por trabalhador quanto um prazo de produção mais longo dariam o mesmo resultado. Se o capitalista tivesse imobilizado $100 apenas durante dois anos, o valor de seu capital, no início do último ano, seria $110 ($100 mais $10 de lucro do ano anterior), ao passo que, se tivesse imobilizado seus $100 durante os quatro anos, o valor de seu capital, no início do último ano, seria $133,10 ($100, mais os $10 de lucro do primeiro ano, mais os $11 de lucro do segundo ano e mais os $12,10 de lucro do terceiro ano). Assim, o valor do capital é maior no processo de quatro anos do que no processo de dois anos, apesar de os custos iniciais de salário (e, portanto, o trabalho inicial incorporado ao capital) terem sido os mesmos, em ambos os casos.

Um Exemplo Numérico de Determinação de Preços

Embora os exemplos numéricos de determinação de preço sejam bastante monótonos, quase todos os leitores entenderão o princípio com mais facilidade, se forem dados exemplos, em vez de confiarmos somente em fórmulas matemáticas abstratas. Portanto, daremos um exemplo numérico de: (1) como diferentes razões capital/trabalho resultam em preços não proporcionais ao trabalho incorporado e (2) como variações dos salários alteram esses preços. Na Figura 5.7 são ilustrados dois processos de produção. Na parte *a*, 400 unidades de trabalho incorporado produzem 100 unidades da mercadoria *x* e, na parte *b*, 400 unidades de trabalho incorporado produzem 100 unidades de mercadoria *y*. São necessárias 100 unidades de trabalho presente (chamado de *l*) e 300 unidades de trabalho passado (chamado de *c*), empregadas uniformemente, à taxa de 75 unidades por ano nos quatro anos anteriores, para se produzir *x*. São necessárias 300 unidades de trabalho atual e 100 unidades de trabalho passado, aplicados à taxa de 50 unidades por ano, nos dois anos anteriores, para produzir *y*. Obviamente, se os preços fossem proporcionais ao trabalho incorporado, ambos seriam iguais. Todavia, a mercadoria *x* tem não só mais trabalho passado, como também um prazo maior de produção; tem, portanto, uma razão mais elevada entre o capital e o trabalho presente. Supomos que todas as mercadorias utilizadas como insumos tenham sido usadas por completo no fim de cada processo produtivo.

Faremos dois cálculos simples, usando as fórmulas de produção da Figura 5.7. No primeiro, supomos que os salários sejam de $1,00 por unidade de trabalho e que a taxa de lucro seja de 50%. No segundo, supomos que os salários sejam de $2,00 por unidade de trabalho e que a taxa de lucro baixe para 10%. (Os cálculos dos exemplos foram feitos com variações muito grandes nas taxas de lucros e nos salários para ilustrar de modo claro o que queremos dizer.)

Podemos ver, no Quadro 5.1, que, com essas taxas de lucro e com esses salários, o preço de *x* é mais do dobro do preço de *y*, mesmo que ambas tenham 400 unidades de trabalho incorporadas às 100

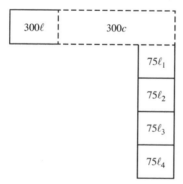

(a) Unidades de trabalho necessárias para a produção de 100 unidades da mercadoria *x* (400 unidades de trabalho em um período de cinco anos).

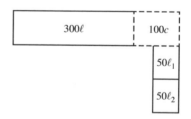

(b) Unidades de trabalho necessárias para a produção de 100 unidades da mercadoria *y* (400 unidades de trabalho em um período de três anos).

FIGURA 5.7 Dois processos de produção com a mesma quantidade de trabalho, mas com diferentes composições de capital.

David Ricardo

QUADRO 5.1 **Custos e preços quando os salários são de $1,00 e a taxa de lucro é de 50%**

	A. Custo do trabalho (número de unidades de trabalho vezes salário)	B. Custo da maquinaria (custo do trabalho passado composto anualmente pela taxa de lucro)	C. Custo do lucro (taxa de lucro vezes soma de A e B)	D. Custo total (A + B + C)	E. Preço por unidade (D dividido por 100)
Mercadoria x	$100,00	$914,08	$507,04	$1.521,12	$15,21
Mercadoria y	$300,00	$187,50	$243,75	$731,25	$7,31

unidades de mercadoria. A diferença está, inteiramente, nos maiores lucros que entraram no cálculo do custo de x, em cada etapa do processo de produção.

Agora, vamos supor que o salário médio suba para $2,00 por unidade de trabalho. Com a mesma quantidade de produção dividida entre capitalistas e trabalhadores, segue-se que a taxa de lucro tem de cair. Suponhamos que a taxa de lucro caísse para 10%. Quando Ricardo disse que os salários mais altos sempre implicam lucros mais baixos, estava comparando duas situações, em que as técnicas de produção e as quantidades produzidas eram as mesmas. O Quadro 5.2 mostra os cálculos do novo salário e do novo lucro.

Podem-se fazer três observações importantes na comparação dos resultados dos Quadros 5.1 e 5.2. Primeiramente, a mudança dos salários altera bastante os preços relativos de x e de y; enquanto o preço de x é mais do dobro do preço de y, no Quadro 5.1, é apenas um pouco mais elevado no Quadro 5.2. Isso ilustra o fato de que é a diferença dos lucros que faz com que os preços não sejam proporcionais ao trabalho incorporado. No Quadro 5.2, os lucros são muito menores e, por isso, o desvio da razão dos preços, em relação à razão do trabalho, também é muito menor. Se os salários subissem a ponto de não haver mais lucros, os preços de x e de y seriam iguais, refletindo o trabalho total igual incorporado neles.

QUADRO 5.2 **Custos e preços quando os salários são de $2,00 e a taxa de lucro é de 10%**

	A. Custo do trabalho (número de unidades de trabalho vezes salário)	B. Custo da maquinaria (custo do trabalho passado composto anualmente pela taxa de lucro)	C. Custo do lucro (taxa de lucro vezes soma de A e B)	D. Custo total (A + B + C)	E. Preço por unidade (D dividido por 100)
Mercadoria x	$200,00	$765,78	$96,58	$1.062,36	$10,62
Mercadoria y	$600,00	$231,00	$83,10	$914,10	$9,14

História do Pensamento Econômico

O segundo ponto a ser observado é que os quadros ilustram por que Ricardo rejeitou a afirmativa de Adam Smith de que um aumento dos salários sempre aumenta os preços de todas as mercadorias produzidas pelo trabalho. No Quadro 5.2, o preço da mercadoria *x* baixou de $15,21 para $10,62 em decorrência da duplicação dos salários. O erro de Smith foi sua incapacidade de considerar o fato de que, em qualquer nível de produção, os capitalistas e os trabalhadores estão concorrendo, antagonica-mente, pelo produto do trabalho. Quando a técnica de produção permanece inalterada e a quantidade produzida se mantém constante, um aumento dos salários só pode ser conseguido com um decréscimo da taxa de lucro. Esse fato era central no argumento de Ricardo. Se os salários aumentarem, a queda consequente da taxa de lucro diminuirá os preços das mercadorias nas quais o componente de lucro dos custos for grande.

O terceiro ponto importante ilustrado nos dois quadros é o seguinte: enquanto a taxa de lucro for positiva, o preço da mercadoria *x* será sempre maior do que o da mercadoria *y*. A mercadoria *x* também terá uma razão capital/trabalho mais alta do que a mercadoria *y*. Isso foi usado por Ricardo como duas regras sistemáticas para a previsão do desvio das razões de preço em relação às razões de trabalho: primeiro, enquanto a taxa de lucro for positiva, as razões dos preços serão diferentes das razões do trabalho, no mesmo sentido das diferenças entre as razões de capital por trabalhador. Em outras palavras, de dois processos produtivos que incorporarem a mesma quantidade de trabalho, o processo que tiver mais capital por trabalhador atual sempre terá um preço mais alto. Mais capital por trabalhador atual quer dizer a mesma coisa que Ricardo estava dizendo, quando caracterizou um processo produtivo como tendo uma razão mais alta entre capital durável e capital circulante, maior durabilidade da maquinaria ou um prazo mais longo de retorno do capital empregado pelo capitalista.[31] Segundo, quanto maior for a taxa de lucro, maior será o desvio das razões dos preços em relação às razões do trabalho.

Distribuição de Renda e a Teoria do Valor-trabalho

Podemos, agora, voltar à discussão da teoria do valor, de Ricardo, e ver como sua teoria do valor estava ligada às conclusões a que chegara em seu modelo anterior da teoria simples dos lucros, baseada nos cereais. No modelo mais simples, só se produziam cereais, e a taxa de lucro era dada pela razão entre o produto líquido por lavrador na terra marginal e que não pagava renda (ou o produto líquido menos as rendas por lavrador em todas as terras) e a quantidade de produto por lavrador, necessária para a sobrevivência dos lavradores, tudo isso expresso em termos de cereais. O lugar da teoria do trabalho de Ricardo, em sua teoria geral da distribuição, foi sucintamente definido por Maurice Dobb, um grande estudioso das ideias de Ricardo:

> Usando a teoria do valor-trabalho, Ricardo estava, na verdade, substituindo cereais por trabalho como a quantidade que expressava, como uma coisa só, o produto, os salários e o excedente. O lu-cro era, agora, concebido como o excedente ou a diferença residual entre a quantidade de trabalho necessária para permitir a subsistência da força de trabalho e toda esta força de trabalho.[32]

Nas palavras do próprio Ricardo, do valor total produzido pelo trabalho,

> parte do que sobra daquele valor, após o pagamento da renda, é consumida pelos produtores, e é isso – apenas isso – que regula os lucros...
>
> Assim, chegamos novamente à mesma conclusão a que tentamos chegar anteriormente: em todos os países e em todas as épocas, os lucros dependem da quantidade de trabalho necessária para suprir as necessidades dos trabalhadores da terra ou que trabalham com capital que não gera renda alguma.[33]

David Ricardo

Eram, então, o valor total do que era produzido e sua divisão entre as três principais classes da sociedade que interessavam a Ricardo. O valor dependia do trabalho incorporado às mercadorias, mas diferenças de valor do capital por trabalhador causariam variações de preço. "Ao estimar... as causas das variações do valor das mercadorias" – escreveu ele – "embora fosse errado omitir inteiramente a consideração do efeito provocado por um aumento ou por uma baixa do (salário do) trabalho, seria igualmente incorreto atribuir muita importância a ele".[34]

Essas variações eram relativamente sem importância, por duas razões. Primeiro, Ricardo acreditava que elas seriam muito pequenas.[35] Em segundo lugar, quando se levavam em conta as quantidades agregadas – de que tratavam suas teorias da distribuição e da acumulação –, as variações das razões de preço, em relação às razões de trabalho, seriam eliminadas. Era óbvio que, se todos os processos de produção tivessem a mesma composição de capital, essas razões seriam iguais. Pelo mesmo raciocínio, quaisquer mercadorias que fossem produzidas por processos com a *composição de capital socialmente média* sempre teriam preços proporcionais ao trabalho nelas incorporado. As mercadorias produzidas com mais capital do que a média social teriam seus preços "diminuídos com o aumento dos salários e aumentados com a queda dos salários", ao passo que as que fossem produzidas com menos capital do que a média social "aumentariam com o aumento dos salários e diminuiriam com a queda dos salários".[36] Seguia-se, dessa definição de média, que os desvios para cima da média compensavam exatamente os desvios para baixo da média. Também se poderia deduzir que qualquer mercadoria "produzida exatamente com as mesmas combinações de capital fixo e capital circulante que todas as outras", ou a mesma combinação que a média social, seria uma "média perfeita de valor"[37] porque seu preço dependeria somente do trabalho nela incorporado.

Quando Ricardo levou em conta uma economia complexa, os agregados de produto líquido e salários se compunham de muitas mercadorias. Para medir esses agregados e, daí, chegar a uma taxa de lucro, Ricardo teria de encontrar uma mercadoria cujo preço não variasse quando os salários e os lucros variassem. As outras mercadorias poderiam, então, ser medidas em termos dessa mercadoria, e o valor dos agregados seria invariável em relação a variações de salários e lucros. Se ele não conseguisse encontrar essa mercadoria, seus agregados refletiriam não só as quantidades de mercadorias realmente produzidas pelo trabalho, como também a distribuição de renda. Além do mais, como vimos em nosso exemplo numérico anterior, o conhecimento de até que ponto o preço de uma mercadoria se afastaria da proporcionalidade, em relação ao trabalho nela incorporado, quando sua produção envolvesse uma composição de capital que se desviasse da média social, dependia de um conhecimento prévio da taxa de lucro. Em outras palavras, a teoria dos preços, de Ricardo, exigia que a taxa de lucro fosse determinada antes de se calcular o desvio das razões dos preços em relação às razões de trabalho incorporado.

Por essas razões, era muito importante para Ricardo encontrar uma mercadoria que fosse produzida em condições socialmente médias, que servisse de "medida invariável de valor".[38] Embora tanto Smith quanto Malthus tenham buscado essa medida, foi Ricardo quem primeiro compreendeu toda a importância de se encontrá-la. Essa medida é, até hoje, uma importante preocupação dos teóricos que defendem uma teoria do valor-trabalho. Infelizmente, Ricardo não conseguiu encontrar qualquer mercadoria que pudesse defender como medida invariável do valor. Limitou-se a aceitar em caráter provisório o ouro como essa medida, sabendo que ele, na realidade, não o era.

Com base em sua teoria do valor-trabalho, Ricardo conseguiu dar uma base teórica muito mais sofisticada ao simples modelo distributivo ilustrado na Figura 5.4. A essência de sua teoria pode ser percebida, de acordo com suas próprias palavras, nas seguintes citações:

História do Pensamento Econômico

A tendência natural dos lucros é, então, o declínio; isso porque, com o progresso da sociedade e com o aumento da riqueza, a quantidade adicional de alimentos necessários é obtida com o sacrifício de cada vez mais trabalho.[39]

Mas, suponhamos que os cereais subam de preço por ser necessário mais trabalho para sua produção; isso não aumentará o preço dos produtos industrializados em cuja produção não seja preciso qualquer acréscimo de trabalho... Mas se – como é absolutamente certo – os salários devem subir com o aumento dos cereais, os lucros devem, obrigatoriamente, diminuir.[40]

Todo aumento de salário... diminuiria o valor relativo das mercadorias que tivessem sido produzidas com capital de natureza durável e elevaria o daquelas que foram produzidas com capital mais perecível.[41]

Ao se estimar... as causas das variações do valor das mercadorias... seria... incorreto atribuir muita importância a (variações causadas pelo aumento dos salários)... Todas as grandes variações ocorridas no valor relativo das mercadorias... (são) provocadas pela maior ou menor quantidade de trabalho que pode ser necessária...para sua produção.[42]

As mercadorias... estarão sujeitas a... uma pequena variação... em função do aumento ou da diminuição dos salários e dos lucros,... mas estes lucros seriam diferentes se os preços das mercadorias não variassem com um aumento ou uma queda da taxa de lucro.[43]

Se um fabricante vender sempre seus produtos pelo mesmo preço, seus lucros dependerão do preço do trabalho necessário para sua fabricação... Então, os lucros diminuiriam proporcionalmente ao aumento dos salários; mas, se o preço do produto bruto aumentar, pode-se indagar se o fazendeiro, pelo menos, não teria a mesma taxa de lucro, embora devesse pagar mais salários. É claro que não, pois ele não só terá de pagar, juntamente com o fabricante, um aumento de salários a cada um de seus trabalhadores, como também será obrigado a pagar renda da terra ou a empregar um maior número de trabalhadores para conseguir o mesmo produto, e o aumento do preço do produto bruto só será proporcional à renda ou ao acréscimo de trabalhadores, e não o compensará pelo aumento dos salários.[44]

Quando os lucros, afinal, caíssem, não haveria motivo algum para acumulação, pois ninguém acumula sem a intenção de tornar esta acumulação produtiva, e só quando é produtiva é que ela influi nos lucros. Sem um motivo, não poderia haver acumulação alguma.[45]

O resultado desta falta de acumulação seria uma interrupção do progresso econômico, uma queda do salário de mercado ao nível de subsistência, o sofrimento e a pobreza social generalizada. Esse era o estado estacionário de Ricardo. Alguns historiadores afirmam que a teoria de Ricardo era pessimista e sombria, porque seu modelo parecia implicar a inevitabilidade do estado estacionário. Outros afirmam que sua teoria estava errada, porque não previa as mudanças tecnológicas que iriam ocorrer na produção agrícola nos séculos XIX e XX, mudanças essas que deveriam resultar em um aumento mais ou menos contínuo da produtividade da agricultura. Ambas avaliações da teoria de Ricardo baseiam-se em mal-entendidos.

Ricardo via a sociedade de acordo com a perspectiva da teoria do trabalho ou da produção. Concentrou-se nitidamente nos dois principais conflitos de classe de sua época e, em sua teoria, os interesses dos trabalhadores e dos capitalistas eram opostos. "Se os salários subirem" – repetia ele – "os lucros terão, necessariamente, de cair".[46] Da mesma forma, os interesses dos capitalistas e dos proprietários de terras eram sempre opostos. Sua teoria não era uma tentativa de prever o que, de fato, iria acontecer no século seguinte. Era uma tentativa de influenciar o Parlamento em questões e políticas que estavam sendo debatidas na época. Ricardo queria, particularmente, ver abolidas as leis dos cereais.

Quanto às três classes antagônicas, Ricardo argumentou, como Malthus, que, devido à sua tendência a aumentar o tamanho de suas famílias, quando sua renda aumentasse, os trabalhadores sempre estariam próximos do nível de subsistência. No conflito entre proprietários de terras e capitalistas, ele queria mostrar que os interesses dos proprietários de terras sempre se opunham ao bem-estar geral da sociedade, ao passo que os dos capitalistas estavam sempre de acordo com o bem-estar geral da sociedade.

A Inglaterra só não enfrentou uma crise de produção de alimentos nos século XIX e XX porque abandonou as leis dos cereais, permitindo a livre importação de alimentos, e porque a produtividade agrícola aumentou durante todo aquele período. Considerando-se as duas citações seguintes dos *Princípios,* de Ricardo, é óbvio que ele tinha consciência desses remédios:

> *Essa tendência... (à queda dos lucros) é, felizmente, interrompida de tempos em tempos pelos aperfeiçoamentos da maquinaria ligada à produção das mercadorias necessárias, bem como pelas descobertas da ciência agrícola.*[47]
>
> *Um país pequeno porém fértil – principalmente se permitir livremente a importação de alimentos – pode acumular muito capital sem uma grande diminuição da taxa de lucro ou um grande aumento da renda da terra.*[48]

Ele estava, simplesmente, tentando persuadir os legisladores a aceitar o fato de que os interesses dos proprietários de terras se opunham a ambas as fontes de melhoria do bem-estar social e econômico da Inglaterra. A oposição dos legisladores à livre importação de alimentos era óbvia. Ele também argumentou que os aperfeiçoamentos da tecnologia agrícola teriam o efeito imediato de diminuir o trabalho incorporado aos cereais e baixar os preços agrícolas. O efeito imediato seria uma redução da renda da terra, mesmo que outros aumentos da área cultivada pudessem acabar recuperando ou superando essa renda. Os proprietários de terras, de modo geral, se opunham a qualquer coisa que baixasse imediatamente a renda. Ricardo concluiu que

> *o interesse do proprietário de terras é sempre oposto ao do consumidor e do fabricante... As relações entre o proprietário de terras e o público não eram como as do comércio, em que se podia dizer que tanto o vendedor quanto o comprador ganhavam: naquele tipo de relação, a perda era somente de um dos lados e o ganho ficava todo para o outro.*[49]

A Impossibilidade da Superprodução

A teoria de Malthus, segundo a qual a demanda agregada insuficiente era a causa da superprodução ou das depressões periódicas, era a base de sua recomendação de que os proprietários de terras deveriam receber uma participação maior da produção nacional. Da mesma forma, Ricardo se opôs a essa teoria. Primeiro, conforme vimos no último capítulo, ele argumentou que o fato de o capitalista subsidiar o consumo improdutivo do proprietário de terras lhe daria tanto lucro quanto um incêndio em seu depósito, que destruísse parte de suas mercadorias. Em segundo lugar, Ricardo argumentou que as forças da oferta e da demanda ajustariam automaticamente os preços e a composição do produto agregado, de modo que uma superprodução geral seria impossível. Nesse último argumento propôs uma análise que era, em seus elementos essenciais, idêntica à proposta pelo economista francês J. B. Say.

A análise é, em geral, associada a Say (na verdade é chamada *Lei de Say*) e será explicada com mais alguns detalhes no capítulo seguinte. Essa tem sido uma doutrina influente com muitos seguidores até hoje.

História do Pensamento Econômico

O argumento é relativamente simples. Ele afirma que os capitalistas só produzem aquilo de que eles mesmos não necessitam, porque pretendem trocá-lo por algo de que realmente necessitam. A moeda faz a intermediação na troca, mas não é desejada por si mesma. Uma pessoa produz uma mercadoria apenas para poder obter uma mercadoria diferente. Quando troca sua mercadoria por moeda, tem a intenção de trocar a moeda por outra mercadoria. Como a própria moeda não tem qualquer propriedade útil, que não o fato de poder comprar outra mercadoria, ninguém quer entesourá-la. Portanto, a produção cria sua própria demanda. Para cada dólar de mercadorias produzidas por um capitalista, esse mesmo capitalista tem um dólar de demanda por outras mercadorias. Ricardo apresentou esse argumento de modo bastante sucinto:

> Ninguém produz, a não ser para consumir ou vender, e só se vende com a intenção de comprar uma outra mercadoria, que possa ser imediatamente útil ou que possa contribuir para a produção futura. Produzindo, então, passa a ser necessariamente o consumidor de suas próprias mercadorias ou o comprador e o consumidor das mercadorias produzidas por outrem.[50]
>
> Mercadorias são sempre compradas por mercadorias ou por serviços; a moeda é apenas o meio pelo qual se faz a troca. Pode ser produzido um excesso de determinada mercadoria, que pode sobrar tanto no mercado, que nem consegue recuperar o capital nela empregado; isso, porém não pode acontecer com todas as mercadorias ao mesmo tempo.[51]

Ricardo sabia que a década anterior ao aparecimento da terceira edição de seus *Princípios* tinha testemunhado condições econômicas de depressão geral e de desemprego generalizado. A explicação que ele deu foi parecida com a que continuaria a ser dada por teóricos que queriam acreditar que o capitalismo criava automaticamente o pleno emprego, apesar da persistência das crises e das depressões cíclicas:

> Um grande país industrial está particularmente exposto a reveses e contingências temporárias, provocadas pelo deslocamento do capital de um emprego para outro... A demanda por qualquer mercadoria está sujeita não só aos desejos, mas também aos gostos e ao capricho das compras... Quando a demanda por uma mercadoria diminui, os que se dedicam à sua fabricação enfrentam muitas aflições e, sem dúvida, algum prejuízo; isso se faz sentir não só por ocasião da mudança mas durante todo o intervalo em que eles estejam deslocando seus capitais e o trabalho que possam arregimentar de um para outro emprego.[52]

Explicou, então, as depressões de sua época simplesmente como o ajuste necessário aos padrões anormais de oferta e demanda durante os anos de guerra que a precederam.

A Maquinaria como Causa de Desemprego Involuntário

Durante seu debate com Malthus, porém, Ricardo fez uma grande concessão, na terceira edição de seus *Princípios*. Acrescentou o Capítulo 31, intitulado *Sobre a Maquinaria*. Nesse capítulo, ele discutiu a possibilidade de a nova maquinaria que deslocava o trabalho do processo de produção poder ser prejudicial aos trabalhadores. No primeiro capítulo, ele discutira os efeitos da introdução de novos tipos de maquinaria que poderiam diminuir os custos de produção do capitalista. Supusera que isso levaria a maior produção e a menores preços das mercadorias produzidas por essa maquinaria. Portanto, concluíra que toda a sociedade se beneficiaria com a maquinaria.

> O fabricante... que... puder recorrer à máquina... (que diminuirá os custos) de produção de sua mercadoria terá vantagens peculiares se puder continuar cobrando o mesmo preço pelas mercadorias; mas...

> *ficaria obrigado a diminuir o preço de suas mercadorias, se não o capital seria atraído para o seu ramo, até seus lucros baixarem ao nível geral. Desse modo, o público é beneficiado pela maquinaria.[53]*

Sua crença de que o público sempre se beneficiaria com a introdução de maquinaria baseava-se no pressuposto de que os preços de mercado diminuiriam sem problemas e rapidamente e que o trabalho seria realocado sem problemas e rapidamente para aumentar o volume da produção. Seus debates com Malthus convenceram-no de que isso não ocorreria necessariamente. Em sua terceira edição dos *Princípios*, Ricardo começou o novo Capítulo 31 dizendo o seguinte:

> *Desde que voltei pela primeira vez minha atenção para as questões de Economia Política, tenho sido de opinião que... uma aplicação de maquinaria a qualquer ramo de produção, de modo a poupar trabalho, seria de modo geral boa e só traria aqueles inconvenientes que, na maioria dos casos, se fazem presentes na retirada de capital e de trabalho de um emprego e em seu deslocamento para outro emprego. Parecia-me que... os proprietários de terras... se beneficiariam com a queda dos preços de algumas mercadorias em que (suas) rendas eram gastas... Achava eu que o capitalista acabaria se beneficiando precisamente da mesma maneira. Na verdade, quem teve a ideia de introduzir a máquina...teria uma vantagem adicional, sob a forma de grandes lucros, durante algum tempo; mas, à medida que a máquina entrasse em uso generalizado, o preço da mercadoria produzida baixaria, por causa do efeito da concorrência, até chegar ao seu custo de produção, quando o capitalista teria os mesmos lucros que antes,...(mas ele) poderia, com a mesma receita nominal, ter mais conforto e prazer. A classe dos trabalhadores também – em minha opinião – se beneficiaria da mesma forma... já que teria como comprar mais mercadorias com o mesmo salário nominal.[54]*

Ricardo afirmou, depois, que ainda achava que os capitalistas e os proprietários de terras se beneficiariam com essa mudança na tecnologia de produção, mas "que a substituição de trabalho humano por maquinaria é, frequentemente, muito prejudicial aos interesses da classe operária".[55] Isso ocorria porque os trabalhadores seriam, inicialmente, desviados da produção de bens-salários para a produção de bens de capital. No período seguinte, haveria menos bens-salários e, consequentemente, menor demanda por trabalho, porque a demanda por trabalho era limitada pela disponibilidade de bens-salários. Quando a nova maquinaria fosse posta em uso, exigiria alguns trabalhadores, mas não voltariam ao trabalho tantos trabalhadores quantos tivessem sido despedidos anteriormente, porque a maquinaria tinha sido feita apenas para reduzir o número de trabalhadores necessários para produzir determinada quantidade e, portanto, reduzir os custos de salários do capitalista e aumentar seus lucros. Assim, a renda líquida da sociedade (lucros e renda da terra) poderia ser aumentada, enquanto a renda bruta (lucros, renda da terra e salários) estaria sendo diminuída. Nesse caso, muitos trabalhadores seriam "despedidos do emprego", e uma grande parte da classe operária "ficaria como excedente, em comparação com os recursos financeiros para empregá-la".[56]

Ricardo concluiu "que a opinião da classe trabalhadora de que o emprego de máquinas era, muitas vezes, prejudicial aos seus interesses, não se baseava em preconceito ou erro, mas estava de acordo com os princípios corretos de Economia Política".[57] Essa conclusão significava que ele concordava com Malthus, ao afirmar que o mercado poderia não ser muito eficaz na realocação dos recursos, quando houvesse uma mudança nas condições de produção, e que o resultado poderia ser uma depressão crônica no mercado de trabalho, que reduziria a produção total da economia. Também significava que a fé de Ricardo na acumulação de capital, como a principal força que aumentaria o bem-estar econômico de toda a sociedade, era infundada. Ele simpatizava, claramente, mais com a classe capitalista do que com a sociedade como um todo. Concluiu o capítulo afirmando o seguinte: "Espero que as afirmativas

História do Pensamento Econômico

que fiz não sejam interpretadas como sugestão de que não se deva incentivar o uso de máquinas."[58] Essa esperança *não* se baseava em um plano para melhorar as condições dos trabalhadores. Isso porque ele ainda achava que, como "todos os outros contratos, os salários devem ficar por conta da livre e justa concorrência no mercado, nunca devendo ser controlados pela interferência do Legislativo".[59]

A Teoria das Vantagens Comparativas e Comércio Internacional

Ricardo foi o primeiro economista a argumentar coerentemente que o livre-comércio internacional poderia beneficiar dois países, mesmo que um deles produzisse todas as mercadorias comerciadas mais eficientemente do que o outro. Também foi um dos primeiros economistas a argumentar que, como o capital era relativamente imóvel entre as nações, era preciso elaborar uma teoria separada do comércio internacional, diferenciado do comércio interno do país.

Ricardo argumentava que um país não precisa ter uma *vantagem absoluta* na produção de qualquer mercadoria, para que o comércio internacional entre ele e outro país seja mutuamente benéfico. Vantagem absoluta significava maior eficiência de produção ou o uso de menos trabalho na produção. Dois países poderiam beneficiar-se com o comércio, se cada um tivesse uma *vantagem relativa* na produção. Vantagem relativa significava, simplesmente, que a razão entre o trabalho incorporado às duas mercadorias diferia entre os dois países, de modo que cada um deles poderia ter, pelo menos, uma mercadoria na qual a quantidade relativa de trabalho incorporado seria menor do que a do outro país. O Quadro 5.3 é uma reprodução do exemplo de Ricardo para ilustrar o princípio das vantagens comparativas.

Nesse quadro, Portugal tem uma vantagem absoluta na produção de vinho e de tecidos, quer dizer, são necessárias menos horas de trabalho para produzir ambas as mercadorias em Portugal do que o número de horas necessárias para a sua produção na Inglaterra. Supondo que os preços do vinho e do tecido são proporcionais ao trabalho incorporado a eles, tanto na Inglaterra quanto em Portugal, as razões de ambos os preços, em cada país, serão idênticas à razão de horas de trabalho necessárias para a produção das mercadorias, em cada país.

Em Portugal, são necessárias 90 horas para produzir uma unidade de tecido e 80 horas para produzir uma unidade de vinho. Isso quer dizer que o vinho precisa apenas de 88% do trabalho exigido pelo tecido e que o preço do vinho equivale a apenas 88% do preço do tecido. Na Inglaterra, o trabalho incorporado ao vinho e seu preço equivalem a 120% do trabalho e do preço do tecido. Então, Portugal usa *relativamente* menos trabalho na produção de vinho, e o preço é *relativamente* mais baixo. Por outro lado, Portugal usa 112% do trabalho incorporado à produção de vinho para produzir tecido e, uma vez mais, o preço do tecido equivale a apenas 83% do preço do vinho. Assim, a Inglaterra usa *relativamente*

QUADRO 5.3 **Número de horas necessárias para produzir uma unidade de tecido e vinho na Inglaterra e em Portugal**

	Tecido	Vinho	Razão entre o preço do vinho e o preço do tecido	Razão entre o preço do tecido e o preço do Vinho
Inglaterra	100	120	1,20	0,83
Portugal	90	80	0,88	1,12

menos trabalho para produzir tecido, muito embora use mais trabalho, em termos absolutos; portanto, a Inglaterra tem uma vantagem relativa na produção de tecido.

Agora, suponhamos que os portugueses só estejam produzindo vinho (a mercadoria em que têm uma vantagem comparativa) e resolvam comprar tecido. Têm duas maneiras de conseguir tecido: desviando algum trabalho da produção de vinho para a produção de tecido ou trocando vinho por tecido com a Inglaterra. Suponhamos que, havendo comércio, ele seja feito com base na razão de preços da Inglaterra. Para produzir uma unidade de tecidos, serão necessárias 90 horas-homem. Isso quer dizer que os portugueses têm de interromper a produção de 1,12 unidade de vinho, para cada unidade de tecido que produzirem, mas se trocarem com a Inglaterra, à razão dos preços vigentes na Inglaterra, só precisarão abrir mão de 0,83 unidade de vinho para cada unidade de tecido. É óbvio que o comércio deixaria os portugueses com uma quantidade total maior de vinho e de tecido do que se eles produzissem ambas as mercadorias.

De forma análoga, se a Inglaterra só estiver produzindo tecido, mas puder trocar à razão de preços de Portugal, não deverá produzir vinho. Para produzir vinho, teria de desistir de 1,2 unidade de tecido para cada unidade de vinho produzida, enquanto poderia abrir mão de apenas 0,88 unidade de tecido em troca de uma unidade de vinho, se comercializasse com Portugal.

É óbvio que ambos os países poderiam se beneficiar, se cada um deles pudesse comerciar à razão de preços do outro país. Ambos os países poderiam também se beneficiar, se comerciassem a uma razão de preços que fosse intermediária entre as razões de preços de cada país. A razão entre o preço do vinho e o preço do tecido é de 1,2, na Inglaterra, e de 0,88, em Portugal. Se ambos os países comercializassem na base de um por um, uma unidade de tecido por uma unidade de vinho, ambos poderiam consumir um conjunto total maior de vinho e tecido do que se cada um deles produzisse ambas as mercadorias.

Isso explica, então, a teoria das vantagens comparativas, de Ricardo. Com base nela, ele argumentou que o livre-comércio seria benéfico para ambos os países. Toda ampliação do comércio "contribuiria bastante decididamente para aumentar a massa de mercadorias e os benefícios totais".[60] Toda restrição ao comércio, portanto, reduziria o "total dos benefícios". Esse princípio era, então, outro elo no ataque generalizado de Ricardo às leis dos cereais.

Harmonia Social e Conflito de Classes

A escolha das palavras de Ricardo ilustra um dos principais temas deste livro: a teoria do valor-utilidade ou qualquer abordagem da economia que tenda a igualar preços e utilidade, de modo geral, defende a ideia de que existe uma harmonia social engendrada pela "mão invisível" do mercado livre. Quando Ricardo afirmou que o livre-comércio aumentaria o "total de benefícios" de cada país, estava meramente repetindo o princípio de Adam Smith, segundo o qual o livre-comércio aumenta a utilidade ou os "benefícios" de ambas as partes, na troca. Quando esse princípio passa a ser o ponto central da análise econômica, o remédio para quase todos os problemas de privação material humana se transforma em um problema de ampliação do mercado ou de tornar mais livre a troca e o comércio. Se essa política fosse adotada, todos pareceriam beneficiar-se e, portanto, todos os interesses estariam em harmonia.

Para a conclusão de Ricardo poder ser tirada a partir de suas premissas, ele tinha de supor que, se a Inglaterra importasse a mercadoria relativamente mais cara, o preço mais alto dessa mercadoria seria um índice razoável do aumento do "total dos benefícios". Em outras palavras, suponhamos que só os proprietários de terras e os capitalistas bebessem vinho e que os trabalhadores não tivessem tecido suficiente para aquecer-se. A perspectiva da teoria do valor-trabalho tenderia a concentrar-se nas circunstâncias que tivessem levado à expropriação de tanto produto do trabalho sob a forma de renda da terra e lucros; mas a teoria da utilidade pressupõe, em geral, que as leis da propriedade e a distribuição da riqueza sejam fixas ou "naturais" e, consequentemente, tenderia a concentrar-se no fato de que os capitalistas e os proprietários de terras prefeririam gastar seu excedente com tecido e vinho, em vez de gastá-lo apenas com tecido. O livre-comércio aumentaria os benefícios dos que fossem ricos e que tivessem alto poder aquisitivo, mas não necessariamente os benefícios da classe operária.

Ricardo poderia ter sugerido, por exemplo, que a importação de vinho fosse proibida até todo trabalhador ter uma quantidade suficiente de tecido. Alguns argumentariam, certamente, que isso aumentaria mais o bem-estar social do que a importação de mais vinho para os capitalistas e proprietários de terras. Ele, porém, não fez isso: pelo contrário, insistiu em que o livre-comércio maximizaria o "total dos benefícios".

Esse ponto ilustra que a mesma contradição por nós discutida nos escritos de Adam Smith estava presente nas teorias de Ricardo. Quase todos os *Princípios*, de Ricardo, baseiam-se na teoria do valor-trabalho ou no ponto de vista da produção. O livro está cheio de discussões sobre os conflitos de classe básicos entre as três classes. "Pode-se estabelecer uma questão com mais clareza" – indagou ele – "do que afirmar-se que os lucros têm de diminuir com o aumento dos salários?"[61] Ou, mais uma vez, "o interesse do proprietário de terras é sempre oposto ao do consumidor e ao do industrial".[62] Quase todo o seu livro era uma análise dos fatores que estavam por trás desses conflitos.

A teoria da História, de Adam Smith, parava no capitalismo, por ele considerado o estágio mais alto possível da evolução social. Por essa razão, Smith tendia a achar que as relações de propriedade e a distribuição da riqueza, no capitalismo, eram dadas e fixas. Só quando essas diferenças de classe fossem vistas como dadas e fixas é que Smith poderia argumentar em favor da utilidade da "mão invisível". A abordagem de Ricardo para o entendimento do capitalismo era muito mais a-histórica do que a de Smith. Considerava eternas, imutáveis e naturais as relações de propriedade, a distribuição de riqueza e do poder e as relações de classe do capitalismo. A teoria do valor-trabalho vê a sociedade partindo de uma perspectiva focada no conflito, como ilustram tão claramente os *Princípios*, de Ricardo. Entretanto, o conflito implica mudança, e mudança implica que os sistemas socioeconômicos, como o feudalismo e o capitalismo, têm um processo de vida própria: nascem, atingem a maturidade, entram em decadência e morrem. Era precisamente esse aspecto da perspectiva da teoria do valor-trabalho que Ricardo negava. Em uma de suas passagens mais esclarecedoras, Ricardo escreveu o seguinte:

> Devemos lembrar-nos... de que a condição retrógrada é sempre um estado da sociedade que não é natural. O homem passa da mocidade para a maturidade, entra em decadência e morre; mas não é esse o progresso das nações. Quando chegam a um estado de maior vigor, seu avanço posterior pode ser, de fato, detido, mas sua tendência natural é continuar, durante muito tempo, mantendo constantes sua riqueza e sua população.[63]

No contexto desse enfoque a-histórico, não causa surpresa que Ricardo não tenha considerado políticas que aumentariam o "total dos benefícios", alterando as distribuições de riqueza, privilégio ou poder. Quando essas distribuições são aceitas como naturais ou eternas, os benefícios auferidos pelos que têm alto poder aquisitivo, em geral, são considerados sinônimos do bem-estar social geral. Daí se segue, quase sempre, a crença de que o livre-mercado age como uma "mão invisível" para maximizar o bem-estar de todo o mundo. Assim, Ricardo escreveu a seguinte defesa do livre-comércio:

David Ricardo

Em um sistema de comércio perfeitamente livre, cada país destina seu capital e seu trabalho a empregos que lhe sejam mais benéficos. Essa busca de vantagem individual está admiravelmente ligada ao bem universal do todo. Estimulando a indústria, recompensando a criatividade e usando de modo mais eficaz os poderes peculiares que lhe são conferidos pela natureza, distribui o trabalho da maneira mais eficaz e econômica possível, ao mesmo tempo que, aumentando o volume geral de produção, difunde o benefício geral e agrega, como um elo comum de interesse e união, a sociedade universal das nações de todo o mundo civilizado.[64]

A "mão invisível" agia local, nacional e internacionalmente, harmonizando os interesses de todos.

Contudo, a defesa de Ricardo dos interesses dos capitalistas foi melhor servida com a adoção de uma perspectiva da teoria do valor-trabalho. Foi, portanto, inevitável que seus escritos envolvessem contradições sobre o tema: o capitalismo cria conflito ou harmonia de interesses? Já encontramos um exemplo em que a "mão invisível" não funcionava: "As relações entre o proprietário de terras e o público não são relações comerciais pelas quais o vendedor e o comprador possam ser considerados ganhadores; a perda fica toda de um lado e o ganho fica todo do outro".[65] Da mesma forma, na discussão do comércio internacional, logo que Ricardo deixou de considerar como dado o equilíbrio do poder real, coercitivo, viu claramente que o resultado era o conflito e não a harmonia. Ficou claro, para ele, por exemplo, que

uma metrópole pode... às vezes beneficiar-se com as restrições por ela impostas às suas possessões coloniais. Quem pode duvidar... que, se a Inglaterra fosse colônia da França, esse país seria beneficiado por um pesado tributo pago pela Inglaterra sobre a exportação de cereais, tecidos e qualquer outra mercadoria?"[66]

Mais uma vez, quatro páginas depois, ele afirmou o seguinte: "É evidente, então, que o comércio com uma colônia pode ser conduzido de modo tal que seja, ao mesmo tempo, menos benéfico para a colônia e mais benéfico para a metrópole do que um comércio perfeitamente livre".[67]

Todo argumento de Ricardo, mostrando como as restrições coercitivas ao livre-mercado poderiam beneficiar a metrópole à custa da colônia, poderia demonstrar, com a mesma facilidade, como as trocas entre capitalistas e trabalhadores poderiam ser reguladas por restrições coercitivas que beneficiassem o capitalista, à custa do trabalhador (ou vice-versa, como esperavam tantos líderes do movimento operário em ascensão, da época de Ricardo).

Dada a afirmativa de Adam Smith de que o "governo civil", na medida em que era instituído para garantir a propriedade, era, na realidade, instituído para a defesa do rico contra o pobre ou dos que têm alguma propriedade contra os que nada tem,[68] caberia a ambos – Ricardo e Smith – mostrar por que o governo não seria usado pelos capitalistas exatamente dessa maneira. Sem essa demonstração, o argumento da "mão invisível" seria usado, inevitavelmente, com a simples finalidade de justificar qualquer resultado observado num sistema capitalista de mercado.

Parece óbvio que essa contradição central nas doutrinas de Smith e Ricardo levaria a uma ruptura de suas doutrinas, que passaram a constituir duas escolas de pensamento antagônicas e separadas. No próximo capítulo, examinaremos os escritos de Jeremy Bentham, J. B. Say e Nassau Senior – os três homens que deram início ao processo de substituição da perspectiva da teoria do valor-trabalho pela perspectiva do valor-utilidade nas doutrinas de Smith e Ricardo. No Capítulo 7, serão discutidos os escritos de William Thompson e de Thomas Hodgskin, que tentaram levar a teoria do valor-trabalho às últimas consequências nela implícitas.

Notas do Capítulo 5

1. RICARDO, David. *The Principles of Political Economy and Taxation.* Londres: Dent, 1962, p. 272. Essa é a principal obra de Ricardo sobre teoria econômica. Foi publicada, pela primeira vez, em 1817; apareceu uma segunda edição, em 1819, e uma terceira, em 1821. A edição publicada pela Dent, aqui citada, é uma reimpressão da terceira edição.
2. Ibid., p. 1.
3. Ver DOBB, Maurice. *Theories of Value and Distribution since Adam Smith.* Cambridge: Cambridge University Press, 1973, p. 67-69. Grande parte deste capítulo deve muito a esse excelente livro. Se o leitor quiser compreender as questões conceituais e analíticas, bem como as questões ideológicas em jogo no debate que prossegue entre os proponentes da teoria do valor-trabalho e da teoria da utilidade, o autor acredita que o livro de Dobb é, de longe, a melhor fonte.
4. RICARDO. *Principles*, p. 33.
5. Ibid., p. 35-36.
6. Ibid., p. 48.
7. DOBB.;1; *Theories of Value and Distribuition*, p. 70.
8. Ibid., p. 72.
9. Ibid., p. 71.
10. Ibid., p. 74.
11. RICARDO. *Principles*, p. 5.
12. Ibid., p. 6.
13. Ibid.
14. Ibid., p. 1.
15. Ibid., p. 95.
16. Ibid., p. 7.
17. Ibid.
18. Ibid., p. 6-7.
19. Ibid., p. 12.
20. Ibid.
21. Ibid.
22. Ibid., p. 191.
23. Ibid., p. 6.
24. Ibid., p. 14-15.
25. Ibid., p. 53.
26. Ibid., p. 13.
27. Ibid., p. 13-14.
28. Ibid., p. 18.
29. Ibid.
30. Ibid., p. 24.
31. A questão, porém, é mais complicada do que sugere nossa discussão. Em um livro muito importante, publicado em 1960, um discípulo atual de Ricardo mostrou que, quando se comparam dois processos de produção, é possível que seus padrões de tempo de insumo de trabalho datado sejam de tal ordem que, em certo intervalo de salários (ou de taxas de lucro), um processo tenha um valor mais alto de capital por trabalhador, ao passo que, em outro intervalo de salários (ou de taxas de lucro), o outro processo tenha um valor mais alto de capital por trabalhador. SRAFFA, Piero. *The Production of Commodities by Means of Commodities.* Cambridge: Cambridge University Press, 1960. p. 1-95. Discutiremos alguns resultados importantes do livro de Sraffa no Capítulo 16.
32. DOBB. *Theories of Value and Distribution*, p. 74.
33. RICARDO. *Principles*, p. 75-76.
34. Ibid., p. 22-23.

35. Ibid., p. 23, 26.
36. Ibid., p. 27.
37. Ibid., p. 28.
38. Ibid., p. 27-30.
39. Ibid., p. 71.
40. Ibid., p. 64.
41. Ibid., p. 25.
42. Ibid., p. 22-23.
43. Ibid., p. 26-27.
44. Ibid., p. 64-65.
45. Ibid., p. 72-73.
46. Ibid., p. 64.
47. Ibid., p. 71.
48. Ibid., p. 76.
49. Ibid., p. 225.
50. Ibid., p. 192-193.
51. Ibid., p. 194.
52. Ibid., p. 175.
53. Ibid., p. 26.
54. Ibid., p. 263-264.
55. Ibid., p. 264.
56. Ibid., p. 266.
57. Ibid., p. 267.
58. Ibid., p. 269.
59. Ibid., p. 61.
60. Ibid., p. 77.
61. Ibid., p. 68.
62. Ibid., p. 225.
63. Ibid., p. 177.
64. Ibid., p. 81.
65. Ibid., p. 225.
66. Ibid., p. 227.
67. Ibid., p. 231.
68. SMITH, Adam. *An Inquiry into the Nature and Causes of the Wealth of Nations*. Nova York: Modern Library, 1937, p. 674.

CAPÍTULO 6

O Subjetivismo Racionalista: A Economia de Bentham, Say e Senior

A produção capitalista de mercadorias, conforme vimos no Capítulo 1, envolvia, necessariamente, certas instituições socioeconômicas, modos de comportamento humano e autopercepção humana, além da percepção de outras pessoas. A busca insaciável de lucro levou a uma divisão cada vez maior do trabalho e à especialização da produção; essa especialização significava um aumento da interdependência social; essa maior interdependência, porém, não era sentida como uma dependência de outros seres humanos, mas como uma dependência pessoal, individual, de uma instituição social que não era humana – o mercado. Os que dominavam e controlavam os mercados eram motivados pelos lucros; mas, embora os capitalistas, tomados coletivamente, dominassem e controlassem os mercados, não experimentavam nem percebiam esse controle e esse domínio, pessoal ou subjetivamente. A intensa concorrência pelos lucros era sentida, individualmente, pelos capitalistas, como uma força social impessoal sobre a qual eles, de modo geral, tinham pouco ou nenhum controle pessoal; as forças da concorrência do mercado eram vistas como leis naturais e imutáveis, inteiramente semelhantes às leis da natureza.

Origens Sociais das Premissas da Teoria da Utilidade

Existem diversas consequências humanas desse processo de concorrência. Embora essas consequências sejam decorrências específicas do modo de produção capitalista, são percebidas, na maioria das vezes, como condições humanas gerais, que existem em todas as sociedades, em todos os lugares e em todas

História do Pensamento Econômico

as épocas. Em diversas ocasiões, em todos os três capítulos anteriores, ressaltamos a distinção entre a teoria do valor-trabalho – ou perspectiva da produção – e a teoria do valor-utilidade – ou perspectiva do mercado – na análise da economia capitalista. Os fundamentos intelectuais da teoria da utilidade são: (1) a consciência dessas condições humanas especiais, provocadas pelo modo de produção capitalista e (2) a projeção universal ou generalização dessas condições como características profundas, inalteráveis e naturais de todos os seres humanos em todas as sociedades. Discutiremos cinco características particularmente importantes do capitalismo e como elas têm sido percebidas pelos que seguem a tradição da utilidade em teoria econômica.

Primeiro, a especialização do trabalho e o isolamento dos produtores levaram os indivíduos a considerar-se não como parte integrante de um todo socioeconômico interligado e interdependente, mas como unidades isoladas, atomizadas, cada qual preocupada com sua própria sobrevivência contra as forças impessoais e imutáveis do mercado. Os indivíduos sentiam-se, em grande medida, solitários, isolados e alienados, em sua condição de seres humanos; os outros não eram vistos como integralmente ligados, como companheiros que compartilhavam a mesma natureza humana, mas, tão somente, como muitas facetas, aspectos ou manifestações das forças impessoais do mercado.

Assim, cada pessoa passava a ser vista como fundamentalmente egoísta e como um antagonista e combatente natural de seu semelhante. Esse novo ponto de vista pode ser visto com a máxima clareza nos escritos de Thomas Hobbes, que viveu quando as relações capitalistas estavam sendo descobertas como a forma cada vez mais dominante de relações humanas na Inglaterra. O *Leviathan*, de Thomas Hobbes, publicado em 1651, expôs, de maneira bastante objetiva, uma opinião muito difundida: todos os motivos humanos advinham de um desejo egoísta do que quer que promovesse o "movimento vital" do organismo individual (pessoa). Acreditava ele que todos os motivos humanos, até mesmo a compaixão, eram apenas disfarces do autointeresse egoísta: "a tristeza pela calamidade de outra pessoa é *piedade*" – escreveu ele – "e é derivada da imaginação de que a mesma calamidade possa ocorrer com a própria pessoa, sendo, assim, chamada de...*compaixão* e de... companheirismo".[1]

Na ausência de restrições sociais, Hobbes achava que esse egoísmo inato levaria, inevitavelmente, a um "estado natural" de guerra, em que cada pessoa era contra todas as outras. Nesse "estado da natureza", a vida de cada pessoa seria "solitária, pobre, feia, brutal e curta". A única escapatória do combate brutal – argumentava ele – era o estabelecimento de alguma fonte de poder absoluto – um governo central – ao qual cada pessoa se submetesse, em troca de proteção de todas as outras.[2]

Hobbes escreveu em uma época em que as características do capitalismo ainda estavam misturadas com as da ordem social medieval. Embora advogasse a submissão a um monarca absoluto como meio de escapar ao conflito brutal entre as pessoas, autores posteriores que aceitavam essa visão da natureza humana advogaram que a "mão invisível" do mercado era o meio de solucionar os conflitos surgidos com a combatividade e a competitividade natural dos homens.

Em segundo lugar, aceitando o caráter competitivo e egoísta da natureza humana, como é que os pensadores que seguiam a tradição da utilidade concebiam a base ou fonte essencial da motivação humana? Passaram a achar, cada vez mais, que todos os motivos humanos eram causados pelo desejo de obter prazer e de evitar a dor. Essa crença chama-se *utilitarismo* e é a base filosófica da teoria do valor-utilidade e da moderna economia neoclássica (embora, no século XX, os economistas neoclássicos tenham feito muito esforço para disfarçar, conforme veremos, a base utilitarista de suas teorias). O utilitarismo foi formulado de modo mais clássico e característico nos escritos de Jeremy Bentham, que analisaremos a seguir.

Em terceiro lugar, a especialização econômica criava, necessariamente, uma dependência completa, tanto individual quanto social, do funcionamento, com êxito, do mercado. Os produtores especializados

O Subjetivismo Racionalista: A Economia de Bentham, Say e Senior

não poderiam viver se não conseguissem vender suas mercadorias em troca de moeda e comprar a variedade de mercadorias de seus produtores especializados, necessária para eles se manterem. Portanto, um mercado que funcionasse com relativa liberdade era parte necessária do modo de produção capitalista – muito embora pudesse ser desnecessário para modos de produção anteriores ou para modos de produção futuros.

No entanto, a maioria dos economistas que seguem a tradição da teoria da utilidade em economia sempre aceitou como certo o modo de produção capitalista. Por isso, quando esses economistas avaliavam o mercado, não viam necessidade alguma de avaliar todo o modo de produção capitalista, do qual ele era apenas uma parte necessária. Aceitando o capitalismo como natural e eterno, ficavam muitíssimo impressionados com a melhoria das condições das pessoas, quando o mercado funcionasse bem, em comparação com sua situação, quando ele funcionasse mal. Do mesmo modo, achavam que a situação das pessoas era melhor com a existência de um mercado do que seria sem ele. O mercado era visto, então, como uma instituição social universalmente benéfica.

Quando se começa aceitando o capitalismo como eterno, é óbvio que não só os capitalistas, mas também os trabalhadores e todos os outros cidadãos se beneficiam com um mercado. Na verdade, em um sistema capitalista, dificilmente alguém poderia continuar existindo sem ele. Essa dependência universal do mercado sempre foi a base da harmonia social percebida dos interesses de todas as pessoas, dentro da tradição da teoria do valor-utilidade. Já encontramos a racionalização intelectual dessa dependência universal no argumento da "mão invisível", de Smith, e nas ideias de Malthus e Ricardo.

Nos escritos de Smith e Ricardo, porém, essa harmonia social era uma perspectiva que, muitas vezes, contradizia as conclusões de conflito de classes implícitas em sua abordagem baseada na teoria do valor-trabalho. Os três autores analisados neste capítulo contribuíram para o abandono da teoria do valor-trabalho – e, portanto, de suas conclusões sobre conflito de classes – em favor da economia ortodoxa, conservadora, de quase todo o século XIX. Sua influência ajudou a afastar as contradições inerentes às ideias de Smith e de Ricardo e a fazer da economia ortodoxa, em essência, uma teoria da harmonia social.

Em quarto lugar, o pré-requisito mais importante da especialização produtiva era a criação e a acumulação de ferramentas, maquinaria e fábricas novas e mais complexas, quer dizer, a acumulação de capital. É óbvio que, em qualquer sociedade, os próprios meios de produção só podem ser produzidos e acumulados se uma parcela significativa da capacidade produtiva da sociedade for destinada à produção dessas ferramentas e máquinas, em vez de se destinar à produção de alimentos, abrigo, vestuário e outros bens de consumo.

Portanto, a acumulação de capital – ou industrialização – exige que se abra mão de alguns bens de consumo que, de outra forma, seriam produzidos; esse é um custo social universalmente necessário da industrialização. No capitalismo, no qual uma pequena classe capitalista detém e controla os meios de produção, isso quer dizer que os lucros têm de aumentar em relação aos salários (ou, expressando a mesma coisa de modo diferente, os salários têm de baixar em relação aos lucros), a fim de que os lucros sejam suficientes para financiar a industrialização. Se a acumulação de capital não fosse financiada pelos lucros, a classe capitalista perderia seu controle sobre os meios de produção e o sistema econômico deixaria de ser um sistema capitalista. Portanto, a industrialização capitalista implica, necessariamente, acumulação de capital financiada pelos lucros.

Se, porém, o custo social real do menor consumo, necessário para a industrialização, deve ser pago pela classe capitalista ou pela classe operária é uma questão que depende do que acontece com as grandezas relativas aos lucros e aos salários durante o processo. Na história concreta do capitalismo, não há dúvida de que a classe operária tenha pago quase todos esses custos sociais reais. Os historiados

História do Pensamento Econômico

econômicos, em geral, concordam que o poder de compra dos salários caiu no último terço do século XVIII na Inglaterra; todavia, a direção da variação do poder de compra dos salários, na primeira metade do século XIX, está sujeita a controvérsias. Alguns historiadores argumentam que os *salários reais* (o poder de compra dos salários) aumentou nesse período; alguns argumentam que ele baixou; outros afirmam que permaneceu inalterado. É óbvio que a evidência histórica é contraditória, e a questão não pode ser resolvida com clareza. Entretanto, é claro que, na melhor das hipóteses, qualquer aumento dos salários reais foi relativamente muito menor do que o aumento da produção total naquele período.

Portanto, em todo o período da industrialização inglesa, os salários reais diminuíram em relação aos lucros. É verdade, então, que os custos sociais reais da industrialização foram pagos pela classe operária. No Capítulo 4, descreveu-se, resumidamente, o que isso significou em relação à pobreza e ao sofrimento da classe operária.

Quando, porém, um teórico aceita o sistema capitalista como parte do pressuposto de que a determinação dos salários e dos lucros pelo mercado é natural e justa, parece, inevitavelmente, que os capitalistas é que pagaram os custos sociais da industrialização. Quando não se questiona a divisão inicial da renda entre salários e lucros, o fato de a acumulação de capital ter sido financiada por lucros parece uma evidência real de que os capitalistas pagaram esses custos sociais. Os teóricos da harmonia social ou da utilidade sempre aceitaram como certa a distribuição de renda entre as classes. Assim, a começar com Nassau Senior, cujas ideias examinaremos neste capítulo, eles, de modo geral, tentaram justificar moralmente os lucros com base nos sacrifícios feitos pelas capitalistas.

Em quinto lugar, à medida que o sistema de mercado capitalista foi se desenvolvendo, foi aumentando a concorrência entre os capitalistas. Auferir lucros não era um fato casual, relaxante e romântico. Cada capitalista tinha de enfrentar concorrentes que queriam vender a preços mais baixos que os seus, colocá-lo fora do mercado e destruí-lo economicamente. Auferir lucros dependia de conseguir certo grau de controle calculado, racional e previsível sobre as matérias-primas, o trabalho, os gastos de produção e de transporte e as vendas finais no mercado. A escrituração por partidas dobradas, sistemas complexos de contabilidade, leis uniformizadas e codificadas de propriedade privada, compromissos contratuais e leis comerciais surgiram, de modo geral, no período inicial do capitalismo e eram indispensáveis na busca, pelo capitalista, de controle dos processos de produção e de troca.

Esse aspecto do comportamento dos capitalistas – inteiramente necessário no sistema capitalista – passou a ser visto pelos teóricos da tradição utilitarista como o âmago de todos os processos decisórios humanos. O comportamento humano nunca era explicado como meramente habitual, caprichoso, acidental, supersticioso, religioso, altruísta ou, simplesmente, emocional e não racional. Todos os atos humanos passaram a ser vistos como consequência de decisões calculadas, racionais, nas quais o indivíduo agia de modo muito parecido com um contador, ponderando todos os lucros (prazeres) a serem obtidos com determinado ato, deduzindo todos os custos (dor) a serem causados por esse ato e, depois, escolhendo racionalmente o ato que maximizasse o excesso de prazer sobre a dor. Desse modo, nos modernos livros neoclássicos de teoria microeconômica, todo comportamento humano se reduz a tentativas racionais e calculadas de maximizar os lucros ou a utilidade; e a maximização dos lucros reduz-se, com frequência, meramente, a uma forma indireta de maximização da utilidade (embora, como veremos, a palavra *utilidade* seja, às vezes, evitada, usando-se, em seu lugar, um sinônimo como "ordenamento de preferências").

Esses cinco aspectos do comportamento humano e da autopercepção dentro do capitalismo – o individualismo atomista, o utilitarismo egoísta, a dependência dos mercados, o financiamento da industrialização com os lucros e o racionalismo calculista – tornaram-se a base intelectual da teoria neoclássica da utilidade e da harmonia social em fins do século XIX e início do século XX. Bentham, Say e Senior formularam quase todas as ideias que economistas posteriores usariam para dissociar os conceitos de harmonia social e benefício social do mercado da perspectiva da teoria do valor-trabalho, conceitos esses que, nos trabalhos de Smith e Ricardo, repousavam sobre uma base desconfortável.

Jeremy Bentham e a Utilidade

Jeremy Bentham, um inglês cuja carreira como autor e teórico social influente durou mais de 60 anos – do início da década de 1770 até 1832 – escreveu muitos artigos, ensaios e folhetos sobre tópicos econômicos.[3] O trabalho que exerceu a influência mais forte sobre a teoria econômica do século XIX foi *An Introduction to the Principles of Morals and Legislation*, publicado em 1780, cerca de seis anos antes de ele ter voltado sua atenção para as questões imediatas da teoria econômica. A *Introdução* destinava-se a ser uma parte de um prefácio geral a um código de lei completo. Embora não trate diretamente de teoria econômica, contém uma apresentação bem elaborada da filosofia social utilitarista, que deveria se tornar a base filosófica da economia neoclássica nas últimas décadas do século XIX.

O Capítulo 1 da *Introdução* começa com a seguinte afirmativa:

> *A natureza colocou a humanidade sob o domínio de dois mestres soberanos, a dor e o prazer. Só eles podem mostrar o que devemos fazer, bem como determinar o que faremos... Eles nos governam em tudo o que fazemos, em tudo o que dizemos, em tudo o que pensamos... O princípio da utilidade reconhece essa sujeição e a aceita como o fundamento (de sua teoria social).[4]*

Assim, ele começou por afirmar que toda motivação humana, em todas as épocas e lugares, pode ser reduzida a um único princípio: o desejo de maximizar a utilidade.

> *Utilidade quer dizer a propriedade de qualquer objeto que tenda a produzir algum benefício, vantagem, prazer, bem ou felicidade (tudo isso, no caso, equivale à mesma coisa) ou (o que de novo equivale à mesma coisa) a impedir danos, dor, mal ou infelicidade à parte cujo interesse esteja sendo considerado.[5]*

Todas essas diversas motivações – segundo Bentham – eram meras manifestações do desejo de prazer e de evitar a dor. Como a dor era meramente o prazer negativo, o princípio da utilidade, de Bentham podia ser expresso também como "toda atividade humana é derivada do desejo de maximizar o prazer".

Reduzindo todos os motivos humanos a um único princípio, Bentham achava que tinha encontrado a chave da elaboração de uma ciência do bem-estar ou da felicidade humana que pudesse ser expressa matematicamente e que pudesse, um dia, ser elaborada com a mesma exatidão numérica que a ciência Física. "Os prazeres... e a fuga à dor são... *fins*" – argumentava ele – que podem ser quantificados de modo tal que possamos "entender seu *valor*".[6]

Ele sugeriu um possível método de quantificação de prazeres:

> *Para um determinado número de pessoas que servem de base para a determinação do valor de um prazer ou de uma dor, o prazer ou a dor será maior ou menor de acordo com sete circunstâncias, a saber:*
> 1. *Sua* intensidade.
> 2. *Sua* duração.
> 3. *Sua* certeza *ou* incerteza.
> 4. *Sua* proximidade *ou* afastamento.

5. *Sua* fecundidade.
6. *Sua* pureza.
7. *Sua extensão.7*

Bentham discutiu, então, as maneiras específicas pelas quais essas circunstâncias poderiam sugerir como se calculariam racionalmente os valores dos prazeres e da dor.

Bentham não se limitava a conceber os seres humanos como maximizadores calculistas do prazer, vendo-os também como fundamentalmente individualistas. "No curso geral da vida" – escreveu ele – "em todo coração humano o interesse próprio predomina sobre todos os outros interesses em conjunto... A preferência por si mesmo tem lugar em toda parte".[8] Ele acreditava que as pessoas também fossem essencialmente preguiçosas. Qualquer tipo de trabalho era considerado penoso e, por isso, o trabalho nunca seria feito sem a promessa de grande prazer ou de evitar dor maior. "Aversão" – escreveu ele – "é a emoção – a única emoção – que o *trabalho*, considerado em si mesmo, é capaz de gerar... Na medida em que o *trabalho* seja entendido em seu sentido apropriado, a expressão *amor ao trabalho* implica uma contradição de termos".[9]

Cada uma dessas ideias de Bentham viria a tornar-se importante no desenvolvimento subsequente da teoria do valor-utilidade. Smith, conforme nos lembramos, rejeitou a noção de que a utilidade pudesse ser sistematicamente relacionada com o valor de troca. Embora Smith, Ricardo e Marx tenham percebido que as mercadorias deveriam ter valor de uso, a fim de obterem valor de troca, não achavam que se pudesse encontrar uma explicação científica para a magnitude do valor de troca, examinando-se o valor de uso de uma mercadoria. Smith tinha dado o exemplo da água e dos diamantes para ilustrar a falta dessa ligação sistemática. Os proponentes posteriores da teoria do valor-utilidade rejeitariam o exemplo de Smith, argumentando que não era a *utilidade total* de uma mercadoria que determinava seu valor de troca, mas sua *utilidade marginal*, isto é, a utilidade adicional conseguida com um aumento pequeno, marginal, da mercadoria. Mais uma vez, Bentham foi um importante precursor dos teóricos posteriores da utilidade:

> Os termos riqueza e valor *se explicam mutuamente. Um artigo só entra na composição de uma riqueza se possui algum valor. A riqueza se mede de acordo com os graus desse valor.*
> *Todo valor se baseia na utilidade... Onde não há utilidade, não pode haver valor algum.*[10]

Smith e Ricardo concordaram que o valor de uso era uma condição necessária para o valor de troca, mas, como insistia Ricardo, quando se considera o valor fruto do trabalho, um aumento da produtividade do trabalho *baixa* o valor de uma mercadoria e *aumenta* a riqueza geral. Quando Bentham afirmou que "a riqueza se mede pelo grau desse valor", estava falando a partir da perspectiva da teoria da utilidade, na qual um aumento da utilidade aumenta o valor de uma mercadoria e, consequentemente, aumenta a riqueza de seu dono.

Um pouco mais adiante, no mesmo ensaio, Bentham criticou o exemplo do diamante e da água, de Smith, e, consequentemente, chegou muito perto da elaboração explícita do princípio da utilidade *marginal*, que, mais tarde, deveria tornar-se o pilar da economia neoclássica:

> O valor de uso é a base do valor de troca... Essa distinção vem de Adam Smith, mas ele não associou a ela concepções claras...
> A água foi o exemplo por ele escolhido do tipo de bem que tem grande valor de uso, mas que não tem qualquer valor de troca. Para perceber como é errada essa afirmativa, bastaria que ele consultasse, em Londres, a Nova Comissão dos Rios e que se lembrasse de que, em Paris, ele vira água sendo vendida a varejo pelos que a levavam para as casas.

O Subjetivismo Racionalista: A Economia de Bentham, Say e Senior

Ele deu os diamantes como exemplo do tipo de bem que tem grande valor de troca e nenhum valor de uso. Esse exemplo foi tão mal escolhido quanto o outro...

O valor (de uso) dos diamantes... não é essencial ou invariável como o da água; mas isso não é razão para se duvidar de sua utilidade para dar prazer.

A razão pela qual não se acha que a água tenha qualquer valor de troca é que ela também não tem qualquer valor de uso. Se se puder ter toda a quantidade de água de que se precisa, o excesso não tem valor algum. Seria a mesma coisa no caso do vinho, dos cereais e de tudo o mais. A água, por ser fornecida pela natureza sem qualquer esforço humano, tem mais probabilidades de ser encontrada em abundância, tornando-se, assim, supérflua; mas existem muitas circunstâncias em que ela tem valor de troca superior ao do vinho.[11]

Assim, Bentham não só formulou os fundamentos filosóficos da tradição posterior dos economistas neoclássicos, como também chegou muito perto de elaborar uma teoria da relação entre utilidade marginal e preço. O desenvolvimento de suas ideias também foi o prenúncio de uma importante cisão na abordagem ortodoxa da economia baseada na utilidade, Em fins do século XVIII, ele era um porta-voz ardente de uma política de *laissez-faire*, acreditando que o livre-mercado alocaria recursos e mercadorias da maneira socialmente mais benéfica possível. Em seus últimos escritos, alterou fundamentalmente sua posição.

Bentham como Reformador Social

Nos primeiros escritos de Bentham, ele aceitou o argumento de Smith, de que um mercado livre e em concorrência alocaria os recursos produtivos para os setores em que eles pudessem ser mais produtivos. Portanto, acreditava que a interferência do governo no livre-mercado teria grandes probabilidades de diminuir o nível de produção. Na melhor das hipóteses, essa interferência talvez não aumentasse a produção: "Portanto, nenhuma regulamentação e nenhum tipo de esforço por parte dos súditos ou dos governantes poderiam aumentar a quantidade de riqueza produzida em determinado período".[12]

Ele também aceitou, nesse período inicial, a noção de que quase todos os economistas de sua geração, exceto Malthus e uns poucos autores menos conhecidos, julgavam verdadeira – a de que a oferta agregada sempre seria igual à demanda agregada, em um mercado livre. Nesse mercado nunca deveria haver uma depressão nem qualquer crise de desemprego involuntário, porque qualquer poupança seria automaticamente transformada em mais capital para empregar mais trabalho. "Quem quer que poupe dinheiro" – afirmava Bentham – "aumenta proporcionalmente o total do capital em geral."[13]

Todavia, em 1801, sua opinião sobre a intervenção do governo na economia tinha mudado:

Não tenho... um medo horrível – sentimental ou anárquico – da mão do governo. Deixo por conta de Adam Smith e dos campeões dos direitos do homem (pois a confusão de ideias junta as melhores pessoas e os piores cidadãos na mesma categoria) falarem de invasões da liberdade natural e argumentarem de modo especial contra esta ou aquela lei, levando à negação de todas as leis. A interferência do governo, na medida em que ofereça a mínima vantagem, deve ser vista com bons olhos.[14]

Essa mudança de opinião foi motivada por duas preocupações principais que, mais tarde, se transformariam em importante argumento contra o *laissez-faire* completo. Primeiramente, ele, como

Malthus, chegou a ver que a poupança poderia não ser igualada pelo novo investimento. Nesse caso, a produção diminuiria, haveria desemprego e o livre-mercado não estaria funcionando no interesse do público. "Suponhamos um aumento do hábito da frugalidade" – escreveu ele. "Seu primeiro efeito será diminuir o total de gastos em consumo."[15] Seu efeito final dependeria de como a poupança fosse usada. "Suponhamos" – continuou ele – "que a moeda, em vez de entrar em circulação, ficasse, durante algum tempo, num baú".[16] Nesse caso – argumentava Bentham – se o governo aumentasse a quantidade de moeda em circulação, "a moeda introduzida... se transformaria numa fonte de riqueza cada vez maior".[17]

A segunda razão para a interferência do governo no mercado seria diminuir os efeitos socialmente prejudiciais de grandes desigualdades de riqueza e de renda. Bentham achava que a capacidade de uma pessoa de desfrutar do dinheiro diminuía à medida que ela ganhasse mais dinheiro. Em moderna terminologia da utilidade, ele achava que o dinheiro tinha uma utilidade marginal decrescente. Portanto, *ceteris paribus*, uma medida governamental que redistribuísse o dinheiro dos ricos para os pobres aumentaria a utilidade total agregada da sociedade:

> *Vejamos, por exemplo, de um lado, o caso de um homem trabalhador que, durante toda a sua vida, mal consegue sobreviver... Tomemos, por outro lado, o homem mais rico do país... Suponhamos que o homem mais rico tenha uma renda 50 mil vezes maior que a recebida, no mesmo período, pelo trabalhador. Admitindo-se isto, a quantidade de prazer de um homem rico será, naturalmente, maior que a do trabalhador. Digamos que seja; mas até que ponto – quantas vezes maior? Cinquenta mil vezes? Este número, com certeza, ultrapassa o que qualquer pessoa poderia responder. Mil vezes, então? Cem? Cinco?... Cinco vezes o prazer de um trabalhador parece muito, para não dizer um exagero; até duas vezes já seria uma avaliação generosa.[18]*

Bentham não era, de modo algum, um defensor da completa igualdade. Achava ele que, se fosse feita a redistribuição da riqueza e da renda, chegar-se-ia a um ponto em que seus efeitos benéficos seriam mais do que superados por seus efeitos prejudiciais. Particularmente prejudiciais seriam os efeitos da menor disposição dos trabalhadores para o trabalho. Bentham achava que o grau ideal de desigualdade era "o que havia nos *Estados Unidos anglo-americanos*, isto é, sempre naqueles onde não houvesse escravidão".[19] Para o leitor moderno, essa poderia parecer uma reforma muito insignificante para ter sido pregada por Bentham, mas, quando ele escreveu essas palavras, o grau de desigualdade, nos lugares a que ele estava se referindo, era substancialmente menor do que na Inglaterra. Esse critério teria significado, na verdade, uma reforma muito radical.

Assim, durante toda a vida de Bentham, houve uma cisão ou um antagonismo entre sua atitude inicial de *laissez-faire* e sua posterior atitude reformista. Essa mesma cisão deveria refletir-se, mais tarde, na tradição neoclássica, que foi construída com base na filosofia utilitarista de Bentham.

Além disso, uma inadequação que permearia a abordagem neoclássica pode ser vista claramente na fase reformista de Bentham: se o governo implantasse reformas que aumentassem o bem-estar geral da sociedade, redistribuindo riqueza e renda dos ricos para os pobres, teria de ser desprovido de interesses próprios estreitos ou especiais. Teria de ser uma instituição benevolente, imparcial, igualmente interessada no bem-estar de todos. O governo, porém, não era formado por anjos ou "reis filósofos", mas por pessoas comuns que, de acordo com a "natureza humana geral", eram egoístas e estavam interessadas na maximização de seu próprio prazer. Ao indagar se os legisladores teriam maior probabilidade de beneficiar-se materialmente, promovendo os interesses dos pobres ou os interesses dos ricos, a dificuldade inerente à crença de Bentham na reforma social benéfica por um governo justo e imparcial ficaria óbvia.

Jean-Baptiste Say e a Utilidade, a Produção e a Distribuição de Renda

J.B. Say (1767-1832) considerava-se discípulo de Adam Smith. Dizia estar simplesmente sistematizando as ideias de Smith e corrigindo alguns pequenos erros por ele cometidos. A correção desses pequenos erros, porém, acabou levando ao abandono de algumas das ideias mais importantes de Smith e ao estabelecimento de uma base para uma tradição bastante diferente de teoria econômica. Um historiador resumiu a relação de Say com Smith da seguinte maneira: "Say colocou em ordem a teoria de Smith, da mesma maneira que uma esposa cuidadosa arruma as calças do marido, quando as vira de cabeça para baixo e tira todo o dinheiro dos bolsos. É muito mais seguro, assim. Desse modo, Say "purificou" Smith de "pensamentos perigosos".[20]

Na introdução a sua obra intitulada *Um Tratado de Economia Política*, Say elogiou Smith por suas contribuições à Economia Política e, depois, concluiu com uma passagem que é a chave para a compreensão de quase todos os seus escritos:

> Depois de ter mostrado... o progresso que a ciência da Economia Política deve ao Dr. Smith, talvez não fosse inútil indicar... alguns pontos em que ele errou...
> Ele atribui a capacidade de produzir valores apenas ao trabalho do homem. Isso é um erro.[21]

Say afirmava que o preço ou o valor de troca de qualquer mercadoria dependia inteiramente de seu valor de uso ou utilidade:

> O valor que a humanidade atribui aos objetos se origina do uso que deles possa fazer... Tomarei a liberdade de associar o termo utilidade à capacidade de certas coisas satisfazerem os vários desejos da humanidade... A utilidade das coisas é a base do seu valor e seu valor constitui riqueza...
> Embora o preço seja a medida do valor das coisas e o valor delas seja a medida de sua utilidade, seria um absurdo inferir que, aumentando-se à força seu preço, sua utilidade possa ser aumentada. O valor de troca, ou preço, é um índice da utilidade reconhecida de certa mercadoria.[22]

Rejeitando a noção de que o trabalho era a fonte do valor e insistindo em que só a utilidade criava valor, Say não só se desviou visivelmente das ideias de Smith e de Ricardo, como também inseriu a orientação da utilidade no contexto de uma abordagem metodológica e de uma filosofia social, que mostram ser ele, juntamente com Nassau Senior, os mais importantes precursores da tradição neoclássica que veio a dominar a economia em fins do século XIX e no século XX. Nos escritos de Smith e Ricardo, está claro que as rendas do trabalho são fundamentalmente diferentes das rendas baseadas na propriedade dos meios de produção. Reconhecendo a fonte dessa diferença, eles foram levados a concluir que o conflito de classes caracterizava o capitalismo. Vimos, porém, que, quando eles retornaram à abordagem da troca ou da utilidade da teoria econômica, foram levados a concluir que o capitalismo de livre-mercado era, intrinsecamente, um sistema de harmonia social.

Say resolveu esse dilema rejeitando completamente a perspectiva da produção ou a abordagem da teoria do valor-trabalho em teoria econômica. Com base nesse arcabouço de utilidade, obliterou totalmente a distinção teórica entre a renda das diferentes classes sociais. Em vez de ver o processo produtivo como uma série de trabalhos humanos visando à transformação de matérias-primas em bens usáveis, Say garantiu a existência de diferentes "agentes de produção", que se combinavam para produzir as mercadorias. O que esses agentes de produção estavam produzindo era, em última análise, "utilidade", e cada agente era igualmente responsável pela produção da utilidade. Esses agentes de produção

História do Pensamento Econômico

incluíam "a capacidade humana, com a ajuda do capital e dos agentes naturais e das propriedades" e, juntos, criavam "todo tipo de utilidade, que é a fonte primária do valor".[23] Em outras palavras, não havia qualquer diferença qualitativa, na criação de utilidade, entre, de um lado, o *esforço* feito no trabalho humano e, de outro, a *propriedade* de capital, terra e outras propriedades.

Say procurou defender a semelhança essencial entre o trabalho e a propriedade, argumentando que as mercadorias "tinham valor por causa da necessidade de dar alguma coisa em troca de sua obtenção".[24] Só se conseguiam objetos de riqueza com sacrifício humano. O sacrifício feito pelos trabalhadores que produziram as mercadorias era óbvio. Say queria mostrar que os donos dos meios de produção recebiam suas rendas em troca de sacrifícios semelhantes. Afirmou que a frugalidade era a fonte da propriedade do capital, que exigia tanto sacrifício quanto o trabalho. Escreveu o seguinte:

> Talvez seja desnecessário dizer que a propriedade daquela categoria dos meios de produção conhecida como indústria humana, e daquela conhecida pela denominação geral de capital, é muito mais sagrada e irrefutável do que a propriedade dos recursos naturais e dos agentes de produção. As faculdades produtivas do homem, sua inteligência, sua força muscular e sua destreza lhe são peculiares e inerentes à sua natureza. O capital ou a produção acumulada são meros resultados da frugalidade humana e da desistência de exercer a faculdade de consumir que, se plenamente exercida, teria destruído os produtos, tão logo eles tivessem sido produzidos, não podendo nunca ser propriedade de alguém; por isso, ninguém, a não ser quem tenha praticado esta autonegação, pode reivindicar o resultado da produção com justiça. A frugalidade pode ser comparada à verdadeira produção de mercadorias, e isto torna a posse destes produtos totalmente inquestionável.[25]

Tendo, assim, argumentado que o trabalho e a propriedade do capital envolviam sacrifícios semelhantes e que trabalhadores e capitalistas tinham justificativas morais semelhantes para auferir suas rendas, Say foi um precursor da teoria neoclássica da distribuição, revendo inteiramente a relação que Smith e Ricardo tinham percebido entre distribuição de renda e valor das mercadorias. Enquanto Smith e Ricardo argumentaram que os preços das mercadorias refletiam o nível de salários e a taxa de lucro (embora, para Ricardo, essa influência tivesse importância secundária) e que os salários e a taxa de lucro eram determinados por outras considerações sociais e técnicas (isto é, a subsistência dos trabalhadores e a produtividade total do trabalho), Say argumentava que os salários e a taxa de lucro eram determinados pelas contribuições relativas para a criação de utilidade, dadas pelo trabalho e pelo capital. Segundo o próprio Say,

> o valor dos produtos não se baseia no valor do agente de produção (quer dizer, não se baseia no lucro e nos salários), como alguns autores erroneamente afirmaram... visto que o desejo de ter um objeto e, consequentemente, seu uso se origina de sua utilidade, é a capacidade de criar a utilidade... que confere valor a um agente de produção, valor este que é proporcional à importância de sua cooperação na produção.[26]

Essa teoria da distribuição da renda que, como veremos no Capítulo 12, foi elaborada de modo completo por John Bates Clark tinha a vantagem ideológica de mostrar que todos recebiam como renda uma quantia que era determinada tão somente pela importância de seus sacrifícios na criação da utilidade, de que se beneficiava toda a sociedade. Não só os lucros e os salários eram recebidos por razões muito parecidas, como também havia um importante senso de justiça social, na noção de que cada pessoa recebia da sociedade uma quantia determinada apenas por sua própria contribuição (ou de seu capital) para o bem-estar da sociedade.

O Subjetivismo Racionalista: A Economia de Bentham, Say e Senior

Não é de admirar que, de acordo com essa abordagem da teoria do valor e da distribuição, todas as noções de conflito de classes desaparecessem. Uma finalidade central do *Tratado*, de Say, era demonstrar que o resultado natural de uma economia capitalista era a harmonia social e não o conflito de classes. Quando essas ideias forem entendidas por quase todos, "as pessoas, mais esclarecidas quanto aos seus verdadeiros interesses, perceberão que esses interesses não entram em conflito com os das outras pessoas".[27] Say achava que se daria o maior valor ao estudo de Economia Política quando se percebesse que a Economia Política "prova que os interesses do rico e do pobre... não são antagônicos, e todas as rivalidades são meras tolices".[28]

As ideias de Say estavam baseadas na aceitação irrestrita das relações de propriedade capitalista. Ele afirmou que a propriedade era "sagrada e indisputável" e que a questão de "se o verdadeiro dono... ou a pessoa que tivesse a propriedade a conseguira por ocupação anterior, pela violência ou pela fraude não fazia diferença alguma, em termos de produção e distribuição de seu produto ou renda".[29]

A Lei dos Mercados, de Say

Outro aspecto importante dos escritos de Say era sua crença de que um mercado livre sempre se ajustaria automaticamente, em um equilíbrio em que todos os recursos – inclusive o trabalho – estariam plenamente utilizados, quer dizer, em um equilíbrio com o pleno emprego, tanto do trabalho quanto da capacidade produtiva. Embora, como vimos, Smith, Ricardo e Bentham (em seus primeiro escritos) tivessem argumentado que um mercado livre e em concorrência criaria, automaticamente, o pleno emprego, essa crença no automatismo do mercado passou, depois, a ser conhecida como *Lei de Say*. Os economistas que rejeitaram essa "lei" foram, entre outros, Malthus, Bentham (em seus últimos escritos), Karl Marx e John Maynard Keynes.

Em uma longa e famosa troca de cartas com Malthus, Say defendeu a ideia de que nunca poderia haver superprodução geral ou depressão que acarretasse desemprego involuntário. Argumentava que uma economia de mercado era uma economia em que produtores especializados trocavam seus produtos. A moeda não tinha qualquer importância intrínseca, a não ser como meio de facilitar a troca. Say argumentava que ninguém produziria se não quisesse trocar o que produzisse pela produção de outra pessoa. Portanto, *uma oferta cria uma demanda da mesma magnitude*. "Produção abre caminho para produção",[30] afirmava ele. Se isso era verdade para cada produtor tomado individualmente, teria de ser verdade para os agregados da oferta e da demanda, quer dizer, a oferta agregada teria de ser igual à demanda agregada.

Ele argumentava que poderia haver uma superprodução *temporária* de *algumas* mercadorias, mas isso resultaria do fato de não ter sido atingido o equilíbrio do mercado. Alguns preços seriam muito baixos e outros, muito altos. Nesse caso, haveria superprodução das mercadorias cujos preços estivessem muito altos e, ao mesmo tempo, uma falta das mercadorias cujos preços estivessem muito baixos. No agregado, a superprodução e a escassez se cancelariam exatamente. Além do mais, os capitalistas que vendessem mercadorias a um preço muito baixo teriam um lucro baixo e os que as vendessem a um preço muito alto teriam lucros altos. A busca de lucro máximo faria, então, com que os capitalistas saíssem dos setores de preço baixo e entrassem nos setores de preço alto. Essa migração dos capitalistas poderia ter dois efeitos. Primeiro, alteraria os preços, elevando os que estivessem muito baixos (porque produziriam menos e venderiam menos, e os compradores fariam subir os preços, na tentativa de conseguir sua parte da produção diminuída) e baixando os preços que estivessem muito altos (porque seriam produzidas e vendidas mais mercadorias, e os vendedores fariam com que os preços baixassem,

História do Pensamento Econômico

em seu esforço para conseguir compradores para a produção adicional). Em segundo lugar, diminuiria a quantidade produzida de mercadorias em excesso e aumentaria a quantidade produzida de mercadorias que estivessem em falta. Assim, ao longo de todo o processo, a oferta agregada sempre seria igual à demanda agregada, mas as faltas e excessos individuais seriam eliminados por variações de preços e pela migração dos capitalistas dos setores de baixo lucro para as de lucro alto.

Nas palavras de Say,

> se houver excesso de estoques de muitos tipos de mercadorias, será porque outras mercadorias não foram produzidas em quantidade suficiente.[31]
>
> A (mercadoria) vendida por um preço acima de seu custo de produção induzirá uma parte dos produtores da outra mercadoria à produção da... (mercadoria de maior preço), até os serviços produtivos de ambas se igualarem.[32]

Isso, então, garantirá que a demanda agregada não só seja igual à oferta agregada, como também que a oferta e a demanda de cada mercadoria sejam iguais. Assim, o mercado *nunca* poderá ter uma super-produção de todas as mercadorias. Além disso, as faltas ou os excedentes temporários de diferentes mercadorias serão automaticamente eliminados pelo mercado livre e concorrencial. Essas conclusões constituem a *Lei de Say* e até hoje ainda são aceitas por muitos economistas.

A Orientação Social de Nassau Senior

Nassau Senior (1790-1864), como Bentham e Say, foi um importante precursor da moderna economia neoclássica. Como Say, ele selecionou cuidadosamente certas ideias dos economistas clássicos ante-riores, modificou algumas delas e acrescentou ideias próprias para apresentar uma justificativa teórica coerente do *status quo* do capitalismo do século XIX. Suas ideias sobre a metodologia apropriada para a teoria econômica, o lugar da utilidade na explicação do valor e a justificativa moral e intelectual do lucro e da renda da terra constituem as áreas mais importantes em que ele influenciou a tradição neoclássica posterior.

Senior era um advogado com grande interesse em questões sociais, econômicas e políticas. Era amigo íntimo de muitos dos membros mais importantes do Partido Whig[33] e era o conselheiro geral do Partido para questões sociais e econômicas. Em 1825, foi nomeado primeiro catedrático de Economia Política da Universidade de Oxford. Os problemas sociais e econômicos que mais atraíram sua atenção foram as condições gerais da classe operária e as causas e consequências da pobreza. As ideias de Senior sobre a classe operária e a pobreza passaram por uma mudança dramática em 1830 e, depois de 1830, ele propôs as ideias que viriam a exercer a maior influência intelectual e política.

Antes de 1830, Senior era um homem politicamente conservador, com uma grande compaixão e uma preocupação bem-intencionada pela classe trabalhadora. Sua *Introductory Lecture on Political Economy* foi publicada em 1826 e suas *Two Lectures on Population* foram publicadas em 1828. Nessas primeiras obras, ele demonstrou um otimismo quanto ao futuro da classe trabalhadora. Não acreditava que a teoria da população, de Malthus, pudesse levar, legitimamente, à conclusão de que os trabalhadores sempre estivessem no nível de subsistência. Acreditava, isso sim, que os aumentos de produtividade poderiam ser acompanhados por aperfeiçoamentos do caráter moral dos trabalhadores e que, com isso, o padrão de vida da maioria dos operários subiria. Apoiava decididamente os esforços que, em sua opinião, elevariam o *status* intelectual e moral dos pobres e via a educação moral como a única esperança para a eliminação da pobreza. Contudo, suas ideias se modificariam em 1830.

O Subjetivismo Racionalista: A Economia de Bentham, Say e Senior

Entre 1829 e 1842, a Inglaterra enfrentou uma longa série de dificuldades trabalhistas. A industrialização tinha reduzido a classe operária inglesa a um nível quase que subumano de exploração e degradação. Nas décadas de 1820 e 1830, a classe operária reagiu. Depois de 1829, houve muitos esforços maciços de organização dos trabalhadores, que, quase sempre, sofriam severa repressão. Como consequência, houve greves generalizadas, tumultos e sabotagem industrial; tudo isso assustou profundamente Senior. Particularmente importante para a modificação de suas ideias foram os "incêndios e insurreições que aterrorizaram o sul da Inglaterra no terrível outono de 1830".[34] Senior convenceu-se de que as leis para os pobres e a assistência dada pelo governo aos pobres e desempregados eram as principais causas da pobreza e uma grande ameaça à própria existência do capitalismo inglês.

Em 1830, publicou *Three Lectures on the Rate of Wages*, escritas no início daquele ano; após o "terrível outono de 1830", acrescentou um prefácio, intitulado *As Causas e os Remédios dos Distúrbios Atuais*. Nesse prefácio, argumentava que os capitalistas deveriam ter um "fundo para a manutenção dos trabalhadores" (essa noção passou a ser conhecida como a *doutrina do fundo dos salários*, na literatura econômica).[35] Afirmava que o valor desse fundo era determinado apenas pela produtividade do trabalho. Portanto, para melhorar o padrão de vida dos operários, seria preciso um aumento de sua produtividade ou uma diminuição do número de operários pelos quais fosse dividido o fundo dos salários. Senior afirmava que havia duas maneiras de aumentar a produtividade do trabalho: primeiro, pela remoção de todas as restrições ao livre-comércio e à acumulação de capital e, segundo, pela abolição das leis para os pobres, que tinham "transformado os salários não em uma questão de contrato entre o patrão e o operário, mas em um direito de um e em um imposto sobre o outro".[36]

No prefácio, está claro que Senior não estava mais preocupado com a miséria causada pela pobreza, mas com "a ameaça de uma classe operária ousada recorrer a greves, violências e combinações (sindicatos), uma ameaça aos fundamentos não só da riqueza, como também da própria existência".[37] O grande perigo, na opinião de Senior, era que os sindicatos lutassem para manter e ampliar a noção de que os salários deveriam refletir as necessidades da família de cada operário e não o livre jogo das forças da oferta e da demanda. As leis dos pobres eram baseadas em um sistema de remuneração familiar para os desempregados e os carentes. Essas leis, segundo Senior, diminuíam o incentivo dos empregados para o trabalho e provocavam a atitude arrogante dos operários, achando que suas famílias tinham direito a existir, mesmo que eles não encontrassem ou não pudessem encontrar emprego. Isso criou uma relação "que não era natural" entre capitalistas e trabalhadores. Quando a relação capitalista-trabalhadores estava em seu "estado natural", Senior dizia que

> os maiores recursos do trabalhador, na hora das dificuldades, são o maior esforço e mais economia... e o que isto não puder oferecer será conseguido pelo trabalhador com gratidão dos benevolentes. A ligação entre ele e seu patrão é uma espécie de associação voluntária, na qual cada parte está consciente do benefício e acha que seu próprio bem-estar depende... do bem-estar da outra parte; mas, logo que os salários deixam de ser negociados – logo que o trabalhador é pago, não de acordo com o seu valor, mas de acordo com as suas necessidades, deixa de ser um homem livre. Passa a ser indolente, imprevidente, ambicioso e mau, mas não fica subordinado como um escravo. Ouve dizer que tem direito ao salário... mas quem duvida que ele medirá seus direitos segundo seus desejos ou que estes aumentarão com a perspectiva de serem satisfeitos? A maré alta atual pode não provocar uma inundação total, mas cometeremos um erro terrível se acharmos que a maré baixa é um recuo permanente da água. Foi aberta uma brecha nos diques e, a cada conquista que tiverem, os trabalhadores se fortalecerão. O que estamos sofrendo, agora, não representa coisa alguma diante do que temos pela frente.[38]

História do Pensamento Econômico

Senior argumentava que a ira, a arrogância e o fanatismo dos pobres, se não fossem contidos, acabariam levando a uma situação na qual a "renda, os dízimos, os lucros e o capital seriam totalmente consumidos e a pobreza levaria ao que poderia ser chamado de seus "efeitos naturais" – pois eram os efeitos que, se não fossem contidos, seriam obrigatoriamente produzidos por ela –: a fome, a peste e a guerra civil".[39]

Naquela época, as ideias dos radicais e socialistas estavam se difundindo muito rapidamente. Thomas Hodgskin e William Thompson escreveram livros na década de 1820 em que argumentavam que os lucros eram, em geral, renda que não tinha sido adquirida com o trabalho, coercitivamente expropriada dos trabalhadores.[40] Essas ideias estavam sendo amplamente disseminadas e discutidas. As doutrinas socialistas de Robert Owen também estavam se tornando cada vez mais influentes. Senior deplorava as ideias socialistas, considerando-as uma crença errada de que as condições que criavam desigualdade pudessem ser remediadas. Essa crença errônea foi por ele chamada de "a economia política dos pobres"; ele argumentava que essas ideias exerciam uma atração natural sobre os que não tinham instrução. Argumentava que a igualdade só poderia levar à extrema miséria, porque, "embora as instituições humanas possam tornar todo o mundo pobre, não podem tornar todo o mundo rico... podem difundir a miséria, mas não a felicidade".[41]

Senior acreditava que toda pessoa instruída entenderia a absoluta futilidade e o grande perigo das ideias socialistas. Discutindo a futilidade das ideias socialistas, escreveu:

> Entre os filósofos... (um entendimento da futilidade) é uma convicção; entre as classes superior e média... é um preconceito baseado, em parte, no seu próprio interesse visível. O interesse visível das classes mais baixas, porém, é o contrário. Elas calculam mal e grosseiramente o número e o valor dos prêmios, na loteria da vida, acham que tiraram mais do que bilhetes em branco e acreditam nos que lhes dizem que, se fossem abolidas todas as sortes grandes, todo o mundo poderia ganhar um prêmio de cem libras.

> Sendo essa a economia política dos pobres, só parece haver três meios de governar um país densamente povoado, em que os pobres sejam a grande maioria. Um deles é excluí-los da vida política. Essa é a política inglesa... Outro é forçá-los a uma dedicação cega às leis e aos costumes do país... Um terceiro plano é confiar no poder militar – armar e disciplinar as classes superior e média, apoiando-as com um exército regular, treinado para a obediência implícita.[42]

Com suas relações com os membros mais poderosos do Partido Whig, Senior conseguiu pôr algumas de suas ideias em prática. Em 1832, foi nomeado membro da Comissão de Inquérito da Lei dos Pobres, que deveria estudar as leis dos pobres em vigor e os métodos de lidar com a pobreza, recomendando reformas que visassem a fazer com que o sistema de amparo à pobreza funcionasse com mais eficácia e economia. De acordo com fontes fidedignas, o relatório apresentado pela Comissão, em 1834, foi, quase todo, de autoria de Senior e tornou-se a base de uma nova Lei dos Pobres, também aprovada em 1834. Essa nova lei refletia as seguintes ideias da Comissão: (1) os trabalhadores deveriam aceitar qualquer trabalho que o mercado oferecesse, independente das condições de trabalho ou da remuneração oferecida; (2) qualquer pessoa que não achasse ou não pudesse achar emprego deveria receber apenas o suficiente para não morrer de fome; (3) a assistência prestada a essa pessoa deveria ser substancialmente menor do que o salário mínimo oferecido pelo mercado, e sua situação geral deveria ficar tão miserável e estigmatizá-lo de tal modo, que ele se motivasse a procurar qualquer emprego, independente da remuneração ou das condições de trabalho.

Um historiador econômico e social da atualidade afirmou que a Lei dos Pobres, cuja aprovação foi tão influenciada por Senior, era

120

O Subjetivismo Racionalista: A Economia de Bentham, Say e Senior

uma máquina de degradação e de opressão, e não um meio de assistência material. Houve poucos estatutos mais desumanos do que a Lei dos Pobres, de 1834, que fez com que toda assistência "pagasse menos" do que o salário mínimo, confinou os pobres nas workhouses, semelhantes a prisões, separou, à força, maridos, mulheres e filhos para punir os pobres por sua pobreza e desestimulá-los a cair na perigosa tentação de gerar mais miseráveis.[43]

Eram essas a filosofia social subjacente à análise econômica do capitalismo, de Senior, e as políticas que dela se originaram.

A Metodologia Teórica de Senior

A análise econômica de Senior foi elaborada de modo mais completo em sua obra *An Outline of the Science of Political Economy*, publicada, pela primeira vez, em 1836. O primeiro capítulo de *Outline* traz uma apresentação de sua metodologia, que é importante por três razões: em primeiro lugar, é a primeira definição explícita de uma abordagem metodológica que veio, depois, exercer grande influência entre os economistas e outros cientistas sociais de tendência conservadora até hoje; em segundo lugar, é uma metodologia que, em nossa opinião (apresentada tanto neste capítulo como no Capítulo 17, sobre a Escola de Economia de Chicago), procura ocultar e obscurecer os fundamentos normativos conservadores da teoria econômica de Senior (e dos economistas conservadores posteriores); em terceiro lugar, parece conferir às ideias de Senior (e dos economistas conservadores posteriores) a autoridade de uma base dissociada, neutra e científica, despida do suposto estigma da defesa dos interesses de qualquer pessoa ou classe.

Senior achava que não existia essa controvérsia nas teorias de Economia Política, porque os economistas se preocupavam com o *bem-estar social* e não meramente com a análise da *riqueza*. Quando se levava em conta o bem-estar social, ficava-se logo envolvido em afirmativas normativas ou éticas, que refletiam as posições de vários grupos contrários envolvidos nos conflitos sociais. Era, então, inevitável que surgissem conflitos intelectuais. Senior afirmou que proposições éticas não estavam sujeitas à confirmação nem refutação científica. Portanto, enquanto elas continuassem fazendo parte da teoria econômica, o progresso científico nunca poderia levar os teóricos a um acordo. Para que a Economia Política se tornasse uma ciência, era preciso, primeiro, eliminar todas as premissas não científicas e éticas. Após essa eliminação, sobrariam alguns princípios empíricos claramente estabelecidos da vida econômica. Então, pela lógica dedutiva, os economistas poderiam explorar cientificamente todas as implicações teóricas e práticas desses princípios empiricamente comprovados. O uso ou a aplicação dessas conclusões não interessaria ao economista como cientista, mas ao moralista ou ao legislador. A Economia Política seria uma "ciência pura", despida de valores e neutra. Senior escreveu o seguinte:

O assunto tratado pelo economista político... não é felicidade, mas a riqueza; suas premissas consistem em muito poucas proposições gerais – resultantes do que ele observa ou do que sabe, que quase nunca exigem prova nem mesmo proposição formal – que quase todas as pessoas tão logo as ouvem, admitem como ideias familiares ou, pelo menos, como parte de seu conhecimento anterior; suas inferências são quase tão gerais e – se o economista raciocina corretamente – tão certas quanto suas premissas. As que se relacionam à natureza e à produção de riqueza são universalmente verdadeiras... mas suas conclusões, qualquer que seja sua generalidade e sua veracidade, não o autorizam a acrescentar uma só sílaba no sentido de dar conselhos.[44]

A dificuldade da metodologia de Senior é que a realidade empírica dinâmica de um sistema econômico e social capitalista se compõe de um número quase infinito de "fatos" empíricos inter-relacionados e

História do Pensamento Econômico

interligados. A experiência *per se* nos sugere que quaisquer "proposições gerais" sejam de importância crucial para a compreensão do capitalismo. O processo de elaboração de uma teoria social é um processo no qual fazemos abstração de inúmeros "fatos" ou os ignoramos, isolando, ao mesmo tempo, uns poucos outros, que julgamos terem poder explicativo, nos quais passamos a concentrar-nos.

Ao se acreditar que sua teoria tenha alguma importância (e Senior e os economistas posteriores que empregaram sua metodologia sempre acharam, claramente, que suas teorias eram importantes), deve-se acreditar que ela se abstraiu de fatos irrelevantes ou sem importância, ou que os ignorou, concentrando-se nos fatos relevantes e importantes. As questões de relevância e de importância, porém, só têm sentido quando se indaga: relevantes ou importantes em relação a que problema? Então, a questão ou problema social ou econômico de que trata uma teoria é crucial para a determinação dos aspectos da realidade a serem ignorados pelo teórico e dos aspectos em que ele se concentrará, "em umas poucas proposições gerais". O que, porém, constitui um problema ou uma questão importante é um julgamento inteiramente baseado nos valores do teórico.

Desse modo, os valores estão presentes na própria base do processo de teorização. Eles ditam não só o que um teórico considerará uma questão social importante, como também que tipos de soluções para problemas sociais seriam aceitáveis. As teorias sociais, geralmente, destinam-se a problemas que o teórico considera importantes. Além do mais, as "poucas proposições gerais" selecionadas, em geral, são escolhidas de modo que a teoria chegue às conclusões aceitáveis, no contexto dos valores do teórico. Da mesma forma, as "poucas proposições gerais", normalmente, evitam conclusões teóricas moral ou eticamente inaceitáveis. Foi isso, sem dúvida alguma, que aconteceu com Senior, e tem sido esse o caso de quase todos os teóricos posteriores que, tal como Senior, pretenderam ter elevado a teoria econômica a um plano superior, no qual ela não estaria, supostamente, contaminada por valores morais ou éticos.

Também está muito claro que Senior queria que sua teoria fosse levada a sério pelos que tinham poder de decidir sobre as questões sociais, políticas e morais mais importantes de sua época. De fato, dados os seus valores sociais e morais, ele acreditava que seria desastroso se os legisladores não agissem de acordo com as conclusões de sua teoria. Isso ficou exemplificado claramente pela seguinte frase: "O trabalho de um economista político não é recomendar ou dissuadir, mas propor princípios gerais, cuja negligência é fatal."[45]

Em que sentido Senior disse que seria "fatal deixar de lado" seus princípios? É claro que ele não poderia ter querido dizer que essa negligência teria levado à extinção física da raça humana, pois ela já vinha existindo há séculos sem seus princípios para guiá-la. O único sentido possível da frase era que ele achava que, se seus princípios não fossem seguidos, as consequências seriam por ele julgadas como moralmente más.

Tendo analisado a tentativa de Senior de separar o aspecto científico do normativo, vamos ver, agora, que os teóricos posteriores que seguiram Senior, na tentativa de fazer essa separação, de modo geral o fizeram pelas mesmas razões de Senior e que suas tentativas não foram mais bem-sucedidas do que a de Senior.

As Quatro Proposições de Senior

Após ter proposto sua abordagem metodológica, Senior listou quatro proposições gerais, que considerava verdades autoevidentes, com base na experiência comum e na introspecção. Escreveu o seguinte:

> Já dissemos que os fatos gerais em que se baseia a Economia Política compreendem umas poucas proposições gerais, que são o resultado da observação ou da consciência. As proposições a que aludimos são estas:

1. *Todo homem deseja conseguir mais riqueza com o mínimo sacrifício possível.*
2. *A população do mundo... é limitada apenas pelo mal moral ou físico ou pelo medo de uma falta dos artigos que os hábitos dos indivíduos de cada classe de seus habitantes os levam a querer.*
3. *Os poderes do trabalho e dos outros instrumentos que produzem riqueza podem ser indefinidamente aumentados se seus produtos forem usados como meios de produzir mais.*
4. *Mantendo-se a capacidade agrícola, um trabalho adicional na terra de determinado distrito produz, em geral, um retorno menos do que proporcional; em outras palavras, embora a cada aumento de trabalho o retorno agregado aumente, este aumento não é proporcional ao aumento do trabalho.*[46]

Foi com base nestas quatro proposições supostamente despidas de valores, que Senior achava óbvias e cientificamente válidas, que ele tentou construir a ciência da Política Econômica. Examinaremos o tratamento que deu a cada uma das quatro proposições, não só para entendermos o que ele via como implicações dessas premissas, como também para ver até que ponto suas conclusões, baseadas nesses princípios, estavam realmente livres de considerações morais.

Maximização da Utilidade, Preços e Superprodução, Segundo Senior

Na formulação de sua primeira proposição, Senior expressou claramente dois dos temas discutidos na primeira parte deste capítulo. Primeiramente, acreditava que a introspecção provaria que todo comportamento econômico era calculista e racionalista e, como Bentham, via esse comportamento como podendo ser reduzido, em última análise, à maximização da utilidade. Falava de maximizar a riqueza, mas, ao explicar a natureza da riqueza, escreveu: "Das... qualidades que tornam qualquer coisa um artigo de riqueza ou, em outras palavras, que lhe dão valor, a mais impressionante é o poder, direto ou indireto, de dar prazer... A *utilidade*... vem logo depois (na expressão desta qualidade)."[47] A primeira proposição afirmava que as pessoas sempre queriam aumentar a riqueza com o mínimo de sacrifício possível. Em nossa discussão da terceira proposição de Senior, veremos que todos os meios de aquisição de riqueza envolviam, em sua opinião, um sacrifício ou uma desutilidade (ou utilidade negativa). Portanto, como Bentham, podemos falar em maximização da utilidade ou em minimização da desutilidade. Ambas, porém, equivalem à simples maximização da utilidade. Senior diferia, porém, de Bentham, quanto ao pressuposto básico segundo o qual esse último argumentava em favor de sua reforma igualitária. Bentham – lembremos – achava que, com o aumento da riqueza ou da renda, a utilidade de cada incremento sucessivo ou marginal diminuía.

A utilidade marginal decrescente da riqueza era a base do argumento de Bentham de que, se fosse tirada riqueza das pessoas mais ricas de uma sociedade para ser dada às pessoas mais pobres, a utilidade social total aumentaria. Duas premissas parecem estar por trás da crença de Bentham: primeiro, a de que as pessoas podem adquirir tanta riqueza que fiquem satisfeitas, fazendo, com isso, com que um pequeno aumento ou uma pequena diminuição de sua riqueza tenha um efeito muito pequeno – se é que possa ter – sobre a utilidade total que lhes seja proporcionada por sua riqueza; segundo, a de que as utilidades proporcionadas a duas pessoas pela riqueza podem ser comparadas. Teóricos posteriores da utilidade foram, em geral, muito mais conservadores do que Bentham, de modo que, para eles, foi necessário negar essas duas premissas igualitárias. Senior negou explicitamente as duas.

Senior afirmou que, independente da desigualdade de distribuição da riqueza, "ninguém acha que todas as suas necessidades estão plenamente satisfeitas... todo o mundo tem alguns desejos insatisfeitos,

História do Pensamento Econômico

que julga poder satisfazer com mais riqueza".[48] Além disso, "a natureza e a urgência das necessidades de cada indivíduo são tão variadas quanto as diferenças de caráter".[49] Portanto, não podemos fazer comparações entre indivíduos quanto ao grau de utilidade que eles possam extrair ou deixar de extrair de um incremento ou de uma diminuição de sua riqueza.

O segundo tema importante deste capítulo – expresso na discussão de Senior sobre sua primeira proposição – é que os preços refletem as utilidades que cada indivíduo extrai do consumo das várias mercadorias e não o trabalho a elas incorporado. Embora não tenha elaborado uma teoria de como a utilidade determinava os preços, Senior afirmou, repetidas vezes, que as mercadorias "são trocadas na proporção da força ou da fraqueza das causas que lhes conferem utilidade".[50] Em resposta à teoria do valor-trabalho, de Ricardo, ele escreveu que

> se todas as mercadorias usadas pelo homem fossem fornecidas pela natureza, sem qualquer intervenção do trabalho humano, mas fossem fornecidas exatamente nas mesmas quantidades que são hoje, não haveria razão para se supor que elas deixariam de ter valor ou que fossem trocadas umas pelas outras em outras proporções.
>
> A resposta ao Sr. Ricardo é... que os artigos de riqueza que não devem a principal parcela de seu valor ao trabalho neles empregado constituem, realmente, a maior parte da riqueza, em vez de uma parte pequena e sem importância.[51]

Finalmente, a primeira proposição de Senior foi usada contra Malthus, para argumentar que as superproduções ou depressões econômicas eram impossíveis. Senior achava que, se o desejo de riqueza fosse insaciável, não poderia haver uma superprodução geral de mercadorias. Como a observação comum "provava" que o desejo de riqueza era insaciável, a crença de que depressões ou superproduções gerais tinham ocorrido ou viriam a ocorrer no futuro teria de ser, necessariamente, falsa. Argumentava ele que

> a única... hipótese de ocorrer uma superprodução geral seria a de uma saciedade geral, em que todos os homens tivessem exatamente os artigos que desejassem, de modo a não haver mercado para os supérfluos dos outros. Essa doutrina se opõe à proposição por nós estabelecida, de que todo homem deseja adquirir mais riquezas.[52]

Senior parece mais extremado do que Ricardo ou Say ao rejeitar a possibilidade de superprodução. Esses dois últimos teóricos, pelo menos, reconheceram que houvera períodos repetidos de dificuldade econômica, mas argumentavam que um mercado em concorrência aliviaria automaticamente essas dificuldades e restabeleceria um equilíbrio adequado nos vários setores em desequilíbrio. Senior, em seus vários escritos, não parece ter reconhecido a própria existência dessas crises periódicas, mas, como dissemos anteriormente, os valores frequentemente ditam quais os aspectos da realidade que os teóricos abstrairão e, em decorrência, quais os aspectos que eles deixarão de lado, por serem considerados sem importância.

As Ideias de Senior sobre População e Bem-estar dos Trabalhadores

A segunda proposição de Senior quase que repetiu as ideias de Malthus sobre população. Como Malthus, Senior achava que, se o caráter moral dos pobres não fosse melhorado, a miséria seria sua sorte inevitável. Antes de 1830, porém, ele achava que o caráter moral dos pobres da Inglaterra estava melhorando e estava otimista quanto a uma melhora maior ainda no futuro. Após o "outono terrível" de 1830, suas ideias mudaram. No prefácio à edição de 1831 de *Three Lectures on the Rate of Wages*, ele argumentou que só

O Subjetivismo Racionalista: A Economia de Bentham, Say e Senior

havia um "meio efetivo e permanente" de diminuir a pobreza – "melhorar o caráter moral e intelectual da população trabalhadora". Embora ele, antes, acreditasse que o caráter dos trabalhadores já tinha melhorado consideravelmente, dizia agora que era necessário "melhorar, talvez mesmo criar, hábitos de prudência, autorrespeito e autocontenção".[53] É óbvio que, quando ele disse que esses hábitos tinham de ser criados, estava afirmando, de fato, que os trabalhadores ingleses não os tinham de modo algum.

Assim, em sua apresentação da segunda proposição, Senior ressaltou que a única alternativa ao "mal moral e físico" no controle da população era o "medo da escassez". Senior achava absolutamente necessário manter a classe trabalhadora vivendo sob constante e extremo "medo da escassez" e que as antigas leis dos pobres tinham diminuído esse medo, dando aos trabalhadores um nível mínimo de segurança. Sua objeção a isso e sua crença na importância de manter o medo e a insegurança extremos viriam a tornar-se a base da Lei dos Pobres, de 1834. Senior, como Malthus, achava que, para atingir o objetivo último da sociedade, quase sempre era preciso sofrimento (inevitavelmente, eles achavam que eram os pobres que tinham de sofrer). Escreveu ele: "A natureza decretou que o caminho para o bem é através do mal – que não haverá melhora alguma em que a vantagem não seja acompanhada de sofrimento parcial."[54]

Acumulação de Capital e Abstinência, Segundo Senior

A terceira proposição de Senior era, superficialmente, uma negação de que haveria retornos decrescentes na indústria. À medida que aumentasse o trabalho empregado na indústria, a produção de bens industrializados *poderia* aumentar, pelo menos proporcionalmente, e não mais do que proporcionalmente, dependendo de os produtos do trabalho e do capital serem acumulados como acréscimos ao estoque de capital, aumentando, assim, a produtividade do trabalho. Senior concordava com Say que o capital era produtivo, da mesma forma que o trabalho. Realmente, ele, muitas vezes, argumentou como se o capital fosse tão produtivo quanto o trabalho para a criação de mercadorias. Ele, porém, tinha lido as obras de Thompson e Hodgskin (que serão discutidas no próximo capítulo) e sabia da influência exercida por esses autores, que se concentraram no fato de que o trabalho é uma atividade humana absolutamente necessária à produção. Eles tinham insistido em que o capital é simplesmente a expressão de uma propriedade legal. Como tal, o capital é uma relação legal ou social entre diferentes classes de pessoas, não sendo necessário para a produção. Argumentaram que o trabalho é o *verdadeiro custo humano da produção*, ao contrário do capital. Portanto, os salários podem ser moralmente justificados como a remuneração de um esforço humano real, mas os lucros não podem ser justificados dessa maneira.

Senior discordava disso. Apesar de ter afirmado que a moralidade não tinha lugar algum na Economia Política científica, apresentou a justificativa moral dos lucros, que ainda é apresentada, hoje, por economistas conservadores. Não bastava tentar mostrar que o capital físico era produtivo, porque o capital físico e os capitalistas não eram a mesma coisa. Senior tinha de mostrar como a propriedade do capital envolvia um verdadeiro custo humano, análogo ao trabalho, para dar aos lucros a mesma justificativa moral que dera aos salários. Foi exatamente isso que ele procurou fazer:

> *De acordo com a linguagem comum dos economistas políticos, o trabalho, o capital e a terra são os três instrumentos de produção; os trabalhadores, os capitalistas e os proprietários de terras são as três classes de produtores; toda a produção é dividida entre salários, lucros e renda da terra... Aprovamos, de modo geral, os princípios em que se baseia esta classificação, mas fomos obrigados – em grande parte contra nossa vontade – a fazer consideráveis alterações na linguagem em que eles foram geralmente expressos.*[55]

História do Pensamento Econômico

As principais mudanças de terminologia a que ele se referiu foram – como seria de se esperar – os termos *capital, capitalista* e *lucro*.

Estes termos expressam o instrumento, a pessoa que o emprega ou usa e sua remuneração; mas não existe termo familiar para expressar o ato, a conduta cuja recompensa é o lucro, e que tem com este a mesma relação que o trabalho tem com o salário. Essa conduta já foi por nós chamada de abstinência... A abstinência expressa tanto o ato de se abster do uso improdutivo do capital como também a conduta semelhante de quem dedica seu trabalho à produção de resultados distantes e não –imediatos.[56]

Assim, o capitalista abstém-se do uso improdutivo de seu capital, e essa é a contribuição que lhe dá direito a receber um lucro. Senior, como Bentham, pensava que o trabalho fosse penoso e que, portanto, precisasse de um salário para induzir o operário a suportar essa dor. Da mesma forma, afirmava o seguinte: "Abster-se de tirar proveito do que se pode aproveitar ou buscar resultados distantes e não imediatos é um dos atos mais penosos da vontade humana".[57] Então, os capitalistas, como os trabalhadores, tinham de ser pagos para suportar a dor e, portanto, tinham de receber lucros. Não havia, assim, diferenças realmente importantes na natureza ou na justificativa dos salários e dos lucros.

Só protegendo cuidadosamente os direitos da propriedade privada – e, com isso, protegendo o capital e os lucros – é que o governo poderia ter certeza de que as pessoas fariam abstinência, acumulando, assim, capital. A última e mais importante conclusão da terceira proposição de Senior era que só a acumulação de capital poderia assegurar a um país que sua capacidade industrial cresceria pelo menos mais rapidamente do que sua população. Assim, a fonte mais importante de prosperidade de uma nação era, afinal, a abstinência de seus capitalistas.

A Renda e a Distribuição da Renda entre as Classes, Segundo Senior

A quarta e última proposição de Senior parecia a mera repetição da afirmativa de Ricardo, de que a produção agrícola estava sujeita a rendimentos decrescentes. Os interesses de Senior, porém, eram muito diferentes dos de Ricardo.

Em primeiro lugar, ele realmente não estava interessado no que acontecia quando "a habilidade agrícola se mantinha inalterada". Como Malthus, salientou a melhoria da habilidade agrícola que, para ele, mais do que compensaria os rendimentos decrescentes da produtividade que ocorreriam sem essa melhoria. Acreditava que essa melhoria tinha, de fato, resultado em rendimentos crescentes na produção agrícola da Grã-Bretanha no século anterior: "A produção agrícola total anual da Grã-Bretanha mais do que dobrou nos últimos cem anos; mas é muitíssimo improvável que a quantidade de trabalho empregada por ano também tenha dobrado".[58] Mais uma vez, a Grã-Bretanha devia sua prosperidade e a ausência do espectro ricardiano do estado estacionário aos efeitos positivos da abstinência e da acumulação de capital no setor agrícola da economia.

A modificação introduzida por Senior na noção de renda diferencial foi o segundo aspecto importante em que diferiu de Ricardo, na formulação de sua quarta proposição. A renda da terra era definida por Senior como "uma vantagem derivada do uso de um agente natural, que não é universalmente acessível".[59] Era um retorno de qualquer propriedade que tivesse poder de monopólio, porque o objeto possuído não podia ser livremente reproduzido. Seria possível, portanto, supor que, diferentemente do que ocorria com os salários e os lucros, a renda da terra não pudesse ser justificada moralmente, segundo a teoria de Senior.

O Subjetivismo Racionalista: A Economia de Bentham, Say e Senior

Isso, porém, não ocorreu. Ele argumentava que a renda agrícola era o único "meio pelo qual a população de um país ficava proporcional à demanda por trabalho. Nesse, como em muitos outros casos, a natureza cuidara para que os interesses dos proprietários de terras e os interesses do público coincidissem".[60]

A parte mais importante, porém, da discussão da renda da terra, de Senior, foi sua afirmativa de que grande parte do que era normalmente chamado de salário e lucro incluía um importante componente de renda da terra. Se qualquer trabalhador ou capitalista pudesse contar com uma vantagem que não pudesse ser reproduzida por seus rivais, parte de seus salários ou lucros seria realmente renda. Argumentava ele que variações de fertilidade da terra não eram, em princípio, diferentes das variações da capacidade produtiva dos trabalhadores ou das máquinas. Isso era importante porque era o passo inicial de uma cadeia de raciocínio pelo qual Senior eliminou a distinção entre as rendas das várias classes, tornando todos os tipos de renda quase idênticos. Se as fontes de todas as rendas fossem idênticas, as características distintivas de diferentes classes se tornariam economicamente sem importância – e, eventualmente, os pensadores influenciados por Senior acabaram achando que o capitalismo era, em essência, uma sociedade sem classes. Essa foi uma formulação central na tradição da teoria econômica baseada na harmonia social, porque, se as distinções de classe fossem sem importância ou inexistentes, o conflito de classes também passaria a ser sem importância ou inexistente.

A eliminação, por Senior, da distinção entre as rendas das três classes foi resumida na seguinte citação:

> Definimos **renda** da terra como a receita espontaneamente oferecida pela natureza ou por um acidente; salário como a recompensa pelo trabalho e lucro como a recompensa da abstinência. À distância, parece que estas divisões são bem nítidas, mas, quando examinamos os detalhes, verificamos que estão tão interligadas que, dificilmente, será possível sujeitá-las a uma classificação que, às vezes, não parece incoerente e, na maioria das vezes, arbitrária... Para fins práticos, a distinção entre lucro e renda deixa de existir, logo que o capital – de onde se origina uma determinada receita – passa, por doação ou por herança, a ser propriedade de uma pessoa, cuja abstinência e esforço não o criaram...
>
> A remuneração extraordinária do trabalhador que possuísse talento fora do comum também poderia ser chamada, com a mesma correção, de renda que só poderia ser recebida, sob a forma de salário, pelo trabalhador que tivesse uma aptidão natural...
>
> É mais difícil ainda traçar a linha divisória entre lucros e salário... Como regra geral pode-se dizer que o capital é um instrumento que, para produzir lucro, tem de ser empregado, e que quem dirige seu emprego tem de trabalhar, isto é, tem de, até certo ponto, dominar sua indolência, sacrificar seus objetivos prediletos e, muitas vezes, suportar inconveniências...[61]

Assim, ele achava que as diferenças de classe eram, em grande parte, ilusórias. "No estado natural", a relação entre um trabalhador "e seu patrão é uma espécie de associação voluntária".[62] Seus interesses estavam em harmonia e eram melhor promovidos por um mercado livre e pela proteção à propriedade privada.

Harmonia Social *Versus* Economia Política dos Pobres

A doutrina segundo a qual as classes eram naturalmente antagônicas e a classe trabalhadora poderia beneficiar-se com atos que prejudicassem os interesses de proprietários de terras e capitalistas era chamada, por Senior, de "a economia política dos pobres". Essas ideias só eram esposadas por aqueles "cujas faculdades de raciocínio fossem incultas ou distorcidas por seus sentimentos ou por sua imaginação".[63] A doutrina correta era que todos os interesses estavam em harmonia e eram promovidos por um

História do Pensamento Econômico

mercado livre e pela acumulação de capital. "Entre os filósofos" – escreveu ele – "isso é uma convicção; entre as classes superior e média... é um preconceito baseado em parte no... seu próprio interesse revelado."[64] Só quando os trabalhadores vissem que o preconceito baseado no "interesse revelado" dos ricos coincidia com a verdade última de que os filósofos (como Senior) estavam convictos, é que eles abandonariam suas falsas noções de conflito de classes e continuariam defendendo a "economia dos ricos" (que acabaria promovendo o bem-estar de toda a sociedade).

Quase todos os proponentes posteriores do que Senior chamou de "economia política dos pobres" aceitaram a noção de que a distinção entre renda e lucros tinha perdido a importância, em meados do século XIX. Nos séculos XVII e XVIII, a classe dos proprietários de terra tinha conservado muitas de suas características de antiga classe dirigente do feudalismo. Nessa época, seus interesses, quase sempre, entravam em choque com os da classe capitalista (como vimos nos capítulos em que tratamos de Malthus e Ricardo). Em meados do século XIX, o capital industrial já tinha praticamente estabelecido sua supremacia. Com isso, um número cada vez maior de capitalistas deixou de funcionar como empresário ou organizador da produção e começou a entregar a administradores contratados o desempenho de tais funções. Cada vez mais os lucros, como a renda da terra, se transformaram apenas num retorno da propriedade passiva. Consequentemente, a distinção entre proprietários e capitalistas, ou entre renda da terra e lucro, tornou-se sem importância.

Os defensores da "economia política dos pobres" continuaram, porém, insistindo na importância da distinção entre renda do trabalho e renda da propriedade. Essas duas fontes de renda – acreditavam eles – formam a base de um antagonismo de classes permanente e fundamental. Não é, portanto, de admirar que esses teóricos tenham persistentemente atacado a noção de Senior, de que a abstinência é um custo social de produção pago pelos capitalistas.

Esses críticos de Senior insistiram em que as origens do capital quase nunca eram a abstinência dos capitalistas (ver Capítulo 9, sobre Marx). Além do mais, quase todo o capital, na moderna sociedade capitalista, é herdado, sendo, portanto, um acidente de nascimento. Quando a abstinência é definida – como Senior, muitas vezes, a definiu – como "a abstenção de um uso improdutivo do capital",[65] isso significa, meramente, que um capitalista usa sua fábrica (ou outro capital físico) como meio de auferir lucro e de acumular mais capital e não como um meio de prazer pessoal (se se pudesse imaginar como uma fábrica poderia ser usada como bem de consumo para o próprio prazer pessoal). Isso quer dizer que o uso do capital, para ter lucro, é simplesmente definido como doloroso, e o lucro é justificado por essa dor. Até Senior, em muitas de suas passagens, mostrou reconhecer o absurdo dessa noção. Diferente do que se poderia esperar da teoria da abstinência, de Senior, em relação ao capitalismo, os capitalistas têm prazer quando auferem lucros. Na realidade, essa é, em geral, uma paixão que domina suas vidas. Senior admitia que a vaidade estimulava as classes superiores a poupar, em vez de gastar, e que, entre as classes instruídas, a vaidade era "a mais poderosa das paixões humanas".[66] Além do mais, os capitalistas

> podem mostrar sua riqueza pelo tamanho de suas empresas e pela firmeza de seu crédito. A ostentação os rebaixa, em vez de enaltecê-los, diante da classe cuja opinião eles respeitam. Eles continuam produzindo e acumulando e deixam a tarefa de gastar para os outros.[67]

Finalmente, Senior achava o "desejo da riqueza, por si mesma", uma coisa "instintiva"; parecia "ter sido implantado em nós pela natureza, como compensação pela forte propensão à indolência e ao gasto".[68]

Assim, quando não estava tentando diretamente justificar moralmente os lucros, Senior fez muitas observações que pareceriam refutar sua afirmativa de que a abstinência estava "entre os atos mais penosos da vontade humana".[69]

O Subjetivismo Racionalista: A Economia de Bentham, Say e Senior

Notas do Capítulo 6

1. Citado por GUVETZ, Harry K. *The Evolution of Liberalism*. Nova York: Colliers, 1963, p. 28-29.
2. HOBBES, Thomas. "Leviathan". In : ed., A.I. Melden. *Ethical Theories*. Englewood Cliffs, N.J.: Prentice-Hall, 1955, p. 192-205.
3. Quase todos os escritos de Bentham sobre tópicos econômicos estão em BENTHAM, Jeremy. W. Stark, ed., *Jeremy Bentham's Economic Writings*. Londres: Allen & Unwin, 1954, 3 v.
4. BENTHAM, Jeremy. "An Introduction to the Principles of Morals and Legislation". In: M. P. Mack, ed., *A Bentham Reader*. Nova York: Pegasus, 1969, p. 85.
5. Ibid., p. 86.
6. Ibid., p. 96.
7. Ibid., p. 97.
8. BENTHAM, Jeremy. *Jeremy Bentham's Economic Writings*, 3:421.
9. Ibid., 3:428.
10. Ibid., 3:83.
11. Ibid., 3:87-88.
12. Ibid., 1:201.
13. Ibid., 1:196.
14. Ibid., 3:257-258.
15. Ibid., 3:120.
16. Ibid., 3:123.
17. Ibid., 3:124.
18. Ibid., 3:441.
19. Ibid., 3:442-443.
20. ROGIN, Leo. *The Meaning and Validity of Economic Theory*. Nova York: Harper & Row, 1957, p. 209.
21. SAY, Jean-Baptiste. *Um Tratado de Economia Política*. Filadélfia: Lippincott, 1863, p. x1. Tradução da quarta edição francesa, publicada em 1821.
22. Ibid., p. 62.
23. Ibid., p. 284.
24. Ibid., p. 286.
25. Ibid., p. 293.
26. Ibid., p. 293.
27. Ibid., p. lii-liii.
28. Ibid., p. lix.
29. Ibid., p. 293.
30. SAY, Jean-Baptiste. *Cartas a Thomas Robert Malthus sobre Economia Política e Estagnação do Comércio*. Londres: George Harding's Bookshop, 1936, p. 3.
31. Ibid., p. 5.
32. Ibid., p. 24.
33. (N.T.) Partido político inglês, dos séculos XVII a XIX, favorável ao governo de gabinete, ao comércio exterior e ao voto para a classe média. Combatia o Partido Conservador, Tory.
34. SENIOR, Nassau. *Industrial Efficiency and Social Economy*. Nova York: Holt, 1928, 2:156, 2 v.
35. SENIOR, Nassau. *Three Lectures on the Rate of Wages*. Nova York: Augustus M. Kelley, 1966, p. iv.
36. Ibid., p. v.
37. ROGIN. *Meaning and Validity*, p. 251.
38. SENIOR. *Three Lectures*, p. x-xi.
39. Ibid., p. xiii.
40. Ver Capítulo 7.
41. SENIOR, Nassau. *Journals Kept in France and Italy*. 2 ed. Londres: Henry S. King, 1871. 1:150, 2 v.

42. Ibid., p. 150-152.
43. HOBSBAWM, E. J. *Industry and Empire: An Economic History of Britain since 1750*. Londres: Weidenfeld & Nicolson, 1968, p. 69-70.
44. SENIOR, Nassau. *An Outline of the Science of Political Economy*. Londres: Allen & Unwin, 1938, p. 2-3.
45. Ibid., p. 3.
46. Ibid., p. 26.
47. Ibid., p. 6.
48. Ibid., p. 27.
49. Ibid.
50. Ibid., p. 14.
51. Ibid., p. 24.
52. Ibid., p. 29.
53. SENIOR. *Three Lectures*, p. v.
54. Ibid., p. xiv-xv.
55. SENIOR. *Science of Political Economy*, p. 88.
56. Ibid., p. 89.
57. Ibid., p. 60.
58. Ibid., p. 86.
59. Ibid., p. 115.
60. SENIOR, Nassau. *Journals, Conversations and Essays Relating to Ireland*. Londres: Longmans, Green, 1868. 1:153, 2 v.
61. SENIOR. *Science of Political Economy*, p. 128-130.
62. SENIOR. *Three Lectures*, p. ix, x.
63. SENIOR. *Journals Kept in France and Italy*. 1:4.
64. Ibid., p. 150.
65. SENIOR. *Science of Political Economy*, p. 89.
66. SENIOR . *Industrial Efficiency and Social Economy*. 1:67, 69.
67. Ibid., 1:69.
68. Ibid., 1:68.
69. SENIOR. *Science of Political Economy*, p. 60.

CAPÍTULO 7

A Economia Política dos Pobres: As Ideias de William Thompson e Thomas Hodgskin

O "terrível outono de 1830", que provocou em Nassau Senior um horror dos atos de massa da classe operária, foi, meramente, uma das várias greves, tumultos e rebeliões através das quais os trabalhadores expressaram seu ódio ao que a Revolução Industrial estava causando a eles e a suas famílias. A industrialização provocou a total destruição do modo de vida tradicional dos trabalhadores. A disciplina rígida nas fábricas e as deploráveis condições de vida nas cidades eram frutos da necessidade de ter e manter um emprego. Os altos níveis de desemprego tornavam a tarefa de encontrar e manter um emprego muito incerta. Além do mais, a maioria das mudanças importantes na tecnologia de produção provocou desemprego tecnológico para muitos trabalhadores. Os três males que galvanizaram quase toda a resistência do trabalhador foram, então, os salários baixos, as más condições de trabalho e de vida e a insegurança econômica.

A Resistência dos Trabalhadores à Industrialização

Nas primeiras tentativas de resistir aos efeitos da industrialização capitalista, os operários, quase sempre, tentaram juntar-se ou formar sindicatos. No Capítulo 4 mencionamos os primeiros êxitos de algumas "combinações" desses operários na indústria têxtil. Na Inglaterra, a década de 1790 foi uma década de inquietação trabalhista generalizada e de frequentes tentativas de fazer "combinações". Os ingleses ricos, com a lembrança da Revolução Francesa bem nítida em sua mente, ficavam cada vez mais alarmados, tanto

131

História do Pensamento Econômico

com o movimento das combinações quanto com a influência crescente de muitos autores radicais, como Godwin. Sua reação ao movimento dos trabalhadores foi a Lei da Associação (de trabalhadores), de 1799.

Os empregadores perceberam que, individualmente, um trabalhador nada poderia fazer contra eles. Com uma grande reserva de trabalhadores desempregados, qualquer operário "arrogante" ou recalcitrante poderia ser imediata e facilmente substituído. Essa substituição serviria de exemplo para aumentar a insegurança e, assim, a docilidade dos demais operários. Os operários, porém, tinham muito mais poder quando negociavam coletivamente. A Lei da Associação foi aprovada com apenas um propósito: a completa destruição do movimento de "combinação" e a preservação da fraqueza dos operários. Embora não tenha, afinal, tido êxito, desfechou, durante 25 anos, um golpe muito forte sobre o movimento operário. O cumprimento da lei era mantido com incrível severidade. Muitas vezes, o argumento da acusação era pouco mais do que uma argumentação falha, com evidência frágil, quando não fabricada, e as punições eram terríveis e cruéis.

Outra forma de rebelião dos trabalhadores era a destruição das máquinas. Os trabalhadores, muitas vezes, não percebiam que não eram as máquinas em si mesmas que tiravam seus empregos, mas sim a forma pela qual elas eram usadas na busca de lucros máximos pelos capitalistas. Em 1758, trabalhadores ingleses destruíram muitas das primeiras máquinas de tosar lã. O resultado foi quase o pânico em massa, e o Parlamento aprovou uma lei, ameaçando executar todo trabalhador que fosse apanhado destruindo uma fábrica ou uma máquina; mas a destruição das máquinas continuou, enquanto os operários continuaram enfrentando a insegurança econômica e as privações materiais.

Depois da aprovação da Lei da Associação, os trabalhadores não tiveram meios de resistência legal e os estragos às máquinas se generalizaram mais ainda. De 1811 em diante, a rebelião aumentou rapidamente em número e intensidade. Houve reações em cadeia nos anos de 1811-1813, 1815-1817, 1819, 1826, 1829-1835, 1838-1842, 1843-1844 e 1846-1848. Quase todos esses levantes eram manifestações espontâneas da desgraça e do desespero patentes da classe operária. Apesar da pungente oposição de Lord Byron, em 1812, o governo inglês procurou, várias vezes, resolver o problema, tornando a quebra de máquinas uma ofensa capital.

Na década de 1820, muitos defensores dos interesses da classe operária já estavam claramente conscientes de que não eram as máquinas a fonte do mal. A situação dos trabalhadores – argumentavam eles – era o resultado das instituições econômicas, legais, sociais e políticas. Portanto, qualquer melhoria substancial das condições dos pobres exigiria uma transformação dessas instituições. Assim, a classe operária teria de entender a base institucional de opressão e organizar-se coletivamente para criar uma sociedade melhor.

Robert Owen (1771-1858), um capitalista humanista de classe média, tornou-se o líder mais influente desse movimento na década de 1830. Owen trabalhou como aprendiz em uma fábrica de panos, aos 10 anos de idade. Aos 20 anos, foi gerente de uma grande fábrica. Boas decisões nos negócios e uma boa sorte logo o levaram a amealhar uma considerável fortuna. Adquiriu uma fábrica em New Lanark, que passou a ser conhecida em toda a Inglaterra por insistir em condições decentes de trabalho, salários razoáveis e instrução para os filhos dos operários.

Owen era um homem de bons sentimentos, que se espantava com o sofrimento e as dificuldades suportadas pelos operários. No começo, esperava mostrar a outros capitalistas, pelo exemplo de sua fábrica, em New Lanark, que o tratamento por eles dispensado aos operários era imprevidente e ignorante. Acreditava que os capitalistas conseguiriam mais produtividade dos operários e, consequentemente, mais lucros, se os tratassem com mais humanidade.

Verificou, porém, que quase nenhum capitalista estava interessado em seguir seu exemplo, convencendo-se de que a resposta estava na formação de "cooperativas" voluntárias, nas quais os próprios produtores controlariam, em conjunto, seu próprio destino econômico. Acreditava que um sistema de cooperativas poderia coexistir e concorrer com as empresas capitalistas existentes e acabar por substituí-las inteiramente.

As cooperativas deveriam ser comunidades industriais e agrícolas, que se autodirigissem, e nas quais se aboliria a propriedade privada dos meios de produção e a busca egoísta dos lucros.

> *Uma parte da humanidade não será, como agora, treinada e colocada para oprimir, pela força e pela fraude, outra parte, com grande desvantagem para ambas; nem uma parte será treinada para a ociosidade, para viver no luxo, à custa do trabalho das pessoas que são por ela oprimidas, enquanto estas são obrigadas a trabalhar o dia todo e a viver na pobreza. Tampouco outras pessoas serão treinadas para incutir falsas ideias na mente humana e receber uma alta remuneração para isso enquanto outras são impedidas de ensinar a verdade ou serão severamente punidas, se o tentarem.*[1]

O movimento cooperativo de Owen e as ideias que fundamentavam tornaram-se muito influentes no movimento trabalhista inglês da década de 1820, em especial depois da revogação da Lei da Associação, em 1824, que tornou mais uma vez legais as organizações trabalhistas. Desse modo, não é de surpreender que vários teóricos dessa época, simpáticos ao movimento trabalhista, tenham combinado muitas das ideias do movimento cooperativista de Owen com a perspectiva do conflito de classes, expresso na teoria do valor-trabalho encontrada nos trabalhos de Adam Smith e de David Ricardo. Dois dos mais interessantes e influentes desses teóricos foram William Thompson e Thomas Hodgskin.

O Utilitarismo e a Teoria do Valor-trabalho, de Thompson

William Thompson publicou vários livros e folhetos. Os dois mais importantes foram An Inquiry into the Principles of the Distribution of Wealth Most Conducive to Human Happiness (1824) e Labour Rewarded, The Claims of Labour and Capital Conciliated (1827). As três principais influências exercidas intelectualmente sobre Thompson foram a teoria do valor-trabalho dos economistas políticos clássicos, a filosofia do movimento cooperativista, de Owen, e o utilitarismo, de Jeremy Bentham.

No capítulo anterior, afirmamos que o utilitarismo, de Bentham, serviu de base filosófica para a economia neoclássica posterior e para a teoria do valor-utilidade. Também dissemos que a teoria do valor-utilidade origina-se de uma perspectiva de harmonia social e a reforça intelectualmente, o que, em geral, culmina com uma justificativa ideológica do status quo do capitalismo de livre-mercado. Como discutimos no capítulo anterior, nas últimas décadas de sua carreira, Bentham defendeu reformas sociais, políticas e econômicas de razoável alcance. Thompson advogou reformas muito mais radicais do que as de Bentham. Conforme veremos no próximo capítulo, John Stuart Mill considerava-se discípulo de Bentham e achava que reformas legais deveriam restringir o domínio do capitalismo de livre-mercado.

Assim, nesta discussão sobre as ideias de Thompson, tentaremos mostrar que, sempre que o utilitarismo de Bentham for usado (seja por Bentham, Mill ou Thompson) para justificar reformas, restrições ou a abolição do capitalismo de livre-mercado, surgirão contradições irreconciliáveis. Em nossa opinião, apenas os defensores neoclássicos conservadores do capitalismo laissez-faire analisaram as implicações do utilitarismo de Bentham com coerência lógica.

Thompson era um discípulo declarado de Bentham. Como ele, esposava tanto o hedonismo psicológico quanto o hedonismo ético – embora, conforme veremos, também aceitasse teorias incompatíveis com o utilitarismo que apregoava. Seu hedonismo psicológico é evidente em passagens como as seguintes:

> *Nossa organização nos tornou seres sensíveis, isto é, capazes de ter prazer e dor, por vários motivos. O único motivo racional de qualquer esforço, seja para adquirir riqueza, seja para qualquer outro fim, é aumentar os meios de felicidade ou afastar ou diminuir as causas de aborrecimento, sejam elas imediatas ou potenciais.[2]*

Thompson não defendeu seu hedonismo ético. Simplesmente afirmou que a teoria ética utilitarista, nos trabalhos de Bentham, tinha sido "elaborada e estabelecida para sempre, excluindo todos os outros testes simulados de moral".[3]

Thompson achava que a distribuição da riqueza era o determinante mais importante do grau de prazer e de felicidade que poderia ser atingido pelos vários membros da sociedade. Também acreditava que, à medida que a riqueza de uma pessoa fosse aumentando, aumentos iguais de riqueza resultariam, sucessivamente, em menos aumentos de prazer.[4] Além do mais, achava que, se todos os membros da sociedade fossem tratados igualmente, teriam a mesma capacidade de sentir prazer e felicidade.[5] Essas crenças eram, todas elas, muito parecidas com as de Bentham, discutidas no capítulo anterior.

Thompson também aceitava a teoria do valor-trabalho. Achava que só o trabalho criava riqueza e que a quantidade de trabalho incorporada a uma mercadoria era o principal determinante do valor dessa mercadoria:

> Sem trabalho não há riqueza. *O trabalho é seu atributo distintivo. A ação da natureza não constitui objeto de riqueza. O trabalho é o único gerador de riqueza...*
>
> *A terra, o ar, o calor, a luz, a eletricidade, os homens, os cavalos, a água,* como tal, *também não podem ser chamados de riqueza. Podem ser objetos de desejo, de felicidade; mas, enquanto não são tocados pela mão transformadora do trabalho, não constituem riqueza.[6]*

A Argumentação de Thompson em Defesa de um Socialismo Igualitário de Mercado

Thompson concluiu, partindo de suas premissas utilitaristas, que "em todos os casos em que não há esforço humano na produção a igualdade de distribuição é a regra da justiça".[7] Acreditava ele que havia apenas um modo de defender qualquer desigualdade:

> *sem segurança – que quer dizer a posse exclusiva que todo homem tem de todas as vantagens de seu trabalho – o trabalho não seria conseguido. Portanto, na distribuição de artigos em que se emprega trabalho – chamados artigos de riqueza – e apenas nestes, a igualdade tem que ser limitada pela segurança, porque em nenhum outro caso a produção e a igualdade são incompatíveis entre si.[8]*

A descrição de Thompson sobre a única defesa possível da desigualdade era semelhante à de Bentham. Thompson, porém, era muito mais radical do que Bentham. Embora este acreditasse que a distribuição da riqueza e da renda, na Inglaterra, fosse significativamente mais desigual do que o necessário, achava que a economia capitalista existente era bastante compatível com uma justa distribuição da riqueza e da renda. Thompson discordava frontalmente disso. Não achava que o capitalismo pudesse ser um "sistema de segurança", em que todos tivessem assegurados os frutos de seu trabalho: "A tendência

A Economia Política dos Pobres

do esquema vigente das coisas, no tocante à riqueza, é enriquecer uns poucos à custa da massa de produtores, tornar a miséria do pobre mais desesperançada".[9]

O capitalismo tinha extremos muito maiores de riqueza e pobreza do que poderiam ser justificados por uma filosofia utilitarista, na opinião de Thompson. Afirmou ele que, no capitalismo,

a desigualdade de riqueza não tem limites: torna-se a paixão dominante; a distinção por ela conferida e a inveja por ela despertada fazem com que os homens sintam uma necessidade premente de adquiri-la de qualquer maneira. Todos os expedientes que a força e a astúcia possam usar para se apropriar dos frutos do trabalho dos outros, visando a transformar quase todos os homens em escravos do trabalho, ignorantes e contentes, são transformados em costume ou em lei. Existe, em toda parte... uma conspiração universal e sempre vigilante de capitalistas... para fazer com que os operários trabalhem arduamente em troca do menor salário possível e para arrancar o máximo possível do produto do seu trabalho, com o fim de alimentar a acumulação e os gastos dos capitalistas. Na verdade, tão grande é a ânsia que estes homens têm de distinção, de gastos como instrumento de distinção e não de qualquer prazer direto, que o produto do trabalho de milhares de operários é totalmente destinado à satisfação desses desejos fúteis. Toda a riqueza acumulada existente na comunidade se concentra nas mãos de poucos, e tanto pelo seu volume como pelo seu contraste com a pobreza que a circunda, essa riqueza impressiona a todos. Os trabalhadores produtivos, desprovidos de todo capital, de ferramentas, de casas e material para tornar seu próprio trabalho produtivo, trabalham arduamente por necessidade, para poder sobreviver, e sua remuneração é mantida em um nível mínimo compatível com a manutenção dos hábitos de trabalho.[10]

Além do mais, no capitalismo a riqueza dos capitalistas "gera vícios positivos nos donos desse grande volume de riqueza"[11] e, ao mesmo tempo, "desperta a admiração e a imaginação (dos pobres), difundindo, assim, a prática dos vícios dos ricos pelo restante da comunidade".[12]

Em decorrência das relações de propriedade capitalistas, a classe capitalista expropriava coercitivamente "pelo menos a metade do produto do trabalho, que não podia, assim, ficar com o produtor".[13] Além disso, o capitalismo era intrinsecamente instável. A instabilidade provocava depressões e desemprego, desperdício econômico e sofrimento generalizado:

As necessidades e o conforto comuns da sociedade se vêm mantendo, nas diversas épocas, quase que inalterados; o alimento e o vestuário, a forma e o modo de construir as casas só mudam lentamente... A natureza e a forma dos produtos aos quais o conforto e as necessidades dão origem também apresentam, obviamente, sua regularidade...

Existe, porém, na própria natureza das coisas, boa dose de capricho, quando se procuram todos os artigos extraordinários de luxo exigidos pela riqueza excessiva... A necessidade urgente provocada pelo capricho aumenta a procura... do artigo que se quer ter, e isto, naturalmente, induz muitos a sair de outros ramos de indústria para se dedicar ao novo ramo, onde os lucros são mais altos. Todavia, com o tempo, a ânsia doentia pela moda arrefece – a novidade torna-se antiga e familiar, deixa de agradar, e o comércio dos supérfluos, até então bem movimentado, entra em relativo declínio. Há, necessariamente, alguma perda na transferência do capital fixo e do capital móvel para outro emprego, depois da grande procura... A disposição e a capacidade de trabalhar continuam como antes, mas o emprego, sem qualquer culpa dos trabalhadores, lhes é retirado.[14]

Thompson concluiu que o capitalismo era, inevitavelmente, um sistema de exploração, degradação, instabilidade, sofrimento e extremos grotescos de riqueza e renda. Achava que o utilitarismo sempre levaria um estudioso cuidadoso às mesmas conclusões. Ironicamente, Thompson aceitava quase todos os argumentos

135

utilitaristas usados para justificar, do ponto de vista moral, o capitalismo concorrencial e de livre-mercado. Afirmou que a troca voluntária sempre beneficiaria ambas as partes nela envolvidas, porque cada parte receberia mais utilidade do que perderia: "Todas as trocas *voluntárias* de artigos de riqueza que impliquem uma preferência de ambos os lados, pelo que se recebe em troca do que se dá, tendem a aumentar a felicidade gerada pela riqueza e, daí, a aumentar os motivos para a produção".[15] Essa afirmativa era idêntica à defesa utilitarista do capitalismo. Foi justamente com essa defesa da livre troca que os utilitaristas puderam argumentar que o mercado harmonizava os interesses de todos, tanto capitalistas quanto operários.

Thompson conseguiu argumentar contrariamente a essa defesa utilitarista e conservadora do capitalismo porque negou a afirmativa de que os trabalhadores vendem *livremente* sua capacidade de trabalho no capitalismo. Asseverou que, quando os trabalhadores não possuem as ferramentas e o material para a produção, não são livres. A venda de sua força de trabalho não era uma troca livre; era uma troca por coação. A ameaça de morrer de fome era tão coercitiva quanto a ameaça de morte por meios violentos.

Portanto, Thompson chegou à conclusão de que, em uma sociedade de troca justa e concorrencial, "todos os produtos do trabalho deveriam ser destinados aos seus produtores".[16] Isso significava que um proprietário de capital deveria poder viver apenas "com o mesmo conforto que os trabalhadores mais produtivos".[17] Se fosse obrigatório o cumprimento dessa regra, Thompson achava que, dentro de uma geração, todos os trabalhadores possuiriam seu capital, individualmente ou em grupo, e ficariam com todos os frutos de seu trabalho.[18]

Assim, para que a livre troca beneficiasse harmoniosamente todas as partes envolvidas na troca, Thompson achava que seria necessário haver duas condições rigorosas. Em primeiro lugar, os trabalhadores deveriam ter seu próprio capital e o material necessário para a produção, a fim de produzirem livremente e não coagidos. Como nenhum operário usava muito mais capital do que outro, essa sociedade teria uma distribuição da riqueza substancialmente mais igualitária do que o capitalismo – mesmo que ainda houvesse alguma desigualdade. Em segundo lugar, para que a concorrência fosse universalmente benéfica, todas as restrições à livre concorrência teriam de ser eliminadas. A eliminação dessas restrições exigiria a revogação de todas as leis que restringissem ou dirigissem a produção, estabelecessem ou mantivessem vantagem monopolista em qualquer mercado, criassem impostos sobre a produção ou a subsidiassem, permitissem que o governo regulasse a oferta de moeda ou permitissem a aquisição de riqueza por herança.[19]

O sistema que Thompson descrevia se parecia muito com muitos modelos teóricos ou interpretações intelectuais do socialismo igualitário e de mercado do século XX. Thompson acreditava que qualquer utilitarista coerente chegaria às mesmas conclusões.[20]

A Crítica de Thompson ao Socialismo de Mercado

Tendo procurado usar argumentos morais para mostrar a superioridade do socialismo concorrencial e de mercado sobre o capitalismo, Thompson colocou a seguinte questão:

> *Não se poderá encontrar uma forma de trabalho compatível com a segurança e que não só elimine os males da concorrência individual como também promova seus benefícios peculiares – produção abundante e desenvolvimento de todas as faculdades – em grau muito maior do que os melhores esquemas de concorrência individual?*[21]

Para responder a essa pergunta, Thompson mostrou cinco males que "parecem inerentes" ao "próprio princípio da concorrência individual".[22]

A Economia Política dos Pobres

O primeiro mal do socialismo concorrencial e de mercado era que todo "trabalhador, artesão ou comerciante (via) no outro um rival, um concorrente". Além do mais, cada um via "uma segunda concorrência, uma segunda rivalidade entre... (sua profissão) e o público".[23] Por isso, o "princípio do egoísmo (dominava) em todas as questões comuns da vida".[24] Por exemplo, no socialismo concorrencial e de mercado, seria "de interesse de todos os médicos que as doenças existissem e fossem mantidas, pois, caso contrário, sua profissão diminuiria dez ou cem vezes".[25] Nunca seria do interesse dos médicos praticar a medicina social, preventiva. Muitas outras profissões poderiam conseguir benefícios parecidos se conseguissem criar ou induzir a uma grande necessidade de seus produtos ou serviços, mesmo nos casos em que a sociedade se beneficiasse quando tais produtos ou serviços não fossem necessários. Esse mal estaria irremediavelmente presente no socialismo de mercado porque

> a remuneração individual se... opõe, em todas as ocasiões, ao princípio da benevolência; e o único remédio para o mal público admitido pelo sistema é a concorrência privada entre indivíduos da mesma profissão, mitigando os males em larga escala, mas os alimentando em menor escala... Da busca do interesse próprio na aquisição de riqueza individual é que resultam todos os vícios e crimes. Esses vícios e crimes têm, até certo ponto, que continuar existindo, até o interesse próprio deixar de ser contrário aos interesses dos outros.[26]

O segundo mal inerente à busca individualista de riqueza, mesmo em uma economia socialista de mercado, era a opressão sistemática das mulheres. Essa opressão era um mal em si mesma e também levava a um enorme desperdício econômico. A busca individualista de riqueza, na opinião de Thompson, só era compatível com famílias nucleares. Dentro da mesma família, "todos os simples trabalhos domésticos" têm de ser "feitos em horas estabelecidas". As mulheres poderiam ficar livres desse trabalho excessivo se "muitas famílias próximas... (formassem) um fundo comum para o preparo da comida e para a educação dos filhos".[27] Esse esquema cooperativo seria impossível de ser mantido se, em todos os demais aspectos de suas vidas, as famílias continuassem funcionando sob uma concorrência individualista, semelhante à do capitalismo. Ou "ele permitiria uma benevolência mútua..." levando a um sistema completo de "cooperação mútua e igualdade de aproveitamento do produto do trabalho unido", ou seria dominado pelo egoísmo, e "o amor aos gastos e aos prazeres individuais" destruiria o esquema e voltaria a instituir a família nuclear.[28]

Em um sistema de concorrência individualista, as "vantagens animais, físicas" de maior força, juntamente com uma desigualdade forçada de "conhecimento e de direitos civis e políticos" poderiam assegurar que as mulheres

> continuassem condenadas à reclusão e ao trabalho penoso de escravas (um desperdício econômico), com seus atos sujeitos ao controle de outros seres humanos, seu esforço e seus deveres limitados a cuidar do conforto doméstico... de seus amos e seus filhos... (e nunca ascenderiam) na escala social.[29]

Isso, porém, era puramente o resultado do sistema de concorrência individualista e não de diferenças inerentes aos sexos. Com a tecnologia industrial, a força física raramente era fonte de maior produtividade, e "as mulheres, com o mesmo treinamento... seriam tão produtivas... quanto os homens".[30] Contudo, essa igualdade de produtividade, que Thompson via como uma precondição necessária para a igualdade social, exigiria uma sociedade baseada na cooperação e na divisão, e não na concorrência individualista.

A explicação dada por Thompson relativa à repressão às mulheres foi notável. Sua compreensão de sua natureza e efeitos era, em muitos aspectos, superior à de John Stuart Mill, quase meio século depois.

História do Pensamento Econômico

Infelizmente, a análise de Mill sobre a opressão sexual foi bastante difundida, e a de Thompson quase esquecida. A seguinte citação revela o estilo de Thompson, quando escreveu sobre este assunto:

> Talvez não exista palavra mais apropriada que escravocratas, para definir as instituições existentes quase que universalmente, seja nos sistemas despóticos, seja nas repúblicas ligadas às atividades realizadas, no campo ou no lar, pela metade da raça humana que a sensualidade hipócrita chama de sua parte mais amável, mais inocente e melhor – as mulheres. O homem é, para a mulher, a criatura mais amável e excitante do universo, assim como a mulher é para o homem; desse modo, existe equilíbrio quanto ao amor e bobagens semelhantes. A natureza deu à mulher menos força e a sujeitou a grandes inconveniências e dores físicas, das quais o homem está isento. Será por isso que os homens acrescentam, a estes males naturais e inevitáveis, restrições artificiais e males que podem ser evitados?[31]

Essa citação era acompanhada de uma discussão longa e extraordinariamente esclarecedora de como a opressão das mulheres destruía não só o bem-estar das mulheres, mas também, em última análise, o dos próprios homens. Sua análise visava a mostrar que a felicidade e "o intelecto geral de toda a comunidade, masculina ou feminina... eram restringidos ou distorcidos" pelas formas de preservação da desigualdade sexual.[32]

O terceiro mal da concorrência do mercado – fosse ele capitalista ou socialista – era a instabilidade econômica causada pela anarquia do mercado. Embora o socialismo eliminasse os caprichos dos gostos pelo luxo dos capitalistas como fontes de crises e depressões, enquanto o mercado concorrencial alocasse recursos, haveria instabilidade econômica, desemprego, desperdício e sofrimento social.

> O terceiro mal, aqui imputado ao próprio princípio da concorrência individual, é que ele leva, ocasionalmente, a formas de esforço individual não lucrativas ou imprudentes, com base no campo limitado de julgamento aberto à mente humana... Com segurança igual, todos os homens que possuíssem os meios físicos e mentais necessários para tornar produtivo seu trabalho e todo o trabalhador sendo também um capitalista, a grande massa desse mal sem dúvida desapareceria. Embora exista concorrência individual, todo homem terá que julgar, por si mesmo, a probabilidade de sucesso em sua ocupação. E quais são seus meios de julgamento? Todos os que se estiverem saindo bem têm interesse em esconder este sucesso para que a concorrência não diminua seus ganhos. Quem é que pode julgar se um mercado, muitas vezes muito distante – algumas vezes até em outro hemisfério – está ou provavelmente estará com excesso de oferta do artigo que ele esteja inclinado a produzir?... E se algum erro de avaliação... o levar a uma linha de produção que não é procurada e que, portanto, não dará lucro, qual será a consequência disso? Um mero erro de julgamento... pode acabar causando sérios problemas, quando não a ruína. Casos deste tipo parecem inevitáveis no esquema da concorrência individual, por melhor que seja sua forma.[33]

O quarto mal do socialismo concorrencial e de mercado era que ele não eliminaria muitas das inseguranças do capitalismo – inseguranças que eram fruto da confiança no mercado. O interesse próprio e o egotismo alimentados por uma sociedade baseada num mercado em concorrência criariam uma situação na qual "não haveria recurso... adequado para os defeitos físicos, a doença ou a velhice, nem para numerosos acidentes que ocorrem na vida humana".[34]

O quinto mal da concorrência de mercado era que ela retardava o avanço e a disseminação do conhecimento, tornando a aquisição de conhecimentos subsidiária da ambição e do ganho pessoal. "Portanto, a concorrência individual teria de esconder dos concorrentes o que fosse novo e excelente... porque o maior interesse pessoal é contrário ao princípio da benevolência."[35]

A Economia Política dos Pobres

Assim, Thompson concluiu que, embora o socialismo concorrencial e de mercado fosse um progresso extraordinário em relação ao capitalismo, confiar no mercado ainda envolveria muitos males sociais. Argumentava ele que a melhor forma de sociedade seria uma sociedade socialista, planejada e cooperativista. Essa sociedade consistiria em comunidades mutuamente coordenadas, autogovernadas e cooperativas, cada uma tendo de 500 a 2 mil membros.

Nessas comunidades, as pessoas poderiam, livremente, adquirir os objetos necessários em uma loja comum a todos. As crianças seriam educadas na comunidade e dormiriam em dormitórios comuns a todos, enquanto os adultos viveriam em pequenos apartamentos. A cozinha seria comum a todos. Não haveria divisão do trabalho com base no sexo. Cozinhar, cuidar das crianças e outras formas de trabalho feminino penoso seriam divididas por todos, em um sistema de revezamento. Todos saberiam cuidar de muitas ocupações e se revezariam regularmente nesses trabalhos para eliminar a monotonia. Todo adulto membro de cada comunidade participaria regularmente dos grupos de coordenação ou governo. Todos teriam acesso à melhor educação. Seria garantida absoluta liberdade política, intelectual e religiosa. Por fim, toda riqueza seria controlada pela comunidade e dividida para que não pudessem surgir distinções individuais baseadas na distribuição da riqueza material.[36] A ideia de Thompson de uma comunidade cooperativista refletia, em geral, as ideias da maioria dos adeptos do movimento owenista de sua época. Ele foi, em toda a história desse movimento, seu porta-voz mais influente, depois de Owen. A descrição de Thompson de uma sociedade socialista cooperativa e planejada foi uma das primeiras e mais completas da história das ideias socialistas.

Thompson, porém, não era um socialista revolucionário. Tinha horror à violência e acreditava que, se seu esquema de socialismo cooperativo fosse amplamente compreendido, teria um apelo quase que universal. Ele estava convencido que, depois de a maioria das pessoas ter percebido os benefícios que poderiam advir dessa sociedade, elas a criariam voluntária e pacificamente.

Uma Crítica ao Utilitarismo, de Thompson

Um tema central deste livro é que o utilitarismo serve de fundamento filosófico para a teoria neoclássica do valor-utilidade e que essa teoria defende uma visão geral da harmonia de todos os interesses. Essa tradição intelectual representa a defesa mais profunda e bem elaborada do *status quo* do capitalismo de mercado ou de uma ideologia que o apoie. Portanto, assim como teóricos conservadores, por exemplo Ricardo, se envolveram em contradições, quando juntaram elementos da teoria do valor-trabalho e elementos da teoria da utilidade, os críticos sociais radicais, como Thompson, necessariamente se envolveram em contradições semelhantes, em decorrência do fato de terem juntado os mesmos pontos de vista. Dessa vez, procuraremos mostrar por que o utilitarismo não pode sustentar a reforma radical da sociedade e por que ele tende, intrinsecamente, a apoiar o *status quo*.

O utilitarismo é tanto uma teoria psicológica de como as pessoas se comportam, quanto uma teoria ética de como elas deveriam se comportar. Vimos que, pelo menos em algumas de suas afirmativas, Thompson aceitou ambos os elementos do utilitarismo. Para ele (como para John Stuart Mill, que discutiremos no próximo capítulo), o utilitarismo parecia apoiar seus sentimentos igualitários. Parecia uma filosofia democrática, porque afirmava que não se deveriam levar em conta apenas os prazeres de uma aristocracia (seja por nascimento ou pela riqueza) para fazer um julgamento moral, mas, também, os prazeres de todo o povo – os economicamente desfavorecidos e os mais oprimidos. Esse caráter aparentemente igualitário e democrático do utilitarismo revela-se, porém, ilusório após um exame mais detido.

139

História do Pensamento Econômico

O problema é que, no utilitarismo, os prazeres e a dor dos indivíduos são os *únicos* critérios morais do bem e do mal; os prazeres e as dores, porém, são subjetivos. A experiência imediata do prazer ou da dor é, pela sua própria natureza, particular a cada indivíduo. Embora um indivíduo possa ser capaz de comparar ou de ordenar seus próprios prazeres subjetivos, não existe um meio direto de comparar a intensidade dos prazeres de um indivíduo com a intensidade dos prazeres de outro. Além disso, a ordem particular e subjetiva de importância que cada indivíduo dá aos seus prazeres provavelmente será bastante diferente da ordem dada por outros indivíduos. Como os prazeres individuais são os critérios morais últimos do utilitarismo, não há como fazer julgamentos morais quanto aos prazeres de dois indivíduos. Bentham reconheceu isso quando escreveu que "considerando-se igual a quantidade de prazer, pode-se dizer que apertar parafusos é tão bom quanto fazer poesia".

Portanto, o utilitarismo não oferece argumentação alguma em favor do socialismo de mercado igualitário, em comparação ao capitalismo. Se tivesse sido um utilitarista coerente, Thompson teria dito: "Prefiro o socialismo de mercado, igualitário, ao capitalismo, porque aquele daria mais prazer do que esse". Qualquer capitalista, porém, poderia responder, dizendo que preferia o capitalismo ao socialismo de mercado e igualitário. Assim, para um utilitarista coerente, a disputa não seria diferente daquela em que Thompson afirmava que preferia poesia a apertar parafusos e o capitalista afirmasse que preferia apertar parafusos a fazer poesia. Cada um estaria correto *para si próprio*, em ambas as disputas, mas nenhum estaria correto de modo geral. O utilitarismo não oferece critério algum que esteja acima das preferências pessoais e pelo qual se possa julgar qual é a melhor entre diferentes preferências.

Thompson acreditava que uma distribuição igual da riqueza aumentaria o prazer total de uma sociedade. O utilitarismo corrobora essa ideia? A resposta é negativa. Para se chegar a essa conclusão, ter-se-ia que comparar quantitativamente todas as capacidades pessoais, privadas e subjetivas dos indivíduos sentirem prazer. Ninguém sugeriu, até hoje, como se poderia fazer para estabelecer tais comparações. O próprio Thompson percebeu isso quando escreveu o seguinte:

> Suponhamos que essas capacidades ou suscetibilidades de prazer fossem... diferentes em indivíduos diferentes... Haveria uma dificuldade de natureza prática e insolúvel. Quem deverá servir como padrão de medida destas suscetibilidades? O rico ou o pobre, o jovem ou o velho, o letrado ou o analfabeto?... Temos de abandonar, então, a noção de exercer influência sobre a distribuição da riqueza com especulações quanto à capacidade que diferentes indivíduos têm de sentir prazer, pois essa noção é inteiramente inútil.[37]

Como é, então, que Thompson chegou à conclusão de que uma distribuição igual da renda era moralmente superior a uma distribuição bastante desigual? Ele o fez *partindo* do pressuposto de uma distribuição inicial igual. Depois, argumentou que, como não podemos mostrar que algumas pessoas têm maior capacidade de sentir prazer do que outras, não podemos defender uma *mudança* que parta de uma distribuição inicialmente igual para uma distribuição desigual, com base no utilitarismo. Sua conclusão dependia, assim, de sua premissa de uma distribuição inicialmente igual.

A dificuldade de Thompson estava em não perceber que, assim como não podemos demonstrar que as pessoas têm capacidade desigual de sentir prazer, também não podemos demonstrar que elas têm essa mesma capacidade. Como qualquer redistribuição de riqueza, em relação ao *status quo*, envolve tirar riqueza de alguns e dá-la a outros, não podemos avaliar, do ponto de vista moral, as redistribuições, porque teríamos de comparar quantitativamente o prazer deixado de sentir pelas pessoas que perdessem sua riqueza com o prazer obtido pelas pessoas que a ganhassem. E, conforme o próprio Thompson admitiu, tais comparações são impossíveis.

A Economia Política dos Pobres

Dessa forma, o utilitarismo sempre apoiará qualquer distribuição de riqueza existente na prática. Se a distribuição for igual, como supôs Thompson, ele apoiará a igualdade, mas, como alguns economistas neoclássicos posteriores viriam a perceber, se a distribuição fosse desigual, ele apoiaria a desigualdade. É claro que esse apoio é apenas indireto. O utilitarismo não demonstra que o *status quo* seja superior a qualquer alternativa. Demonstra, pura e simplesmente, que nenhuma mudança em relação ao *status quo* pode basear-se apenas no utilitarismo. Como, porém, os utilitaristas não têm qualquer outro critério moral além do utilitarismo, nenhuma mudança em relação ao *status quo* poderá ser defendida, do ponto de vista moral.

Como o *status quo* do capitalismo é de grotesca desigualdade, como Thompson tão bem sabia, o utilitarismo acaba sendo uma filosofia altamente conservadora, que justifica a desigualdade tal como ela realmente existe. Isso ocorre porque, no utilitarismo, nossa incapacidade de comparar quantitativamente as sensações subjetivas de pessoas diferentes nos torna incapazes de avaliar, do ponto de vista moral, duas situações em que haja discordância ou conflito. O utilitarismo pode ser visto, então, como uma filosofia extraordinariamente restritiva ou limitada, que só permite julgamentos quando existe unanimidade.

Se aceitarmos a distribuição da riqueza e da renda tal como ela existe, concluiremos que a troca no mercado é uma das poucas situações sociais em que essa unanimidade existe. Em uma situação de troca, ambas as partes querem o que estão conseguindo com mais intensidade do que aquilo de que estão abrindo mão na troca. Portanto, quando só consideramos a troca, existe unanimidade, e a harmonia prevalece. É por isso que o utilitarismo pode ser identificado com a perspectiva da troca, em teoria econômica, e é por isso que a perspectiva da troca sempre vê o capitalismo como um sistema de harmonia social.

A diferença normativa mais importante entre a perspectiva da teoria do trabalho e a perspectiva da utilidade ou da troca, agora, fica clara. Quando um trabalhador sem dinheiro, por exemplo, troca sua força de trabalho por um salário magro e más condições de trabalho, a perspectiva da teoria do valor-trabalho se concentra no fato de que só o trabalho transforma a natureza em produtos úteis para serem consumidos. O centro imediato de atenção é nas relações de propriedade historicamente estabelecidas, que obrigam os produtores a viver na miséria, enquanto os proprietários, que não participam, necessariamente, do processo de produção, acumulam grande riqueza. O conflito está no centro da perspectiva da teoria do trabalho. A perspectiva da utilidade, porém, aceita a distribuição da riqueza (quer dizer, a distribuição dos direitos de propriedade) como certa, concentrando-se nos aspectos harmoniosos e mutuamente benéficos dessa mesma troca: o trabalhador prefere um salário baixo a morrer de fome, e o capitalista prefere mais a menos lucros. Portanto, tanto o trabalhador quanto o capitalista se beneficiam com a troca; diz-se, assim, que existe harmonia.

Com base na discussão anterior, podemos concluir que o utilitarismo de Thompson não lhe dava razão para preferir o socialismo de mercado concorrencial e igualitário ao capitalismo. Quando levamos em conta sua preferência pelo socialismo planejado e cooperativo, em relação ao socialismo de mercado ou ao capitalismo, vemos que o utilitarismo de Thompson criou-lhe dificuldades piores ainda.

Seu principal argumento em favor do socialismo cooperativo, em relação ao individualismo competitivo, foi que aquele sistema promoveria motivos benevolentes, enquanto esse promoveria motivos anti-sociais e egoístas. Esse enfoque é inteiramente incompatível com a psicologia utilitarista de Thompson, que se baseava na premissa de que todos os motivos podiam ser reduzidos à busca racional do interesse próprio. Segundo as palavras de Bentham, "no curso normal da vida, em todo coração humano, o interesse próprio predomina sobre todos os outros interesses em conjunto... A preferência por si mesmo existe em toda parte".[38] A impossibilidade de Thompson argumentar em favor do socialismo cooperativo segundo uma filosofia utilitarista fica, então, clara.

Concluiremos nossa discussão sobre as ideias de Thompson afirmando que, embora seus escritos estejam entre os mais interessantes e profundos dos primeiros autores socialistas e embora suas teorias econômicas possam ser, de fato, chamadas de "a economia política dos pobres", é verdade que sua filosofia utilitarista envolveu-o em contradições insolúveis, porque o utilitarismo apoia mais coerentemente o *status quo*.

Thomas Hodgskin e a Origem do Lucro

Thomas Hodgskin (1787-1869) foi outro autor que exerceu considerável influência sobre o movimento operário inglês, por volta da década de 1820.[39] Formulou uma teoria do capital e dos lucros que seguia claramente a tradição da teoria do valor-trabalho. A influência de Hodgskin e as conclusões radicais de sua teoria foram, indubitavelmente, fatores importantes que levaram Nassau Senior e quase todos os outros economistas conservadores de fins da década de 1820 e da década de 1830 a abandonar a teoria do valor-trabalho, de Ricardo. Os conservadores associaram a teoria de Ricardo a Thompson, Hodgskin e ao movimento trabalhista em geral. Um eminente historiador das ideias econômicas escreveu o seguinte:

> Thomas Hodgskin era um nome que assustava crianças, após a revogação da Lei da Associação, em 1824. Portanto, talvez tenha sido inevitável que muitos economistas mais conservadores tivessem passado a considerar a teoria do valor, de Ricardo, não só logicamente incorreta, como também socialmente perigosa.[40]

Hodgskin teve uma carreira longa e variada como escritor. Quase todos os seus livros e artigos versaram sobre questões econômicas e políticas.[41] Em seus dois primeiros livros, ele denunciou como injusta a renda que as pessoas recebiam pela posse de propriedades. Em *An Essay on Naval Discipline*, publicado em 1813, escreveu que a propriedade exerce uma "influência injusta e injuriosa".[42] Isso ocorria porque a propriedade "tira... do trabalhador habitual para dar ao cavalheiro ocioso".[43] Existe muito pouca argumentação em defesa dessas afirmações e não existe qualquer tentativa de compreender a origem do valor ou do lucro.

Nos anos de 1818 e 1819, Hodgskin escreveu *Travels in the North of Germany*. Mais uma vez, nesse livro, ele condena o lucro e a renda: "O proprietário de terras e o capitalismo nada produzem. O capital é o produto do trabalho, e o lucro nada mais é do que parte desse produto, tomada impiedosamente, de modo que o trabalhador só possa consumir parte do que ele mesmo produziu."[44]

Embora a noção de que "o capital seja produto do trabalho" encerre a semente de uma teoria do valor-trabalho, essa teoria não foi formulada nessa obra. O lucro e a renda eram considerados "roubo legalizado". Hodgskin explicava-os como resultado de uma sociedade dividida em classes, na qual os ricos controlavam os processos legislativos, perpetuando, assim, sua influência, sua riqueza e seu poder:

> As leis... são, em toda parte, uma armadilha para os incautos, um instrumento empregado por determinada classe para enriquecer-se à custa de outras.[45]
>
> Não basta, aos olhos dos legisladores, que a riqueza tenha, por si mesma, muitos encantos, mas eles conferiram a ela muitos privilégios. De fato, ela agora usurpa todo o Poder Legislativo, e quase todas as leis penais são feitas, agora, para a simples proteção da riqueza.[46]

A cura dessa injustiça social, segundo Hodgskin, seria a eliminação dos governos e das leis. Embora, em *Travels in the North of Germany*, Hodgskin não tenha mencionado os autores que o tinham influenciado, suas ideias parecem refletir a influência de Godwin e de Smith:

Existem, atualmente, muitos testemunhos do mal de muitas leis. Há uma vontade doentia e gene-ralizada de legislar, nesta época, que enche os anais de toda nação européia de leis numerosas e contraditórias.[47]

Os homens buscam a riqueza, oprimindo legitimamente o trabalhador, e esse pode achar que seus opressores fazem leis benevolentes ou são chefes de sociedades caridosas. Miserável é a nação que precisa disso. A natureza criou todo indivíduo com capacidade de satisfazer suas próprias necessidades. Colocou o bem-estar de milhões de pessoas em suas próprias mãos e não as sujeitou a um ou a alguns homens. Nossos sentidos e nosso conhecimento só envolvem o pequeno círculo que nos cerca; e não só é vão, como também ridículo, querer que nosso poder e nossa influência se estendam além desse círculo. Só podemos conseguir meios de encher de alegria o coração dos que sofrem, antes de mais nada, condenando-os a sofrer. Nunca é demais repetir que é a extorsão de uma classe e a interferência dos legisladores que causam a pobreza e a miséria que estas pessoas têm, às vezes, tanta ansiedade de mitigar. A benevolência e a vaidade conspiram para fazer o homem oprimir e dominar seus irmãos. As doutrinas do interesse próprio estão, na verdade, cheias de amor e de sabedoria; e nenhum sentimento merece tanto desprezo quanto a benevolência que pragueja contra a sua prática.[48]

A Teoria do Valor, de Hodgskin

Não existe evidência alguma de que Hodgskin tivesse qualquer teoria do valor para complementar sua teoria dos lucros como "roubo legalizado", até ele começar a ler *Principles of Political Economy and Taxation*, de Ricardo, logo depois de sua publicação, em 1817. A resposta inicial de Hodgskin a Ricardo foi negativa e antagônica.[49] Em uma carta escrita em 28 de maio de 1820 a Francis Place, Hodgskin escreveu o seguinte: "Não gosto das opiniões do Sr. Ricardo, porque elas justificam a situação política atual da sociedade e estabelecem limites para nossas esperanças no progresso futuro... Essa é a razão de eu ser contrário a elas e confessar isso honesta e abertamente."[50] Na mesma carta, ele fez um esboço de uma teoria do valor, deduzida de Adam Smith, por ele considerada uma refutação da teoria do valor, de Ricardo. A seguinte proposição inicial da teoria do valor, de Hodgskin, é importante, porque nunca foi modificada, tendo sido apenas desenvolvida e mais elaborada nos três livros de Economia Política que escreveu depois. Referindo-se à teoria da determinação de preços, de Ricardo, Hodgskin escreveu o seguinte:

O Sr. Ricardo estabeleceu uma grande confusão quanto a este assunto, supondo que os com-pradores... são diferentes das três grandes classes, ou seja, os proprietários de terras, os capitalistas e os trabalhadores, entre os quais o Sr. Ricardo divide o produto da terra... Adam Smith... por tudo o que diz acerca da renda da terra e dos lucros como causas de aumento dos preços... evidentemente supõe que a sociedade seja formada por aquelas três classes. Na verdade, tanto ele quanto o Sr. Ricardo fazem com que o preço natural e real de todas as coisas seja pago pelo trabalho, ficando, então, evidente que tudo o que diminua o valor do trabalho ou torne necessária uma quantidade maior de trabalho para se obter uma quantidade igual de qualquer mercadoria aumenta seu preço... A renda da terra... aumenta o preço tanto quanto o valor da própria renda. O lucro, sendo da mesma forma uma diminuição do valor do produto do trabalhador, aumenta o preço de tudo a que é incorporado. É neste sentido que A. Smith diz que a renda da terra e o lucro aumentaram o preço... Portanto, na medida em que a renda e o lucro aumentam... o preço que o trabalhador tem que pagar pelas mercadorias aumenta... Renda e lucro não entram no preço, se a explicação do Sr. Ricardo... for correta... Afirmo que essa... é a base da diferença de opinião entre A. Smith e o Sr. Ricardo.[51]

Em *Labour Defended against the Claims of Capital*, publicado em 1825, Hodgskin dedicou-se, principalmente, a uma tentativa de refutar a alegação de que o lucro era um retorno propiciado pela produtividade do capital. Sua análise da determinação dos preços foi resumida e se limitou a repetir a ideia presente na citação anterior, em sua carta a Francis Place.[52] Em 1827, em sua obra intitulada *Popular Political Economy*, Hodgskin elaborou uma vez mais sua versão da teoria do valor, de Smith.[53] Nesse trabalho, porém, concentrou-se em estabelecer uma distinção que estivera implícita em todos os seus escritos anteriores sobre teoria do valor e que talvez explique, em parte, a identificação errônea da teoria do valor, de Hodgskin, com a de Ricardo. A distinção era entre "preço natural" e "preço social":

> *Preço* natural *ou necessário quer dizer... toda a quantidade de trabalho exigido pela natureza do homem, para que ele possa produzir qualquer mercadoria... A natureza nunca exigiu mais do que o trabalho no passado, só exige trabalho no presente, e exigirá meramente trabalho no futuro. O trabalho foi, continua sendo e sempre será o meio original de lidar com a natureza. Existe uma outra descrição de preço, que chamarei de* social; *é o preço natural inflado por regulamentação social.*[54]

A "regulamentação social" – através da qual o preço natural era "inflado" para formar o preço social – era constituída pelas leis que permitiam que os proprietários de terras e os capitalistas auferissem renda sem trabalhar. Portanto, o preço social tinha que incluir renda da terra, lucros e salários. Hodgskin foi absolutamente claro ao estabelecer que seu "preço natural" era um conceito normativo que descrevia uma situação que só poderia ser atingida se os governos e as leis existentes – que ele via como contrários à natureza – fossem abolidos. "Com o seu trabalho (do trabalhador), e nada mais, é que se media o preço natural, mas ele nunca obtinha mercadorias em troca do trabalho de sua produção. Portanto, todo preço monetário não é natural, mas social."[55]

Por conseguinte, diferente de Ricardo, Hodgskin não achava que, na sociedade capitalista contemporânea, o trabalho incorporado à produção de mercadorias determinasse seu valor. Afirmava, isso sim – seguindo Adam Smith –, que os preços eram determinados pela soma dos salários, da renda e dos lucros. Diversamente de Smith e de quase todos os seus discípulos mais conservadores, porém, Hodgskin sustentava que as leis da propriedade privada – através das quais eram extraídos a renda e os lucros – não eram naturais e que, por isso, eram intrinsecamente injustas.

O Conceito de Capital, de Hodgskin

Segundo Hodgskin, o lucro e a renda eram impostos coercitivamente; eram custos sociais de produção contrários à natureza, que elevavam os preços, apesar de serem socialmente desnecessários. Eram desnecessários, por representarem apenas um tributo pago pelos produtores aos que tinham poder coercitivo sobre eles e porque *não* representavam o pagamento de algo inerente e *necessário* ao processo produtivo. Para demonstrar isso, Hodgskin achou necessário recusar a ideia de que o capital era um fator de produção separado e independente.

Sua refutação baseou-se num exame da natureza do capital. Seguindo a convenção da economia clássica, ele examinou, primeiro, a natureza do capital fixo. Afirmou que o capital circulante deveria ser um fundo de meios de subsistência acumulados, sem o qual os trabalhadores não poderiam subsistir, enquanto seu trabalho estivesse sendo transformado em uma mercadoria acabada.[56] Hodgskin prosseguiu então argumentando que, em realidade, não existia esse fundo e, se existisse, seria quando muito bastante diminuto e sem importância.[57] Concluiu dizendo o seguinte:

144

A Economia Política dos Pobres

Todas as classes de homens se desincumbem de seu trabalho diário confiando plenamente que, enquanto se dedicam à sua ocupação específica, outros estarão preparando o que quer que ele precise, para seu consumo e uso imediato e para o futuro. Já expliquei que esta confiança advém da lei da natureza pela qual esperamos meramente que o Sol nasça amanhã e que nossos semelhantes trabalhem amanhã e no próximo ano, como têm trabalhado no ano e no dia que passaram. Espero, também, ter satisfeito o leitor, mostrando que, quando se considera qualquer produto do trabalho anterior que tenha sido guardado para uso, não se tem conhecimento de que os efeitos geralmente atribuídos a um estoque de mercadorias sejam causados por trabalho coexistente, nem que o capitalista consiga manter e, consequentemente, empregar outros trabalhadores por causa do controle por ele exercido sobre o trabalho de alguns homens e não da posse de um estoque de mercadorias.[58]

Hodgskin entendia "capital fixo" como "as ferramentas e instrumentos... a maquinaria... e os prédios que ele (o trabalhador) usa para facilitar seu trabalho ou para proteger sua produção".[59] Argumentou, em primeiro lugar, "que todos os instrumentos e máquinas são produto do trabalho";[60] em segundo lugar, eles são inúteis sem a aplicação de trabalho, quer dizer, por si mesmos, nada podem produzir;[61] em terceiro lugar, exigem a aplicação regular de trabalho para sua manutenção;[62] e, em quarto lugar, quase todo o capital fixo não representa uma acumulação nas mãos dos capitalistas, mas está sendo sempre gasto e reproduzido pelo trabalho coexistente.[63]

Portanto – argumentava Hodgskin – o capital era constituído, meramente, por muitos aspectos diferentes do processo de trabalho, pelas relações entre os trabalhadores e pelos produtos do trabalho; esses, porém, são aspectos de qualquer processo de produção e se fazem presentes em todas as sociedades. Nas economias da Europa Ocidental da década de 1820, Hodgskin achava que chamar esses aspectos universais do processo produtivo de "capital" tendia a obscurecer a característica mais essencial do capital, tal como ele existia e funcionava realmente, nas economias de sua época:

O capital que abarca, assim, toda a produção de um país, exceto a mera subsistência do trabalhador... é "o produto do trabalho"; "é constituído pelas mercadorias"; "é o alimento que o trabalhador come e as máquinas que ele usa", de modo que somos obrigados a dar aquela parte enorme de toda a produção de um país, que sobra após ser atingido o nível de subsistência,... em troca do privilégio de comer o alimento que nós mesmos produzimos e de usar nossa habilidade para produzir mais.[64]

O capital é uma espécie de palavra cabalística, como Igreja ou Estado, ou qualquer outro termo genérico inventado pelos que espoliam o resto da humanidade para ocultar a mão que o faz.[65]

O Utilitarismo, Segundo Hodgskin

Apesar de Hodgskin acreditar que o capital era essencialmente uma relação social que envolvia o poder coercitivo de uma classe de expropriar a produção de outra, ele não era socialista. Afirmou que a propriedade privada dos meios de produção era decretada pela natureza. A distinção entre as formas existentes de propriedade não-natural e as formas que seriam naturais e justas era o tema de seu último livro, intitulado *The Natural and Artificial Rights of Property Contrasted,* publicado em 1832. Escreveu que "a natureza dá a cada indivíduo o que seu trabalho produz, assim como lhe dá seu próprio corpo".[66] O capital, quando concebido meramente como os meios de produção produzidos, era não só um produto do trabalho passado como também um auxílio necessário ao trabalho presente e futuro.

História do Pensamento Econômico

Como tal, a propriedade natural do capital deveria ser do trabalhador que não só o produzisse como também produzisse por meio dele. Era a propriedade do capital pelos que não o tinham produzido que Hodgskin reputava contra a natureza e que julgava ser a causa da maioria dos males sociais. Qualquer lei que permitisse que alguém – em função de uma propriedade ociosa – participasse daquilo que não tivesse produzido era contra a natureza. Hodgskin investiu contra os defensores dos direitos de propriedade existentes:

> O direito de propriedade que eles chamam de natural, e para cujo respeito não vêem motivo algum, é meramente legal, sendo estabelecido e sancionado apenas pelo legislador... O poder de fazer leis de há muito é dado àqueles – do mesmo modo que foi dado a seus descendentes – cuja única ocupação é a guerra, e que só sabem roubar ou pilhar... Os atuais legisladores da Europa são os descendentes destes homens – cultivando suas opiniões e seus hábitos e agindo segundo seus princípios – que desconheciam qualquer trabalho criador de riqueza e que viviam se apropriando do produto dos outros. A natureza não lhes tinha conferido propriedade alguma; tudo o que possuíam era tirado à força dos que tinham recebido algo da natureza.[67]

A sociedade ideal era, para Hodgskin, uma sociedade em que a renda da propriedade ociosa fosse impossível. Só os que trabalhassem poderiam ter capital, e eles só poderiam ter o capital que lhes ajudasse pessoalmente a desenvolver suas atividades produtivas.[68] Só nessa sociedade é que não haveria necessidade de calcular o lucro e a renda em cada preço. Portanto, só nessas circunstâncias é que o preço natural e o preço social seriam iguais, porque só então o trabalhador receberia todo o seu produto. Só nessa sociedade ideal é que Hodgskin achava que a teoria do valor, de Ricardo, seria válida.[69] Achava ele que a autodidaxia dos trabalhadores bastaria para a implantação dessas reformas,[70] e, às vezes, escrevia como se achasse que esse processo de reforma estivesse já em andamento em sua época.[71]

Nessa sociedade ideal, toda a produção seria voltada para a troca no mercado. A defesa de Hodgskin da vantagem de um mercado livre era idêntica à de Thompson, confiando, simplesmente, no argumento de que ambas as partes de uma troca voluntária conseguiam algo que lhes oferecia mais utilidade do que a utilidade do objeto de que abriam mão. Essa defesa utilitarista padronizada da oportunidade da troca livre permeava todos os escritos de Hodgskin. Tal como quase todos os defensores utilitaristas da "mão invisível" do livre-mercado, ele advogava a abolição de quaisquer restrições à oferta e à demanda, fossem elas impostas pelo governo, por particulares ou por grupos. Assim, sua sociedade ideal era quase idêntica ao sistema de "segurança com concorrência individual", de Thompson, quer dizer, era o capitalismo concorrencial sem os capitalistas.

A principal área em que a análise de Hodgskin era superior à de Thompson foi a descrição que fez da natureza do capital como sendo tanto os meios de produção produzidos quanto uma relação social coercitiva. Todavia, o utilitarismo acabaria não oferecendo a Hodgskin uma defesa de seu sistema ideal de capitalismo concorrencial sem capitalistas melhor do que a feita por Thompson. Não é de admirar, então, que Thompson fosse um dos críticos mais declarados de Hodgskin. No livro intitulado *Labour Rewarded*, foram repetidas todas as limitações do "sistema de concorrência individual" que Thompson tinha catalogado em sua obra anterior, intitulada *Distribution of Wealth*. É claro que seu objetivo era demonstrar que o individualismo concorrencial, em uma economia de mercado, mesmo quando não houvesse capitalistas expropriando a produção dos trabalhadores, era social e moralmente inferior a um sistema de socialismo cooperativista.

146

Notas do Capítulo 7

1. OWEN, Robert. "The Book of the New Moral World", reimpresso parcialmente em: *Communism, Fascism and Democracy*. Nova York: Random House, 1962, p. 47-48. Organizado por Carl Cohen.
2. THOMPSON, William. *An Inquiry into the Principles of the Distribution of Wealth Most Conducive to Human Happiness*. Londres: William. S. Orr, 1850, p. 15.
3. Ibid., p. 1.
4. Ibid., p. 144.
5. Ibid., p. 17.
6. Ibid., p. 6.
7. Ibid., p. 111.
8. Ibid.
9. Ibid., p. xxix.
10. Ibid., p. 133.
11. Ibid., p. 145.
12. Ibid., p. 147.
13. Ibid., p. 126.
14. Ibid., p. 155-157.
15. ibid., p. 35.
16. Ibid., p. 137.
17. Ibid., p. 128.
18. Ibid., p. 454.
19. Ibid., p. 250-253.
20. ibid., p. vii-xxxii.
21. Ibid., p. 255.
22. Ibid., p. 258.
23. Ibid., p. 259.
24. Ibid., p. 257.
25. Ibid., p. 259.
26. Ibid., p. 259-260.
27. Ibid., p. 260.
28. Ibid.
29. Ibid., p. 261.
30. Ibid.
31. Ibid., p. 213-214.
32. Ibid., p. 214. A discussão de Thompson sobre o preconceito sexual prossegue nas várias páginas seguintes. O preconceito sexual também é discutido em sua obra intitulada *Labour Rewarded, The Claims of Labour and Capital Conciliated*. Nova York: Augustus M. Kelly, 1969. A primeira edição desse livro é de 1827. Ele também escreveu um livro inteiramente dedicado a uma análise da opressão da mulher, intitulado *Appeal of One-Half of the Human Race, Women*, publicado em 1825.
33. Ibid., p. 261-263.
34. Ibid., p. 263.
35. Ibid., p. 267.
36. Ibid., p. 269-367.
37. Ibid., p, 19.
38. BENTHAM, *Jeremy. Jeremy Bentham's Economic Writings*. Londres: Allen & Unwin, 1954, p. 421, v. 3. Organizado por W. Stark.

39. Uma comparação entre as ideias de Hodgskin e as de Smith, Ricardo e Marx pode ser encontrada em HUNT, E. K. "Value Theory in the Writings of the Classical Economists, Thomas Hodgskin and Karl Marx". In: *History of Political Economy*, outono, 1977.

40. MEEK, Ronald L. Studies in the Labour Theory of Value. Nova York: Monthly Review Press, 1973, p. 124.

41. Escreveu cinco livros: *An Essay on Naval Discipline, Showing Part of Its Evil Effects on the Minds of the Officers and the Minds of the Men and on the Community, with an Amended System by Which Pressing May Be Immediately Abolished*, publicado em 1813; *Travels in the North of Germany, Describing the Present State of the Social and Political Institutions, the Agriculture, Manufactures, Commerce, Education, Arts and Manners in That Country, Particularly in the Kingdom of Hanover*, publicado em 1820; *Labour Defended against the Claims of Capital; or the Unproductiveness of Capital Proved with Reference to the Present Combinations amongst Journeymen*, publicado, anonimamente, em 1825; *Popular Political Economy*, publicado em 1827; *The Natural and Artificial Rights of Property Contrasted*, publicado em 1832. Também escreveu muitos artigos, a maioria dos quais publicados entre 1844 e 1857, em *The Economist*.

42. HODGSKIN, Thomas. *An Essay on Naval Discipline, Showing Part of Its Evil Effects on the Minds of Officers and the Minds of the Men and on the Community*. Londres: Hurst Robinson and Co., 1813, p. 173.

43. Ibid., p. 192.

44. HODGSKIN, Thomas. *Travels in the North of Germany, Describing the Present State of the Social and Political Institutions, the Agriculture, Manufactures, Commerce, Education, Arts and Manners in That Country, Particularly in the Kingdom of Hanover*. Edinburgo: Archibald Constable & Co., 1820, v. 2, p. 97.

45. Ibid., p. 27.

46. Ibid., p. 228.

47. Ibid., p. 466.

48. Ibid., p. 107-108.

49. Em junho de 1819, Hodgskin escreveu uma carta a Francis Place criticando a teoria de Ricardo. Ver PLACE, Francis. *Private Correspondence*, v. 2 (Museu Britânico), add. MSS 35, 153, F67.

50. PLACE, Francis. *Private Correspondence*, v. 2 (Museu Britânico), add. MSS 35, 153, F142 e seguintes.

51. Ibid.

52. HODGSKIN, Thomas. *Labour Defended against the Claims of Capital*. Londres: Labour Publishing, 1922, p. 75-76.

53. HODGSKIN, Thomas. *Popular Political Economy*. Nova York: Augustus M. Kelley, 1966, p. 219-235.

54. Ibid., p. 219-220.

55. Ibid., p. 233.

56. HODGSKIN. *Labour Defended*, p. 35-36.

57. Ibid., p. 38-50.

58. Ibid., p. 51-52.

59. Ibid., p. 52.

60. Ibid., p. 54.

61. Ibid., p. 56-58.

62. Ibid., p. 59-60.

63. Ibid., p. 54.

64. Ibid., p. 31-32.

65. Ibid., p. 60.

66. HODSKIN, Thomas. *The Natural and Artificial Rights of Property Contrasted*. Londres: B. S. Fabernoster Row, 1832, p. 28.

67. Ibid., p. 32.

68. Esta ideia é expressa em todos os três últimos livros de Hodgskin: *Labour Defended*, p. 86-105; *Popular Political Economy*, p. 243-257; e *Rights of Property Contrasted*, p. 101.

69. Ver *Popular Political Economy*, p. 219-235, 243-250.

70. *Labour Defended*, p. 26-29, 98-102.

71. *Rights of Property Contrasted*, p. 101.

CAPÍTULO 8

Utilitarismo Puro *Versus* Utilitarismo Eclético: Os Escritos de Bastiat e Mill

Vimos como a combinação das perspectivas da teoria da utilidade e da teoria do trabalho, nos trabalhos de Smith e Ricardo, parecia levar a conclusões que sugeriam ser o capitalismo caracterizado tanto pela harmonia social quanto pelo conflito de classes. Say e Senior "sanearam" a Economia Política clássica, rejeitando a perspectiva da teoria do valor e argumentando que o conhecimento dos verdadeiros princípios de Economia Política mostraria que os interesses de todas as classes estavam em harmonia. Explicaram todos os conflitos existentes como resultado da ignorância e de mal-entendidos. As doutrinas de Say e Senior (e também de Malthus) tentaram mostrar como os interesses últimos ou ocultos dos pobres, quando entendidos à luz da Economia Política "científica", eram idênticos aos interesses imediatos e óbvios dos proprietários, dos ricos e dos poderosos.

Thompson e Hodgskin adotaram a perspectiva da teoria do trabalho. Acreditavam que, enquanto os produtores imediatos de riqueza – os trabalhadores – não tivessem controle algum sobre os meios de produção, o conflito de classes seria inerente ao capitalismo. Ambos identificaram-se com a causa dos trabalhadores e advogaram mudanças sociais destinadas a transformar a estrutura de classes do capitalismo. Ambos, porém, por terem baseado muitas de suas ideias na filosofia utilitarista, envolveram-se em contradições que não diferiam das de Smith e Ricardo.

A influência radical ou socialista da perspectiva da teoria do trabalho da Economia Política clássica difundiu-se rapidamente de 1820 a 1850. Os socialistas começaram a exercer considerável influência sobre os crescentes movimentos da classe operária nesse período. Desse modo, os conservadores começaram a buscar cada vez com mais urgência novas versões da Economia Política baseadas no

149

História do Pensamento Econômico

utilitarismo puro. Os dois livros mais importantes de teoria econômica que apareceram em meados do século XIX foram *Principles of Political Economy*, de John Stuart Mill (publicado em 1848), e *Economic Harmonies*, de Frédéric Bastiat (publicado em 1850). O livro de Mill foi o último grande esforço para manter as perspectivas da utilidade e do trabalho no mesmo corpo das doutrinas econômicas. O livro de Bastiat representava o produto final, em quase todos os aspectos essenciais, do utilitarismo econômico puro levado às suas conclusões lógicas.

A Disseminação das Ideias Socialistas

As ideias econômicas socialistas tiveram, inquestionavelmente, suas principais raízes intelectuais na Economia Política clássica inglesa. Pelos escritos de Thompson e Hodgskin, essas doutrinas econômicas penetraram no movimento Owenista, na Inglaterra, exercendo considerável influência na década de 1830. Todavia, as ideias socialistas difundiram-se mais depressa na França, tendo exercido sua maior influência nas décadas de 1830 e 1840.

É possível dizer que o socialismo se originou igualmente de ideias inglesas e francesas, muito embora suas doutrinas econômicas tenham se originado quase todas na Inglaterra. A ala esquerda do movimento revolucionário francês do século XVIII produziu muitas ideias socialistas. Um de seus líderes foi Gracchus Babeuf (1760-1797). Após a queda de Robespierre, ele encabeçou uma conspiração para derrubar o governo francês e substituí-lo por um governo que implantasse a igualdade e a fraternidade. O complô foi traído, e Babeuf foi executado.

Em seus escritos, Babeuf argumentou que a natureza fizera todas as pessoas iguais, em direitos e necessidades. Portanto, as desigualdades de riqueza e de poder que tinham surgido deveriam ser reparadas pela sociedade. Infelizmente, a maioria das sociedades fazia o oposto: estabelecia um mecanismo coercitivo para proteger os interesses dos proprietários e dos ricos. Para Babeuf, a presença da desigualdade significa a presença da injustiça. Dizia ele que o comércio capitalista existia "para aproveitar-se do suor e do sangue de quase todos, a fim de formar lagos de ouro em benefício de poucos".[1] Os trabalhadores, que criavam a riqueza da sociedade, ficavam com a menor parcela, e, enquanto a propriedade privada não fosse abolida, as desigualdades sociais nunca poderiam ser corrigidas.

Henri de Saint-Simon (1760-1825) também foi influente. Era originário de uma família empobrecida da nobreza e tinha um desdém aristocrático pelo egoísmo antissocial dos capitalistas ricos de sua época. Condenava os efeitos morais perniciosos da concorrência individualista e ressaltava o valor social da produção cooperativa planejada. Também condenava o grande número de ricos ociosos que viviam da diligência da gente trabalhadora. Era favorável à propriedade privada, quando usada para promover o bem-estar das massas, mas insistia em que só uma intervenção ampla do governo na produção, na distribuição e no comércio poderia garantir isso.

Muitos dos seguidores de Saint-Simon eram, porém, radicais. Escreveram inúmeros panfletos e livros, expondo os abusos do capitalismo, atacando a propriedade privada e a herança, denunciando a exploração e advogando a propriedade e o controle, pelo governo, da produção econômica, no interesse do bem-estar geral.

As cooperativas sociais foram popularizadas na França por Charles Fourier, na década de 1830. Ele achava que, em uma economia capitalista, só cerca de 1/3 do povo realmente realizava trabalho socialmente útil. Os outros 2/3 ou eram dirigidos para ocupações inúteis, pela corrupção e pela distorção causadas pelo sistema de mercado ou eram parasitas inúteis e ricos. Incitava os cidadãos produtivos a escapar dessa opressão e dessa tirania, formando, voluntariamente, cooperativas (ou *falanges*, como ele as chamava). Também foi um dos primeiros socialistas a perceber que a concorrência entre os capitalistas levaria, inevitavelmente, ao monopólio:

> *Dentre as influências que tendem a restringir os direitos industriais do homem, mencionarei a formação de empresas privilegiadas que, monopolizando determinado ramo de indústria, fecham, arbitrariamente, as portas do trabalho para quem quiser... Os extremos se tocam e, quanto maior o grau de concorrência anárquica, mais se chega perto do* monopólio universal, *que é o extremo oposto... Os monopólios... operando em conjunto com os grandes interesses da terra diminuirão a classe média e a classe operária, reduzindo-as a um estado de vassalagem comercial... Os pequenos comerciantes serão reduzidos à posição de meros agentes, trabalhando para sua coalizão mercantil. Veremos, então, o reaparecimento do feudalismo invertido, baseado em ligas mercantis e correspondendo às* Ligas dos Barões, *da Idade Média.*[2]

Na década de 1840 e durante várias décadas depois, o socialista francês mais influente foi Pierre Joseph Proudhon (1809-1865). Em seu conhecido livro *O que É a Propriedade?*, ele respondeu à pergunta feita no título com o *slogan* que o tornou famoso: "A propriedade é um roubo". Achava ele que a propriedade era "a mãe da tirania". Como os direitos de propriedade eram, simplesmente, conjuntos de privilégios especiais para poucos e de restrições e proibições gerais para as massas, envolviam, necessariamente, a coação, a fim de serem estabelecidos e cumpridos. Daí a função básica do Estado ser a coação.

Os direitos de propriedade eram uma fonte não só de tirania e coação como também de desigualdade econômica. Enquanto a quantidade de trabalho empregada determinava a quantidade produzida, em uma sociedade capitalista, a propriedade determinava a divisão da produção, de modo que os que produziam recebiam quase nada e os que tinham propriedades podiam usar as leis da propriedade privada para "roubar legalmente" os trabalhadores. A sociedade ideal de Proudhon rejeitava não só as relações de propriedade capitalistas como também a industrialização. Ele visualizava uma época áurea da agricultura em pequena escala e de produção artesanal, na qual cada agricultor e cada operário possuiriam seu próprio capital e ninguém viveria apenas da propriedade.

Fundamentos e Escopo da Economia Utilitarista, de Bastiat

Na década de 1840, a influência do socialismo francês estava expandindo-se rapidamente. Nesse contexto, Frédéric Bastiat (1801-1850) procurou estabelecer a santidade da propriedade privada, do capital, do lucro e da distribuição da riqueza existente – em geral, o capitalismo concorrencial e *laissez-faire*. Fez isso estendendo coerentemente os princípios do utilitarismo à teoria econômica (embora, conforme veremos, a teoria do valor-utilidade só tenha recebido sua formulação final mais de duas décadas depois, em resposta à influência crescente das ideias socialistas).

O título do livro mais importante de Bastiat, *Economic Harmonies*, mostrou a importância atribuída à rejeição da noção de que o conflito de classes era inerente ao capitalismo. Em defesa de suas doutrinas, ele (como Senior) apelou para a autoridade da *Ciência*. Discutindo a distinção entre Economia Política "científica" (em que seus favoritos eram, claramente, Say e Senior) e o socialismo (em que seu oponente mais desprezado era, obviamente, Proudhon), escreveu:

> *O que estabelece a grande divisão entre as duas escolas é a diferença de método. O socialismo, como a Astrologia ou a Alquimia, adota a imaginação; a Economia Política, como a Astronomia e a Química, adota o método da observação.*

História do Pensamento Econômico

Dois astrônomos, observando o mesmo fenômeno, podem não chegar à mesma conclusão. Apesar dessa discordância temporária, estão ligados por um método comum que, mais cedo ou mais tarde, os aproximará... mas entre o astrônomo que observa e o astrólogo que imagina existe um abismo intransponível...

O mesmo ocorre com a Economia Política e o socialismo.

Os economistas observam o homem, as leis de sua natureza e as relações sociais que se originam dessas leis. Os socialistas pensam numa sociedade usando a imaginação e, depois, concebem um coração humano que se enquadre nessa sociedade.[3]

Também apelou (como Malthus) para a autoridade da religião, em defesa de suas doutrinas:

Proclamando em nome da fé, formulando em nome da Ciência, as leis divinas... de nossa ordem moral dinâmica, rejeitamos, decididamente, as... instituições que alguns homens, em sua cegueira, introduziriam descuidadamente neste mecanismo admirável. Seria um absurdo um ateu dizer: Laissez-faire! Deixem por conta do acaso! Mas nós, crentes, julgamos ter o direito de gritar: Laissez-passer! Deixem a ordem e a justiça de Deus imperar. Eu acredito em Deus.[4]

Na verdade, se este trabalho diferir... dos trabalhos dos socialistas, será porque eles dizem: "Não pretendemos, de fato, acreditar em Deus; em realidade, só acreditamos em nós mesmos, pois nada queremos com o laissez-faire e cada um de nós oferece seu plano social como infinitamente superior ao da Providência".[5]

Tendo, então, estabelecido a superioridade científica e religiosa de suas ideias, ele começou a desenvolver coerentemente a economia utilitarista. Vimos, no último capítulo, que o utilitarismo não serve de base para avaliar duas situações, se a utilidade de um indivíduo diminuir na segunda situação, mesmo que a utilidade de todas as outras pessoas aumente. Também vimos que, se aceitarmos a distribuição da riqueza existente como ideal e justa (ou se ignorarmos completamente a distribuição), as trocas voluntárias no mercado serão o paradigma de um caso em que a utilidade total aumenta, sem sombra de dúvida, entre uma situação e outra. A utilidade de ambos os indivíduos aumenta depois da troca; a unanimidade prevalece. Bastiat citou Condillac, com aprovação: "O próprio fato de ser feita uma troca é prova de que tem de haver lucro para ambas as partes contratantes; caso contrário, a troca não seria feita. Por isso, toda troca representa dois ganhos para a humanidade".[6]

O utilitarismo requer unanimidade. Uma vez aceita a distribuição inicial de "coisas trocáveis", a troca voluntária é um dos poucos aspectos da vida social no qual existe essa unanimidade entre pessoas que interagem socialmente. Tanto a exigência de unanimidade quanto seu cumprimento no ato da troca são de grande importância para a moderna economia neoclássica. Na economia neoclássica utilitarista, todas as interações econômicas, políticas e sociais dos seres humanos se reduzem a atos de troca. Uma vez feita essa redução, o resultado é óbvio. A teoria econômica utilitarista reduz-se a este silogismo:

Todas as trocas são mutuamente benéficas para todas as partes.

Todas as interações humanas podem ser reduzidas a trocas.

Logo, todas as interações humanas são benéficas para todas as partes.

Foi nos escritos de Bastiat que a orientação da utilidade foi formulada coerentemente pela primeira vez, de modo a reduzir toda a teoria econômica a uma mera análise de troca no mercado. "A troca é a Economia Política" – declarou Bastiat – "é a própria sociedade, pois é impossível conceber a sociedade sem troca ou a troca sem a sociedade".[7]

152

Utilitarismo Puro *Versus* Utilitarismo Eclético: Os Escritos de Bastiat e Mill

Quando Bastiat proclamou que "a troca é Economia Política", certamente afastou-se muito de Adam Smith, que tinha dedicado apenas algumas dezenas de páginas para falar sobre troca, nas quase mil páginas de *A Riqueza das Nações*, ou de David Ricardo, que definiria Economia Política como o estudo das leis que regulam a distribuição da produção da economia entre as três grandes classes da sociedade.

As poucas páginas que Smith dedicou à descrição da "mão invisível" tinham se transformado, com Bastiat, em toda a Economia Política. O trabalho de saneamento estava completo. Tendo dito que "a troca é a Economia Política", que "a Economia Política se restringe à área que chamamos de *negócios* e que os negócios estão sob a influência do *interesse próprio*",[8] Bastiat tentou provar que "os impulsos de todos os homens, quando motivados pelo interesse próprio e legítimo, se enquadram num padrão social harmonioso".[9] Destinou seu livro a todas as classes e prometeu provar que o capitalismo *laissez-faire* era o melhor sistema econômico possível para todo o mundo:

Proprietários, por mais vastas que possam ser suas posses, se eu puder provar que seus direitos, tão veementemente contestados pelas pessoas de hoje, estão limitados – como os do mais simples trabalhador braçal – a receber serviços em troca de serviços reais executados por vocês ou por seus antepassados, esses direitos, daqui por diante, não poderão ser desafiados...

Capitalistas e trabalhadores, acho que posso estabelecer esta lei: "À medida que o capital se acumula, a participação *absoluta* do capital, nos retornos totais da produção aumenta e sua participação *relativa* aumenta mais depressa ainda. O efeito oposto é observado quando o capital é malbaratado". Se essa lei puder ser estabelecida, está claro que poderemos concluir que os interesses dos trabalhadores e dos empregadores são harmoniosos.[10]

Utilidade e Troca

A demonstração feita por Bastiat sobre a harmonia universal do capitalismo dependia de muitas "leis científicas", que, segundo ele, seriam prontamente confirmadas pela observação casual. "Não podemos ter dúvida" – dizia ele – "de que o interesse próprio é a mola mestra da ação humana".[11] Os motivos imediatos da ação eram as necessidades humanas. Os desejos ou as necessidades humanas eram insaciáveis, mas os meios para sua satisfação eram limitados: "O *desejo* vem à frente, ao passo que os *meios* ficam para trás."[12] A satisfação das necessidades dá prazer: "Se dermos o nome de utilidade a tudo o que satisfaça às necessidades, existirão dois tipos de utilidade. Um deles nos é oferecido pela providência, sem qualquer custo para nós; o outro tipo insiste, por assim dizer, em ser comprado com esforço".[13] Assim, o princípio universal da ação humana era este: "Nosso *interesse próprio* é tal que, constantemente, procuramos aumentar toda a nossa satisfação em relação ao nosso esforço."[14] Isso era apenas uma repetição do princípio de Bentham, de maximização da utilidade e faz parte do cerne da teoria econômica conservadora, de Bastiat, até hoje.

A separação da utilidade em dois tipos, feita por Bastiat, representava uma tentativa de tornar os preços dependentes da utilidade e de afastar o paradoxo da água e do diamante, de Smith. Se tivesse lido Bentham com mais cuidado, poderia ter formulado o conceito de utilidade marginal dos economistas neoclássicos posteriores. Contudo, argumentou que a natureza nos dava alguma utilidade, como a oferecida gratuitamente pela água, ao passo que quase toda a utilidade, por exemplo a oferecida pelos diamantes, exigia esforço ou dor. Esta última utilidade era por ele chamada de *utilidade onerosa*. Os objetos que ofereciam utilidade onerosa eram os que exigiam esforço humano para serem produzidos. Esse esforço humano produtivo era por ele chamado de *serviço*. No centro da abordagem de Bastiat

153

estava a insistência de que o trabalho era apenas um tipo de serviço que não era qualitativamente diferente de outros serviços produtivos executados por proprietários de terras e capitalistas.

Um homem isolado executaria todos os serviços produtivos para si próprio, mas sua existência seria precária e seu bem-estar material seria reduzido. Os homens viviam em sociedade porque podiam, com isso, dividir o trabalho, especializar-se, aumentar a produção e trocar os frutos da maior produção. Assim, em sociedade, os homens executavam serviços (quer dizer, esforço produtivo) para os outros. A troca era, em realidade, uma troca de serviços que aumentava, inevitavelmente, a utilidade dos homens em relação ao que eles podiam conseguir, se prestassem serviços produtivos apenas a si próprios. Assim, numa sociedade de troca, o serviço era definido por Bastiat como um *"esforço* de um homem, ao passo que a *necessidade* e a *satisfação* eram de outro".[15]

Essa definição de serviço é importante para entender a orientação de classe social dos trabalhos de Bastiat. Ele insistia em que o esforço produtivo era penoso. As pessoas "só poderiam satisfazer às necessidades com um esforço que poderíamos chamar de *dor*".[16] Esse esforço produtivo, já definido como penoso, era igualado ao serviço. Portanto, serviço significava dores suportadas pelas pessoas para que houvesse produção.

Uma das principais incoerências dos escritos de Bastiat, várias vezes repetida, era que, tendo definido serviço como uma dor humana suportada para a produção, referiu-se repetidas vezes a serviços como o uso das qualidades dos *objetos materiais* que tornam desejáveis esses objetos.

Uma ideia repetida diversas vezes neste livro é que as incoerências de um pensador são, quase sempre, a indicação mais frutífera do preconceito de classe desse mesmo pensador. Isso ocorre porque esse preconceito de classe é, muitas vezes, mais coerente do que a lógica do pensador. Esse é o caso de Bastiat. Seu principal objetivo era defender a propriedade privada do capital. Ao fazer isso, como Say e Senior, desejava fazer a contribuição do capitalista e do proprietário de terras para a produção parecer com a contribuição do trabalhador. Insistiu que tanto o capitalista quanto o proprietário de terras prestavam serviços e que, por isso, ambos suportavam a dor; mas, conforme veremos, os serviços pelos quais os capitalistas e proprietários de terras recebiam remuneração, quase sempre, acabavam por se limitar ao simples uso das ferramentas e da terra, que eram necessários para a produção. Nesse ponto das discussões de Bastiat, não se sabe como o capitalista e o proprietário de terras suportam qualquer dor.

Por exemplo, após ter definido o serviço como dor humana produtiva e, depois, ter exaltado a importância da divisão do trabalho e da troca, Bastiat escreveu o seguinte:

> Uma vez admitindo-se que a troca é tanto a causa quanto o efeito da divisão do trabalho, uma vez admitindo-se que a divisão do trabalho multiplica satisfações em relação ao esforço... o leitor logo entenderá os serviços que o dinheiro tem prestado à humanidade, pelo simples fato de facilitar o ato da troca.[17]

Vemos, então, que o *dinheiro prestava um importante serviço*. É claro que o dono do dinheiro recebia *juros*. Mas como é que ter dinheiro e receber juros pode ser doloroso, de modo a promover a produtividade da sociedade?

Tendo estabelecido que os indivíduos egoístas achavam a especialização e a troca de serviços produtivos e mercadorias a maneira mais eficaz de maximizar a utilidade, Bastiat prosseguiu discutindo o valor de troca. Insistia no fato de que as contribuições da natureza para a utilidade nunca tinham tido um preço. As contribuições humanas, sob a forma de serviços produtivos, tinham um preço proporcional à sua utilidade para o comprador:

> O axioma de Say era o seguinte: a base do valor é a utilidade.

Utilitarismo Puro *Versus* Utilitarismo Eclético: Os Escritos de Bastiat e Mill

Se se tratasse, aqui, da utilidade em relação a serviços humanos, eu não discutiria... A palavra serviço está tão incluída na área da utilidade, que é simplesmente a tradução... da palavra latina uti que quer dizer servir.[18]

Como os produtos e serviços são intercambiáveis, têm que ter algo em comum, algo com que possam ser comparados e avaliados, ou seja, valor.[19]

O valor não é transmitido do objeto material para o serviço, mas deste para o valor material.[20]

Vendo a utilidade dos serviços como a origem da utilidade e, portanto, com o valor dos produtos, Bastiat inverteu a linha de causalidade, que deveria se tornar padrão na teoria da utilidade neoclássica. A esse respeito, Say se aproximou muito mais da escola neoclássica posterior do que Bastiat, mas a teoria de Bastiat levava diretamente à consecução de seu principal objetivo: mostrar que os proprietários de terras e os capitalistas criavam valor e riqueza, da mesma forma que o trabalho. Tendo dito que a utilidade é a fonte do valor e tendo igualado o valor dos produtos ao valor dos serviços necessários para a sua produção, Bastiat nunca elaborou uma teoria que mostrasse exatamente como a utilidade determinava o valor dos serviços, determinando, desse modo, o valor dos produtos. Essa teoria só seria elaborada no início da década de 1870, depois de a versão radical da teoria do valor-trabalho, de Marx, ter começado a exercer uma influência generalizada.

Bastiat e a Defesa da Propriedade Privada, Capital, Lucros e Renda da Terra

Bastiat se dispôs a defender a propriedade privada da terra e do capital, a explicar a natureza dos serviços prestados pelos proprietários de terras e pelos capitalistas, a mostrar que todos se beneficiavam com o cumprimento rígido das leis da propriedade e da livre-troca e a demonstrar que a acumulação irrestrita de capital beneficiava os trabalhadores tanto quanto os capitalistas ou mais ainda. Com base nessas suposições, convenceu-se de que o capitalismo *laissez-faire* era um sistema harmonioso, que beneficiaria universalmente a todas as pessoas.

Ele, primeiro, defendeu a inviolabilidade das leis da propriedade privada. Sua defesa era simples: a propriedade privada era uma lei *natural*, criada por Deus, e anterior a qualquer lei feita pelo homem. Portanto, as leis humanas que reconheciam isso estavam de conformidade com a lei natural e com a vontade de Deus; as leis humanas que infringiam os direitos de propriedade eram antinaturais e contrárias à vontade de Deus. "A propriedade não existe porque existem leis" – insistia ele – "mas as leis existem porque existe a propriedade".[21]

Para Bastiat, a propriedade era uma consequência necessária da natureza do homem:

No pleno sentido da palavra, o homem nasce proprietário, porque nasce com necessidades cuja satisfação é necessária para a vida e com órgãos e faculdades cujo exercício é indispensável para a satisfação destas necessidades. As faculdades são apenas uma extensão da pessoa, e a propriedade nada mais é que uma extensão dessas faculdades...

É por isso que acreditamos que a propriedade tenha sido instituída por Deus e que o objeto da lei humana é a proteção ou a segurança da propriedade.[22]

Não bastava, porém, insistir em que a propriedade era sagrada. Hodgskin teria concordado com essa afirmação, mas teria insistido em que era *antinatural* e *injusto* que a terra e os instrumentos, que eram extensões das faculdades produtivas das pessoas, fossem, quase todos, de propriedade dos que não

155

História do Pensamento Econômico

a usavam como tal, quer dizer, dos que não produziam com ela. Portanto, Hodgskin teria concordado que a propriedade era natural, mas teria afirmado que a *propriedade capitalista* era antinatural, porque era o meio pelo qual o ocioso roubava o trabalhador.

Reconhecendo isso, Bastiat foi mais adiante. Começou assegurando aos ricos o seguinte:

> *Homens proprietários e do lazer... vocês ainda estão estranhamente perturbados. Por quê? Porque o perfume doce, porém mortal, da utopia ameaça seu estilo de vida. Existem homens que dizem, que apregoam que... sua fortuna foi adquirida à custa de seus irmãos. Dizem que vocês... cobram um tributo... em nome da propriedade, dos juros, da renda e da contratação...*
>
> *Mas eu digo que não... tudo o que lhes é passado é uma* compensação *pelo esforço físico e mental, pelo suor e pelo trabalho árduo, pelos perigos enfrentados, pelas habilidades usadas, pelos sacrifícios feitos, pelas dores suportadas, pelos serviços prestados e recebidos. Talvez vocês só pensem em si mesmos, mas até os seus próprios interesses se transformaram, nas mãos de uma providência infinitamente sábia e onipresente, num instrumento de aumento da abundância para todos os homens.*[23]

Em defesa dos lucros do capital, Bastiat, primeiro, mostrou a necessidade óbvia de os trabalhadores usarem meios de produção previamente existentes. Depois, indagou como esses meios de produção tinham passado a existir. Uma teoria do valor-trabalho teria levado à conclusão de que, como todas as outras mercadorias, eles eram o resultado do trabalho humano empregado na transformação dos recursos naturais. Aceitando, porém, as relações capitalistas de propriedade como eternas e sagradas, Bastiat insistiu em que elas eram o resultado da dor sofrida pelos capitalistas:

> *O capital tem suas raízes em três atributos do homem: capacidade de previsão, inteligência e parcimônia. Para que resolva deixar de usar o capital em outra coisa... o capitalista tem de sacrificar o presente para ter o capital e exercer controle sobre si mesmo e sobre seus apetites... Acumular capital é fazer uma provisão para a subsistência, a proteção, o abrigo, o lazer, a educação, a independência e a dignidade das gerações seguintes. Nada disso pode ser feito sem se colocar em prática todas as nossas virtudes mais sociais e – o que é mais difícil ainda – sem fazer delas nosso hábito diário.*[24]

Bastiat nunca chegou a levar em conta a crença dos socialistas de que um homem trabalhador comum ganhava apenas o suficiente (e às vezes menos) para a subsistência de sua família; que não havia, de modo algum, qualquer possibilidade de ele economizar os milhões necessários para se transformar em um capitalista com seu magro salário; que, em realidade, a origem de quase todas as fortunas dos capitalistas era o logro, a traição, a fraude, a coação e o suborno e que, uma vez estabelecido o capitalismo, dentro de uma ou duas gerações a origem da fortuna de quase todos os capitalistas seria a herança. Dos lucros de seu capital, os capitalistas poderiam, quer fossem virtuosos ou maus, inteligentes ou ignorantes, econômicos ou perdulários, destinar uma parte à acumulação de mais capital – para mais riqueza, renda e poder, no futuro – e destinar a outra parte ao luxo e ao consumo extravagante.

O único sacrifício que os capitalistas teriam de fazer, a única dor que teriam de suportar tinha dois aspectos: primeiramente, tinham de usar seu capital para conseguir mais lucro, em vez, por exemplo, de simplesmente deixar sua fábrica ociosa; em segundo lugar, não se poderiam tornar tão extravagantes e perdulários a ponto de matar a galinha dos ovos de outro – isto é, tinham de viver de seus lucros, juros e rendas e não dissipar a fortuna herdada que lhes dera poder. Eram esses os sofrimentos e privações que, segundo Bastiat, davam aos capitalistas o direito moral de receber seus lucros, juros e rendas.

Utilitarismo Puro *Versus* Utilitarismo Eclético: Os Escritos de Bastiat e Mill

Não foi por acaso que Bastiat deixou de considerar as origens históricas reais das grandes fortunas familiares de sua época, pois isso teria destruído seu argumento em favor da inviolabilidade absoluta das leis da herança. Após ressaltar a naturalidade, a inviolabilidade e o aspecto sagrado dos direitos de propriedade, escreveu:

> O mesmo é válido para a herança. Nenhuma teoria, nenhum arroubo de oratória pode conseguir fazer com que os pais deixem de amar seus filhos. As pessoas que se deleitam em criar sociedades imaginárias podem lamentar, mas isso é um fato. Um pai fará muito mais esforço para satisfazer a seus filhos do que para satisfazer-se a si próprio. Sendo assim, se uma nova lei contrária à natureza proibir a herança da propriedade privada ela não só seria, por si mesma, uma violência contra os direitos de propriedade privada como também impediria a criação de novas propriedades privadas, paralisando a metade do esforço humano.[25]

Assim, a eliminação das leis da herança paralisaria a virtude moral que explica a dor e o esforço necessários para que um capitalista continue usando sua fábrica como fonte de lucros, em vez de deixá-la ociosa ou de destruí-la. Então, era o amor, e não o interesse próprio, o motivo defendido por Bastiat e atacado pelos socialistas! Devemos nos lembrar de que um dos argumentos de Thompson em favor de uma sociedade de cooperação mútua era que apenas nesse tipo de sociedade todas as crianças (e não só as que tivessem tido a sorte de nascer de pais ricos), bem como todos os outros que, por diversas razões legítimas, não pudessem contribuir para a produção poderiam ser poupados da insegurança do capitalismo concorrencial.

A defesa de Bastiat da propriedade privada da terra também era bem simples: os proprietários de terras não recebiam renda alguma, simplesmente em virtude das qualidades naturais, não aproveitadas e virginais da terra. Toda renda era devida às melhorias feitas pelo homem no solo. Portanto, a terra era, simplesmente, capital que não podia ser movimentado da mesma maneira que os instrumentos e as máquinas:

> A terra, como meio de produção, na medida em que é obra de Deus, produz utilidade e essa utilidade é gratuita; o dono não tem poder para cobrá-la. A terra, como meio de produção, na medida em que seu dono a tenha preparado, trabalhado nela e acrescentado a ela outros implementos necessários, gera valor, que representa serviços humanos que foram oferecidos; essa é a única coisa... que é cobrada (pelo proprietário).[26]

Contrariamente a Smith e Ricardo, Bastiat não propôs teoria alguma que demonstrasse que não se pagava renda alguma pelo uso das qualidades originais da terra; simplesmente afirmou isso.

Além do mais, a alegação de Bastiat de que ele olhava os fatos, enquanto os socialistas construíram suas teorias com base na fantasia e na imaginação, era quase que insustentável, em sua argumentação. Será que Bastiat, ao olhar para os ricos e poderosos proprietários de terras que viviam em palacetes, em Paris e em outras cidades francesas, os viu vestidos com roupas de trabalho e caminhando longas distâncias até chegar aos campos para prepará-los, cercá-los, drená-los e neles trabalhar e fazer melhorias? Se tivesse ido aos campos, teria observado camponeses fazendo esse trabalho e pagando renda a proprietários ausentes, ou trabalhadores assalariados trabalhando para fazendeiros capitalistas, que pagavam renda a proprietários ausentes.

A dor e o esforço dos proprietários de terras acabavam sendo parecidos com a dor e o esforço dos capitalistas: eles sofriam por terem de entregar suas terras para serem trabalhadas por outros, para receber renda, em vez de deixá-las ociosas.

História do Pensamento Econômico

Bastiat e a Troca, a Harmonia Social e o Papel do Governo

Tendo estabelecido que a propriedade privada era sagrada e mostrado "as dores produtivas" sofridas pelos proprietários de terras e pelos capitalistas, se seguiria a benevolência universal da troca. O trabalho não podia produzir sem os recursos naturais e sem o capital. As pessoas ricas tinham de sofrer para deixar seus recursos e seu capital serem usados na produção. Toda a sociedade ficava em melhor situação com a produção do que sem ela. Portanto, quando, pela troca, os trabalhadores vendiam sua força de trabalho e os capitalistas e proprietários de terras recebiam seus lucros e suas rendas, todos se beneficiavam e havia harmonia social. Bastiat gostava de salientar a liberdade que existia nesse sistema. Os trabalhadores poderiam escolher entre morrer de fome ou usar sua força de trabalho em troca de um salário de subsistência. Faziam livremente essa troca e, por isso, a troca os beneficiava, bem como aos capitalistas e proprietários de terras.

É certo que Bastiat enfatizou a noção de que, para a troca ser universalmente vantajosa, teria de haver concorrência. Ele, porém, via o governo como a principal causa das barreiras a essa concorrência. Apelou, então, para o governo, para que ele se restringisse "à manutenção da liberdade, da propriedade e dos direitos individuais".[27] Assim, o governo deveria limitar-se a proteger todos os privilégios da propriedade privada e da liberdade, bem como o direito individual de troca. Ele reconhecia que "a ação do governo envolvia a coação, por sua própria natureza",[28] mas tanto a natureza quanto Deus se juntam para dar às pessoas um direito absoluto de "defender, *mesmo unindo suas forças*, a liberdade e a propriedade individual".[29]

Bastiat nunca se indagou por que os governos criavam condições de monopólio e outros impedimentos à livre-concorrência. Se tivesse feito isso, teria descoberto que era porque um monopólio dá mais lucro do que uma empresa concorrencial. Como todos se motivavam pelo interesse próprio, era mais vantajoso, para os funcionários do governo, aceitar os subornos ou angariar contribuições de campanha dos ricos do que seguir os preceitos de Bastiat. Os capitalistas e os funcionários do governo limitavam-se a uma troca simples: suborno para garantir leis que protegessem o poder de monopólio. Como a própria teoria de Bastiat teria previsto, ambas as partes se beneficiavam com essa troca. Os indivíduos que trabalhavam no governo conseguiam o financiamento necessário para continuar no poder e para levar uma vida "cômoda", enquanto os capitalistas conseguiam as restrições legais necessárias para terem mais lucro do que o simples respeito aos seus direitos de propriedade teria permitido. Ambas as partes lucravam com a troca, mas o povo sofria. Não é de se admirar que, em seu sistema de harmonia, Bastiat tivesse ignorado esse tipo de troca. Ele estava muito mais preocupado com os socialistas do que com os capitalistas que subornavam os funcionários do governo.

Bastiat ficou impressionado com a beleza estética do capitalismo e com sua Economia Política: "A Economia Política tem... realmente sua própria poesia especial. Sempre que existe ordem e harmonia existe poesia".[30] Ele, porém, não desconhecia o fato de que os trabalhadores, às vezes, sofriam dificuldades ou privações: "O sofrimento" – escreveu ele – "tem um papel a desempenhar na vida do indivíduo e, consequentemente, também na vida da sociedade".[31] Também nesse caso a harmonia do capitalismo *laissez-faire* dava sua ajuda. Para tranquilizar os trabalhadores, Bastiat escreveu:

> Portanto, tendo estabelecido que todo aumento de capital é, necessariamente, acompanhado de um aumento do bem-estar geral, ouso apresentar como inquestionável o seguinte axioma, relativo à distribuição dessa prosperidade:

Utilitarismo Puro *Versus* Utilitarismo Eclético: Os Escritos de Bastiat e Mill

À medida que o capital aumenta, a participação absoluta dos capitalistas na produção total aumenta, mas sua participação relativa diminui. Por outro lado, a participação dos trabalhadores aumenta tanto em termos absolutos quanto em termos relativos.32

A "prova" dessa proposição era simples, segundo Bastiat: "*quanto mais abundante o capital, menor sua taxa de juros*. Ora, isto é inquestionável e, realmente, nunca foi questionado".[33]

Esse era um erro de lógica. A crença de que existe uma tendência à queda da taxa de lucros com a acumulação de capital tem sido uma das opiniões mais constantes dos economistas teóricos, desde Smith e Ricardo até Marx e, no século XX, John Maynard Keynes. No entanto, uma queda da taxa de lucro por causa de um aumento do volume de capital nas mãos dos capitalistas *não* indica, necessariamente, uma queda da parcela relativa da produção destinada aos capitalistas. Se o aumento percentual do capital ultrapassar suficientemente a queda porcentual da taxa de lucro, a participação relativa dos capitalistas na produção aumentará e a dos trabalhadores diminuirá. Mais uma vez, um erro de lógica indica claramente o preconceito de classe desse teórico.

Em suma, a resposta de Bastiat à afirmativa dos socialistas de que havia "antagonismos fundamentais... entre proprietário e trabalhador, entre capital e trabalho, entre gente comum e a burguesia"[34] era simples. "Os interesses dos homens estão em harmonia; portanto, a resposta está inteiramente nesta palavra: *liberdade*."[35] Liberdade de troca e a proteção da propriedade – era esta a última resposta de Bastiat para todos os males sociais. É claro que essa liberdade era a liberdade de impedir, coercitivamente, que os trabalhadores produzissem, a menos que os ricos donos das propriedades tivessem o direito de receber lucros, renda e juros resultantes da posse dos meios de produção.

O Utilitarismo, de Mill

A última grande tentativa de integrar a teoria do valor-trabalho e a perspectiva utilitarista foi feita por John Stuart Mill (1806-1873), em sua obra *Princípios de Economia Política*, publicada pela primeira vez em 1848. Mill declarou-se discípulo de Bentham e Ricardo, mas suas obras tinham, quase sempre, uma característica distintiva: ele tentou ser correto e justo na apresentação de qualquer doutrina e, por isso, apresentou modificações, extensões e muitas explicações para quase todos os princípios propostos. Frequentemente as modificações foram tão significativas – como no caso de sua formulação do utilitarismo, de Bentham, e da teoria do valor-trabalho, de Ricardo – que a doutrina que ele acabou apresentando era completamente diferente da doutrina inicial. Argumentaremos que ele acabou não sendo um utilitarista nem um proponente da teoria do valor-trabalho. Muitas vezes, também, suas explicações de qualquer princípio eram tão extensas e sua argumentação tão persuasiva, que seu efeito final era sugerir ao leitor a validade de princípios bastante contraditórios aos esposados por ele próprio – e, muitas vezes, com uma defesa lúcida e convincente desses princípios. Por isso, tanto a filosofia social de Mill quanto sua teoria econômica eram ecléticas e, muitas vezes, incoerentes.

O contraste entre Mill e Bastiat não poderia ser mais impressionante. Eles foram discutidos no mesmo capítulo porque foram os dois primeiros representantes de uma bifurcação polar da economia utilitarista. Bastiat foi o precursor da escola austríaca e da escola de Chicago contemporâneas – proponentes de um conservadorismo extremo e defensores rígidos e intransigentes do capitalismo *laissez-faire*. Mill foi o precursor da escola econômica neoclássica marshalliana – muito mais moderada – e que, quase sempre, defende reformas liberais e a intervenção governamental. Mill foi superior a Bastiat, tanto como teórico quanto como estudioso. Os *Princípios*, de Mill, tinham um academicismo vasto e um estilo elegante, equivalentes à obra *Riqueza das Nações*, de Smith. Seu estilo elegante e judicioso contrastava nitidamente com o estilo doutrinário, santarrão e arrogante de Bastiat. No entanto, Mill era eclético, suas doutrinas contêm grandes incoerências, ao passo que Bastiat chegou coerentemente às conclusões implícitas na psicologia e na ética utilitarista.

Mill começou seus *Princípios* com uma afirmação que contradizia a maioria dos economistas teóricos anteriores a ele e que contradiz a economia neoclássica contemporânea. "A produção da riqueza" – escreveu ele – "não é, evidentemente, uma coisa arbitrária. Tem condições necessárias".[36] Com isso, ele queria dizer que as leis da matéria e as consequências materiais de determinadas técnicas físicas de produção eram as mesmas, em todas as sociedades. "Diversamente das leis da produção" – continuava ele – "as leis da distribuição são, em parte, uma instituição humana, isso porque a forma de distribuição da riqueza, em qualquer sociedade, depende dos regulamentos ou dos usos vigentes nessa sociedade".[37] Com isso, ele queria dizer que as leis da propriedade e outras instituições que afetavam a distribuição da riqueza eram instituições humanas que tinham sido mudadas no passado e que, segundo ele, mudariam no futuro.

Diversamente de Bastiat, ele não achava que a natureza ou Deus tinha instituído a propriedade privada. Era uma convenção humana e, por isso, "inteiramente uma questão de facilitar as coisas de modo geral. Quando a propriedade privada... não facilitava as coisas... era injusta".[38] Com essa rejeição da noção de que a propriedade privada era sagrada e mais a rejeição dos dois axiomas básicos do utilitarismo (que discutiremos a seguir), não é de admirar que Mill se tenha recusado a encarar a troca como o centro da economia política: "A troca não é a lei básica da distribuição... da produção mais do que as estradas e as carruagens são as leis essenciais do movimento. É, simplesmente, parte da máquina de distribuição. Confundir essas ideias parece-me não só um erro lógico, como também um erro prático".[39]

Para todos os utilitaristas coerentes, desde Bastiat até os contemporâneos, a troca tem sido o ponto central de toda a teoria econômica. A rejeição de Mill a essa abordagem seguiu-se à sua rejeição de dois princípios centrais do utilitarismo. Ele sempre professou ser discípulo de Bentham, e uma das obras mais conhecidas de Mill chamava-se *Utilitarismo*. O Capítulo 2 desse livro definiu utilitarismo, mas, obviamente, contradisse a definição de Bentham. Se a filosofia de Bentham e seus frutos intelectuais na história das ideias econômicas puderem ser chamados de utilitarismo, a filosofia de Mill não poderá sê-lo; elas são radicalmente diferentes. Os dois axiomas básicos do utilitarismo, de Bentham, são: (1) todos os motivos podem ser reduzidos à busca do prazer, baseada no interesse próprio e (2) cada pessoa é o único juiz de seus próprios prazeres e, por isso, é impossível fazer comparações de prazer entre as pessoas (conforme argumentamos no capítulo anterior). O segundo axioma foi expresso na afirmação de Bentham de que, se a quantidade de prazer fosse a mesma, apertar parafusos seria tão bom quanto fazer poesia. O utilitarismo de Bentham não permite comparações negativas de tipos de prazer qualitativamente diferentes.

Mill, como veremos mais adiante em nossa discussão, não acreditava que todos os atos fossem motivados pelo interesse próprio. Acreditava apenas que a maioria das pessoas, cujas personalidades fossem moldadas por uma cultura capitalista concorrencial, agia com base no interesse próprio, em seu comportamento econômico. Aguardava, porém, o futuro, quando, em uma sociedade socialista ou em uma sociedade comunista, as pessoas agiriam com base em motivos "mais elevados" ou "mais nobres". Essa comparação negativa é totalmente estranha ao utilitarismo, que reduz todos os motivos ao interesse próprio e vê esses julgamentos como mero reflexo de preconceitos pessoais e subjetivos.

Mill também insistiu em que alguns prazeres poderiam ser considerados moralmente superiores a outros. Se isso for verdade – e é claro que concordamos com Mill nesse ponto – terá de haver algum princípio superior ao princípio do prazer do utilitarismo pelo qual se tornem possíveis julgamentos morais de diferentes prazeres. É óbvio que esse princípio mais elevado, e não o princípio do prazer utilitarista, é que seria a fonte de julgamentos éticos. Mill afirmou, repetidas vezes, que "alguns *tipos* de prazer são mais desejáveis e mais valiosos do que outros".[40] Em outras palavras, independentemente da quantidade de prazer envolvida, a poesia pode ser considerada mais desejável e mais valiosa do que apertar parafusos. É óbvio que isso é contrário ao utilitarismo. O prazer, segundo esse enfoque, não é o critério normativo final. Mill não tinha dúvida alguma de que "era melhor ser um Sócrates insatisfeito do que um tolo satisfeito".[41] Isso destrói por completo a base sobre a qual os economistas utilitaristas, a partir de Bastiat, construíram teorias econômicas normativas e procuraram mostrar a vantagem universal da troca. Temos, assim, de concluir que, apesar do fato de Mill afirmar esposar um ponto de vista utilitarista e apesar de o utilitarismo ter influenciado significativamente suas ideias, ele não era, com toda certeza, um utilitarista convicto.

A Teoria do Valor, de Mill

Mill começou o Capítulo 1 do Livro I de seus *Princípios* com uma apresentação da perspectiva da teoria do trabalho; quer dizer, a produção consistia, simplesmente, no trabalho transformando os recursos naturais: "Os requisitos da produção são dois: o trabalho e objetos naturais apropriados... Em quase todos os casos... a não ser em alguns casos sem importância, os objetos oferecidos pela natureza são apenas instrumentais para as necessidades humanas, após terem sido, de certa maneira, transformados pelo esforço humano."[42] Coerente com sua afirmação de que era discípulo de Ricardo, Mill começou com uma ideia muito próxima de uma teoria do valor-trabalho:

> O que a produção de uma coisa custa a seu produtor ou à série de produtores é o trabalho empregado em sua produção... Na verdade, à primeira vista, isso parece apenas uma parte das despesas (de um capitalista), pois ele não só pagou salários aos trabalhadores como também forneceu-lhes instrumentos, materiais e, talvez, prédios. Esses instrumentos, materiais e prédios foram, porém, produzidos pelo trabalho e pelo capital, e seu valor... depende do custo de produção que, uma vez mais, pode ser reduzido a trabalho...
>
> ... Portanto, o valor das mercadorias depende, principalmente (em breve, verificaremos se depende apenas), da quantidade de trabalho necessária para sua produção.[43]

Assim, de acordo com a afirmação de que era discípulo de Ricardo, Mill parecia ter proposto uma teoria do valor-trabalho, mas a última frase da citação anterior é importante. Ele afirmou, ainda, que, embora o trabalho fosse o mais importante determinante do valor, não era o único. Assim como suas qualificações do princípio do prazer, de Bentham, acabaram constituindo-se numa crítica contrária ao utilitarismo, suas qualificações da teoria do valor-trabalho culminaram com uma rejeição a essa teoria.

A teoria do valor-trabalho só era válida – argumentava Mill – quando as razões capital/trabalho fossem as mesmas, em todas as indústrias; nesse caso, os custos de produção seriam proporcionais ao trabalho incorporado às várias mercadorias. Isso, porém, não ocorria com a maioria das mercadorias. Por exemplo, o vinho e o tecido produzidos pelas mesmas quantidades de trabalho têm valores diferentes, porque o vinho "demorava mais a dar lucro do que o tecido".[44] Além disso, "todas as mercadorias feitas por máquinas eram semelhantes, pelo menos aproximadamente, ao vinho, no exemplo anterior".[45]

Conforme discutido em algum detalhe no capítulo 5, Ricardo tinha perfeita consciência das causas dessas diferenças proporcionais entre os preços e os valores do trabalho, mas considerava essas diferenças de importância secundária e acreditava que elas poderiam ser sistematicamente explicadas

História do Pensamento Econômico

e que, ao mesmo tempo, eram compatíveis com a teoria do valor-trabalho. Mill discordava. Voltou à teoria do custo da produção "pela soma", de Smith, que – convém lembrar – Ricardo, acertadamente, combatera.

O ecletismo de Mill, porém, levou-o a incoerências persistentes. Às vezes, sua visão dos lucros era idêntica à de Ricardo; os lucros eram, simplesmente, o produto excedente do trabalho que fosse além do necessário para a manutenção dos trabalhadores. Essa interpretação foi claramente afirmada na seguinte citação:

> A causa do lucro é que o trabalho produz mais do que é necessário para sua manutenção... Mudando a forma do teorema, podemos dizer que a razão pela qual o capital gera um lucro é que os alimentos, as roupas, os materiais e os instrumentos duram mais do que o tempo necessário para sua produção; sendo assim, se um capitalista fornecer essas coisas a um grupo de trabalhadores, com a condição de receber tudo o que eles produzirem, eles, além de reproduzirem suas próprias necessidades e instrumentos, ficarão com parte de seu tempo sobrando para trabalhar para o capitalista. Vemos, então, que o lucro surge não do fenômeno da troca, mas da capacidade de produção do trabalho.[46]

Por essa teoria simples do custo de produção baseada na soma, o preço de mercado era determinado pela oferta e pela demanda. Com o tempo, o preço de mercado se aproximaria do preço natural (como no caso da teoria de Smith), que era igual ao somatório dos três componentes do custo: o preço da terra, o preço do trabalho e o preço do capital. Essa interpretação era a antítese da teoria do trabalho, porque supunha *que o lucro fosse o preço natural do capital* e não um excedente ou um resíduo. Além do mais, o lucro era um *preço* pago em uma *troca* por algum *serviço* de um capitalista. Então, contrariamente a essa citação de Mill, a teoria do custo da produção baseada na soma via o lucro como gerado pela troca e não pela produção.

Quando Mill passou a adotar essa teoria do custo de produção baseada na soma, o efeito sobre sua interpretação de lucro ficou óbvio:

> Como o salário do trabalhador é a remuneração do trabalho, os lucros do capitalista são, apropriadamente, segundo a expressão bem escolhida de Senior, a remuneração da abstinência. São o que ele ganha por deixar de consumir seu capital para seus próprios usos e por permitir que ele seja consumido por trabalhadores produtivos, para seu uso. Em troca, ele exige uma recompensa.[47]

Este enfoque, e não o de Ricardo, é que dominava os *Princípios* de Mill. Ele afirmou, inequivocamente, que o lucro era a remuneração dos serviços e que havia uma taxa mínima ou natural de lucro:

> Os lucros brutos do capital... têm... de permitir uma compensação equivalente pela abstinência, indenizar pelo risco e remunerar pelo trabalho e pela habilidade necessária para supervisionar... A taxa mínima de lucro que pode existir sempre é a que basta apenas... para remunerar a abstinência, o risco e o esforço implícitos no emprego de capital.[48]

Assim, segundo esse enfoque, o lucro realmente era fruto da troca e não da produção. O lucro era a remuneração, através da troca, da abstinência, do risco e do esforço.

Mill achava que quase todos os preços naturais eram determinados por sua teoria do custo da produção baseada na soma. Diversamente de Ricardo e de Marx, abandonou a noção de que o trabalho estava por trás do valor de troca de uma mercadoria. Valor, para Mill, significava, simplesmente, valor de troca ou preço relativo. Ele não tinha qualquer noção de valor-trabalho. Assim, não entendia por que Ricardo tinha buscado uma medida invariável do valor (ver Capítulo 5) e afirmava que essa busca feita por Ricardo era não só impossível, como também irrelevante, para a teoria do valor.[49]

Mill discutiu várias exceções à regra de que os custos de produção determinam os preços naturais. Duas de suas exceções à regra eram de particular importância: os preços internacionais e o preço do trabalho, ou salário. A teoria da determinação dos preços internacionais, de Mill, talvez tenha sido uma de suas contribuições originais mais importantes para a teoria econômica. Continua sendo, ainda hoje, com algumas modificações, a principal teoria ortodoxa dos preços internacionais. Discutiremos, aqui, muito resumidamente, essa teoria. Na parte seguinte deste capítulo, discutiremos suas ideias sobre a determinação dos salários.

Ricardo mostrou (ver Capítulo 5) que, quando dois países têm diferentes razões de custos de produção de duas mercadorias, ambos podem lucrar com a especialização na produção da mercadoria que produzem *relativamente* mais barato. Esse benefício mútuo dependeria da relação de troca internacional (quer dizer, da relação de preços internacional), que seria intermediária entre as duas relações de custo, nos dois países; ele, porém, não fez qualquer tentativa de explicar como os preços internacionais eram realmente determinados.

Dentro do mesmo país, Mill argumentava que os preços eram iguais aos custos de produção, porque a concorrência tendia a igualar esses custos (inclusive a equalização da taxa de lucro) e a forçar os preços a igualar os custos, mas os fatores de produção não podiam movimentar-se livremente entre os países. Portanto, a concorrência não igualaria os salários ou os lucros em países diferentes, as razões entre os preços não seriam iguais e os preços internacionais dependeriam exclusivamente da oferta e da demanda – e não dos custos de produção.

Mill sugeriu que a oferta e a demanda internacionais poderiam ser analisadas com base na premissa de que cada país sempre seria forçado a equilibrar seu balanço internacional de pagamentos – isto é, a receita das exportações teria de ser igual às despesas com as importações. Portanto, a cada preço possível (entre os limites das razões de custo vigentes nos dois países), cada país ofereceria certa quantidade de suas exportações em troca de uma certa quantidade das exportações do outro país. Com a variação do preço, as quantidades oferecidas e demandadas variariam. Num gráfico, seria possível traçar uma curva mostrando as várias quantidades que um determinado país exportaria e importaria, sempre mantendo os pagamentos internacionais iguais à receita, com qualquer preço situado entre as razões dos custos de produção em ambos os países. Essa curva passou a ser conhecida como *curva de oferecimento*. Cada país teria uma dessas curvas de oferecimento. Se elas se interceptassem em um determinado preço, esse preço igualaria o valor das importações que o primeiro país demandava ao valor das exportações que o segundo país ofertava e vice-versa. Assim, os preços que satisfizessem a essa condição seriam preços de equilíbrio, ao passo que "a produção de um país seria trocado pela de outros países pelos valores necessários para todas as suas exportações poderem pagar exatamente todas as suas importações".[50]

Mill e os Salários

No Capítulo 6 vimos que Senior usou a doutrina do fundo dos salários para argumentar que os salários do trabalho eram determinados pelo volume do fundo que os capitalistas tivessem reservado para pagar salários e pelo número de trabalhadores pelos quais esse fundo tivesse de ser dividido. Quase todos os economistas clássicos aceitaram alguma versão da doutrina do fundo dos salários e, em seus *Princípios*, Mill também a aceitou. "A demanda por trabalho" – afirmou ele – "constitui-se apenas dos fundos separados para serem diretamente usados pelos trabalhadores".[51] Isso queria dizer que os salários dependeriam da oferta de trabalho ou do número de trabalhadores que dividissem esse fundo. Mill, como Malthus e a maioria dos economistas clássicos, acreditava que a maneira mais eficaz de aumentar os salários do trabalho era através da educação, que diminuiria o tamanho das famílias dos trabalhadores.

Malthus tinha chegado à conclusão de que os trabalhadores não tinham o "caráter moral" para praticar a abstinência sexual e que estavam, portanto, condenados à miséria e ao vício ou, em última análise, a morrer de fome. Entretanto, Mill não considerava o controle da natalidade um vício. Achava que, pela educação, os trabalhadores fariam, cada vez mais, uso de vários métodos de controle de natalidade, o que limitaria o tamanho de suas famílias e elevaria seu padrão de vida.

Senior usou a doutrina do fundo dos salários para argumentar em favor das associações trabalhistas. Mill chegou, porém, a uma conclusão muito diferente. "A experiência das greves" possibilitadas pelas associações – afirmou ele – "foi o melhor professor das classes operárias, quanto à relação entre salário e a demanda e oferta de trabalho".[52]

Em 1869, ao fazer uma revisão de um livro de Thornton, Mill repudiou a doutrina do fundo dos salários. Nessa análise, argumentou que os salários não eram limitados pela quantia previamente posta de lado pelos capitalistas para o pagamento do trabalho. O limite era determinado pelos lucros totais dos capitalistas menos o que eles precisavam "para manter a si próprios e a suas famílias".[53] Portanto, os salários não seriam determinados pelo fundo de salários, mas por disputa concorrencial entre trabalhadores e capitalistas. Mill tinha invertido a doutrina do fundo de salários: dessa vez, o volume do fundo de salários era determinado pelos salários que, por sua vez, eram determinados pela luta de classes. Se um capitalista "tiver de pagar mais pelo trabalho, o pagamento adicional sairá de sua própria renda".[54]

Assim, Mill passou a ver as "combinações" e as greves trabalhistas não só como educacionais, mas também como potencialmente importantes na redistribuição da renda dos lucros para os salários. Diversamente de Malthus, Say, Senior e Bastiat, Mill simpatizava com os trabalhadores:

> Tendo-se em conta o número muito maior de membros da classe operária e a inevitabilidade da baixa remuneração proporcionada até mesmo pelos salários mais altos que, no atual estágio de desenvolvimento da produção, talvez pudessem generalizar-se, quem não quiser que os trabalhadores sejam bem-sucedidos e que o limite máximo, qualquer que seja ele, seja atingido tem de ter um padrão de moral e uma concepção do estado mais desejável da sociedade bastante diferente do que o Sr. Thornton e eu temos.[55]

A negação, por Mill, da doutrina do fundo de salários foi importante para influenciar sua opinião sobre as possíveis vitórias da classe operária, se ela se reunisse em sindicatos e se lutasse coletivamente contra os capitalistas, mas não mudou sua posição anterior, definida nos *Princípios*, de que o preço do trabalho – o salário – *não* era determinado pelos custos de produção. De fato, o repúdio à doutrina do fundo dos salários fortaleceu sua ideia de que os salários eram determinados mais por fatores sociais e políticos do que por fatores econômicos estritamente definidos.

A Tendência Decrescente da Taxa de Lucro

Uma das áreas em que Mill se considerava discípulo de Ricardo era sua teoria da queda da taxa de lucro, a longo prazo. Ele concordou com a ideia de Ricardo numa frase: "O efeito da acumulação, quando seguida de seu complemento habitual – o aumento da população – é aumentar o valor e o preço dos alimentos, aumentar a renda e baixar os lucros."[56] Aqui, como em tantas outras partes de seus trabalhos, as explicações eram mais importantes do que o princípio original. Ele discutiu várias circunstâncias que contrariariam a tendência à queda da taxa de lucro. Duas dessas forças contrárias eram particularmente importantes: a exportação de capital e as crises comerciais periódicas.

Sua discussão sobre a exportação de capital é importante, porque é muito parecida com a de Marx e a de Lênin, sendo essa última apresentada depois de o imperialismo europeu ter se transformado em uma grande força mundial. Para Mill, a exportação de capital era uma das mais importantes

> *forças contrárias que detêm a tendência de baixa dos lucros, num país cujos aumentos de capital são mais rápidos do que os de seus vizinhos, e cujos lucros, portanto, chegam mais perto do mínimo. Esse é o fluxo perpétuo de capital para as colônias ou para os outros países em busca de maiores lucros do que os que podem ser conseguidos no próprio país... O fluxo funciona duplamente. Em primeiro lugar, faz o que um incêndio, uma inundação ou uma crise comercial teriam feito: leva parte do aumento de capital que teria dado origem à redução dos lucros. Em segundo lugar, o capital levado não é perdido, mas é empregado, principalmente... na fundação de colônias, que se tornam grandes exportadoras de produtos agrícola baratos... É graças, principalmente, à emigração de capital inglês que temos uma oferta de alimentos e roupas baratas, proporcional ao aumento de nossa população, permitindo, assim, que cada vez mais capital encontre emprego em nosso país, sem uma redução dos lucros... Assim, a exportação de capital é um agente muito eficaz na extensão do campo de emprego daquele que aqui permanece, e podemos dizer, com certeza, que... quanto mais capital mandarmos para fora do país, mais teremos e poderemos manter no país.[57]*

A segunda força contrária era "tão simples e tão clara, que alguns economistas políticos... nela se concentraram, quase excluindo todas as outras. É o desperdício de capital nas épocas de expansão dos negócios e de exagerada especulação e nas épocas de recuo comercial que sempre as acompanham".[58] Assim, Mill argumentava que crises econômicas periódicas destruíam o capital e estancavam a tendência de baixa da taxa de lucro. Daí se poderia dizer que Mill poderia ser classificado, juntamente com Malthus e Marx, como teóricos do século XIX que rejeitaram a *Lei de Say*, de que o capitalismo de mercado tende, automaticamente, a gerar o pleno emprego. Ele afirmou que havia períodos cíclicos de "expansão dos negócios" e de "especulação exagerada", durante os quais se "abriam minas, se construíam estradas de ferro ou pontes e eram iniciadas muitas outras obras de lucro incerto". O mais importante era que "se construíam fábricas e se montavam máquinas além das necessidades do mercado ou além do número de pessoas que ele poderia manter empregado".[59] Inevitavelmente, após "alguns anos sem crise, ter-se-ia acumulado tanto capital adicional, que não mais seria possível investi-lo para obter os lucros habituais".[60] Quando isto acontecia,

> *os estabelecimentos eram fechados ou ficavam funcionando sem lucro, operários eram demitidos e muitas pessoas de todos os escalões, privadas de sua renda... ficavam, depois da crise, em condição de maior pobreza. Esses eram os efeitos de um retrocesso comercial; o fato de estes retrocessos serem quase que periódicos era uma decorrência da própria tendência dos lucros que estamos analisando.[61]*

Mas, apesar desta análise esclarecedora das depressões e dos ciclos econômicos, Mill defendia a *Lei de Say*.

Quando examinou a doutrina de Malthus "de que pode haver... uma oferta de mercadorias agregadas que exceda a demanda", concluiu que "a doutrina parece envolver tanta incoerência em sua própria concepção, que sinto grande dificuldade para apresentá-la de modo tal que ela seja, ao mesmo tempo, clara e satisfatória para aqueles que a defendem".[62]

A objeção de Mill à doutrina de Malthus e sua defesa da *Lei de Say* estavam assentadas em dois pontos – um de definição e outro teórico. Primeiramente, Mill, simplesmente, insistia em rotular o que outros chamavam de "uma superprodução de mercadorias" ou "uma superprodução geral" de "suboferta monetária"."Nessas ocasiões, existe, na verdade, um excesso de todas as mercadorias em relação à demanda por moeda; em outras palavras, existe uma suboferta monetária."[63] No entanto, nem Malthus nem qualquer outro teórico tinha dito que havia um excesso de oferta de bens em relação às necessidades ou aos desejos humanos. Tinham dito apenas exatamente o que Mill dissera: que existia, frequentemente, um excesso de oferta de bens em relação à demanda por moeda. O jogo de palavras de Mill, em sua definição, pouco contribuiu para esclarecer uma incoerência nítida, que tornaria difícil definir com clareza o princípio.

Em segundo lugar, a objeção teórica de Mill à doutrina de Malthus e sua consequente defesa da *Lei de Say* era, simplesmente, uma afirmação de que, *a longo prazo*, o capitalismo de mercado automaticamente sairia das depressões e acabaria atingindo o pleno emprego. Ele concordava que "esses desarranjos dos mercados" eram um "mal" social, mas insistia em que eram "temporários".[64] O mais famoso elaborador da doutrina de Malthus no século XX, John Maynard Keynes, diria, em resposta à defesa da *Lei de Say*, feita por Mill e por economistas neoclássicos posteriores: "A longo prazo, todos nós estaremos mortos". Enquanto isso, como disse o próprio Mill, cada crise deixava muitas pessoas "em condição de maior pobreza".

O Socialismo, Segundo Mill

Mill, diversamente de Say, Senior e Bastiat, não defendeu a propriedade privada dos meios de produção como uma coisa sagrada. Diversamente de Senior e de Bastiat, ele tinha lido muito sobre História *concreta* e não inventou uma "história" da propriedade privada e da riqueza na qual as pessoas virtuosas e com iniciativa acumulavam capital e os pecadores perdulários esbanjavam tudo, a ponto de eles e suas famílias nada terem. Escreveu o seguinte:

> Os ordenamentos sociais da Europa moderna começaram com uma distribuição da propriedade, resultante não só de uma divisão justa ou da aquisição pela iniciativa própria, mas também da conquista e da violência; não obstante o que a capacidade pessoal tem feito... para modificar a ação pela força, o sistema ainda retém muitos traços significativos de sua origem. As leis da propriedade ainda não estão de acordo com os princípios em que se assenta a justificativa da propriedade privada.[65]

Além disso, Mill condenava moralmente os efeitos da concentração da propriedade de quase todos os meios de produção nas mãos de uma pequena classe capitalista. Percebeu que isso criava uma classe parasita diminuta, que vivia luxuosamente, e cuja renda não tinha qualquer ligação necessária com a atividade produtiva. Achava ele que a estrutura de classes existente "não era, de modo algum, um estado necessário ou permanente das relações sociais":

> Não reconheço como justo ou saudável um estado da sociedade em que exista uma "classe" que não trabalhe, formada por seres humanos isentos de fazer sua parte no trabalho necessário para a vida humana – exceto os incapazes para o trabalho ou que tenham adquirido o direito justo ao descanso, depois de terem trabalhado muito. Porém, enquanto houver o mal social de uma classe que não trabalha, os trabalhadores também constituirão uma classe.[66]

Mill não só rejeitava moralmente a estrutura capitalista de classes de sua época, por causa de seus extremos de riqueza e pobreza, como também acreditava que ela acabaria sendo abolida. "Não é de se esperar" – escreveu ele – "que a divisão da raça humana em duas classes hereditárias – empregadores e

Utilitarismo Puro *Versus* Utilitarismo Eclético: Os Escritos de Bastiat e Mill

empregados – possa manter-se para sempre".[67] A principal questão que preocupava Mill era a direção e a velocidade da mudança social, através da qual o capitalismo evoluiria para alguma forma de sociedade socialista ou comunista. Para ele, não havia dúvida de que uma sociedade comunista seria moralmente superior à sociedade capitalista de sua época:

Se, portanto, se tivesse de escolher entre o comunismo, com todas as suas possibilidades, e o atual estado da sociedade, com todos os seus sofrimentos e injustiças; se a instituição da propriedade privada acarretasse necessariamente essa distribuição que ora temos do produto do trabalho, quase que na razão inversa do trabalho – com a maior parte indo para os que nunca trabalharam, a parte seguinte para os que têm um trabalho quase que nominal e assim por diante, numa escala descendente, com a remuneração baixando à medida que o trabalho vai ficando mais duro e mais desagradável, até o trabalho braçal mais fatigante não poder ter assegurado nem mesmo um salário de subsistência; se a opção fosse entre essa situação e o comunismo, todas as dificuldades, grandes ou pequenas, do comunismo seriam, no final das contas, insignificantes.[68]

Todavia, apesar das crenças de Mill de que o socialismo ou o comunismo eram moralmente preferíveis ao capitalismo de sua época e que uma sociedade dividida "em duas classes hereditárias" não "poderia manter-se para sempre", é questionável se ele poderia ser adequadamente considerado um socialista. Sobre esse ponto, seus julgamentos antiutilitaristas de diferentes tipos de caráter – ou de diferentes tipos de desejos ou de prazeres – tornaram-se importantes. O socialismo seria possível quando e apenas quando o caráter das pessoas tivesse melhorado. Mill insistia em que uma sociedade socialista só "era possível, no momento, com uma *elite* da humanidade".[69]

Enquanto isso, a "luta por riquezas" competitiva era a única coisa possível para a maioria da sociedade:

Deixar as energias da humanidade continuarem sendo empregadas na luta por riquezas... até as melhores cabeças conseguirem educar as outras para fazerem coisas melhores, é, sem dúvida alguma, melhor do que deixar as energias da humanidade enferrujarem e estagnarem. Enquanto as mentes são rudes, precisam de estímulos rudes e é bom que os tenham. Enquanto isso, os que não aceitam o atual estágio bastante inicial do progresso humano como sua forma final podem ser desculpados por ficarem relativamente indiferentes diante do tipo de progresso econômico que merece os elogios dos políticos comuns; o mero aumento da produção e a acumulação.[70]

Mill advogava o estímulo a pequenas cooperativas, como as propostas por Owen e Fourier. "Quaisquer que possam ser os méritos ou os defeitos desses vários esquemas" – argumentava ele – "eles não podem ser considerados, verdadeiramente, impraticáveis".[71] Com o correr do tempo, se essas cooperativas provarem que são econômica e socialmente bem-sucedidas, "não poderá haver dúvida... de que a relação dos patrões com os trabalhadores será gradativamente substituída por uma parceria que terá uma das duas formas seguintes: em alguns casos, uma associação dos trabalhadores com o capitalista; em outros, e talvez, afinal, em todos os casos, a associação dos próprios trabalhadores".[72] Esse processo, porém, deveria ser espontâneo e voluntário e, sem dúvida, levaria muito tempo. Mill advogava que

Enquanto isso, poderíamos, sem tentar limitar a capacidade última da natureza humana, afirmar que o economista político ainda terá de se preocupar durante muito tempo com as condições de existência e de progresso relativas a uma sociedade baseada na propriedade privada e na concorrência individual; e que o objetivo que se deve ter principalmente em mente no atual estágio do progresso humano não é a subversão do sistema de propriedade individual, mas seu aperfeiçoamento e a plena participação de todos os membros da comunidade em seu benefício.[73]

O Reformismo Intervencionista, de Mill

Apesar de sua simpatia pelas ideias socialistas, o verdadeiro objetivo de Mill era promover a reforma do capitalismo. Contra aqueles que, como Bastiat, acreditavam na inviolabilidade dos direitos de propriedade existentes, Mill argumentou que "a sociedade tem todo o direito de retirar ou de modificar qualquer direito de propriedade que, após as devidas considerações, ela repute prejudicial ao bem comum".[74] De acordo com esta visão de propriedade, Mill disse que

> não é admissível que a proteção das pessoas e de sua propriedade seja a única finalidade do governo. Os fins do governo são tão amplos quanto os da união social. Consistem em todo o bem e toda a imunidade do mal, que podem ser conseguidos, direta ou indiretamente, com a existência do governo.[75]

Mill achava que o governo deveria intervir para modificar os efeitos socialmente adversos do livre-mercado em três áreas principais. Primeiro, em decorrência do capitalismo de livre mercado, "a imensa maioria está condenada, desde o nascimento, a uma vida de trabalho duro ininterrupto e interminável, em troca de uma simples e, em geral, precária subsistência".[76] Em segundo lugar, o complemento natural dessa extrema pobreza era "que uma pequena minoria da humanidade... nascia para gozar de todas as vantagens externas que a vida pode oferecer, sem ter tido direito a elas por qualquer mérito ou sem as ter adquirido por qualquer esforço próprio".[77] Em terceiro lugar, existiam muitos empreendimentos que

> só poderiam ser levados a cabo vantajosamente com muito capital, e isso, em quase todos os países, limitava tanto os tipos de pessoas que poderiam entrar no negócio, que os capitalistas podiam manter sua taxa de lucro acima do nível geral. Um ramo de negócio também poderia, pela sua própria natureza, estar restrito a tão poucos que os lucros poderiam ser mantidos em nível elevado por uma combinação dos capitalistas...[78]
>
> O monopolista pode fixar o valor tão alto quanto queira, abaixo do que o consumidor ou não possa ou não queira pagar, mas só pode fazer isso limitando a oferta.[79]

Assim, apesar da insistência de Mill em que "o *laissez-faire*... deveria ser a prática geral" e que "todo desvio dele, a não ser que fosse em função de um bem maior, é um certo mal",[80] ele defendia a intervenção ativa do governo em cada uma dessas três áreas.

Nas medidas sugeridas para a erradicação da pobreza, podemos ver como Mill estava longe de concordar com o lema utilitarista de que "a quantidade de prazer sendo equivalente, apertar parafusos é tão bom quanto fazer poesia". Vimos que o princípio envolvido nesse lema – e este princípio está no próprio cerne do utilitarismo – é que todo indivíduo é sempre o melhor juiz de seu próprio bem-estar. Quando nos lembramos, na citação anterior, de Mill ter comparado um "Sócrates insatisfeito" com um "tolo satisfeito", não é de admirar que ele tenha escrito:

> O indivíduo que se presume o melhor juiz de seus próprios interesses pode ser incapaz de julgar... por si mesmo... Nesse caso, o fundamento do princípio do laissez-faire perde inteiramente sua validade. A pessoa mais interessada nem sempre é o melhor juiz do assunto, nem mesmo um juiz competente.[81]

Mill argumentava que os pobres quase nunca estavam em posição de julgar adequadamente o que melhor promoveria seus interesses. Para modificar o caráter, os hábitos e os julgamentos dos pobres, Mill achava que

> "havia necessidade de uma dupla ação, dirigida ao mesmo tempo para sua inteligência e para sua pobreza. Uma educação nacional eficaz das crianças da classe trabalhadora era a primeira coisa

necessária; concomitantemente, era preciso um sistema de medidas que acabasse com a pobreza extrema durante toda uma geração".[82]

O principal meio sugerido por Mill para acabar com a pobreza extrema durante toda uma geração era, em primeiro lugar, "uma dotação orçamentária suficiente para remover imediatamente e estabelecer em colônias uma parcela considerável da população agrária jovem" e, em segundo lugar, o uso de "todas as terras comuns cultivadas daqui por diante... em benefício dos pobres".[83]

Contra os que afirmavam que o financiamento desses esquemas reduziria drasticamente a acumulação de capital, Mill afirmava que "os fundos... não seriam retirados do capital empregado na manutenção do trabalho, mas do excedente que não pudesse ser empregado... e que seria, portanto, mandado para o exterior, para ser investido, ou desperdiçado no país, em especulações despreocupadas".[84]

Podemos observar aqui uma incoerência interessante nas ideias de Mill: se esse capital excedente fosse disponível de modo mais ou menos contínuo durante toda uma geração, como é que Mill poderia asseverar que era apenas por causa da taxa de lucro atual que as pessoas poupavam e praticavam abstinência? Mais uma vez, essa incoerência é uma indicação importante da orientação de classe social dos escritos de Mill. Ele era um humanitarista eclético, cuja aversão à injustiça e aos extremos de riqueza e pobreza, por mais forte que fosse, não era suficiente para fazê-lo abandonar inteiramente o *rationale* ideológico dos lucros dos capitalistas.

Além do que foi dito, Mill defendia as leis que protegessem os direitos de os trabalhadores formarem sindicatos, leis que impedissem o abuso ou o excesso de trabalho de crianças em qualquer emprego contratado[85] e leis que limitassem o número de horas que um empregado poderia trabalhar.[86] Leis que limitassem a duração da jornada de trabalho eram necessárias devido à falta de poder de um trabalhador isolado em suas negociações com um capitalista. Enquanto os capitalistas tivessem facilidade de substituir qualquer empregado, nenhum empregado, isoladamente ou em pequenos grupos, teria o poder de diminuir a jornada de trabalho, independente de até que ponto essa redução pudesse ocorrer em toda a sociedade. Seria possível apresentar um argumento semelhante para as leis que obrigassem à obediência dos padrões mínimos de segurança em todas as fábricas. Finalmente, Mill achava que o governo deveria prover a subsistência mínima a todos os incapazes de trabalhar ou que não tivessem disposição para tal. A esse respeito, defendeu a filosofia de Senior, que estava por trás da Lei dos Pobres, de 1834. Mill argumentava que a assistência aos indigentes só seria boa "se, embora acessível a todos, conservasse em todos um forte motivo para passar sem ela, se pudessem... Esse princípio, aplicado a um sistema de caridade pública, é o da Lei dos Pobres, de 1834".[87]

A principal reforma pela qual Mill procurava diminuir os extremos de riqueza foi um imposto sobre as heranças:

> *O poder de legar é um dos privilégios da propriedade que se prestam perfeitamente à regulamentação, com base em fins práticos; e... como um possível meio de restringir a acumulação de grandes fortunas nas mãos dos que não a adquiriram por esforço próprio (deveria haver) uma limitação do valor que cada pessoa pudesse receber por doação, legado ou herança.[88]*

O último caso importante em que Mill defendia a intervenção do governo no mercado era quando um monopólio natural ou um controle monopolista por parte de alguns vendedores em conluio prejudicava o bem-estar da sociedade. "Existem muitos casos" – escreveu ele – "em que um monopólio prático, com todos os poderes que ele confere para tributar a comunidade, não pode ser impedido de existir".[89] Em casos como este,

> *a comunidade precisa de outra segurança... que não o interesse dos administradores; e cabe ao governo sujeitar a empresa a condições razoáveis para o bem comum ou manter sobre ela um poder de modo tal que, pelo menos, os lucros do monopólio possam ser auferidos pelo povo.*[90]

Uma Crítica ao Reformismo de Mill

Um dos temas centrais deste livro é que o utilitarismo – principalmente a teoria do valor e da troca baseada na utilidade –, quando formulado coerentemente, em geral serve de justificativa intelectual poderosa do *status quo* do capitalismo de mercado. Mill, porém, era um reformador que se dizia utilitarista, mas, como vimos, suas ideias contradiziam dois princípios básicos do utilitarismo: a noção de que todos os motivos podem ser reduzidos ao interesse próprio e a noção de que os desejos ou prazeres de todo indivíduo são sinônimos de seu bem-estar, quer dizer, cada indivíduo é sempre o melhor juiz de seu próprio bem-estar.

Se Mill tivesse sido um utilitarista coerente, seria difícil rejeitar suas ideias reformistas. O utilitarismo não só impede a possibilidade de comparações negativas dos desejos de diferentes indivíduos (o que, como discutimos no capítulo anterior, é a base de sua aplicabilidade extremamente restrita apenas às situações em que haja unanimidade), como também é tão extremamente individualista, que se pode provar que sua ética social é incompatível com sua ética individual. A prova dessa afirmativa é simples: se algo é bom apenas porque é desejado por determinado indivíduo ou porque lhe dá prazer, a utilidade social total máxima só é boa se for desejada por um indivíduo. Se todos os indivíduos desejarem a utilidade social máxima, o requisito de unanimidade utilitarista será satisfeito e não haverá problemas; mas, se houver pelo menos um misantropo na sociedade, aparecerá a contradição. O misantropo sente prazer com a dor dos outros. A situação ótima para ele seria um máximo de sofrimento humano, um máximo de falta de utilidade social ou, ainda, um mínimo de utilidade social; mas apertar parafusos é tão bom quanto fazer poesia. Não temos base alguma, no utilitarismo, para considerar os desejos de um filantropo (se, de fato, puder haver quem aja exclusivamente baseado no interesse próprio) superiores aos desejos de um misantropo. Como é que fica, então, a ética social, nesse contexto? Ela requer unanimidade ou, então, não existe.

Suponhamos, porém, que aceitemos tanto a ética individualista quanto a ética social do utilitarismo, com base no fato de que os fundamentos ou primeiros princípios de qualquer sistema filosófico não devam ser usados como base de rejeição da própria filosofia desse sistema. Mesmo assim, o utilitarismo não nos permite esperar que um governo institua reformas destinadas a maximizar a utilidade. Existem duas razões para isso: em primeiro lugar, o governo teria de se restringir àquelas reformas que fossem apoiadas por unanimidade. Se uma minoria fosse contra a reforma, o governo ficaria em uma posição de comparar o aumento do prazer de algumas pessoas com a diminuição do prazer de outras. No capítulo sobre a economia neoclássica do bem-estar do século XX, veremos que, até hoje, os utilitaristas nunca encontraram uma saída para sua exigência de unanimidade. Se o bem depender exclusivamente de estados subjetivos da consciência de cada indivíduo, a unanimidade será necessária, pois esses estados nunca podem ser comparados diretamente.

A segunda razão pela qual o utilitarismo não pode ser a base intelectual da defesa de reformas foi mencionada anteriormente em nossas discussões sobre Bastiat e Bentham: os governos são formados por pessoas. Se todas as pessoas agirem exclusivamente com base em seu próprio interesse, teremos de nos esforçar para descobrir o que seria do interesse dos políticos em um sistema capitalista. É tão fácil formular essa questão quanto respondê-la. O dinheiro é e sempre foi o sangue vital da política em

Utilitarismo Puro *Versus* Utilitarismo Eclético: Os Escritos de Bastiat e Mill

um sistema capitalista. Chegar ao poder político exige dinheiro, que perpetua esse poder. As leis da propriedade privada e os contratos, bem como os inúmeros privilégios legais de monopólio, subsídios e isenções tributárias, juntos, apoiam e perpetuam os extremos de riqueza e pobreza. É difícil imaginar uma troca mais benéfica para as partes envolvidas do que a feita entre os políticos em um sistema capitalista e os que obtêm a sua enorme riqueza e renda a partir das bases legais do capitalismo.

Embora essa segunda crítica seja decisiva contra o reformismo utilitarista, ela meramente apresenta outro obstáculo extraordinariamente difícil para outros reformadores que não aceitam a filosofia utilitarista. A esse respeito, a rejeição de Mill com relação ao utilitarismo apenas significava que a possibilidade de suas reformas não era impedida por sua visão da natureza humana. Se ele tivesse sido um utilitarista coerente, teria de acreditar que todo político só está interessado em seu próprio bem-estar. Um político que aja de acordo com a visão utilitarista da natureza humana apoiaria reformas políticas voltadas para a promoção do bem-estar dos pobres à custa dos ricos, apenas se essa mudança fosse mais vantajosa para ele, mas, tendo rejeitado dois dos princípios básicos do utilitarismo, Mill pôde ter esperanças de que um político bem intencionado e de espírito público, interessado basicamente no bem-estar do povo em geral, chegasse ao poder.

Assim, o problema de Mill não era o de impossibilidade (pois ele rejeitava o utilitarismo de Bentham), mas o de improbabilidade. O problema de Mill era que ele fazia parte de um sistema capitalista no qual o dinheiro significava poder, e o poder gerava mais dinheiro. Segundo as próprias palavras de Mill, no capitalismo, "as energias da humanidade" eram "aproveitadas pela luta por riquezas" e, "enquanto as mentes são rudes, exigem estímulos rudes".[91]

Mill não estava inteiramente inconsciente dessa dificuldade. Percebeu que, enquanto os capitalistas e os trabalhadores se vissem como classes antagônicas, a política seria uma arena de luta de classes, na qual, em circunstâncias normais, poder-se-ia esperar que os capitalistas dominassem. Ele, porém, esperava que a "luta pelas riquezas" pudesse acabar, sendo posta de lado entre os ricos. Eles poderiam ficar satisfeitos com o que já tinham. Se isso acontecesse, as perspectivas de reforma melhorariam, realmente, bastante. Nessas circunstâncias, Mill escreveu que, "quando os ricos se contentarem em ser ricos e não reivindicarem, por isso, privilégios políticos, seu interesse e o dos pobres serão, em geral, os mesmos".[92]

Infelizmente para os pobres, nos 162 anos que se passaram desde a publicação dos *Princípios de Economia Política,* de Mill, os ricos raramente "se contentaram em ser ricos" e nunca renunciaram à reivindicação de "privilégios políticos". Relendo-se as passagens com citações de Mill na parte sobre o socialismo, fica-se pensando como ele se posicionaria hoje.

Notas do Capítulo 8

1. Citado por GRAY, Alexander. *The Socialist Tradition.* Londres: Longmans, 1963, p. 105.
2. Citado por COONTZ, Sidney H. *Productive Labor and Effective Demand.* Nova York: Augustus M. Kelley, 1966, p. 54.
3. BASTIAT, Frédéric. *Economic Harmonies.* Princeton, N.J.: D. Van Nostrand, 1964, p. xxv.
4. Ibid., p. 569.
5. Ibid., p. 487.
6. Ibid., p. 66.
7. Ibid., p. 59.
8. Ibid., p. 81.
9. Ibid., p. xxi.
10. Ibid., p. xxxiii-xxxiv.
11. Ibid., p. 27.

História do Pensamento Econômico

12. Ibid., p. 46.
13. Ibid., p. 27.
14. Ibid.
15. Ibid., p. 33.
16. Ibid., p. 27.
17. Ibid., p. 75.
18. Ibid., p. 134.
19. Ibid., p. 148.
20. Ibid., p. 150.
21. BASTIAT, Frédéric. *Selected Essays on Political Economy*. Princeton, N.J.: Van Nostrand, 1964, p. 97.
22. Ibid., p. 99.
23. BASTIAT. *Economic Harmonies*, p. 200.
24. Ibid., p. 196.
25. Ibid., p. 29.
26. Ibid., p. 253.
27. Ibid., p. 459.
28. Ibid., p. 455.
29. Ibid., p. 457.
30. Ibid., p. 26.
31. Ibid., p. 36.
32. Ibid., p. 192.
33. Ibid., p. 193.
34. Ibid., p. xxiv.
35. Ibid., p. xxxvii.
36. MILL, John Stuart. *Principles of Political Economy*. Nova York: Augustus M. Kelley, 1965, p. 21.
37. Ibid.
38. Ibid., p. 233.
39. Ibid., p. 435-436.
40. MILL, John Stuart. "Utilitarianism". In: *Utilitarianism, Liberty, and Representative Government*. Nova York: Dutton, 1951, p. 10.
41. Ibid., p. 12.
42. MILL, *Principles*, p. 22.
43. Ibid., p. 457-458.
44. Ibid., p. 463.
45. Ibid.
46. Ibid., p. 416-417.
47. Ibid., p. 404.
48. Ibid., p. 406-407.
49. Ibid., p. 564-568.
50. Ibid., p. 592.
51. Ibid., p. 80.
52. Ibid., p. 936.
53. MILL, John Stuart. *Dissertations and Discussions*. Nova York: Henry Holt, 1874, 5:49, 5 v.
54. Ibid., 5:50.
55. Ibid., 5:75.
56. MILL, *Principles*, p. 842.
57. Ibid., p. 738-739.
58. Ibid., p. 733-734.
59. Ibid., p. 734.

Utilitarismo Puro *Versus* Utilitarismo Eclético: Os Escritos de Bastiat e Mill

60. Ibid.
61. Ibid.
62. Ibid., p. 556-557.
63. Ibid., p. 561.
64. Ibid.
65. Ibid., p. 208.
66. Ibid., p. 752-753.
67. Ibid., p. 761.
68. Ibid., p. 208.
69. MILL, John Stuart. "Socialism". In: *Socialism and Utilitarianism*. Chicago: Belfords, Clarke and Co., 1879, p. 123-124.
70. MILL, *Principles*, p. 749.
71. Ibid., p. 204.
72. Ibid., p. 763-764.
73. Ibid., p. 217.
74. MILL, "Socialism", p. 136.
75. MILL, *Principles*, p. 804-805.
76. MILL, *Dissertations and Discussions*, 3:59.
77. Ibid.
78. MILL, *Principles*, p. 410.
79. Ibid., p. 449.
80. Ibid., p. 950.
81. Ibid., p. 957.
82. Ibid., p. 380.
83. Ibid., p. 381-382.
84. Ibid., p. 382.
85. Ibid., p. 958.
86. Ibid., p. 963-964.
87. Ibid., p. 968.
88. Ibid., p. 809.
89. Ibid. p. 962.
90. Ibid.
91. Ibid., p. 749.
92. MILL, *Dissertations and Discussions*, 2:114.

CAPÍTULO 9

Karl Marx

Muitos poucos pensadores na História formularam ideias, tanto sobre questões intelectuais quanto sobre questões práticas, que tenham tido um impacto equivalente ao das ideias de Karl Marx (1818-1883). As influências intelectuais, políticas, econômicas e sociais de suas ideias são suficientemente conhecidas e não precisam ser mais elaboradas neste livro. Como todos os gênios intelectuais, desde o tempo dos antigos gregos até hoje, ele formulou um sistema intelectual completo e integrado, que incluiu concepções bem elaboradas sobre ontologia e epistemologia, a natureza humana, a natureza da sociedade, a relação entre o indivíduo e o todo social e a natureza do processo da História social.

Como seu sistema intelectual era um todo integrado, pode-se argumentar que não é possível entender inteiramente uma parte desse sistema, se essa parte não for inserida no contexto apropriado de todo o sistema. Embora o autor deste livro tenha alguma simpatia por esse argumento, não é possível assim proceder, considerando-se as finalidades limitadas da obra. Portanto, deixaremos de lado muitos aspectos dos escritos de Marx e abordaremos outros muito resumidamente, quando necessário, para discutirmos suas ideias relativas à natureza, às origens e ao modo do funcionamento de uma economia capitalista. Apenas essas últimas ideias serão analisadas neste capítulo.

A análise de Marx sobre o capitalismo foi elaborada de modo mais completo em sua obra em três volumes intitulada *O Capital*. Apenas o Volume 1 foi publicado enquanto ele ainda era vivo (em 1867). Rascunhos e anotações, que deveriam ser reescritos e que foram publicados nos Volumes 2 e 3, foram escritos, quase todos, em meados da década de 1860 (antes de ele ter completado o Volume 1) e ainda não estavam acabados quando Marx morreu, em 1883. Foram organizados, ordenados e publicados

História do Pensamento Econômico

por Friedrich Engels (o Volume 2 em 1885 e o Volume 3 em 1894). Marx escreveu muitos outros livros, panfletos e artigos, em que analisava o capitalismo; de particular importância foi uma série de sete cadernos de anotações, escritos em 1857 e 1858, que eram rascunhos de muitas análises que deveriam ser publicadas em *O Capital* e de outros tópicos que Marx pretendia incluir numa obra mais ampla ainda, da qual *O Capital* era a primeira parte. Essas anotações foram publicadas em alemão, sob o título de *Grundrisse der Kritik der Politischen Ökonomie (Fundamentos da Crítica da Economia Política)*. A tradução inglesa desses cadernos de anotações foi publicada sob o título de *Grundrisse*. É um complemento útil de *O Capital*, a principal fonte das ideias econômicas de Marx.

A Crítica de Marx à Economia Clássica

A relação de Marx com os pensadores que discutimos nos capítulos anteriores era complexa. Ele foi muitíssimo influenciado pelas teorias do valor e dos lucros, de Smith e Ricardo – e, em alguns aspectos, sua teoria pode ser considerada uma extensão, um refinamento e uma elaboração mais detalhada das ideias daqueles autores. Quanto a outros aspectos de suas teorias, porém, Marx considerava-se um crítico antagonista. Também citava com frequência e com aprovação os escritos de Thompson e de Hodgskin; também nesse caso, Marx criticou severamente muitas das ideias desses autores. Levou a sério Mill como oponente intelectual; quanto a Malthus, Bentham, Senior, Say e Bastiat, Marx quase que se limitou apenas a criticá-los.

A grande deficiência da maioria desses autores, na opinião de Marx, era sua falta de perspectiva histórica (embora essa crítica se dirigisse menos a Smith). Se tivessem estudado História com mais cuidado – insistia ele –, teriam descoberto que a produção é uma atividade *social*, que pode assumir muitas formas ou modos, dependendo das formas vigentes de organização social e das correspondentes técnicas de produção. A sociedade europeia tinha passado por várias épocas históricas distintas, ou modos de produção, inclusive a sociedade escravista e a sociedade feudal, e estava, naquele momento, organizada de uma forma histórica específica – o modo capitalista.

Se esses autores de Economia tivessem feito um estudo detalhado sobre os vários modos de produção, teriam descoberto que "todas as épocas de produção têm certos traços comuns, certas características comuns".[1] Indispensáveis à produção, como eram algumas dessas características, o primeiro passo para entender qualquer modo de produção – como o capitalismo – era isolar as características que eram não só essenciais, como também particulares daquele modo de produção:

> *Os elementos que não são gerais nem comuns têm de ser separados da... (gama de características comuns a toda) produção como tal, de modo que em sua unidade – que já surge da identidade do sujeito – a humanidade – e do objeto – a natureza – sua diferença essencial não seja esquecida. Toda a profundidade dos economistas modernos que demonstram a eternidade e a harmonia das relações sociais existentes repousa nesse esquecimento.[2]*

Essa incapacidade de estabelecer diferença entre as características da produção que eram comuns a todos os modos de produção e as que eram específicas ao capitalismo levava a inúmeras confusões e distorções. Duas dessas distorções eram particularmente importantes na opinião de Marx: a primeira era a crença de que o capital era um elemento universal em todos os processos de produção, e a segunda era que toda atividade econômica podia ser reduzida a uma série de trocas. Quase todos os economistas anteriores a Ricardo incorreram na primeira confusão (com exceção, como vimos, de Hodgskin). Quase todos os economistas que escreveram depois de Ricardo (principalmente Senior e Bastiat) incorreram na segunda confusão apontada por Marx.

176

A identificação errada do capital se originava do fato de que o capital tinha uma característica que era universal em toda a produção e uma característica particular ao capitalismo. "A produção" – admitia Marx – não era "possível sem um instrumento de produção"; também não poderia haver

> *"produção sem trabalho passado acumulado... O capital é também, entre outras coisas, um ins-trumento de produção, é também trabalho passado materializado. Portanto, o capital é uma relação geral e eterna da natureza; isto é, se eu omitir apenas a qualidade específica que, por si mesma, transforma o 'instrumento de produção' e o 'trabalho acumulado' em capital".[3]*

Essa qualidade específica era o *poder do capital de gerar lucros* para uma classe social especial. Só no capitalismo os "instrumentos de produção" e "o trabalho acumulado" eram a fonte de renda e do poder da classe social dominante. Marx, contrariamente aos economistas que criticava, procurou entender como esse aspecto do capital surgiu e, depois, como se perpetuou.

A maioria dos economistas anteriores a Marx achava que a propriedade era sagrada (Mill, é claro, era uma exceção). Além do mais, eles tinham identificado a propriedade em geral com a forma existente de propriedade privada capitalista. Marx era contra isso; também fez objeção à separação total, feita por Mill, entre produção e distribuição. Havia – insistia ele – inúmeras formas de propriedade, cada modo de produção particular tinha suas formas particulares de propriedade, e essas formas determinavam a distribuição. Assim, a produção e a distribuição não eram, como Mill acreditara, independentes uma da outra:

> *Toda produção é apropriação da natureza por parte de um indivíduo que vive em uma forma específica de sociedade, forma essa que lhe permite a apropriação. Nesse sentido, é tautológico dizer que a propriedade (apropriação) é uma precondição da produção. É, porém, inteiramente ridículo dizer o mesmo de uma forma específica da propriedade, por exemplo, a propriedade privada... A História mostra que a propriedade comum (por exemplo, na Índia, entre os eslavos, entre os celtas etc.) é a forma mais original, uma forma que continua desempenhando um papel significativo na determinação da propriedade comunal...*
>
> *Toda forma de produção cria suas próprias relações legais (tipos de propriedade), sua própria forma de governo etc... Tudo o que os economistas burgueses sabem dizer é que a produção pode ser melhor levada a cabo através do policiamento moderno do que, por exemplo, com base no princípio de que "manda quem pode". Esquecem-se, porém, de que esse princípio ("manda quem pode") também é uma relação legal, e que o direito do mais forte também vigora em suas "repúblicas constitucionais", só que de outra forma.[4]*

Quando os economistas burgueses (para usar o termo de Marx) aceitavam os direitos de propriedade capitalistas existentes como universais, eternos e sagrados, e viam o capital como sendo comum a toda a produção, as instituições que, na opinião de Marx, eram as características distintivas do capitalismo foram postas de lado em suas análises. Que restava, então, para eles analisarem, em sua busca para compreender o capitalismo? A resposta era simples. Segundo as palavras de Bastiat, a "Economia Política é troca". Todos os fenômenos econômicos eram reduzidos a atos de troca e venda de mercadorias. O centro de toda a atenção era a troca ou a esfera da circulação da moeda e das mercadorias.

Na troca, os indivíduos começam com as mercadorias que possuem. As mercadorias são vistas, sim-plesmente, como a incorporação de um valor de troca. Quando o trabalho de um trabalhador passou a ser encarado simplesmente como uma mercadoria, com valor de troca igual ao de qualquer outra mercadoria, todas as distinções econômicas, sociais e políticas entre os indivíduos desapareceram. Surgiu uma espécie de igualdade abstrata (muito próxima de uma identidade) entre os indivíduos:

Na verdade, na medida em que a mercadoria bem como o trabalho sejam concebidos apenas como valores de troca e a relação segundo a qual as várias mercadorias se relacionam entre si é concebida como a troca desses valores de troca... os indivíduos são... simplesmente concebidos como trocadores. No que diz respeito ao caráter formal, não existe, absolutamente, distinção alguma entre eles... Cada um é um trocador, isto é, cada um tem com o outro a mesma relação social que o outro tem com ele. Como sujeitos de troca, sua relação é, portanto, de igualdade. É impossível encontrar qualquer sinal de distinção – isto sem se falar em contradição – entre eles; não existe sequer uma diferença.[5]

Um trabalhador que compre mercadorias por 3 shillings se apresenta, diante do vendedor, na mesma função, com a mesma igualdade – na forma de 3 shillings – que o rei que faça o mesmo. Toda distinção entre eles é eliminada. O vendedor, como tal, *aparece apenas como dono de uma mercadoria que custa 3 shillings, de modo que ambos são absolutamente iguais; só que 3 shillings existem, aqui sob a forma de prata; em outra ocasião, sob a forma de açúcar etc.[6]*

Portanto, superficialmente, um sistema de troca parece um sistema de igualdade.

Dada a total negligência dos economistas burgueses com relação às características que diferenciam o capitalismo de outros modos de produção, uma economia de troca também parecia uma economia na qual prevalecia a liberdade humana. Na relação de troca,

entra, além da qualidade da igualdade, a de liberdade. Embora o indivíduo A sinta uma necessidade de ter a mercadoria do indivíduo B, não se apropria dela à força, nem vice-versa. Ambos se reconhecem reciprocamente como proprietários... Nenhum deles tira o que é do outro à força. Cada um se desfaz voluntariamente de sua propriedade.[7]

Finalmente, uma economia de troca também parecia um sistema no qual os atos motivados pelo interesse próprio egoísta eram canalizados, "como que por uma mão invisível", para um todo socialmente harmonioso. O motivo para a troca pressupunha, claramente, que os indivíduos não produzissem nem possuíssem o que quisessem nem aquilo de que necessitassem. "Só as diferenças entre suas necessidades e sua produção davam origem à troca" – escreveu Marx.[8] O aparecimento da harmonia era, então, inevitável:

O indivíduo A atende à necessidade do indivíduo B por meio da mercadoria a, apenas na medida em que e porque o indivíduo B atende à necessidade do indivíduo A por meio da mercadoria b e vice-versa. Cada um atende ao outro para atender a si mesmo; cada um faz uso do outro reciprocamente como um meio... Assim, é irrelevante, para ambas as partes envolvidas na troca... que essa reciprocidade só lhe interesse na medida em que satisfaça seu interesse... sem referência ao interesse do outro. Quer dizer, o interesse comum que aparece como motivo do ato como um todo é reconhecido como um fato, por ambos os lados, mas, como tal, não é o motivo.[9]

Assim, a harmonia econômica do capitalismo só era visível quando se aceitava "a afirmativa de que existe uma única relação econômica – a troca".[10] A conclusão de Marx era óbvia:

É no caráter da relação monetária – na medida em que ela é desenvolvida em sua pureza até este ponto, e sem se levar em conta relações de produção mais altamente desenvolvidas – que todas as contradições inerentes à sociedade burguesa parecem desfazer-se em relações monetárias, concebidas de uma forma simples; e a democracia burguesa – mais ainda do que os economistas burgueses – se refugia nesse aspecto... a fim de construir a apologética das relações econômicas existentes.[11]

Mercadorias, Valor, Valor de Uso e Valor de Troca

Marx estava interessado em explicar a natureza da relação social entre capitalistas e trabalhadores. Em termos de teoria econômica, isso significava a relação entre salários e lucros. Quando se considerava apenas a esfera da troca, ou circulação, os salários e lucros pareciam consequência da simples troca de mercadorias. Então, Marx começou o Volume 1 de *O Capital* (com o subtítulo de *Uma Análise Crítica da Produção Capitalista*) com uma análise das mercadorias e da esfera da circulação.

O capitalismo era um sistema em que a riqueza parecia "uma imensa acumulação de mercadorias, com uma única mercadoria como unidade".[12] Uma mercadoria tinha duas características essenciais: primeiramente, era "uma coisa que, por suas propriedades, satisfazia às necessidades humanas".[13] As qualidades físicas particulares de uma mercadoria, que tinha utilidade para as pessoas, faziam com que a mercadoria tivesse um *valor de uso*. As qualidades físicas particulares que tornavam útil uma mercadoria não tinham, na opinião de Marx, qualquer ligação definida ou sistemática com "a quantidade de trabalho necessário para a apropriação de suas qualidades úteis".[14] Em segundo lugar, as mercadorias eram, "além disso, o depositário material do *valor de troca*".[15] O valor de troca de uma mercadoria era uma relação entre a quantidade dessa mercadoria que se poderia conseguir em troca de uma certa quantidade de outra ou outras mercadorias.

O valor de troca era, habitualmente, expresso em termos do preço monetário de uma mercadoria, quer dizer, era expresso em termos da quantidade da mercadoria dinheiro que se poderia obter em troca de uma unidade da mercadoria em questão. Assim, se o preço de um par de sapatos fosse 2 dólares, isto significava, simplesmente, que um par de sapatos seria trocado por duas unidades da mercadoria dinheiro (no caso, 2 dólares), ou por uma quantidade de qualquer outra mercadoria que pudesse ser trocada por 2 dólares. O dinheiro, então, era uma mercadoria especial, geralmente usada como *numerário*, em termos do qual os valores de troca eram em geral estabelecidos e que também funcionava como equivalente universal de troca. Como tal, funcionava como um meio de troca, isto é, era usado em quase toda compra ou venda. Era o uso universal do dinheiro como equivalente de troca que diferenciava uma economia de troca monetária de uma economia de troca pelo escambo. A moeda também era um meio de guardar riqueza, quando se queria ter muita riqueza acumulada sob a forma de valor de troca puro e não de valores de uso. Conforme veremos mais adiante, a moeda também podia, em certas circunstâncias, ser parte do capital.

O valor de troca era o meio através do qual todas as mercadorias podiam ser direta e quantitativamente comparadas. Os valores de troca pressupunham um elemento comum a todas as mercadorias, em virtude do qual tais comparações podiam ser feitas. Além de seu valor de troca, as mercadorias só tinham mais duas características em comum: todas tinham valor de uso e todas eram produzidas apenas pelo trabalho humano.

Cada uma dessas duas características comuns – como já dissemos neste livro – foi admitida como determinante do valor de troca por diferentes tradições da teoria econômica. Marx, porém, rejeitou o valor de uso como possível determinante dos preços. Escreveu o seguinte: "Como valores de uso, as mercadorias são, acima de tudo, de diferentes qualidades, mas, como valores de troca, são meramente quantidades diferentes".[16] Além disso, valores de uso são primeiramente relações entre pessoas em particular e coisas materiais. Contudo, o valor de troca só existe em circunstâncias sociais muito específicas. Assim, Marx acreditava que os fundamentos do valor de troca teriam que envolver alguns aspectos das relações sociais peculiares a essas circunstâncias sociais. Portanto, Marx considerava que a infinita variedade de qualidades físicas que davam às mercadorias seu valor de uso, ou utilidade, não eram diretamente comparáveis em qualquer sentido quantitativo nem refletiam as relações sociais peculiares à sociedade capitalista. O valor de uso não poderia ser a base do valor de troca.

Portanto, o único elemento comum a todas as mercadorias e diretamente comparável em termos quantitativos era o tempo de trabalho necessário para sua produção. Pareceria que o trabalho é um elemento universal de toda a produção social e não algo específico às relações sociais capitalistas. O trabalho que cria o valor de troca das mercadorias, porém, tem aspectos qualitativos – estes serão examinados adiante – que constituem consequências específicas das relações sociais capitalistas. Quando Marx considerou, abstratamente, as mercadorias ignorando todas as suas diferenças e peculiaridades, elas foram reduzidas às incorporações materiais do trabalho empregado em sua produção. As mercadorias, assim consideradas por Marx, eram definidas como *valores*. "O trabalho humano está contido nelas. Quando encaradas como cristais deste... (trabalho humano), todas elas eram comuns – eram valores."[17]

Marx utilizou a palavra "valor" de uma forma que é, em geral, mal compreendida porque foi usada frequentemente por economistas que escreveram antes dele e passou a ser usada quase que somente pelos que vieram depois dele, no sentido, simplesmente, de valor de troca, ou preço. Ao ler *O Capital*, é necessário ter sempre em mente a definição de Marx para evitar confusões. O valor é uma relação social qualitativa com uma dimensão quantitativa. O valor só existe historicamente quando o trabalho produtivo não é imediatamente social. Isto é, nessa sociedade, mesmo que o que foi produzido seja consumido, e portanto exista uma interdependência mútua, não existe consciência de uma relação social entre as partes. Para os outros, meu trabalho social existe sob a forma das mercadorias às quais foi incorporado, ou seja, existe apenas como valor. Assim, a dimensão qualitativa do valor é essa relação social específica. Esta dimensão é simples: "O valor de um bem está para o valor de qualquer outro, como o tempo de trabalho necessário para a produção do outro".[18] Contudo, o trabalho que está sendo quantificado não é o trabalho observável empiricamente, imediatamente percebido, que poderia ser medido no simples acompanhamento do processo de produção. É o que Marx denomina "trabalho abstrato". Examinaremos a natureza do trabalho abstrato na próxima seção.

Essa confusão é facilmente agravada, porque, no Volume 1, *Marx não estava preocupado com qualquer teoria destinada a explicar preços reais*. Estava, isto sim, tentando explicar a natureza do capital e as origens do lucro. Para tanto, achou conveniente aceitar a ideia de Ricardo, de que o trabalho incorporado à produção era o principal determinante dos valores de troca. Para Ricardo, fatores como diferenças da razão entre máquinas e trabalho ou diferenças de duração dos processos de produção em diferentes setores eram influências *secundárias* sobre os preços. Essas diferenças secundárias eram não só relativamente sem importância, como também explicáveis por princípios subsidiários da teoria do valor, de Ricardo. Marx partiu dessa ideia e, no Volume 1, abstraiu-se de considerar essas influências secundárias. Para explicar a natureza e as origens do capital e do lucro, supôs, como primeira aproximação abstrata, que os valores (trabalho incorporado) fossem os únicos determinantes dos valores de troca. Naquele nível de abstração, como vimos nos capítulos sobre Smith e Ricardo, os valores de troca eram sempre proporcionais aos valores (tal como Marx definia valores). Portanto, em todo o Volume 1, Marx usou os termos *valor* e *valor de troca* como sinônimos. Embora isso fosse muito apropriado, considerando-se esse nível de abstração teórica, agravou a confusão feita por leitores de seus trabalhos. Marx sabia muito bem quais eram as distinções entre valores e valores de troca e preços. "Temos de perceber à primeira vista" – escreveu ele – "as deficiências da forma elementar de valor: ela é um mero germe, que tem de passar por uma série de metamorfoses antes de poder amadurecer sob a forma de preço."[19]

Só no terceiro volume de *O Capital* é que Marx estendeu sua teoria do trabalho de modo a explicar os preços reais, isto é, a levar em conta as influências secundárias sobre os preços que já mencionamos. Infelizmente, o Volume 3 não chegou a ser concluído por Marx, e sua discussão sobre o trabalho como determinante dos preços reais, embora conceitualmente bastante adequada, tinha uma incoerência que só foi solucionada várias décadas depois, como veremos no Capítulo 10.

Karl Marx

Tendo chamado atenção para os possíveis pontos confusos na maneira segundo a qual Marx usou os termos *valor* e *valor de troca*, voltemos, agora, a discutir as mercadorias e seus valores de troca.

Trabalho Útil e Trabalho Abstrato

Quando Marx afirmou que o trabalho determinava os valores de troca, definiu o tempo de trabalho como consistindo em trabalho simples e homogêneo, em que eram abstraídas todas as diferenças específicas entre vários tipos de processos de trabalho: "O trabalho... que forma a substância do valor é trabalho humano homogêneo, o gasto de uma força de trabalho uniforme".[20] Isso o levou a distinguir duas maneiras diferentes de ver o trabalho e o processo de trabalhar. Quando se encaravam as *características específicas* de *processos específicos de trabalho*, viam-se que suas qualidades diferenciadoras particulares eram necessárias para gerar os valores de uso particulares das diferentes mercadorias em questão. O trabalho encarado dessa maneira foi definido como *trabalho útil* e, como tal, produzia os valores de uso particulares de diferentes mercadorias. Assim, trabalho útil era a causa do valor de uso das mercadorias:

> O paletó é um valor de uso que satisfaz a uma necessidade particular. Sua existência é o resultado de um tipo especial de atividade produtiva, cuja natureza é determinada por sua finalidade, sua forma de operação, seu sujeito, seu meio e seu resultado. O trabalho cuja utilidade é assim representada pelo valor de uso de seu produto, ou que se manifesta tornando seu produto um valor de uso, será por nós chamado de trabalho útil.[21]

O trabalho que criava valor de troca, porém, era *trabalho abstrato*, no qual as diferenças de qualidade dos vários tipos de trabalho útil eram abstraídas:

> A atividade produtiva, se deixarmos de lado sua forma especial, como, por exemplo, o caráter útil do trabalho, nada mais é do que o gasto de força de trabalho humana... O valor de uma mercadoria representa trabalho humano nesse sentido abstrato, a expansão da força de trabalho humana em geral.[22]

Quando afirmou que o trabalho abstrato determinava o valor de troca, Marx fez duas qualificações importantes. Primeiramente, a de que era apenas o tempo de trabalho *socialmente necessário* que contava: "O tempo de trabalho socialmente necessário é o que é preciso para produzir um artigo em condições normais de produção e com o grau médio de habilidade e intensidade existente na época".[23]

Marx também estava ciente de que alguns tipos de produção exigiam que os trabalhadores passassem um tempo considerável adquirindo habilidades especiais, ao passo que outros processos de trabalho podiam ser executados por simples trabalhadores sem qualificação alguma. Nesse caso, o cálculo dos valores exigiria que o trabalho qualificado fosse reduzido a um simples múltiplo do trabalho não qualificado:

> O trabalho qualificado só conta como trabalho simples intensificado ou como trabalho simples multiplicado quando se considera uma determinada quantidade de (trabalho) qualificado igual a uma quantidade maior de trabalho simples. A experiência mostra que sempre se faz essa redução... As diferentes proporções, em que diferentes tipos de trabalho são reduzidos a trabalho não qualificado como padrão, são estabelecidas por um processo social despercebido pelos produtores e, por isso, parecem ser fixadas pelo costume.[24]

Quando descrevermos a teoria do preço da força de trabalho (ou salário), de Marx, descreveremos a maneira como ele via a determinação das diferenças de salários pelas quais o trabalho qualificado era reduzido a trabalho simples.

181

História do Pensamento Econômico

Tendo, então, estabelecido a ligação entre o valor de troca de uma mercadoria e "a quantidade de tempo de trabalho socialmente necessário para sua produção", Marx, coerente com sua crítica anterior aos economistas burgueses, mostrou as condições sócio-históricas específicas necessárias para os produtos do trabalho humano se transformarem em mercadorias.

A Natureza Social da Produção de Mercadorias

Os produtos do trabalho humano só se transformavam em mercadorias quando eram produzidos apenas com o objetivo de serem trocados por dinheiro no mercado e não para uso ou gozo imediato pelos produtores ou por outras pessoas diretamente associadas a eles. "O modo de produção no qual o produto toma a forma de uma mercadoria ou é produzido diretamente para a troca" – escreveu Marx – "é a forma mais geral e embrionária de produção burguesa".[25] A produção de mercadorias não é a forma mais característica de produção social até que os trabalhadores não produzam mais os produtos para a sua própria subsistência e passem a comprá-los dos capitalistas. É esta a fonte de poder dos capitalistas sobre os trabalhadores em uma sociedade produtora de mercadorias:

> É necessário haver condições históricas definidas para um produto poder transformar-se em uma mercadoria. Ele não pode ser produzido como meio imediato de subsistência do próprio produtor... A produção e a circulação das mercadorias podem ocorrer, embora a grande maioria dos objetos produzidos se destine às necessidades imediatas dos produtores, não sendo transformados em mercadorias; consequentemente, a produção social ainda não é muito dominada, tanto em sua extensão quanto em sua profundidade, pelo valor de troca.[26]

Para que uma sociedade fosse "dominada, em sua extensão e profundidade, pelo valor de troca", quer dizer, para que fosse, basicamente, uma sociedade produtora de mercadorias, eram necessários três pré-requisitos históricos: primeiramente, tinha de haver um grau tão grande de especialização, que cada produtor, individualmente, produzisse sempre o mesmo produto (ou parte de um produto). Em segundo lugar, essa especialização exigia, necessariamente, a completa "separação do valor de uso do valor de troca".[27] Como a vida era impossível sem o consumo de muitos valores de uso, um produtor poderia relacionar-se com seu próprio produto apenas como valor de troca e somente poderia adquirir seus valores de uso necessários dos produtos de outros produtores. Em terceiro lugar, uma sociedade produtora de mercadorias exigia um mercado amplo, bem desenvolvido, que precisa do uso generalizado da moeda, como equivalente de valor universal, mediando todas as trocas.

Em uma sociedade que produzisse mercadorias, qualquer produtor trabalharia isoladamente de todos os demais. É claro que era social e economicamente ligado ou relacionado a outros produtores. Muitos deles não poderiam continuar com seus padrões diários de consumo habituais, sem o produtor produzir a mercadoria que seria consumida pelos outros produtores; do mesmo modo, o produtor não poderia continuar com seu padrão de consumo, a não ser que os vários outros produtores criassem sempre as mercadorias de que necessitassem. Assim, havia uma relação social definida e indispensável entre os produtores.

Todavia, cada produtor só produzia para vender no mercado. Com o produto de sua venda, comprava as mercadorias de que precisava. Seu bem-estar parecia depender apenas das quantidades de outras mercadorias pelas quais ele poderia trocar a sua mercadoria. "Essas quantidades variam sempre" – escreveu Marx – "independente da vontade, da antevisão e da ação dos produtores. Para eles, sua própria ação social assume a forma da ação de objetos que governam os produtores, em vez de serem por estes governados".[28] Assim, o que eram relações sociais entre produtores parecia, a cada produtor, simplesmente, uma relação entre ele e uma instituição social impessoal e imutável – o mercado.

O mercado parecia envolver, simplesmente, uma série de relações entre coisas materiais – as mercadorias. "Portanto, as relações que ligavam o trabalho de um indivíduo ao dos demais aparecem" – concluiu Marx – "não como relações sociais diretas entre indivíduos no trabalho, mas como... relações entre objetos".[29]

Assim, em uma sociedade que produz mercadorias, os valores de uso produzidos pelo trabalho útil *não* poderiam ser consumidos e usados sem o funcionamento a contento da troca no mercado. Ainda era, porém, apenas o trabalho útil que produzia valores de uso que mantinham a vida humana e que geravam toda a utilidade derivada do consumo. A grande ingenuidade do argumento da "mão invisível", de Smith, e de todas as suas variações apologéticas elaboradas por outros economistas burgueses era consequência de sua miopia. Encarando apenas superficialmente o ato da troca e a esfera da circulação, os economistas burgueses achavam que essa utilidade era gerada na própria troca. A troca, portanto, parecia universalmente benéfica, harmonizando os interesses de cada indivíduo e de todos os outros indivíduos. A verdade pura e simples era que o trabalho útil era sempre a fonte de toda utilidade proporcionada pelas mercadorias, e a troca era meramente o pré-requisito necessário para o próprio funcionamento de uma sociedade que produzisse mercadorias. Os economistas burgueses tinham sido incapazes de visualizar qualquer coisa além de uma sociedade que produzisse mercadorias, de modo que o aparecimento do mercado como instituição harmonizadora e socialmente benéfica apenas marcava o fato subjacente de que, nessa sociedade, ninguém poderia tirar vantagem da utilidade proporcionada pelo trabalho útil, a não ser que o mercado funcionasse. Esse fato, por si mesmo, não dava qualquer indicação quanto à natureza das relações sociais entre as várias classes em uma sociedade capitalista nem indicava se essas relações eram harmoniosas ou conflitantes.

Circulação Simples de Mercadorias e Circulação Capitalista

As condições históricas necessárias para a produção de mercadorias não eram, segundo a argumentação de Marx, idênticas às necessárias para a existência do capitalismo. Ele estava interessado em entender a natureza histórica e social específica do capital como fonte dos lucros. Asseverava que as "condições históricas da existência do capital não são, de modo algum, determinadas pela mera circulação da moeda e de mercadorias".[30]

Na produção simples de mercadorias, em um sistema não capitalista, produziam-se mercadorias para venda com o fim de adquirir outras mercadorias para *uso*. Em tal sistema, Marx escreveu:

> a troca de mercadorias é... acompanhada das seguintes mudanças em sua forma:
> Mercadoria-Dinheiro-Mercadoria
> M-D-M
> *O resultado de todo o processo é... a troca de uma mercadoria por outra, a circulação de trabalho social materializado. Quando se atinge esse resultado, o processo chega ao fim.*[31]

Contrastando com isso, em um sistema capitalista, logo se poderia observar que, para um segmento da sociedade – os capitalistas –, o processo de troca seria muito diferente:

> *A forma mais simples de circulação de mercadorias é M-D-M, a transformação de mercadorias em dinheiro e a transformação do dinheiro novamente em mercadorias, ou seja, vender para comprar; mas (no capitalismo), juntamente com essa forma, encontramos outra forma especificamente diferente: D-M-D, ou seja, a transformação de dinheiro em mercadorias e a transformação de mercadorias novamente em dinheiro, ou seja, comprar para vender. O dinheiro que circula dessa última maneira se transforma, então, em capital e já é, potencialmente, capital.*[32]

183

História do Pensamento Econômico

Era óbvio – prosseguia Marx – que a circulação D-M-D "seria absurda e sem sentido, se a intenção fosse trocar, por esse meio, duas somas iguais de dinheiro, por exemplo, 100 libras por 100 libras. O plano do avarento seria muito mais simples e mais seguro: ele se agarraria às suas 100 libras, em vez de as expor aos perigos da circulação".[33] Estava claro que a única intenção possível desse tipo de circulação era "comprar a fim de vender mais caro".[34]

Portanto, esse processo de circulação poderia ser mais bem descrito como D-M-D', onde D' é maior do que D. Diversamente da circulação M-D-M, a circulação D-M-D' terminava com um valor maior do que o inicial.

Mais-valia, Troca e a Esfera da Circulação

A diferença entre D' e D era a *mais-valia*. Para Marx, a busca de quantidades cada vez maiores de mais-valia era a força motora que impulsionava todo o sistema capitalista:

> *Como representante consciente desse movimento, o dono do dinheiro se transforma em um capitalista. Sua pessoa, ou melhor, seu bolso, é o ponto de partida e de retorno do dinheiro.*
>
> *O aumento do valor... torna-se sua finalidade subjetiva e, apenas na medida em que a apropriação de cada vez mais riqueza, num sentido abstrato, se torna o único motivo de suas atividades, é que ele age como capitalista, quer dizer, como capital personificado e dotado de consciência e vontade. Portanto, os valores de uso nunca devem ser encarados como a verdadeira finalidade do capitalista; tampouco o lucro em uma única transação. O processo incansável e interminável da obtenção de lucros é a única coisa que ele quer. Essa ânsia ilimitada por riqueza, essa busca apaixonada de valor de troca é comum ao capitalista e ao avarento; mas, enquanto este é meramente um capitalista que ficou louco, o capitalista é um avarento racional. O aumento interminável do valor de troca, que o avarento está sempre tentando conseguir, procurando poupar seu dinheiro e evitar que ele circule, é conseguido pelos capitalistas mais inteligentes, que estão sempre colocando o dinheiro em circulação.[35]*

Marx concluiu que a circulação D-M-D' era, "portanto, em realidade, a fórmula geral do capital, tal como ele aparece *prima facie* dentro da esfera da circulação".[36] A questão central para Marx era estabelecer se a característica essencial do capitalismo, e que originava a mais-valia – o excesso de D' em relação a D –, podia ser encontrada dentro da esfera da circulação. A troca de uma mercadoria poderia ocorrer pelo valor da mercadoria, acima de seu valor ou abaixo dele. Se a troca fosse feita pelo valor da mercadoria, a troca seria de equivalentes e não havia mais-valia alguma. Se a mercadoria fosse trocada acima de seu valor, o vendedor ficaria com o valor de troca, mas o comprador perderia uma parcela equivalente do valor de troca. É óbvio que não haveria qualquer ganho líquido de mais-valia entre as duas partes. Analogamente, se a troca fosse feita abaixo do valor da mercadoria, o ganho do comprador seria idêntico à perda do vendedor. Mais uma vez, a transação não geraria qualquer aumento líquido de mais-valia. A conclusão era clara: "Por mais que se tente, o fato permanece inalterado. Se forem trocas equivalentes, não haverá mais-valia alguma e se forem trocadas mercadorias que não sejam equivalentes ainda não haverá mais-valia. A circulação ou troca de mercadorias não gera valor algum".[37]

Assim, Marx concluiu que a característica essencial do capitalismo que dava origem à mais-valia, ou lucro, não podia ser encontrada na esfera da circulação, e voltou sua atenção para a esfera da produção:

> *Portanto, deixamos de lado, por algum tempo, essa esfera complicada (da circulação), na qual tudo acontece à superfície e à vista de todos, e... entramos na área oculta da produção, em cujo limiar vemos, logo de início, a advertência "entrada permitida apenas a pessoas em serviço". Aqui veremos não*

só como o capital produz, mas também como o capital é produzido. Afinal, forçaremos a revelação do segredo da obtenção de lucros. Essa esfera de que nos estamos afastando... é, em realidade, um verdadeiro paraíso dos direitos inatos do homem. Só nela imperam a Liberdade, a Igualdade, a Propriedade e Bentham. A Liberdade porque tanto o comprador quanto o vendedor de uma mercadoria... só é restringido por sua própria e livre vontade. Fazem contratos como agentes livres... Igualdade porque cada um entra na relação com o outro como um simples dono de mercadorias, e eles trocam equivalente por equivalente. Propriedade porque cada um só dispõe daquilo que é seu. E Bentham porque cada um só olha para si próprio. A única força que os une e que faz com que se relacionem é o interesse próprio, o ganho e o interesse particular de cada um. Cada qual olha apenas para si mesmo e nenhum deles se incomoda com os outros e, exatamente por fazerem isso, todos eles, de acordo com a harmonia preestabelecida das coisas, ou sob os auspícios de uma providência onisciente, trabalham juntos para benefício mútuo, para a prosperidade comum e para o interesse de todos.

Deixando de lado essa esfera da simples circulação ou da troca de mercadorias, onde vive o "livre cambista vulgaris", com suas visões e ideias e com o padrão pelo qual julga uma sociedade baseada em capital e salários, achamos que podemos perceber uma mudança no aspecto de nossas dramatis personae. Quem, antes, era o dono do dinheiro, agora marcha à frente como capitalista; quem tem força de trabalho o acompanha como seu empregado. Um tem um ar de importância, um sorriso malicioso e pensa em negócios; o outro é tímido e inseguro, como quem está trazendo a própria pele para o mercado e nada mais pode esperar exceto ser esfolado.[38]

Circulação do Capital e a Importância da Produção

O fato de que a mais-valia foi criada na esfera da produção poderia ser confirmado se examinássemos cuidadosamente o processo da circulação do capital. Na fórmula *D-M-D'*, ficou claro que o processo de obtenção de lucros descrito era o do capital comercial: "O circuito *D-M-D'* – comprar para vender mais caro – é visto com a maior clareza no... capital dos comerciantes".[39] Durante sua investigação histórica e sua análise ampla da circulação, Marx tinha chegado à conclusão de que nem o capital comercial nem o capital monetário que recebia juros se envolviam no processo da verdadeira criação de mais-valia. Logo no início do Volume 1, escreveu: "Em nossa investigação, verificaremos que tanto o capital dos comerciantes quanto o capital que rende juros são formas derivadas e, ao mesmo tempo, ficará clara a razão pela qual essas duas formas aparecem, no curso de História, antes da forma tradicional moderna do capital".[40]

Ambas as formas de capital eram essencialmente parasitárias. Poderiam ligar-se a qualquer mecanismo que fosse usado para a expropriação de um excedente econômico. Após essa ligação, os comerciantes e agiotas poderiam ter uma participação no excedente, mesmo que seu capital não tivesse sido envolvido diretamente na criação desse excedente. Era por isso que essas duas formas de capital puderam aparecer no modo de produção feudal e participar de seu excedente.

O capital industrial era a forma de capital mais representativa do modo de produção capitalista. Constituía o mecanismo através do qual a mais-valia era criada e expropriada no capitalismo. No esquema de circulação, de Marx, o capital industrial podia ser identificado

> *Em três estágios que... formavam a seguinte série:*
> *Primeiro estágio: o capitalista aparece como comprador... seu dinheiro é transformado em mercadorias...*

História do Pensamento Econômico

Segundo estágio: *consumo produtivo das mercadorias compradas pelos capitalistas. Ele age como capitalista produtor de mercadorias; seu capital passa pelo processo de produção. O resultado é uma mercadoria de valor maior do que os elementos que entraram em sua produção.*

Terceiro estágio: *o capitalista volta ao mercado como vendedor; suas mercadorias são transformadas em dinheiro...*

Portanto, a fórmula do circuito do dinheiro-capital é: D-M... P... M'-D', *com os pontos indicando que o processo de circulação é interrompido, e* M' *e* D' *representando* M *e* D *acrescidas da mais-valia.[41]*

P, na fórmula de Marx, indicava o processo de produção. Está claro, nessa fórmula, que D' era maior do que D, porque M' era maior do que M. Além disso, os excedentes, em ambos os casos, eram iguais.

Assim, a origem da mais-valia devia-se ao fato de que os capitalistas compravam um conjunto de mercadorias e vendiam um conjunto inteiramente diferente. O primeiro conjunto de mercadorias (M) consistia nos ingredientes para a produção. O segundo conjunto de mercadorias (M') era o produto do processo produtivo. No ato da produção, o capitalista usava completamente, ou consumia, o valor de uso dos insumos produtivos que comprava como mercadorias:

Para poder extrair valor do consumo de uma mercadoria, nosso amigo "Saco de Dinheiro" (apelido que Marx dava a um capitalista) tem de ter a sorte de encontrar, dentro da esfera da circulação no mercado, uma mercadoria cujo valor de uso possua a propriedade peculiar de ser uma fonte de valor, cujo consumo, portanto, é, em si mesmo, uma incorporação de trabalho, e, consequentemente, uma criação de valor. O dono do dinheiro, realmente, encontra no mercado essa mercadoria especial, sob a forma de capacidade ou força de trabalho.

Entende-se por força ou capacidade de trabalho o agregado das capacidades mentais e físicas existentes em uma pessoa, que ela exerce sempre que produz qualquer espécie de valor de uso.[42]

Trabalho, Força de Trabalho e a Definição de Capitalismo

A força de trabalho, então, era a capacidade de trabalhar ou trabalho potencial. Quando a força de trabalho era vendida como mercadoria, seu valor de uso era, simplesmente, a execução do trabalho – a concretização do trabalho potencial. Quando o trabalho era executado, era incorporado à mercadoria, dando-lhe, assim, valor. Portanto a única fonte possível de mais-valia era a diferença entre o valor da força de trabalho como mercadoria (ou trabalho potencial) e o valor da mercadoria produzida, que incorporava o trabalho concretizado (ou o valor de uso consumido da força de trabalho). A força de trabalho era uma mercadoria absolutamente única: seu consumo ou uso criavam novo valor, que bastava não só para repor seu valor original, como também para gerar mais-valia. É óbvio que a força de trabalho era uma mercadoria que tinha de ser examinada com mais cuidado.

A existência da força de trabalho como mercadoria dependia de duas condições essenciais. Primeiramente,

A força de trabalho pode aparecer no mercado como mercadoria somente se e na medida em que seu dono – o indivíduo que tem essa força de trabalho – a oferecer à venda como mercadoria. Para que ele possa fazer isso... terá de ser, sem qualquer impedimento, o dono de sua capacidade de trabalho, isto é, de sua pessoa... O dono da força de trabalho tem de vendê-la apenas durante certo tempo, pois, se tivesse de vendê-la totalmente e para sempre, estaria vendendo a si próprio, transformando-se de homem livre em escravo, de dono de uma mercadoria em uma mercadoria...

A segunda condição essencial... é... que o trabalhador, em vez de ficar na posição de vender mercadorias nas quais seu trabalho está incorporado, fica obrigado a oferecer à venda como mercadoria a própria força de trabalho, que só ele tem.

Para que um homem possa vender outras mercadorias que não sejam sua capacidade de trabalho, terá, obviamente, de ter os meios de produção, como matérias-primas, implementos etc. Não se podem fazer botas sem couro. Ele também precisará dos meios de subsistência...

Portanto, para a transformação de dinheiro em capital, o dono do dinheiro terá de se encontrar no mercado com o trabalhador livre, livre em duplo sentido: como homem livre, pode dispor de sua força de trabalho como sua própria mercadoria e, por outro lado, não ter qualquer outra mercadoria para vender e lhe faltar tudo o que é necessário para a realização de sua força de trabalho.[43]

Essa era, então, a característica que definia o capitalismo, que o diferenciava de uma simples sociedade de produção de mercadorias. O capitalismo existia quando, em uma sociedade que produzia mercadorias, uma pequena classe de pessoas – os capitalistas – tinha monopolizado os meios de produção e na qual a grande maioria dos produtores diretos – os operários – não podia produzir independentemente, por não terem eles qualquer meio de produção. Os operários eram "livres" para fazer uma destas duas escolhas: morrer de fome ou vender sua força de trabalho como mercadoria.[44] Assim, o capitalismo não era inevitável nem natural e eterno. Era um modo de produção específico, surgido em condições históricas específicas e que tinha uma classe que dominava, em virtude de sua capacidade de expropriar a mais-valia dos produtores das mercadorias:

Uma coisa... está clara: a natureza não produz, de um lado, donos de dinheiro ou mercadorias e, do outro, homens que só possuem sua própria força de trabalho. Essa relação não tem qualquer base natural, nem sua base social é comum a todas as épocas históricas. É, claramente, o resultado de um desenvolvimento histórico passado, o produto de muitas revoluções econômicas, da extinção de toda uma série de formas mais antigas de produção social.[45]

Após ter explicado como a mais-valia era criada e expropriada, Marx dedicou centenas de páginas do Volume 1 a uma descrição das forças históricas que criaram o capitalismo. Seguiremos a mesma sequência, discutindo, primeiro, sua explicação sobre a criação e a concretização, através da produção e da troca, da mais-valia e, depois, mencionando resumidamente algumas das forças que ele considerava importantes na evolução do capitalismo.

O Valor da Força de Trabalho

Vimos que a diferença entre o valor da força de trabalho e o valor da mercadoria produzida, quando essa força de trabalho se concretizava, era a fonte da mais-valia. Marx, portanto, teve de começar sua discussão da mais-valia explicando essa diferença. A esse respeito, a distinção entre força de trabalho e trabalho executado ou incorporado à produção era de significado crucial. A força de trabalho era meramente trabalho potencial. Era isso que o trabalhador vendia como mercadoria. O valor de uso da força de trabalho era o verdadeiro trabalho executado. A importância dessa distinção ficará mais clara ainda depois de examinarmos a explicação de Marx sobre o valor da força de trabalho como mercadoria:

O valor da força de trabalho é determinado, como no caso de todas as outras mercadorias, pelo tempo de trabalho necessário para a produção e, consequentemente, também para a reprodução desse artigo especial... Para o indivíduo, a produção da força de trabalho consiste em... sua manutenção. Para essa manutenção, ele precisa de certa quantidade dos meios de subsistência... A força de trabalho retirada do mercado pelo desgaste e pela morte tem de ser sempre substituída... Daí a necessidade de o total dos meios de subsistência necessários para a produção da força de trabalho (também) incluir os meios necessários para os substitutos do trabalhador, isto é, seus filhos.[46]

O valor da força de trabalho era igual ao valor de subsistência da família de um operário. Portanto, o trabalho incorporado à força de trabalho era idêntico ao trabalho incorporado às mercadorias que permitiam sua subsistência. Essa subsistência não era uma subsistência biológica ou fisiológica mínima, mas um "produto do desenvolvimento histórico", que dependia "dos hábitos e do grau de conforto" a que a classe operária estivesse acostumada.[47]

As diferenças de salários entre várias ocupações refletiam o fato de que algumas ocupações exigiam "educação e treinamento especial". "Os gastos com essa educação" entravam "no valor total" dos vários tipos de força de trabalho.[48] Calculando-se os custos do trabalho dos vários requisitos de educação e treinamento de diferentes ocupações, todo custo do trabalho poderia ser reduzido a um múltiplo do trabalho simples. É claro que isso permitia a soma das horas de trabalho de diferentes tipos de trabalhadores, a fim de calcular o valor de qualquer mercadoria produzida por trabalho de diversas qualificações.

"Em um determinado país, em determinado período, a quantidade média dos meios de subsistência necessários para o trabalhador" era muito fácil de ser verificada.[49] Considerando-se, por exemplo, as quantidades anuais de mercadorias necessárias para um trabalhador e sua família, poder-se-ia calcular a quantidade de trabalho incorporada a essas mercadorias. Dividindo-se esse total por 365, poder-se-ia determinar o trabalho incorporado aos meios de subsistência de uma família durante um dia. Essa quantidade de trabalho era o valor da força de trabalho de um dia. Assim, se os vários trabalhadores que estivessem produzindo alimentos, roupas e moradia para os trabalhadores gastassem, coletivamente, uma média de quatro horas para produzir as mercadorias necessárias para manter a família de um operário durante um dia, o valor de uso da força de trabalho de uma pessoa, em um dia, seria de quatro horas.

Se, porém, cada trabalhador trabalhasse apenas quatro horas por dia, a produção total simplesmente satisfaria às necessidades de subsistência dos trabalhadores. Não haveria excedente. Cada trabalhador criaria mercadorias que incorporariam o trabalho de quatro horas, enquanto sua força de trabalho também seria uma mercadoria que incorporaria o trabalho de quatro horas. Cada trabalhador criaria o valor equivalente ao de sua subsistência e, portanto, o valor equivalente ao de sua própria força de trabalho, trabalhando quatro horas por dia.

Trabalho Necessário, Trabalho Excedente e Criação e Realização de Mais-valia

O significado da distinção entre força de trabalho e trabalho deve estar, agora, muito mais claro. A força de trabalho era a *capacidade* de trabalhar. O limite superior da capacidade de trabalho de uma pessoa era, dependendo do tipo de trabalho, de 14 a 18 horas por dia. Portanto, a quantidade de trabalho que podia ser realmente conseguida com a força de trabalho de um dia (e, portanto, o valor das mercadorias produzidas pelo trabalho realmente realizado em um dia) dependia da duração da jornada de trabalho. "A jornada de trabalho não é, então, uma constante" – escreveu Marx – "mas uma quantidade variável".[50]

Karl Marx

Se a duração da jornada de trabalho fosse tal que "o valor pago pelo capitalista pela força de trabalho fosse substituído por um equivalente exato, seria, simplesmente, um processo de produção de valor; se, por outro lado, ultrapassasse esse ponto, se tornaria um processo de criação de mais-valia".[51]

"A parte da jornada de trabalho" – escreveu Marx – "durante a qual era produzido o valor da força de trabalho é por mim chamada de *tempo de trabalho necessário*" e ao trabalho dispendido naquele período eu dou o nome de "trabalho necessário".[52] No capitalismo, porém, o dia de trabalho sempre ia além desse tempo de trabalho necessário. Essa extensão de *trabalho excedente* e o trabalho feito nesse período é por mim chamado de *trabalho excedente*".[53] Então, assim como o valor era "uma cristalização de um determinado número de horas de trabalho... nada mais do que trabalho materializado", a mais-valia era "a mera cristalização do tempo de trabalho excedente... nada mais do que trabalho excedente materializado".[54]

Podemos, agora, voltar à fórmula do cálculo da circulação do capital industrial:

$$D - M...P...M' - D$$

O capitalista começava com capital em dinheiro (um fundo de valor sob a forma de dinheiro). Comprava três tipos diferentes de mercadoria: matérias-primas, instrumentos e força de trabalho (seu capital passara, agora, a ser um fundo de valor incorporado a esses três tipos de mercadoria). Em seguida, vinha a produção.

A título de simplificação, vamos supor que todos os instrumentos e matérias-primas fossem totalmente usados em um período de produção. Essa hipótese apenas simplifica, mas não muda a lógica básica da análise. Marx dedicou aproximadamente 200 páginas do Volume 2 de *O Capital* a uma discussão dos efeitos do "período de giro" ou durabilidade do capital. Em nossa breve exposição, teremos de omitir essa complicada ideia (embora ela realmente afete a teoria da determinação dos preços, de Marx, que discutiremos mais adiante).

Durante o processo de produção, o capital era transformado em mercadorias acabadas (o capital se transformava, então, em um fundo de valor incorporado às mercadorias acabadas). O valor das mercadorias acabadas provinha de três fontes: as matérias-primas, os instrumentos e a força de trabalho. Consideraremos, primeiro, as matérias-primas, os instrumentos. Como mercadorias, elas tinham valores determinados pelo trabalho que já tivesse sido a elas incorporado. Eram produzidas, originariamente, para possibilitar a produção das mercadorias finais. Por exemplo, a matéria-prima poderia ser lã, os instrumentos poderiam ser rodas de fiar e teares e a mercadoria final poderia ser tecido. O trabalho envolvido na criação dos carneiros e no corte da lã era a primeira coisa incorporada à lã, e, à medida que a lã ia sendo transformada em tecido, o material incorporado a esse trabalho original ia passando da lã para o tecido.

Depois da produção final de tecido, este incorporava todo o trabalho envolvido na produção da lã. A lã não podia transferir para o tecido mais trabalho do que ela já houvesse incorporado. Portanto, o valor da lã (seu conteúdo de trabalho) era transferido exatamente em sua forma original para o tecido. De forma análoga, o trabalho incorporado às rodas de fiar e aos teares era transferido para o tecido, à medida que esses instrumentos fossem sendo consumidos na produção. De acordo com nossa hipótese, de que todos os instrumentos eram consumidos totalmente em cada período de produção, é óbvio que os instrumentos só poderiam transferir para o tecido a parcela de trabalho já incorporada a eles. Então, transferiam todo (e não mais que) o seu valor ao valor do tecido.

O que acontecia, porém, com a força de trabalho era diferente. Seguindo nossa hipótese anterior sobre o valor das mercadorias necessárias para a subsistência de um trabalhador, digamos que o trabalho incorporado à força de trabalho de um dia fosse de quatro horas. Suponhamos, agora, que a jornada' de trabalho tenha 10 horas. Assim, a força de trabalho de um dia teria um valor de quatro horas, mas, quando o trabalho fosse, de fato, executado, o trabalho adicionaria um valor de 10 horas ao tecido. Cada dia que o empregado trabalhasse, o capitalista usaria toda a força de trabalho como mercadoria com um valor de troca determinado pelas quatro horas de trabalho incorporado. Entretanto, o verdadeiro trabalho feito com a força de trabalho de um dia criava um valor de troca da lã que era determinado pelas 10 horas trabalhadas.

Assim, depois da produção, o capital do capitalista era um fundo de valor incorporado às mercadorias (em nosso exemplo, tecido). Esse era a M' na fórmula de Marx,

$$D- M...P...M' - D$$

Está claro, agora, com as ideias que acabamos de apresentar, que o valor das mercadorias M' (tecido) era maior do que o valor das mercadorias M (lã, rodas de fiar, teares e força de trabalho) e que a diferença era exatamente igual ao excesso da duração do dia de trabalho sobre o tempo de trabalho necessário para a produção da subsistência dos trabalhadores. (Isso pressupõe que o capitalista só comprasse a força de trabalho de um dia. Se comprasse 50 dias de força de trabalho, o excesso de valor de M' sobre M seria essa diferença multiplicada por 50.) Era por isso que Marx insistia em que a força de trabalho, como mercadoria, era a única fonte de mais-valia.

No último estágio da circulação, as mercadorias M' (tecido) eram trocadas por uma quantidade equivalente de dinheiro, D'. O capital teria completado um ciclo, passando de dinheiro a mercadorias, da produção, para um novo conjunto de mercadorias e, finalmente, transformando-se de novo em dinheiro. D' era maior do que D, e a diferença era exatamente a mesma que existia entre M' e M. Só haveria trocas de equivalentes de valor, mas, dessa vez, o capitalista tinha um fundo de capital sob a forma de dinheiro, com um valor maior do que o do fundo inicial. Estava, agora, em posição de começar o processo novamente, só que, dessa vez, em maior escala, com mais capital.

O capitalismo representava uma repetição incessante desse processo. O capital gerava mais-valia, que era a fonte de mais capital, que, por sua vez, gerava outra mais-valia e assim por diante, num ímpeto interminável e incessante de acumular mais capital. O credo do capitalismo era: "Acumulai, acumulai! Sigam Moisés e os profetas!"[55]

Capital Constante, Capital Variável e a Taxa de Mais-valia

Quando o capitalista gastava seu dinheiro na compra das mercadorias necessárias ao processo produtivo, o capital resultante (sob a forma de mercadorias) era dividido, por Marx, em capital constante e capital variável. *Capital constante* era definido como todos os instrumentos, máquinas, prédios e matérias-primas – todos eles representando meios não humanos de produção. Era chamado *constante* porque essas mercadorias só transferiam seu próprio valor ao valor do produto final. Daí o fato de o valor incorporado a esses meios de produção permanecer constante, quando transmitido a um produto. O *capital variável* era definido como a força de trabalho que o capitalista comprava. Seu valor aumentava, quando o trabalho potencial comprado se transformava em trabalho real incorporado a uma mercadoria produzida. De maneira alternativa, quando o capital assumia sua forma monetária, também podia ser analogamente dividido nestas duas categorias:

> *O capital C tem dois componentes. Um deles é a soma de dinheiro c, gasta com os meios de produção, e o outro é a soma de dinheiro v, gasta com a força de trabalho; c representa a parte que se transformou em capital constante e v é a parte que se transformou em capital variável. A princípio, então,*

C 5 c 1 v... Quando o processo de produção acaba, obtemos uma mercadoria (C'), cujo valor é igual a (c 1 v) 1 s, onde 's' é a mais-valia.[56]

Marx definiu, então, a taxa de mais-valia, uma relação que iria reaparecer muitas vezes em sua análise:

Como, por um lado, os valores do capital variável e da força de trabalho comprada pelo capital são iguais, e o valor dessa força de trabalho determina a parte necessária da jornada de trabalho; e como, por outro lado, a mais-valia é determinada pela parte excedente da jornada de trabalho, segue-se que a mais-valia está para o capital variável assim como o trabalho excedente está para o trabalho necessário; em outras palavras, a taxa de mais-valia.

$$\frac{s}{v} = \frac{\text{surplus labour}}{\text{necessary labour}}$$

Ambas as razões... expressam a mesma coisa, de diferentes maneiras; em um caso, referem-se a trabalho materializado, incorporado; em outro, referem-se a trabalho vivo, fluente.

A taxa de mais-valia é, portanto, uma expressão exata do grau de exploração da força de trabalho pelo capital ou do trabalhador pelo capitalista.[57]

A taxa de mais-valia nos diz quantas horas o operário trabalhou para gerar lucros para o capitalista em relação a cada hora que ele trabalhou para gerar o valor equivalente à sua própria subsistência. Em nosso exemplo anterior, a jornada de trabalho era de 10 horas, das quais quatro repunham o valor da força de trabalho (ou geravam o valor equivalente à subsistência do trabalhador). A taxa de mais-valia era, portanto, 6/4 ou 1,5. Isso significa que o trabalhador tinha trabalhado uma hora e meia para gerar lucros para o capitalista em relação a cada hora que trabalhara para si próprio (quer dizer, para cada hora que passara criando o valor equivalente à sua própria subsistência).

A diferença entre trabalho e força de trabalho era, claramente, a fonte da mais-valia. Como Marx mostraria mais tarde, os lucros, os juros e os aluguéis (e todas as outras rendas não derivadas de salários) eram meras divisões de mais-valia entre a classe capitalista. Assim, no restante do Volume 1, Marx continuou tratando a mais-valia e o lucro como se fossem idênticos, a fim de elucidar e explicar as origens e a magnitude da renda derivada apenas da propriedade. Todas as formas de capital que não empregavam trabalhadores que gerassem mais-valia com trabalho excedente eram apenas parasitárias. Dividiam a mais-valia da mesma forma que o capital comercial e o capital que rendia juros conseguiam dividir o excedente de renda produzido no modo de produção feudal. Só o capital que empregava trabalhadores produtivos é que possibilitava a criação de mais-valia, no modo de produção capitalista.

Duração da Jornada de Trabalho

A magnitude da diferença entre trabalho e força de trabalho dependia (dados os requisitos de subsistência dos trabalhadores), principalmente, da duração da jornada de trabalho. No Volume 1 de *O Capital*, Marx dedicou as 72 páginas do Capítulo 10 a uma exposição histórica detalhada da luta real entre capitalistas e trabalhadores para determinar a duração da jornada de trabalho. Argumentava ele que, enquanto os trabalhadores procriassem, fornecendo, assim, seus próprios substitutos, os capitalistas lutariam para estender a duração da jornada de trabalho, até que ela atingisse o limite da resistência humana.

A descrição de Marx sobre a história dessa luta era rica em detalhes e não pode ser aqui resumida. Sua análise histórica levou-o à seguinte conclusão sobre os motivos pelos quais os capitalistas travavam esta luta:

> Em sua paixão cega e irrefreada, em sua fome leonina de trabalho excedente, o capital passa por cima não só dos limites morais, mas também dos limites máximos meramente físicos da jornada de trabalho. Usurpa o tempo de crescimento, desenvolvimento e manutenção da saúde do corpo. Rouba o tempo necessário para o consumo de ar fresco e luz do sol. Comprime a hora das refeições, incorporando-a, sempre que possível, ao processo de produção, de modo que o trabalhador recebe a comida como se fosse um simples meio de produção, como se coloca carvão para aquecer a caldeira e óleo e graxa em uma máquina. Reduz o sono profundo necessário para a recuperação, o reparo e a renovação das capacidades físicas ao número de horas de torpor essenciais para manter vivo um organismo absolutamente exausto. Não é a manutenção normal da força de trabalho que determina os limites da jornada de trabalho; é o maior aproveitamento diário possível da força de trabalho, independente das doenças, dos sofrimentos e da compulsão que possam ser causados... O capital não se importa, de modo algum, com a duração da vida da força de trabalho. Tudo o que interessa é, simplesmente, a máxima força de trabalho que pode ser usada regularmente numa jornada de trabalho. Ele atinge esse fim diminuindo a duração da vida do trabalhador, como um agricultor ganancioso retira maior produção do solo roubando sua fertilidade.[58]

Marx estava ciente de que os capitalistas nem sempre podiam explorar o trabalho a este extremo, mas só com uma luta persistente é que o trabalhador, às vezes, era capaz de proteger-se da exploração do capital. "O estabelecimento de uma jornada de trabalho normal" – escreveu ele – foi "o resultado de séculos de lutas entre capitalistas e trabalhadores."[59] Em todos os lances desse conflito, o capital era "indiferente diante da saúde ou da duração da vida do trabalhador, a menos que fosse obrigado pela sociedade a levar esses aspectos em consideração".[60]

A Teoria do Valor-Trabalho e o Problema da Transformação

O conceito de valor em Marx é em geral mal entendido. A teoria do valor trabalho é o núcleo da teoria econômica de Marx e está presente em quase todos seus diferentes elementos, oferecendo, ao mesmo tempo, um alicerce que mostra a interconexão entre esses elementos. Para Marx, mercadoria é tudo o que era produzido para ser vendido no mercado. Uma mercadoria tem valor de uso e valor. O valor de uso de uma mercadoria está nas propriedades físicas e químicas que a tornam adequada a dados usos. Essas propriedades são as mesmas em todas as sociedades (isto é, o trigo tem as mesmas propriedades físicas e químicas seja produzido numa economia escravagista, numa economia capitalista ou em qualquer outra). Contudo, o valor de uma mercadoria não tem embasamento físico ou químico e é, inteiramente, o resultado das circunstâncias históricas e sociais em que foi produzida.

Em todas as sociedades e em todos os tempos a produção é um processo social de produtores interdependentes, organizados socialmente para empreender as atividades físicas e mentais necessárias à transformação do seu ambiente natural visando a torná-lo capaz de sustentar a vida social, humana. Essa interdependência e a consequente necessidade de coordenação social do trabalho significa que em todas as sociedades o trabalho ou a produção é tanto um conjunto de atividades quanto um conjunto de relações sociais.

Karl Marx

O valor é um aspecto do objeto produzido que reflete as relações sociais específicas à sociedade capitalista, produtora de mercadorias na qual o objeto é produzido como mercadoria. O valor é a consequência de algo que Marx considerava um fato essencial do capitalismo – que, dentro desse sistema, o trabalho interdependente só é social *de modo indireto* e que não é visto pelos participantes como sendo uma relação social.

Numa economia pré-capitalista, a dependência mútua entre os produtores era imediata e óbvia. O fabricante de couro, por exemplo, se via trabalhando para fornecer couro ao sapateiro e este era visto como quem lhe fornecia sapatos. O sapateiro tinha a mesma relação social interdependente. O trabalho de cada um desses produtores tinha um caráter social imediato. Produzir couro era o mesmo que produzir couro para um sapateiro.

No capitalismo essa relação deixa de ser direta e imediata. Cada produtor individual produz somente para o mercado. Ninguém sabe ou se preocupa com quem irá consumir a mercadoria que produziu ou quem produz a mercadoria que irá consumir. Mais importante, as relações sociais entre produtores não são diretas ou imediatas. No capitalismo, o produtor de couro pode não conseguir vender seu couro no mercado. Nesse caso, o trabalho com que o couro foi produzido *não seria* social; seria uma loucura privada, uma desgraça privada, que não contribuiria em nada para a sociedade.

O trabalho só se torna social quando a mercadoria é vendida no mercado. A aquisição e a venda da mercadoria, a um dado preço, transforma certa quantidade de trabalho privado em trabalho social. Quando a venda tem lugar, o valor de uma mercadoria assume a forma empírica de um preço específico que define a razão de troca entre o dinheiro e uma unidade da mercadoria. A substância do valor é alguma quantidade específica de trabalho privado que poderia ser transformada em trabalho social apenas mediante a venda da mercadoria. Esta substância não tem outra forma empiricamente observável que não o preço da mercadoria.

Na análise de Marx há, paralelamente à distinção entre valor de uso e valor de uma mercadoria, aquela entre trabalho útil e trabalho abstrato. O trabalho é o trabalho concreto, observável por meios empíricos, de uma pessoa numa situação específica. As leis da física e da química determinam que só certos tipos de atividade desempenhadas com certas matérias-primas criarão certos valores de uso. Essas atividades específicas constituem o trabalho útil.

Contudo, no capitalismo, os capitalistas não estão preocupados com valores de uso, somente com os valores gerados pela venda no mercado. O trabalhador é contratado para fabricar uma mercadoria para que o capitalista receba um lucro. A identidade do trabalhador específico não tem qualquer importância para o capitalista. O capitalista tem pouco ou nenhum conhecimento do trabalho útil que cria valores de uso específicos. Ele contrata trabalhadores apenas para fabricar mercadorias que gerem valor na troca para que parte desse valor fique com o capitalista como mais-valia ou lucro.

Se a produção de uma mercadoria não gera valor e mais-valia suficientes, o capitalista dirá a seus trabalhadores para fabricar outra mercadoria porque os capitalistas não estão interessados no valor de uso, só no valor. O capitalista não se preocupa com quem são os trabalhadores que realizam o trabalho ou com que tipos de atividade concreta geram valor de uso; o capitalista só se preocupa com o trabalho abstrato – o trabalho de qualquer trabalhador em geral, que produz qualquer mercadoria em geral – que gera valor e mais-valia. Marx destacou que o trabalho abstrato, não o trabalho útil, é a substância do valor.

A fim de entender a teoria do valor-trabalho de Marx, é preciso ter em mente que ele pertence a uma escola de pensamento que vê uma distinção entre a aparência imediata, manifestada empiricamente, de um fenômeno social e a substância ou essência profunda, menos visível, porém mais importante, que está por trás dessa aparência. Dentro dessa tradição, a explicação científica consiste em identificar a essência do fenômeno e então mostrar como essa essência se manifesta na aparência do fenômeno.

História do Pensamento Econômico

Para Marx, muitas vezes o aspecto essencial de qualquer relação humana tendia a ser o aspecto mais geral do comportamento envolvido nessa relação. Embora este aspecto geral fosse comum a quase todas as sociedades ou modos de produção, ainda assim ele tomava uma aparência muito diferente em diversas épocas históricas ou em sociedades históricas variadas. Sem embargo, este aspecto geral, essencial do comportamento humano, permanecia relativamente constante ao passar por essas mudanças de aparência.

Por exemplo, a procriação humana é necessária para a perpetuação da espécie em geral e de qualquer sociedade específica. Nas diferentes sociedades, porém, as relações sociais que levam à procriação e a tornam possível tomam muitas formas observáveis diferentes. Nenhuma atividade ou relação (incluindo a sexual) humana específica é sempre, em todo caso empírico em que ocorre, parte do processo de relações sociais de procriação. Tampouco a procriação sempre envolve alguma atividade ou relação humana específica. (A inseminação artificial, por exemplo, pode ser feita de várias formas).

Em qualquer sociedade dada, as causas imediatas do comportamento das pessoas envolvidas nos rituais de namoro e galanteio são diversas crenças religiosas, aprovação dos pares, restrições econômicas e assim por diante. Contudo, o entendimento desses rituais é aprimorado quando se pode ir além ou atrás dessas causas empíricas, observáveis. Pode-se assim ver que a substância ou essência dos rituais é a necessidade humana universal de procriação, quaisquer que sejam as causas imediatas.

De forma semelhante, para Marx, a alocação social do trabalho era uma necessidade universal de todas as sociedades. No capitalismo, ela tinha lugar pela venda da força de trabalho. Há várias causas empíricas, específicas, para a magnitude dos preços monetários. Elas incluem os custos de produção, a estrutura do mercado, a grandeza e a composição da demanda dos consumidores e outras. Contudo, dentro do contexto das relações sociais capitalistas, esses preços têm que ser realizados (isto é, as mercadorias têm que ser vendidas) para que o trabalho privado individual se transforme em trabalho social. A transformação do trabalho privado em trabalho social por meio da venda de mercadorias a preços específicos num mercado é uma forma particular que essa necessidade universal, a alocação social do trabalho, toma numa sociedade capitalista. Resumidamente, o trabalho abstrato (que se tornou social mediante a venda e a compra de uma mercadoria) é a substância ou a essência do valor, enquanto o preço é manifestação empírica dessa substância ou essência dentro das condições históricas da produção de mercadorias capitalistas.

Uma teoria dos determinantes imediatos, superficiais, empíricos, dos preços e da relação destes com o valor-trabalho era importante para Marx porque ele precisava disso a fim de tornar convincente o argumento segundo o qual o trabalho abstrato era a substância do valor. Os preços, apesar da diversidade de causas que os influenciavam, eram a autêntica forma empírica dessa substância. Como os preços vigentes tinham diversas causas empiricamente observáveis, não havia uma conexão óbvia, imediatamente observável, quantitativa, entre valores e preços.

O "problema da transformação" trata de destrinchar essas causas e seus efeitos sobre os preços a fim de encontrar mentalmente a relação quantitativa entre a substância (valor) e sua manifestação empírica (preço).

Com estas distinções em mente podemos voltar à análise do problema da transformação. Para Marx, o valor de uma mercadoria consiste no valor incorporado nos meios de produção usados em sua produção (que Marx chama às vezes de "trabalho morto") e o trabalho empregado no período corrente de produção (denominado de "trabalho vivo"). Assim,

$$W = L_d + L_l$$

(9.1)

Onde W é o valor, L_d, o trabalho morto e L_l, o trabalho vivo. O trabalho vivo pode ser desmembrado em trabalho necessário, L_n, e trabalho excedente, L_s. O trabalho necessário é aquela proporção do trabalho vivo que cria o equivalente em valor ao salário do trabalhador. O trabalho excedente é o tempo de trabalho restante durante o qual é gerado o equivalente em valor da mais-valia. Assim podemos escrever a equação (9.1) como:

$$W = L_d + L_n + L_s \qquad (9.2)$$

Marx considera que no processo concreto de determinação de preços os capitalistas calculavam os custos de produção e então somavam uma margem percentual que é determinada pela taxa socialmente média de lucro. Assim, a fórmula da determinação concreta de preços é:

Preço de produção = custo das mercadorias usadas na produção + custo do trabalho usado na produção (capital constante) + margem de lucro (capital excedente) (capital variável)

Representando o preço de produção por p, o capital constante por c, o capital variável por v e a taxa de lucro por r, obtemos:

$$p = c + v + r(c + v) \qquad (9.3)$$

onde, $r = \{s/(c+v)\}$ e $r(c+v)\ \{s/(c+v)\}\ \{c+v\} = s$

A correspondência geral entre os vários tipos de trabalho e os componentes de preço é óbvia:

$$
\begin{array}{cccc}
W = & L_d + & L_n + & L_s \\
\updownarrow & \updownarrow & \updownarrow & \updownarrow \\
P = & C + & V + & r(c+v)
\end{array}
\qquad (9.4)
$$

O preço corresponde ao valor; o capital constante ao trabalho morto; o capital variável, ao trabalho necessário; e o lucro ou mais-valia, ao trabalho excedente. Esta é a lógica pela qual os preços monetários correspondem à manifestação empírica do trabalho abstrato, o que são de fato.

O principal motivo pelo qual esta correspondência não é proporcional, ou um a um, contudo – e é aí que está a origem do problema da transformação –, pode ser visto dividindo-se o numerador e o denominador da fórmula da taxa de lucro por v.

$$r = \frac{s}{c+v} = \frac{s/v}{(c/v)+1} \qquad (9.5)$$

Marx chamou s/v de "taxa de mais-valia" e c/v de composição orgânica do capital (que é a quantidade de meios de produção por trabalhador). No capitalismo, a concorrência entre trabalhadores e entre empregadores tende a uniformizar tanto a duração da jornada quanto o salário em todos os diversos setores da economia. Como a taxa de mais-valia é decorrente da duração da jornada de trabalho e do salário, segue-se que ela tende a ser igual nos diferentes setores. A concorrência e a mobilidade do capital também tendem a uniformizar a taxa de lucro de todos os setores da economia. Portanto, observando a equação (9.5) fica claro que, para que r e s/v sejam iguais em todos os setores, é logicamente necessário que c/v, a composição orgânica do capital, seja igual em todos os setores.

História do Pensamento Econômico

Marx sabia que c/v variava significativamente entre os vários setores. Contudo, sua teoria exige a igualdade de r e s/v nos vários setores e, em consequência, envolve uma contradição aparente. A solução de Marx a essa contradição aparente é diferenciar entre a geração ou produção de mais-valia na "esfera da produção", de um lado, e a realização da mais-valia por meio da venda de mercadorias na "esfera da circulação" (o mercado), do outro lado.

Marx insistia em que a razão *trabalho excedente/trabalho necessário* tenderia sempre a ser igual, apesar das diferenças na composição orgânica do capital. Quando a taxa de mais-valia é expressa dessa forma, ela só tem sentido dentro da esfera da produção. Contudo, quando a razão é expressa como *mais-valia/capital variável*, ela pode referir-se tanto à mais-valia *gerada* dentro da esfera da produção quanto ao valor excedente *realizado* mediante a venda da mercadoria na esfera da circulação.

Quando o quociente *mais-valia/capital variável* se refere à mais-valia gerada, então ele pode ser igualado à razão *trabalho excedente/trabalho necessário*. O numerador e denominador têm um sentido claro dentro da esfera da produção. O quociente entre os dois, em qualquer setor, tende a igualar-se com os quocientes em todos os outros setores, *apesar das diferenças nas composições orgânicas do capital*.

Quando o quociente *mais-valia/capital variável* se refere à mais-valia realizada mediante a venda no mercado, então tem sentido dentro da esfera da circulação. Quando as composições orgânicas do capital diferem, as próprias forças da concorrência que igualam as taxas de lucro entre os diferentes setores asseguram que o quociente *mais-valia/capital variável* (concebido desta forma) *não* será igual. Mas toda a argumentação de Marx em favor da igualdade do quociente *mais-valia/capital variável* em todos os setores mostra claramente que apenas a mais-valia gerada na esfera da produção estava sendo considerada.

Marx acreditava que nas fases iniciais do capitalismo, os preços equivaliam aproximadamente aos valores e que vigoravam diferentes taxas de lucro. Mas com o desenvolvimento do mercado e a integração da economia num todo, também se instala a concorrência e o capital se torna muito mais móvel. Em sua busca por lucros mais altos, os capitalistas de setores menos lucrativos transferem seus capitais para outros mais lucrativos, aumentando a taxa de lucro dos primeiros e reduzindo-a nos segundos. Assim, Marx acreditava "que as taxas de lucro vigentes nos vários ramos da produção são uniformizadas pela concorrência, tendendo a uma única taxa de lucros geral, que é a média de todas essas diferentes taxas de lucro".[61]

A única forma que a concorrência teria para uniformizar as taxas de lucro seria mediante alterações de preços decorrentes de mudanças na oferta e na demanda. Estas mudanças seriam consequência da transferência de capital de setores pouco lucrativas (o que reduz a oferta e aumenta os preços) para outras mais lucrativas (aumentando aí a oferta e reduzindo os preços). Essas mudanças de preços, que uniformizam as taxas de lucro, fazem com que os preços de produção de equilíbrio se desviem dos valores. Mas Marx, como Ricardo, acreditava que essas variações seguiriam um padrão definido e assim eram totalmente explicáveis. Como Ricardo, ele acreditava que nos setores em que a composição orgânica do capital era mais alta que a média, os preços de produção seriam mais altos que os valores. Nos setores com uma composição orgânica abaixo da média, os preços de produção ficariam abaixo dos valores.

Marx estava convencido de que quando a concorrência uniformizava as taxas de lucro entre os diferentes setores, levando os preços a se desviarem dos valores, o resultado inevitável seria alguma redistribuição da mais-valia, dos setores em que fora gerada para outras. A mais-valia era gerada pelo trabalho excedente e, portanto, era gerada, em cada setor, em proporção ao capital variável empregado.

Mas as mudanças de preço concorrenciais que uniformizam a taxa de lucro transferem alguma mais-valia dos setores com composição orgânica do capital inferior à média para os que a têm acima da média. É somente por intermédio dessa transferência que as taxas de lucro podem ser equalizadas.

Portanto, depois que as mercadorias são vendidas no mercado aos preços de produção vigentes, o quociente *s/v* (quando a mais-valia é interpretada como lucro realizado no mercado) é *diferente* em cada setor.

Não há qualquer incoerência em reconhecer esta desigualdade inevitável, embora insistindo que na esfera da produção a mais-valia é gerada na exata proporção à quantidade de trabalho vivo (ou capital variável) empregado. Isso significa simplesmente que *s/v*, interpretado como mais-valia gerada, permanece igual em todos os setores.

A acusação equivocada da existência de um erro lógico na análise de Marx, porém, permanece muito comum entre os críticos de Marx. Que Marx via a questão da forma descrita fica rigorosamente claro na seguinte passagem de *O Capital*:

> *Assim, embora ao vender suas mercadorias, os capitalistas nas várias esferas da produção recuperem o valor do capital consumido em sua produção, eles não asseguram a mais-valia, e consequentemente o lucro, gerado em sua própria esfera, pela produção dessas mercadorias. O que eles asseguram é apenas tanta mais-valia, e, portanto, lucro, quanto cabe, quando uniformemente distribuída, à parcela de cada fração do capital social total relativa à mais-valia social total, ou lucro, gerada em dado período pelo capital social empregado em todas as esferas da produção.*[62]

No Volume 3 do *Capital*, Marx ilustra isto elaborando um quadro que mostra uma situação em que os preços são proporcionais aos valores, mas a composição orgânica do capital difere de setor para setor. Marx calcula então a taxa média de lucro da economia como um todo e elabora outro quadro em que os preços foram alterados.

Os Quadros 9.1 e 9.2 são versões ligeiramente reformuladas dos quadros de Marx. O primeiro mostra quais as taxas de lucro diferentes que seriam obtidas se cada setor vendesse sua produção a um preço suficiente apenas para realizar toda a mais-valia gerada no setor. Depois que a concorrência entre empresas tivesse uniformizado as taxas de lucro dos diferentes setores teríamos a situação retratada no Quadro 9.2.

As seguintes condições são obtidas: (1) cada setor tem uma taxa de lucro igual à taxa média de lucro agregado ou social. (2) Os aumentos e reduções dos preços (entre o primeiro e o segundo quadro) nos vários setores se compensam exatamente, de modo que o total de todos os preços (ou o nível médio de preços) é o mesmo nos dois quadros. (3) Em decorrência das mudanças nos preços, a mais-valia aumenta em alguns setores e se reduz em outros, mas a mais-valia agregada permanece constante quando se passa de um para outro quadro.

Os quadros de Marx visavam a ilustrar o argumento, resumido anteriormente, de que diferenças nas composições orgânicas do capital levam os preços a se desviar dos valores, de tal modo que há um rearranjo das quantidades existentes de mais-valia gerada previamente no processo de produção. A ilustração de Marx estava, porém, incompleta. O problema é que, embora ele tivesse transformado os preços da produção, ele manteve os preços dos insumos proporcionais aos valores. Assim, cada mercadoria tinha dois preços diferentes, um como produto e outro como insumo. Marx havia, inclusive, alertado para esta dificuldade específica.

> *Da mesma forma que o preço de produção de uma mercadoria [preço do produto] pode divergir de seu valor, também o preço de custo [preço dos insumos] de uma mercadoria no qual estejam incluídos os preços de produção de outras mercadorias pode se situar acima ou abaixo daquela parte de seu valor total que é formada pelo valor dos meios de produção que entram em sua composição. É preciso*

História do Pensamento Econômico

QUADRO 9.1 **Taxas de Lucro Quando os Preços são Iguais aos Valores**

	1 Capital total (coluna 2 + coluna 4)	2 Capital constante	3 Capital constant utilizado (c)	4 Capital variável (v)	5 Mais-valia (s)	6 Custo de produção (c + v)	7 Valor das mercadorias (c + v + s)	8 Taxa de lucro (coluna 5 ÷ coluna 1)
I	100	80	50	20	20	70	90	20%
II	100	70	51	30	30	81	111	30%
III	100	60	51	40	40	91	131	40%
IV	100	85	40	15	15	55	70	15%
V	100	95	10	5	5	15	20	5%
Total	500	390	202	110	110	312	422	—
Média	100	78	—	22	22	—	—	22%

QUADRO 9.2 **Desvio dos Preços em Relação aos Valores com Taxas de Lucro Iguais**

	1 Capital total	2 Taxa de lucro	3 Lucro	4 Custo de produção	5 Preços de produção (coluna 4 + coluna 3)	6 Mais-valia	7 Desvio do lucro em relação à mais-valia (coluna 3 – coluna 6)	8 Valor	9 Desvio dos preços de produção em relação ao valor (coluna 5 – coluna 8)
I	100	22%	22	70	92	20	+2	90	+2
II	100	22%	22	81	103	30	–8	111	–8
III	100	22%	22	91	113	40	–18	131	–18
IV	100	22%	22	55	77	15	+7	70	+7
V	100	22%	22	15	37	5	+17	20	+17

ter em mente este significado modificado do preço de custo e, portanto, ter em mente também que se o preço de custo de uma mercadoria for igualado ao valor dos meios de produção usados em sua fabricação é sempre possível errar. Nossa presente investigação não exige que entremos em mais detalhes neste ponto.[63]

Após reconhecer a dificuldade, ele parece crer que ela não afetaria, substancialmente, seus resultados.

Pouco depois da publicação do Volume 3 do *Capital*, foi encontrada uma solução matemática que transformava os preços tanto do produto como do insumo.[64] Contudo, na solução inicial, só duas das três condições de Marx se mantinham: as taxas de lucro setorial eram iguais e o montante total de mais-valia nos preços não transformados era igual ao total nos preços transformados. Entretanto, a transformação dos preços alterava o nível médio de preços (isto é, o total dos preços transformados divergia do total dos preços não transformados).

As soluções subsequentes mostraram que era geralmente verdade que as várias soluções matemáticas que transformavam tanto os preços dos insumos quanto os dos produtos deixavam intactas apenas duas das três igualdades de Marx. Uma vasta literatura ofereceu numerosas formulações matemáticas que em geral alardeavam estar mais próximas que as demais do espírito de Marx.

Como foi visto antes, as várias categorias de despesas de produção correspondem às categorias de valor abstrato de Marx. Se correspondessem exatamente, os preços seriam proporcionais ao valor. Várias causas podem perturbar a rigorosa proporcionalidade, mas o trabalho abstrato continua sendo a substância subjacente que se manifesta empiricamente (embora com distorções) nos preços. As verdadeiras questões envolvidas no problema da transformação estão todas relacionadas ao poder geral de persuasão do argumento de que o trabalho privado só se torna social, numa economia capitalista, tornando-se trabalho abstrato e tomando a forma do preço de uma mercadoria que é vendida no mercado e na força da explicação de por que os preços monetários não são reflexos perfeitos, proporcionais, do trabalho abstrato. Voltaremos no Capítulo 19 com um exame dos méritos relativos das várias soluções ao problema da transformação.

Propriedade Privada, Capital e Capitalismo

Assim, Marx formulou respostas para as questões que tinha levantado sobre a natureza e as origens da mais-valia. Ele mostrou que, por meio de uma série de trocas em que todas as mercadorias eram trocadas por seus valores, a mais-valia não era gerada na troca mas no processo de produção. Ele mostrou que a mais-valia só poderia ser realizada na troca num sistema socioeconômico em que o trabalhador "livre" vendia sua força de trabalho ao proprietário do capital. Portanto, "trabalhadores livres" que não possuíssem meios de produção relevantes eram um pré-requisito para a existência do capital. Assim, o capital teria que envolver um conjunto muito específico de relações sociais.

Mas os teóricos da economia ortodoxa na época de Marx (como continuam fazendo até o presente) simplesmente identificaram o capital com meios de produção fabricados anteriormente, isto é, uma coleção de "coisas". Marx reconheceu que o capital envolvia, pelo menos parcialmente, os meios fabricados para produzir mais; este aspecto *parcial* do capital existia em todas as sociedades e em todas as épocas históricas. Mas o capital não existe em todas as épocas. Ele é específico do capitalismo. De modo semelhante, na medida em que a produção sempre consistiu na apropriação e transformação de recursos naturais, segue-se que algum *tipo de relações de propriedade* existiu em todas as sociedades e em todas as épocas históricas. Contudo, o que interessava a Marx era a questão dos aspectos da propriedade que eram peculiares e específicos ao capitalismo e como essas relações de propriedade transformavam os meios de produção fabricados em capital. Esse conhecimento era necessário para entender o capitalismo.

> *O capital aparece cada vez mais como uma força social cujo agente é o capitalista. Essa força social não se relaciona mais, em qualquer relação possível, com a força que pode ser criada pelo trabalho de um indivíduo isolado. Torna-se uma força alienada, independente, que se opõe à sociedade como um objeto, objeto esse que é a fonte de poder do capitalista.[65]*

A base legal do capital era a lei da propriedade privada tal como existia no modo de produção capitalista:

> *Inicialmente, os direitos de propriedade pareciam basear-se no próprio trabalho de um homem. Pelo menos era necessário levantar essa hipótese, pois só os donos de mercadorias com direitos iguais é que se relacionavam, e o único meio pelo qual um homem poderia possuir as mercadorias de outros era alienando (abrindo mão na troca) suas próprias mercadorias, e estas só poderiam ser substituídas pelo trabalho. Atualmente, porém, a propriedade aparece como o direito do capitalista de se apropriar do trabalho não pago (que Marx chamava de trabalho excedente) dos outros ou de seu produto, e a impossibilidade, por parte do trabalhador, de se apropriar de seu próprio produto. A separação entre propriedade e trabalho tornou-se a consequência necessária de uma lei que, aparentemente, se originou de sua identidade.[66]*

O capital e as leis da propriedade privada tinham se tornado o mecanismo, no modo de produção capitalista, através do qual uma classe dominante expropriava o excedente econômico criado pela classe operária.

Acumulação Primitiva

Uma vez que o capital e o trabalho livre passam a existir, o capital torna possível a geração de mais mais-valia, e esta torna possível o aumento do capital. O processo era uma espiral ascendente contínua. Para entender verdadeiramente o capital, contudo, é preciso procurar por trás dessa espiral incessante o início real do processo.

As origens históricas do capital não eram, segundo a argumentação de Marx, o comportamento econômico frugal e abstêmio de uma elite moral (como Malthus, Say, Senior, Bastiat e até Mill tinham argumentado). O sistema capitalista pressupunha uma classe operária sem propriedades e uma classe capitalista rica. Marx deu o nome de "acumulação primitiva" ao processo histórico real através do qual essas duas classes tinham sido criadas. Referindo-se às ideias daqueles economistas sobre as origens do capital, Marx escreveu o seguinte:

> *Essa acumulação primitiva desempenha, na Economia Política, mais ou menos o mesmo papel que o pecado original desempenha na Teologia. Adão comeu a maçã e, desde então, o pecado recaiu sobre a raça humana. Admite-se que a origem dessa história seja apenas uma anedota do passado. Há muito tempo, havia duas espécies de pessoas: umas diligentes, inteligentes e, acima de tudo, formadoras de uma elite frugal; as outras eram velhacas, preguiçosas, que gastavam tudo o que tinham levando uma vida devassa... O primeiro tipo de pessoas acumulou riqueza e o segundo tipo só tinha sua própria pele para vender. Desse pecado original é que veio a pobreza da grande maioria que, apesar de todo o seu trabalho, até agora continua nada tendo para vender, a não ser ela própria, bem como a riqueza*

Karl Marx

de uns poucos, que aumenta sempre, embora eles já tenham deixado de trabalhar há muito tempo. Essa infantilidade insípida nos é pregada todos os dias em defesa da propriedade... Logo que vem à baila a questão da propriedade, torna-se um dever sagrado proclamar o alimento intelectual da criança como algo que serve para todas as épocas e para todos os estágios de desenvolvimento. Na História concreta, é visível que a conquista, a escravidão, o roubo, o assassinato, em suma, a força é que entram em cena... Os métodos de acumulação primitiva nada têm de idílicos.[67]

A acumulação primitiva poderia ser encarada de dois pontos de vista diferentes (embora tenha sido um único processo socioeconômico geral): como o processo de criação da classe operária sem propriedades, economicamente indefesa e dependente, ou como a criação de uma classe capitalista rica, com controle monopolista sobre os meios de produção. De qualquer ponto de vista, sua história foi "escrita nos anais da humanidade com letras de sangue e fogo".[68] Marx dedicou 62 páginas do Volume 1 de *O Capital*, bem como partes de três capítulos do Volume 3, a uma descrição histórica detalhada dos acontecimentos que criaram essas duas principais classes do capitalismo.

A sociedade feudal pré-capitalista tinha sido predominantemente agrícola. Portanto, a criação da classe operária envolveu a destruição dos vínculos sociais feudais pelos quais a maioria dos trabalhadores garantia seu acesso à terra, mantendo, com isso, sua capacidade produtiva. Quando as relações de propriedade feudal foram destruídas e transformadas em relações de propriedade privada moderna, os agricultores foram retirados à força das terras cujo acesso fora garantido a seus antepassados pelas tradições feudais:

A espoliação da propriedade da Igreja, a alienação fraudulenta dos domínios do Estado, o roubo de terras comuns, a usurpação da propriedade feudal e dos clãs e sua transformação em moderna propriedade privada, em circunstâncias de terrorismo impiedoso, foram alguns dos muitos métodos "idílicos" de acumulação primitiva. Conquistaram os campos para a agricultura capitalista, transformaram o solo em parte do capital e criaram, para as indústrias das cidades, a necessária oferta de um proletariado... "livre".[69]

Quando esses milhares de trabalhadores "livres" apareceram pela primeira vez, não havia, é claro, empregos preexistentes esperando por eles. Mesmo quando havia empregos nas indústrias, estes exigiam uma disciplina rígida com a qual eles não estavam acostumados. Por isso, "eles se transformaram, em massa, em mendigos, ladrões e desordeiros... na maioria dos casos, por força das circunstâncias".[70] Marx descreveu a legislação cruel e bárbara que surgiu durante a transição do feudalismo para o capitalismo para controlar essa população crescente de desempregados. Essas pessoas eram "chicoteadas, marcadas, torturadas por leis grotescas e terríveis", até ficarem suficientemente remodeladas para aceitar "a disciplina necessária ao sistema salarial".[71]

Além de a terra tornar-se parte do capital, ela era necessária para a acumulação de grandes fortunas que pudessem ser transformadas em capital industrial. O relato de Marx sobre algumas das mais importantes fontes deste capital é resumido no seguinte trecho:

A descoberta de ouro e prata na América, a aniquilação, a escravização e o emprego forçado, nas minas, da população aborígine, o começo da conquista e da pilhagem nas Índias Orientais, a transformação da África num viveiro de caça comercial de negros assinalaram a aurora cor-de-rosa da era da produção capitalista. Esses procedimentos "idílicos" são as principais forças que acionam a acumulação primitiva. São seguidas de perto pela guerra comercial das nações europeias, tendo o mundo como palco...

As diferentes forças que acionaram a acumulação primitiva distribuem-se, agora, mais ou menos em ordem cronológica, pela Espanha, Portugal, Holanda, França e Inglaterra. Na Inglaterra do fim do século XVII, elas chegaram a uma combinação sistemática, abarcando as colônias, a dívida nacional, o moderno sistema de tributação e o sistema protecionista. Esses métodos dependem, em parte, da força bruta, quer dizer, do sistema colonial. Todos eles, porém, empregam o poder do Estado, a força organizada concentrada da sociedade, para acelerar, promover o processo de transformação do modo de produção feudal no modo de produção capitalista e para apressar essa transição. A força é a parteira de toda sociedade antiga grávida de uma sociedade nova.[72]

Descrevendo todo o processo de acumulação primitiva, Marx escreveu que, no período de sua criação inicial, "o capital pingava sangue e fogo da cabeça aos pés, por todos os poros".[73]

Acumulação de Capital

Uma vez surgido o capitalismo, tudo isso mudou. Marx assegurava que o poder dos capitalistas passava a ser garantido pelas novas leis da propriedade privada. Quando os capitalistas se tornaram a classe dominante, eles e seus porta-vozes se tornaram os advogados da "lei e da ordem" – a lei da propriedade privada e a ordem do modo de produção e circulação capitalista perpetuavam seu poder. A separação dos operários de todos os meios de produção foi suficiente para iniciar o capitalismo dirigido por suas próprias "leis de movimento". "Logo que a produção capitalista se firma por si mesma, não só mantém essa separação, como também a reproduz em escala sempre crescente."[74]

Dadas as bases sociais, legais e econômicas do sistema capitalista, suas "leis de movimento" refletiam a força motivadora que impelia o sistema – a ânsia incessante de acumular capital. A posição social do capitalista e seu prestígio, bem como seu poder econômico e político, dependiam do valor do capital por ele controlado. Ele não podia ficar parado; era atacado de todos os lados pela concorrência acirrada. O sistema exigia que ele acumulasse e ficasse mais poderoso, a fim de vencer seus concorrentes; caso contrário, estes o imprensariam contra a parede e tomariam seu capital. Só pela acumulação de capital novo e melhor é que esse desafio poderia ser vencido. Assim, Marx achava que o capitalista

tem em comum com o avarento a paixão pela riqueza por si mesma, mas o que, no avarento, é mera idiossincrasia, no capitalista é o efeito do mecanismo social do qual ele é apenas uma das peças. Além do mais, o desenvolvimento da produção capitalista torna sempre necessário manter o aumento do capital aplicado em determinado empreendimento industrial, e a concorrência faz com que os efeitos das leis imanentes da produção capitalista sejam sentidos, por todos os capitalistas isoladamente, como leis coercitivas externas. Obriga-os a fazer com que o capital cresça sempre, a fim de preservá-lo; mas eles só podem aumentá-lo através da acumulação progressiva.[75]

Foi essa ânsia interminável de acumular capital e a concorrência feroz entre os capitalistas que caracterizaram os padrões de desenvolvimento, ou as "leis de movimento", do capitalismo.

Discutiremos quatro consequências importantes da concorrência e da acumulação, segundo Marx: a concentração econômica, a tendência à queda da taxa de lucro, os desequilíbrios e crises setoriais e a alienação e a crescente miséria da classe operária.

Concentração Econômica

À medida que o capitalismo se desenvolvia – argumentava Marx –, a riqueza e o poder se concentravam nas mãos de um número cada vez menor de capitalistas. Essa concentração era o resultado de duas forças. Primeiramente, a concorrência entre os capitalistas tendia a criar uma situação na qual o forte esmagava ou absorvia o fraco. "Aqui, a concorrência torna-se mais feroz na proporção direta do número e na proporção inversa da magnitude dos capitais antagônicos. Sempre termina na ruína de muitos capitalistas pequenos, cujos capitais passam, em parte, para as mãos de seus conquistadores e, em parte, desaparecem."[76]

Em segundo lugar, à medida que a tecnologia se ia aperfeiçoando, havia "um aumento do volume mínimo de... capital necessário para o funcionamento de uma empresa em suas condições normais". Para continuar concorrendo, uma firma teria de estar sempre aumentando a produtividade de seus operários. A "produtividade do trabalho... dependia da escala de produção".[77] Assim, a mudança de tecnologia e a concorrência entre os capitalistas criavam um inexorável movimento do sistema capitalista rumo a firmas cada vez maiores, pertencentes a um número cada vez menor de capitalistas. Dessa forma, o fosso entre a pequena classe de capitalistas ricos e a grande maioria da sociedade – o proletariado – ampliava-se continuamente.

Tendência Decrescente da Taxa de Lucro

Marx achava que "a composição do capital e as mudanças por ele sofridas durante o processo de acumulação" constituíam um dos "fatores mais importantes" de sua teoria.[78] A composição do capital era "determinada pela proporção em que ele era dividido em capital constante, ou valor dos meios de produção, e capital variável, ou valor da força de trabalho – a soma dos salários".[79] Definiu a razão entre capital constante e capital variável (c/v) como *composição orgânica do capital*. Achava que a acumulação incessante teria o efeito, com o tempo, de aumentar persistentemente a composição orgânica do capital, quer dizer, o valor dos meios de produção tenderia a aumentar em ritmo mais rápido que o valor da força de trabalho comprada para trabalhar nesses meios de produção. Uma das consequências desse aumento seria uma tendência persistente à queda da taxa de lucro.

Embora a mais-valia fosse criada apenas pelo capital variável, o capitalista baseava sua taxa de lucro em todo seu capital.

> *A mais-valia, qualquer que seja sua origem, é, então, um excedente em relação ao capital total adiantado. A razão entre esse excedente e o capital total é, portanto, expressa pela fração s/C, onde C representa o capital total. Temos, assim, a taxa de lucro s/C = s/(c + v), distinta da taxa de mais-valia.*[80]

Quando dividimos o numerador e o denominador da taxa de lucro $s/(c+v)$ por v, obtemos $(s/v)/[(c/v)+(v/v)]$ ou $(s/v)/[(c/v)+1]$. É óbvio que a taxa de lucro era igual à razão entre a taxa de mais-valia e a composição orgânica do capital mais 1. Portanto, aumentos da taxa de mais-valia (tomados por si mesmos) sempre elevariam a taxa de lucro. Era por isso que a classe capitalista sempre tentara maximizar a duração da jornada de trabalho, segundo Marx. Aumentos da composição orgânica do capital (de novo, considerados por si mesmos) sempre diminuiriam a taxa de lucro. Esse último efeito poderia não parecer tão diretamente óbvio quanto o efeito dos aumentos da taxa de mais-valia. Lembrando-nos de que só o capital variável gerava mais-valia, podemos ver que, se a taxa de mais-valia permanecesse constante, enquanto a composição orgânica do capital aumentasse, a mais-valia gerada por uma dada quantidade de força de trabalho teria de ser diluída em uma quantidade *maior* de capital total para se chegar à taxa de lucro. Por isso, os aumentos da composição orgânica do capital diminuiriam a taxa de lucro, se a taxa de mais-valia se mantivesse constante.

História do Pensamento Econômico

Marx achava que os esforços dos capitalistas para aumentar a taxa de mais-valia tinham de atingir certos limites práticos. Quando isso acontecesse, "o crescimento gradual do capital constante em relação ao capital variável teria de levar, necessariamente, a *uma queda gradual da taxa geral de lucro*".[81] Marx juntou-se, assim, a Smith, Ricardo e Mill e iria ser acompanhado, mais tarde, por Keynes, ao defender a teoria de que a acumulação de capital provocava uma tendência à queda da taxa de lucro (na verdade, essa noção tem sido aceita por mais economistas teóricos do que quase todas as outras).

É claro que uma taxa de lucro declinante não significava uma queda do lucro total ou uma queda da participação do lucro na produção total (pois o lucro total dependia tanto da taxa de lucro quanto da quantidade total de capital).[82] Após afirmar esse fato óbvio, Marx prosseguiu, mostrando que, em sua opinião, o lucro total, de modo geral, aumentaria, mesmo quando a taxa de lucro declinasse.[83] Ademais, quando os capitalistas sentissem as pressões para baixar sua taxa de lucro, tomariam certas medidas para inverter essa tendência. Havia, portanto, várias "influências compensatórias" que poderiam deter ou até inverter essa tendência durante muito tempo. Por essa razão, o declínio da taxa de lucro "não se manifestava de forma absoluta, mas como uma tendência a uma queda progressiva".[84]

Marx discutiu cinco influências compensatórias desse tipo (duas das quais parecem basicamente as mesmas, de modo que só mencionaremos quatro). Primeiramente, os capitalistas poderiam aumentar a "intensidade de exploração, aumentando a jornada de trabalho e intensificando o trabalho".[85] Ele já tinha discutido a luta em torno da duração da jornada de trabalho, de modo que limitou a discussão dessa influência compensatória aos métodos de aceleração do trabalho dos operários, à administração científica ou ao que, no fim do século XIX e início do século XX, passou a ser chamado de taylorismo. Todas essas formas de aumentar a exploração do trabalho tendiam a aumentar a taxa de lucro "através de um aumento da taxa de mais-valia".[86]

Em segundo lugar, Marx mencionou todas as influências que pudessem levar, durante períodos variáveis, a uma "depressão dos salários abaixo do valor da força de trabalho".[87] Essa categoria pareceria incluir a quarta influência compensatória de Marx – uma "superpopulação relativa" de operários –, pois a superpopulação poderia aumentar os lucros apenas diminuindo os salários.

Em terceiro lugar, ele listou o "barateamento dos elementos do capital constante". Isso ocorria quando a mudança tecnológica dos métodos de produção do capital constante "impedia que o valor do capital constante, embora sempre crescente, aumentasse no mesmo ritmo que seu volume material".[88]

A última influência compensatória era o comércio exterior. Aqui, a análise de Marx foi muito parecida com a de Mill. "O capital investido no comércio exterior pode gerar uma taxa de lucro mais elevada" – afirmou ele. Além disso, barateava "as necessidades da vida pelas quais o capital variável... (era) trocado" e, com isso, fazia com que "o capital variável diminuísse em relação ao capital constante".[89] Na medida em que isso acontecesse, compensaria o aumento da composição orgânica do capital, causado pela acumulação. Também aumentaria a taxa de mais-valia.

Marx dedicou apenas três páginas a uma discussão sobre comércio exterior como influência compensatória sobre a queda da taxa de lucro (sua discussão não foi tão extensa nem tão sofisticada quanto a de Mill). Ela deveria tornar-se uma das bases das teorias do imperialismo, formuladas pelos discípulos de Marx, no início do século XX (que discutiremos em outro capítulo). Ele expôs, embora muito resumidamente, um princípio que deveria se tornar o centro dessas doutrinas posteriores: "A expansão do comércio exterior, embora tenha sido a base do modo de produção capitalista em sua infância, transformou-se em seu próprio produto, com o progresso posterior do modo de produção capitalista, *por causa da necessidade intrínseca desse modo de produção – sua necessidade de um mercado sempre em expansão*."[90]

204

Assim, a afirmativa de Marx de que a taxa de lucro tendia a cair *não* era uma previsão empírica. Era meramente um artifício de identificação de várias forças, que poderiam, em qualquer ocasião, estar gerando resultados opostos na tendência histórica concreta da taxa de lucro. Sobre a influência das forças que tendiam a baixar os lucros, Marx escreveu o seguinte: "Só em certas circunstâncias e passado muito tempo é que... (seus) efeitos ficam bastante pronunciados."[91] Parece provável, olhando-se para trás, que a deficiência mais visível da análise de Marx sobre essa tendência tenha sido sua incapacidade de discutir a relação entre a taxa de mais-valia e a composição orgânica do capital. Um aumento desta significava que as técnicas de produção estavam mudando. Com a mudança tecnológica, era possível que a maior eficiência na produção das mercadorias consumidas pelos operários permitisse um aumento simultâneo dos salários reais dos operários e da taxa de mais-valia. Então, a variação da composição orgânica do capital poderia criar sua própria influência compensatória, que poderia até ser forte o bastante para resultar em aumento da taxa de lucro. Parece provável que algo como isso tenha, de fato, acontecido em determinados períodos do século seguinte à formulação da teoria de Marx. Também é provável que grande parte da mudança tecnológica ocorrida no século XX tenha, segundo os termos de Marx, "barateado os elementos do capital constante". Essa mudança tecnológica envolve o que os economistas contemporâneos chamam de inovações "poupadoras de capital". Na medida em que isso tenha ocorrido, é possível que a composição orgânica do capital não tenha aumentado (ou tenha aumentado modestamente), muito embora a massa física de bens de capital tenha, sem dúvida alguma, aumentado enormemente.

Desequilíbrios Setoriais e Crises Econômicas

Quando Marx afirmou que os salários tenderiam para o nível de subsistência, mostrou estar de acordo com quase todos os economistas clássicos anteriores. Quando estipulou que essa subsistência era determinada cultural e não biologicamente, estava de acordo com Mill. Discordou, porém, de todos esses economistas quanto ao mecanismo social através do qual os salários eram mantidos naquele nível. Rejeitou totalmente o princípio da população, de Malthus. "Todo modo de produção histórico especial" – argumentou ele – "tem suas próprias leis especiais de população historicamente válidas apenas dentro de seus limites".[92] A tendência dos salários para a subsistência socialmente definida era uma decorrência do fato de que

> *uma população trabalhadora excedente é um produto necessário da acumulação... em bases capitalistas... Forma um exército industrial de reserva descartável, pertencente ao capital em termos quase tão absolutos quanto se este o tivesse criado à própria custa. Independente dos limites do verdadeiro aumento da população, ele cria, para as necessidades variáveis da autoexpansão do capital, a massa de material humano sempre pronta a ser explorada.*[93]

A concorrência entre os operários mantinha os salários próximos ao nível de subsistência, porque os membros do "exército industrial de reserva", formado por operários desempregados, geralmente vivia *abaixo* do nível de subsistência e sempre lutava para aceitar empregos que pagassem meros salários de subsistência. No entanto, à medida que a acumulação fosse ocorrendo, um período de expansão provocaria um aumento tão grande da demanda por trabalho, que as reservas de operários ficariam completamente esgotadas. Quando isso acontecia, o capitalista verificava que tinha de pagar salários mais altos para conseguir trabalhadores em número suficiente.

Como cada capitalista aceitava o nível de salários como predeterminado, estando além de seu poder de controle, procurava aproveitar-se ao máximo da situação. A alternativa mais lucrativa parecia ser a de mudar as técnicas de produção, introduzindo novas máquinas poupadoras de mão de obra, para que cada operário passasse a trabalhar com mais capital e a produção por operário pudesse ser aumentada. Essa acumulação de capital poupadora de mão de obra permitiria que o capitalista expandisse a produção com o mesmo número de funcionários ou até com menos. Quando todos ou a maioria dos capitalistas, agindo individualmente, faziam isso, o problema dos altos salários era temporariamente diminuído, pois o exército de reserva era recomposto pelos operários demitidos por causa das novas técnicas de produção. A criação de desemprego tecnológico resolvia o problema temporariamente, mas não sem criar novos problemas e novos dilemas.

A expansão com menos emprego de mão de obra permitia aumentos da produção total, sem aumentar os salários pagos aos operários. Portanto, enquanto novas mercadorias inundavam o mercado, os salários dos operários eram diminuídos e, com isso, a procura para o consumo dessas mercadorias ficava limitada. Os operários ainda geravam mais-valia incorporada às mercadorias, mas os capitalistas não podiam transformar essas mercadorias em dinheiro nem obter lucro vendendo essas mercadorias no mercado, por falta de demanda dos consumidores.

Para esclarecer melhor esse processo, Marx dividiu a economia capitalista em dois setores, um produzindo bens de consumo e o outro bens de capital.[94] A expansão sem sobressaltos e contínua da economia exigia que a troca entre esses dois setores fosse equilibrada, quer dizer, os bens de consumo demandados pelos trabalhadores e capitalistas do setor produtor de bens de capital tinham de estar em equilíbrio com a demanda de bens de capital pelos capitalistas do setor produtor de bens de consumo. Se isso não ocorresse, a oferta não seria igual à demanda em nenhum dos dois setores.

As capacidades produtivas relativas dos dois setores, porém, tinham sido, *grosso modo*, determinadas no período anterior à introdução da tecnologia poupadora de mão de obra. Consequentemente, após a restrição do salário dos operários, as capacidades produtivas relativas não correspondiam à nova redistribuição de renda entre salários e lucros, e o setor produtor de bens de consumo ficava com excesso de capacidade – ou com uma demanda de mercado insuficiente por seus produtos.

Nessa situação, os capitalistas da indústria de bens de consumo, certamente, *não* iriam querer ampliar imediatamente suas instalações produtivas. Portanto, cancelariam quaisquer planos de aumentar seu estoque de capital já excessivo. É claro que essas decisões reduziriam significativamente a demanda por bens de capital, o que, por sua vez, provocaria uma queda da produção do setor de bens de capital. Diversamente de algumas crises econômicas anteriores (ou depressões), baseadas no subconsumo, a teoria de Marx identificava como causa de depressão o desequilíbrio estrutural entre as capacidades produtivas dos dois setores e a distribuição da renda entre salários e lucros (que tendiam a determinar a demanda pelo produto dos dois setores). Quando ocorria esse desequilíbrio, o primeiro sinal óbvio de depressão poderia aparecer em qualquer dos dois setores.

Quando a produção de bens de capital diminuía, os trabalhadores eram despedidos, os salários totais baixavam e a demanda dos consumidores, consequentemente, diminuía. Isso levava à menor produção na indústria de bens de consumo, a mais demissões, a menos procura e assim por diante, num espiral descendente. O resultado era uma superprodução geral, ou um excesso de mercadorias, em ambos os setores – um colapso econômico geral que levava à depressão. É claro que, nesse processo, o exército industrial de reserva dos desempregados era mais do que reposto:

> *As características naturais da indústria moderna, ou seja, um ciclo decenal (interrompido por osci-lações menores), de períodos de atividade média, produção em níveis elevados, crise e estagnação*

depende da constante formação, da maior ou menor absorção e da renovação do exército industrial de reserva ou população excedente. Por sua vez, as várias fases do ciclo industrial recrutam o excesso de população e se tornam um dos agentes mais fortes de sua reprodução. Este movimento peculiar da indústria moderna... não ocorreu em qualquer período anterior da História da humanidade.[95]

Alienação e Miséria Crescente do Proletariado

O processo de acumulação primitiva criou uma classe de trabalhadores que nada mais tinham a vender além de sua força de trabalho. O que os trabalhadores produziam – capital – passava a controlá-los. A continuação do processo de acumulação estendeu o domínio do capital sobre um número cada vez maior de operários e intensificou o controle do capital sobre todos os assalariados. Na opinião de Marx, todo o processo tinha efeitos extraordinariamente perniciosos sobre os operários. Impedia-os sistematicamente de desenvolver suas potencialidades. Não podiam tornar-se seres humanos emocional, intelectual ou esteticamente desenvolvidos.

Os seres humanos diferiam dos animais porque criavam e trabalhavam com os instrumentos para moldar e controlar o meio externo. Os sentidos e o intelecto do homem eram desenvolvidos e aperfeiçoados no trabalho. Através de suas relações com o que produzia, o indivíduo obtinha prazer e autorrealização. Em sistemas sociais pré-capitalistas, como o feudalismo, um indivíduo podia, pelo menos em parte, atingir esta autorrealização no trabalho, apesar de uma estrutura de classes exploradora. Como as relações sociais de exploração eram não só pessoais, como também paternalistas, o trabalho envolvia mais do que a mera venda da força de trabalho como mercadoria. Isso mudava com o capitalismo, na opinião de Marx:

> *A burguesia, onde quer que tenha dominado, terminou com todas as relações feudais patriarcais e idílicas. Cortou impiedosamente os variados vínculos feudais que ligavam o homem a seus "superiores naturais" e não deixou ficar qualquer outro vínculo entre os homens, que não o interesse próprio puro e simples, o insensível "pagamento em dinheiro". Afogou os enlevos celestiais do fervor religioso, do entusiasmo nobre, do sentimentalismo filisteu no mar glacial do cálculo egoísta. Transformou o valor pessoal em valor de troca.*[96]

Em uma sociedade capitalista, o mercado separava e isolava o valor de troca, ou preço em dinheiro, das qualidades que davam forma às relações dos homens com as coisas e com os outros homens. Isso era verdadeiro, principalmente, no processo de trabalho. Para o capitalista, os salários eram apenas outra despesa da produção a ser acrescentada aos custos das matérias-primas e das máquinas no cálculo do lucro. O trabalho tornou-se mera mercadoria a ser comprada, desde que se pudesse ter lucro. O fato de o trabalhador poder ou não vender sua força de trabalho escapava completamente ao seu controle. Ele dependia das condições frias e totalmente impessoais do mercado. O produto do seu trabalho também estava totalmente fora da vida do trabalhador, sendo propriedade do capitalista.

Marx usou o termo *alienação* para descrever a condição dos homens nessa situação. Eles se sentiam alienados ou divorciados do seu trabalho, de seu meio institucional e cultural e de seus colegas. As condições de trabalho, o objeto produzido e, na verdade, a própria possibilidade de trabalhar eram determinados pela classe numericamente pequena de capitalistas e pelos cálculos de lucro e não por necessidades ou aspirações humanas. Os efeitos dessa alienação podem ser melhor resumidos pelas próprias palavras de Marx:

História do Pensamento Econômico

O que, então, constitui a alienação do trabalho? Primeiramente, o fato de o trabalho ser externo ao trabalhador, isto é, não pertencer à sua essência; em seu trabalho, portanto, ele não se afirma, mas se nega, não se sente feliz, mas infeliz, não desenvolve livremente sua energia física e mental, mas mortifica seu corpo e arruína sua mente. O trabalhador, portanto, só se sente ele mesmo fora do trabalho; no trabalho, sente-se estranho. Sente-se à vontade quando não está trabalhando, o que não acontece quando está trabalhando. Portanto, seu trabalho não é voluntário, mas algo a que ele é obrigado; é um trabalho forçado. Não é, por conseguinte, a satisfação de uma necessidade; é, meramente, um meio para satisfazer às suas necessidades fora dele. Sua natureza estranha evidencia-se claramente no fato de que, quando não existe uma obrigatoriedade física ou outro tipo de obrigação, o trabalho é evitado, como se fosse uma doença. O trabalho exterior, do qual o homem se aliena, é um trabalho de autossacrifício ou de mortificação. Por fim, a natureza externa do trabalho, para o operário, se evidencia no fato de o trabalho não ser de quem trabalha, mas de outro, de não pertencer a ele, mas ele pertencer ao trabalho... Com isso, o homem (o operário) não se sente mais livre, a não ser em suas funções animais – comer, beber, procriar ou, quando muito, em sua moradia e com relação a suas próprias roupas etc.; em suas funções humanas, ele se sente, portanto, apenas como um animal. O que é animal torna-se humano e o que é humano torna-se animal.[97]

Era essa degradação e essa total desumanização da classe operária, inibindo o desenvolvimento pessoal do homem e transformando-o em uma mercadoria estranha as atividades que sustentavam a sua vida, que Marx mais condenava no sistema capitalista. Além disso, ele argumentava que a acumulação progressiva de capital agravava a alienação do operário. A contrapartida à lei da concentração crescente do capital era o que Marx chamava de "lei da miséria crescente" do proletariado. Nas suas palavras:

No sistema capitalista, todos os métodos de aumento da produtividade social do trabalho são empregados à custa do trabalhador; todos os meios para o desenvolvimento da produção se transformam em meios de dominação e de exploração dos produtores; mutilam o trabalhador, transformando-o num fragmento de homem, degradando-o no nível de apêndice de uma máquina, destruindo todo o encantamento que resta de seu trabalho e transformando-o em um trabalho árduo e detestável; tiram dele as potencialidades intelectuais do processo de trabalho, na medida em que a ciência é aplicada, no trabalho, como força independente; distorcem as condições em que ele trabalha, sujeitando-o, no processo de trabalho, a um despotismo odioso por sua mesquinharia; transformam sua vida em uma vida de trabalho e arrastam sua esposa e seus filhos para o domínio do capital idolatrado. Todos os métodos de produção de mais-valia são, ao mesmo tempo, métodos de acumulação; toda extensão da acumulação se transforma, de novo, em meio para o desenvolvimento desses métodos. Segue-se, portanto, que, à medida que o capital é acumulado, a sorte do trabalhador, quer seu pagamento seja alto quer baixo, tem de piorar. A lei... estabelece uma acumulação da miséria correspondendo à acumulação de capital. A acumulação de riqueza em um polo é, ao mesmo tempo, acumulação da miséria, da agonia do trabalho árduo, da escravidão, da ignorância, da brutalidade e da degradação do polo oposto.[98]

Deve-se observar que Marx afirmou que o trabalhador poderia ficar em pior situação, mesmo que seus salários fossem aumentados. É preciso salientar esse ponto, porque muitos autores interpretaram a lei da miséria crescente como significando que o volume de mercadorias que os trabalhadores poderiam consumir diminuiria sempre. Embora Marx tenha feito, realmente, essa afirmação quando jovem, mais tarde mudou de opinião. Não encontramos qualquer argumento em seus escritos, quando já era um

Karl Marx

homem amadurecido, sugerindo que ele achasse que os salários baixariam sempre. Pelo contrário, em *O Capital*, ele disse claramente acreditar que os salários subiriam com a acumulação. À medida que se acumulasse capital, escreveu ele,

> uma parte maior de seu próprio excedente... volta para... os operários sob a forma de meios de pagamento, de modo que eles podem aumentar os frutos extraídos desse excedente; podem aumentar um pouco seu consumo de roupas, mobiliário etc. e podem ter pequenos fundos de reserva. Mas, assim como isto – melhores roupas e alimentos, melhor tratamento e um pecúlio maior – é pouco para acabar com a exploração do escravo, também é pouco para acabar com a exploração do operário assalariado. Um aumento do preço do trabalho em decorrência da acumulação de capital só significa, realmente, que o comprimento e o peso da corrente de ouro que o operário assalariado pode forjar para si próprio permitem um relaxamento da tensão... Esse aumento só significa, na melhor das hipóteses, uma diminuição quantitativa do trabalho não remunerado que o operário tem de executar. Essa diminuição nunca poderá atingir o ponto em que ameace o próprio sistema.[99]

Portanto, quando Marx escreveu "à medida que o capital é acumulado, a sorte do trabalhador, quer seu pagamento seja alto quer baixo, tem de piorar",[100] não estava, sem dúvida alguma, dizendo que os salários iriam baixar. Estava referindo-se, claramente, a um aumento da alienação e da miséria em geral. Ele achava que, com a acumulação de capital, o potencial criativo, emocional, estético e intelectual dos operários seria sistematicamente reprimido. Marx teria, sem dúvida, aceitado como evidência disso a afirmativa de um psicanalista do século XX, que disse que os administradores das modernas empresas "retiram do trabalhador seu direito de pensar e agir livremente. A vida lhe está sendo negada; a necessidade de controle, criatividade, curiosidade e pensamento independente está sendo frustrada e o resultado disso – o resultado inevitável – é a fuga ou a luta do operário, a apatia ou a destrutividade, a regressão psíquica".[101]

O ponto mais importante da afirmação desse psicanalista é que, quando o capital obriga o operário a uma "regressão psíquica", o resultado é "apatia ou destrutividade". Marx achava que o resultado final seria a destrutividade – o operário destruiria o sistema capitalista:

> Ao lado do número cada vez menor de magnatas do capital, que usurpam e monopolizam todas as vantagens desse processo de transformação, cresce a massa da miséria, da opressão, da escravidão, da degradação e da exploração; mas com ela também cresce a revolta da classe operária, uma classe cujo número cresce sempre e é disciplinada, unida e organizada pelo próprio mecanismo do processo de produção capitalista. O monopólio do capital torna-se uma algema do modo produção, surgida com ele e fortalecida por ele. A centralização dos meios de produção e a socialização do trabalho chegam, afinal, a um ponto tal que se tornam incompatíveis com suas vestes capitalistas. Essas vestes se desfazem. Ouve-se a marcha fúnebre da propriedade privada capitalista. Os expropriadores são expropriados.[102]

Essa destrutividade, porém, segundo Marx, também constituiria um ato histórico de criatividade. Dos restos do antigo sistema explorador, os operários criariam um novo sistema socialista, em que a cooperação, o planejamento e o desenvolvimento humano substituiriam a concorrência, a anarquia do mercado e a degradação humana, a exploração e a alienação.

Os operários vêm lutando sempre com os capitalistas, durante os mais de cem anos decorridos após Marx ter escrito *O Capital*. Tais lutas, porém, de modo geral, têm-se limitado a lutas locais, com pouca duração, nas economias capitalistas industriais avançadas. Só nesse tipo de economia, com suas bases industriais e sua enorme produtividade, é que Marx achava poderem os operários estabelecer um sistema socialista humanista.

História do Pensamento Econômico

O sucesso do capitalismo e sua clara viabilidade, até hoje, atestam a capacidade do sistema social capitalista de canalizar a miséria e a alienação dos operários para as formas não violentas de apatia, desespero, doenças emocionais, ansiedade, isolamento e solidão.

A análise de Marx sobre a natureza, as origens e as "leis do movimento" do capitalismo é, porém, bastante independente de sua crença de que os operários, em prazo relativamente curto, substituiriam o capitalismo por um novo modo de produção por eles dirigido em benefício próprio. O capitalismo sobreviveu a muitas profecias posteriores à sua morte, feitas por discípulos. Não podemos esperar que Marx ou qualquer outro pensador tenha sido um vidente infalível da sequência exata e da ocasião exata dos acontecimentos futuros. O capitalismo – ou qualquer outro modo de produção social – é muito complexo para permitir previsões feitas com base em adivinhações. Marx, porém apresentou uma análise estruturada, bem como inúmeros esclarecimentos teóricos e históricos concretos, que continuam, comprovadamente, muito úteis até hoje, para que a estrutura e o funcionamento do capitalismo possam ser entendidos.

Os fatos ocorridos, entre 1989 e início de 1991, na União Soviética e em outros países do Leste Europeu trouxeram novamente à tona a ideia, amplamente divulgada em alguns círculos acadêmicos e na imprensa, de que "o comunismo morreu" e que Marx e o marxismo tinham sido desmentidos e se tornaram obsoletos. Marx foi, acima de tudo, um teórico que procurou entender o capitalismo. Possivelmente nada do que aconteceu nesses países que se autodenominaram comunistas pode empanar as brilhantes percepções de Marx quanto à natureza e às leis de movimento do capitalismo. Se Marx tivesse previsto economias como as que existiram no Leste da Europa e tivesse escrito sobre sua natureza e suas leis de movimento, então seria concebível que os acontecimentos recentes da região provassem que ele estava errado. Mas ele escreveu sobre o capitalismo e somente ocorrências registradas em economias capitalistas poderiam provar erros seus e tornar suas ideias obsoletas. Isso ainda não se verificou. As ideias de Marx sem dúvida sobreviverão a esta e a outras tentativas futuras de diminuir seu impacto enquanto o capitalismo continuar a funcionar essencialmente como Marx o descreveu.

Notas do Capítulo 9

1. MARX, Karl. *Grundrisse*. Nova York: Vintage Books, 1973, p. 85.
2. Ibid.
3. Ibid., p. 85-86.
4. Ibid., p. 87-88.
5. Ibid., p. 241.
6. Ibid., p. 246.
7. Ibid., p. 243.
8. Ibid., p. 242.
9. Ibid., p. 243-244.
10. Ibid., p. 249.
11. Ibid., p. 240-241.
12. MARX, Karl. O *Capital*. Moscou: Editora de Línguas Estrangeiras, 1961, 1:35, 3 v.
13. Ibid.
14. Ibid., 1:36.
15. Ibid.
16. Ibid., 1:37-38.
17. Ibid., 1:38.
18. Ibid., vol. 1, p. 39-40.

19. Ibid., 1:62.
20. Ibid., 1:39.
21. Ibid., 1:41.
22. Ibid., 1:44.
23. Ibid., 1:39.
24. Ibid., 1:44.
25. Ibid., 1:82.
26. Ibid., 1:169-170.
27. Ibid., 1:170.
28. Ibid., 1:75.
29. Ibid., 1:73.
30. Ibid., 1:170.
31. Ibid., 1:105-106.
32. Ibid., 1:146-147.
33. Ibid., 1:147.
34. Ibid., 1:155.
35. Ibid., 1:152-153.
36. Ibid., 1:155.
37. Ibid., 1:163.
38. Ibid., 1:176.
39. Ibid., 1:163.
40. Ibid., 1:165.
41. Ibid., 1:167.
42. Ibid., 1:167.
43. Ibid., 1: 168-169.
44. Ibid., 1:170.
45. Ibid., 1:169.
46. Ibid., 1:170-172.
47. Ibid., 1:171.
48. Ibid., 1:172.
49. Ibid., 1:171.
50. Ibid., 1:232.
51. Ibid., 1:195.
52. Ibid., 1:216-217.
53. Ibid., 1:217.
54. Ibid.
55. Ibid., 1:595.
56. Ibid., 1:212.
57. Ibid., 1:217-218.
58. Ibid., 1:264-265.
59. Ibid., 1:270.
60. Ibid.
61. Ibid., 3:794-795.
62. Ibid.
63. Karl Marx, Capital, (London: Penguin Classics, 1991), vol. 3, p. 265.
64. L. Bortkeiwicz, "Value and Price in the Marxian System", *International Economic Papers*, 2 (1937)
65. Ibid., 3:259.
66. Ibid., 1:583-584.
67. Ibid., 1:713-714.

História do Pensamento Econômico

68. Ibid., *1*:715.
69. Ibid., *1*:732-733.
70. Ibid., *1*:734.
71. Ibid., *1*:737.
72. Ibid., *1*:751.
73. Ibid., *1*:714.
74. Ibid., *1*:714.
75. Ibid., *1*:592.
76. Ibid., *1*:626.
77. Ibid.
78. Ibid., *1*:612.
79. Ibid.
80. Ibid., *3*:42.
81. Ibid., *3*:208.
82. Ibid., *3*:219. Esta citação foi feita porque ambas as afirmações são frequentes e erroneamente atribuídas a Marx.
83. Ibid., *3*:226.
84. Ibid., *3*:209.
85. Ibid., *3*:227.
86. Ibid., *3*:228.
87. Ibid., *3*:230.
88. Ibid., *3*:231.
89. Ibid., *3*:232.
90. Ibid., itálicos do autor.
91. Ibid., *3*:233.
92. Ibid., *1*:632.
93. Ibid.
94. Ibid., v. 2, caps. 20-21.
95. Ibid., *1*:532-533.
96. MARX, Karl e ENGELS, Friedrich. "O Manifesto Comunista". In: *Essencial Works of Marxism*. Nova York: Bantam, 1965, p. 15. Organizado por Arthur P. Mendel.
97. MARX, Karl. *Economic and Philosophic Manuscripts of 1844*. Moscou: Progress Publishers, 1959, p. 69.
98. MARX. *O Capital*. *1*:645.
99. Ibid., *1*:618-19.
100. MARX. *O Capital*. *1*:645.
101. Citação reiterada de FROMM, Erich. *The Sane Society*. Nova York: Premier Books, 1965, p. 115.
102. MARX. *O Capital*. *1*:763.

Capítulo 10

O Triunfo do Utilitarismo: A Economia de Jevons, Menger e Walras

O período entre meados da década de 1840 e 1873 (o ano que marcou o início da Longa Depressão, na Europa) foi de rápida expansão econômica em quase toda a Europa. A industrialização se fazia presente tanto na Europa continental quanto nos Estados Unidos. A Inglaterra passou por um surto de crescimento industrial, com a indústria pesada e, principalmente, a indústria de bens de capital sendo as mais dinâmicas.

Em toda a esfera capitalista do Atlântico Norte, esse rápido crescimento industrial foi acompanhado de um grau cada vez maior de concentração de capital, de poder industrial e de riqueza. Em alguns casos, essa crescente concentração foi uma decorrência da competição agressiva e destrutiva, que eliminou os concorrentes pequenos ou fracos. Em outros casos, concorrentes grandes e poderosos, antevendo a destrutividade potencial mútua dessa rivalidade impiedosa, se juntavam em cartéis, trustes e fusões para assegurar a sobrevivência.

Durante aquele período, houve mudanças revolucionárias nos transportes e nas comunicações. Essas mudanças também aceleraram a concentração industrial, porque possibilitaram o atendimento de mercados cada vez mais amplos, de maneira eficiente, por um pequeno número de firmas ou empresas gigantescas. A sociedade anônima tornou-se um meio eficaz através do qual uma única organização empresarial podia conseguir o controle de grandes volumes de capital. Desenvolveu-se, na Europa e na América do Norte, um mercado financeiro grande e bem organizado, que conseguia canalizar muito bem os pequenos recursos de capital de milhares de indivíduos e de pequenas firmas para as mãos das grandes sociedades anônimas.

História do Pensamento Econômico

Assim, no início da década de 1870, o capitalismo estava começando a assumir uma forma modificada – um sistema econômico dominado por centenas ou milhares de empresas colossais nas esferas importantes da indústria, das finanças, dos transportes e do comércio. Embora essa concentração fosse agravar-se muito mais no início do século XX, a nova forma de capitalismo surgia de modo bastante claro na década de 1870.

As relações sociais entre as pessoas, nessa nova forma de capitalismo, começaram a assumir duas formas bastante distintas. Na empresa gigantesca, as relações sociais assumiram uma forma hierárquica e burocrática. As corporações eram organizações sociais piramidais, nas quais cada estrato era rigidamente controlado e coordenado pelo estrato acima dele. Toda a pirâmide era controlada, de cima, por um pequeno grupo de donos ou administradores. Todos os atos individuais ou processos econômicos e produtivos dentro da empresa eram integrados e coordenados de modo racional, calculado. Sistemas complicados de contabilidade de custos, controle de qualidade e administração científica estavam entre os métodos pelos quais esse controle era exercido. O objetivo dos capitalistas permanecia, obviamente, inalterado: a maximização do lucro e a acumulação de mais capital.

Em relação ao resto da economia capitalista, porém, a corporação não estava em posição diferente da que estivera o capitalista menor e individual das décadas anteriores. Nas empresas gigantescas, que dominavam as milhares de firmas muito menores e menos importantes e as dezenas de milhões de operários, as antigas relações sociais de produção de mercadorias ainda prevaleciam. Um sistema sólido, intrincado, de interdependência mútua de todas essas instituições e indivíduos continuava sendo mediado apenas pelas forças cegas e impessoais do mercado.

Nesse contexto histórico, poderia parecer que os economistas abandonariam a concepção da "mão invisível", de Adam Smith, que se baseava na análise de uma economia composta de várias pequenas empresas. Nessa economia, nenhuma empresa, por si só, poderia exercer uma influência significativa sobre todo o mercado. Os atos de qualquer firma eram ditados pelos gostos dos consumidores no mercado e pela concorrência de inúmeras outras pequenas firmas, cada qual lutando para conseguir o dinheiro do consumidor.

Já vimos que essa visão de uma economia capitalista combinava com o individualismo e com o hedonismo moral do utilitarismo, para se poder chegar à conclusão de que o capitalismo era um sistema econômico no qual havia uma harmonia social natural. Embora os escritos de Smith e Ricardo combinassem essa visão com uma perspectiva da teoria do valor-trabalho que levava a conclusões muito diferentes, Bentham, Say, Senior e Bastiat tinham ido além, dissociando a perspectiva individualista, utilitária, das "perigosas" conclusões a que tinha chegado a perspectiva da teoria do trabalho, de que haveria conflitos de classes.

Caso se acreditasse que a história das teorias econômicas nada mais devesse revelar além de uma aproximação contínua e progressiva das teorias econômicas da realidade concreta do sistema capitalista em evolução, esperaria-se que a perspectiva individualista e utilitarista de Senior, Say e Bastiat fosse, lentamente, substituída por uma perspectiva que refletisse as formas econômicas e sociais em transformação do capitalismo.

Mas não foi esse o caso. No início da década de 1870, precisamente quando a tendência à concentração econômica do capitalismo empresarial estava ganhando força, foram publicados três livros muito famosos de Economia: *The Theory of Political Economy* (*Teoria de Economia Política*),[1] de William Stanley Jevons, *Grundsätze der Volkswirtschaftslehre* (*Princípios de Economia*),[2] de Carl Menger – ambos publicados em 1871 – e, três anos depois, *Eléments d'Economie Politique Pure*[3] (*Elementos de Economia Política Pura*), de Léon Walras. Embora houvesse muitas diferenças entre as análises feitas por esses autores, as semelhanças de abordagem e de conteúdo desses livros eram impressionantes.

214

O Triunfo do Utilitarismo: A Economia de Jevons, Menger e Walras

Cada um deles deu prosseguimento à perspectiva individualista e utilitarista de Say, Senior e Bastiat. Cada autor elaborou, de forma independente, uma solução coerente em termos de lógica do paradoxo da água e do diamante, que levara Smith à conclusão de que não havia uma relação direta entre utilidade e valor de troca. Esse paradoxo nunca fora resolvido adequadamente por Say, Senior e Bastiat, muito embora esses três pensadores tivessem insistido em dizer que a utilidade era o determinante do valor de troca.

Jevons, Menger e Walras formularam a versão da teoria do valor-utilidade que permanece como o cerne da ortodoxia neoclássica até hoje. Também refinaram e ampliaram um pouco as ideias de Say, Senior e Bastiat – sendo a mais importante a ampliação da concepção de equilíbrio econômico geral, de Walras, que constituiu um dos avanços conceituais e analíticos mais importantes da história do pensamento econômico e que será por nós examinada mais detidamente logo a seguir. Não há dúvida de que, por terem sido os primeiros pensadores a propor uma teoria do valor coerente com a perspectiva filosófica geral utilitarista, os economistas conservadores posteriores consideraram suas teorias como uma "revolução" no pensamento econômico, referindo-se à década de 1870 como um divisor de águas entre a Economia clássica antiquada e a Economia neoclássica moderna e científica.

O significado do "marginalismo", introduzido na teoria econômica por esses três pensadores, parecia depender da visão do historiador sobre a teoria econômica contemporânea. Surgiu um segmento, entre os profissionais acadêmicos de Economia, que passou a dar muita ênfase ao rigor lógico e matemático de uma teoria, de modo bastante independente de seu conteúdo ou da importância prática de suas conclusões. Entre os economistas que apresentam essa tendência, um teórico é admirado na medida em que seja capaz de colocar sua teoria sob a forma mais esotérica, complexa e rigorosamente matemática possível.

A noção de utilidade marginal decrescente (desenvolvida independentemente em cada um dos pensadores discutidos neste capítulo) permitiu que Jevons, Menger e Walras e seus sucessores mostrassem, concreta e explicitamente, como a utilidade determinava os valores (o que Bentham, Say, Senior e Bastiat achavam, mas não conseguiram demonstrar). Embora isso fosse, sem dúvida alguma, um grande progresso em relação às doutrinas dos primeiros teóricos da utilidade, o grande significado das ideias de Jevons, Menger e Walras estava em como eles mudaram a forma da economia utilitarista e *não* em qualquer grande mudança em seu conteúdo. O marginalismo permitiu que a visão utilitarista da natureza humana, que era considerada somente uma maximização racional e calculista da utilidade, fosse formulada em termos de cálculo diferencial. Esse foi o verdadeiro começo da tendência à formulação matemática esotérica das teorias econômicas (embora o próprio Menger não gostasse do emprego da Matemática para expressar a teoria econômica). Talvez por essa razão, os economistas que apreciam o rigor matemático como um fim em si mesmo veem Jevons e Walras como os mais importantes criadores da moderna teoria econômica.

Embora a formulação dada por esses três pensadores ao princípio da utilidade marginal tenha, sem dúvida alguma, proporcionado um importante elo para completar a cadeia de argumentação de Say, Senior e Bastiat, ela dificilmente é importante o suficiente para que se considere suas ideias revolucionárias (visto que alguns se referem a esta época como o início da "revolução marginalista" na Economia) ou um divisor de águas na história das teorias econômicas. Suas correções da formulação da noção utilitarista, já amplamente aceita, de que a utilidade determina os preços, parecem comparáveis, em importância, às noções desenvolvidas pelos teóricos posteriores, que conseguiram resolver o "problema da transformação", de Marx. Além desse refinamento da teoria utilitarista dos preços, apenas Walras – em sua teoria do equilíbrio geral – parece ter dado uma contribuição verdadeiramente significativa para a tradição utilitarista da Economia. (Embora os fisiocratas e Say tenham apresentado versões mais simples de um equilíbrio econômico geral, Walras foi muito além de suas abordagens incompletas e sugestivas.)

215

História do Pensamento Econômico

A Teoria da Utilidade Marginal e da Troca, de Jevons

William Stanley Jevons (1835-1882) escreveu sobre uma grande variedade de assuntos, que iam desde meteorologia até lógica e teoria econômica. *Teoria de Economia Política* foi sua obra mais importante nesse último campo. Em 1860, em uma carta a seu irmão, Jevons escreveu o seguinte: "nos últimos meses, tive a sorte de ter descoberto o que, tenho certeza, será a *verdadeira teoria da Economia*, tão completa e coerente que não consigo ler outros livros sobre o assunto sem ficar indignado".[4] Essa "teoria verdadeira" foi finalmente publicada em 1871.

No prefácio à *Teoria*, Jevons afirmava que "as ideias de Bentham... são... o ponto de partida da teoria proposta neste livro".[5] Ele não tinha dúvida de que o utilitarismo era a única base possível da teoria econômica científica: "Nesta obra, procurei tratar a Economia como um cálculo do prazer e da dor, e apresento um esboço... da forma que a ciência... tem, em última análise, que assumir".[6] A verdade última que serviu de base para que ele ficasse tão indignado com as outras teorias era *"que o valor depende inteiramente da utilidade"*.[7]

Quando Jevons empregava o termo *valor*, queria sempre dizer, simplesmente, valor de troca ou preço. Enquanto os teóricos do trabalho, como Marx, definiam valor como o trabalho incorporado a uma mercadoria, Jevons rejeitava desdenhosamente esta definição:

> Um aluno de Economia não pode ter esperança de formar ideias claras e corretas sobre esta ciência se achar que valor é uma coisa ou um objeto ou mesmo uma coisa que esteja incorporada a outra coisa ou a um objeto... A palavra valor, para ser corretamente usada, deve expressar, apenas, a circunstância de sua troca por alguma outra substância, em determinadas proporções.[8]

Assim, Jevons estava interessado apenas nos preços. Restringiu, convicta e orgulhosamente, sua análise econômica à esfera da circulação – ao mercado. Como Marx tinha mostrado alguns anos antes, na esfera do mercado, todas as pessoas são essencialmente idênticas. Quando Jevons escreveu sobre as pessoas, evitou cuidadosamente qualquer discussão real de relações sociais de superioridade ou subordinação. As pessoas, para Jevons, só tinham duas características que as definiam como agentes econômicos; além do mais, todas as pessoas possuíam essas duas características. Por isso, havia uma igualdade abstrata e implícita entre todas elas. A primeira característica era que elas extraíam utilidade do consumo de mercadorias: "Qualquer coisa que um indivíduo deseje... tem de ser vista por ele como possuidora de utilidade. Em ciência econômica, tratamos os homens não como eles deveriam ser, mas como eles são".[9] A segunda característica era que todas as pessoas eram maximizadoras racionais e calculistas, e o comportamento de maximização racional e calculista era o único elemento da ação humana a ser estudado em Economia: "Satisfazer a nossas necessidades ao máximo possível, com um mínimo de esforço – procurar obter a maior quantidade do que desejamos em troca do mínimo de coisas indesejáveis –, em outras palavras, *maximizar o prazer* é o problema da Economia".[10]

As pessoas obtinham utilidade do consumo de mercadorias. O erro dos economistas anteriores – segundo Jevons – estava na incapacidade de distinguirem a *utilidade total* derivada por uma pessoa através do consumo de certa quantidade de alguma mercadoria e o "grau final de utilidade" (ou o que passou a ser chamado de "utilidade marginal", na terminologia neoclássica posterior) obtido pelo indivíduo ao consumir até o *último pequeno incremento* dessa mercadoria. Embora, muitas vezes, fosse verdade, que a utilidade total poderia continuar aumentando à medida que se fosse consumindo uma quantidade maior da mercadoria, o "grau final de utilidade... acabaria diminuindo com o aumento da quantidade consumida".[11] Era nesse "grau final de utilidade" ou "utilidade marginal" que Jevons estava

216

interessado. Esse princípio da utilidade marginal decrescente deveria torna-se a pedra fundamental da redefinição neoclássica do utilitarismo.

Introduzindo a noção do marginalismo na economia utilitarista, Jevons descobrira uma nova maneira pela qual a visão utilitarista dos seres humanos como maximizadores racionais e calculistas pôde ser expressa em termos matemáticos. Se a utilidade total obtida do consumo de uma mercadoria dependia da quantidade consumida, isso podia ser expresso como uma função matemática, $UT = f(Q)$, que, simplesmente, dizia que a utilidade total (UT) tinha alguma relação matemática concreta com a quantidade (Q) consumida. Em cálculo, a primeira derivada de uma função só diz até que ponto a variável dependente (no caso, a utilidade total) varia em decorrência de uma variação infinitesimal da variável independente (no caso, a quantidade consumida). A primeira derivada da função da utilidade total dá a *utilidade marginal* com qualquer quantidade consumida determinada. A lógica da maximização poderia ser formulada facilmente pelo Cálculo. A função de utilidade total era maximizada quando a quantidade era aumentada a ponto de a utilidade marginal ser igual a zero. Isso não tinha muita profundidade. Significava apenas que, para maximizar a utilidade obtida com o consumo de determinada mercadoria, deveria-se consumir a mercadoria (se não houvesse custos de consumo) até ficar saciado, isto é, até não se poder obter mais utilidade de outro pequeno incremento da mercadoria.

Quando o consumo envolvia custos, esses custos podiam ser expressos sob forma matemática. Por exemplo, caso se possuísse uma mercadoria y e fosse possível conseguir apenas outra mercadoria x, abrindo mão da parte da mercadoria y, poderiam ser comparadas as razões entre as utilidades marginais obtidas com as duas mercadorias, UM_x/UM_y e os preços das duas mercadorias, P_x/P_y. Se UM_x/UM_y fosse maior que P_x/P_y, o indivíduo poderia obter utilidade, trocando uma parte de y por uma parte de x. Se o processo continuasse até o indivíduo ter esgotado os ganhos da troca, ele teria trocado até $UM_x/UM_y = P_x/P_y$. Em outras palavras, a razão UM_x/UM_y diria o grau de utilidade adicional que seria conseguido (ou de que se abriria mão), caso se comprasse (ou vendesse) mais um dólar da mercadoria x. Os dois indivíduos – assegurava Jevons – comprariam e venderiam as mercadorias até as utilidades marginais de cada uma delas variar a ponto de igualar UM_x/P_x a UM_y/P_y. Nesse ponto, um dólar de x ou de y proporcionaria o mesmo aumento da utilidade total para o indivíduo. Se, para um indivíduo, a razão UM_x/P_x fosse maior do que UM_y/P_y, esse indivíduo venderia y e compraria x, perdendo, assim, menos utilidade, ao desistir de um dólar de y, do que a utilidade obtida com mais um dólar de x. Entretanto, à medida que fosse desistindo de y e obtendo x, o princípio da utilidade marginal decrescente faria com que UM_y aumentasse e UM_x diminuísse, até UM_x/P_x igualar-se a UM_y/P_y. Nesse ponto, não se poderia obter qualquer ganho adicional com a troca. Teria ocorrido o processo inverso, porém idêntico, se UM_y/P_y fosse maior do que UM_x/P_x.

Todos os teóricos anteriores do utilitarismo tinham percebido que, na troca voluntária, um indivíduo comprava ou vendia, desde que o que estivesse comprando lhe desse mais utilidade do que a utilidade perdida com o que estivesse vendendo. Essa sempre fora a base para a defesa da livre troca e da crença de que a troca harmonizava os interesses de todos. O único adendo de Jevons à teoria tinha sido a proposição desse princípio sob uma formulação matemática, além de explicitar a distinção entre utilidade total e utilidade marginal.[12] Assim, o principal adendo de Jevons às ideias dos economistas utilitaristas anteriores pode ser resumido por suas próprias palavras: "A natureza da riqueza e do valor é explicada pela consideração de quantidades infinitesimalmente pequenas de prazer e de dor".[13] "Afirmo que todos os autores sobre Economia têm de ser matemáticos para poderem ser científicos."[14]

Jevons procurou mostrar como a utilidade marginal determinava os preços, e, ao fazê-lo, tentou mostrar como dois "agentes de troca" poderiam chegar a preços de equilíbrio de duas mercadorias. O problema teórico, tal como ele o definiu, não levava a qualquer solução determinada, cabendo a outros economistas neoclássicos demonstrar como a teoria da utilidade marginal poderia tornar-se uma teoria dos preços. Jevons apenas demonstrou o que os consumidores faziam em suas trocas, uma vez conhecidos os preços, para maximizar suas utilidades individuais.

Jevons, porém, não tirou da noção de utilidade marginal decrescente, de Bentham, as conclusões igualitárias deste último. Em nossa crítica ao utilitarismo de Thompson, argumentamos que as comparações interpessoais das intensidades relativas da utilidade da riqueza eram impossíveis, porque o prazer era uma experiência puramente subjetiva e pessoal. Daí ele ter concluído que o utilitarismo só podia comparar, do ponto de vista ético, duas situações quando houvesse unanimidade entre todos os participantes. Ele argumentava que isso é que dava ao utilitarismo sua inclinação altamente conservadora. As situações antes e depois da troca estavam entre as poucas situações, em qualquer contexto social, em que havia essa unanimidade. Se ambas as partes participassem voluntariamente da troca, poderia-se admitir que as duas se beneficiariam. Essa conclusão aparentemente comum foi sempre a base da crença utilitarista na harmonia natural do capitalismo de mercado.

Diferente de Bentham, Thompson e Mill, Jevons reconhecia claramente (e apreciava) essa limitação do utilitarismo:

> O leitor verá... que não foi feita, em caso algum, qualquer tentativa de comparar o grau de sensação de uma pessoa com o de outra. Não vejo como se possa fazer essa comparação. A suscetibilidade de uma pessoa pode, pelo que sabemos, ser mil vezes maior do que a de outra... Toda pessoa é, então, uma incógnita para outra pessoa, e parece não poder haver um denominador comum.[15]

Não é de admirar que Jevons pensasse ser a harmonia social, e não o conflito de classes, o estado natural do capitalismo de mercado. Afirmou que "o suposto conflito do trabalho com o capital é uma ilusão".[16] Apelando para a fraternidade universal, acrescentou: "Não devemos encarar esses assuntos do ponto de vista de classe", porque "em Economia, de qualquer maneira, *devemos considerar todos os homens como irmãos*".[17] Essa "fraternidade" da harmonia social surgia porque todas as pessoas pareciam essencialmente iguais, encontrando-se na mesma situação, quando vistas apenas como agentes de troca:

> Todo trabalhador tem de ser considerado, bem como todo proprietário de terra e todo capitalista, uma pessoa que traz, para a riqueza comum, uma parte de seus elementos componentes, tentando conseguir a maior participação na produção que as condições do mercado lhe permitam exigir.[18]
>
> Quem paga um preço alto tem de estar precisando muito do que está comprando ou precisando muito pouco do dinheiro que paga; qualquer que seja o caso existe um ganho na troca. Em questões desse tipo, só existe uma regra que pode ser estabelecida com segurança: a de que ninguém compra, a não ser que espere obter uma vantagem com essa compra; portanto, a perfeita liberdade de troca tende a maximizar a utilidade.[19]

Mais uma vez, a perspectiva da utilidade tinha conseguido uma nova maneira de encarar a "mão invisível", que, agora, com a nova formulação "científica" e "matemática" de Jevons, poderia, comprovadamente, maximizar a utilidade para todos, em um mundo de fraternidade e harmonia.

Jevons também formulou uma teoria do capital que, como as de Ricardo e Marx, ressaltava a dimensão temporal da produção. Uma teoria muito parecida do capital iria transformar-se em tema central das escolas austríaca e de Chicago de Economia neoclássica (que se originaram, ambas, sob a influência de Menger e que refletiam o espírito de Bastiat). Essa teoria do capital foi formulada poucos anos depois por um discípulo de Menger – Eugen von Böhm-Bawerk. Como a versão de Böhm-Bawerk era superior à de Jevons e como a teoria em geral é associada a Böhm-Bawerk, adiaremos a discussão até examinarmos suas ideias, no próximo capítulo.

O Triunfo do Utilitarismo: A Economia de Jevons, Menger e Walras

O principal objetivo da teoria do capital, de Jevons, era refutar a conclusão de Ricardo de que a taxa de lucro variava em sentido inverso ao salário. A conclusão de Ricardo demonstrava obviamente o antagonismo fundamental entre capital e trabalho, e Jevons não aprovava essa ideia. Discutindo a teoria de Ricardo, Jevons escreveu o seguinte:

Chegamos, assim, à equação simples:
  Produção = lucro + salários.
  Também se obtém um resultado simples da fórmula, pois sabemos que, se os salários aumentam, os lucros têm de diminuir e vice-versa. Essa doutrina é, porém, radicalmente falaciosa... Os salários de um operário acabam sendo iguais ao que ele produz, após a dedução da renda da terra, dos impostos e dos juros do capital.[20]
  Cabe, corretamente, aos capitalistas manterem os operários até que se atinjam os resultados e, como muitos ramos de indústria exigem uma grande despesa muito antes de obter qualquer resultado definido, os capitalistas têm de correr o risco em qualquer ramo de indústria em que os lucros finais não sejam conhecidos precisamente... A quantidade de capital dependerá do volume dos lucros previstos, e a concorrência para conseguir os operários certos tenderá a assegurar ao operário sua participação legítima na produção final.[21]

Como a concorrência asseguraria ao operário sua "participação legítima", Jevons achava que o sindicalista, que via o capitalista como inimigo de classe, "deixaria de lutar contra seu verdadeiro aliado – seu rico empregador".[22] Como a acumulação de capital beneficiava a todos os operários, Jevons achava que o trabalhador deveria considerar o capitalista "o verdadeiro procurador, que usava seu capital para bem dos outros e não para o seu próprio bem".[23] O interesse comum do "procurador" rico e do trabalhador que se "beneficiava" com a riqueza do procurador era promovido pela livre-troca. Bastiat tinha dito que a economia era troca – pura e simples. Jevons escreveu o seguinte:

A troca é tão importante como processo de maximização da utilidade... que alguns economistas a consideraram o único tema da Economia... Estou perfeitamente disposto a concordar com a grande importância da troca. É impossível ter-se uma ideia correta sobre Economia como ciência sem um entendimento perfeito da teoria da troca.[24]

Mas Jevons não desejava que a Economia fosse vista como uma ciência que só explicava a troca. Tanto Thompson quanto Hodgskin argumentaram, em bases utilitaristas, que a troca seria mais benéfica ainda em uma economia em que os operários possuíssem seus próprios meios de produção. Jevons não queria que ninguém se esquecesse de que a propriedade do capital pelos capitalistas era sagrada e que "cabe aos capitalistas manter os operários".[25] Portanto, ampliou a definição de Economia dada por Bastiat (de um modo com o qual Bastiat teria, certamente, concordado): "A Economia não é, então, somente a ciência da troca ou do valor: também é a ciência da capitalização".[26]

Não é de admirar que a indignação de Jevons diante dos economistas que o antecederam, por ele expressa ao irmão na carta escrita em 1860, não se tenha estendido a todos os economistas anteriores, mas, basicamente, a Ricardo e Mill:

Quando for, afinal, criado um verdadeiro sistema de economia, será possível ver que aquele homem capaz, mas equivocado, chamado David Ricardo, colocou o carro da ciência econômica num caminho errado – mas um caminho que o levou a uma confusão maior ainda por causa de seu admirador igualmente capaz, que também estava errado, chamado John Stuart Mill. Houve economistas, como Malthus e Senior, que compreendiam muito melhor as verdadeiras doutrinas.[27]

História do Pensamento Econômico

O livro intitulado *The Theory of Political Economy*, de Jevons, está cheio de condenações a Ricardo e a Mill e de afirmações elogiosas ao descrever as doutrinas de Malthus, Say, Senior e Bastiat. "J. B. Say definiu corretamente... a utilidade"[28] – escreveu ele – e a doutrina foi elaborada corretamente por Senior, "em seu admirável tratado", e por "Bastiat, por exemplo em sua obra *Harmonias da Economia Política*"[29]. Em outro ensaio, quando discutia a teoria da população, de Malthus, Jevons referiu-se a Malthus como "um dos homens mais humanos e excelentes"[30].

Uma das citações preferidas de John Maynard Keynes dos escritos de Malthus mostra com muita clareza que tipo de homem Jevons considerava o "mais humano excelente". A citação é feita em *Ensaio sobre População*, de Malthus, e foi no contexto da discussão da teoria da população, de Malthus, que Jevons expressou sua admiração por ele.

> *Um homem que nasce num mundo onde já existem posses, se não puder conseguir que a subsistência lhe seja assegurada por seus pais, de quem pode exigi-la com justiça, e se a sociedade não quiser seu trabalho, não pode querer ter direito a qualquer quantidade de alimento e, na verdade, nada tem a fazer no mundo. Na natureza, não há abrigo para ele; manda-o ir embora e logo executará suas ordens, se ele não for alvo da compaixão de alguns de seus hóspedes. Se esses hóspedes se levantarem, dando-lhe lugar, outros intrusos logo aparecerão, exigindo o mesmo favor. A notícia de uma dádiva concedida a todos os interessados logo encherá o lugar de inúmeros pedintes. A ordem e a harmonia da festa da natureza ficam abaladas, a abundância que havia antes se transforma em escassez e a felicidade dos convidados é destruída pelo espetáculo de miséria e dependência em todos os cantos, e pelos atos inoportunos dos que, justamente, se revoltam com a impossibilidade de ter os recursos que, segundo lhes disseram, poderiam esperar obter. Os hóspedes da natureza só compreenderão que erraram muito tarde, pois contrariaram as ordens estritas para todos os intrusos, dadas pela grande anfitriã, que, interessada em proporcionar abundância a todos os seus hóspedes e sabedora de que não poderia oferecer alimento a um número ilimitado de convivas, recusou-se humanamente a admitir a entrada de hóspedes recém-chegados, quando sua mesa já estava cheia.*[31]

Fica-se imaginando o que uma pessoa teria de dizer ou fazer para ser considerada desumana por Jevons.

Lendo uma vez mais as doutrinas dos quatro economistas mais admirados por Jevons, é de se estranhar muito que suas ideias sejam muitas vezes consideradas uma revolução na teoria econômica, revolução esta que marcou uma linha divisória de águas entre as ideias mais antigas e as mais recentes. As diferenças fundamentais entre a perspectiva da teoria da utilidade e a perspectiva da teoria do trabalho já estavam claras antes de Jevons ter escrito qualquer coisa, e sua contribuição limitou-se, basicamente, a mostrar que o marginalismo permitia que as doutrinas de Malthus, Say, Senior e Bastiat fossem apresentadas com elegância matemática e maior coerência lógica. Contudo, a essência teórica e ideológica da perspectiva da utilidade permaneceu inalterada.

A Teoria da Utilidade Marginal, dos Preços e da Distribuição da Renda, de Menger

Carl Menger (1840-1921) ficou famoso tanto por seus escritos sobre teoria econômica (sendo *Princípios de Economia* sua obra principal), quanto por seus escritos sobre metodologia. (Alguns de seus escritos sobre metodologia foram traduzidos para o inglês sob o título *Problems of Economics and Sociology*.)[32] Em sua teoria econômica, rejeitou o uso de equações matemáticas e expressou suas teorias verbalmente com o auxílio de exemplos numéricos.

220

O Triunfo do Utilitarismo: A Economia de Jevons, Menger e Walras

QUADRO 10.1 **Uma ilustração da utilidade marginal decrescente**

Número de unidades consumidas	Tipo de mercadoria									
	I	II	III	IV	V	VI	VII	VIII	IX	X
1	10	9	8	7	6	5	4	3	2	1
2	9	8	7	6	5	4	3	2	1	0
3	8	7	6	5	4	3	2	1	0	
4	7	6	5	4	3	2	1	0		
5	6	5	4	3	2	1	0			
6	5	4	3	2	1	0				
7	4	3	2	1	0					
8	3	2	1	0						
9	2	1	0							
10	1	0								
11	0									

Sua descrição da utilidade total e da utilidade marginal era semelhante à de Jevons. Ilustrou o princípio com uma tabela numérica. O Quadro 10.1 reproduz os números da tabela de Menger, tendo alguns títulos acrescentados com fins de esclarecimento.[33]

No quadro, para se encontrar a utilidade marginal de uma mercadoria (digamos, o tipo II), procura-se a segunda coluna, lendo-se o valor correspondente, nesta coluna, ao número de unidades consumidas. Se fossem consumidas, por exemplo, seis unidades da mercadoria II, a utilidade marginal da sexta unidade seria 4. A utilidade total (não ilustrada no quadro) pode ser calculada pela simples soma das utilidades marginais da coluna, até chegar-se ao número de unidades consumidas. Por exemplo, seis unidades da mercadoria II dão uma utilidade total de 39.

A relação entre utilidade total e utilidade marginal pode ser representada graficamente (supondo-se que as unidades das mercadorias possam ser subdivididas e que, portanto, as linhas que relacionam utilidade a quantidades consumidas sejam regulares e contínuas). A Figura 10.1 ilustra a relação entre a utilidade total e a utilidade marginal da mercadoria II da tabela de Menger. Essa relação entre quantidades totais e quantidades marginais está sempre presente na economia neoclássica, e vários tipos de problemas de maximização podem ser analisados de modo semelhante.

Menger usou sua tabela para ilustrar como um consumidor maximizava sua utilidade. Reproduziremos a explicação dada pelo próprio Menger sobre sua tabela:

Suponhamos que a escala da coluna I expresse a importância, para um indivíduo, da satisfação de sua necessidade de alimento, e que essa importância diminua de acordo com o grau de satisfação já atingido, e que a escala da coluna V expresse, da mesma forma, a importância de sua necessidade de fumo. É evidente que a satisfação de sua necessidade de alimento, até um certo grau de saciedade, tem, sem dúvida, uma importância maior para esse indivíduo do que a satisfação de sua necessidade de fumo. Mas, se sua necessidade de fumo já estiver satisfeita até um determinado grau de saciedade

História do Pensamento Econômico

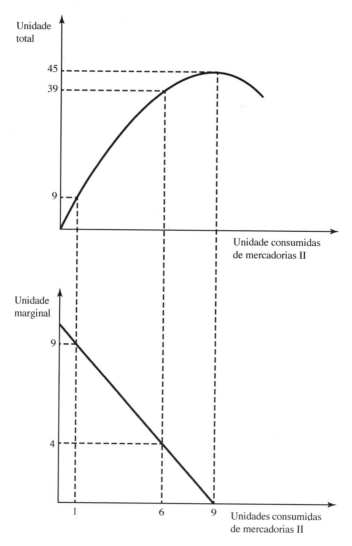

FIGURA 10.1 Relação entre utilidade total e utilidade marginal.

(se, por exemplo, uma satisfação maior ainda de sua necessidade de alimento só tiver, para ele, a importância cujo valor numérico é 6), o consumo de fumo começa a ter, para ele, a mesma importância que a maior satisfação de sua necessidade de alimento. O indivíduo, portanto, se esforçará, a partir deste ponto, para equilibrar a satisfação de sua necessidade de fumo e a satisfação de sua necessidade de alimento.[34]

Menger acreditava que o equilíbrio no qual o indivíduo maximizava sua utilidade fosse atingido quando o indivíduo igualasse a utilidade marginal obtida através de qualquer mercadoria à utilidade marginal obtida através de cada uma das outras mercadorias por ele consumidas. Essa determinação da condição

O Triunfo do Utilitarismo: A Economia de Jevons, Menger e Walras

de maximização era inferior à de Jevons, porque Menger deixou de considerar os preços. A solução maximizadora de Menger só seria válida se o preço unitário de cada um de seus tipos de mercadorias fosse igual ao preço unitário de todos os demais tipos. Nesse caso, a equação de Jevons, $UM_x/P_x = UM_y/P_y$, teria o mesmo número denominador de cada razão, e a igualdade das razões exigiria que os numeradores (ou as utilidades marginais) fossem iguais. A formulação de Jevons era correta e a formulação de Menger, embora ele não o tivesse percebido, era um caso especial e altamente improvável.

A discussão de Menger sobre a determinação dos preços era, porém, superior à de Jevons. Menger explicou os preços com base na oferta e na demanda. Todos os economistas clássicos tinham explicado os preços de mercado, a curto prazo, com base na oferta e na demanda. Assim, quanto a esse aspecto, os economistas clássicos, marxistas e neoclássicos nunca diferiram. As diferenças surgem na tentativa de eles explicarem o que estaria por trás da oferta e da demanda. Smith, Ricardo e Marx procuraram encontrar explicações para a renda da terra, os salários e o lucro fora da esfera dos preços. A renda da terra, os salários e os lucros eram tanto componentes da distribuição da renda entre as classes de toda a sociedade quanto componentes de custo da produção de uma firma. Como componentes de custo, sua soma era o "preço natural", de Smith, ou o "preço de produção", de Marx, de uma mercadoria. Quando uma indústria estava em equilíbrio, o preço de mercado, tal como determinado pela oferta e pela demanda, seria igual ao preço natural ou preço de produção. Era essa a natureza do processo de formação de preços, visto segundo a perspectiva da teoria do trabalho – a distribuição de renda era independente dos preços e, de fato, os determinava.

A perspectiva da utilidade via o processo de fixação de preços de modo inteiramente diverso: a oferta e a demanda determinavam os preços e eram, por sua vez, explicadas pela utilidade. Portanto, a utilidade era o determinante último dos preços dos bens de consumo. Os preços dos "fatores de produção" – terra, trabalho e capital – também eram determinados por sua oferta e demanda. Sua oferta era determinada pelos cálculos de utilidade, feitos por seus proprietários, e sua demanda era determinada por *sua produtividade* na geração de bens de consumo e pela utilidade obtida pelos consumidores através do consumo dessas mercadorias. Assim, de acordo com a perspectiva da utilidade, os salários, a renda da terra e os lucros eram, pelo menos parcialmente, determinados pelos preços dos bens de consumo. A superioridade de Menger em comparação com Jevons estava na maneira pela qual ele descreveu esse processo de formação de preços com base em sua perspectiva da teoria da utilidade.

Menger explicou a demanda por bens de consumo mostrando que, quando um determinado bem tinha um preço alto em relação à utilidade marginal que a maioria dos consumidores podia obter com ele, a maioria dos consumidores conseguia mais utilidade ficando com o seu dinheiro do que gastando na compra daquele bem. Entretanto, à medida que o preço daquele bem fosse baixando, mais consumidores achariam que a utilidade marginal obtida através do consumo do bem seria maior do que a utilidade por eles perdida com o gasto de menos dinheiro. Além disso, à medida que o preço fosse baixando, os consumidores que já estivessem consumindo o bem verificariam que a maximização da utilidade exigia que comprassem uma maior quantidade desse bem. Assim, de seu princípio de utilidade marginal decrescente, Menger deduziu a lei da demanda: a quantidade de uma mercadoria que as pessoas estavam dispostas a comprar dependia do preço da mercadoria, e a quantidade demandada e o preço eram inversamente relacionados.[35]

A discussão de Menger sobre a oferta foi menos adequada. De modo geral, ele considerava a oferta uma quantidade preexistente, que já estava em mãos do vendedor. Este, guiando-se pela maximização da utilidade, resolvia quais as quantidades que queria vender, a cada preço. A combinação dos desejos de comprar e de vender (tudo determinado pelas considerações de utilidade) determinava os preços. Menger prosseguiu mostrando que um monopolista que vendesse uma mercadoria cobraria preços mais

223

altos e venderia quantidades menores do que se a mercadoria fosse vendida por muitos vendedores em concorrência.[36] Portanto, Menger exaltava os benefícios da livre-concorrência.

Menger chamava as mercadorias produzidas para o consumo de "bens de primeira ordem" e chamava os fatores de produção de "bens de ordem superior".[37] Queria demonstrar duas relações entre esses dois tipos de bens. Primeiro, era preciso haver uma grande variedade de bens de ordem superior para produzir "bens de ordem inferior" e, portanto, era preciso ter capital e terra para a produção, além de trabalho.[38] Por essa afirmação, como já vimos, ele não discordava da teoria do valor-trabalho. Em segundo lugar, ele queria mostrar, em contradição direta com a teoria do trabalho, que "o valor dos bens de ordem superior é sempre, e sem exceção, determinado pelo valor potencial dos bens de ordem inferior que entram em sua produção".[39] A esse respeito, Menger considerava a teoria do valor-trabalho "um dos erros fundamentais mais clamorosos e que teve as maiores consequências no desenvolvimento passado de nossa ciência".[40]

Menger incluía o trabalho, as matérias-primas e os instrumentos na categoria de bens de ordem superior. Como Jevons, sua concepção de capital envolvia mais do que os simples instrumentos e materiais de produção; concentrava-se, principalmente, na dimensão temporal da produção. Argumentava que a "satisfação de nossas necessidades depende... da disponibilidade de bens econômicos durante certos períodos (em serviços de capital)... Por essa razão, os serviços do capital são objetos aos quais atribuímos valor".[41] Como Menger achava que nenhum bem de ordem superior podia produzir um bem de consumo por si mesmo – quer dizer, que os bens de ordem superior eram complementares e que tinham de ser usados em conjunto –, teve dificuldade em demonstrar como se poderia medir a produtividade de um único bem de ordem superior. Como quase todos os pensadores que seguiram a tradição da utilidade, Menger achava que o preço pago por um insumo produtivo refletia seu grau de contribuição para a produção. A mensuração dessa contribuição para a produção era, portanto, muito importante.

A solução proposta por Menger para esse problema de mensuração foi resumida da seguinte maneira:

> Supondo-se, em cada caso, que todos os bens disponíveis de ordem superior sejam empregados da forma mais econômica, o valor de uma determinada quantidade de um bem de ordem superior será igual à diferença de importância entre as satisfações que podem ser conseguidas quando dispomos de determinada quantidade do bem de ordem superior cujo valor desejamos determinar e as satisfações que seriam conseguidas, se não dispuséssemos dessa quantidade.[42]

A análise de Menger era sugestiva, mas inadequada. Se, por exemplo, a firma em questão fosse uma fazenda, e se o bem de ordem superior em questão fosse constituído de sementes de cereais, sem essas sementes, a produção seria impossível. Empregando esse método, Menger teria de concluir que a semente do cereal gerava todo o valor da produção, apesar do uso da terra, de tratores, fertilizantes etc. Desnecessário dizer que não era essa a sua intenção. Uma teoria coerente da formação de preços dos insumos segundo a perspectiva da utilidade exigia que os insumos fossem, pelo menos em parte, substituíveis e que se examinasse o efeito, sobre a produção, de um pequeno aumento marginal de um insumo. Este era, realmente, o método adotado na teoria da produtividade marginal, que discutiremos no próximo capítulo.

Tendo estabelecido que os insumos eram pagos segundo sua produtividade, Menger fez uma afirmativa que viria a caracterizar quase todas as versões da economia da utilidade marginal: quando cada insumo custava o equivalente ao valor de sua contribuição para a produção, o valor da produção total seria completamente formado pelos insumos. Portanto, *não haveria qualquer excedente a ser expropriado por qualquer pessoa ou classe*. As implicações econômicas, sociais, políticas e ideológicas

O Triunfo do Utilitarismo: A Economia de Jevons, Menger e Walras

desta afirmativa – antitética às doutrinas de Smith, Ricardo, Thompson, Hodgskin e Marx – são óbvias. Segundo as palavras de Menger,

> o valor presente agregado de todas as quantidades complementares de bens de ordem superior (isto é, todas as matérias-primas, serviços do trabalho, serviços da terra, máquinas, instrumentos etc.) necessários para a produção de um bem de... primeira ordem é igual ao valor potencial do produto. Mas é preciso incluir nessa soma não só os bens de ordem superior tecnicamente necessários para sua produção, mas também os serviços do capital e a atividade do empresário, isso porque eles são tão inevitáveis em toda produção econômica de bens quanto os requisitos técnicos já mencionados.[43]

Menger não via necessidade de justificar os lucros dizendo que os capitalistas tinham um comportamento abstêmio. Simplesmente dizia que "a harmonia das necessidades a que cada família procura satisfazer se reflete em sua propriedade".[44] Depois, afirmava, com a mesma segurança, que "todos os bens à disposição de um indivíduo econômico para a satisfação de suas necessidades serão chamados por nós de sua *propriedade*. Mas sua propriedade não é uma quantidade arbitrariamente agregada de mercadorias, mas um reflexo direto de suas necessidades".[45] Menger prosseguiu dizendo que

> a economia humana e a propriedade têm uma origem econômica comum, já que ambas têm como razão última de sua existência o fato de existirem bens cujas quantidades disponíveis são menores que as necessidades dos homens. Portanto, a propriedade, como a economia humana, não é uma invenção arbitrária, mas a única solução prática possível do problema que é, pela própria natureza das coisas, imposto aos homens pela disparidade entre as necessidades de todos os bens econômicos e as quantidades disponíveis desses bens.[46]

Veremos, na próxima seção, que Menger achava que a sociedade era um todo orgânico que evoluíra, intrínseca e determinística, para seu estado atual. Achava ele que as instituições sociais e as leis não podiam e não deviam ser desrespeitadas. Assim, a necessidade de propriedade era, para ele, uma necessidade das relações de propriedade específicas da sociedade capitalista então existente.

Após ter elaborado sua teoria da distribuição da renda (ou da formação dos preços dos insumos) e de ter feito essas afirmativas sobre a propriedade privada, Menger não viu qualquer necessidade de justificar a renda da terra e o lucro (ou juros, que, para ele, era o retorno total pela propriedade do capital). Essa renda era *absolutamente necessária* e *absolutamente inevitável* em sua opinião. Por que condenar ou justificar o necessário e o inevitável? Bastava aceitar sua inevitabilidade e se satisfazer com a harmonia existente na situação:

> Uma das indagações mais estranhas e que se transformou em debate científico foi decidir se a renda da terra e o lucro são justificados de um ponto de vista ético ou se são "imorais"... Onde quer que os serviços da terra e do capital tenham um preço, esse preço será sempre uma consequência do seu valor, e seu valor para os homens não resulta de julgamentos arbitrários, mas é uma consequência necessária de sua natureza econômica. Os preços desses bens (os serviços da terra e do capital) são, portanto, o produto necessário da situação econômica em que eles surgem, e serão obtidos mais seguramente quanto mais desenvolvido for o sistema jurídico de um povo e quanto mais elevada for a moral pública.[47]

É claro que Menger estava fazendo tudo o que podia para apresentar uma base científica para os esforços de criar e manter uma "moral pública... elevada".

Os Argumentos de Menger sobre Metodologia

Menger foi um dos participantes mais importantes de um debate amplo sobre a metodologia apropriada para as ciências sociais. Esse debate prendeu a atenção dos principais intelectuais alemães de fins do século XIX e passou a ser conhecido como *Methodenstreit*. Não procuraremos resumir as questões abordadas nesse debate; nos limitaremos a discutir duas afirmativas principais que Menger tentou defender.

Sua primeira afirmativa foi a de que a "Ciência pura" era sempre isenta de valores. Os valores normativos, éticos ou morais eram, em sua opinião, completamente estranhos à Ciência. Em seus valores, os indivíduos eram influenciados pelas circunstâncias pessoais, por sua posição de classe e por suas emoções; por isso, não era muito provável que houvesse um consenso generalizado quanto a questões éticas. A Ciência, porém, era a descrição e a compreensão da realidade concreta – e não da realidade desejada. Portanto, à medida que os cientistas expurgassem suas teorias dos valores, poderiam acabar chegando a um acordo completo e universal.

Desse modo a Economia, na medida em que fosse uma ciência, era isenta de valores. Menger achava que muitas ideias confusas contidas nos trabalhos dos economistas anteriores tinham resultado de sua incapacidade de entender que os julgamentos éticos não tinham lugar na teoria econômica pura. "A chamada 'orientação ética' da Economia Política" – escreveu ele – "é, assim, um postulado vago, livre de qualquer sentido mais profundo, tanto com relação aos problemas práticos quanto com relação aos problemas teóricos da Economia Política, ou seja, é um pensamento confuso."[48]

É claro que isso era uma repetição da proposição metodológica de Nassau Senior. Em nossa discussão sobre Senior, argumentamos que toda teorização – especialmente nas ciências sociais – se baseia em julgamentos de valor. Senior só foi superficialmente coerente com sua própria argumentação metodológica; seus escritos eram todos destinados a convencer o leitor de sua correção quanto a importantes questões éticas. Embora Menger e os muitos economistas neoclássicos do século XX, que expressaram sua admiração pelo argumento metodológico de Senior, tenham sido bastante mais sutis em suas violações profundas e constantes a esse princípio, essas violações podem ser facilmente identificadas em seus escritos. A tentativa de Menger de colocar as leis da propriedade privada e da distribuição da renda acima de qualquer discussão teórica ou moral constitui uma importantíssima violação do princípio da ciência social livre de valores.

O segundo princípio metodológico de Menger era que os economistas só podiam entender cientificamente famílias ou firmas individuais (Menger chamava-as de "economias individuais"). Nunca poderiam chegar a um entendimento científico semelhante acerca de agregados sociais, como classes ou nações. Menger não gostava do termo "interesse nacional", que era usado com tanta frequência para justificar propostas de reforma nacional, porque achava que seu emprego se baseava na falsa crença de que uma economia nacional, com seus próprios interesses, separada e distinta das "economias individuais" e de seus interesses individuais, pudesse ser identificada e estudada. O erro desses reformadores – insistia Menger – era que eles viam a "própria nação como uma grande economia individual, na qual a 'nação' devia representar o sujeito que tinha necessidades, o sujeito que desenvolvia a economia e o sujeito que consumia".[49] A doutrina "científica" era então justaposta a esta visão errônea:

> *"Este fenômeno designado por 'economia nacional' sempre se nos apresenta antes como um mero complexo organizado de economias individuais, como uma multiplicidade de economias que formam uma unidade maior, que, não obstante, não é uma economia em si mesma, no sentido estrito do termo."*[50]

Em nossas discussões sobre Bentham, Thompson e Mill, argumentamos que o utilitarismo tinha uma orientação individualista extrema. Com isso, partir da noção de que os desejos individuais são os únicos critérios do bem e do mal e chegar à noção de que o bem-estar social é promovido por políticas que maximizam o total dos prazeres acarreta inúmeras dificuldades lógicas e práticas. Menger percebeu, corretamente, que a reforma baseada em princípios utilitaristas era incompatível com o individualismo utilitarista. Rejeitou, assim, a noção de que pudesse haver algo como um prazer nacional total que pudesse ser aumentado através de reformas.

Vimos também que o conservadorismo social da teoria da utilidade ou da perspectiva da troca no mercado, em teoria econômica, sempre se baseara na crença de que as leis da propriedade são naturais, eternas ou inquestionáveis. Assim, para o individualismo de Menger culminar com as conclusões éticas que caracterizam todos os seus escritos, ele teria de ter algum tipo de argumento de defesa moral para as leis de propriedade privada existentes. Ele realmente apresentou esses argumentos.

Embora a economia nacional não pudesse ser cientificamente entendida da mesma maneira que as economias individuais, Menger insistia em que poderíamos, de alguma forma, compreendê-la. Afirmava ele que a economia nacional era "um *organismo de economias*".[51] Elogiava a "escola histórica alemã de juristas" (oposta à escola histórica alemã de economistas, que ele atacava), que reconhecera que uma nação e as leis que definiam seus esquemas institucionais específicos constituíam

> uma estrutura "orgânica que não pode e não tem de ser arbitrariamente formada por indivíduos ou por gerações, uma estrutura que, pelo contrário, está acima da arbitrariedade do indivíduo, de toda a época, da sabedoria humana... (A) "sabedoria subconsciente" manifestada nas instituições políticas, que surgem organicamente, está bem acima da sabedoria humana que nelas se imiscui.[52]

Menger concluiu que a "lei *não é um acaso*, mas, sim, tanto em termos de sua ideia essencial quanto de seu conteúdo particular, é algo *implicitamente dado* pela natureza humana e pela particularidade das condições".[53]

Menger expressou seu aborrecimento por não ter surgido

> uma escola histórica de economistas, comparável à escola histórica de juristas, que tivesse defendido as escolas e os interesses econômicos da época contra os exageros do pensamento reformista no campo da Economia e, principalmente, contra o socialismo. (Essa escola) teria cumprido sua missão na Alemanha e impedido muitos reveses posteriores.[54]

Assim, veremos que o individualismo metodológico de Menger e sua crença de que suas teorias eram isentas de valores levaram à crença de que as instituições e as leis existentes estavam acima de qualquer reforma; os esforços reformistas eram, em sua opinião, estranhos à ciência e socialmente prejudiciais. Seu individualismo terminava com uma apreciação da "benevolência" da "sabedoria subconsciente" do "todo orgânico". Sua "Ciência" livre de valores terminava afirmando a importância moral de defender os interesses econômicos existentes contra os "exageros" dos socialistas.

Portanto, não é de admirar que no livro *Princípios de Economia*, depois de ter discutido o que julgava ser os determinantes da distribuição da renda, Menger tenha escrito o seguinte:

> Pode até parecer deplorável, para quem ame a humanidade, que a posse de capital ou de terra permita, muitas vezes, que seu possuidor tenha uma renda maior durante algum tempo do que a renda auferida por um trabalhador que realize uma atividade intensa no mesmo período. No entanto, a causa disso não é imoral.[55]

É claro que não deixa de ser um julgamento ético dizer tanto que algo não é imoral quanto dizer que é imoral.

A orientação ética de todos os escritos de Menger (como no caso de Senior e de quase todos os economistas neoclássicos do século XX que afirmavam ter teorias livres de valores) revelou-se em sua defesa coerente dos interesses econômicos existentes contra os reformadores e os socialistas:

> A agitação dos que gostariam de ver a sociedade distribuir aos trabalhadores maior quantidade dos bens de consumo hoje disponíveis... baseia-se numa ideia de oferecer-lhes um padrão de vida mais confortável e de se conseguir uma distribuição mais justa dos bens de consumo e dos encargos da vida. Todavia uma solução para o problema nessa base, sem dúvida alguma, exigiria uma completa transformação de nossa ordem social.[56]

Dada a crença de Menger na benevolência da "sabedoria subconsciente" incorporada às instituições sociais, econômicas e jurídicas existentes, essa transformação social era moralmente inadmissível.

A Teoria do Equilíbrio Econômico Geral, de Walras

A formulação independente de Walras da teoria da utilidade marginal decrescente (ele empregou o termo *rareté* com o sentido de utilidade marginal) e sua discussão acerca da equação que dava a utilidade máxima que um consumidor poderia conseguir com a troca não precisam ser aqui resumidas, pois já examinamos contribuições semelhantes nos escritos de Jevons e Menger. A contribuição mais importante e duradoura de Walras para a teoria econômica foi sua teoria do equilíbrio econômico geral.

Embora a maioria dos teóricos que o antecederam tenha discutido as relações entre diferentes mercados, nenhum economista tinha criado, antes de Walras, uma estrutura conceitual e teórica geral para o exame da multiplicidade de relações entre diferentes mercados. Ele percebeu que as forças da oferta e da demanda, em qualquer mercado, dependiam, em maior ou menor grau, dos preços vigentes em inúmeros outros mercados.

Por exemplo, a demanda de um consumidor por determinado bem dependia, como tinham argumentado Jevons e Menger, das utilidades marginais que o consumidor obteria com o consumo de várias quantidades desse bem e de seu preço. No entanto, a condição de maximização da utilidade mostrava que o consumidor compraria o bem até a razão entre sua utilidade marginal e seu preço igualar-se à mesma razão de todos os outros bens que pudessem ser comprados. Portanto, a demanda do consumidor desse bem também dependia dos preços de todos os outros bens de consumo.

Ora, como o preço de qualquer bem era, para os teóricos da utilidade, determinado tão-somente pela oferta e pela demanda desse bem, e como a demanda por qualquer bem era determinada *não só pelas utilidades obtidas por todos os consumidores com o consumo do bem como também pelos preços de todos os bens de consumo*, seria preciso saber os preços de todos os outros bens para determinar o preço do bem que estava sendo considerado. Contudo a demanda por esses outros bens (e, portanto, seu preço) também dependia do preço do bem em questão. Por isso, era preciso uma teoria geral da determinação dos preços. Por essa teoria, todos os preços teriam de ser determinados simultaneamente, tanto pelo total das utilidades de todos os consumidores quanto pelas inter-relações que existissem entre todos os mercados.

Todavia, tais inter-relações não existiam apenas na demanda por bens de consumo. Também existiam em sua oferta, bem como na demanda e na oferta de outros tipos de mercadoria ou nos próprios bens trocados. Walras procurou formular uma estrutura teórica geral segundo a qual pudesse mostrar como, através das interações de todos os mercados, todos os preços podiam ser determinados ao mesmo tempo.

O Triunfo do Utilitarismo: A Economia de Jevons, Menger e Walras

O requisito puramente lógico para essa teoria do equilíbrio geral era (em todos os sistemas teóricos em que diversas variáveis desconhecidas têm de ser determinadas simultaneamente) que o número de variáveis desconhecidas fosse igual ao número de equações independentes a serem usadas na determinação das variáveis. Existem outras condições lógicas que têm de ser satisfeitas para assegurar a existência de uma solução para esse sistema de equações simultâneas e para garantir que essa solução seja a única. Walras estava mais interessado, porém, em mostrar que se poderia construir um sistema teórico em que o número de equações independentes fosse suficiente para determinar o valor das incógnitas.

Contudo, se essa tivesse sido sua única preocupação, ele teria, simplesmente, apresentado qualquer número de equações (que são, afinal de contas, fáceis de forjar). Ele, porém, queria que suas equações tivessem sentido e descrevessem o que considerava as forças de mercado reais e importantes na determinação dos preços. Portanto, antes de prosseguirmos com a descrição do sistema de equações, de Walras, temos de discutir a noção de análise de equilíbrio geral, em Economia.

Não é preciso dizer que nenhuma teoria pode explicar tudo ao mesmo tempo. Isso exigiria uma onisciência, pela qual todo o universo seria inteiramente conhecido. É óbvio que todas as teorias "gerais" são teorias parciais, no sentido de que existem inúmeros fenômenos que elas não pretendem explicar. A diferença entre teoria do equilíbrio geral e a teoria do equilíbrio parcial, em Economia, é que, enquanto aquela, geralmente, procura explicar todos os preços e quantidades trocadas em uma economia como um todo, em determinado período, esta considera todos os preços e quantidades trocadas, exceto uma ou duas, como *dados* e procura explicar este mercado ou dois dentro do contexto daqueles preços e quantidades dados. No próximo capítulo, discutiremos a teoria do equilíbrio parcial, de Alfred Marshall.

Pela teoria do equilíbrio geral, de Walras, todos os preços e quantidades trocadas deveriam ser explicados. É claro que essa explicação deveria ter como base suas relações com outros elementos do meio social e econômico. Teria de haver, em sua teoria, uma descrição de algumas características do meio social e econômico da situação de mercado que pudesse ser usada para explicar os preços e as quantidades trocadas.

Portanto, nas equações, os preços e as quantidades trocadas constituiriam as variáveis dependentes, e as características do meio socioeconômico constituiriam as variáveis independentes (que, obviamente, poderiam ser vistas como determinantes das variáveis dependentes). A forma exata das equações refletiria a verdadeira relação econômica que Walras julgava existir entre as características dadas pelo meio socioeconômico (suas variáveis independentes) e os preços e as quantidades trocadas no mercado (suas variáveis dependentes).

O contexto institucional da teoria de Walras era o capitalismo concorrencial, no qual "havia proprietários de terras, trabalhadores e capitalistas".[57] Essas três classes funcionavam de duas maneiras economicamente importantes: primeiramente, como proprietários de serviços produtivos (terra, trabalho e capital), ofereciam esses serviços no mercado; em segundo lugar, como consumidores, procuravam bens de consumo no mercado. Walras aceitou como certa a distribuição da propriedade dos "serviços produtivos" (quer dizer, a divisão existente da sociedade em classes) – como quase todos os economistas que seguiram a tradição da utilidade. Aceitando como certas as distinções de classe – e, daí, os diferentes papéis das diferentes pessoas no processo de produção –, o elemento mais importante no contexto socioeconômico era, para Walras, constituído pelos *desejos subjetivos* das pessoas ou suas curvas de utilidades marginais.

Portanto, havia três fatores institucionais importantes na teoria de Walras. Em primeiro lugar, vinha a aceitação das leis existentes da propriedade e de sua distribuição como moralmente corretas e justas. Nesse caso, ele afirmou, simplesmente, que "a propriedade... é uma apropriação legalizada ou de conformidade com a justiça".[58] Embora tenha acrescentado, às vezes, que pretendia mostrar por que os direitos de propriedade existentes eram justos,[59] nunca chegou a fazê-lo. Limitava-se a reafirmar a justiça das relações de propriedade existentes. Por exemplo, 11 páginas depois da citação anterior, escreveu o seguinte: "A propriedade consiste em apropriação justa e racional, uma apropriação certa".[60] Em segundo lugar, supunha que a economia fosse formada exclusivamente por firmas pequenas e relativamente sem poder e que existisse uma concorrência perfeita. Embora percebesse que "o princípio da livre-concorrência não era aplicável de uma maneira generalizada... (aos) monopólios",[61] ignorou inteiramente estes últimos, ao discutir o equilíbrio geral. Só depois dessa discussão e no penúltimo capítulo de seu livro é que ele dedicou algumas páginas para discutir os monopólios. Nunca tentou estabelecer a ligação dessa discussão com sua discussão do equilíbrio geral. Em terceiro lugar, simplesmente partia do pressuposto de que as pessoas tinham curvas de utilidade marginal mensuráveis. Não discutia como elas se modificavam no tempo. Apenas supunha que, no período em análise, "a utilidade... permanece *fixa* para cada parte".[62] Assim, a utilidade era dada metafisicamente, era um dado final, em termos do qual tudo deveria ser explicado.

Embora Walras tenha admitido, de fato, que as curvas de utilidade das pessoas se modificariam com o tempo, simplesmente supôs que, quando ocorressem as mudanças, teria-se apenas um problema novo, porém essencialmente idêntico, de encontrar uma solução de equilíbrio geral para um novo período. Isso era muito mais do que uma mera simplificação da análise. A ideologia utilitarista, de Walras, e que justificava o capitalismo de mercado, dependia de sua conclusão de que os preços de equilíbrio refletiam com exatidão as *necessidades* ou utilidades das pessoas, maximizando, com isso, a satisfação humana.

A ideologia conservadora incorporada à perspectiva da utilidade perde toda sua força, no caso de se admitir que os desejos são socialmente determinados ou estão em um estado de permanente fluxo. Essas duas possibilidades levam à questão de um padrão mais alto para a avaliação dos próprios desejos – uma questão que o utilitarismo nunca leva em consideração. Assim, não é de admirar que Walras tenha dito que "qualquer valor de troca, uma vez estabelecido, compartilha do caráter de um fenômeno natural, natural em suas origens, natural em suas manifestações e natural em sua essência".[63] Contrastando com isso, a teoria do valor-trabalho ressalta o enfoque de que os preços são *sociais*.

Depois de ter pressuposto a distribuição da propriedade tal como existia, um mercado em perfeita concorrência e curvas de utilidade fixas e explicadas metafisicamente, Walras montou seu sistema de equações para mostrar as quantidades das várias mercadorias que eram trocadas e como eram determinados os seus preços. Chamou os serviços produtivos de n, os bens de consumo de m, usou n preços de serviços produtivos e $m - 1$ preços de bens de consumo (um bem de consumo foi usado como *numerário*, para que seu preço fosse igual a 1, por definição). Portanto, havia $m + n$ quantidades de serviços produtivos e de bens de consumo trocados e $m + n - 1$ preços pelos quais eles eram trocados. Assim, o número total de variáveis dependentes era $2m + 2n - 1$.

Havia quatro conjuntos de equações que Walras deveria resolver de acordo com os valores de suas variáveis dependentes.

No primeiro conjunto, a oferta de cada um dos n serviços produtivos dependia dos preços de todos serviços produtivos e de todos bens de consumo. Então, surgiam n equações relacionando a quantidade oferecida de cada serviço produtivo com todos os preços do sistema. A forma matemática específica de cada equação dependeria das curvas de utilidade marginal de todos os proprietários de serviços produtivos. Em qualquer conjunto dos $m + n - 1$ preços, eles poderiam fazer todos os cálculos de utilidade apropriados e decidir exatamente quanto vender de seus serviços produtivos, a fim de comprar bens de consumo para maximizar suas utilidades. Portanto, os proprietários de qualquer serviço

O Triunfo do Utilitarismo: A Economia de Jevons, Menger e Walras

produtivo estariam dispostos a oferecer uma determinada quantidade a cada possível conjunto de preços. Haveria uma equação independente, relacionando essas quantidades oferecidas dos n fatores a todos os possíveis conjuntos de preços.

No segundo conjunto, a demanda em cada um dos m bens de consumo dependia de todos os $m + n - 1$ preços. Então, obtinham-se m equações. O raciocínio era idêntico ao do primeiro conjunto de equações. Os proprietários de serviços produtivos vendiam seus serviços para comprar bens de consumo, e a maximização da utilidade ditaria exatamente a quantidade de serviços a ser oferecida e a quantidade de bens de consumo a ser comprada, para cada conjunto possível dos $m + n - 1$ preços.

No terceiro conjunto, para a economia estar em equilíbrio, a demanda por cada serviço produtivo teria de ser igual à oferta. Pressupunha-se o pleno emprego dos recursos como condição de equilíbrio. Isso dava uma equação (a igualdade entre oferta e demanda) para cada um dos n serviços produtivos.

No quarto conjunto de equações, Walras achava que a premissa de concorrência perfeita asseguraria que o preço de cada bem de consumo fosse igual ao seu custo de produção. O custo de produção dependeria dos "coeficientes técnicos" de produção (ou das receitas técnicas de produção) e dos preços dos serviços produtivos.

Portanto, Walras tinha $2m + 2n$ equações – m do segundo e do quarto conjuntos de equações e n do primeiro e do terceiro conjuntos de equações – para achar o valor das $2m + 2n - 1$ incógnitas. Nos parágrafos seguintes, discutiremos o que passou a ser conhecido como a *lei de Walras*, que prova que, se todos os mercados menos um estiverem em equilíbrio, o último mercado também terá de estar em equilíbrio. Isso significa que uma das equações do equilíbrio, de Walras, não era uma equação independente, porque, se todas as demais equações fossem resolvidas ao mesmo tempo, ela também seria automaticamente resolvida. Assim, ele acabou com $2m + 2n - 1$ equações independentes – o mesmo número de incógnitas cujos valores tinham de ser encontrados.

A *lei de Walras* é, em realidade, uma identidade de definição. Mostra que, com qualquer conjunto de preços, a demanda por todas as coisas trocadas tem de ser igual à oferta de todas as coisas trocadas. É uma consequência da definição de oferta e demanda, porque, em um determinado conjunto de preços, a vontade de trocar implica, em termos de definição, a vontade de adquirir algo àqueles preços (demanda), desistindo de algo (oferta) de mesmo valor. Portanto, toda demanda individual é, ao mesmo tempo, uma oferta de alguma quantidade e, por isso, se essas procuras e ofertas individuais forem agregadas, os totais terão de ser iguais. Walras (usando a palavra oferecimento, em lugar de oferta) apresentou esse princípio da seguinte maneira.

> *A demanda efetiva ou a oferta efetiva de uma mercadoria em troca de outra é igual, respectivamente, ao valor do oferecimento efetivo ou ao valor da demanda da segunda mercadoria multiplicado por seu preço em termos da primeira... Na verdade, a demanda deveria ser considerada o principal fato; e o oferecimento, um fato acessório, em que duas mercadorias são trocadas uma pela outra espécie. Ninguém faz um oferecimento pelo simples fato de fazê-lo. A única razão pela qual se oferece alguma coisa é que não se pode demandar algo sem se oferecer algo. O oferecimento é apenas uma consequência da demanda.*[64]

É óbvio que a *lei de Walras* é verdadeira por definição. Todavia, muitos defensores da *lei de Say* parecem confundi-la com a *lei de Walras*. A *lei de Say* implica que haja uma demanda por todas as novas mercadorias produzidas, o que não é uma decorrência da *lei de Walras*. As pessoas poderiam produzir, a fim de trocar essa produção por uma quantidade limitada de bens já existentes, como, por exemplo, moeda. Pode não haver tanta moeda quanto as pessoas queiram, considerando-se o conjunto de preços em vigor. Nesse caso, haveria um excesso de oferta de produtos equivalente a uma demanda excessiva por moeda. Portanto, haveria uma "superprodução" geral de mercadorias (para usar o termo de Malthus), muito embora a *lei de Walras* ainda continuasse válida. De fato, dado qualquer conjunto de preços, a *lei de Walras* sempre será válida, mesmo quando *todos os mercados estejam, individualmente, em desequilíbrio*.

A *lei de Walras* nos diz algo útil, mesmo que seja apenas como definição. Prova que, em qualquer desequilíbrio, o total do excesso de demanda (em todos os mercados em que a demanda seja maior do que a oferta) *tem de ser exatamente igual* ao total do excesso da oferta (em todos os mercados em que a oferta seja maior do que a demanda). Diz-nos que, se houver um excesso de oferta de qualquer bem, outro bem ou outros bens deverão estar com um excesso de demanda e que, no cômputo geral, o excesso de demanda e o excesso de oferta terão a mesma intensidade. É preciso, porém, ter em mente que essa lei se refere não só a bens produzidos habitualmente, como também a moeda, títulos e, em geral, a todos os ativos já existentes que possam ser trocados.

Podemos ver, agora, por que uma das equações de Walras pôde ser deixada de lado, ao discutirmos seu sistema de equações. Se um mercado estiver desequilibrado, um ou outros mercados terão de estar também desequilibrados para o excesso de demanda ser igual ao excesso de oferta. Portanto, se todos os mercados menos um estiverem em equilíbrio, o último mercado também terá de estar em equilíbrio. Por conseguinte, as equações que dão as condições de equilíbrio em todos os mercados contêm uma equação desnecessária. Isto permitiu a Walras chegar ao número exato de equações necessárias para encontrar as variáveis incógnitas de preços e quantidades. No Apêndice, usamos um exemplo simples de três mercadorias para demonstrar alguns dos pontos técnicos do equilíbrio geral. Mesmo com apenas três mercadorias a análise se torna bem complexa e de compreensão um tanto quanto desafiadora. O principal ponto, porém, é a demonstração da possibilidade de se explicar, simultaneamente, os preços e as quantidades de equilíbrio para qualquer número de mercadorias, dadas as hipóteses de Walras sobre concorrência perfeita e as curvas de utilidade.

Estabilidade do Equilíbrio Geral

Um tema central da teoria do equilíbrio geral é determinar se as forças de mercado corrigirão *automaticamente* um desequilíbrio, quer dizer, se, quando houver, de fato, um conjunto de preços em desequilíbrio, as forças de mercado da oferta e da demanda automaticamente modificarão esses preços até ser restabelecido o equilíbrio. No caso de achar que isso poderá ocorrer, restará resolver problemas bastante importantes: quanto tempo demorará para que isso aconteça e que tipos de custo ou de sofrimento humano estarão envolvidos?

O que está em jogo nessas questões é a diferença de orientação de política dada por pensadores como Bentham (em seus últimos escritos), Malthus, Marx, Hobson e Keynes – que argumentaram, todos eles, que a dependência do mercado envolveria enormes custos humanos e que, portanto, seria preciso tomar medidas para diminuir esses custos (embora eles advogassem remédios muito diferentes) – e Say, Ricardo, Senior, Bastiat e quase todos os economistas neoclássicos – que confiavam nesses ajustes de mercado, julgando-os rápidos, eficazes e dignos de completa confiança. Suponha que existe um excesso de oferta de todas as mercadorias de consumo – em outras palavras, uma superprodução – com um excesso de demanda por moeda equivalente.

O que acontecerá nesse caso? A resposta a essa pergunta tem dividido os economistas desde a época de Malthus e de Say até hoje. Walras ficou decididamente do lado de Say e de todos os outros proponentes do extremo *laissez-faire*, assegurando que o mercado estabeleceria, de forma automática, e relativamente sem custo algum, os preços adequados para o equilíbrio a pleno emprego.

O Triunfo do Utilitarismo: A Economia de Jevons, Menger e Walras

Walras descreveu o processo através do qual o mercado atingia o equilíbrio como um processo de *tâtonnement* ou de "tatear". Em quase todas as suas discussões do problema, supunha que a economia *partia* de uma posição de equilíbrio, que era alterada por uma mudança na demanda por uma mercadoria.[65] Supunha sempre que uma situação de excesso de demanda levaria imediatamente a um aumento de preço e que uma situação de excesso de oferta levaria imediatamente a uma queda de preço. Essas variações de preços restabeleceriam automaticamente o equilíbrio, fosse por uma realocação de recursos, à medida que as empresas os transferissem logo dos setores com excesso de oferta para os setores com excesso de demanda: "Os movimentos ascendentes e descendentes dos preços, juntamente com o fluxo efetivo de empresários de empreendimentos que dão prejuízo para empreendimentos que dão lucro, são, pura e simplesmente, um método de "tatear" em busca de uma solução para as equações representadas por esses problemas."[66]

Havia vários problemas na solução apresentada por Walras (que nunca foram resolvidos satisfatoriamente até hoje). Em primeiro lugar, para as conclusões ideológicas de sua teoria, conforme veremos, Walras precisou da hipótese de concorrência perfeita, mas, segundo a visão neoclássica da concorrência perfeita, toda firma é uma *tomadora de preços*. Primeiro, os preços são estabelecidos no mercado e, depois, as firmas reagem a eles. Como é, então, que se estabelecem os novos preços? Os economistas neoclássicos sempre tiveram muita dificuldade em resolver essa questão.

Para tratar desse problema, Walras supôs um leiloeiro que anunciasse todos os preços a todas as pessoas:

> Os mercados mais bem organizados do ponto de vista da concorrência são aqueles em que as compras e as vendas são feitas em leilão, por meio de... leiloeiros, que agem como agentes que centralizam as transações de tal modo que as condições de cada troca são abertamente anunciadas, dando-se oportunidade aos vendedores para baixar seus preços e aos compradores para aumentar seus lances.[67]

Entretanto, o leiloeiro imaginário de Walras não bastava. Suponhamos que o leiloeiro anunciasse um conjunto de preços e que houvesse troca. Se esse conjunto de preços *não* fosse o conjunto de equilíbrio, haveria excesso de demanda e de oferta em muitos mercados. Então, o conjunto seguinte de preços anunciados pelo leiloeiro faria com que todos os indivíduos procurassem atingir o equilíbrio, em termos desses novos preços, e ao mesmo tempo corrigir os erros cometidos com base nos preços errados anunciados anteriormente. A não ser por pura sorte, o novo conjunto de preços também seria um conjunto em desequilíbrio. Todas as novas trocas e correções de erros passados resultariam em uma nova série de erros. Todos os agentes de troca cometeriam erro sobre erro, e a situação parecia, pelo menos, ter a mesma probabilidade tanto de se afastar do equilíbrio quanto de se aproximar dele.

Walras tinha apenas duas escolhas: ou o leiloeiro seria onisciente (isto é, seria Deus), e saberia, de antemão, qual seria o conjunto de preços de equilíbrio, ou teria de ser uma espécie de órgão de planejamento central socialista, com muitos computadores de alta velocidade à sua disposição. Nesse último caso, o leiloeiro anunciaria seu conjunto de preços e, depois, todo agente de trocas poderia reagir, mostrando ao leiloeiro sua *intenção* de comprar e vender aos preços estabelecidos. Desse modo, ninguém agiria enquanto o órgão de planejamento central não colocasse todos esses dados em seus computadores e calculasse a demanda e a oferta totais de cada mercado. Quando o leiloeiro, com a ajuda do órgão de planejamento central, achasse alguns mercados com excesso de demanda potencial, ajustaria esses preços, elevando-os. Da mesma forma, os mercados com excesso de oferta potencial teriam seus preços ajustados para baixo. Esse processo continuaria como uma série de tentativas e erros, em que os agentes de troca ficariam com suas mercadorias até o leiloeiro descobrir o conjunto de preços de equilíbrio. Só então é que eles poderiam trocar.

233

História do Pensamento Econômico

Apesar de sua aversão ao socialismo, Walras optou por esse modelo de leiloeiro e do órgão de planejamento central como um meio de evitar o problema da "anarquia do mercado" (para usar a expressão socialista):

Uma vez que os preços ou razões de troca de todas essas mercadorias e serviços foram anunciados ao acaso... cada parte na troca oferecerá a esses preços os bens e serviços dos quais, em sua opinião, tenha uma quantidade relativamente grande e demandará os bens ou serviços dos quais, em sua opinião, tenha uma quantidade relativamente pequena... Tendo sido assim determinadas as quantidades de cada coisa efetivamente demandada e oferecida, os preços das coisas cuja demanda supere a oferta aumentarão e os preços das coisas cuja oferta supere a demanda diminuirão. Com novos preços anunciados, cada parte da troca oferecerá e demandará as novas quantidades, e, uma vez mais, os preços subirão ou baixarão, até a demanda e a oferta de cada bem e serviços serem iguais. Então, os preços serão preços correntes de equilíbrio e (só então) haverá realmente troca.[68]

É claro que Walras percebeu que esse leiloeiro não existia, mas tinha fé – e nunca passou de fé – que o verdadeiro funcionamento do mercado seria parecido com isso. Um problema (que, de forma alguma, era o pior problema) da fé de Walras era que, sempre que um preço variava, a variação afetava não só a oferta e a demanda naquele mercado, mas também a oferta e a demanda em muitos outros mercados. Suponhamos que todos os mercados, exceto dois, estivessem em equilíbrio. Nesses dois, haveria excesso de demanda e um excesso de oferta equivalente. Pelo raciocínio de Walras, o preço subiria no mercado com excesso de demanda e baixaria no mercado com excesso de oferta. Se esses fossem os dois únicos mercados afetados e se as curvas de oferta e procura tivessem as formas teorizadas por Walras e se, de fato, a única resposta ao desequilíbrio fosse a prevista por Walras, o mercado, de fato, estabeleceria o equilíbrio geral.

Essas suposições, no entanto, têm de ser rejeitadas. Primeiramente, todo o intuito da análise do equilíbrio geral, de Walras, era mostrar que variações de preço, em qualquer mercado, afetavam a oferta e a demanda em muitos outros mercados. Assim, quando os dois preços começassem a variar, muitas outras curvas de oferta e demanda se deslocariam. O desequilíbrio inicial se difundiria por muitos mercados. À medida que esses outros preços começassem a variar, quase todas as curvas de oferta e demanda começariam a deslocar-se de novo. Assim, o desequilíbrio nos dois mercados poderia logo tornar-se um desequilíbrio em todos os mercados. Como se estabeleceria, então, o equilíbrio?

Walras evitou solucionar esse dilema afirmando que uma variação de preço só teria um *efeito primário* no mercado da mercadoria afetada. Seus efeitos sobre outros mercados seriam *secundários*. Depois, afirmou sua fé em que "esses efeitos secundários, porém, seriam menos significativos do que o efeito primário, se houvesse um grande número de mercadorias... no mercado".[69]

Discípulos posteriores de Walras mostraram que, com todas as suas premissas, se os efeitos secundários fossem suficientemente pequenos, o mercado, de fato, atingiria o equilíbrio automaticamente, mas nunca provaram que esses efeitos secundários teriam de ser realmente pequenos.

Além do mais, várias outras premissas de Walras também são altamente questionáveis. Ele supunha que, como a economia estava em concorrência perfeita, as firmas pequenas e relativamente fracas sempre reagiriam a uma situação de excesso de oferta baixando seus preços; mas a experiência nos tem ensinado que as firmas grandes e poderosas, que têm algum controle sobre os preços, tendem a reduzir seu nível de produção e tentam manter seu preço diante de um excesso de oferta por elas considerado temporário. Essa redução da produção diminui as rendas, o que reduz ainda mais a demanda por outros produtos. Se esses produtores reagirem ao excesso de oferta resultante em seu mercado reduzindo a produção, o único resultado possível será uma superprodução geral, uma crise econômica ou uma depressão.

Além disso, Walras supunha que todos os agentes de troca reagiriam a qualquer conjunto de preços como se esperassem que esses preços fossem os de equilíbrio que continuavam em vigor. Uma vez mais, a experiência mostra que os agentes de troca, muitas vezes, se comportam de outra maneira, trocando com base nos preços que esperam conseguir no futuro. John Maynard Keynes mostrou, como veremos em outro capítulo, que essas expectativas podem, muitas vezes, tornar impossível atingir-se o equilíbrio geral com pleno emprego.

Podemos concluir que a crença de Walras em que o mercado criaria automaticamente um equilíbrio geral com pleno emprego era uma questão de pura fé, como tinha sido a crença de Say – e ambas as crenças eram igualmente injustificáveis, tanto teórica com empiricamente.

A estrutura teórica de Walras para o seu modelo de equilíbrio geral era e continua sendo altamente significativa. Se deixarmos de lado sua fé muito irrealista na automaticidade do mercado, seu sistema de inter-relações no mercado mostrará como seria difícil um mercado capitalista atingir alguma vez o equilíbrio geral com pleno emprego. A teoria também pode mostrar como, uma vez iniciada uma crise, ela se espalha por todos os setores da economia e se transforma em uma crise geral ou em uma depressão. A estrutura do equilíbrio geral, de Walras, é o melhor contexto teórico para se analisar a anarquia do mercado. Muitos teóricos do subconsumo teriam evitado muitas inadequações lógicas e teóricas se tivessem formulado suas teorias segundo uma estrutura parecida com a teoria do equilíbrio geral de Walras. Portanto, a teoria do equilíbrio geral de Walras tem de ser julgada como uma das realizações teóricas mais significativas da história das ideias econômicas. A teoria pode ser facilmente separada não só da fé ingênua de Walras na automaticidade do mercado, como também de sua ideologia conservadora e utilitária com que ele justificava o capitalismo *laissez-faire* e concorrencial.

A Defesa Ideológica do Capitalismo, Segundo Walras

Walras tinha várias características em comum com quase todos os economistas teóricos que escreveram com base na tradição da utilidade, desde Say e Senior até hoje. Primeiramente, via a economia quase que inteiramente sob uma perspectiva da troca. Até quanto escreveu sobre a produção, como quase todos os teóricos da utilidade, interpretou-a, basicamente, como uma séria de *trocas* e nunca sob a perspectiva das relações de classe envolvidas. Assim, sua análise se ateve ao que Marx chamou de *esfera da circulação*.

A negação de Walras das relações de classe no processo de produção pode ser vista com mais clareza em sua discussão sobre o empresário. Havia três tipos de serviços produtivos – capital, terra e trabalho. O padrão de propriedade desses serviços era tomado como dado. Cada indivíduo, agindo da mesma forma como maximizador da utilidade, vendia uma certa quantidade de serviços produtivos a um empresário, a fim de comprar alguns bens de consumo – e todo o processo era um mero exercício de maximização da utilidade através da troca. Cada serviço produtivo era pago pelo empresário exatamente de acordo com o valor que ele adicionava à produção. Os juros eram o pagamento do capital, a renda era o pagamento da terra e os salários eram o pagamento do trabalho. Em equilíbrio, esses pagamentos produtivos equivaliam exatamente ao valor do que tivessem produzido; *não havia mais-valia alguma nem lucro algum*: o lucro só se fazia presente quando havia desequilíbrio (sendo igual a um prejuízo em outro ponto do sistema).

De acordo com esse modo de ver as coisas, era o simples acaso que determinava quem seria o empresário. Poderia ser um capitalista, que pagaria os serviços do trabalho e os serviços da terra e

História do Pensamento Econômico

ficaria com o resíduo (em equilíbrio) exatamente igual aos juros dos serviços de seu capital. Poderia também ser um trabalhador, que teria, então, de pagar os serviços do capital e os serviços da terra, ficando com uma sobra exatamente igual aos salários recebidos em troca de seus serviços de trabalho. Analogamente, poderia ser um proprietário de terra ou uma pessoa que possuísse uma combinação de serviços produtivos e que agisse como empresário. Como, em equilíbrio, os lucros eram zero, não importava quem era o empresário: "Assim, em um estado de equilíbrio da produção, os empresários não tinham lucro nem prejuízo. Ganhavam a vida não como empresários, mas como proprietários de terra, trabalhadores ou capitalistas, em seu próprio negócio ou em outros negócios".[70]

Portanto, todos os indivíduos eram simplesmente agentes de trocas maximizadores da utilidade, com uma "dotação" inicial de coisas trocáveis. Não havia diferença alguma entre Henry Ford e o trabalhador mais pobre e mal remunerado de sua linha de montagem. Ambos eram agentes maximizadores de troca, e a produção era meramente uma espécie de troca. Era esta a essência da teoria de Walras, que tem muitos defensores na Economia acadêmica contemporânea.

Bastiat dissera que "a Economia Política é *troca*". Após ter desenvolvido uma teoria muito mais elaborada e sofisticada que a de Bastiat, Walras chegou à mesma conclusão:

> *Assim, a troca de duas mercadorias uma pela outra, num mercado em concorrência perfeita, é uma operação através da qual todos os detentores de uma ou de ambas as mercadorias podem obter a satisfação máxima possível de suas necessidades, compatível com a condição de que as duas mercadorias sejam compradas e vendidas à mesma razão de troca em todo o mercado.*
>
> *O objetivo principal da teoria da riqueza social é generalizar essa proposição, mostrando, primeiro, que ela se aplica à troca de várias mercadorias umas pelas outras, bem como à troca de duas mercadorias uma pela outra, e mostrando, em segundo lugar, que, em concorrência perfeita, ela se aplica à produção e à troca. O principal objetivo da teoria da produção da riqueza social é mostrar como o princípio da organização da agricultura, da indústria e do comércio pode ser deduzido como uma consequência lógica da proposição anterior. Podemos dizer, portanto, que esta proposição abarca toda a Economia pura e aplicada.*[71]

Walras fez afirmações semelhantes em todo o seu livro. Em determinado ponto, por exemplo, afirmou que, "todas as pessoas competentes na área sabem que a teoria da troca... constitui o próprio fundamento de todo o edifício da economia".[72]

Como Senior, Bastiat e quase todos os economistas neoclássicos, Walras achava que tinha percebido uma distinção clara entre valores morais e Ciência. Seus escritos eram, portanto – segundo o que ele garantia ao leitor –, Ciência pura, não corrompida nem viciada por qualquer julgamento moral. No primeiro capítulo do livro *Elementos*, ele disse: "Na verdade, a característica distintiva de uma ciência é a completa indiferença diante das consequências, boas ou más, com que ela se dedica à busca da verdade pura".[73] Como Senior, Bastiat e quase todos os economistas neoclássicos, Walras só foi aparentemente fiel a essa declaração. Logo na página seguinte, começou a mostrar onde estava a "verdade pura" em questões sociais controvertidas: "Tem-se observado... que, em épocas passadas, a indústria definhava e ficava estagnada em um sistema de guildas, regulamentos comerciais e determinação de preços. Hoje é evidente que, no sistema oposto de liberdade de iniciativa e comércio, a indústria está crescendo e prosperando".[74]

O principal problema era que os socialistas não tinham conseguido entender a vantagem, a prosperidade e a harmonia do capitalismo. Embora os economistas anteriores que tinham advogado e defendido o capitalismo *laissez-faire* tivessem prestado um valioso serviço à sociedade, opondo-se às declarações dos socialistas, infelizmente tinham feito inadequadamente a defesa correta do capitalismo, na opinião de Walras. Por exemplo, em sua crítica aos fisiocratas, Walras concluiu o seguinte: "Entremeadas com

236

seus erros, podem ser encontradas ideias de extraordinária profundidade e exatidão... uma delas de valor duradouro... afirma que, para a produção da riqueza, a melhor regra é a livre-concorrência, sujeita a exceções apenas quando possam ser justificadas".[75]

Discutindo a superioridade de sua própria teoria dos juros em relação às da "escola inglesa" (tal como ele se referia a Ricardo e Mill), Walras escreveu o seguinte: "A teoria dos juros... tem sido o alvo favorito dos socialistas, e as respostas dadas até agora pelos economistas a esses ataques não foram decisivamente convincentes".[76] Da mesma forma, embora criticasse com simpatia J. B. Say e outros economistas que aceitaram as ideias de Say, escreveu: "Esse ponto de vista lhes era particularmente útil em sua controvérsia com os socialistas... Infelizmente, embora fosse conveniente segundo esse ponto de vista, estava errado".[77]

A concepção de Walras sobre seu papel de combatente das ideias dos socialistas foi novamente expressa na seguinte citação:

> As equações que formulamos mostram, de fato, que a liberdade de produção (expressão usada por Walras com o sentido do capitalismo) é a regra geral superior. A liberdade procura, dentro de certos limites, o máximo de utilidade... Infelizmente, há que se dizer que, até hoje, os economistas têm-se preocupado menos em estabelecer provas de seus argumentos em favor do laissez-faire, laissez-passer do que em usá-las como armas contra os socialistas.[78]

Finalmente, Walras não deixou dúvidas quanto à utilidade que deveria ser atribuída à sua "busca da verdade pura". Discutindo o comunismo e o capitalismo, escreveu:

> É uma questão da relação entre Ética e Economia, que foi motivo de acalorada competição entre Proudhon e Bastiat, entre outros, em 1848. Em sua obra intitulada Contradictions Economiques, Phoudhon argumentou que existia um conflito entre justiça e bem-estar material (o eufemismo usado por Walras com o sentido de capitalismo). Bastiat, em sua obra Harmonies Economiques, defendeu a tese oposta. Acho que nenhum dos dois conseguiu provar seu argumento. Tomarei uma vez mais a proposição de Bastiat e a defenderei de modo diferente.[79]

Grande parte do livro Elementos, de Walras, consistia em uma defesa bem elaborada da tese de Bastiat, de que, na sociedade capitalista, a livre-troca maximizava a utilidade total e que, por isso, o capitalismo laissez-faire oferecia o melhor mundo possível.

Partindo de sua hipótese de que "a propriedade... estava de conformidade com a justiça",[80] Walras prosseguiu mostrando que todos os problemas de economia podiam ser reduzidos a problemas de troca: "A troca de várias mercadorias entre si, em um mercado que funcione com base na livre-concorrência, é uma operação através da qual todos os detentores de uma, de várias ou de todas as mercadorias trocadas podem conseguir a satisfação máxima possível de suas necessidades".[81]

Essa afirmativa apareceu de diversas formas, pelo menos 20 vezes, nos Elementos, de Walras. Está claro que ele acreditava que o capitalismo concorrencial maximizava, inevitavelmente, o bem-estar social e que esta era a mera dedução científica de postulados que representavam a "verdade pura", não contaminados por julgamentos de valor. Ironicamente, certas passagens isoladas dos próprios escritos de Walras contêm os germes de uma crítica moral devastadora de seu próprio utilitarismo. A afirmativa de Bentham de que "quando a quantidade de prazer é igual, apertar parafusos é tão bom quanto fazer poesia" encontra seu equivalente na seguinte afirmativa de Walras:

> De acordo com outros pontos de vista, a questão de saber se um remédio é procurado por um médico, para curar um paciente, ou por um assassino, para matar sua família, é uma questão muito séria,

mas, de acordo com nosso ponto de vista, é totalmente irrelevante. No que nos diz respeito, o remédio é útil em ambos os casos, podendo até ser mais útil no último caso do que no primeiro.[82]

Assim, segundo a perspectiva da utilidade, a satisfação social total pode ser maximizada quando todo remédio for comprado pelo assassino para matar sua família e nenhum remédio for usado pelo médico para curar seus pacientes. Walras poderia ter mostrado, usando a mesma lógica de Bentham, que o leite usado por uma pessoa rica num banho de beleza contribui mais para o bem-estar social do que o leite dado a um bebê faminto, filho de um casal pobre.

A Perspectiva Intelectual do Marginalismo Neoclássico

No início deste capítulo, descrevemos o processo da concentração e da centralização da indústria que estava em andamento, quando o marginalismo neoclássico foi objeto de seus primeiros tratamentos significativos (o início da década de 1870). Nas três últimas décadas do século XIX, a concentração da indústria aumentou em ritmo acelerado e o marginalismo neoclássico (formulado inicialmente por Jevons, Menger e Walras) passou a dominar completamente a tradição ortodoxa e conservadora da teoria econômica. A coincidência entre essa mudança da estrutura socioeconômica neoclássica do capitalismo e o aparecimento do marginalismo na teoria econômica não parece ter-se dado inteiramente ao acaso.

Durante as fases iniciais da Revolução Industrial (de meados do século XVIII até as primeiras décadas do século XIX), os capitalistas industriais se entregaram a uma luta prolongada contra os interesses dos proprietários de terras e dos capitalistas comerciantes pela supremacia econômica e política. Àquela época, os capitalistas industriais, de modo geral, se envolviam pessoalmente na direção, na coordenação e na supervisão dos processos de produção. O centro de atenção ou objetivo primordial de seus esforços fora a rápida acumulação de capital industrial e sua principal preocupação intelectual fora compreender a fonte de acumulação de capital. A perspectiva da teoria do valor-trabalho tinha oferecido os *insights* mais úteis sobre o processo de acumulação de capital, concentrando-se na distinção entre trabalho produtivo e trabalho improdutivo. Tinha mostrado como o trabalho produtivo era a fonte do trabalho excedente, que possibilitava a expansão do capital. Assim, em suas primeiras formulações, a teoria do valor-trabalho refletia a perspectiva das necessidades objetivas da classe capitalista industrial e servia para satisfazê-las.

Naquele mesmo período, os capitalistas comerciantes e os proprietários de terras auferiam suas rendas da propriedade e da troca no mercado. Sua situação poderia ser melhor atendida através de teorias econômicas que sancionassem a propriedade privada do capital e da terra, exaltando, ao mesmo tempo, o benefício social da troca. A perspectiva da troca ou da utilidade, tal como apresentada nos escritos de Malthus, Say e Senior, tinha atendido melhor a suas necessidades.

Com o crescimento da sociedade anônima como a principal forma da industrialização e a crescente concentração industrial, que descrevemos no início deste capítulo, houve uma importante mudança, tanto na natureza da acumulação do capital industrial quanto no papel do capitalista industrial. A acumulação ficou sistematizada, institucionalizada e regularizada. Foram contratados cada vez mais administradores de empresas para dirigir e supervisionar as empresas industriais e para canalizar os lucros automaticamente, como parte de um processo perpétuo de acumulação. O papel do empresário capitalista nos processos de produção industrial tornou-se cada vez menos importante.

Os donos do capital industrial tornaram-se cada vez mais parecidos, nas funções sociais econômicas, com a classe de proprietários de terras. Os lucros e os juros passaram a ser, cada vez mais, resultantes da propriedade passiva. Portanto, as necessidades teóricas e ideológicas dos donos do capital industrial passaram a ser idênticas às dos proprietários de terras e dos capitalistas comerciantes. Todos eles precisavam de uma teoria que sancionasse sua propriedade e proclamasse as virtudes de uma economia de troca.

Por isso, exatamente no momento em que a teoria do valor-trabalho, nos escritos de Karl Marx, estava identificando-se com os interesses da classe operária, a teoria da utilidade ou a perspectiva do mercado começou a atender aos interesses de todos os elementos da classe que possuía os meios de produção (fossem eles a terra, o capital comercial, o capital financeiro ou o capital industrial).

O indivíduo, como maximizador racional e calculista, tal como retratado pelo marginalismo neo-clássico, nunca foi um reflexo exato do comportamento da maioria das pessoas em uma sociedade capitalista. Os trabalhadores, em sua maioria, provinham de famílias em que os padrões de consumo eram socializados de modo a se transformar em hábito e a ficar relativamente cristalizados. Não há dúvida de que, se uma mercadoria que eles consumissem habitualmente subisse de preço abruptamente, seu poder aquisitivo limitado obrigá-los-ia a ajustar seus padrões de consumo; mas as ideias de calcular racionalmente utilidades marginais, comparar razões de utilidade com razões de preços e ajustar as compras de modo a atingir um "máximo de prazer" sempre foram totalmente estranhas aos processos mentais de quase todos os trabalhadores.

Essa ideia do indivíduo como maximizador racional e calculista, que compra com determinada margem e vende com outra margem, em busca constante de maximização, é, porém, uma boa descrição de um grupo pertencente à economia capitalista: os donos de uma grande carteira de investimentos, que não trabalham. Esses indivíduos possuem vários tipos de ações, títulos, terras e outros ativos que dão renda apenas como fruto da propriedade. Esses indivíduos, que geralmente operam com corretoras de valores especializadas, estão sempre vendendo algumas de suas ações, comprando outras, trocando obrigações a curto prazo por obrigações a longo prazo ou fazendo *ajustes marginais* constantes em sua carteira de ativos, na tentativa incessante de calcular racionalmente a combinação de propriedades que maximizem sua renda no tempo ou a taxa de crescimento do valor de seus ativos. Esse é o tipo de indivíduo melhor descrito pelo marginalismo neoclássico, que culmina com conclusões ideológicas que atendem melhor às necessidades desse tipo de indivíduo.

Apêndice

É muito difícil entender o verdadeiro sentido do equilíbrio geral a partir de uma discussão sobre equações. É mais difícil ainda, se se partir de *2m + 2n-1* equações concretas (principalmente se isso re-presentar um número muito grande). Desse modo, apresentaremos graficamente um modelo simples de equilíbrio geral com três mercadorias. Isso ajudará a ilustrar a natureza do modelo de equilíbrio geral e servirá para apresentar o problema de como se pode ou não atingir o equilíbrio quando a economia parte de uma posição de desequilíbrio. Nosso modelo não fará distinção entre serviços produtivos e bens de consumo. É apenas um modelo de troca – e não de produção –, no qual uma mercadoria é usada como *numerário*. Existem cinco incógnitas – as quantidades trocadas das mercadorias *a*, *b* e *c*, bem como o preço de *a* (P_a) e o preço de *b* (P_b), ambos estabelecidos em termos do *numerário*, que é a mercadoria *c*.

Nossas equações são:

$$ED_a = f(P_a, P_b), \qquad\qquad (10A.1)$$

quer dizer, o excesso de demanda (*ED*) por *a* depende de ambos os preços. Isso quer dizer, simplesmente, que, para qualquer conjunto de dois preços, surgirá uma das três situações seguintes no mercado de *a*: $ED_a = 0$, quer dizer, a oferta e a demanda de *a* serão iguais; $ED_a > 0$, quer dizer, a demanda por *a* será maior do que a oferta; ou $ED_a < 0$, quer dizer, a demanda por a será menor do que a oferta; o excesso negativo de demanda é idêntico ao excesso de oferta.

$$ED_b = f(P_a, P_b),\qquad\qquad (10A.2)$$

quer dizer, o excesso de demanda por b depende de ambos os preços; o sentido dessa função, explicado para a mercadoria a, também se aplica às mercadorias b e c.

$$ED_c = f(P_a, P_b),\qquad\qquad (10A.3)$$

quer dizer, o excesso de demanda por c também depende de ambos os preços.

$$ED_a = 0\qquad\qquad (10A.4)$$

quer dizer, o excesso de demanda por a tem de ser igual a zero como condição de equilíbrio.

$$ED_b = 0\qquad\qquad (10A.5)$$

e as mesmas condições de equilíbrio têm de ser válidas para a mercadoria b.

Temos, agora, cinco incógnitas e cinco equações. A *lei de Walras* nos garante que, se a e b estiverem em equilíbrio, c também estará em equilíbrio. Poderíamos ter, da mesma forma, oito incógnitas e oito equações – as incógnitas teriam sido os dois preços e as funções individuais de oferta e demanda de cada uma das três mercadorias. Na verdade, as Equações (10A.1), (10A.2) e (10A.3) são a combinação de uma equação de oferta com uma equação de demanda. São combinadas porque, em equilíbrio, a quantidade de oferta de qualquer bem é igual à sua demanda e ambas são iguais à quantidade trocada.

Podemos, agora, ilustrar o equilíbrio geral com curvas simples de oferta e demanda, deduzidas de análises de equilíbrio parcial. Fazemos isso da seguinte maneira: no mercado de a, podemos *supor* um preço de b e, depois, traçar curvas de oferta e demanda que mostrem a quantidade de a que seria oferecida e demandada, a diferentes preços de a, dado o preço suposto de b. Em seguida, supomos um preço *diferente* de b, que nos dá duas curvas de oferta e demanda inteiramente diferentes de a, segundo a mesma hipótese. Se continuássemos fazendo variar o preço de b, teríamos uma família de curvas de oferta e demanda de a. Essas curvas, juntamente com os preços diferentes de b que as geram, nos dão as informações implícitas na Equação (10A.1). Para qualquer preço de b, haverá uma curva da oferta e uma curva da demanda de a. Com um determinado preço de a, essas curvas se interceptarão; a esse preço, a Equação (10A.4) é solucionada, *dado o preço suposto de b*. Esse preço é o preço correspondente de a que satisfaz à Equação (10A.4), quer dizer, o que iguala a oferta à demanda de a, nos darão *um conjunto* de preços que satisfaz à Equação (10A.4). Toda vez que variamos o preço de b, obtemos outro conjunto de preços que satisfaz à Equação (10A.4).

A Figura 10.2 ilustra a explicação anterior. As primeiras curvas de oferta e demanda (linhas cheias) são traçadas com um determinado preço de b, P_{b1}, e o segundo conjunto de curvas (linhas interrompidas) é traçado com um segundo preço dado, P_{b2}.

Na parte (a) da Figura 10.2, vemos que, com as curvas de oferta e demanda de a correspondendo a P_{b1}, o equilíbrio entre oferta e demanda se situa em P_{b1}. Analogamente, com as curvas de oferta e demanda correspondendo a P_{b2}, o equilíbrio se situa em P_{a2}. Então, temos dois conjuntos de preços de a e b que satisfazem à Equação (10A.4). Se continuássemos com esse processo, poderíamos ter toda uma série de conjuntos de preços que satisfizesse à Equação (10A.4). A parte (b) da Figura 10.2 é um gráfico que retrata *todos* os conjuntos de preços que satisfazem à Equação (10A.4).

A reta chamada de $ED_a = 0$ é a localização de todos os pontos que satisfazem a Equação (10A.4). O gráfico da parte (b) mostra os preços de a (no eixo vertical) e os preços de b (no eixo horizontal).

O Triunfo do Utilitarismo: A Economia de Jevons, Menger e Walras

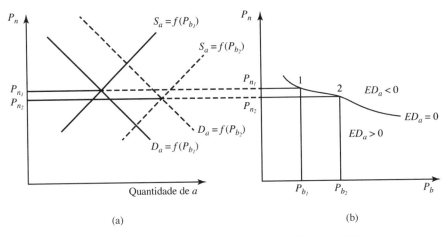

FIGURA 10.2 Preços que equilibram a oferta e a demanda da mercadoria a.

Qualquer ponto sobre a linha $ED_a = 0$ dá dois preços que equilibrarão a oferta e a demanda de a. O ponto 1 sobre a linha corresponde ao primeiro conjunto de curvas de oferta e demanda (em linhas cheias) na parte (a) e o ponto 2 corresponde ao segundo conjunto de curvas de oferta e de demanda (em linhas tracejadas) na parte (a).

Cabe mais um comentário sobre a parte (b) da Figura 10.2. Todos os pontos do espaço acima e à direita da linha $ED_a = 0$ correspondem a conjuntos de preços de a e b que resultarão em excesso de demanda negativo (ou excesso de oferta) de a. Todos os pontos abaixo e à esquerda da linha são conjuntos de preços que resultarão em excesso de demanda (ou excesso de oferta negativo) de a.

A Figura 10.3 ilustra exatamente o mesmo para a mercadoria b. As partes (a) e (b) do gráfico têm exatamente a mesma justificativa lógica que as da Figura 10.2. Na Figura 10.3, juntamos os gráficos da parte (b) das Figuras 10.2 e 10.3. Vemos, no mesmo gráfico, todos os conjuntos de preços que equilibrarão a oferta e a demanda de ambas as mercadorias. Vemos que apenas $\tilde{P}_a$ e $\tilde{P}_b$ esultarão em um

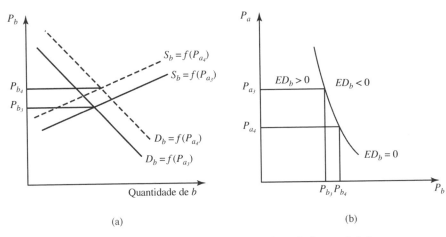

FIGURA 10.3 Preços que equilibram a oferta e a demanda da mercadoria b.

241

equilíbrio de ambos os mercados. Todos os pontos que não estão sobre as linhas ED 5 0 foram divididos em quatro regiões. As condições de excesso de demanda de *a* e de *b*, em qualquer ponto dessas quatro regiões, estão resumidas à direita do gráfico da Figura 10.4.

Com base na lei de *Walras* e nas informações ilustradas na Figura 10.4, podemos traçar outra reta que mostre todos os conjuntos de preços com os quais o excesso de demanda de *c* (ED_c) será igual a zero. Em primeiro lugar, com base na *lei de Walras*, sabemos que o ponto ($\bar{P}_a, \bar{P}_b$) onde as retas $ED=0$ de *a* e *b* se interceptam, tem de ser um ponto em que $ED_c=0$. Não precisamos de uma equação (nas cinco equações iniciais de nosso sistema geral de equilíbrio) para o equilíbrio da mercadoria *c*, porque sabíamos que, se todas as demais mercadorias estivessem em equilíbrio, a mercadoria *c* teria de estar em equilíbrio. Para *c* estar em desequilíbrio, seria preciso que, pelo menos, uma das outras duas mercadorias estivesse em desequilíbrio, porque a demanda total tem de ser igual à oferta total, pela *lei de Walras*. Portanto, o ponto ($\bar{P}_a, \bar{P}_b$) é um ponto sobre a reta $ED_c=0$.

Mas têm de haver outros conjuntos de preços em que $ED_c=0$ e a localização de todos os pontos que representam esses conjuntos de preços nos dá a reta $ED_c=0$. Sabemos que, em qualquer conjunto de preços que não sejam ($\bar{P}_a, \bar{P}_b$), o mercado de *a*, o mercado de *b* ou ambos estarão em estado de desequilíbrio (já que $\bar{P}_a, \bar{P}_b$ constituem o único conjunto de preços que equilibrarão tanto o mercado de *a* quanto o de *b*). Portanto, todos os conjuntos de preços da reta $ED_c=0$ diferentes de ($\bar{P}_a, \bar{P}_b$) têm de envolver um equilíbrio do mercado de *c* e um desequilíbrio dos mercados de *a* e *b* (isso porque, de acordo com a *lei de Walras*, sabemos que é impossível somente um mercado estar em desequilíbrio).

Além do mais, segundo a *lei de Walras*, sabemos que em todos os pontos sobre a reta $ED_c=0$ diferentes de ($\bar{P}_a, \bar{P}_b$) os desequilíbrios dos mercados de *a* e *b* têm de se cancelar, exatamente para que a demanda total continue igual à oferta total. Por isso, em qualquer desses pontos sobre a reta $ED_c=0$, se $ED_a > 0$, segue-se necessariamente $ED_b < 0$ e o excesso de demanda de *a* terá de ser igual ao excesso de demanda negativo (excesso de oferta) de *b*. Da mesma forma, se $ED_a < 0$, segue-se, necessariamente, $ED_b > 0$ e o excesso de demanda e o excesso de oferta terão, mais uma vez, de ser iguais.

Voltando à Figura 10.4, vemos que a reta $ED_c=0$ não pode passar pelas regiões *F* ou *H* porque, nessas regiões, os mercados de *a* e *b* têm excesso de oferta (região *F*) ou excesso de demanda (região *H*). Só nas regiões *J* e *G* é que o mercado de *c* poderá estar em equilíbrio, e os desequilíbrios dos mercados *a* e *b* se compensarão mutuamente.

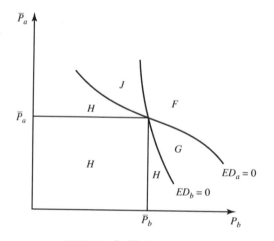

FIGURA 10.4 Equilíbrio nos mercados de *a* e *b* e as quatro regiões de desequilíbrio.

O Triunfo do Utilitarismo: A Economia de Jevons, Menger e Walras

Portanto, se encontrarmos todo conjunto de preços na região J, em que o excesso de oferta de *a* seja exatamente igual ao excesso de demanda de *b*, e todo conjunto de preços na região G, em que o excesso de demanda de *a* seja exatamente igual ao excesso de oferta de *b*, a localização resultante dos pontos constituirá a reta $ED_c = 0$.

A Figura 10.5 ilustra as retas que mostram os conjuntos de preços de equilíbrio para cada uma das três mercadorias. Os preços $\bar{P}_a$ e $\bar{P}_b$ equilibram todos os três mercados. São, portanto, os preços de equilíbrio geral. Duas das nossas incógnitas originais estão agora resolvidas e conhecidas. Com esses dois preços, podemos voltar a nossas curvas de oferta e demanda de cada mercadoria (ilustrada na parte (a) das Figuras 10.2 e 10.3) e ver exatamente qual é a quantidade de cada mercadoria que é trocada. Não ilustramos as curvas de oferta e demanda da mercadoria *c*. Elas seriam exatamente as mesmas que as de *a* e *b*, com uma diferença: como o preço *c* é definido como o *numerário* (sendo, portanto, sempre igual a 1), poderíamos fazer com que as curvas de oferta e demanda de *c* dependessem do preço de *a* com o preço de *b* considerado dado (e, depois, fazer variar o preço de *b*, para gerar novas curvas de oferta e demanda), ou fazer com que as curvas de oferta e demanda de *c* dependessem do preço de *b*, com o preço de *a* fixo (e, depois, variando o preço de *a*, para gerar novas curvas e oferta e procura). Ambos os métodos dariam o mesmo resultado.

Portanto, partindo de cinco incógnitas e de cinco equações, vimos como determinar as soluções de equilíbrio geral dos preços e das quantidades trocadas de cada uma das três mercadorias. Podemos avaliar a complexidade de uma teoria do equilíbrio geral que explique os preços e as quantidades trocadas de um grande número de bens de consumo e serviços produtivos, compreendendo a complexidade de nosso modelo de equilíbrio geral simples de três mercadorias.

A Figura 10.5 ilustra as três retas $ED = 0$. Agora, dividimos o espaço entre essas três retas em seis regiões. À direita do gráfico, resumimos as condições de excesso de demanda e de oferta em cada uma dessas regiões. A Figura 10.5 pode ser usada para demonstrar graficamente a questão de se as forças de mercado irão corrigir, automaticamente, um desequilíbrio. Suponhamos, por exemplo, que os preços partem da região M e a mercadoria *c* é a moeda. As mercadorias *a* e *b* estariam sendo ofertadas em excesso (ou com excesso de demanda negativa), ao passo que a mercadoria *c* estaria com excesso de demanda. Logo, um excesso de oferta – ou superprodução generalizada – existe para todas as mercadorias, com um correspondente excesso de demanda por moeda. Os preços de *a* e *b* deveriam,

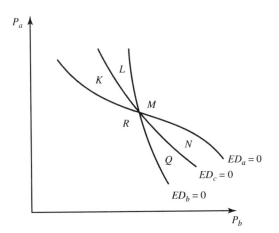

FIGURA 10.5 **Equilíbrio nos mercados de *a*, *b* e *c* e as seis regiões de desequilíbrio.**

ambos, cair em termos da mercadoria *numerário c* a fim de conduzir os mercados à solução de equilíbrio – graficamente, a interseção das três linhas. A questão, portanto, é saber se este movimento na direção do equilíbrio irá ocorrer, de fato, e, caso afirmativo, quanto tempo ele levará.

Notas do Capítulo 10

1. JEVONS, William Stanley. *The Theory of Political Economy*. 2 ed. Baltimore: Penguin, 1970. Organizado por R.D. Collison.
2. MENGER, Carl. *Principles of Economics*. Nova York: Free Press, 1950.
3. WALRAS, Léon. *Elements of Pure Economics*. Homewood, Ill.: Irwin, 1954.
4. JEVONS, William Stanley. *Letters and Journal of W. Stanley Jevons*. Londres: Macmillan, 1886. p. 151. Organizado por Harriet A. Jevons.
5. JEVONS. *Theory of Political Economy*, p. 55.
6. Ibid., p. 44.
7. Ibid., p. 77.
8. Ibid., p. 127.
9. Ibid., p. 101-102.
10. Ibid., p. 101.
11. Ibid., p. 111.
12. Jevons usou símbolos diferentes dos símbolos que usamos, mas o sentido de suas fórmulas era idêntico ao das fórmulas aqui usadas. (ver Ibid., p. 142-143.) Usamos a forma padronizada atual das equações para evitar confundir o leitor.
13. Ibid., p. 44.
14. ibid., p. 52.
15. Ibid., p. 85.
16. JEVONS, William, Stanley. *The State in Relation to Labour*. Londres: Macmillan, 1882. p. 98.
17. Ibid., p. 104.
18. JEVONS. *Theory of Political Economy*, p. 68-69.
19. Ibid., p. 173.
20. Ibid., p. 256.
21. Ibid., p. 257-258.
22. JEVONS. *State in Relation to Labour*, p. 127.
23. JEVONS, William Stanley. *Methods of Social Reform and Other Papers*. Londres: Macmillan, 1883. p. 108.
24. JEVONS. *Theory of Political Economy*, p. 126.
25. Ibid., p. 257.
26. Ibid., p. 225.
27. Ibid., p. 72.
28. Ibid., p. 101.
29. Ibid., p. 103.
30. JEVONS. *Methods of Social Reform*, p. 196.
31. Citado por KEYNES, John Maynard. *Essays in Biography*. Londres: Macmillan, 1933, p. 126-127.
32. MENGER, Carl. *Problems of Economics and Sociology*. Urbana: University of Illinois Press, 1963.
34. Ibid.
35. Ibid., cap. 5.
36. Ibid., p. 222-225.
37. Ibid., p. 80-87.
38. Ibid., p. 85.
39. Ibid., p. 150.

40. Ibid., p. 149.
41. Ibid., p. 156.
42. Ibid., p. 164-165.
43. Ibid., p. 161.
44. Ibid., p. 75.
45. Ibid., p. 76.
46. Ibid., p. 97.
47. Ibid., p. 173-174.
48. MENGER. *Problems of Economics and Sociology*, p. 237.
49. Ibid., p. 194.
50. Ibid., p. 195.
51. Ibid., p. 194; itálicos do original.
52. Ibid., p. 91.
53. Ibid., p. 230; itálicos do original.
54. ibid., p. 91-92.
55. MENGER. *Principles of Economics*, p. 174.
56. Ibid.
57. WALRAS. *Elements of Pure Economics*, p. 42.
63. Ibid., p. 69.
64. Ibid., p. 89.
65. Ibid., p. 146-147, 178-179.
66. Ibid., p. 44.
67. Ibid., p. 83-84.
68. Ibid., p. 40-41.
69. Ibid., p. 179.
70. Ibid., p. 225.
71. Ibid., p. 143. Os itálicos do primeiro parágrafo são do original; os do segundo são nossos.
72. Ibid., p. 44.
73. Ibid., p. 52.
74. Ibid., p. 53.
75. Ibid., p. 396-397.
76. Ibid., p. 422.
77. Ibid., p. 54-55.
78. Ibid., p. 256.
79. Ibid., p. 79-80.
80. Ibid., p. 67.
81. ibid., p. 173.
82. ibid., p. 65.

Capítulo 11

Teorias Neoclássicas da Firma e da Distribuição de Renda: As Obras de Marshall, Clark e Böhm-Bawerk

A perspectiva da utilidade, em teoria econômica, estava incompleta até que todo o processo econômico, visualizado e definido segundo essa tradição, fosse comprovadamente apresentado como resultado apenas do comportamento racional, calculado e maximizador. Por essa perspectiva, o processo econômico é visto a partir de dois importantes pontos focais – a família e a firma. Existem dois fluxos circulares contínuos entre esses dois pontos. Primeiro, há o que, em Economia, chama-se "fluxo real". As famílias são vistas como donas dos "fatores de produção" e como consumidoras dos bens de consumo finais. Com base no cálculo de suas utilidades marginais, elas decidem quanto de cada um de seus vários fatores de produção venderão às firmas e quanto comprarão de cada um dos vários bens de consumo. Portanto, o fluxo real é um fluxo do uso de fatores de produção das famílias para as firmas e um fluxo de retorno de bens de consumo das firmas para as famílias.

O segundo fluxo é um "fluxo monetário". As famílias auferem renda monetária com a venda do uso de seus fatores de produção. Esse dinheiro retorna, então, às firmas, como pagamento dos bens de consumo comprados pelas famílias. As firmas tomam decisões racionais, calculadas e maximizadoras de modo impressionantemente semelhante ao das decisões das famílias.

Enquanto a família procura maximizar o excesso de utilidade, obtido com o consumo de bens comprados, em relação à utilidade de que abre mão na venda de fatores de produção, a firma procura maximizar a diferença entre o dinheiro que paga pelos fatores de produção e o dinheiro que recebe com a venda de bens de consumo. Portanto, a família é o centro do fluxo real, e a utilidade é o que está sendo racionalmente maximizado. Da mesma forma, a firma é o centro do fluxo monetário, e o

História do Pensamento Econômico

lucro é o que está sendo racionalmente maximizado. Como a lógica matemática da maximização é a mesma, independente do uso que dela é feito, as análises da família e da firma são muito parecidas, na economia neoclássica.

A Contribuição de Marshall à Teoria da Utilidade e à Teoria da Demanda

Alfred Marshall (1842-1924) foi um matemático que se tornou economista e que ensinou Economia na Universidade de Cambridge por várias décadas. Embora já tivesse elaborado e já estivesse difundindo quase todas as suas ideias no início da década de 1870, só publicou uma versão completa de suas ideias em 1890. Seus *Princípios de Economia* foram, aos poucos, substituindo os *Princípios de Economia Política*, de Mill, como o principal livro de Economia nas universidades dos países de língua inglesa. Muitas de suas formulações da teoria neoclássica continuam até hoje dominando o ensino introdutório de teoria microeconômica neoclássica nas universidades.

Em geral, pode-se dizer que Marshall se aproximava um pouco mais, em espírito e em ideologia, de John Stuart Mill do que de Senior, Say e Bastiat, embora Marshall tenha sido, sem dúvida, mais conservador do que Mill. Marshall foi o fundador daquele grupo dentro da tradição da economia neoclássica do século XX, que combina sua defesa do capitalismo *laissez-faire* com uma grande flexibilidade, que admite pequenas reformas, visando ao funcionamento menos severo do sistema econômico. Esta tradição continua a analisar as imperfeições dos mercados, a exemplo da informação imperfeita, com o objetivo de informar a política econômica de forma a atingir resultados superiores. Poder-se-ia dizer que muitos dos economistas progressistas do *mainstream*, na atualidade, provêm desta tradição.

Como já discutimos a teoria da utilidade no capítulo anterior, limitaremos nossa discussão das contribuições de Marshall à teoria da utilidade, às áreas em que ele foi além de Jevons, Menger e Walras. Do mesmo modo que esses três teóricos, Marshall formulou a noção de utilidade marginal decrescente e as condições necessárias para a maximização da utilidade do consumidor através da troca. Nem Jevons nem Menger conseguiram associar diretamente sua teoria da utilidade à teoria da demanda. Embora Walras tenha mostrado essa ligação, Marshall teve muito mais êxito do que ele na dedução rigorosa das conclusões neoclássicas contemporâneas sobre a teoria da demanda, baseadas em sua noção da utilidade marginal decrescente.

Marshall chegou a uma curva de demanda negativamente inclinada da seguinte maneira: primeiro, como ocorria com todos os teóricos da utilidade, supôs que, no período de análise, a curva de utilidades marginais do indivíduo permanecesse constante. Escreveu ele: "Não supomos que haja tempo para qualquer alteração no caráter ou nos gostos do próprio homem".[1] Já chamamos a atenção para a importância desta hipótese necessária para a teoria ética subjacente à economia neoclássica. Ela também era necessária para a determinação da curva da demanda traçada por Marshall. Sua segunda hipótese era que a utilidade marginal da moeda para uma pessoa era dada e constante em todo o período de análise. Admitindo uma utilidade marginal fixa da moeda, ele conseguia um elo entre curvas de utilidades e curvas de preços.

Por exemplo, se uma pessoa tiver uma utilidade marginal de dois *utils* por $1 de moeda e se mais um pedaço de pão der quatro *utils*, enquanto mais um quilo de carne lhe daria seis *utils*, ela se disporia a abrir mão de $2 (isto é, quatro *utils*), em troca de um pedaço de pão, e de $3 (isto é, seis *utils*) por um quilo de carne. A utilidade de um segundo pedaço de pão poderia cair para dois *utils* e a de um segundo quilo de carne, para três *utils*. Nesse caso, a pessoa estaria disposta a pagar $1 (2 *utils*) pelo

Teorias Neoclássicas da Firma e da Distribuição de Renda

segundo pedaço de pão adicional e $1,50 (3 *utils*) pelo segundo quilo de carne adicional. Isso ocorreria porque "a utilidade marginal da moeda, para essa pessoa, seria uma quantidade fixa, de modo que os preços que ela estaria disposta a pagar por ambos os produtos teriam, entre si, a mesma razão que a utilidade de ambos".[2]

A partir daí Marshall derivou uma curva de demanda individual. A curva de demanda total por qualquer mercadoria era, simplesmente, a soma das curvas de demandas individuais. "Toda queda, por menor que seja, do preço de uma mercadoria de uso geral aumentará suas vendas totais, tudo o mais constante."[3]

A expressão "tudo o mais constante" era significativa. Embora Marshall tenha discutido resumidamente as condições necessárias para um equilíbrio geral, quase todas as suas teorias eram análises de *equilíbrio parcial*, em que ele examinava apenas os mercados de uma ou duas mercadorias, ignorando as interligações desses mercados e os mercados de todas as outras mercadorias.

Além de explicar a determinação de uma curva de demanda partindo de uma curva de utilidade, Marshall definiu e elaborou a noção da "elasticidade-preço da demanda",[4] definiu e discutiu sua noção de "excedente do consumidor"[5] e mostrou como circunstâncias excepcionais poderiam levar a uma curva de demanda positivamente inclinada.[6] Se estivéssemos interessados em discutir mais detidamente as origens de todos os detalhes da moderna análise neoclássica, essas noções seriam explicadas. Para os fins que temos em mente, isso se torna desnecessário; recomenda-se ao leitor interessado consultar um livro específico sobre o assunto.[7]

Assim, Marshall desenvolveu metade do processo de maximização da utilidade pelas famílias, estendendo e aperfeiçoando as ideias de Jevons, Menger e Walras. A outra metade do problema de maximização das famílias dizia respeito à venda de fatores de produção. Dos três fatores de produção tradicionais – terra, trabalho e capital –, Marshall acreditava que apenas o trabalho e o capital envolviam utilidade negativa ou falta de utilidade. Sua discussão sobre renda da terra era, basicamente, semelhante às discussões de Ricardo e Mill. A renda da terra era um excedente gerado pelas diferentes fertilidades do solo e não envolvia custo social algum.[8] Nesse e em muitos outros casos, a defesa de Marshall da renda da propriedade não era tão completa nem tão extrema quanto as de Malthus, Say, Senior, Bastiat e a maioria dos outros economistas neoclássicos.

Era com base na venda dos serviços do trabalho e do capital que as unidades familiares tinham de fazer os seus cálculos de utilidade. Após fazer algumas qualificações ao princípio que defendia, Marshall afirmou que, quando o trabalho era vendido, sempre havia um ponto além do qual "a desutilidade marginal do trabalho, em geral, aumentava com qualquer aumento de sua quantidade".[9] Essa desutilidade crescente do trabalho poderia

> surgir da fadiga do corpo ou da mente, de instalações em más condições sanitárias, do convívio com maus colegas, da ocupação do tempo destinado ao lazer ou, ainda, por interesses sociais ou intelectuais. Entretanto, qualquer que fosse a causa, sua intensidade, quase sempre, aumentaria com a gravidade e a duração do trabalho.[10]

Embora estivesse claro, para todos os economistas, que o trabalho era um custo social de produção, economistas conservadores, desde Senior, tinham argumentado que a abstinência dos capitalistas envolvia um custo social e uma desutilidade semelhantes. Marshall concordava, em termos gerais, com Senior, mas, evidentemente, ficou um pouco embaraçado com as implicações dessa noção:

> Karl Marx e seus seguidores achavam muita graça quando viam a acumulação de riqueza resultante da abstinência do Barão de Rothschild, que contrastava com a extravagância de um trabalhador

que alimentava uma família ganhando sete shillings por semana e que, gastando toda a sua renda, não praticava abstinência alguma.[11]

Marshall esperava poder evitar esse embaraço substituindo a palavra *abstinência* por *espera*:

> *A natureza humana, por ser o que é, nos justifica, quando falamos em juros do capital como a recompensa pelo sacrifício de esperar para aproveitar os recursos materiais, porque poucas pessoas poupariam tanto sem uma recompensa...*
>
> *O sacrifício do prazer presente pelo prazer futuro tem sido chamado de* abstinência *pelos economistas... Como, porém, o termo se presta a mal-entendidos, podemos evitar-lhe o uso com vantagem e dizer que a acumulação de riqueza é, em geral, o resultado de um adiamento do prazer ou de uma* espera.[12]

Assim, na análise que Marshall fez sobre a unidade familiar, as pessoas estavam sempre calculando as trocas apropriadas envolvidas na minimização da dor do trabalho ou da espera, comparando-as com o prazer obtido com a aquisição de mercadorias para consumo. Fazendo isso, "elas procuram ajustar as rédeas, de modo que a perda agregada de utilidade possa ser mínima e que a utilidade agregada restante possa ser máxima".[13] Os mesmos cálculos de utilidade eram feitos por trabalhadores que quisessem saber até que ponto deveriam esforçar-se fisicamente e por capitalistas que quisessem saber até quando queriam esperar. "Uma pessoa prudente se esforçará para distribuir os meios entre... o presente e o futuro, de maneira a eles ficarem com a mesma utilidade marginal."[14] Portanto, os cálculos de maximização da utilidade controlavam o verdadeiro fluxo de serviços do capital e do trabalho do setor das famílias para o setor das empresas e do consumo de mercadorias do setor das empresas para o setor das famílias. Contudo, para entender o fluxo monetário, era preciso examinar o comportamento maximizador dos lucros da empresa.

Simetria entre as Teorias Neoclássicas da Família e da Firma

A maximização da utilidade, por meio de ajustes marginais de quantidades de mercadorias compradas e vendidas, era possível, pela teoria neoclássica, por causa da possibilidade de *substituição* de qualquer mercadoria por outras mercadorias. As mercadorias só eram compradas porque produziam utilidade para o consumidor. Ao maximizar a utilidade, o consumidor poderia obter utilidade usando diversos tipos de mercadoria. Se o preço de uma mercadoria aumentasse, o custo em que o consumidor teria de incorrer para obter utilidade dessa mercadoria aumentaria. Como a utilidade era concebida como qualitativamente homogênea (de acordo com a ideia de Bentham, mas oposta à ideia de Mill), as únicas considerações de um consumidor seriam com relação às quantidades de suas utilidades marginais produzidas por diferentes mercadorias e os custos dessas mercadorias. Portanto, quando o custo de uma mercadoria aumentava, o consumidor *substituía* parte do consumo da mercadoria mais cara por quantidades de *outras mercadorias*. Desse modo, reduzia a compra da mercadoria cuja utilidade marginal era mais cara e aumentava a compra das outras mercadorias cuja utilidade marginal era, para ele, relativamente menos custosa. Assim, depois do aumento de preço, essas modificações em suas compras e vendas restabeleceriam as condições de maximização da utilidade (quer dizer, *UMa/Pa 5 UMb/Pb* e assim por diante, para todas as mercadorias), por causa da possibilidade de substituição das mercadorias na produção de utilidade.

Teorias Neoclássicas da Firma e da Distribuição de Renda

Para a teoria da firma poder ser postulada em termos de um problema de maximização para a família, era preciso considerar os fatores de produção análogos aos bens de consumo e a receita auferida com a venda do produto desses fatores análoga à utilidade. A família abria mão de utilidade vendendo os serviços dos fatores de produção, a fim de pagar os custos dos bens de consumo. Estes geravam utilidade. As famílias procuravam maximizar a diferença entre a utilidade obtida através do consumo desses bens e a utilidade por elas perdida no pagamento dos custos necessários à aquisição dos bens.

O problema da firma, segundo a análise de Marshall, era idêntico. Uma firma queria maximizar a diferença entre a renda monetária auferida com a venda de mercadorias e os custos monetários por ela pagos para adquirir os serviços dos fatores de produção que as produziam, quer dizer, queria maximizar o lucro. A firma comprava fatores de produção que, produzindo mercadorias que poderiam ser vendidas, produziam receita para a firma. O problema de maximização da firma seria essencialmente idêntico ao da família *se os fatores de produção fossem substituíveis no processo de produção de renda, da mesma maneira que os bens de consumo eram substituíveis na geração de utilidade.*

No entanto, a maioria dos economistas clássicos supunha que a produção envolvia *coeficientes técnicos* de produção *fixos*. Quer dizer, eles supunham que uma determinada tecnologia de produção implicaria uma "receita" para a produção de mercadorias, que ditava proporções fixas dos diferentes fatores de produção a serem usados. De modo geral, ignoravam a possibilidade de variar a proporção de fatores de produção substituindo um fator por outro (embora Ricardo tenha dito que, quando era cultivada terra de qualidade inferior, a terra mais fértil seria cultivada mais intensamente com o emprego de quantidades relativamente maiores de capital e de trabalho em determinados lotes).

Menger também tinha suposto a existência de coeficientes técnicos de produção fixos. Por isso, ele supusera que os fatores de produção eram complementares, tendo dificuldade para explicar como o preço de cada fator de produção era determinado no mercado. Nas duas primeiras edições do livro *Elementos*, de Walras, ele também supôs a existência de coeficientes técnicos de produção fixos. Só na terceira edição (publicada em 1896) é que Walras aventou a possibilidade de variar as proporções dos fatores de produção, substituindo um fator por outro, em resposta a variações de seus preços relativos.

Assim, uma das contribuições mais importantes de Marshall para a teoria econômica utilitarista foi a introdução de dois conceitos intimamente relacionados: o primeiro era que os empresários tentavam reduzir os custos de produção substituindo um fator (ou "agente", como Marshall algumas vezes chamava os fatores) por outro:

> Todo empresário... está sempre tentando obter uma noção quanto à eficiência relativa de todo agente de produção por ele empregado, bem como de outros que possam ser substituídos por alguns desses agentes.[15]
>
> A soma dos preços por ele pagos pelos fatores que usa é, via de regra, menor do que a soma dos preços que teria de pagar por qualquer outro conjunto de fatores que pudessem ser empregados como substitutos.[16]

O segundo conceito era que, quando a firma aumentava a quantidade usada de um fator (por exemplo, trabalho) em relação à quantidade usada de outro fator (por exemplo, capital), o incremento marginal acrescentado à produção total em cada aumento adicional equivalente ao primeiro fator (trabalho) começaria, a partir de determinado ponto, a diminuir: "a noção do emprego marginal de qualquer agente de produção implica... uma tendência de haver um retorno decrescente de seu maior emprego".[17]

A possibilidade de substituição dos fatores de produção para a firma era, então, análoga à possibilidade de substituição dos bens de consumo para as famílias. Da mesma forma, a lei dos rendimentos decrescentes com o aumento do emprego de um fator de produção era análoga à lei da utilidade marginal decrescente do aumento do consumo de uma mercadoria. A partir de Marshall, a teoria da firma maximizadora tem sido quase idêntica, em termos analíticos, à teoria da família maximizadora.

A firma comprava insumos e vendia produtos. Procurava maximizar a diferença entre os custos de seus insumos e a receita de seus produtos. Portanto, o problema de maximização da firma poderia ser visto segundo dois pontos de vista: do produto ou dos insumos. De acordo com o primeiro, se examinaria o preço pelo qual a firma poderia vender várias quantidades de produto e, depois, seria feito o cálculo da *receita total* da firma com a venda de seu produto, sua *receita média* por unidade de produto vendida e sua *receita marginal* de um pequeno aumento ou de uma pequena diminuição do número de unidades de produto vendido.

Analogamente, seriam calculados os custos totais da firma com a produção de seu produto, seu *custo médio* por unidade de produto e seu *custo marginal* de um pequeno aumento ou de uma pequena diminuição do número de unidades produzidas. Do ponto de vista dos insumos da firma, se examinaria a receita resultante da venda do produto de todas as unidades de um fator empregado pela firma, o valor médio do produto resultante de uma unidade do fator e o valor do incremento ou da diminuição da produção em função de um pequeno aumento ou de uma pequena diminuição da quantidade do fator empregado pela firma. Da mesma maneira, se examinaria o custo total da firma com a compra dos serviços do fator em questão, o custo médio unitário do fator empregado e o custo marginal de um pequeno aumento ou de uma pequena diminuição da quantidade do fator empregado.

O fato de encarar o problema de maximização da firma de ponto de vista do produto está, em geral, associado à teoria da firma, na literatura econômica contemporânea. Foi esse aspecto da análise de Marshall que se transformou na base de quase todas as exposições subsequentes da teoria microeconômica neoclássica. Portanto, examinaremos a explicação de Marshall sobre a tentativa de a firma maximizar os lucros desse ponto de vista.

Considerar o problema de maximização da firma do ponto de vista dos insumos tornou-se a base da teoria neoclássica da distribuição da renda. Essa teoria – chamada *teoria da produtividade marginal da distribuição* – foi formulada inadequadamente por Marshall. Formulações melhores dessa teoria foram apresentadas de maneira independente por um inglês – P. H. Wicksteed – e por um norte-americano – John Bates Clark. Após indicar a natureza da deficiência da teoria da distribuição, de Marshall, examinaremos a versão de Clark sobre essa teoria. Finalmente, examinaremos a diferença entre a concepção de capital, segundo Clark e Böhm-Bawerk (uma diferença que continua, até hoje, sendo importante na teoria neoclássica).

A Teoria da Firma, de Marshall

A análise da firma, feita por Marshall, era uma parte integrante de sua análise sobre a determinação dos preços. Os preços eram determinados pela oferta e pela demanda. A demanda era determinada pelas curvas de utilidade dos consumidores e a oferta era determinada pelas curvas de custos das firmas. Embora Marshall tenha discutido resumidamente os monopólios na venda de certos produtos, em quase todo o livro *Princípios* dedicou-se à análise da situação em que um setor era constituído por muitas firmas em concorrência. Com a concorrência, o preço de uma mercadoria produzida em um setor era determinado pela demanda e pela oferta total do setor. A firma sempre aceitava o preço como dado (com uma exceção, que discutiremos resumidamente) e ajustava sua produção e seus custos de maneira a maximizar os lucros.

A teoria de Marshall retratou o que ele chamava de "firma representativa" em um setor em concorrência. A firma representativa era, "em certo sentido, uma firma média".[18] Não tinha quaisquer vantagens ou desvantagens especiais e, por isso, seus custos de produção refletiam os custos médios das diversas firmas do setor. Sua análise baseou-se na distinção entre três períodos. Primeiro, no "período de mercado",

Teorias Neoclássicas da Firma e da Distribuição de Renda

a oferta era fixa e os preços dependiam inteiramente da força da demanda em relação à oferta fixa. Segundo, a "curto prazo", o capital (ou a capacidade produtiva de uma fábrica ou de outras instalações de produção) era fixo, mas a oferta podia ser aumentada ou diminuída, variando-se o número de empregados que trabalhavam nas instalações produtivas. Terceiro, a "longo prazo" a oferta poderia ser alterada, aumentando-se ou diminuindo-se tanto o trabalho quanto o capital. Nesse prazo, poderia ser construída qualquer instalação produtiva.

O período de mercado era relativamente sem importância, na análise de Marshall, de modo que limitaremos nossa discussão ao comportamento da firma no curto e no longo prazos. Em toda a nossa discussão, admitimos que a firma tenha tantos concorrentes que não poderia influenciar diretamente os preços que teria de pagar por seus insumos ou que receberia por seus produtos.

As Curvas de Produção e de Custo da Firma, no Curto Prazo

No curto prazo, o tamanho das instalações produtivas da firma era fixo. Ela só poderia, portanto, expandir-se ou contratar serviços de produção com mais funcionários; mas a fábrica (supondo que a firma seja um setor manufatureira) foi construída com base em determinada tecnologia de produção. Portanto, a produção média por funcionário seria maximizada quando a firma contratasse o número de funcionários para o qual a fábrica tivesse sido projetada. A firma poderia modificar as proporções de trabalho em relação ao capital (ou o número de funcionários da fábrica), mas essa alteração afetaria a produtividade média por funcionário. Isso significava que, embora o trabalho e o capital pudessem ser substituídos, isso não seria feito de modo *perfeito*. Por conseguinte, à medida que o capitalista contratasse mais operários, a produção chegaria ao ponto projetado para a fábrica trabalhar com eficiência máxima (quer dizer, o ponto em que a produção por operário era maximizada). Além desse ponto, a produção por operário diminuiria.

A Figura 11.1 ilustra a chamada *lei das proporções variáveis* ou a lei dos rendimentos decrescentes em relação a um fator variável de produção.[19] A curva do *produto marginal do trabalho* (MPL) mostra o aumento da produção total resultante da contratação do último operário, em vários níveis de emprego do trabalho desenvolvido na fábrica. A curva do *produto médio do trabalho* (APL) mostra a produção

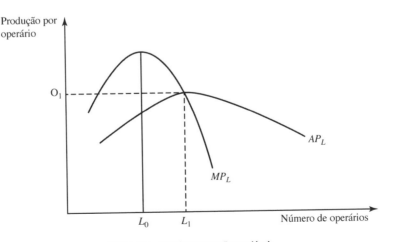

FIGURA 11.1 **A lei das proporções variáveis.**

253

média por operário, em vários níveis de emprego. Se a fábrica começa sem produção alguma, o produto marginal do trabalho aumenta, até a firma empregar o número de trabalhadores correspondente a *L0*, no gráfico. Além desse ponto, o produto marginal do trabalho diminui com o aumento do trabalho. Enquanto a curva *MPL* está acima da curva *APL*, a produtividade média por operário aumenta. Quando a fábrica emprega o número de operários correspondente a *L1*, no gráfico, o produto médio do trabalho é maximizado (em O1, no gráfico). Se ela empregar mais operários, a curva *MPL* fica abaixo da curva *APL*, e o produto médio por operário começa a diminuir.

Quando a firma calcula os custos por unidade de produção, em vários níveis de produção, suas curvas de custo aparecem quase que como um reflexo inverso das curvas de produto ilustradas na Figura 11.1. Enquanto a produtividade média por operário está aumentando, a quantidade de trabalho incorporada a uma unidade de produto está diminuindo. Portanto, na Figura 11.1, o *custo variável médio* da firma (ou custo médio do trabalho, pois estabelecemos a hipótese de que o trabalho é o único fator variável no curto prazo) por unidade de produção diminui sempre, até terem sido contratados $L1$ operários. À medida que a firma contrata mais operários, seu custo variável médio aumenta (refletindo a queda da produtividade média do trabalho). Como o capital da firma é, por hipótese, fixo no curto prazo, seus custos de capital são fixos. À medida que a firma contrata mais operários e aumenta a produção, o *custo fixo médio* por unidade de produção diminui sempre, porque o mesmo nível de custos fixos totais é diluído por quantidades cada vez maiores de produto. O *custo médio* da firma é simplesmente o total de seus custos variáveis médios e de seus custos fixos médios.

As curvas de custo da firma estão ilustradas na Figura 11.2. O nível de produção Y_1 corresponde à produção por operário O_1 na Figura 11.1 (Y_1 é O_1 vezes o número de operários, L_1, na Figura 11.1). Em Y_1, os custos variáveis médios são minimizados. Em Y_2, os custos variáveis são minimizados. Y_2 sempre envolve uma produção um pouco maior do que Y_1, porque, depois de minimizados os custos variáveis médios, existe uma pequena faixa de produção dentro da qual os custos fixos médios decrescentes mais do que compensarão os custos variáveis médios decrescentes e, portanto, os custos médios crescerão continuamente, enquanto a produção ultrapassar Y_2. O custo marginal diminuirá continuamente até chegar no nível de produção Y_0, que corresponde à produção de L_0 operários na Figura 11.1; a partir desse ponto, aumentará continuamente. A curva do custo marginal intercepta a curva do custo médio e a curva do custo variável médio em seu ponto mínimo.

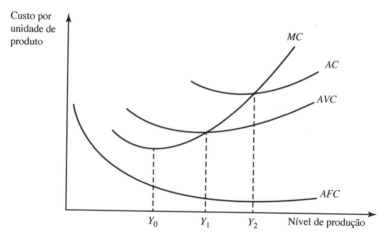

FIGURA 11.2 **As curvas de custo da firma.**

254

Teorias Neoclássicas da Firma e da Distribuição de Renda

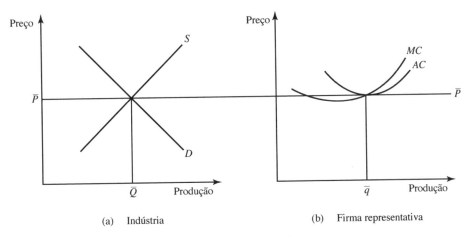

(a) Indústria (b) Firma representativa

FIGURA 11.3 **Equilíbrio no curto prazo de um setor e de sua firma representativa.**

O Equilíbrio no Curto Prazo

A firma maximiza seus lucros atingindo o nível de produção em que o preço (tal como determinado pelo mercado de todo o setor) é igual a seus custos marginais crescentes. Se produzir a níveis mais baixos, o aumento da produção aumentará os lucros, porque o preço que a firma recebe pela produção adicional será maior do que o custo marginal da produção adicional. Se ela produzir além desse nível, seu custo marginal crescente da produção adicional será maior do que o preço por ela recebido por essa produção adicional. Portanto, a curva de custo marginal mostra as quantidades que uma firma que maximize seus lucros e em concorrência oferecerá a vários preços e é a *curva da oferta* dessa firma.

A Figura 11.3 ilustra a curva da oferta de um setor (que é a soma das curvas de custo marginal de cada firma do setor) e a curva da demanda setor do setor (determinada pelas curvas de utilidade dos consumidores). A parte (a) da figura mostra a determinação do preço do setor pela interseção da curva de oferta com a curva de demanda. A parte (b) mostra o equilíbrio no curto prazo para a firma representativa. A produção do setor é, obviamente, muitas vezes maior do que a produção da firma representativa. Isso é indicado na Figura 11.3 usando-se um Q maiúsculo para representar a produção do setor e um q minúsculo para representar a produção da firma, significando que os produtos são medidos em diferentes unidades (por exemplo, Q pode expressar toneladas e q pode representar libras de um produto).

Para a firma representativa, o preço do setor é igual ao seu custo médio. Isso não quer dizer que a firma representativa não tenha lucro algum no ponto de equilíbrio. Como os economistas neoclássicos insistem em que uma taxa de lucro normal ou média é parte necessária dos custos de capital da firma, esse lucro seria incluído nos custos médios (como parte de seu componente de custos fixos). Qualquer firma desse setor que tenha custos mais altos do que os da firma representativa terá lucros menores do que os normais. Qualquer firma que tenha custos mais baixos do que os da firma representativa terá lucros superiores ao normal ou excesso de lucro.

Marshall achava que essas últimas firmas tinham menores custos por gozarem de alguma vantagem natural que as outras firmas não pudessem ter. Por isso, chamava esses excessos de lucro de "quase rendas" e argumentava que elas eram parecidas com as "rendas da terra", de Ricardo, recebidas pelos proprietários de terras mais férteis. No equilíbrio no longo prazo, essas quase rendas seriam incorporadas às curvas de custo da firma como custos de renda comuns, e toda firma acabaria recebendo apenas a taxa de lucro normal.

O Longo Prazo e o Problema da Concorrência

No longo prazo, segundo Marshall, todos os fatores de produção poderiam variar, todos os custos eram variáveis e todas as quase rendas desapareciam. Ocorria um equilíbrio no longo prazo, parecido com o equilíbrio no curto prazo de uma firma representativa, ilustrado na Figura 11.3, em todas as firmas em concorrência, de todos os setores. A principal diferença entre o equilíbrio retratado na Figura 11.3 e o equilíbrio no longo prazo era que, neste, o tamanho da fábrica ou a capacidade instalada geral da firma tinha sido ajustada de modo a refletir uma eficiência produtiva ótima.

A solução de equilíbrio, dada por Marshall, mostrou o que os defensores da "mão invisível" tinham mostrado, desde Smith: a concorrência não só igualava as taxas de lucro de todas as firmas como também minimizava os custos de produção (isto é, maximizava a eficiência produtiva) e permitia que o consumidor comprasse todas as mercadorias pelo menor preço possível – um preço que apenas cobria os custos socialmente necessários de produção e não deixava qualquer excedente para qualquer classe expropriar de outra classe. Marshall, de fato, propôs o que chamou de "excedente do consumidor" e "excedente do produtor". Esses conceitos nada tinham em comum com a noção de excedente econômico, encontrada nos escritos de Smith, Ricardo e Marx. Eram meras repetições de um tema comum a todas as teorias econômicas utilitaristas. Especificamente, mostravam os benefícios – em termos de utilidade – que todos os agentes de troca obtinham, além da utilidade que obteriam, se não pudessem trocar. Do mesmo modo que sua teoria do equilíbrio da firma, a teoria do excedente, de Marshall, mostrava, simplesmente, as "vantagens universais" e a harmonia social que julgava inerentes ao processo da troca concorrencial.

A questão que Marshall teve de enfrentar, em sua análise no longo prazo, era determinar se aumentos proporcionais de todos os fatores de produção resultariam em aumentos proporcionais, mais que proporcionais ou menos que proporcionais do produto da firma. A conclusão baseada no bom senso (bem como a conclusão de muitos teóricos da Economia, desde os seus primórdios até hoje) é que aumentos proporcionais de todos os insumos, em geral, aumentam a produção proporcionalmente (situação definida como *rendimentos constantes de escala*, em que os custos médios permanecem constantes com o aumento da escala de produção). Se isso ocorresse, não haveria explicação econômica lógica (em termos de eficiência produtiva) para a existência de uma firma de determinado tamanho no equilíbrio no longo prazo, de Marshall. A ênfase na concorrência, encontrada nos escritos dos teóricos da utilidade, parece sugerir que eles eram favoráveis a limites quanto ao tamanho das firmas, estabelecidos por lei, a fim de manter a concorrência – particularmente em vista da concentração econômica que estava ocorrendo em fins do século XIX.

Marshall, porém, não acreditava que a regra geral seria chegar aos rendimentos constantes de escala. Seguindo Ricardo, achava que, onde a terra e os recursos naturais fossem importantes em um processo de produção, haveria uma tendência a rendimentos decrescentes de escala (ou a custos médios crescentes no longo prazo). Concluiu "que, enquanto o papel desempenhado pela natureza na produção mostra uma tendência a rendimentos decrescentes, o papel desempenhado pelo homem revela uma tendência a rendimentos crescentes".[20]

A eficiência crescente das firmas de maior tamanho era fruto de duas fontes. A primeira era chamada por Marshall de "economias internas". Economias internas de escala resultavam de uma melhor organização da firma: "O aumento do trabalho e do capital leva, em geral, a melhor organização, que aumenta a eficiência do trabalho e do capital".[21] A segunda fonte de maior eficiência era chamada por Marshall de "economias externas". As economias externas eram devidas a benefícios obtidos pela firma (ou pelo setor) com decisões de produção e de preços de outras firmas (ou setores). Como exemplos

Teorias Neoclássicas da Firma e da Distribuição de Renda

de economias externas de escala, Marshall discutiu os benefícios da localização industrial e de setores secundárias e terciárias intimamente relacionadas.[22]

As noções de Marshall acerca de economias externas (e a noção intimamente relacionada de economias externas) iriam tornar-se muito importantes na economia neoclássica do bem-estar, que discutiremos em outro capítulo. A importância das economias externas, na análise de Marshall, foi, contudo, claramente expressa no seguinte trecho:

> O argumento geral deste livro mostra que o aumento do volume agregado de produção de qualquer coisa, geralmente, aumenta o tamanho da firma e, portanto, suas economias internas, bem como as economias externas a que a firma tenha acesso; isso permite que a firma fabrique seus produtos a um custo de trabalho menos proporcional e com menos sacrifício do que anteriormente.[23]

Isso levava a crer que, no setor industrial da economia, a maior eficiência da produção em larga escala levaria, inevitavelmente, a monopólios e oligopólios. Assim, se poderia concluir que, com sua teoria, Marshall teria chegado a uma das três conclusões seguintes: em primeiro lugar, ele poderia ter abandonado o argumento geral do utilitarismo (de que a "mão invisível" do mercado concorrencial harmonizava todos os interesses e maximizava a utilidade social total) e, depois, defender o capitalismo com base em uma nova ideologia que ressaltava as vantagens sociais das grandes empresas oligopolistas. Em segundo lugar, ele poderia ter argumentado que as vantagens sociais da concorrência eram mais significativas do que as vantagens sociais da eficiência produtiva da produção em larga escala; por isso, poderia ter defendido a intervenção maciça do governo na economia, com o objetivo de dividir as grandes empresas e obrigá-las a funcionar em estruturas de mercado de concorrência perfeita, em que as ineficiências de produção seriam introduzidas por leis que limitassem o tamanho das firmas industriais. Em terceiro lugar, ele poderia ter partido da ideia de Marx, de que a concorrência levaria, inevitavelmente, à concentração industrial e que os governos capitalistas promoviam essa tendência, em lugar de contrariá-la; poderia, assim, ter advogado alguma forma de socialismo como o único meio possível de aproveitar a maior eficiência da produção em larga escala.

Marshall, contudo, não estava disposto a aceitar nenhuma dessas conclusões práticas possíveis. Como Mill, queria conservar a ideologia utilitarista da harmonia da "mão invisível" do mercado. Também como Mill, queria rejeitar a noção (defendida por Malthus e Senior, bem como por quase todos os economistas neoclássicos da mais extremada tradição utilitarista do *laissez-faire*) de que a única esperança de melhorar as condições dos pobres era promover a busca incontida de ganho material pelos ricos. Por isso, não é de admirar que ele tenha procedido da mesma forma que Mill, incorporando em seu sistema intelectual certos princípios de filosofia moral e social bastante incompatíveis com seu utilitarismo.

Marshall e a Defesa Ideológica do Capitalismo

A defesa ideológica que Marshall fazia do capitalismo baseava-se na incorporação de importantes elementos do darwinismo social evolucionário à sua teoria. Diferente de seu contemporâneo americano Thorstein Veblen, que era totalmente evolucionista, Marshall não percebeu que a ética social utilitarista era nitidamente incompatível com uma abordagem evolucionária da teoria econômica.

Marshall dispôs-se a "considerar as principais consequências, para a economia, da lei segundo a qual a luta pela existência faz com que se multipliquem os organismos mais adaptados para extrair benefícios do ambiente".[24] A principal conclusão a que chegou através de sua abordagem evolucionária resumia-se à expressão latina que aparecia junto ao título de seu livro *Princípios*: "Natura non facit saltum" ("A natureza não dá saltos"). Argumentava ele que todo progresso humano era muito lento e que só prosseguia através de mudanças *marginais* diminutas. As tentativas de alterar rapidamente a sociedade estavam fadadas ao fracasso e, se levadas a cabo, só levariam à miséria. O progresso social era, em geral, um processo lento de aperfeiçoamento da hereditariedade de uma raça ou de uma nação. "Essa influência da hereditariedade aparece de modo mais marcante na organização social. Isso porque tem de haver, necessariamente, um crescimento lento, produto do trabalho de muitas gerações: o crescimento tem de se basear nos costumes e aptidões da grande massa de pessoas, o que não admite mudanças rápidas."[25]

Nessa lenta evolução das instituições sociais, determinada estrutura social poderia, muitas vezes, parecer exploradora, à primeira vista, mas a sobrevivência dessa estrutura social durante muito tempo provava que, em sua época e segundo suas circunstâncias, suas características progressistas positivas superariam qualquer defeito:

> No começo... quase todas as nações que lideravam o progresso do mundo concordaram em adotar um sistema de castas mais ou menos estrito; esse fato, por si mesmo, provou que a distinção de castas estava bem adaptada a seu ambiente e que, de modo geral, fortalecia as raças ou as nações que a adotavam. Como ela era um fator de controle da vida, as nações que a adotaram não poderiam ter-se destacado diante de outras, se a influência por ela exercida não tivesse sido, de modo geral, benéfica. Seu lugar de destaque era uma prova, não de que ela não tivesse defeitos, mas de que suas qualidades em relação àquele estágio de progresso mais do que compensavam seus defeitos.[26]

Marshall acreditava que o mesmo argumento se aplicava ao capitalismo moderno. Superficialmente, o sistema capitalista parecia ser "impressionantemente contrastante" com o sistema de castas, mas também "se parecia de modo não menos impressionante com o sistema de castas".[27] Embora Marshall insistisse em dizer que "a força da... simpatia de Marx pelo sofrimento é sempre merecedora do nosso respeito",[28] achava que essa simpatia era mal definida: "O sacrifício do indivíduo às exigências da sociedade, no que tange à produção de riqueza material, parece, em certos aspectos, um caso de atavismo, uma reversão a condições que vigoravam em épocas muito remotas do domínio de castas."[29] Todavia, no capitalismo, como no sistema de castas, os benefícios da estrutura social existente mais do que compensavam seus defeitos.

Os socialistas tinham atacado as doutrinas econômicas que defendiam o capitalismo, mas "os socialistas não estudavam as doutrinas que atacavam, e não era difícil mostrar que eles não tinham entendido a natureza e a eficiência da atual organização econômica da sociedade".[30] Os socialistas não só tinham percebido erroneamente as doutrinas econômicas que defendiam o capitalismo, como também tinham percebido erroneamente os motivos dos economistas que o faziam:

> O fato é que quase todos os fundadores da economia moderna eram homens de temperamento cavalheiresco e simpático, movidos por um entusiasmo pela humanidade... Abraçaram, sem exceção, a doutrina de que o bem-estar de todo o povo deveria ser o objetivo último de todo o esforço privado e de toda a política pública. Eram, porém, fortemente corajosos e cautelosos; pareciam frios, porque não assumiam a responsabilidade de advogar avanços rápidos por caminhos ainda não trilhados, e cuja garantia única oferecida, em termos de segurança, era constituída pelas esperanças confiantes de homens cuja imaginação era fértil, porém desprovida do conhecimento ou da disciplina de uma análise mais detida...
>
> Talvez seja útil, assim, observar que a tendência do estudo meticuloso da economia é basear os direitos de propriedade privada não em qualquer princípio abstrato, mas na observação de que, no

Teorias Neoclássicas da Firma e da Distribuição de Renda

passado, eles foram inseparáveis do progresso sólido; por isso, homens responsáveis devem proceder cautelosamente quando negam ou alteram até aqueles direitos que possam parecer inadequados às condições ideias da vida social.[31]

Qual era a doutrina mais significativa que os socialistas não tinham entendido e para a qual deveriam ser "disciplinados por uma análise mais detida"? Era nada mais que a doutrina da "mão invisível":

Se um homem tivesse talento para administrar negócios, certamente seria levado a aproveitar esse talento em benefício da humanidade; a busca do próprio interesse levaria os outros a oferecer-lhe tanto capital quanto ele pudesse usar da melhor maneira possível; seu próprio interesse o levaria a organizar todos os seus empregados de maneira que trabalhassem sempre da melhor maneira possível; seria levado a comprar e usar todas as máquinas e outros instrumentos auxiliares da produção que, em suas mãos, pudessem contribuir além do seu custo para a satisfação das necessidades do mundo.

Essa doutrina da organização natural encerra uma verdade mais importante para a humanidade do que quase todas as outras doutrinas que impedem a compreensão dos que discutem graves problemas sociais sem um estudo adequado, além de exercer um fascínio singular sobre as mentes sinceras e perquiridoras.[32]

Como, então, "as mentes sinceras e perquiridoras" poderiam compatibilizar a crença de Marshall na maior eficiência das firmas em grande escala com a concorrência perfeita necessária ao funcionamento da "mão invisível"? Esse era o problema mais difícil para Marshall, porque ele reconhecia que um capitalista que possuísse uma firma extremamente grande e em crescimento "aumentaria rapidamente as vantagens sobre seus concorrentes" e que esse "processo poderia prosseguir (até) ele e um ou dois capitalistas dividirem entre si todo o ramo da indústria em que estivessem operando".[33]

Mais uma vez, Marshall foi salvo por sua teoria evolucionista dos ciclos de vida dos organismos naturais. "Nesse caso" – insistia ele – "podemos aprender uma lição com as árvores novas das florestas em sua luta para crescer, saindo das sombras entorpecedoras de suas rivais mais antigas." Embora essas árvores mais altas e mais firmes "tivessem melhor acesso à luz e ao ar do que suas rivais, elas iriam, gradativamente, perdendo sua vitalidade".[34]

Acontecia a mesma coisa com as firmas:

A natureza ainda pressiona a empresa privada, limitando a duração da vida de seus fundadores e limitando mais ainda o período de vida em que eles têm pleno uso de suas faculdades. Com isso, depois de certo tempo, a direção da empresa cai em mãos de gente com menos energia e menos gênio criador, quando não com menos interesse em sua prosperidade... Mas é provável que a empresa tenha perdido tanto de sua elasticidade e de sua força progressista, que as vantagens não estejam mais exclusivamente a seu lado, em sua concorrência com as rivais mais jovens e menores.[35]

Assim, Marshall conseguiu salvar sua fé na permanência da concorrência perfeita, acreditando que uma indústria fosse como uma floresta. Assim como as árvores estão sempre crescendo e morrendo, "a decadência das firmas em determinada direção é, com certeza, mais do que compensada pelo crescimento em outra direção".[36]

A eficiência produtiva de firmas gigantescas também não era uma força que impedisse os operários de se transformarem em capitalistas na opinião de Marshall. No capitalismo – proclamava ele – "as relações sociais de classes... são, agora, perfeitamente variáveis e mudam de forma de acordo com a mudança das circunstâncias de cada dia."[37] Respondendo à afirmativa socialista de que a separação

História do Pensamento Econômico

dos operários dos meios de produção resultava na relativa falta de poder dos operários e no poder dos capitalistas, escreveu o seguinte:

> Falando-se da dificuldade de um operário galgar uma posição em que possa tirar pleno proveito de sua capacidade empresarial, dá-se, em geral, mais ênfase à sua necessidade de capital; mas esta nem sempre é a principal dificuldade... A verdadeira dificuldade é convencer um determinado número de pessoas de que o operário possui essas qualidades raras (necessárias para ser um capitalista). A situação não é muito diferente quando um indivíduo se esforça para obter, das fontes habituais, o empréstimo de capital necessário para iniciar-se no negócio.[38]

Os operários, se tivessem as virtudes morais apropriadas, poderiam facilmente transformar-se em capitalistas. Os capitalistas ingleses ou, pelo menos, seus antepassados tinham atingido sua posição, porque "encaravam a vida seriamente. Não apreciavam divertimentos que interrompessem o trabalho e viam com bons olhos o conforto material, que só pudesse ser conseguido com trabalho árduo e incansável. Lutavam para produzir coisas que tivessem utilidade sólida e duradoura".[39] Qualquer operário com esses traços de caráter poderia, na opinião de Marshall, ser um capitalista.

Marshall, porém, reconhecia que, nas fases iniciais, o capitalismo tinha sido um sistema cruel para os operários. Naquela época, "a livre-iniciativa estava crescendo rápida e ferozmente, sendo unilateral em sua ação e cruel para os pobres".[40] Felizmente para os pobres – Marshall assegurava ao leitor –, essa crueldade tinha acontecido no passado. Acreditava que os capitalistas estavam se tornando "cavalheiros" e passando a preocupar-se com os pobres de maneira bem intencionada.

> Quase todos os males sociais podem ser minorados por uma compreensão mais ampla das possibilidades sociais do cavalheirismo econômico. Uma dedicação ao bem-estar público por parte dos ricos pode conseguir muita coisa, à medida que os esclarecimentos forem sendo difundidos,... no sentido de um aproveitamento ótimo dos recursos dos ricos a serviço dos pobres, podendo afastar da terra os piores males da pobreza.[41]

Marshall alertava para "a tentação de exagerar os males econômicos de nossa própria época"[42] e para qualquer sentimento de impaciência, se o cavalheirismo econômico demorasse muito a conseguir as melhorias sociais. O progresso social dependia, em última análise, do aperfeiçoamento da natureza humana.

> Os elementos da natureza humana que se tinham desenvolvido durante séculos de... prazeres sórdidos e grosseiros não poderiam ser significativamente alterados em apenas uma geração.
>
> Agora, como sempre, defensores nobres e ansiosos da reorganização da sociedade têm pintado quadros bonitos da vida, com instituições que, em sua imaginação, seriam facilmente construídas. Mas se tratava de uma imaginação irresponsável, pelo fato de partir do pressuposto de que a natureza humana, com as novas instituições, logo sofreria mudanças, que não poderiam ser esperadas, realisticamente, em cem anos e, mesmo assim, sob condições favoráveis. Se a natureza humana pudesse ser, então, transformada em termos ideais, o cavalheirismo econômico dominaria a vida, mesmo com as instituições da propriedade privada tal como existiam, e a propriedade privada, cuja necessidade, sem dúvida, não é mais profunda do que as qualidades da natureza humana, tornar-se-ia inofensiva e, ao mesmo tempo, desnecessária.[43]

Quando Marshall afirmou que alguns prazeres eram "sórdidos e grosseiros", é claro que abandonara completamente as premissas utilitaristas que estavam por trás do argumento da "mão invisível" – argumento que julgara uma "verdade da maior importância para a humanidade". Em nossas discussões anteriores das ideias de William Thompson e de John Stuart Mill, mostramos que as filosofias sociais que distinguem prazeres, considerando alguns benéficos e superiores e outros sórdidos e grosseiros, contradizem os próprios fundamentos intelectuais do utilitarismo. Não precisamos repetir esse argumento. Basta dizer que esse é outro exemplo do princípio geral de que as contradições de um pensador, quase sempre, são um indício de sua orientação de classe.

Clark e a Teoria da Distribuição, Segundo a Produtividade Marginal

Já fizemos, neste capítulo, duas observações importantes sobre o marginalismo neoclássico: a primeira observação foi a de que, quando se afirma o princípio da substituição marginal contínua dos fatores de produção usados no processo de produção, a teoria neoclássica da firma torna-se perfeitamente simétrica, em termos analíticos, à teoria da maximização da utilidade pela família. A segunda observação foi a de que, dado esse caráter substituível dos fatores, a teoria da maximização do lucro pela firma poderia ser vista segundo o ponto de vista da receita e da despesa por unidade produzida e vendida ou segundo o ponto de vista das despesas e da receita resultantes da compra e do uso de insumos produtivos. Esse último ponto de vista representa o fundamento da teoria neoclássica da distribuição de renda.

Embora Marshall tenha formulado a teoria neoclássica da firma do ponto de vista da produção, sua formulação da teoria da distribuição foi inferior à de John Bates Clark (1847-1938), porque, quando Marshall analisou a formação de preços dos insumos produtivos, partiu da premissa de coeficientes técnicos de produção fixos, não investigando os efeitos das variações marginais das proporções em que os insumos eram combinados.[44] Quando discutiu o princípio da substituição dos fatores de produção, só analisou a substituição de técnicas de produção diferentes, não tendo investigado os efeitos da variação das proporções dos insumos usados em determinada técnica de produção.[45]

Para Clark, porém, o princípio de substituição do trabalho e do capital estava claramente formulado. Ele argumentava que "também na indústria e nos transportes a força de trabalho pode, muitas vezes, ser variada de modo perceptível, sem qualquer variação da quantidade ou da natureza dos bens de capital usados".[46] Mantendo-se a quantidade de capital constante e fazendo-se variar a quantidade de trabalho, poder-se-á obter uma curva do produto marginal do trabalho semelhante à Figura 11.1. Supondo que o produto marginal do trabalho com uma quantidade fixa de capital baixe continuamente, à medida que for sendo acrescentado mais trabalho, teremos a curva *MPL*, que aparece na parte (a) da Figura 11.4.

Para maximizar seus lucros, o capitalista tem de saber o *valor do produto marginal do trabalho* e o preço do trabalho. O valor do produto marginal do trabalho, em um setor em concorrência, é meramente o valor monetário do produto marginal ou o produto marginal multiplicado pelo preço unitário de venda.

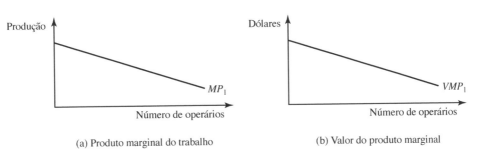

FIGURA 11.4 **As curvas do produto marginal e do valor do produto marginal da firma.**

História do Pensamento Econômico

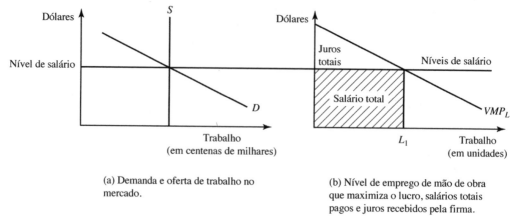

FIGURA 11.5 Determinação do salário e do nível de emprego de mão de obra pela firma.

Assim, a curva *VMPL* da parte (b) da figura é apenas a curva *MPL* da parte (a) multiplicada pelo preço da produção. A curva *VMPL* mostra ao capitalista quanto será adicionado à sua receita com a contratação de mais um operário, em vários níveis de emprego.

Para uma firma em um setor em concorrência, o preço do trabalho é determinado no mercado agregado de trabalho e a firma não exerce qualquer influência perceptível sobre o preço do trabalho ou sobre o preço da produção por ela vendida. A Figura 11.5 mostra o mercado de trabalho na parte (a) e o nível de emprego do trabalho por uma firma que maximize seu lucro, o que ocorre quando o valor do produto marginal do trabalho é exatamente igual ao salário determinado pelo mercado de trabalho. Portanto, a vários níveis de salário, a curva *VMPL* mostra as quantidades de trabalho correspondente que a firma quer contratar, quer dizer, a curva *VMPL* é a *curva de demanda por trabalho* da firma. Desse modo, a demanda agregada por trabalho, apresentada na parte (a) da Figura 11.5, é a soma das curvas *VMPL* de todas as firmas. A curva vertical da oferta de trabalho indica que a oferta de trabalho é, em qualquer ocasião, determinada pelo tamanho da força de trabalho.

Na Figura 11.5, a área do retângulo escuro representa os salários totais pagos pela firma (o salário vezes a quantidade de trabalho contratado, $L1$) e a área do triângulo representa o total dos juros (que é o valor residual do produto total, após terem sido pagos os salários). O ponto importante desse gráfico é que cada firma contrata trabalho até o valor do produto marginal do trabalho igualar o salário. Essa é a condição necessária para a maximização dos lucros pela firma.

Essa era uma conclusão muito importante para Clark. A primeira página do prefácio de *The Distribution of Wealth* começava com esta declaração:

> Esta obra visa a mostrar que a distribuição da renda da sociedade é controlada por uma lei natural e que essa lei, se aplicada de maneira perfeita, dará a cada agente de produção a riqueza por ele criada. Embora os salários possam ser ajustados por barganhas livres entre indivíduos, os salários resultantes dessas transações tendem – como afirmamos aqui – a ser iguais àquela parcela do produto industrial que pode ser associada ao próprio trabalho; embora os juros possam ser ajustados também pela negociação livre, tendem, naturalmente, a ser iguais à fração do produto que possa ser separadamente atribuída ao capital. Quando, no sistema econômico, surgem direitos de propriedade – isto é, quando o trabalho e o capital se apoderam do que o Estado passa a tratar como

Teorias Neoclássicas da Firma e da Distribuição de Renda

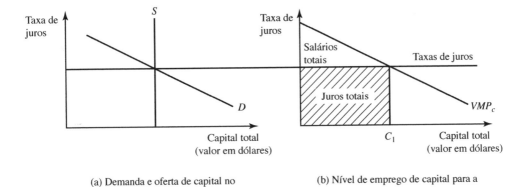

(a) Demanda e oferta de capital no mercado de capitais.

(b) Nível de emprego de capital para a maximização do lucro, total de juros recebidos e salários pagos pela firma.

FIGURA 11.6 **Determinação da taxa de juros e do nível de emprego de capital pela firma.**

propriedade do trabalho e do capital – o procedimento social fica de acordo com o princípio em que se assenta o direito de propriedade. Na medida em que não seja obstruído, distribui a cada um o que ele tenha especificamente criado.[47]

Assim, Clark tinha completado a tarefa iniciada por Say e Senior, de mostrar que as recompensas para capitalistas e operários se baseavam exatamente no mesmo princípio. Não havia excedente algum nem exploração alguma. Os capitalistas eram recompensados, recebendo o que criavam, assim como os operários.

Na Figura 11.5 os juros poderão ser interpretados como um excedente; trata-se de uma ilusão baseada no fato de que mantivemos o capital constante e fizemos variar o trabalho para obter a curva *MPL*. Como o capital e o trabalho podem ser substituídos, na teoria econômica neoclássica, podemos, com a mesma facilidade, manter constante o capital e fazer variar as quantidades de trabalho empregadas na produção. A Figura 11.6 é idêntica à Figura 11.5, exceto pela substituição de trabalho por capital como fator de produção variável.

Pode-se mostrar que, no equilíbrio em concorrência, se o produto total nas Figuras 11.5 e 11.6 for o mesmo, a participação do salário e do capital retratada será igual. Assim, o retângulo escuro que representa o total dos salários na Figura 11.5 representa exatamente a mesma quantia de salários que o triângulo da Figura 11.6. Os juros, em ambas as figuras, também são iguais.

Cada fator recebe uma renda igual ao valor de seu produto marginal. Embora Clark tenha apenas admitido isso, economistas posteriores provaram rigorosamente que, nas condições de equilíbrio em um mercado em concorrência perfeita, se cada fator receber o valor de seu produto marginal, esses pagamentos de fatores *equivalerão exatamente a todo o valor do produto total*. Não existe qualquer possibilidade de exploração. Cada um recebe o valor do que for produzido por seu fator, não havendo qualquer excedente para alguém expropriar.

A Economia como Troca e o Papel do Empresário

Segundo a perspectiva da troca ou da utilidade, o lucro desaparece no equilíbrio. Os salários são a remuneração da contribuição do trabalho e os juros são a remuneração da contribuição do capital. Nos trabalhos dos economistas neoclássicos, a distinção entre classes – tão importante nos trabalhos de Smith,

Ricardo, Thompson, Hodgskin, Marx e Mill – é inteiramente abandonada. Quase todos os economistas clássicos e Marx tinham definido lucro como o excedente residual que sobrava, após os capitalistas terem pago todos os custos de produção necessários. Os economistas neoclássicos conservaram essa definição de lucro como resíduo dos custos, mas, no equilíbrio concorrencial neoclássico, *toda renda resulta de pagamentos dos custos de produção necessários. Não existe resíduo algum e não há lucro algum.*

A economia neoclássica é a expressão última da tradição de Say, Senior e Bastiat: *economia é troca.* Todo o processo econômico é visto no seguinte cenário: uma população formada por indivíduos egoístas, racionais e maximizadores da utilidade, dividida em famílias, dotada inicialmente de direitos de propriedade inalienáveis dos fatores de produção. Abrir mão do uso desses fatores requer sacrifícios de utilidade. Uma minoria estranha de indivíduos tem alguns talentos e virtudes que os qualificam para serem empresários. Estes, conforme veremos, desempenham o papel de *deus ex machina* fictício, exercendo uma função estranha e contraditória – mas absolutamente necessária – no esquema.

Partindo das dotações iniciais de fatores de produção, dois conjuntos de motivos dão início a um frenesi de trocas racionais e maximizadoras. Em primeiro lugar, as famílias querem maximizar utilidade. Fazem isso vendendo seus fatores e comprando bens de consumo, até as razões entre utilidade marginal e preço serem as mesmas para todos os fatores por elas vendidos e para todas as mercadorias por elas compradas. Em segundo lugar, os empresários querem maximizar os lucros. Fazem isso comprando fatores e vendendo bens de consumo. Combinam os fatores e, em virtude de uma função de produção, esses fatores são transformados em bens de consumo. A função de produção permite a substituição tranquila e contínua dos fatores, para que se possa verificar qual é a produtividade marginal de cada fator.

O empresário maximiza seus lucros, no equilíbrio em concorrência, quando paga por um fator o valor de seu produto marginal e vende cada unidade produzida pelo seu custo. Como os pagamentos dos fatores equivalem exatamente ao valor do que é produzido, a renda recebida pelos donos dos fatores é exatamente suficiente para comprar todos os bens de consumo. E assim prossegue indefinidamente o processo circular. Cada dono de fator sacrifica menos utilidade total, ao vender seus fatores, do que obtém com a compra de bens de consumo. Portanto, a troca beneficia a todos, aumenta a utilidade para todos e garante uma harmonia justa e equitativa de interesses. Ninguém explora os outros. Cada um vende mercadorias e compra mercadorias pelos seus valores de equilíbrio. Cada um maximiza sua utilidade individual por meio da ação benéfica da "mão invisível" da troca. Em toda parte existe uma harmonia bela e simétrica, que Bastiat e Clark achavam que só podia ser explicada pela bondade de Deus.

Entretanto, a análise precisa de dois deuses *ex machina* muito importantes (sem falar de inúmeras hipóteses irreais sobre as pessoas, as funções de produção e as instituições econômicas, que discutiremos no capítulo sobre a economia neoclássica do bem-estar). Vimos esses dois deuses *ex machina* em nossa discussão sobre as ideias de Walras, e eles voltam sempre a aparecer em quase todas as análises neoclássicas. O primeiro é o empresário. Sua busca incessante de lucros máximos é que faz andar o sistema, daí resultando a transformação dos fatores de produção em bens de consumo, tornando, assim, possível a maximização da utilidade.

Se houve, algum dia, uma reprodução moderna do mito de Sísifo,[48] esta terá sido o mito neoclássico do empresário. Como vimos na teoria de Walras, o empresário é o organizador da produção. É uma entidade que não pertence a classe alguma, que pode ser um capitalista, um operário ou um proprietário de terras. Se for capitalista, só receberá os juros pelo seu capital, equivalentes aos que seriam recebidos por qualquer outro capitalista. Se for operário ou proprietário de terras, receberá apenas o salário ou a renda que esses mesmos fatores proporcionam a um indivíduo que não seja empresário. É claro que existem verdadeiros empresários no capitalismo, mas os empresários da teoria neoclássica são entidades puramente míticas.

Teorias Neoclássicas da Firma e da Distribuição de Renda

Esses empresários estão sempre motivados pela busca do lucro, mas, segundo a visão neoclássica do equilíbrio em concorrência, não há lucro. Então, o empresário neoclássico está sempre fazendo esquemas, se preocupando, comprando e vendendo, em busca de um sucesso ilusório e quimérico. Nunca aprende; continua sempre, persistentemente, tentando executar seu trabalho de Sísifo. Segundo as palavras de Clark:

> Os preços normais são preços sem lucro. Cobrem os salários de todos os empregados que trabalham na produção dos bens, inclusive o trabalho da superintendência das fábricas, da administração das finanças, da contabilidade, da cobrança e todo o trabalho de direção da política da empresa. Também cobrem os juros sobre todo o capital empregado na empresa, seja ele do empresário ou tomado emprestado de outra pessoa. Além disso, não haverá qualquer retorno, se os preços forem exatamente os preços normais, e a razão disso é que os empresários concorrem uns com os outros para vender suas mercadorias, reduzindo, com isso, os preços ao nível de preços sem lucro líquido.[49]

O segundo *deus ex machina* é o leiloeiro Walrasiano. Sem esse leiloeiro onisciente, os economistas neoclássicos nunca teriam podido ver como, em um contexto de equilíbrio geral, as forças livres da oferta e da demanda automaticamente estabeleceriam esse conjunto de preços normais de equilíbrio, no qual cada pessoa conseguiria exatamente o que tivesse criado com seus fatores; a depressão e o desemprego involuntário não seriam mais motivo de preocupação.

Assim, com a garantia de dotações iniciais de propriedade privada justas e naturais, com preços de equilíbrio estabelecidos por um leiloeiro cósmico e empresários míticos, constantemente lutando para obter lucros que não existem, a "mão invisível" da troca maximiza a utilidade de todos em seus milhares de cálculos ubíquos e universais de utilidade marginal e de preços e em suas trocas de mercadorias com menos utilidade marginal por unidade monetária por mercadorias com mais utilidade marginal por unidade monetária. O interesse de todos é harmonizar o interesse geral e cada um maximizar sua própria utilidade. É assim que o capitalismo funciona, de acordo com a perspectiva da troca ou com a perspectiva da utilidade. Pouca diferença faz, segundo essa teoria, se alguns agentes de troca vão para seus luxuosos escritórios em seus carros Rolls Royce com motorista, enquanto outros vão a pé, com a marmita na mão, para o ponto de ônibus, e outros ainda vão caminhando sem marmita para a fila dos desempregados.

Clark e a Defesa da Propriedade Privada

A benevolência da "mão invisível" era explicada, em última análise, pela crença de que as leis da propriedade privada e sua distribuição eram justas e corretas.[50] Clark acreditava que a propriedade privada era fruto de um comportamento instintivo: "O instinto de posse da terra é o motivo mais eficaz para atrair os trabalhadores para a classe possuidora de riqueza."[51] As leis da propriedade privada refletiam uma espécie de caráter distintivo que incorporava os sentimentos morais das pessoas: "Nos países livres, a ideia que as pessoas têm do que é correto se expressa em leis; nos estados modernos, as leis se têm pronunciado, de fato, favoravelmente à propriedade privada da terra... e o Governo federal, refletindo a vontade de todo o povo, as tem garantido.[52]

Clark achava particularmente importante defender a propriedade privada da terra, porque achava que os argumentos dos socialistas eram mais persuasivos no que dizia respeito à propriedade da terra. Assim, acreditava que uma defesa da propriedade privada da terra seria, em última análise, uma defesa de todos os tipos de propriedade privada de fatores de produção. "Qualquer que seja a lógica da argumentação contrária à propriedade da terra" – declarou ele – "ela se confunde com uma argumentação contrária a toda propriedade ou com o socialismo radical".[53]

265

Infelizmente, na opinião de Clark, a maioria das pessoas não estava ciente da "vontade de todo o povo" ou do "senso do que era certo para as pessoas". Por ignorar isso, muita gente atacava os direitos de propriedade privada: "É de se esperar que os opositores da propriedade privada sejam em maior número do que seus defensores. Isso geralmente acontece com uma instituição com grande influência moral".[54] Era, portanto, de grande importância que todos entendessem a "lei natural" que Clark tinha descoberto: "O processo social confirma o princípio em que se assenta o direito de propriedade... Dá a cada um o que ele tenha especificamente produzido".[55]

A Concepção de Capital, Segundo Clark

A teoria neoclássica da distribuição baseada na produtividade marginal explica os níveis de salários e de juros, estabelecendo uma relação entre *quantidades físicas* de trabalho e capital usados na produção, e *quantidades físicas* correspondentes de produtos marginais que podem ser atribuídos a esses fatores.

É clara a maneira como se podem agregar quantidades físicas de trabalho. Definindo-se o trabalho de um dia de um operário como uma unidade de trabalho, pode-se, simplesmente, somar o número de dias trabalhados, para obter a quantidade de trabalho empregada na produção. Embora haja diferenças entre os operários, em quase todos os tipos de setores, essas diferenças são bastante irrelevantes:

> Os empregados que trabalham para um patrão são, então, substituíveis e, para o patrão, não faz diferença qual deles saia do emprego. Se o empregado que sair estiver fazendo um tipo de trabalho bastante necessário para a empresa, o patrão tem apenas que colocar em seu lugar o empregado que estiver fazendo o trabalho menos necessário.[56]

Quando o trabalho requer habilidade e treinamento inteiramente diferentes, vimos, nos capítulos sobre Ricardo e Marx, que o tempo de trabalho gasto na aquisição das habilidades necessárias pode ser usado para igualar o trabalho qualificado ao trabalho não qualificado. Portanto, de modo geral, não existem problemas intransponíveis com relação à soma de quantidades físicas de trabalho.

Com o capital, ocorre uma coisa inteiramente diferente. Quando se somam quantidades físicas do capital usado na produção, há que se somar um conjunto de objetos extremamente variado. É preciso decidir, por exemplo, como somar chaves de parafuso, carrinhos de mão, correias transportadoras, alto-fornos, caminhões e inúmeros outros objetos físicos. A medida universal com a qual os capitalistas medem seu capital é o valor, quer dizer, cada item é contado somando seu preço aos preços dos outros itens que constituem o estoque de capital. Embora esse método seja perfeitamente apropriado para os capitalistas, que só estão interessados em obter lucros e não em dar uma justificativa intelectual para os lucros, ele é absolutamente inadequado para a teoria da distribuição baseada na produtividade marginal.

De acordo com a teoria neoclássica da distribuição, *o valor do capital é determinado por sua produtividade*. Não podemos supor seu valor, a fim de verificar sua produtividade. Se fizermos isso, a produtividade do capital dependerá de seu valor. Contudo, de acordo com a teoria neoclássica, essa linha de causalidade tem de ser invertida: o valor do capital tem de depender de sua produtividade. Por conseguinte, para a teoria neoclássica da distribuição baseada na produtividade marginal ser coerente (isto é, para que se livre da acusação de circularidade intelectual), é necessário haver algum método, completamente independente dos preços, de quantificação do capital usado na produção.

Teorias Neoclássicas da Firma e da Distribuição de Renda

O tratamento dado por Clark a esse problema foi bastante confuso, mas, apesar disso, veremos que alguns economistas neoclássicos continuam, até hoje, usando a formulação de Clark. Ele insistia em que sua teoria só podia ser entendida, caso se entendesse a distinção entre capital e bens de capital. "Capital consiste em instrumentos de produção" – escreveu Clark – "e estes são sempre concretos e materiais".[57] Quando os instrumentos de produção eram considerados em suas formas individuais, materiais e concretas, eram chamados de *bens de capital*. Portanto, o capital consistia em bens de capital – e, apesar disso, ao mesmo tempo, o capital tinha qualidades muito diferentes das qualidades dos bens de capital:

> *O capital do mundo é, por assim dizer, um grande instrumento nas mãos da humanidade trabalhadora – o armamento com o qual a humanidade domina e transforma os elementos resistentes da natureza.*
>
> *O fato mais característico do que chamamos de capital é a permanência. O capital dura, e tem de durar, para que a indústria possa ser bem-sucedida... No entanto, é preciso destruir bens de capital para não ir à falência...*
>
> *Assim, os bens de capital não só podem ser destruídos, mas têm de ser destruídos para que a indústria tenha êxito e têm de ser destruídos para que o capital dure. A semente do trigo tem de perecer para que o trigo possa nascer.[58]*

Outra distinção feita por Clark era que "o capital é perfeitamente móvel, mas os bens de capital estão longe de ser móveis".[59] Assim, o capital era indestrutível, perpétuo, fluido e móvel, ao passo que os bens de capital se gastavam e eram concretos e imóveis. Esse conceito é, sem dúvida, útil para a teoria neoclássica da distribuição, mas não nos auxilia muito na busca da mensuração do capital. O exemplo do trigo, dado por Clark, não ajudou em nada. Podemos medir a quantidade de semente de trigo usada e compará-la com nossos estoques médios de trigo que estão guardados. Contudo, trigo é sempre trigo, e os bens de capital são extremamente diversificados.

A resposta de Clark a essa questão era que o capital era uma abstração. Era "um *quantum* abstrato de riqueza produtiva, um fundo permanente".[60] A palavra *quantum* parece, certamente, expressar algo quantificável, mas quantificação é, em geral, um procedimento concreto e dirigido para coisas concretas e não uma qualidade de uma abstração. Clark, porém, nunca deu qualquer definição de capital além da seguinte:

> *Um* quantum *de riqueza ou um fundo – no caso de se poder imaginar um deles separado das coisas concretas que representa – será uma abstração, mas, se for imaginado como realmente incorporado a coisas concretas, não será uma abstração, mas uma entidade material...*
>
> *Tendo a mesma cautela de sempre com relação à ideia de que o capital tem um sentido imaterial, podemos, seguramente, usar, para fins científicos, a fórmula do homem de negócios. Vemos o capital como uma soma de riqueza produtiva, investida em coisas materiais que se estão sempre modificando – num vaivém contínuo – embora o fundo continue existindo. O capital vive, por assim dizer, por transmigração, saindo de um conjunto de coisas físicas e entrando em outro, incessantemente.[61]*

Clark parece ter tido dificuldade em desenvolver a noção de que o capital abstrato concebido como "uma entidade permanente" pudesse ser medido. Admitia que o "poder produtivo medido em unidades era abstrato".[62] Entretanto, garantia ao leitor que "essa fórmula abstrata para a descrição de uma coisa concreta era comum em todas as esferas de pensamento".[63] Se o leitor tivesse dúvida quanto a isso, Clark apresentava um raciocínio último: "A vida é, em si mesma, uma abstração".[64] Nunca propôs ao leitor qualquer método de medir a própria vida como abstração ou o capital, que, como entidade permanente, também era uma abstração.

267

Da época de Clark até hoje, muitos economistas neoclássicos continuam usando a quantidade agregada de capital como uma quantidade física mensurável em sua produção (e, mais tarde, em suas teorias do desenvolvimento). Eles não podiam usar, com qualquer coerência teórica, o valor do capital como meio de medir sua quantidade, porque esta determinava sua produtividade marginal, que, por sua vez, deveria determinar seu valor. Mas como "a vida é, em si mesma, uma abstração", eles continuaram formulando teoria como se tivessem encontrado essa medida, quando, de fato, não o conseguiram.

A Medida do Capital, Segundo Böhm-Bawerk

Eugen von Böhm-Bawerk (1851-1914), que, como vimos no Capítulo 10, imaginava ter formulado a crítica definitiva de Marx, fez um esforço para determinar uma medida do capital que fosse independente de qualquer preço. Böhm-Bawerk estava ciente das inadequações da definição de capital dada por quase todos os economistas conservadores, mas estava particularmente preocupado em mostrar a inadequação da visão de Marx sobre o capital:

> Marx... limita a concepção de capital aos instrumentos de produção que se encontram em mãos de pessoas que não são os trabalhadores e que são usados para explorá-los. Segundo Marx, portanto, capital é a mesma coisa que "meio de exploração". Essa distinção seria muito importante e sugestiva se a própria teoria da exploração estivesse correta, mas como, de acordo com o que mostrei em meu trabalho anterior, não estava, a justificativa da distinção baseada naquela teoria caía por terra.[65]

Böhm-Bawerk não se contentou em criticar a teoria de Marx; também formulou uma teoria do capital e dos juros. Sentia-se "obrigado, mais uma vez, a trilhar o caminho tumultuado da controvérsia, na esperança de que a investigação imparcial e sóbria do tema em disputa conseguisse pôr um paradeiro a essa disputa".[66] Estava convencido de que poderia mostrar que os juros eram inevitáveis. "Aqueles, então, que exigissem sua eliminação... não poderiam, como fazem hoje os socialistas... basear sua exigência na afirmativa de que esse tipo de renda é essencialmente injustificável."[67]

Böhm-Bawerk dizia que só havia dois fatores de produção "originais": a terra e o trabalho. O capital passava a existir quando se percebia que a produção levava *tempo*. O trabalho não pode ser feito instantaneamente; tem de ser feito com tempo. Além do mais, as pessoas logo descobriram que havia muitos métodos alternativos de produzir um bem. Alguns eram rápidos e diretos, exigindo mais tempo. Böhm-Bawerk achava que a lição a ser aprendida disto era óbvia:

> Ocorre que se consegue um resultado maior produzindo-se os bens de modo indireto do que se produzindo diretamente. Quando um bem pode ser produzido de ambas as maneiras, ocorre que, pela maneira indireta, pode-se obter maior produto com o mesmo trabalho ou o mesmo produto com menos trabalho...
>
> O fato de os métodos indiretos levarem a melhores resultados que os métodos diretos é uma das proposições mais importantes e fundamentais de toda a teoria da produção.[68]

Com uma determinada quantidade de trabalho, Böhm-Bawerk acreditava que, quanto mais longo fosse o tempo gasto na produção, maior seria o produto do trabalho, embora isso pudesse acabar determinando rendimentos decrescentes, quer dizer, se aumentássemos continuamente a duração do período de produção com aumentos de tempos iguais, a produção aumentaria continuamente, mas esses aumentos seriam menores a cada aumento sucessivo de tempo.

Teorias Neoclássicas da Firma e da Distribuição de Renda

Pareceria, assim, que, se o único objetivo da produção fosse maximizar a quantidade produzida, as pessoas sempre optariam pelo período de produção o mais longo possível. Böhm-Bawerk argumentava que isso não acontecia porque, assim como as pessoas conseguiam diferentes utilidades de vários bens no presente, conseguiriam diferentes utilidades pela posse dos bens no presente e no futuro, quer dizer, as *pessoas tinham preferência quanto ao tempo*. Além do mais, quase todas as pessoas preferiam bens presentes a bens futuros. Böhm-Bawerk achava que havia várias razões para esta preferência. Primeiramente, havia "casos de penúria e necessidade imediata"[69] em que o presente parecia mais importante do que o futuro. Em segundo lugar, as pessoas tinham uma tendência a "subestimar os prazeres futuros", porque sua "imaginação era incompleta" ou por causa de "uma falha na vontade" ou da "curta duração e das incertezas da vida".[70]

Assim, o padrão temporal da produção afetava as utilidades percebidas pelas pessoas de duas maneiras separadas e opostas. A primeira era que mais bens trariam mais utilidade e, quanto mais longo fosse o período de produção, mais bens haveria para o consumo. A segunda era que, quanto mais cedo as pessoas conseguissem seus bens, mais utilidade esperariam, e um período de produção mais longo implicaria um maior adiamento do consumo.

Ora, se partíssemos de um período de produção muito curto e com pouca produtividade do trabalho, a extensão desse período, provavelmente, seria benéfica (quer dizer, aumentaria a utilidade), porque a maior utilidade de mais bens mais do que compensaria a desutilidade de esperar um pouco mais para a obtenção dos bens. Todavia, à medida que continuássemos a acrescentar tempos iguais ao processo de produção, duas coisas ocorreriam. Primeiro, o incremento marginal do produto diminuiria continuamente. Segundo, desutilidade de um aumento marginal do tempo de espera aumentaria. É óbvio que, em algum ponto, teríamos estendido o período de produção até a utilidade do aumento marginal do produto ser apenas equivalente à desutilidade do aumento marginal do tempo de espera. Nesse ponto, a utilidade para a sociedade seria maximizada no tempo.

Segundo essa concepção, a quantidade de capital é um indicador de três aspectos separados do processo de produção: primeiro, a quantidade usada dos fatores de produção originais; segundo, a duração do período de produção; terceiro, o padrão temporal de uso dos fatores de produção originais em todo o período de produção. Aumentar o período de produção equivale a aumentar a quantidade de capital. No equilíbrio, a preferência de cada pessoa pelo tempo é dada pela razão UM_t/UM_{t+1} (onde os índices t e $t+1$ se referem a dois períodos sucessivos). Essa razão também é igual à produtividade marginal do capital (ou à razão entre o valor dos insumos no período $t+1$ e seu valor no período t). Ambas as razões são iguais a 1 mais a taxa de juros (sendo, em realidade, os determinantes do valor de equilíbrio dessa taxa).

Assim, na análise de Böhm-Bawerk, a definição da natureza do capital ficava inteiramente absorvida pelo processo de maximização da utilidade pela simples introdução do tempo. Böhm-Bawerk parecia ter proposto uma solução para o problema de mensuração do capital enfrentado por Clark, porque as quantidades dos fatores originais usados na produção, a duração do período de produção e o padrão de tempo do uso dos insumos poderiam ser verificados independente de quaisquer preços. Veremos, em outro capítulo, porém, que essa medida do capital é totalmente insatisfatória, porque é um índice de vários números e, sob certas condições, esses números formam índices que contradizem as premissas da teoria da distribuição baseada na produtividade marginal. Veremos que, apesar do fato de a economia neoclássica ainda ter de encontrar um método coerente de medir o capital independente de preços, o valor ideológico da teoria da distribuição baseada na produtividade marginal é tão grande que a maioria dos economistas neoclássicos continua defendendo essa teoria.

História do Pensamento Econômico

As Relações de Classe Capitalistas, Segundo a Teoria Neoclássica da Distribuição

Apesar de Böhm-Bawerk insistir em que sua teoria era inteiramente diferente da de Senior, ela parece uma simples extensão e uma elaboração mais meticulosa daquela teoria. Böhm-Bawerk identificou a produção capitalista com a produção indireta. Pressupôs, então, que qualquer processo de produção que empregasse instrumentos e produtos intermediários seria um processo de produção capitalista. A seguinte citação resume sua opinião sobre a diferença essencial entre capitalistas e trabalhadores:

> A adoção de métodos capitalistas de produção é seguida de duas consequências igualmente características e significativas. Uma é vantajosa e a outra é desvantajosa. A vantagem... consiste na maior produtividade técnica daqueles métodos...
>
> A desvantagem do método de produção capitalista é o sacrifício de tempo. As maneiras indiretas empregadas pelo capital são frutíferas, mas demoram... Na esmagadora maioria dos casos, temos de trilhar os caminhos tortuosos da produção capitalista em condições técnicas de natureza tal que temos de esperar e, muitas vezes, esperar muito tempo, para podermos ter o produto final acabado... Na perda de tempo associada ao processo capitalista reside a única base da tão falada e deplorável dependência que o trabalhador tem do capitalista... Os trabalhadores só ficam dependentes economicamente dos capitalistas porque não podem esperar que esse processo indireto... lhes entregue seus produtos prontos para o consumo.[71]

Em outras palavras, apenas uma diferença de atitudes mentais e emocionais distinguia os trabalhadores dos capitalistas. Eles tinham diferentes preferências quanto ao tempo. Os trabalhadores queriam sua recompensa no presente, ao passo que os capitalistas tinham um caráter moral que lhes permitia esperar. No entanto, a noção de Böhm-Bawerk com relação à espera, bem como a de Marshall, eram essencialmente idênticas à noção de abstinência, de Senior. Como Marshall, Böhm-Bawerk ficou um pouco embaraçado com o emprego do termo *abstinência*, porque lhe incomodava a crítica feita por Marx à alegação de Senior de que a abstinência era um custo social único de produção. Böhm-Bawerk citou o seguinte trecho de Marx:

> O economista vulgar nunca percebe que toda a ação humana pode ser vista como "abstinência" de sua ação oposta. Comer é abstinência de ficar com fome, andar é abstinência de ficar parado, trabalhar é abstinência de ficar ocioso, ficar ocioso é abstinência de trabalhar etc. Esses senhores fariam bem em ponderar, de vez em quando, sobre a frase de Espinosa: "Determinatio est negatio".[72]

Böhm-Bawerk, simplesmente, pôs de lado o argumento de Marx dizendo que, "em minha opinião, existe mais dialética do que verdade nesse argumento".[73]

Concluiremos este capítulo repetindo nossa afirmativa anterior. A economia neoclássica vê o processo econômico como uma simples série de trocas nas quais se permutam coisas equivalentes. Todos se beneficiam porque, embora cada um consiga exatamente o valor equivalente àquilo de que abre mão, obtém mais utilidade com o que fica do que com o que dá em troca. Portanto, o mercado harmoniza o interesse de todos e maximiza a utilidade para todos. Não existem classes nem antagonismo de classe, de acordo com essa teoria. Alguns agentes de troca têm um caráter moral mais elevado do que outros (quer dizer, alguns praticam abstinência e outros não), mas cada um recebe, com a troca, o valor equivalente

270

Teorias Neoclássicas da Firma e da Distribuição de Renda

ao que é criado por seus fatores. A teoria da distribuição baseada na produtividade marginal é parte integrante da teoria neoclássica geral da troca.

Discutindo sua teoria da distribuição, Marshall expressou uma conclusão compartilhada por todos os três teóricos discutidos neste capítulo (bem como pela maioria dos teóricos neoclássicos posteriores). Após ter discutido sua teoria da formação de preços dos insumos (ou da distribuição da renda), concluiu o seguinte: "Essa proposição é bastante compatível com a sabedoria popular, que diz, por exemplo, que "tudo tende a encontrar seu próprio nível" ou que "a maioria dos homens ganha mais ou menos o que vale".[74]

Embora a afirmativa de Marshall resumisse a conclusão moral inerente à teoria da distribuição baseada na produtividade marginal, a seguinte citação da obra *The Distribution of Wealth*, de Clark, ilustra com maior clareza a preocupação central que motivou os formuladores neoclássicos da teoria da distribuição baseada na produtividade marginal, desde sua época até os dias de hoje:

> *O bem-estar das classes trabalhadoras depende de se determinar se elas ganham muito ou pouco; mas sua atitude diante das outras classes – e, portanto, a estabilidade do estado social – depende, principalmente, da questão de se determinar se o que elas ganham é muito ou pouco em relação ao que produzem. Se criam pouca riqueza e ficam com toda ela, podem não tentar revolucionar a sociedade; mas, se, por acaso, produzem uma grande parte da riqueza e só conseguem parte dela, muitos de seus membros se transformarão em revolucionários, e todos terão esse direito. A acusação feita à sociedade é de que ela "explora o trabalho". Diz-se que "os operários são sempre roubados no que produzem, e isso é feito na forma da lei e pela ação natural da concorrência". Se essa acusação fosse comprovada, todo homem correto deveria tornar-se socialista, e o zelo em transformar o sistema de trabalho seria, então, a medida e a expressão de seu senso de justiça.[75]*

Notas do Capítulo 11

1. MARSHALL, Alfred. *Principles of Economics.* 8 ed., Londres: Macmillan, 1961, p. 79.
2. Ibid., p. 80.
3. Ibid., p. 83.
4. Ibid., p. 83-97.
5. Ibid., p. 103-109.
6. Ibid., p. 109-114.
7. Por exemplo, BLAUG, M. *Economic Theory in Retrospect*, ed. rev. Homewood, Ill.: Irwin: 1968, p. 327-430.
8. MARSHALL. *Principles*, p. 120-143.
9. Ibid., p. 117.
10. Ibid.
11. Ibid., p. 193.
12. Ibid.
13. Ibid., p. 99.
14. Ibid., p. 100.
15. Ibid., p. 336-337.
16. Ibid., p. 335.
17. Ibid., p. 337.
18. Ibid., p. 265.
19. No restante desta parte e nos trechos das partes que descrevem a teoria da distribuição, de Clark, e a teoria do capital, de Böhm-Bawerk, os verbos foram mantidos no presente, porque essas análises tornaram-se padrão nos livros-texto contemporâneos de introdução à Economia.

História do Pensamento Econômico

20. MARSHALL. *Principles*, p. 265.
21. Ibid.
22. Ibid., p. 222-231.
23. Ibid., p. 265.
24. Ibid., p. 201.
25. Ibid., p. 203.
26. Ibid., p. 203-204.
27. Ibid., p. 204.
28. Ibid., p. 488.
29. Ibid., p. 204.
30. Ibid., p. 631.
31. Ibid., p. 39-40.
31. Ibid., p. 39-40.
32. Ibid., p. 205.
33. Ibid., p. 263.
34. Ibid.
35. Ibid., p. 263-264.
36. Ibid., p. 264.
37. Ibid., p. 204.
38. Ibid., p. 257.
39. Ibid.
40. Ibid., p. 615.
41. Ibid., p. 599.
42. Ibid., p. 600.
43. Ibid.
44. Ibid., p. 318.
45. Ibid., p. 335-337.
46. CLARK, John Bates. *The Distribution of Wealth*. Nova York: Augustus M. Kelley, 1963, p. 101.
47. Ibid., p. v.
48. (N.T.) Sísifo, personagem da mitologia, era rei dos Corintos, notável por sua habilidade, e que foi condenado, após sua morte, a empurrar uma grande pedra até o alto de um morro, de onde ela rolava novamente para baixo, obrigando-o, assim, a empurrá-la de novo para cima, num trabalho interminável.
49. Ibid., p. 111.
50. Uma excelente discussão deste e de muitos outros aspectos dos trabalhos de Clark é apresentada em HENRY, John F. "John Bates Clark and the Origins of Neoclassical Economics". (Dissertação de Ph.D.) McGill University, 1974.
51. CLARK, John Bates. "The Ethics of Land Tenure". In: *International Jounal of Ethics*, outubro de 1890, p. 69.
52. Ibid., p. 62.
53. Ibid., p. 66.
54. Ibid., p. 62.
55. CLARK. *Distribution of Wealth*, p.v.
56. Ibid., p. 103.
57. Ibid., p. 116.
58. Ibid., p. 117.
59. Ibid., p. 118.
60. Ibid., p. 119.
61. Ibid., p. 119-120.
62. Ibid., p. 121.
63. Ibid.

Teorias Neoclássicas da Firma e da Distribuição de Renda

64. Ibid.
65. von BÖHM-BAWERK, Eugen. *The Positive Theory of Capital*. Nova York: Stechert, 1923, p. 57.
66. Ibid., p. 23.
67. Ibid., p. 364.
68. Ibid., p. 19-20.
69. Ibid., p. 249.
70. Ibid., p. 254-255.
71. Ibid., p. 82-83.
72. Ibid., p. 123. (N.T.) Expressão latina que quer dizer "decisão é negação".
73. Ibid.
74. MARSHALL. *Principles*, p. 335.
75. CLARK. *Distribution of Wealth*, p. 4.

CAPÍTULO 12

Thorstein Veblen

Em fins do século XIX e no início do século XX, o capitalismo sofreu uma transformação importante e fundamental. Embora os fundamentos do sistema – as leis da propriedade privada, a estrutura básica de classes e os processos de produção de mercadorias e de sua alocação pelo mercado – continuassem inalterados, o processo de acumulação de capital institucionalizou-se na grande empresa. Nos primeiros estágios de desenvolvimento do capitalismo, os capitalistas desempenharam, individualmente, um papel central no processo de acumulação. O processo, de acordo com o ponto de vista dos capitalistas, dependera de habilidades de organização, astúcia, perspicácia nos negócios, frieza e de uma pequena dose de sorte. Contudo, do ponto de vista da sociedade, a sorte de qualquer capitalista isoladamente era irrelevante – a acumulação era um processo inexorável, interminável e em espiral, com uma força e padrões de desenvolvimento bastante independentes dos atos de qualquer capitalista.

O final do século XIX testemunhou a racionalização do processo de acumulação, sua regularização e institucionalização sob a forma da grande corporação. O taylorismo e a administração científica substituíram o modo mais antigo e mais individualista de acumulação de capital. Uma nova classe de administradores tornava-se cada vez mais importante. A propriedade dos meios de produção continuou sendo a principal fonte de poder econômico, social e político no capitalismo. A nova classe de administradores era composta, basicamente, pelo menos em seus escalões mais altos, por proprietários de capital importantes e poderosos. A classe de administradores era, clara e decisivamente, subordinada a toda a classe capitalista.

História do Pensamento Econômico

Entre as consequências dessa transformação institucional, podemos citar duas mudanças de particular importância. A primeira foi a internacionalização do capital. Discutiremos esse assunto no próximo capítulo. A segunda foi uma mudança na estrutura da classe capitalista. Embora o domínio social, político e econômico da classe capitalista continuasse inalterado, a institucionalização do processo de acumulação permitiu que a maioria dos capitalistas perpetuasse seu *status* apenas com uma propriedade passiva e ausente. A maioria dos capitalistas tornou-se mera classe de rentistas, enquanto uma minoria exercia as funções administrativas (tanto na economia quanto na política) e agia como uma espécie de comissão executiva de proteção dos interesses de toda a classe capitalista. Essa comissão desempenha sua função "administrando os administradores" da nova estrutura empresarial.

Essas mudanças da organização econômica e das atividades econômicas refletiram-se de diversas maneiras nos domínios da teoria econômica. No Capítulo 10, discutimos as maneiras pelas quais o marginalismo neoclássico refletia o ponto de vista social do capitalista racional ausente e rentista, que estava constantemente reajustando sua carteira de ativos para maximizar o retorno de suas propriedades. No Capítulo 13, discutiremos as teorias econômicas que procuraram analisar o expansionismo imperialista desta era. Porém, os trabalhos sobre Economia que refletiram e descreveram de modo mais completo a transformação institucional e cultural deste período foram os de Thorstein Veblen (1857-1929). Veblen talvez tenha sido o teórico social mais importante, mais original e mais profundo da história norte-americana.

Muitos autores comunicam sua mensagem tanto por seu estilo literário quanto pelo conteúdo cognitivo do que escrevem. Esse era o caso particular de Veblen. Aparentando uma posição de observador afastado, neutro e desinteressado do capitalismo norte-americano de sua época, ele era, na verdade, defensor profundamente apaixonado do "homem comum" contra os "interesses investidos", de relações humanas lógicas e pacíficas contra a "exploração predatória" e do trabalho criativo e construtivo contra o uso da "sabotagem nos negócios". Seus escritos refletem uma ironia mordaz e sarcástica que não pode ser transmitida em outras palavras que não sejam as suas. Um de seus artifícios retóricos mais empregados era descrever uma instituição ou uma prática humana em termos que não deixavam dúvida alguma quanto à sua própria indignação moral, comentando, depois, que "isso é bom e é como deve ser"; em outros trechos, fazia, indignado, o seguinte comentário: "É claro que nada existe de errado em tudo isso, mas é preciso observar os fatos". Como o estilo literário de Veblen era bastante singular, fizemos, neste capítulo, citações mais longas do que as que fizemos em outros capítulos deste livro.

Embora a vida particular de Veblen tenha sido interessantíssima e fora do comum, não a discutiremos aqui. Diferente de alguns teóricos de Economia, como Nassau Senior, os detalhes sobre a vida e as atividades de Veblen são de pouco valor para o entendimento de suas ideias. Basta dizer que, embora Veblen encarasse muitos problemas sociais de modo bastante passional, em sua vida pessoal ele era em geral considerado alguém contra as convenções, não só em termos acadêmicos como também sociais. Assim, viveu sozinho e isolado. Seu isolamento, sem dúvida, contribuiu para seu estilo literário que, frequentemente, tinha o tom de um estranho ou de um cientista social que tivesse socializado em uma cultura estrangeira mais avançada sob os pontos de vista social, intelectual e moral do que a cultura norte-americana de sua época; ele registrava e relatava os traços estranhos e "bárbaros" da cultura americana mais ou menos da mesma maneira como os antropólogos da época relatavam os costumes de culturas "primitivas".

Veblen ensinou na Universidade de Chicago e na Universidade de Stanford, e não era benquisto em ambas, principalmente em Stanford. Escreveu muito, publicou dez livros importantes e inúmeros artigos e análises em revistas e periódicos. Seu grande gênio e estilo incomum tornaram todas as suas obras extremamente agradáveis de ler e valiosas do ponto de vista intelectual.

276

A Filosofia Social Evolucionista Geral, de Veblen

Em fins do século XIX, a teoria da evolução, de Charles Darwin, teve um impacto profundo e poderoso sobre a filosofia e a teoria social. Esse impacto pode ser visto mais claramente nos escritos de Veblen. Ele via a sociedade como um organismo altamente complexo, em declínio ou em crescimento, sempre mudando e se adaptando (ou deixando de se adaptar) a situações novas. Sua análise, como a de Marx, teve uma orientação histórica em todos os aspectos:

> Quando – como ocorre em economia – o assunto a ser investigado é a conduta do homem em suas lides com os meios materiais da vida, a ciência é, necessariamente, uma investigação da história da vida da civilização material... Não que a investigação do economista isole a civilização material de todas as outras fases e influências da cultura humana... mas, na medida em que a investigação prende-se à ciência econômica, especificamente, a atenção se concentrará no esquema de vida material e levará em conta outras fases da civilização somente em sua correlação com o esquema da civilização material.[1]

A história humana era, para Veblen, a história da evolução das instituições sociais. A conduta humana baseava-se em certos padrões discerníveis comuns a todas as épocas da História. Esses padrões comuns eram, porém, muito gerais e se expressavam concretamente de formas extraordinariamente diversas, em contextos históricos, sociais e institucionais diferentes. Em muitos de seus trabalhos, Veblen referiu-se a esses padrões comuns de comportamento humano como "instintos". Como a Ciência do século XX afastou, como algo insustentável, qualquer noção de que o comportamento humano fosse instintivo, muitos economistas acreditaram que grande parte da teoria de Veblen fosse, portanto, cientificamente sem valor. Mas isso não é verdadeiro. Quando ele empregou a palavra *instinto* (cujo uso era muito comum entre os cientistas sociais daquela época, que estavam sob a influência de Darwin), não teve intenção alguma de afirmar que o comportamento humano era instintivo da mesma forma que o comportamento animal. De fato, toda a sua teoria é uma antítese dessa ideia.

Veblen descartava explicitamente qualquer noção de que o comportamento humano fosse instintivo, no sentido de ser geneticamente determinado:

> Na vida econômica, como em outras áreas de conduta humana, os modos habituais de atividade e as relações apareceram e foram, por convenção, transformados em uma trama de instituições. Essas instituições... têm uma força prescritiva habitual que lhes é própria... Se o contrário fosse verdade, se os homens agissem, universalmente, não com base nos fundamentos e valores convencionais da trama das instituições, mas apenas e diretamente com base nos fundamentos e valores das propensões e aptidões não convencionais da natureza humana hereditária, não haveria instituições nem cultura. Mas a estrutura institucional da sociedade subsiste e os homens vivem dentro de seus limites.[2]

Só num arcabouço institucional histórico específico é que os padrões comuns do comportamento humano adquiriam características concretas, particulares.

> Como toda cultura humana, esta civilização material é um esquema de instituições – trama institucional e crescimento institucional... O desenvolvimento da cultura é uma sequência cumulativa de hábitos, e suas maneiras e meios são a reação habitual da natureza humana às exigências que variam incessante e cumulativamente, mas com uma sequência coerente nas variações cumulativas em andamento – incessantemente, porque cada novo movimento cria uma nova situação que induz a mais uma variação da maneira habitual de reagir; cumulativamente, porque cada nova situação é uma variação do que foi antes e incorpora como fatores causais tudo o que tenha sido provocado

História do Pensamento Econômico

pelo que tenha vindo antes; de forma consistente, porque os traços subjacentes da natureza humana (propensões, aptidões etc.) que provocam a reação e que servem de base para a formação dos hábitos permanecem substancialmente inalterados.[3]

Veblen ficou, portanto, a meio caminho entre os teóricos da tradição da utilidade, que viam os seres humanos em todas as situações históricas como essencialmente idênticos (quer dizer, como maximizadores da utilidade, calculistas e racionais), e os teóricos (inclusive alguns discípulos de Marx, mas não o próprio Marx) que viam os seres humanos como não tendo natureza alguma, sendo infinitamente maleáveis, transformando-se total e absolutamente em produto do contexto cultural e dos contextos institucionais específicos. Na opinião de Veblen, todos os seres humanos tinham, como em qualquer espécie animal, certas características, motivos, propensões e potencialidades comuns geneticamente herdados, independente da cultura ou da época histórica em que vivessem.

Precisamente a cultura e as instituições sociais é que diferenciavam os seres humanos dos outros animais. Os traços comuns a todos os seres humanos, que eram muito mais maleáveis do que os dos animais, só podiam ser encontrados, em sua expressão concreta e real, num contexto cultural. Havia uma vasta (porém não indefinida nem infinita) gama de expressões possíveis desses traços. Além do mais, dependendo das instituições sociais em questão, certos traços poderiam tornar-se exagerados em importância, enquanto outros poderiam ser suprimidos ou sufocados. Certas potencialidades poderiam concretizar-se, ao passo que outras continuariam sem se realizar.

Era com referência a esses traços e potencialidades comuns que Veblen empregava o termo *instinto*. Com base na discussão anterior, podemos concordar com a seguinte afirmação de um dos mais importantes discípulos de Veblen:

Thorstein Veblen foi um teórico social de primeira linha, e sua contribuição mais importante foi, de longe, sua teoria dos instintos. Faço esta afirmação, apesar do fato de a própria noção de instinto estar hoje cientificamente obsoleta. É claro que foi por isso que toda uma geração de críticos hostis concentrou-se em ridicularizar Veblen por aquilo que era, aparentemente, seu ponto mais vulnerável. Mas com isso demonstraram sua própria falta de compreensão, não só de Veblen como também do comportamento humano. Isso porque, mesmo após nos termos livrado de falsa simplicidade de padrões de comportamento "inatos" ou geneticamente determinados, continua de pé o fato de que o comportamento humano difere bastante substancialmente do de qualquer outra criatura, e que essas diferenças têm de ter suas origens em algum lugar.[4]

É difícil resumir as ideias de Veblen sobre os traços humanos comuns porque sua própria classificação e a terminologia empregada eram diferentes em seus vários escritos. Uma característica central desses traços, porém, se evidenciava claramente em todos os seus escritos: todos os traços básicos implícitos no comportamento humano estavam inter-relacionados numa dicotomia fundamental e antagônica, que existia, de alguma forma, em quase todas as sociedades. Todos esses traços podiam ser classificados em dois grupos em eterno conflito. Bem no centro de um dos grupos estava a noção de "instinto de construção". Bem no centro do outro grupo estava sua noção do instinto de "exploração" ou "instinto predatório". Associados ao instinto de construção estavam traços que Veblen chamava de "instinto paternal" e "instinto da curiosidade ociosa". Esses traços eram responsáveis pelos avanços que tinham sido feitos na produtividade e na expansão do domínio humano sobre a natureza. Também eram responsáveis pelo grau de satisfação das necessidades humanas de afeição, cooperação e criatividade. Associados ao instinto de exploração, ou predatório, estavam o conflito humano, a subjugação e a exploração sexual,

Thorstein Veblen

racial e de classe. As instituições sociais e o comportamento habitual, quase sempre, tendiam a ocultar a verdadeira natureza do comportamento exploratório e predatório por trás do que Veblen chamava de "espírito esportivo" e "cerimonialismo".

A antítese desses dois conjuntos de traços comportamentais e as instituições sociais através das quais eles se manifestavam eram o ponto central da teoria social de Veblen. Ele estava interessado, principalmente, em analisar o sistema capitalista de sua época no contexto dessa teoria social. Discutiremos a análise do capitalismo feita por Veblen após discutirmos sua crítica à teoria econômica neoclássica.

A Crítica de Veblen à Economia Neoclássica

A crítica fundamental de Veblen à economia neoclássica (ele reconhecia claramente, na economia neoclássica, um mero desenvolvimento do utilitarismo, de Bentham) era que ela encarava de maneira nitidamente a-histórica e simplista a natureza humana e as instituições sociais. Tentando explicar tudo em termos de comportamento racional, egoísta e maximizador, a economia neoclássica nada explicava.

No cerne do fracasso da economia neoclássica estava sua concepção da natureza humana:

> A concepção hedonista do homem é a de que ele seja um calculador de prazeres e dores, que liga e desliga, que oscila como um glóbulo homogêneo de desejo de felicidade sob o impulso de estímulos que o deslocam de um lado para outro, mas que o deixam intacto. Ele não tem antecedentes nem ações consequentes. É um dado humano isolado, definido, em equilíbrio estável, a não ser pela ação repentina das forças que atuam sobre ele e que o deslocam em uma ou outra direção. Autoimposto no espaço dos elementos, gira simetricamente em torno de seu próprio eixo espiritual, até o paralelogramo de forças atuar sobre ele, quando segue, então, a linha da resultante. Quando a força do impacto chega ao fim, ele volta ao repouso, como um glóbulo de desejo autocontido, como antes.[5]

Veblen não tinha dúvida alguma quanto à principal questão em direção à qual se dirigia a teoria econômica neoclássica:

> Como o hedonismo passou a dominar a teoria econômica, a ciência tem sido basicamente uma teoria da distribuição – distribuição da propriedade e da renda... E, coerente com o espírito do hedonismo, esta teoria da distribuição tem girado em torno de uma doutrina do valor de troca (ou preço) e montado seu esquema de distribuição (normal) em termos de preço (normal). A comunidade econômica normal, para a qual tem convergido o interesse teórico, é uma comunidade de negócios, que gira em torno de um mercado e cujo esquema de vida baseia-se em lucros e perdas.[6]

As finalidades últimas da teoria neoclássica eram: primeiramente, justificar a remuneração do capital com base em que ele produzia utilidade; em segundo lugar, mostrar que todas as rendas representavam igualmente as contribuições produtivas da propriedade para a sociedade e que, portanto, eram equivalentes dos pontos de vista social, econômico e moral; em terceiro lugar, mostrar que, em um sistema capitalista concorrencial, a harmonia social era o estado natural ou normal das coisas.

> Na teoria (neoclássica), o centro e o círculo da vida econômica é a produção de... "sensações de prazer". As sensações de prazer só são produzidas por objetos físicos tangíveis (inclusive pessoas), agindo de alguma forma sobre os sentidos... A finalidade do capital é servir a este fim – o aumento da sensação de prazer – e as coisas representam capital, no esquema hedonista autêntico, na medida em que atendem a esse fim.[7]

História do Pensamento Econômico

De acordo com essa teoria utilitarista, toda fonte de renda representava uma contribuição útil que servia à sociedade. Nada que desse origem à renda poderia ser socialmente inútil ou destrutivo:

> No esquema hedonista normal da vida, não existem atos de desperdício, inúteis ou fúteis. O atual esquema de negócios concorrencial e capitalista da vida é normal, quando encarado corretamente segundo a visão hedonista. (Normalmente) não existe nele qualquer caráter de desperdício, inutilidade ou futilidade... A finalidade normal do capital, bem como de todos os fenômenos variados, é a produção de prazer e a prevenção da dor.[8]

Como toda renda, inclusive toda remuneração da propriedade de capital, se originava da criação de utilidade, a conclusão final para a qual se orientava toda a teoria neoclássica era

> que o ganho de cada homem de negócios é, quando muito, simplesmente a soma de suas próprias contribuições ao agregado de serviços que mantêm a vida e a felicidade da comunidade. Essa visão otimista da situação dos negócios do postulado hedonista é um dos resultados teóricos mais valorizados e, para o amante da ordem, mais valiosos da taxionomia hedonista... Mas, enquanto essa visão durar, o economista hedonista poderá dizer que, embora o esquema da vida econômica por ele visualizado como normal seja um sistema concorrencial, os ganhos dos concorrentes não são, de modo algum, de natureza concorrencial; ninguém (normalmente) ganha à custa de outro nem da comunidade em geral... Diante disso, a luta da concorrência é vista como exercendo um efeito de rivalidade amistosa a serviço da humanidade em geral, tendo em vista apenas a maior felicidade do maior número de pessoas.[9]

Os economistas neoclássicos puderam atingir esses resultados ideológicos supondo que todo comportamento humano, em todas as sociedades, fosse um comportamento de maximização da utilidade. Todos os esforços para conseguir mais utilidade, em todas as sociedades, lugares e épocas podiam ser reduzidos à troca de terra, trabalho e capital por mercadorias. Toda utilidade conseguida e aproveitada por todas as pessoas, em todas as sociedades, lugares e épocas podia, portanto, ser reduzida a salários, renda ou juros. A única maneira pela qual o capitalismo diferia de qualquer outra sociedade, segundo a visão neoclássica, era que, no capitalismo, essas atividades humanas universais e os modos universais pelos quais eram recompensadas funcionavam com maior eficácia do que em qualquer outra forma de organização social.

As categorias de salários, rendas e juros

> são categorias hedonistas "naturais" de tanta força taxionômica que suas linhas divisórias elementares penetram nos fatos de qualquer situação econômica... mesmo quando a situação não permite que estas linhas divisórias sejam vistas pelos homens... assim, por exemplo, um grupo de nativos das Ilhas Aleutas enlameando-se nos restos de plantas marinhas deixados pela ressaca, usando ancinhos e rituais mágicos para achar mariscos, estariam, de acordo com a realidade taxionômica, realizando uma proeza de equilíbrio hedonista de renda, salário e juros. E tudo se resumiria a isso. Na verdade, para uma teoria econômica desta espécie, qualquer situação econômica se resumiria a isso.[10]

Na verdade, Veblen insistia em que a produção era sempre um fenômeno social e cultural no qual a produção nunca poderia ser vista exclusivamente como o resultado de qualquer indivíduo ou fator de produção. A produção era um processo social no qual os seres humanos compartilhavam conhecimentos e habilidades, passavam-nos de uma geração a outra e cooperavam socialmente num processo de transformação da natureza, para adaptá-la às necessidades e aos usos do homem. A separação desse processo em diferentes categorias de elementos – terra, trabalho e capital – era apenas um fenômeno

280

histórico peculiar ao capitalismo. A distribuição dos frutos do esforço social humano através de salários, rendas e juros também era, tão somente, um fenômeno histórico peculiar ao capitalismo.

Veblen observou que, nos escritos de Clark, "dava-se muita importância à doutrina segundo a qual duas coisas – 'capital' e 'bens de capital' – eram conceitualmente distintas, embora fossem substancialmente idênticas".[11] Acrescentava que era difícil entender a noção de capital como "entidade física permanente", onde entravam e de onde saíam determinados bens de capital. De fato, ele insistia em que o

> continuum *no qual reside a "entidade permanente" do capital é um prosseguimento de propriedade e não um fenômeno físico. Na verdade, a continuidade é de natureza imaterial, é uma questão de direitos legais, de contrato, de compra e venda. O porquê desse estado de coisas óbvio não ser enxergado – como normalmente ocorre – não está claro... Enxergar esse fato óbvio, é claro, prejudicaria... a lei da remuneração "natural" do trabalho e do capital, que é a finalidade da argumentação do Sr. Clark desde o início. Também traria à baila o fenômeno "antinatural" do monopólio como consequência normal dos negócios.*[12]

Assim como o capital não era uma substância física universal presente em toda sociedade, mas o resultado das leis e instituições do capitalismo, a renda dos juros era uma peculiaridade do capitalismo:

> *Em termos de fato histórico, uma taxa de juros só aparece na consciência da humanidade depois de o movimento dos negócios ter alcançado um grau apreciável de desenvolvimento, e este desenvolvimento da empresa só ocorreu com base na chamada economia monetária e dentro de suas linhas... Mas uma economia monetária... só pode surgir baseada no desenvolvimento maduro da instituição da propriedade. Toda a questão reside no âmbito de uma situação institucional definida, que só pode ser encontrada durante uma fase relativamente curta da civilização.*[13]

De maneira análoga, o trabalho assalariado e os salários só puderam existir quando os capitalistas monopolizaram a propriedade dos meios de produção em uma economia comercial monetária. Só então passou a existir capital, e foi "só então que o termo 'salário', em seu sentido técnico estrito, pôde ser empregado corretamente".[14] Isso ocorria porque, como a maioria das categorias econômicas neoclássicas, os "salários" eram uma categoria surgida de uma relação social peculiar ao capitalismo e que a refletia: "O salário é um fato casual na relação entre empregador e empregado. É... uma categoria econômica cujo âmbito está inteiramente incorporado à teoria da produção, tal como expressa pelo método baseado naquela relação".[15]

Portanto, a função da teoria econômica neoclássica era obscurecer a natureza do antagonismo básico do capitalismo, que era o conflito entre proprietários e trabalhadores, primeiro fazendo com que ele parecesse apenas aparente e não real; depois, fazendo com que a relação entre empregado e empregador parecesse atemporal e eterna. Uma das características dominantes, historicamente distintas e específicas do capitalismo contemporâneo – insistia Veblen –, era uma "hostilidade constante e mal intencionada por parte dos operários em luta com seus empregadores e os proprietários ausentes dos quais eles eram empregados".[16] Nessa situação, as conclusões de harmonia social da teoria econômica neoclássica eram utilíssimas e atendiam aos interesses dos empresários, dos proprietários ausentes, estando de acordo com os "interesses investidos" poderosos e privilegiados da sociedade em geral:

> *Muitos cidadãos com espírito público e muitos cidadãos esclarecidos que têm interesses empresariais deploram esse espírito de divisão e de objetivos conflitantes que domina as relações habituais entre proprietários e empregados nas grandes indústrias. Em discursos elogiosos sobre esta questão,*

História do Pensamento Econômico

comumente se insiste em dizer que esta divisão de sentimentos é indevida, que prejudica o bem comum, que "os interesses do trabalho e do capital são substancialmente idênticos", que as táticas de retardamento e de obstrução só levam à privação e ao descontentamento de ambas as partes da controvérsia, além de causar danos e embaraços à comunidade em geral.

Estes discursos elogiosos, geralmente, são dirigidos aos operários. Um fato simples, baseado no bom senso e já transformado em hábito antigo, é dizer que os empresários que administram a produção industrial têm que ter liberdade de limitar sua produção e restringir os empregos, de acordo com o movimento dos negócios. Trata-se de boa prática de negócios, autêntica e meritória. Mas o desemprego resultante do conluio entre operários para obter vantagens especiais interfere nos rendimentos regulares da empresa, trazendo, com isso, desestímulos e adversidade para a comunidade empresarial, além de desordenar e retardar os processos industriais que dão origem aos rendimentos.[17]

Esse era, então, o fim inevitável de toda a teoria utilitarista neoclássica. Veblen foi além de uma mera crítica lógica ou empírica da economia neoclássica, mostrando, no quadro de referência de sua própria teoria, a funcionalidade histórica e institucional da teoria neoclássica no atendimento das necessidades da propriedade ausente e dos "interesses investidos".

A Dicotomia Antagônica do Capitalismo

Dissemos que, segundo Veblen, havia dois conjuntos geralmente antagônicos de traços comportamentais, que se manifestavam em diferentes épocas históricas através das instituições sociais e dos modos de comportamento peculiares a essas épocas. A principal preocupação de Veblen era analisar e compreender o capitalismo. Assim como Marx, em meados do século XIX, tinha estabelecido que a Inglaterra era o protótipo da sociedade capitalista, Veblen, tendo escrito na última década do século XIX e nos primeiros 25 anos do século XX, tomou os Estados Unidos como protótipo. Para ele, a questão central era como esses dois conjuntos antagônicos de traços comportamentais se manifestavam através das instituições do capitalismo.

A questão poderia ser abordada sob diversos pontos de vista; Veblen adotou, pelo menos, três. Do ponto de vista da Psicologia Social, distinguiu os indivíduos e classes cujo comportamento era dominado pela propensão à exploração ou ao instinto predatório daqueles cujo comportamento era dominado pelo instinto construtivo, pela inclinação paternal e pelo desenvolvimento da curiosidade ociosa. Do ponto de vista da Economia, Veblen via a mesma dicotomia entre as forças que chamou de "negócios" e as forças que chamou de "indústria". Do ponto de vista da Sociologia, a dicotomia se manifestava nas diferenças entre o "cerimonialismo" e o "espírito esportivo" da "classe ociosa" e o comportamento mais criativo e mais cooperativo característico do "homem comum".

Cada um desses três níveis de análise tendia a confundir-se com os outros dois, pois Veblen estava analisando uma sociedade constituída fundamentalmente por duas classes principais: os capitalistas (aos quais ele se referia como "interesses investidos", "proprietários ausentes", "classe ociosa" ou "capitães de indústria") e a classe operária (que ele chamava de "engenheiros", "trabalhadores" e "homem comum").

Propriedade Privada, Sociedade de Classe e a Subjugação da Mulher

Na base da estrutura de classes estava a instituição da propriedade privada. Veblen começou sua análise rejeitando a abordagem da propriedade privada calcada nos "direitos naturais".

282

Thorstein Veblen

Nas teorias econômicas aceitas, a base da propriedade é comumente concebida como o trabalho produtivo do proprietário. Esse trabalho é visto, sem qualquer reflexão ou questionamento, como a base legítima da propriedade... Para os economistas clássicos, este axioma talvez tenha sido tão problemático quanto valioso. Criou-lhes dificuldades intermináveis para explicar como o capitalista era o "produtor" dos bens que passavam a ser sua propriedade e como era válido dizer que o operário ficava com o que produzia.[18]

Veblen achava que essa visão da propriedade privada era fundamentalmente errada, quer fosse adotada pelos conservadores, para defender o capitalismo, quer pelos socialistas, para atacá-lo. Seu erro estava nos pressupostos individualistas relativos aos processos de produção que lhe serviam de fundamento. Veblen sempre insistiu em que a produção era, em toda parte e sempre, um processo social e nunca um processo individual:

Essa teoria da propriedade baseada nos direitos naturais torna o esforço criativo de um indivíduo isolado e autossuficiente a base de sua propriedade. Com isso, deixa de lado o fato de que não existe um indivíduo isolado e autossuficiente... a produção só existe na sociedade, ou seja, somente através da cooperação de uma comunidade industrial. Esta comunidade industrial pode ser grande ou pequena... mas sempre inclui um grupo suficientemente grande para encerrar e transmitir as tradições, os instrumentos, os conhecimentos técnicos e os usos sem os quais não pode haver organização industrial nem qualquer relação econômica entre os indivíduos ou entre estes e seu ambiente... Não pode haver produção sem conhecimentos técnicos; portanto, não pode haver acumulação nem riqueza a ser possuída, isoladamente ou não. Não existe, também, conhecimento técnico separado de uma comunidade industrial. Como não existe produção individual nem produtividade individual, o pressuposto dos direitos naturais... se reduz a um absurdo, mesmo com base na lógica de suas próprias premissas.[19]

Embora a produção seja sempre social, as leis da propriedade privada, que no capitalismo determinavam a distribuição da produção social, eram particulares e individuais. Isso representava, na opinião de Veblen, um antagonismo social básico. Todo progresso humano tinha sido alcançado através de avanços na produção social. Tais avanços, em geral, resultavam do "instinto de construção" e da "curiosidade ociosa". A propriedade privada resultava do "instinto predatório" e se opunha ao "instinto construtivo".

Historicamente, na opinião de Veblen, o instinto construtivo era anterior ao instinto predatório e mais fundamental do que ele. Uma proposição central a toda a filosofia social de Veblen era que "a vida do homem é atividade e, na medida em que ele age, também pensa e sente".[20] Não eram as ideias e os sentimentos das pessoas os principais determinantes de suas atividades; eram seus processos vitais e suas atividades que determinavam suas ideias e sentimentos. Além disso,

em toda a história da cultura humana, as pessoas, em sua grande maioria, estão quase que em toda parte e todos os dias da vida trabalhando para transformar coisas em utilidade para o homem. A finalidade imediata de todo aperfeiçoamento industrial tem sido o melhor desempenho de uma tarefa manual.[21]

Nos estágios iniciais da sociedade humana, a baixa produtividade fez da predominância do instinto de construção um pré-requisito social para a sobrevivência. Naquela época, "os hábitos de vida da raça ainda tinham um caráter pacífico e laborioso e não contencioso e destrutivo".[22] Naquele período inicial, "enquanto ainda não era possível uma vida predatória" e a sociedade ainda era dominada "pelo instinto construtivo, a eficiência ou o préstimo tinham valor e a ineficiência ou a futilidade eram odiosas".[23]

História do Pensamento Econômico

Só depois de a produção ter-se tornado substancialmente mais eficiente e o conhecimento técnico e os instrumentos terem sido socialmente acumulados é que a exploração predatória se tornou possível. Só então foi possível estabelecer distinções hostis entre os diferentes membros da sociedade. Com maior produtividade, tornou-se possível viver tomando-se as coisas à força e praticando a exploração predatória. "Mas tomar as coisas e mantê-las de modo forçado logo ganhou a legitimação de uso, e o direito de posse resultante tornou-se inviolável, protegido pela moradia."[24]

A propriedade privada teve suas origens na força bruta coercitiva e foi perpetuada tanto pela força quanto pela legitimação institucional e ideológica. As sociedades divididas em classes surgiram inevitavelmente com o desenvolvimento da propriedade privada: "onde prevalece esse direito de posse pela bravura, a população se divide em duas classes econômicas: os que trabalham produtivamente e os que executam atividades improdutivas, como guerra, governo, esportes e religião".[25] Nas sociedades pré-capitalistas, a divisão de classes era um pouco mais nítida e era percebida com mais clareza do que no capitalismo. "Na servidão e na escravidão, os que trabalham não podem possuir e os que possuem não podem trabalhar."[26]

Uma sociedade dividida em classes era uma sociedade predatória. Nela, o instinto predatório dominava o instinto construtivo, muito embora a classe predatória dominante fosse sempre numericamente inferior em relação ao povo comum que trabalhava. Todavia, sujeitando o trabalhador a inúmeras indignidades e opressões, a sociedade predatória tendia a restringir e bloquear o instinto construtivo e, com isso, tornar quase todos os trabalhos desagradáveis, apesar de o instinto construtivo envolver, inerentemente, sentimentos agradáveis de autorrealização. Nas sociedades divididas em classes,

> o aspecto desagradável do trabalho é um fato espiritual; está na indignidade da coisa. Seu aspecto desagradável é, obviamente, não menos real e irrefutável, por ser de caráter espiritual. Na verdade, por isso mesmo ele é mais substancial e irremediável.[27]

Em uma sociedade onde exista a propriedade privada e a divisão de classes, os antigos valores associados ao instinto construtivo se deterioraram e foram substituídos por novos valores:

> À medida que uma cultura predatória vai atingindo um desenvolvimento mais completo, surge uma distinção entre os empregos. A tradição de bravura como virtude por excelência torna-se mais ampla e mais consistente, até chegar quase a ser reconhecida como a única virtude. Só têm valor e reputação, então, os empregos que exercitam esta virtude. Outros empregos em que os homens se ocupem com a humilde transformação de matéria inerte em objetos de uso do homem passam a não valer a pena e terminam sendo aviltantes. O homem honrado tem não só que revelar capacidade de exploração predatória, como também evitar dedicar-se a ocupações que não envolvam exploração. As pessoas que realizam trabalho manso, que não envolve qualquer destruição visível da vida nem o domínio visível de antagonistas refratários, perdem a reputação e são relegadas a ser membros da comunidade das pessoas que não servem para desenvolver atividades predatórias, quer dizer, as que não têm porte, agilidade nem agressividade no trabalho. Ocupar-se nestes empregos é um sinal de que o homem não possui um mínimo de bravura que lhe permita ser considerado um homem de boa estatura... Desse modo, o homem bárbaro fisicamente apto da cultura predatória, que zela pelo próprio nome... passa a dedicar seu tempo às artes másculas da guerra, usando seu talento para descobrir meios de prejudicar a paz. É nisto que está a honra.[28]

Com a propriedade privada e a cultura predatória também apareceu a subjugação da mulher:

> A luta, juntamente com outros trabalhos que envolvem um sério elemento de exploração, se resume a empregar homens fisicamente aptos; o trabalho diário e rotineiro do grupo é entregue

> *às mulheres e aos fracos... A fraqueza, ou seja, a incapacidade de explorar, é desprezada. Uma das primeiras consequências desta depreciação da fraqueza é um tabu em relação à mulher e ao seu trabalho.*[29]

Daí se originou a ideia de que o contato excessivo com as mulheres era "cerimoniosamente errado para os homens". Isso "durou e foi transmitido a culturas posteriores, significando falta de valor ou incapacidade levítica das mulheres; por isso, até hoje, achamos impróprio as mulheres se igualarem aos homens ou representarem a comunidade em qualquer relação que exija dignidade e capacidade representativa".[30]

Muito embora a maioria dos homens, em uma cultura predatória, fosse subserviente aos homens combativos – que constituíam uma minoria – os traços predatórios eram, em geral, imitados pelos homens mais fracos e comuns em suas relações com as mulheres. Essas normalmente eram subservientes aos homens. "Homens treinados a pensar de maneira predatória apreenderam, pelo hábito, essa forma de relacionamento com o outro sexo, achando-a adequada e bonita."[31] Essa forma de opressão das mulheres levou à forma peculiar da instituição do casamento, encontrada nas sociedades onde existe propriedade privada e divisão de classes. Esses casamentos tinham caráter obrigatório e sempre envolviam algum "conceito de propriedade".[32]

Veblen achava que só o ressurgimento do instinto construtivo dominando socialmente o instinto predatório poderia acabar de vez com a subjugação da mulher. Achava que o capitalismo tinha estimulado o desenvolvimento do instinto construtivo, muito embora, conforme veremos, ainda fosse controlado pelos que eram dominados pelo comportamento predatório. As forças sociais "que estão atuando agora para desintegrar a instituição do casamento como propriedade também podem agir no sentido de desintegrar a instituição correlata da propriedade privada".[33]

A Estrutura de Classes do Capitalismo e o Domínio da Indústria pelos Negócios

A propriedade privada e o instinto predatório levaram às sociedades predatórias e divididas em classes da época da escravidão e da época feudal. O capitalismo foi o resultado final do feudalismo na Europa Ocidental. Enquanto o instinto predatório dominou totalmente a sociedade escravocrata e feudal, no capitalismo, houve um importante e profundo desenvolvimento do instinto construtivo. O capitalismo – ou, como Veblen algumas vezes o chamava, "o regime da propriedade ausente e do trabalho por contrato"[34] – começara como uma sociedade "quase pacífica" na qual as forças construtivas se tinham desenvolvido originariamente muito depressa. Entretanto, com o decorrer do tempo, as forças construtivas e as forças predatórias de exploração tinham entrado em choque.

Esse antagonismo foi expresso por Veblen como um conflito entre "negócio" e "indústria" ou entre "vender" e "trabalhar". Na Europa Ocidental, o capitalismo se originara do feudalismo, porque, naquela cultura, o instinto predatório e sua concomitante cultura patriarcal ainda não se tinham desenvolvido completamente. "Devido à falta de treinamento suficiente em hábitos de pensamento predatórios (conforme se pode verificar, por exemplo, no patriarcado incompleto dos povos do norte da Europa), a cultura predatória deixou de atingir o que pode ser chamado de maturidade normal no sistema feudal europeu."[35] No período subsequente, de "trabalho livre", em que a obrigação de trabalhar era causada pela necessidade de ganhar a vida e não por uma necessidade imposta coercitivamente, o instinto construtivo prosperou e as artes industriais apresentaram grande progresso. No século XIX, as forças predatórias, que tinham sido herdadas das sociedades escravocratas e feudais, começaram a ganhar força. Isso continuou até o sistema capitalista chegar, no fim do século XIX, ao ponto em que as forças construtivas e as forças de exploração eram ambas forças poderosas.

Essas duas forças sociais estavam presentes em classes inteiramente diferentes, no capitalismo. "O interesse e a atenção das duas classes... típicas... se separam e entram num processo de diferenciação progressiva, seguindo dois cursos diferentes."[36] A primeira classe tinha o instinto construtivo:

> Os operários, trabalhadores e técnicos – qualquer que seja o termo usado para designar a categoria geral de pessoas sobre a qual a capacidade tecnológica de uma comunidade tem um efeito diretamente industrial – são os que têm de trabalhar para ganhar a vida, fazendo, assim, convergirem seus interesses e a disciplina de sua vida de trabalho diário no sentido de uma apreensão tecnológica de fatos materiais.[37]

A segunda classe tinha o instinto predatório:

> Estes proprietários, investidores, patrões, empregadores, empreendedores, empresários estão ligados a bons negócios... O treinamento dado por essas ocupações, e que constitui requisito para sua prática efetiva, está voltado para a administração pecuniária e o entendimento das finanças, preços, preços e custos, preços e lucros e preços e prejuízos... isto é, está voltado para suas inclinações e sentimentos próprios.[38]

Enquanto a essência do sucesso dos trabalhadores envolvia criatividade produtiva, a essência do sucesso dos proprietários e empresários envolvia vantagens para explorar os outros:

> O ganho pecuniário é um ganho diferenciado e os negócios procuram obter esses ganhos... comumente... é uma diferença, por exemplo, entre as despesas do empresário e o retorno do capital – quer dizer, entre o empresário e a massa de pessoas que não têm jeito para ser empresários e com a qual ele tem que lidar direta ou indiretamente. Para fins desta negociação, baseada em diferenças, a fraqueza de uma das partes (em termos pecuniários) é tão importante quanto a força da outra – significando, ambas, substancialmente, a mesma coisa.[39]

Esse treinamento promovia os ideais predatórios, ao passo que o treinamento dos operários promovia os ideais construtivos. No entanto, embora os ideais construtivos fossem muitíssimo úteis à sociedade, destruiriam a própria base institucional que sustentava a existência luxuosa, ociosa e parasitária da classe dos proprietários ausentes. Portanto, era sempre necessário contrabalançar o crescimento exagerado dos ideais construtivos:

> Os padrões de propriedade impostos à comunidade pelas classes melhor aquinhoadas terão um efeito corretivo considerável sobre a mentalidade do homem comum, em relação a este e a muitos outros aspectos e, com isso, agirão no sentido de manter a presença constante dos ideais predatórios e dos pressupostos predatórios, depois de a situação econômica, de modo geral, ter assumido... uma forma comercial.[40]

A busca do lucro ou os negócios geravam um comportamento totalmente afastado da indústria ou do instinto construtivo. Os proprietários tinham uma presença cada vez menor na direção da produção, que era confiada a "uma classe profissional de engenheiros da eficiência".[41] Mas a preocupação dessa nova classe administrativa de engenheiros da eficiência nunca era com a própria produtividade nem com a prestação de serviços à comunidade em geral. "O trabalho dos engenheiros da eficiência... está sempre a serviço da empresa... em termos de preços e de lucros."[42]

Thorstein Veblen

Tinha realmente surgido o que Veblen chamava de uma "Nova Ordem" na qual a indústria, onde apenas o instinto construtivo era promovido e desenvolvido, estava totalmente subordinada aos negócios, onde o lucro era a única preocupação. Os negócios estavam, por sua vez, subordinados ao engrandecimento da riqueza dos proprietários ausentes e existiam com esse fim.

> *Essa nova ordem na indústria e nos negócios norte-americanos pode ser vista como tendo surgido logo que uma maioria significativa dos recursos industriais do país, inclusive o sistema de transportes, passou seguramente para a propriedade ausente, em escala suficientemente grande e em valor suficientemente alto, para permitir que esses recursos nacionais e as indústrias que deles faziam uso fossem alvo de uma vigilância e um controle conjunto dos interesses investidos que representavam esses grandes proprietários ausentes.[43]*

A principal contradição antagônica do capitalismo moderno estava, na opinião de Veblen, entre as novas formas sociais de produção, orientadas para a eficiência produtiva e para o serviço a toda a comunidade, e as leis da propriedade privada, que colocavam o controle da indústria nas mãos de proprietários ausentes, que dirigiam a indústria para o lucro:

> *Portanto, a nova ordem é, por assim dizer, uma coisa mal assentada. É uma organização de novas formas e meios, em termos de processos industriais e mão de obra, sujeita a um controle irresponsável por parte de um corpo de empresários antiquado, que segue uma estratégia superada para atingir fins obsoletos.[44]*

A natureza do controle dos negócios sobre a indústria foi descrita por Veblen com um termo: "sabotagem". Os negócios "sabotavam" a indústria para ter lucro. Sabotagem era definida como o "abandono consciente da eficiência".[45] Para os empresários, "um lucro razoável significava, de fato, o maior lucro possível".[46] O problema do capitalismo era que a indústria em larga escala e as forças construtivas estavam sempre aumentando a quantidade de produção que podia ser obtida com determinada quantidade de recursos e operários. Contudo, dada a distribuição de renda extremamente desigual existente, esse acréscimo de produção só poderia ser vendido se os preços fossem reduzidos substancialmente. Em geral, as reduções necessárias de preço eram tão grandes que a venda de uma quantidade maior a preços menores dava menos lucro do que a venda de uma quantidade menor a preços mais altos. Portanto, no capitalismo moderno,

> *existe um abandono cada vez maior de eficiência. A fábrica está cada vez mais ociosa ou semiociosa, funcionado de forma cada vez mais distante de sua capacidade de produção. Os operários estão sendo despedidos... E essa gente está sempre precisando muito de todo tipo de bens e serviços que estas fábricas ociosas e estes operários sem trabalho estão preparados para produzir. Por questões interesseiras dos negócios, é impossível deixar essas fábricas ociosas e esses operários parados trabalharem – quer dizer, por questões de falta de lucro para os empresários interessados ou, em outras palavras, pelas razões de renda insuficiente para os interesses investidos.[47]*

A sabotagem da indústria pelos negócios causou, obviamente, sofrimento generalizado e privações para o público em geral. Mas os proprietários ausentes nunca tiveram de testemunhar esse sofrimento nem mesmo imaginar-se como os causadores, principalmente quando só conheciam as teorias econômicas dos economistas neoclássicos. No sistema capitalista, em que os negócios controlavam a indústria,

> *este controle e a sabotagem, que constituem o principal método de controle, e sua principal consequência material ocorrem de maneira impessoal e desapaixonada, como uma coisa de rotina*

História do Pensamento Econômico

dos negócios. A propriedade ausente... em grande escala, é imune a quem dela se avizinhe e a considerações sentimentais e escrupulosas... Os proprietários ausentes estão afastados do pessoal que trabalha... a não ser pelo contato remoto, neutro e frio de uma procuração, implícito no recebimento constante de uma renda livre... Assim, os proprietários ausentes e seus administradores de empresas ausentes são poupados de muitas experiências desagradáveis, como refletir sobre muitas contingências tristes da vida e da morte – trivialidade no balanço de ativos e passivos, embora sua contrapartida material em termos de vida e morte para a população dos níveis mais baixos possa ser bastante grave para os que recebem tal impacto.[48]

Esse quadro do capitalismo não era, para Veblen, um quadro de crise nem uma situação incomum. Era um quadro de como o capitalismo funcionava no dia a dia. Além do mais, essa forma de funcionamento não era devida a qualquer imoralidade inerente aos proprietários ausentes. Era apenas institucionalmente inerente à estrutura essencial do capitalismo:

Poderá observar-se que toda... estratégia de negócios pode ser apropriadamente considerada como sabotagem. É, com efeito, um tráfico de privações, é claro. É também uma transação comercial comum. Não é, necessariamente, culpada, pois não pode ser evitada. Não é uma questão de preferência pessoal ou de desvio moral. Não é que estes capitães dos altos negócios, cujo dever é administrar esta dose salutar de sabotagem da produção, sejam maus. Não é que eles queiram reduzir a vida humana ou agravar sua miséria, tramando o aumento das privações de seus concidadãos. Na verdade, há que se presumir que eles sejam tão humanos quanto afirmam ser; mas só diminuindo a oferta dos bens necessários, aumentando, assim, as privações até elas atingirem um ponto crítico, é que eles podem aumentar suficientemente seus... rendimentos, ficando com a consciência limpa em relação à confiança neles depositada pelos proprietários ausentes e justificando-a. Eles são prisioneiros dos negócios comuns, em circunstâncias que ditam um abandono consciente da eficiência. A questão não é decidir se este tráfico de privações é humano, mas se esta é uma boa maneira de administrar os negócios.[49]

O estado normal do capitalismo moderno, segundo Veblen, era de depressões cíclicas. "Pode-se dizer, portanto, com base nessa ideia, que a depressão crônica, mais ou menos pronunciada, é normal nos negócios do regime plenamente desenvolvido da indústria mecanizada."[50] Além do mais, em todo o ciclo econômico e em todas as ocasiões, o capitalismo envolvia, necessariamente, uma constante luta de classes entre proprietários e trabalhadores:

Nas negociações entre proprietários e trabalhadores, praticamente, não há necessidade das palavras lisonjeiras usadas nas vendas... E as negociações são acertadas, portanto, sem muitos disfarces, com ameaças de desemprego, privações, restrição do trabalho e da produção, greves, interrupções, espionagem, piquetes e manobras semelhantes de descontentamento mútuo, recorrendo-se muito a uma linguagem ameaçadora e a ameaças de sabotagem mútua. A expressão comumente empregada para descrever esse descontentamento é "dificuldades trabalhistas". As relações empresariais entre as duas partes incluem hostilidades, declaradas ou tácitas, que se expressam em termos de sabotagem mútua; isto, às vezes, ultrapassa a esfera da obstrução e da desaprovação inteiramente legais e dos costumes empresarias; ultrapassa a esfera da sabotagem legítima sob a forma de resistência passiva e do abandono da eficiência, entrando na fase ilegítima da sabotagem, que se transforma em violentas ofensas às pessoas e à propriedade. As negociações... passaram a ser habitualmente vistas em termos de conflito de forças que se armam e de estratégias de guerra. É um conflito de forças hostis, baseado no princípio estratégico aceito de que uma das partes deve ganhar e a outra deve perder.[51]

O Governo e a Luta de Classes

O poder último no sistema capitalista estava nas mãos dos proprietários, porque eles controlavam o governo, que era o meio institucionalmente legítimo de coação física em qualquer sociedade. Como tal, o governo existia para proteger a ordem social existente e a estrutura de classes. Isso significava que, na sociedade capitalista, o principal dever do governo era fazer cumprir as leis da propriedade privada e proteger os privilégios associados a esta propriedade. Veblen insistiu muito em que

> a Política moderna é política de negócios... É assim na política externa e na interna. A legislação, a vigilância policial, a administração da Justiça, o serviço militar e a diplomacia – tudo isso está voltado, principalmente, para as relações de negócios, para os interesses pecuniários e só tem uma relação acidental com outros interesses humanos.[52]

O primeiro princípio de um governo capitalista era que "a liberdade natural do indivíduo não poderia ir de encontro aos direitos prescritos da propriedade. Os direitos de propriedade... tinham o poder de inalienação dos direitos naturais".[53] A principal liberdade do capitalismo era a liberdade de compra e venda. A filosofia do *laissez-faire* mandava que, "enquanto não houvesse qualquer tentativa declarada contra a vida... ou contra o direito de comprar e vender, a lei não poderia intervir, a não ser de modo cautelar, para impedir a possível violação dos... direitos de propriedade".[54] Assim, antes de mais nada, um "governo constitucional é um governo de negócios".[55]

Isso não queria dizer que Veblen negasse que o governo dos Estados Unidos era democrático. Ele sabia que havia partidos políticos diferentes e que os norte-americanos tinham liberdade para votar no partido de sua escolha. Também sabia que o governo nem sempre podia representar todos os interesses econômicos por igual. Os conflitos entre os empresários refletiam-se nos diferentes partidos políticos.

> Os interesses econômicos no âmbito de um determinado governo se resumem a uma organização mais ou menos livre, que poderia ser considerada um círculo ou associação tácita, onde havia um entendimento geral de se aliar para combater interesses econômicos estranhos. O que mais se aproxima de um plano explícito e de uma organização deste círculo econômico é o partido político moderno, com sua plataforma tácita e explícita. Os partidos diferem nos detalhes de seus objetivos, mas os que têm uma existência não apenas transitória e exercem uma ação não apenas superficial representam diferentes linhas de política empresarial, de comum acordo com os empresários na medida em que todas as linhas visam a promover o que cada um julga ser os maiores e mais duradouros interesses comerciais da comunidade. O círculo de interesses econômicos que assegura a maior aprovação do sentimento popular é, segundo os métodos constitucionais, encarregado da instituição do governo.[56]

Embora o dinheiro dos proprietários ausentes e dos empresários fosse um fator importante em seu controle da política, Veblen não tinha a visão simplista de que os empresários apenas subornavam os políticos corruptos (muito embora, muitas vezes, eles fizessem exatamente isso). O controle político dos capitalistas residia muito mais fundamentalmente em seu controle sobre os processos de socialização e de doutrinação:

> Governo representativo quer dizer, principalmente, representação de interesses econômicos. O governo, quase sempre, trabalha para atender aos interesses dos empresários, com uma singularidade de propósitos razoavelmente coerente. E, em sua solicitude para com os interesses dos empresários, é apoiado pelo sentimento público do momento, pois existe uma convicção ingênua e inquestionável,

por parte do povo em geral, de que, de alguma forma oculta, os interesses materiais da massa coincidem com os interesses pecuniários dos empresários que vivem sujeitos às mesmas determinações do governo. Essa convicção faz parte da metafísica popular, pois é calcada em uma solidariedade de interesses admitida sem qualquer espírito crítico... Essa convicção é forte, principalmente entre os... empresários, superiores e subordinados, juntamente com as classes profissionais, em contraste com as camadas mais vulgares da comunidade, influenciadas por noções anarquistas ou socialistas. Mas, como o elemento conservador inclui, na lei, os cidadãos importantes e de peso e, na verdade, a maioria dos cidadãos... incluindo até os que não têm qualquer interesse financeiro em jogo, o governo constitucional tornou-se, em grande parte, um departamento da organização empresarial, sendo guiado pelos conselhos dos empresários... Em quase todo o seu trabalho, até mesmo no que não está voltado ostensivamente para os fins econômicos, está a serviço dos interesses econômicos.[57]

Este controle do governo pelos negócios permeava todos os poderes e todas as instâncias do governo. Os norte-americanos eram um povo "prático", na opinião de Veblen. Dada a influência central dos negócios na sociedade norte-americana, o termo *prático* sempre queria dizer relativo a negócios. Por isso, em todos os poderes do governo,

os ocupantes são, necessariamente, pessoas que têm antecedentes nos negócios, dominados pela lógica da propriedade e, essencialmente, da propriedade ausente. Os legisladores, os administradores e o Poder Judiciário também têm as mesmas origens no que diz respeito a... essa predisposição... Não precisa, obviamente, haver qualquer dúvida quanto à boa-fé ou à inteligência desses funcionários responsáveis. É de se presumir que, quanto a estes aspectos, eles sejam, em geral, acima da média ou que não estejam muito longe disso... Não há dúvida de que, de boa-fé e com base em sólidos princípios, a incessante proliferação de estatutos, decisões, precedentes e interpretações constitucionais tem seguido, em grande parte, e com um efeito cada vez mais forte, estas linhas, que convergem para as necessidades e os méritos da propriedade ausente.[58]

Assim, na interminável luta de classes entre trabalhadores e proprietários ausentes, os proprietários, quase sempre, venciam. O governo, como meio institucionalmente legítimo de coação física, estava firmemente em mãos dos proprietários. Como os trabalhadores eram muitíssimo mais numerosos do que os proprietários, a manutenção da supremacia destes, isto é, da estrutura de classes existente no capitalismo, dependia de os proprietários ausentes controlarem o governo. Sempre que, na luta de classes, os operários de uma indústria pareciam estar levando vantagem, o governo era chamado a interferir.

Neste ponto, a instituição nacional – federal e local – entra em cena através da autoridade constituída, exercendo vigilância e poderes de punição... A intervenção dos órgãos do governo nessas negociações entre os proprietários e os trabalhadores redundava em benefício daqueles. É isto que acontece necessariamente devido à natureza das coisas... Do modo como as coisas caminham em qualquer comunidade democrática, estes órgãos do governo são administrados por pessoal com mentalidade empresarial, imbuído dos preconceitos habituais dos princípios dos negócios – os princípios da propriedade, quer dizer, nas atuais condições, os direitos, os poderes e as imunidades da propriedade ausente. De acordo com o caso, os funcionários são provenientes da comunidade empresarial – advogados, banqueiros, comerciantes, empreiteiros etc... "homens práticos", cujos preconceitos e convicções são os que surgirão necessariamente com a experiência bem-sucedida e continuada na direção de negócios deste tipo: advogados e magistrados que tenham comprovado sua capacidade de cumprir de modo bem-sucedido deveres administrativos e de conduzir litígios que girem em torno das sutilezas jurídicas da propriedade, e nos quais a lógica da propriedade se tenha tornado uma segunda natureza.[59]

Quando esses funcionários públicos, advogados e juízes entravam em cena, com certeza seu treinamento anterior lhes havia ensinado que

essa coalizão, conspiração ou conluio, que tomava a forma da propriedade ausente, era certa e boa e deveria ser salvaguardada por todos os poderes e pelas imunidades da propriedade... a qualquer custo para a comunidade em geral... Maiores rendimentos do capital... serão defendidos pelo uso devido da força em caso de necessidade.

Ocorria uma coisa completamente diferente... com as organizações dos operários. Não se baseando na propriedade, seu direito legal de conspirar para limitar a atividade empresarial é, na melhor das hipóteses, duvidoso.[60]

As grandes empresas, em geral, ganhavam a luta. Os operários eram fortemente imbuídos do instinto construtivo que, normalmente, estava associado a hábitos de pensamento pacíficos. Os empresários eram fortemente imbuídos do instinto predatório e dos costumes do espírito esportivo competitivo. Os hábitos de vida dos operários eram criativos e construtivos. Os hábitos de vida dos empresários eram destrutivos e se baseavam no domínio das técnicas de sabotagem. Os empresários tinham a seu favor o governo e os tribunais. Finalmente, os empresários e seus agentes tinham quase que um monopólio do uso da força mortífera.

A presunção no direito, nos costumes e na preferência oficial, era contrária ao uso da força ou à posse ou acesso a armas por parte de pessoas ou associações de pessoas que não tivessem muitas propriedades. Pressupunha-se, com efeito, que o uso de armas devesse proteger a propriedade e salvaguardar seus direitos; este pressuposto se aplica ao uso de armas por particulares, bem como pelas Forças Armadas do governo. De acordo com as disposições legais que regulamentam a posse e o uso de armas... verifica-se que as licenças para porte de arma são concedidas, quase todas, a cidadãos importantes (proprietários ausentes com muitas propriedades), a grandes empresas e aos grupos de mercenários que, por delicadeza, são chamados de agências de detetives; estas agências são como que forças auxiliares empregadas ocasionalmente pelas grandes empresas que se vejam envolvidas com greves ou locautes. Sem dúvida alguma, tudo isso é como deve ser, e não há dúvida de que sua intenção é benéfica.[61]

Sempre que as prerrogativas e os direitos da propriedade privada eram ameaçados de alguma forma, a classe proprietária respondia com a força das armas. Os direitos de propriedade eram a base do poder dessa classe e de sua "renda livre", e essa classe seria protegida a qualquer custo: "É sabido e, além disso, garantido pela lei e pelos costumes, que, quando se recorre às armas, quem arca com o custo é o homem comum. Paga esse custo em trabalho perdido, em ansiedade, privação, sangue e ferimentos".[62]

O Imperialismo Capitalista

Nos últimos 25 anos do século XIX e no começo do século XX, a expansão agressiva e imperialista foi uma das características dominantes do capitalismo industrial. No próximo capítulo discutiremos várias teorias econômicas sobre o imperialismo. Veblen também escreveu muito sobre esse tema. Acreditava que a busca de lucro não conhecia fronteiras nacionais. Os proprietários ausentes viam grandes possibilidades de lucro em diferentes áreas do mundo, se essas áreas pudessem cair sob o domínio de países capitalistas ou de governos nacionais que aprovassem as atividades lucrativas de estrangeiros em seus países. O sucesso dos proprietários ausentes em fazer o povo achar que os interesses de todos eram idênticos aos das grandes empresas estendeu-se ao reino do patriotismo. O patriotismo era um sentimento nacionalista, que podia ser usado para conseguir apoio para as políticas agressivas e imperialistas do governo, em proveito do interesse empresarial. "O imperialismo é a dinastia política com um novo nome" – escreveu Veblen – "posta em prática em benefício de proprietários ausentes".[63] Ele estava convencido de que havia "uma crescente necessidade destas ajudas nacionais às empresas".[64] O imperialismo era necessário porque

> os empresários da nação... estão interessados em transações proveitosas no exterior, quer dizer, o imperialismo visa a estender e ampliar o domínio dos proprietários ausentes de uma nação para além das fronteiras nacionais.
>
> E, por uma curiosa distorção da emoção patriótica, os cidadãos leais conseguem acreditar que estes ganhos extraterritoriais dos empresários de seu país, de alguma forma, beneficiarão a comunidade em geral. É claro que os ganhos auferidos desta forma pelos empresários são seus, mas as ilusões de solidariedade nacional permitem que os cidadãos leais acreditem que os ganhos auferidos por esses proprietários ausentes à custa dos contribuintes beneficiarão esses contribuintes de alguma forma oculta – de alguma forma obscura que nenhum cidadão leal deve investigar mais detidamente... Se um cidadão comum, que não seja um proprietário ausente de grandes recursos, hesitar em entregar sua vida e seus pertences, quando chamado pelos políticos que controlam o governo para enaltecer a bandeira do país e o maior lucro dos negócios dos proprietários ausentes em terras estrangeiras, se tornará "ocioso".
>
> Por força dessa distorção patriótica presente em tudo e por causa deste fanatismo incrível, que hoje faz com que homens civilizados acreditem em uma solidariedade nacional de interesses materiais, hoje o principal – e, praticamente, o único – interesse das autoridades constituídas, em qualquer nação democrática, volta-se para os negócios lucrativos dos cidadãos importantes da nação... Desse modo, as autoridades constituídas desta comunidade democrática passaram, de fato, a constituir um "Soviete de Delegados dos Empresários", cujo dever privilegiado é salvaguardar e aumentar as vantagens especiais dos proprietários ausentes no país. Os ganhos dos proprietários ausentes são sempre obtidos à custa da população em geral...
>
> Talvez não seja preciso dizer que tudo isso é feito sem malícia. Uma descrição pela simples enumeração pode às vezes parecer uma acusação.[65]

No entanto, os lucros que o imperialismo trazia para os proprietários ausentes não eram, na opinião de Veblen, a característica mais importante. O imperialismo era uma força social conservadora da maior importância social. Com o desenvolvimento das técnicas de produção mecanizada, a produtividade humana tinha aumentado rapidamente na era do capitalismo. O fenômeno naturalmente paralelo ao crescimento da produtividade era o crescimento do instinto construtivo e dos traços sociais a ele relacionados. À medida que o instinto construtivo e seus traços característicos foram se tornando dominantes na cultura, a base social da propriedade ausente e das práticas econômicas predatórias passou a correr perigo. O *ethos* do instinto construtivo ressaltava a cooperação em lugar da concorrência; a igualdade e a independência dos indivíduos, em lugar das relações constantes de subordinação e superioridade; as inter-relações sociais lógicas, em lugar da representação de papéis cerimoniais e as disposições pacíficas e não predatórias de um modo geral. Assim, os traços associados ao instinto construtivo eram subversivos para a própria base da estrutura de classes existente. Os proprietários ausentes tinham de encontrar um meio de contrabalançar os efeitos subversivos do instinto construtivo, da cooperação, da independência individual e da luta por uma fraternidade pacífica.

Para essa importante tarefa, os proprietários ausentes se voltaram para o imperialismo. Esse papel social do imperialismo era tão primordial na ideia que Veblen tinha sobre o funcionamento do capitalismo, que o citaremos integralmente:

> O maior e mais promissor fator de disciplina cultural – o mais promissor como corretivo de desvios iconoclastas – incorporado aos princípios dos negócios é a política nacional... Os interesses econômicos precisam de uma política nacional agressiva e os empresários devem dirigi-la. Esta política é belicosa e patriótica. O valor cultural direto de uma política econômica de guerra é inequívoco. Dá uma disposição conservadora à população em geral. Em tempo de guerra... quando existe a lei marcial, os direitos civis são suspensos, e quanto mais ação belicosa e mais armas, maior é a suspensão destes direitos. O treinamento militar é um treinamento de precedência cerimonial, de comando arbitrário e de obediência inquestionável. Uma organização militar é, essencialmente, uma organização servil. A insubordinação é um pecado mortal. Quanto mais sólido e amplo for este treinamento militar, mais eficientemente os membros da comunidade serão treinados em hábitos de subordinação e mais serão agastados da crescente propensão a fazer uso da autoridade pessoal, que é a principal fraqueza da democracia. É claro que isso se aplica, inicialmente e de maneira mais decisiva, aos soldados, mas também se aplica – só que em menor grau – ao resto da população. Ela aprende a pensar em termos de hierarquia, autoridade e subordinação, tornando-se cada vez mais paciente com relação às restrições de seus direitos civis... Os efeitos disciplinares das atividades de guerra... dirigem o interesse popular para outros assuntos mais nobres e institucionalmente menos arriscados do que a distribuição desigual da riqueza ou o conforto das pessoas. As preocupações belicosas e patrióticas reforçam as virtudes bárbaras da subordinação e da autoridade normativa. O hábito de um esquema de vida belicoso e predatório é o fator disciplinar mais forte que pode contrabalançar a vulgarização da vida moderna, criada pela indústria pacífica e pelo processo de mecanização, e reabilitar o decadente senso de status e de dignidade diferenciada. A atividade de guerra, com ênfase na subordinação e no domínio e a insistência em gradações de dignidade e honra, presentes em uma organização militar, sempre se revelou uma escola eficaz dos métodos bárbaros de pensamento.
>
> É nesta direção, evidentemente, que está a esperança de um corretivo para a "inquietação social" e outras desordens da vida civilizada. Não pode, na verdade, haver qualquer dúvida séria de que um retorno firme às antigas virtudes da submissão, da piedade, do servilismo, da dignidade graduada, das prerrogativas de classe e da autoridade normativa levariam a um grande contentamento popular e facilitariam a administração das coisas. Esta é a promessa feita por uma política nacional vigorosa.[66]

Os Costumes Sociais da Cultura Pecuniária

Onde o instinto construtivo dominava, a tendência social voltava-se para o avanço do conhecimento, a cooperação, a igualdade e a ajuda mútua. Todavia, a divisão de classes do capitalismo dependia da permanência do predomínio social dos traços associados à exploração predatória – a admiração das habilidades predatórias, a aquiescência quanto à hierarquia da subordinação e a substituição generalizada do conhecimento pelo mito e pela cerimônia. A renda livre e não onerosa dos proprietários ausentes acabava dependendo do domínio cultural e social dos costumes e dos aspectos predatórios ou dos aspectos da cultura que, no capitalismo, equivaliam à mesma coisa: os aspectos pecuniários ou de negócios.

Quando o instinto predatório dominava a sociedade, os costumes vigentes eram os da classe ociosa, que era a classe que dirigia a sociedade. Veblen achava que "o aparecimento de uma classe ociosa coincide com o começo da propriedade... Trata-se apenas de aspectos diferentes dos mesmos fatos gerais da estrutura social".[67] Em todas as sociedades divididas em classes, sempre houvera uma diferenciação fundamentalmente significativa entre as ocupações da classe ociosa e as do povo em geral. "Segundo essa antiga distinção" – escreveu ele – "os trabalhos que tinham valor eram os que podiam ser classificados como exploradores; os que não tinham valor eram aqueles trabalhos diários necessários que não contivessem qualquer elemento apreciável de exploração".[68]

Em todas as sociedades divididas em classes, os poderes predatórios de um homem ou de um grupo eram tidos na mais alta estima. As pessoas que tinham desenvolvido, em grau muito elevado, as capacidades associadas à exploração possuíam o *status* mais honroso na sociedade. Assim, em uma sociedade capitalista,

> *as instituições econômicas se enquadram de modo geral, em duas categorias distintas: a pecuniária e a industrial. Ocorre o mesmo com os trabalhos. Trabalhos pecuniários são os que estão ligados à propriedade ou à aquisição; trabalhos industriais são ligados ao espírito construtivo ou à produção... Os interesses econômicos da classe ociosa estão nos trabalhos pecuniários; os da classe trabalhadora estão... principalmente nos trabalhos industriais. A entrada para a classe ociosa se dá através dos trabalhos pecuniários.*
>
> *Essas duas classes de trabalho diferem materialmente quanto à aptidão necessária para executar as tarefas de cada uma delas... A disciplina dos trabalhos pecuniários atua no sentido de conservar e cultivar certas aptidões predatórias e o espírito predatório... Na medida em que os hábitos de pensamento dos homens são moldados pelo processo competitivo de aquisição e posse; na medida em que suas funções econômicas estejam implícitas na propriedade de riquezas... e em sua administração e finanças,... sua vida econômica favorece a sobrevivência e o reforço do temperamento e dos hábitos de pensamento predatórios. No sistema moderno... os trabalhos pecuniários preparam muito bem as pessoas para a linha geral das práticas associadas à fraude.[69]*

No capitalismo passou a haver uma hierarquia de ocupações, que iam desde a mais honorífica – a propriedade ausente – até a mais vulgar e repulsiva – o trabalho – criativo.

> *Os empregos obedecem a uma hierarquia de reputação. Os diretamente relacionados às grandes propriedades são os que merecem maior consideração... Em seguida, vêm os empregos imediatamente subservientes à propriedade e às finanças – como os trabalhos em bancos e os ligados ao exercício do Direito. As atividades bancárias também dão uma ideia de grandes propriedades, e este fato explica, sem dúvida, boa parte do prestígio deste tipo de trabalho. A advocacia não implica grandes propriedades; mas como o ofício do advogado só serve a finalidades competitivas, é muito bem visto no esquema convencional. O advogado ocupa-se exclusivamente dos detalhes da fraude predatória, seja realizando ou evitando chicanas, e o sucesso na profissão é aceito, portanto, como sinal daquela astúcia bárbara, que sempre foi respeitada e temida pelos homens... O trabalho manual e até mesmo o trabalho de dirigir processos mecânicos são, obviamente, malvistos.[70]*

Mas os proprietários ricos e ausentes, em geral, viviam em grandes cidades e passavam quase todo o tempo em contato com advogados, contadores, corretores de ações e outros assessores, comprando e vendendo ações e obrigações, manipulando as finanças e, geralmente, imaginando esquemas de

Thorstein Veblen

sabotagem e de fraude. Desse modo, enquanto as virtudes predatórias nas culturas mais bárbaras eram tão patentes e imediatas que despertavam facilmente a admiração do povo em geral, as virtudes predatórias em uma sociedade capitalista eram, em grande parte, veladas e não podiam despertar tão facilmente a admiração das pessoas.

> *Para conseguir e conservar a estima dos homens, não basta a simples posse de riqueza ou poder. A riqueza e o poder têm que ser mostrados claramente, pois a estima só é conseguida diante da evidência. E a evidência da riqueza serve para impressionar os outros quanto à importância de quem a tem, e para manter vivo e alerta entre eles esse senso de importância, mas também tem valor para criar e manter a autossatisfação.*[71]

Em quase todo o livro *The Theory of the Leisure Class*, Veblen dedicou-se a uma descrição detalhada de como a classe ociosa ostentava suas proezas predatórias através do consumo conspícuo e do uso conspícuo do lazer. Para Veblen, o consumo conspícuo, muitas vezes, coincidia com o desperdício conspícuo. As casas dos ricos, por exemplo, "eram mais enfeitadas, mais conspicuamente perdulárias em sua arquitetura e em sua decoração do que as casas do povo".[72] Os ricos sempre precisavam exibir ornamentos sofisticados e em grande parte inúteis – mas, acima de tudo, caros. Para os ricos, quanto mais inútil e caro fosse um objeto, mais ele era valorizado como um artigo de consumo conspícuo. Qualquer coisa útil e acessível à gente comum era considerada vulgar e de mau gosto.

A beleza, a elegância nos trajes e a exibição da própria esposa eram essenciais para um cidadão importante e de bom gosto. Ter muitos criados era sinal de que a esposa não tinha de fazer o trabalho vulgar de uma dona de casa comum e de que ela estava mais interessada em ostentar a beleza e a inutilidade, para que o marido fosse mais respeitado. Casas da praia, iates e palacetes ricos nas montanhas – tudo isso raramente usado, mas bastante visível – eram essenciais para inspirar respeito.

Veblen tinha muito mais objetivos em mente ao descrever o consumo conspícuo dos ricos do que fazer uma simples exposição engraçada dos fatos. A cultura pecuniária era, acima de tudo, uma cultura de distinção odiosa. Quando o valor pessoal de um indivíduo era medido, principalmente, por um sistema pecuniário de distinção odiosa, uma das forças mais poderosas da sociedade era a emulação, que era a garantia mais importante do conservadorismo social, econômico e político.

Os ricos conservavam sua posição perpetuando o "princípio predatório ou do parasitismo".[73] Suas atividades levavam, automaticamente, à crença de que "o que quer que existisse estava certo".[74] Os ricos eram inerente e profundamente conservadores. Os extremamente pobres representavam, na sociedade, uma ameaça muito fraca à ordem social predatória e pecuniária:

> *Os abjetamente pobres e todos aqueles cujas energias são inteiramente absorvidas pela luta pelo sustento diário são conservadores, porque não podem dar-se ao luxo de se esforçar para pensar no que poderia acontecer num futuro mais próximo, assim como os altamente prósperos são conservadores, porque têm pouca oportunidade de ficar descontentes com a situação de hoje.*[75]

Em geral eram os elementos economicamente mais seguros da classe operária que constituíam uma ameaça potencial ao *status quo*. De modo geral, eles tinham conseguido adquirir habilidades produtivas muito demandadas, pelo mercado. Isso significava que, de modo geral, eles se orgulhavam do espírito construtivo. Havia sempre o perigo de que os traços associados ao instinto construtivo – pensamento claro e lógico, cooperação, ajuda mútua e humanitarismo geral – aumentassem, atingindo o ponto em que esses trabalhadores se voltassem para o anarquismo ou para o socialismo, a fim de promoverem a hegemonia dos traços construtivos sobre os traços predatórios e pecuniários. O consumo pela imitação era um meio básico de diminuir essa ameaça, mas o consumo pela imitação representava uma árdua

História do Pensamento Econômico

obrigação pessoal, onde não era possível progredir e da qual era difícil escapar. Quando alguém entrava nesse círculo vicioso, entregava-se inteiramente aos costumes da cultura predatória e pecuniária. As ideias de Veblen sobre o consumo imitativo, juntamente com suas ideias sobre a importância social, psicológica e ideológica do patriotismo, do militarismo e do imperialismo, constituíam o próprio âmago de sua teoria do domínio social, econômico e político do capitalismo pelos proprietários ausentes e pelos interesses econômicos.

Embora fosse verdade que a "renda livre", os privilégios e os poderes dos capitalistas eram diretamente provenientes das leis da propriedade, da concentração da propriedade nas mãos dos proprietários ausentes, de seu controle sobre o governo e de todos os usos legítimos da força mortal, no longo prazo, seu poder de governar a sociedade dependia mais de sua capacidade de controlar as emoções, as ideias e as disposições ideológicas da maioria dos trabalhadores.

Se a maioria dos trabalhadores viesse a descobrir que os capitalistas em nada contribuíam para o processo de produção, que as atividades econômicas e pecuniárias desses capitalistas eram a causa das depressões e de outras falhas de funcionamento do sistema industrial, que a parcela desproporcionalmente grande da riqueza e da renda que ia para os capitalistas causava o empobrecimento da maioria da sociedade e que a degradação do processo de trabalho era resultante do *ethos* predatório dominante dos capitalistas – se os operários viessem a perceber esses fatos, certamente libertariam o sistema industrial das rédeas opressivas e arcaicas das leis, dos governos e das instituições da cultura econômica pecuniária. Haveria uma derrubada revolucionária do capitalismo.

Os capitalistas confiavam em dois meios principais de disciplina cultural e de controle social. O primeiro, conforme vimos, era constituído pelo patriotismo, pelo nacionalismo, pelo militarismo e pelo imperialismo. O segundo meio de controle emocional e ideológico da população era o consumo pela imitação (ou "consumismo", como esse fenômeno veio mais tarde a ser chamado). A importância desse fenômeno em toda a teoria de Veblen era tão grande, que o citaremos integralmente:

Um certo padrão de riqueza... e de bravura... é uma condição necessária para firmar a reputação, e qualquer coisa que ultrapasse este nível normal é meritória.

Os membros da comunidade que não têm este grau de bravura ou de riqueza um tanto definido não gozam da estima de seus concidadãos; consequentemente, também enfraquecem sua autoestima, uma vez que a base comum do autorrespeito depende do respeito dos vizinhos. Só os indivíduos com um temperamento diferente podem, a longo prazo, conservar sua autoestima diante do desprezo de seus concidadãos...

Portanto, tão logo a propriedade se torna a base da estima popular, também se torna um requisito para aquela satisfação que chamamos de autorrespeito. Em qualquer comunidade... é necessário, para ter paz de espírito, que o indivíduo possua a mesma quantidade de bens que os outros com os quais ele está acostumado a se comparar, e é extremamente gratificante possuir algo mais do que os outros. Mas, tão logo uma pessoa adquire mais bens e se acostuma com o novo padrão de riqueza resultante, este novo padrão deixa de dar mais satisfação que o antigo padrão. A tendência, em qualquer caso, é fazer sempre do padrão pecuniário atual o ponto de partida para mais aumento da riqueza; isto, por sua vez, dá origem a um novo padrão de suficiência e a uma nova classificação pecuniária de si próprio, em comparação com os vizinhos. A este respeito, o fim da acumulação é fazer com que o indivíduo fique em uma posição elevada, em comparação com o resto da comunidade que está sendo considerada. Enquanto a comparação for nitidamente desfavorável para si próprio, o indivíduo médio normal viverá cronicamente insatisfeito com sua situação; quando ele atingir o que se pode chamar de padrão pecuniário normal da comunidade ou de sua classe na comunidade, esta insatisfação crônica dará lugar a uma luta interminável para aumentar cada vez mais a distância pecuniária entre ele e este padrão médio. A comparação invejosa nunca chega a ser tão favorável ao próprio indivíduo, a ponto de evitar que ele se esforce para atingir um nível cada vez mais elevado em relação a seus concorrentes na luta pela reputação pecuniária.[76]

Quando as pessoas caem nessa roda-viva de consumo por imitação, ou consumismo, levam uma vida de "insatisfação crônica", independente de sua renda. A miséria dos trabalhadores, na opinião de Veblen, era, predominantemente, fruto das privações materiais daquela parte da classe trabalhadora que vivia em estado de pobreza abjeta. Para o resto da classe trabalhadora a miséria era causada tanto pela degradação social do trabalho quanto pela "insatisfação crônica" associada ao consumo pela imitação. A miséria dos trabalhadores que estavam em boas condições materiais era espiritual. Entretanto, Veblen insistia que essa miséria "é... não menos, real e irresistível por ser de natureza espiritual. Na verdade, é ainda mais substancial e irremediável por conta disto".[77]

Parecia irremediável, porque a reação dos trabalhadores à miséria agravava e perpetuava essa miséria, e eles passavam a achar que seriam felizes se adquirissem mais e consumissem mais. Desse modo, os trabalhadores se endividavam, dependiam cada vez mais de melhorar a posição no emprego, de modo a assegurar mais renda, e acabavam se convencendo de que a única possibilidade de superar sua insatisfação crônica era agradar aos patrões e nunca fazer ou dizer qualquer coisa que causasse problemas ou evidenciasse ideias radicais.

Essa roda-viva era interminável. Quanto mais as pessoas tentassem superar a própria insatisfação crônica e a própria miséria, mais insatisfeitas e miseráveis ficavam. Em um sistema de escalonamento social odioso e de consumo conspícuo, um trabalhador raramente culpava o "sistema", os "interesses investidos" ou os "proprietários ausentes" por sua própria condição. Em geral, culpava a si próprio, provocando, com isso, uma queda maior ainda da autoestima e da autoconfiança e uma aceitação cada vez maior dos valores da cultura pecuniária.

Todavia, os valores associados ao instinto construtivo agiam contra esses valores da cultura pecuniária. A dignidade e a felicidade última da maioria das pessoas dependiam do triunfo final dos valores construtivos sobre os valores econômicos predatórios e pecuniários. Veblen não tinha dúvida alguma quanto ao que seria necessário para os valores construtivos triunfarem:

Na medida em que a finalidade da imitação não é um grau absoluto de conforto ou de excelência, nenhum progresso do bem-estar médio da comunidade pode pôr fim à luta ou diminuir o esforço para conseguir o que se pretende. Uma melhora geral não pode acabar com a inquietação, cuja fonte é a ânsia que todos sentem de superar os vizinhos, quando a eles se comparam.

A natureza humana, por ser o que é, faz com que a luta de todos para ter mais que seu vizinho seja inseparável da instituição da propriedade privada... O grau de contentamento é medido, em grande parte, pela posse de fato ou pelo uso; a opinião atual da maioria do povo – que possui menos – é favorável, se bem que vagamente, a um reordenamento contrário aos interesses dos que possuem mais e à possibilidade de possuir legitimamente ou de aproveitar "mais", quer dizer, a opinião do povo é cada vez mais favorável a um movimento socialista... A causa básica da inquietação... que promove o socialismo pode ser encontrada na instituição da propriedade privada. Com a propriedade privada nas atuais condições... a inveja e a inquietação são inevitáveis.

A pedra fundamental do moderno sistema industrial é a instituição da propriedade privada... É, além disso, a base última – e, nas atuais condições, é inevitável que seja assim – da inquietação e do descontentamento, cuja causa imediata é a luta pela respeitabilidade econômica. Assim, é possível inferir que, sendo a natureza humana como é, não pode haver paz – há que se admitir – com esta

História do Pensamento Econômico

forma ignóbil de imitação ou com o descontentamento que a acompanha, sem que seja abolida a propriedade privada.[78]

Nessa citação, escrita em 1892, Veblen acreditava que a tendência era favorável às forças do socialismo ou aos valores construtivos, sendo contra as forças econômicas ou valores pecuniários e o instinto predatório. Ainda um tanto otimista (embora um pouco menos), em 1904, escreveu que o emprego na indústria "era particularmente propícia a inculcar hábitos de pensamento iconoclastas de cunho socialista".[79] Todavia, os valores da cultura econômica predatória e pecuniária ainda estavam muito fortes:

É difícil avaliar qual dos dois fatores antagônicos se revelará o mais forte a longo prazo. O futuro previsível parece inclinar-se para um ou outro. Parece que podemos dizer apenas que o domínio completo da empresa é, necessariamente, um domínio transitório.[80]

Nos 20 anos que se seguiram, Veblen testemunhou a orgia patriótica e imperialista da Primeira Guerra Mundial, seu chauvinismo cego, fanático e nacionalista e suas consequências histericamente repressivas – O Grande Terror Vermelho, as incursões Palmer e a aquiescência cega da maioria do povo aos ataques violentos do governo a todos os movimentos progressistas e socialistas. O ânimo de Veblen se modificou, passando de um otimismo cauteloso para o desespero e o pessimismo. Ele parecia ter pouca esperança de que o capitalismo viesse algum dia a ser reformado, transformando-se numa sociedade decente e humana, quer dizer, parecia ter pouca esperança de chegar ao socialismo, mas ainda acreditava que a propriedade privada e sua cultura predatória e pecuniária eram instituições anacrônicas que estavam destinadas ao desaparecimento. O futuro parecia negro:

É claro que, a longo prazo, a pressão das mudanças das circunstâncias materiais terá que moldar as linhas de conduta humana, sob pena de extinção... Não quer isso dizer que a pressão da necessidade material, visivelmente reforçada pela pena de morte, venha a assegurar esta mudança dos pontos críticos legais e morais, a ponto de salvar a nação de ser condenada à morte...

A possibilidade de um povo sobreviver são e salvo talo período de mudanças forçadas deverá ser atribuída ao acaso, em que a compreensão humana desempenha um papel secundário e a previsão humana não desempenha papel algum.[81]

Avaliação das Ideias de Veblen

Embora Veblen não possa ser corretamente considerado um discípulo de Marx, o paralelismo de ideias entre os dois grandes pensadores é impressionante. Ambos insistiam em dar uma abordagem histórica ao estudo do capitalismo; viam o capitalismo como uma sociedade historicamente singular e historicamente transitória, baseada na exploração dos produtores diretos por uma classe dirigente numericamente reduzida de proprietários parasitas. Também viam as leis de propriedade privada capitalista como a base do poder dos capitalistas e da degradação dos trabalhadores. Ambos viam os efeitos debilitantes do capitalismo na vida dos trabalhadores e ambos consideravam tais efeitos de modo bastante parecido. Ambos viam a concentração industrial cada vez maior como o resultado inevitável da concorrência e viam as crises econômicas e as depressões como inerentes ao próprio funcionamento do capitalismo. Finalmente, viam os governos capitalistas essencialmente como os instrumentos de garantia dos lucros e dos privilégios da classe capitalista.

Havia, é claro, importantes diferenças nas teorias de ambos. A ênfase de Veblen na natureza histórica e evolucionista do capitalismo era tão forte que fez com que ele rejeitasse quase todas as formas de teoria econômica formuladas em termos de equilíbrio. Embora Marx achasse que um entendimento

Thorstein Veblen

histórico do capitalismo fosse essencial, achava bastante apropriado aceitar muitas circunstâncias particulares e historicamente mutáveis do capitalismo como sendo fixas ou predeterminadas, a fim de investigar o funcionamento do sistema no curto prazo. Ao fazer isso, Marx, quase sempre, fazia análises de equilíbrio (pelo menos, como no caso de sua teoria das crises, para mostrar como seria improvável a continuidade do equilíbrio). Essa diferença constitui uma das áreas nas quais a análise de Marx era claramente superior à de Veblen. Existem duas consequências principais dessa diferença, ambas as quais redundaram na superioridade da teoria de Marx.

Primeiramente, embora tanto Marx quanto Veblen vissem a determinação dos salários e dos lucros como consequência de uma luta de classes constante entre capitalistas e trabalhadores, Veblen nunca conseguiu traduzir o resultado dessa luta numa teoria concreta da determinação dos salários e da taxa de lucros, porque, afastando a teoria do equilíbrio, Veblen não considerou qualquer teoria do valor. Tanto a teoria do valor-utilidade (detestada igualmente por Veblen e Marx) quanto a teoria do valor-trabalho (rejeitada por Veblen) são, basicamente, teorias do equilíbrio. Marx tinha conseguido mostrar que, em qualquer ocasião, a luta entre capital e trabalho resultava em um padrão de vida aceito e culturalmente definido para os trabalhadores. Tomando esse padrão como certo no curto prazo, a teoria do valor-trabalho, de Marx, permitiu-lhe explicar a natureza e as origens do lucro, o valor da força de trabalho e a taxa de lucro. A teoria de Veblen nunca se destinou a resolver essas questões; ele simplesmente mostrou em detalhes (com discernimento e precisão) as forças que levariam a mudanças dessas grandezas com o tempo, sem explicar a natureza precisa e os volumes de lucros e salários em qualquer ocasião.

Em segundo lugar, a teoria das crises e depressões, de Marx, era um pouco mais ampla do que a de Veblen. Ambos os pensadores tinham feito descrições detalhadas e esclarecedoras da maneira pela qual as ondas de especulação financeira levariam à valorização injustificada do capital, que, por sua vez, levaria a crises financeiras e industriais. No entanto, como Marx não rejeitava a teoria do equilíbrio, pôde mostrar as condições de equilíbrio necessárias para a "reprodução ampliada", sem sobressaltos e contínua, ou crescimento econômico. Foi, assim, capaz de mostrar a impossibilidade prática da satisfação contínua dessas duas condições em um sistema capitalista, mostrando também como uma incapacidade do sistema de satisfazer a qualquer dessas condições poderia resultar facilmente em uma crise econômica ou em uma depressão. Veblen precisava, sem dúvida, de uma teoria semelhante para resolver uma contradição aparente (mas não real) em sua teoria: sua descrição perspicaz do consumo pela imitação, ou "consumismo", parecia assegurar uma suficiência perpétua da demanda agregada, de modo que as crises persistentes e a estagnação geral que julgava inerentes ao capitalismo nunca ocorreriam. Tivesse ele incorporado algo parecido com a teoria dos desequilíbrios setoriais, de Marx, à sua teoria, essa contradição aparente teria desaparecido e tanto o consumo pela imitação quanto as depressões poderiam ter sido apresentados como características constantes e inerentes ao capitalismo.

Houve, porém, áreas em que a análise de Veblen foi sem dúvida superior à de Marx. Embora ambos vissem, mais ou menos nos mesmos termos, os efeitos perniciosos que o capitalismo exercia no bem-estar material, espiritual, emocional e estético dos trabalhadores, Marx acreditava, erroneamente, que faltava pouco tempo para os trabalhadores se revoltarem e derrubarem o capitalismo. Essa impressão errada de Marx parece ter sido o resultado de sua incapacidade de considerar com o devido cuidado as normas e costumes sociais e culturais e seus efeitos na socialização dos trabalhadores. Os trabalhadores absorviam essas influências socializadoras e, com isso, promoviam os interesses dos capitalistas, muito embora essas influências fossem, em última análise, destrutivas para os interesses dos próprios trabalhadores. A análise de Veblen do poder do fervor patriótico e do consumo pela imitação, que condicionavam os trabalhadores a aceitar essas atitudes contra si próprios, foi extraordinariamente perspicaz e esclarecedora. Continua sendo, até hoje, uma das explicações mais poderosas e exatas de por que os trabalhadores não só suportam a exploração e a alienação, como também, frequentemente, apoiam as instituições, leis, governos e hábitos sociais em geral que criam e perpetuam essa exploração e essa degradação.

Enquanto as ideias de Marx tornaram-se centrais em quase todos os movimentos políticos socialistas – e Marx é quase que universalmente reverenciado pelos socialistas de todas as linhas políticas e ideológicas –, as ideias de Veblen parecem ter sido sempre subestimadas por muitos socialistas. É, obviamente, impossível dar uma explicação completa e satisfatória para essa relativa negligência. Todavia, duas razões poderiam, pelo menos em parte, explicá-la. Em primeiro lugar, quase todos os socialistas são ativistas políticos e tendem a admirar quem é politicamente ativo. Veblen poderia parecer politicamente afastado e inativo, não despertando, assim, a mesma admiração que Marx, que era muito ativo politicamente. Essa visão, porém, é um tanto quanto míope. A luta entre capitalistas e trabalhadores não é uma mera luta no nível de organização e de execução de ações políticas concretas; é também uma luta de ideias.

Visto como uma luta de ideias, o conflito entre as classes é uma luta para ganhar o coração e a mente dos trabalhadores e de todos os outros segmentos da sociedade, bem como uma busca do entendimento do capitalismo com suficiente clareza para ele poder, um dia, ser transformado efetivamente em uma sociedade mais humana e que conduza à plena realização do potencial humano. Na medida em que o conflito de classes do capitalismo se manifesta como uma luta de ideias, Veblen era um ativista político de primeira ordem. Conseguiu, brilhantemente, expor os elementos ideológicos da teoria econômica neoclássica e promover um entendimento simples e esclarecedor tanto da natureza historicamente transitória do capitalismo quanto de sua natureza exploradora.

Ironicamente, a segunda razão pela qual muitos socialistas desprezam as ideias de Veblen decorre daquilo que argumentamos como sendo uma superioridade das ideias de Veblen em relação às de Marx. Muitos socialistas não gostam de Veblen por causa do pessimismo que parece se refletir em seus últimos escritos. Contudo, como mostramos, esse pessimismo era fruto tanto de um conhecimento das maneiras pelas quais a cultura capitalista socializava os trabalhadores de modo a promover interesses contrários aos seus, como também de um testemunho do fervor patriótico que dominou a classe operária durante a Primeira Guerra Mundial e logo após seu término. Em decorrência desse fervor patriótico, a maioria da classe operária aquiesceu aos ataques violentamente repressivos do governo, que se seguiram à guerra – ataques violentos às organizações trabalhistas e socialistas mais progressistas da época. Entretanto, uma vez mais, Veblen reagiu da única maneira que sabia – com seus ataques escritos de modo condenatório, sarcástico, mordaz e esclarecedor a essas políticas dos governos.

Na avaliação do pessimismo de Veblen, nada melhor do que citar os dois parágrafos finais de um livro de uma filósofa social e economista, Joan Robinson. Achamos que esses dois parágrafos poderiam ter sido escritos pelo próprio Veblen, no fim de sua carreira, e que eles refletem com exatidão o espírito e o impacto de seus escritos:

> Quem quer que escreva um livro, por mais sombria que possa ser sua mensagem, é, necessariamente, um otimista. Se os pessimistas realmente acreditassem no que estavam dizendo, não havia por que dizê-lo.
>
> Os economistas da escola do laissez-faire pretenderam abolir o problema moral, mostrando que a busca do interesse próprio pelo indivíduo redundava em benefício para todos. A tarefa da [nova] geração é reafirmar a autoridade da moralidade sobre a tecnologia; o trabalho dos cientistas sociais é ajudá-los a ver quão necessária e quão difícil vai ser esta tarefa.[82]

Notas do Capítulo 12

1. VEBLEN, Thorstein. "The Limitations of Marginal Utility". In: *The Place of Science in Modern Civilization and Other Essays*. Nova York: Russell and Russell, 1961, p. 241.
2. VEBLEN, Thorstein. "Fisher's Rate of Interest". In: *Essays in Our Changing Order*. Nova York: Augustus M. Kelley, 1964, p. 143.
3. VEBLEN. "Limitations of Marginal Utility", p. 241-242.
4. AYRES, C.E. "Veblen's Theory of Instincts Reconsidered". In: *Thorstein Veblen: A Critical Reappraisal*. Ithaca, N. Y: Cornell University Press, 1958, p. 25. Organizado por Douglas F. Dowd.
5. VEBLEN, Thorstein. "Why Economics In Not an Evolutionary Science". In: *The Place of Science in Modern Civilization and Other Essays*. Nova York: Russell and Russell, 1961, p. 73-74.
6. VEBLEN, Thorstein. "Professor Clark's Economics". In: *The Place of Science in Modern Civilization and Other Essays*. Nova York: Russell and Russell, 1961, p. 182-183.
7. VEBLEN, Thorstein. "Fisher's Capital and Income". In: *Essays in Our Changing Order*. Nova York: Augustus M. Kelley, 1964, p. 163.
8. Ibid., p. 164.
9. Ibid., p. 166-167.
10. VEBLEN. "Professor Clark's Economics", p. 193.
11. Ibid., p. 195.
12. Ibid., p. 197.
13. VELBLEN. "Fisher's Rate of Interest", p. 142.
14. VEBLEN, Thorstein. "Böhm-Bawerk's Definition of Capital". In: *Essays in Our Changing Order*. Nova York: Augustus M. Kelley, 1964, p. 136.
15. Ibid., p. 135.
16. VEBLEN, Thorstein. *Absentee Ownership and Business Enterprise in Recent Times*. Nova York: Augustus M. Kelley, 1964. p. 402-403.
17. Ibid., 407.
18. VEBLEN, Thorstein. "The Beginnings of Ownership". In: *Essays in Our Changing Order*. Nova York: Augustus M. Kelley, 1964, p. 32.
19. Ibid., p. 33-34.
20. VEBLEN, Thorstein. "The Instinct of Workmanship and the Irksomeness of Labor". In: *Essays in Our Changing Order*. Nova York: Augustus M. Kelley, 1964, p. 85.
21. Ibid., p. 84.
22. Ibid., p. 86.
23. Ibid., p. 87, 89.
24. VEBLEN. "Beginnings of Ownership", p. 43.
25. Ibid.
26. Ibid., p. 42.
27. VEBLEN. "Instinct of Workmanship", p. 95.
28. Ibid., p. 93-94.
29. VEBLEN. "The Barbarian Status of Woman". In: *Essays in Our Changing Order*. Nova York: Augustus M. Kelley, 1964, p. 51-52.
30. Ibid., p. 52.
31. Ibid., p. 55.
32. Ibid.
33. Ibid., p. 64.
34. VEBLEN. *Absentee Ownership*, p. 291.
35. VEBLEN, Thorstein. "The Instinct of Workmanship". Nova York: Augustus M. Kelley, 1964, p. 202.
36. Ibid., p. 187-188.

37. Ibid., p. 188.

38. Ibid., p. 189-190.

39. Ibid., p. 191.

40. Ibid., p. 185-186.

41. Ibid., p. 222.

42. Ibid., p. 224.

43. VEBLEN. *Absentee Ownership,* p. 210-211.

44. Ibid., p. 210.

45. VEBLEN, Thorstein. *The Engineers and the Price System.* Nova York: Augustus M. Kelley, 1965. p. 1.

46. Ibid., p. 13.

47. Ibid., p. 12.

48. VEBLEN. *Absentee Ownership*, p. 215-216.

49. Ibid., p. 220-221.

50. VEBLEN, Thorstein. *The Theory of Business Enterprise.* Nova York: Augustus M. Kelley, 1965, p. 234.

51. VEBLEN. *Absentee Ownership*, p. 406-407.

52. VEBLEN. Theory of Business Enterprise, p. 269.

53. Ibid., p. 272.

54. Ibid., p. 278.

55. Ibid., p. 285.

56. Ibid., p. 293-294.

57. Ibid., p. 286-287.

58. VEBLEN. *Absentee Ownership,* p. 405-406.

59. Ibid., p. 404-405.

60. Ibid., p. 409-410.

61. Ibid., p. 411.

62. VEBLEN. *Essays in Our Changing Order,* p. 413.

63. VEBLEN. *Absentee Ownership*, p.35.

64. Ibid.

65. Ibid., p. 35-37.

66. VEBLEN. *Theory of Business Enterprise*, p. 391-393.

67. VEBLEN, Thorstein. *The Theory of the Leisure Class.* Nova York: Augustus M. Kelley, 1965. p. 22.

68. Ibid., 8.

69. Ibid., p. 229-230.

70. Ibid., p. 231-232.

71. Ibid., p. 36-37.

72. Ibid., p. 120.

73. Ibid., p. 209.

74. Ibid., p. 207.

75. Ibid., p. 204.

76. Ibid., p. 30-32.

77. VEBLEN. "Instinct of Workmanship", p. 95.

78. VEBLEN, Thorstein. "The Theory of Socialism". In: *The Place of Science in Modern Civilization and Other Essays.* Nova York: Russell and Russell, 1961, p. 396-398.

79. VEBLEN. Theory of Business Enterprise, p. 351.

80. Ibid., p. 400.

81. VEBLEN. *Absentee Ownership*, p. 17-18.

82. ROBINSON, Joan. *Freedom and Necessity.* Nova York: Pantheon Books, 1970. p. 124.

CAPÍTULO 13

Teorias do Imperialismo: Os Escritos de Hobson, Luxemburg e Lênin

O capitalismo sempre foi um sistema econômico que funcionou em escala internacional. A captura e a venda de escravos africanos foi uma importante fonte da acumulação inicial de capital nos primeiros estágios do capitalismo. A conquista forçada das Américas e da África foi uma grande fonte de entrada de metais preciosos na Europa. Esses metais preciosos possibilitaram a monetização de grande parte da economia europeia – uma precondição necessária para a produção de mercadorias. A subjugação forçada de muitos povos coloniais originou muitos "santuários" privilegiados de lucros para muitas empresas comerciais europeias, criadas pelo governo ou por ele protegidas, nos primeiros estágios do capitalismo.

Em fins do século XVIII e na primeira metade do século XIX, porém, o ímpeto da industrialização pareceu ocupar quase toda a atenção, o tempo e o dinheiro dos capitalistas. Houve, naquela época, um abrandamento da ânsia dos capitalistas de conquistar, colonizar, subjugar e explorar as regiões afastadas do Atlântico Norte, onde nasceu o capitalismo. Todavia, esse abrandamento foi temporário. No último terço do século XIX, enquanto o poder industrial, financeiro e comercial se vinha concentrando em mãos de corporações gigantescas e impérios financeiros internos que estavam se formando em todos os grandes países capitalistas, houve uma orgia mundial de imperialismo capitalista. Os principais países capitalistas industrializados subjugavam áreas em todo o mundo brutalmente e pela força para dar lucro real ou potencial a empresas gigantescas.

Na África, por exemplo, apesar de séculos de comércio sangrento e infame de escravos, os países capitalistas europeus mal tinham ultrapassado as áreas costeiras no início do século XIX. No entanto,

303

História do Pensamento Econômico

no início do século XX, após um ataque impiedoso e bárbaro, 26 milhões de quilômetros quadrados, ou seja, 93% do território africano, tinham sido subjugados pela força ao domínio capitalista estrangeiro. A França tinha conquistado cerca de 40% desse território (em grande parte no deserto do Saara); a Inglaterra tinha conquistado cerca de 30%, e os 23% restantes tinham ficado com a Alemanha, Bélgica, Portugal e Espanha.

Embora a Companhia Inglesa das Índias Orientais já se dedicasse, há muito tempo, ao comércio explorador na Índia, na segunda metade do século XVIII e em quase todo o século XIX, esse comércio deu lugar a uma brutal conquista militar e a uma cruel exploração econômica e social. Em fins do século XIX, essa exploração assumiu um caráter tão sério, que mais de dois terços da população estavam mal nutridos; reinavam a fome, a doença e a miséria, e, em 1891, o hindu vivia em média menos de 26 anos e, geralmente, morria na miséria.

Também em fins do século XIX, quase todo o resto da Ásia estava dividido entre as potências capitalistas europeias. Em 1878, os ingleses ocuparam o Afeganistão e colocaram-no sob o governo hindu, que era dominado pela Inglaterra. Em 1907, a Pérsia foi dividida entre a Rússia e a Inglaterra. Em 1887, todo o território da Indochina tinha passado ao domínio francês. A península e o arquipélago da Malásia (com uma extensão de quase cinco mil quilômetros) foram subjugados e retalhados. Os ingleses tomaram Cingapura e a Malásia, a parte setentrional de Bornéu e o sul da Nova Guiné. A outra parte da Nova Guiné ficou com os alemães e quase todas as demais ilhas (uma área equivalente a dois milhões de quilômetros quadrados) ficaram com os holandeses.

O imperialismo norte-americano também foi desmedido naquela época. Por uma série de intrigas sangrentas, invasões e subjugação militar das populações nativas, os Estados Unidos assumiram, na Primeira Guerra Mundial, o controle de Samoa, da Ilha Midway, do Havaí, de Porto Rico, de Guam, das Filipinas, de Tutuíla, Cuba, República Dominicana, Haiti, Nicarágua e a Zona do Canal do Panamá.

Durante o frenesi imperialista do último terço do século XIX, a Grã-Bretanha ocupou pela força cerca de 11,7 milhões de quilômetros quadrados, anexados ao seu império; a França ocupou mais de 9 milhões de quilômetros quadrados; a Alemanha, 2,6 milhões; a Bélgica, 2,3 milhões; a Rússia, 1,3 milhão; a Itália, 500 mil; os Estados Unidos, 350 mil. Ao todo, um quarto da população mundial estava subjugada e sob o domínio dos governos capitalistas da Europa e dos Estados Unidos.

Para os governos capitalistas, essa subjugação e esse domínio eram desejáveis por duas razões. Primeiramente, quase todos esses povos conquistados viviam em sociedades não capitalistas, onde não havia o mercado e, por isso, suas culturas não pecuniárias tradicionais representavam as barreiras à exploração comercial e à sede de recursos das grandes empresas capitalistas. Portanto, essas culturas tinham de ser forçadas a passar pelo que Marx chamara de "acumulação primitiva", a fim de estabelecer as relações comerciais amplas e a dependência universal do mercado, necessárias para a exploração comercial sistemática. A destruição, pela força, das instituições e dos elos da vida tradicional nessas sociedades foi, obviamente, um processo brutal e sangrento, tal como tinha sido no período de acumulação primitiva na Europa.

Em segundo lugar, mesmo depois de as instituições e os modos de vida tradicionais terem sido destruídos e ter-se estabelecido a dependência econômica generalizada do mercado naquelas áreas subdesenvolvidas, poderia haver termos de troca muito mais favoráveis aos países capitalistas industrializados, se esses países efetivamente dominassem os países subdesenvolvidos.

Os economistas neoclássicos nunca voltaram suas investigações teóricas para a questão do imperialismo (e até hoje não fizeram isso). Isso não nos deve surpreender, pois, para eles, toda teoria econômica era apenas uma extensão de uma elaboração da teoria da troca. Aspectos do imperialismo que não envolviam troca econômica puramente voluntária eram definidos como "não econômicos", não tendo qualquer interesse para esses economistas; aspectos que envolviam troca não eram diferentes de qualquer outra troca – ambas as partes se beneficiavam e havia harmonia. Na teoria econômica neoclássica, passou a haver um campo de investigação especial chamado "economia internacional". Tratava quase inteiramente do desenvolvimento das ideias de Smith, Ricardo e Mill, que mostravam que os ganhos com o comércio internacional eram essencialmente os mesmos que os obtidos com qualquer forma de especialização e de troca. De acordo com a teoria econômica neoclássica, as principais diferenças entre trocas internacionais e trocas internas em uma mesma nação baseavam-se, primeiramente, no fato de os governos poderem criar tarifas ou outras restrições ao livre-comércio internacional e, em segundo lugar, no fato de que entravam em jogo diferentes moedas. A economia internacional neoclássica consistia basicamente em provas utilitaristas de que todas as restrições ao comércio deveriam ser abolidas, para que o livre-comércio beneficiasse a todos, em todas as nações, de maneira comumente harmoniosa e segundo teorias dedutivas complicadas, visando mostrar como seriam determinadas as taxas de câmbio entre diferentes moedas, em condições de concorrência pura e de harmonia internacional.

Como a teoria neoclássica supunha que suas categorias teóricas – a utilidade, a troca, as rendas, os lucros e os salários – fossem características universais de todas as sociedades e que o capitalismo fosse "natural" e "eterno", os teóricos neoclássicos dificilmente fariam uma análise da destruição voraz das instituições culturais tradicionais de antigas sociedades não capitalistas. Quase sempre, o problema parecia resumir-se ao fato de que o povo dessas sociedades tradicionais simplesmente não conseguia perceber o "grande benefício" e a "harmonia" com que o mercado os abençoaria, quando suas sociedades se abrissem à exploração capitalista. Além do mais, assim como os teóricos neoclássicos da utilidade conseguiam ver que o benefício era representado por um trabalhador sem propriedade alguma, trocando sua força de trabalho por um salário de subsistência, em lugar de evitar a troca e a fome, achavam que, depois que o povo das culturas subjugadas pelo imperialismo ficasse empobrecido, passando a depender do mercado para sua própria existência, essa troca (independente do relativo poder de barganha de seus dominadores estrangeiros) também o beneficiaria. Afinal de contas, trocar e viver na pobreza, sofrendo privações e com falta de tudo, era, sem dúvida, preferível a não trocar e morrer.

Há que se dizer, com toda a justiça, que poucos teóricos neoclássicos importantes foram direta e explicitamente apologistas da conquista militar. Simplesmente a ignoraram como sendo um assunto estranho à economia; depois, considerando-a um fato consumado, ignoraram o relativo poder de barganha dos agentes de troca (como fizeram, praticamente, em todas as suas análises de troca) e elogiaram os benefícios universais e a harmonia resultantes da troca.

Muitos teóricos de Economia fora da tradição neoclássica, porém, se interessaram pelo imperialismo. Procuraram entendê-lo na esperança de que esse entendimento ajudasse na luta para pôr fim à exploração imperialista. No capítulo anterior, discutimos a interpretação de Veblen sobre a natureza, as causas e as consequências do imperialismo. Neste capítulo, discutiremos resumidamente as teorias da natureza e das causas do imperialismo, desenvolvidas por J. A. Hobson, Rosa Luxemburg e V. I. Lênin.

A Teoria do Imperialismo Capitalista, de Hobson

John A. Hobson (1858-1940) foi um intelectual extraordinariamente produtivo; escreveu muitos trabalhos, que chegaram a atingir mais de 30 volumes. Durante toda a sua vida, foi um defensor de diversas causas sociais progressistas. Seu livro intitulado *Imperialism: A Study*, publicado pela primeira vez em 1902, talvez tenha sido o estudo mais influente sobre o imperialismo publicado até hoje. Quase todas as tentativas posteriores de entender o imperialismo foram significativamente influenciadas pela obra pioneira de Hobson.

História do Pensamento Econômico

Hobson via o imperialismo como um "processo social parasitário, por meio do qual interesses econômicos existentes no interior do Estado, usurpando as rédeas do governo, promovem a expansão imperialista para explorar economicamente outros povos, de modo a extorquir-lhes a riqueza para alimentar o luxo nacional".[1] Hobson percebeu que o imperialismo era um fenômeno complexo e multifacetado. Era fruto de muitas forças sociais isoladas, como o nacionalismo, o patriotismo, o fervor religioso e o militarismo, bem como da busca incessante de mais lucros pelos capitalistas. Estava, portanto, interessado em investigar essas várias forças sociais para verificar qual era sua importância relativa para a criação e a perpetuação do imperialismo.

Na propaganda oficial que justificava o imperialismo, este era, em geral, descrito como uma tentativa bem intencionada de "civilizar" e de "levar o cristianismo" às "raças inferiores". O presidente dos Estados Unidos, McKinley, por exemplo, descreveu o sufocamento brutal, sangrento e militar do movimento de independência filipino por tropas americanas como uma tentativa bem intencionada de "educar os filipinos, no sentido de elevá-los e torná-los cristãos". A mesma justificativa foi repetida por quase todos os países imperialistas e capitalistas. Hobson achava que, embora essa fachada de "cristianização" e de "elevação" dos "povos atrasados do mundo" não fosse uma mentira puramente propagandística, era um disfarce ilusório e fraudulento por trás do qual se escondiam os verdadeiros motivos do imperialismo:

> Todos nós sabemos muito bem que os missionários ingleses, em sua maioria, são bastante isentos, não sendo capazes de misturar motivos políticos com motivos comerciais e que se põem a trabalhar exclusivamente com o espírito de autossacrifício, ansiosos para salvar as almas dos pagãos e não com a preocupação de promover o comércio inglês ou "santificar o espírito do imperialismo".[2]

Esse trabalho missionário era estimulado, na opinião de Hobson, porque dava, aparentemente, motivos elevados aos políticos e empresários dedicados à exploração imperialista: "O político sempre acredita e o empresário não raro acha que motivos elevados estejam associados aos benefícios obtidos."[3] Era, de fato, esse elemento cristão do imperialismo que constituía uma de suas piores características:

> É precisamente nesta deturpação da verdadeira importância dos motivos que residem o vício mais grave e o maior perigo do imperialismo. Quando, dentre uma série de motivos variados, se escolhe o menos convincente para divulgar, por ser o mais apresentável, quando aspectos de uma política que não passaram pela mente dos que a formularam são tratados como causas principais, a estatura moral da nação é depreciada. Toda a política do imperialismo está presa a este logro.[4]

Alguns teóricos daquela época tinham explicado o imperialismo, simplesmente, como o resultado do militarismo e do chauvinismo, que, para eles, eram inerentes à natureza humana. Embora Hobson admitisse que os serviços militares "fossem, obviamente, imperialistas por convicção e por interesse profissional e que cada aumento das forças militares... fortalecia o poder político que elas exerciam",[5] achava que isso era um traço universal de todos os militares e que, portanto, não poderia explicar o recente surto de domínio imperialista. Os oficiais militares não constituíam o principal poder político na sociedade. Além do mais, o patriotismo e o chauvinismo não eram, para Hobson, características inerentes à natureza humana. Eram, isto sim, socialmente aprendidos: "O chauvinismo é, meramente, a cobiça do espectador, não purificada de qualquer esforço, risco ou sacrifício pessoal, regozijando-se com os sofrimentos, os perigos e a morte de seus semelhantes desconhecidos, mas cuja destruição ele deseja com um sentimento cego de ódio e de vingança e artificialmente simulado."[6]

Esse ódio cego era "artificialmente simulado" porque "o partido, a imprensa, a Igreja e a escola moldam a opinião pública e as políticas públicas segundo a falsa idealização daquelas ânsias primitivas

Teorias do Imperialismo: Os Escritos de Hobson, Luxemburg e Lênin

de luta, domínio e aquisição... cujo estímulo é necessário... para a agressão, a expansão e... a exploração imperialista pela força".[7]

Outros teóricos atribuíam o imperialismo à natureza intrinsecamente cega e irracional da Política. Hobson discordava:

> A loucura desastrosa destas guerras, os danos materiais e morais causados até ao vencedor parecem tão simples para o espectador desinteressado, que ele é capaz de se desesperar diante do fato de qualquer Estado passar anos sem atos imperialistas, inclinando-se a considerar estes cataclismos naturais como um sinal do irracionalismo da Política. Mas uma análise cuidadosa das relações entre Economia e Política mostra que o imperialismo agressivo que procuramos entender não é, basicamente, um produto de paixões cegas... ou da loucura associada à ambição dos políticos. É muito mais racional do que parece à primeira vista. Irracional do ponto de vista de toda a nação, é racional do ponto de vista de certas classes da nação.[8]

A força básica que promovia e dirigia o imperialismo era, na opinião de Hobson, a ânsia interminável de acumular capital e de investir os lucros obtidos com esse capital em novo capital igualmente lucrativo. O problema era que, uma vez acumulado o capital, ficava cada vez mais difícil encontrar alternativas de investimento para ele:

> O imperialismo agressivo, que custa tão caro aos contribuintes... que acarreta tantos perigos sérios e incalculáveis ao cidadão, é uma fonte de grandes ganhos para o investidor, que, não conseguindo encontrar em seu próprio país a aplicação lucrativa que procura para seu capital, insiste em que o governo o ajude a encontrar investimentos lucrativos e seguros no exterior.[9]

Hobson mostrou que o investimento não era mais dominado pelos indivíduos ou mesmo pelas empresas (embora estes, certamente, fossem importantes). Nas economias capitalistas avançadas, bancos gigantescos e instituições financeiras dominavam o investimento externo:

> Esses grandes negócios – operações bancárias, descontos de duplicatas, lançamentos de empréstimos, promoção de empresas – constituíam o cerne do capitalismo internacional. Unidos pelos mais fortes vínculos de organização, sempre em contato mais próximo e mais rápido entre si, situados no próprio centro do capital empresarial de todos os Estados, controlados... principalmente por homens... que tinham, atrás de si, uma experiência financeira de séculos, estavam em posição sem igual para manipular as políticas das nações. Um movimento direto e rápido de capital só era possível com o seu consentimento e por seu intermédio...
>
> Todo ato político importante que envolvia um novo fluxo de capital ou uma grande flutuação dos valores dos investimentos já feitos tinha que ter a aprovação e a ajuda prática deste pequeno grupo de reis das finanças. Estes homens, que tinham sua riqueza realizada e seu capital empresarial – como tinham que ter – aplicado, principalmente, em ações e obrigações, tinham um risco duplo, primeiro como investidores e, em segundo lugar e principalmente, como agentes financeiros...
>
> Conceder novos empréstimos ao público, lançar ações de novas empresas e provocar flutuações constantes e consideráveis dos valores são três condições para suas operações lucrativas. Cada uma destas condições os envolve na política e os faz apoiar o imperialismo... Uma política que desperta medo de agressão... e que atiça a rivalidade de nações comerciais... provoca enormes gastos com armamentos e dívidas públicas cada vez maiores, enquanto as dúvidas e os riscos provocados por esta política provocam aquela constante oscilação de valores dos títulos, tão lucrativa para o financista hábil. Não há uma guerra, uma revolução, um assassinato anarquista ou qualquer outro choque

> *público que não seja aproveitado por estes homens; eles são as sanguessugas que extraem seus ganhos de todas as despesas obrigatórias e de toda perturbação súbita do crédito público.[10]*

Hobson, após ter examinado os dados empíricos que mostravam os lucros de investimentos externos e do comércio comum de exportação e importação, concluiu "que a renda obtida sob a forma de juros sobre os investimentos externos era muitíssimo maior do que a obtida sob a forma de lucro com o comércio... habitual".[11] Considerando essa enorme lucratividade e o enorme poder econômico e político dos grandes banqueiros e financistas, Hobson concluiu que eles – e não os missionários cristãos, os políticos irracionais, os militares ou o segmento chauvinista da população – é que eram os principais responsáveis pelo imperialismo.

> *Em vista do papel desempenhado pelos fatores não econômicos do patriotismo, da aventura, da ação militar, da ambição política e da filantropia na expansão imperialista, pode parecer que atribuir aos financistas tanto poder é adotar uma interpretação da História excessivamente calcada no aspecto econômico. É verdade que a mola mestra do imperialismo não é basicamente financeira: as finanças pertencem a quem dirige a máquina do imperialismo, controlando a energia e determinando seu trabalho; não são o combustível do motor nem geram diretamente a energia do imperialismo. As finanças manipulam as forças patrióticas que os políticos, os soldados, os filantropos e os comerciantes geram; o entusiasmo pela a expansão proveniente destas fontes, embora forte e genuíno, é irregular e cego; o interesse financeiro possui aquelas qualidades de concentração e de cálculo exato, necessárias para o funcionamento do imperialismo. Um estadista ambicioso, um soldado de fronteira, um missionário superzeloso e um comerciante ativo podem sugerir ou mesmo dar início a um processo de expansão imperialista, podem ajudar na educação da opinião pública no sentido da necessidade urgente de uma iniciativa nova, mas a determinação final fica por conta do poder financeiro.[12]*

Embora os grandes capitalistas financeiros fossem os controladores do imperialismo, não eram nem seus únicos beneficiários nem sua causa última. Havia três grupos principais de capitalistas que se beneficiavam com o imperialismo. Primeiramente vinham os financistas, que eram os mais importantes. Depois vinham "certas firmas grandes dedicadas à construção de navios de guerra... à fabricação de revólveres, rifles e outros suprimentos militares".[13] Em terceiro lugar vinham "os grandes fabricantes de artigos de exportação, que ganhavam... satisfazendo às necessidades reais ou artificiais dos novos países conquistados ou cujas portas tivessem sido abertas".[14]

Não bastava mostrar quem ganhava com o imperialismo. Hobson queria mostrar por que o imperialismo era necessário para esses capitalistas auferirem seus lucros – por que eles não podiam ter lucro investindo, comprando e vendendo em seu próprio país ou comercializando com outros países capitalistas. Por que, então, era preciso subjugar uma cultura não capitalista, destruir suas instituições tradicionais e torná-la economicamente dependente do mercado e politicamente dependente de seu conquistador imperialista? Qual era a causa última do imperialismo? Qual era, em outras palavras, a "raiz econômica do imperialismo"?

A resposta, na opinião de Hobson, deveria ser encontrada na rápida e crescente concentração do poder e da riqueza industrial ocorrida no último terço do século XIX. Tanta riqueza concentrava-se em tão poucas mãos, que a distribuição da renda anual tinha ficado muitíssimo desigual. A renda anual auferida pelos capitalistas com sua riqueza colossal era tão grande que até os gastos mais extravagantes e luxuosos de consumo os deixariam com enorme excesso de renda – ou poupança – para a qual eles não tinham outro uso senão investi-la na acumulação de mais capital.

Teorias do Imperialismo: Os Escritos de Hobson, Luxemburg e Lênin

Uma época de concorrência acirrada, seguida por um rápido processo de concentração, tinha trazido uma enorme quantidade de riqueza para as mãos de um pequeno número de capitães de indústria. O luxo em que esta classe vivia, por maior que fosse, não conseguia acompanhar seu aumento de renda, e houve, em escala sem precedentes, um processo de poupança automática. O investimento destas poupanças em outras indústrias ajudou a colocá-las sob as mesmas forças de concentração.[15]

Essa situação econômica apresenta um desequilíbrio inevitável. A distribuição de renda era tão desigual que, mesmo depois de os trabalhadores terem gasto toda a sua renda em consumo e os capitalistas terem gasto tudo o que era praticamente possível em consumo (dada a restrição última de que leva tempo para comprar e consumir mercadorias), os capitalistas ainda tinham tanta poupança forçada que, se toda essa poupança fosse usada para aumentar as instalações de produção, o crescimento da capacidade produtiva de bens de consumo inevitavelmente ultrapassaria o aumento de sua demanda (que era limitada pelas rendas dos trabalhadores e pela capacidade prática máxima de consumo). Quando a capacidade de produção crescia mais depressa que a demanda por consumo, logo surgia um excesso dessa capacidade (em relação à demanda por consumo) e, com isso, havia poucas possibilidades de investimento lucrativo no próprio país. O investimento no exterior era a única resposta. Mas o investimento só era possível se os países não capitalistas pudessem ser "civilizados", "cristianizados" e "elevados" – quer dizer, se suas instituições tradicionais pudessem ser destruídas à força e seu povo pudesse ser obrigado a cair sob o domínio da "mão invisível" do capitalismo de mercado. Desse modo, o imperialismo era a única resposta.

Alguns críticos de Hobson chamaram-no de "subconsumista ingênuo", querendo dizer que ele não percebeu que a própria produção criava renda de valor exatamente equivalente – de modo que, se fosse gasta toda a renda, toda a produção poderia ser vendida. Esses críticos nunca se deram ao trabalho de ler Hobson com atenção. Ele percebeu esse simples fato tão claramente quanto qualquer defensor conservador da *Lei de Say*. Assim é que escreveu:

O que quer que seja ou possa ser produzido pode ser consumido, pois existe uma correlação entre o que é produzido, sob a forma de renda, lucro ou salários, que constitui a renda real de algum membro da comunidade, e o que ele pode consumir ou trocar por outro bem consumível com outra pessoa que o consumirá. A cada coisa produzida, gera-se um poder de consumo. Então, se houver bens que não possam ser consumidos ou que nem mesmo possam ser produzidos, por ser evidente que não poderão ser consumidos, e se houver uma quantidade de capital e de trabalho que não possa ser plenamente empregada, porque seus produtos não poderão ser consumidos, a única explicação possível para esse paradoxo é a recusa dos que têm capacidade de consumir em usá-la na demanda efetiva por mercadorias.[16]

Os capitalistas ricos não se recusavam, em princípio, obviamente, a gastar toda a sua renda. Gastavam tudo o que era praticamente possível levando uma vida luxuosa. Preferiam investir sua poupança em capital que lhes rendesse mais ainda no futuro. O problema era o desequilíbrio entre os recursos destinados ao consumo e os destinados a investimento. Com o consumo limitado pela distribuição de renda gritantemente desigual, logo ocorria uma falta de alternativas lucrativas de investimento. Os capitalistas não podiam continuar expandindo a capacidade de produzir bens de consumo além da demanda e continuar tendo lucro com os bens não vendidos. Portanto, tinham três escolhas: (1) continuar gastando toda a sua renda e estocar os produtos não vendidos; (2) recusar-se a gastar toda a sua renda (isto é, guardar parte dela), reduzindo, assim, a demanda efetiva, garantindo, com isso, a

História do Pensamento Econômico

impossibilidade de venda de alguns bens já produzidos e provocando uma superprodução geral ou uma estagnação econômica; (3) encontrar alternativas de investimento no exterior por meio de uma política de governo imperialista.

Enquanto perdurasse a atual distribuição da riqueza, Hobson achava que "os ricos nunca teriam a ideia de gastar o suficiente para impedir a superprodução".[17] Os resultados inevitáveis da incapacidade dos ricos de investir lucrativamente toda a sua renda excedente eram os ciclos econômicos, as depressões e um imperialismo cada vez mais ambicioso:

> *Em toda parte surgem condições de produção excessivas, excesso de capital em busca de investimento. Todos os homens de negócios admitem que o aumento da capacidade produtiva em seu país ultrapassa o aumento do consumo, que se podem produzir mais bens do que se podem vender com lucro e que existe mais capital do que o que pode encontrar investimentos que o remunerem.*
>
> *Essa condição econômica dos negócios é que constitui a razão do imperialismo.*[18]

O capitalismo criou a situação de pobreza generalizada e de privação da classe operária, coexistindo com a capacidade ociosa de produzir mais bens. Isso levava, inevitavelmente, a uma vida luxuosa da classe capitalista rica, explorando sua própria classe operária, além de "viver cada vez mais... de rendimentos auferidos no exterior".[19]

Parecia óbvio, para Hobson, que o imperialismo não beneficiava uma nação capitalista como um todo. Beneficiava os ricos a um preço muito alto para os trabalhadores comuns, tanto em termos de impostos quanto de sacrifícios. O sistema existente de manipulação e controle ideológico dos trabalhadores pelos capitalistas ricos envergonhava a democracia britânica. A única esperança na luta para deter o imperialismo era os trabalhadores assumirem o poder, criando uma verdadeira democracia. Em uma verdadeira democracia (em lugar das plutocracias que Hobson via no capitalismo), a riqueza e a renda nunca ficariam tão concentradas. Portanto, a "raiz do imperialismo" seria estirpada. Hobson sempre argumentou que "o sindicalismo e o socialismo são, então, os inimigos naturais do imperialismo, pois retiram das classes 'imperialistas' as rendas excedentes que dão o estímulo econômico ao imperialismo".[20] Estava convencido de que um "Estado completamente socialista, que mantivesse suas contas em dia e equilibrasse suas despesas, logo se livraria do imperialismo".[21]

A Teoria do Imperialismo Capitalista, de Luxemburg

Uma das análises mais ricas sobre o imperialismo foi a de Rosa Luxemburg (1870-1919). Tendo sido, durante muitos anos, a líder política e intelectual mais importante e influente da ala esquerda do movimento socialista da classe operária alemã, ela foi atacada, gravemente espancada e assassinada pelos soldados alemães de direita, em 1919. Sua análise sobre o imperialismo está em sua obra mais conhecida, *A Acumulação de Capital* (publicada pela primeira vez em 1913), e em uma defesa posterior deste livro, intitulada *A Acumulação de Capital – Uma Anticrítica*.

Em *A Acumulação de Capital*, a intenção de Luxemburg era mostrar, com base no modelo de dois setores de reprodução capitalista ampliada, de Marx,[22] que, em uma economia onde só houvesse capitalistas e trabalhadores, o crescimento econômico equilibrado seria impossível. Tentou mostrar que, quando ambos os setores crescessem (com o setor I produzindo os meios de produção e o setor II produzindo os bens de consumo), havia, inevitavelmente, desequilíbrio entre os dois, inerente ao próprio funcionamento do capitalismo. Em particular, procurou mostrar que seria impossível a demanda por bens de consumo produzidos no setor II crescer tão depressa quanto a capacidade de produção desses bens, nesse setor.

Teorias do Imperialismo: Os Escritos de Hobson, Luxemburg e Lênin

Com isso, esperava mostrar que era absolutamente necessário o capitalismo estar sempre conquistando novos mercados não capitalistas, a fim de vender esses excedentes de mercadorias, para que os capitalistas pudessem obter lucros. Nos primeiros estágios do capitalismo – argumentava ela –, tinham sobrevivido muitos remanescentes da produção não capitalista dentro das fronteiras de todo país capitalista. Consequentemente, a expansão necessária do capitalismo pôde ser quase toda interna, nessa fase, quer dizer, o capitalismo como sistema econômico pôde expandir-se dentro dos limites políticos de uma única nação, explorando constantemente as áreas de produção com base em trabalhos artesanais ou na produção em escala reduzida e independente de alguns produtos (em que os trabalhadores possuíam seus próprios meios de produção), trazendo-as, assim, para o domínio da produção capitalista. Entretanto, à medida que o capitalismo foi crescendo, essas fontes potenciais de expansão interna foram se esgotando. Desse modo, a expansão imperialista para o exterior tornou-se essencial para a sobrevivência do capitalismo.

A demonstração que Luxemburg fez da necessidade lógica desse tipo de expansão foi falha. Seus resultados só foram atingidos porque ela baseou sua teoria em alguns pressupostos irreais. Neste livro, não apresentaremos a teoria segundo a qual Luxemburg procurava mostrar a necessidade lógica de expansão do capitalismo, nem discutiremos as falhas da sua teoria. O leitor interessado em entender esses aspectos deve ler a introdução admiravelmente sucinta, feita por Joan Robinson, ao livro *A Acumulação de Capital*, de Luxemburg.[23] Contudo, apesar dos defeitos do livro de Luxemburg, sobrou uma teoria significativa e convincente do imperialismo.

Depois de estudar cuidadosamente *A Acumulação de Capital*, Joan Robinson concluiu que, com base em muitas afirmativas defensáveis, teóricas e factuais, feitas por Luxemburg, "podemos substituir uma suposta necessidade lógica por uma hipótese plausível sobre a natureza da questão, salvaguardando, assim, o argumento que vem a seguir".[24] Foi em seu "argumento que vinha a seguir" que Luxemburg deu suas contribuições duradouras e profundas para compreendermos o imperialismo capitalista. Mencionaremos rapidamente o que Robinson chamou de "hipótese plausível" de Luxemburg (e o que consideramos uma teoria convincente) com relação à natureza e às origens do capitalismo imperialista e, depois, discutiremos um pouco mais detidamente as contribuições do "argumento que vinha a seguir", de Luxemburg.

O argumento de Luxemburg mostrando as dificuldades de manter uma demanda por consumo suficiente para a capacidade da produção em expansão do setor de bens de consumo da economia baseava-se em sua concepção sobre os salários e o comportamento dos capitalistas. Os trabalhadores, em sua opinião, gastavam praticamente toda a sua renda – como classe, muito embora não o fizessem individualmente – em consumo (e os dados disponíveis, desde os primeiros tempos até hoje, certamente mostram que essa hipótese é razoável). Os capitalistas podiam gastar seus lucros em consumo ou em investimento.

Para o capitalista, "os trabalhadores são... simplesmente a força de trabalho, que se mantém com parte de sua própria produção, que vem a ser uma necessidade lamentável e reduzida ao mínimo permitido pela sociedade".[25] Portanto, à medida que a produtividade aumentava, o hiato entre o poder aquisitivo da classe operária e a produção potencial de bens de consumo se ampliava continuamente. É claro que os capitalistas tinham potencial para comprar esse excedente de bens de consumo. Todavia, a classe capitalista, "mesmo com seus luxuosos caprichos",[26] nunca faria isso, por duas razões. Em primeiro lugar, havia um limite superior, tanto de tempo quanto de dinheiro, para o consumo de todo indivíduo, e muitos capitalistas auferiam rendas anuais muito acima desse limite. Em segundo lugar – o que era muito mais importante para Luxemburg –, os capitalistas não se motivavam basicamente pelo desejo de consumir, mas sim pelo desejo de acumular mais capital e auferir maiores lucros. Além do mais, como Marx tinha mostrado, a concorrência entre os capitalistas tornava a acumulação progressiva

311

História do Pensamento Econômico

absolutamente necessária para qualquer capitalista, se ele quisesse evitar ser destruído por seus rivais. Portanto, havia uma contradição básica entre o modo como um capitalista gostaria (e precisaria) que seus colegas capitalistas se comportassem e o modo como o sistema concorrencial obrigava-o a se comportar. Qualquer capitalista, isoladamente, veria um colega seu gozando do "luxo da 'alta sociedade'... como uma expansão desejável das vendas, isto é, como uma oportunidade ótima de acumulação".[27] No entanto, ao mesmo tempo, o capitalista, isoladamente, saberia que seu próprio luxo excessivo "era pura loucura, era um suicídio econômico, pois significava a destruição de suas raízes de acumulação".[28]

Assim, os capitalistas nunca expandiriam seu próprio consumo tão depressa quanto a expansão da capacidade produtiva, devido ao seu desejo insaciável de acumular capital. Apareceria, então, um desequilíbrio entre os dois setores de produção, e os capitalistas achariam cada vez mais difícil encontrar oportunidades lucrativas de investimento. O imperialismo parecia oferecer a única solução para esse desequilíbrio. Assim, quando abandonamos a afirmação indefensável de Luxemburg, ao demonstrar a necessidade lógica do imperialismo, sua teoria resultante é quase que a mesma de Hobson. Em realidade, concordamos com a conclusão de Joan Robinson de que, "num plano puramente analítico, parece que ela (Luxemburg) tem afinidade com Hobson".[29]

Se o assunto se esgotasse aí, teríamos limitado a discussão, neste capítulo, a Hobson e Lênin. Mas Luxemburg ainda trouxe ricos *insights* sobre a natureza do imperialismo, que não se encontram nos trabalhos de Hobson ou de Lênin.

Luxemburg percebeu que, em qualquer área em que o capitalismo predominasse, acabaria aparecendo um excesso de capital. A única maneira de poder continuar assegurando oportunidades de investimentos lucrativos era por meio da destruição, à força, de economias tradicionais que não fossem as de mercado (ou economias "naturais", como ela as chamava). Abrindo essas economias tradicionais à exploração capitalista, ficariam disponíveis, para a exploração potencial, novas reservas ricas em matérias-primas e mão de obra barata. Entretanto, o desenvolvimento dessas fontes potenciais de exploração exigiria muito investimento.

Essas novas oportunidades de investimento diminuiriam o excesso de capital doméstico e estimulariam uma demanda pelas exportações do país imperialista – quer dizer, de material para a construção de portos, estradas, estradas de ferro e todos os meios físicos necessários de exploração do território conquistado. Com isso, as exportações recém-estimuladas do país imperialista não seriam compensadas por um volume correspondente de importações (pois já havia um excesso de bens de consumo no país imperialista); seriam compensadas, isto sim, por uma apropriação cada vez maior da riqueza do território conquistado pelos capitalistas dos países imperialistas. Em outras palavras, o imperialismo era, de fato, uma extensão do que Marx descrevera como "acumulação primitiva" (ver Capítulo 9). Achamos que essa foi a contribuição mais duradoura e importante de Luxemburg para entender o imperialismo capitalista. Por isso, abordaremos mais detidamente esse aspecto de sua análise, citando importantes passagens de *A Acumulação de Capital* para exemplificar suas ideias.

Enquanto Marx tinha visto o processo de acumulação primitiva como capaz de explicar somente as origens históricas do capitalismo, Luxemburg viu a acumulação primitiva como uma característica intrínseca da acumulação de capital. Achava ela que a expansão do domínio das relações sociais e econômicas capitalistas sempre fora um meio através do qual era possível a acumulação de capital nas áreas capitalistas. "O capitalismo aparece e se desenvolve historicamente" – escreveu ela – "no interior de uma sociedade não capitalista".[30]

A existência e o desenvolvimento do capitalismo requerem um ambiente de formas de produção não capitalistas, mas nem todas estas formas atenderão a seus fins. O capitalismo precisa... de um

Teorias do Imperialismo: Os Escritos de Hobson, Luxemburg e Lênin

mercado para sua mais-valia... uma fonte de oferta para seus meios de produção e... um reservatório de força de trabalho para seu sistema salarial. Para todos estes fins, as formas de produção baseadas em uma economia natural (quer dizer, que não seja de mercado) não têm utilidade para o capital. Em todas as organizações sociais em que existe a economia natural, em que existem comunidades camponesas primitivas com propriedade comum da terra, um sistema de vínculos feudais ou qualquer coisa desta natureza, a organização econômica responde essencialmente à demanda interna; por conseguinte, não há... uma necessidade urgente de se dispor dos produtos excedentes. O mais importante, porém, é que, em qualquer economia natural, a produção só prossegue porque os meios de produção e a força de trabalho estão interligados, de uma forma ou de outra. A comunidade camponesa comunista, não menos do que a corveia[31] feudal e instituições semelhantes, mantém sua organização econômica sujeitando a força de trabalho, e o mais importante meio de produção – a terra – ao domínio da lei e dos costumes. Uma economia natural enfrenta as exigências do capitalismo, em todos os aspectos, com barreiras rígidas. O capitalismo tem, então, sempre e em toda parte, que travar uma batalha que aniquile toda forma histórica de economia natural por ele encontrada, seja ela uma economia escravista, feudal, baseada no comunitarismo primitivo ou uma economia camponesa patriarcal. Os principais métodos empregados nesta luta são a força política (revolução, guerra), a tributação opressiva pelo Estado e a oferta de mercadorias baratas; os métodos são, em parte, empregados simultaneamente e, em parte, em sequência e de modo complementar.[32]

Na luta imperialista para subjugar as economias naturais (que não são de mercado) havia quatro objetivos: o primeiro era tomar posse das enormes quantidades de matérias-primas desses países, fosse pela propriedade direta, fosse pelo barateamento de seu preço; o segundo era destruir os métodos tradicionais de produção, para afastar todo o trabalhador de qualquer meio de produção, criando, assim, operários assalariados economicamente dependentes que tinham de vender sua força de trabalho para poder viver; o terceiro era transformar a economia natural em uma economia de mercadorias ou de mercado; o quarto era separar a indústria do comércio e da agricultura, que, em geral, constituíam um todo interligado em uma economia natural.

Em outras palavras, os capitalistas tinham de usar o poder coercitivo para criar as relações de mercadorias ou de mercado necessárias para a obtenção da mais-valia. No início, o capitalismo foi obrigado a criar essas condições na Europa. Esse era o processo de acumulação primitiva, que quase todos os marxistas julgavam estar encerrado, uma vez que o capitalismo tinha se estabelecido firmemente. Luxemburg discordava. Argumentava que, embora a tarefa de acumulação primitiva tivesse sido essencial nos primórdios do capitalismo,

o capital, no poder, executa a mesma tarefa até hoje e em escala mais importante ainda – com a moderna política colonialista. É uma ilusão esperar-se que o capitalismo venha um dia a contentar-se com os meios de produção que pode adquirir pela troca de mercadorias. Quanto a isso, o capital já está enfrentando dificuldades, porque várias áreas da superfície terrestre estão sob o controle de organizações sociais que não têm qualquer vontade de trocar mercadorias ou que não podem, em virtude de toda a sua estrutura social e das formas de propriedade, oferecer à venda as forças produtivas nas quais o capitalismo está basicamente interessado... Como as associações primitivas dos nativos são a maior proteção de suas organizações sociais e de suas bases materiais de existência, o capitalismo tem que começar planejando a destruição e a aniquilação sistemática de todas as unidades sociais não capitalistas que obstruam o seu desenvolvimento. Com isso, ultrapassamos o estágio da acumulação primitiva; este processo ainda está em andamento... A acumulação, com sua expansão espasmódica, não pode mais esperar uma desintegração natural das formações não capitalistas e sua transição para uma economia de mercadorias, do mesmo modo que não pode esperar o aumento natural da população apta para o trabalho e se contentar com isso. A força é a única solução ao alcance do capital; a acumulação de capital, vista como um processo histórico, tem usado a força como arma permanente, não só em sua gênese, mas até os dias de hoje. Do ponto de vista das sociedades primitivas envolvidas neste processo, é uma questão de vida ou morte; para elas, não pode haver outra atitude que não seja a oposição e a luta até o final – sua completa destruição e extinção.[33]

Luxemburg prosseguiu em sua análise com uma explicação viva, pungente e mordaz (mas precisa) da verdadeira destruição imperialista das economias tradicionais pela força, pela fraude, pelo roubo e pelo comércio. Algumas culturas tradicionais foram tomadas como colônias; outras eram reduzidas a economias de mercado, dependentes das economias capitalistas imperialistas, embora, nominalmente, continuassem politicamente independentes. Depois dessa transformação forçada de uma economia estrangeira, o desequilíbrio econômico interno da economia capitalista imperialista era temporariamente aliviado. Os povos do Terceiro Mundo ficariam parcialmente dependentes das mercadorias produzidas pelo setor de produção de bens de consumo da economia imperialista. Nessa situação, "a produção capitalista fornece bens de consumo em maior quantidade do que suas próprias necessidades – a demanda de seus trabalhadores e capitalistas – e que são comprados por grupos e países não capitalistas".[34] Isso significava que as indústrias de exportação dos países imperialistas precisariam de mais bens de capital produzidos no setor produtor de bens de capital. Além disso, para explorar adequadamente esses novos territórios, era preciso fazer grandes investimentos, como construir portos, estradas de rodagem e estradas de ferro. Nesse caso, "a produção capitalista fornece meios de produção em quantidade maior do que sua própria demanda e encontra compradores em países não capitalistas".[35]

Essas exportações eram financiadas de duas maneiras. Primeiramente, os territórios subjugados serviam de fonte de matérias-primas baratas que não podiam ser prontamente obtidas no próprio país. "O processo de acumulação... requer, inevitavelmente, o livre acesso a novas áreas de matérias-primas."[36] O segundo método de financiamento das exportações do país imperialista era aumentar a propriedade dos recursos e do capital dos territórios subjugados por parte dos capitalistas das economias imperialistas. A propriedade de capital nas áreas menos desenvolvidas era muito pouco lucrativa, porque os trabalhadores dessas regiões subjugadas tinham sido reduzidos a uma condição de tão grande miséria que permitia uma taxa de exploração muito alta:

Uma grande massa de camponeses era obrigada a trabalhar; deslocava-se de um trabalho para outro, de acordo com as necessidades, e era explorada até os limites de sua resistência, às vezes ultrapassando-os. Embora ficasse evidente que havia limites técnicos ao emprego de trabalho forçado para as finalidades do capital moderno, isto era amplamente compensado pelo poder irrestrito que o capital tinha de controlar o contingente de mão de obra, a duração e as condições de trabalho, de vida e de exploração dos homens.[37]

Contudo, nenhuma conquista ou série de conquistas poderiam resolver para sempre o desequilíbrio econômico do capitalismo. A economia tradicional, que não era de mercado, acabaria totalmente assimilada pelo sistema capitalista. Então, esse sistema – incluindo os territórios recém-assimilados – se defrontaria mais uma vez com os mesmos problemas que tinham levado inicialmente à expansão imperialista. Desse modo, o capitalismo tinha de estar sempre tentando expandir suas fronteiras. A acumulação primitiva ampliada, sob a forma de subjugação imperialista e a subsequente destruição

Teorias do Imperialismo: Os Escritos de Hobson, Luxemburg e Lênin

de todas as estruturas sociais e econômicas não capitalistas, era uma característica permanente do capitalismo, na opinião de Luxemburg.

Uma última característica da análise feita por Luxemburg do imperialismo capitalista merece ser mencionada – sua discussão sobre o militarismo. Ela percebeu que o militarismo fora sempre parte integrante do capitalismo:

> O militarismo desempenha uma função bastante definida na história do capital, acompanhando toda a fase histórica de acumulação. Desempenhou um papel decisivo nos primeiros estágios do capitalismo europeu, no período da chamada acumulação primitiva, como meio de conquistar o Novo Mundo e os países produtores de especiarias, nas Índias. Mais tarde, foi empregado para sujeitar as colônias modernas, para destruir a organização social das sociedades primitivas, para que seus meios de produção pudessem ser tomados, para introduzir à força o comércio de mercadorias em países em que a estrutura social lhe fosse desfavorável e para transformar os nativos em um proletariado, obrigando-os a trabalhar sob regime assalariado nas colônias. Foi responsável pela criação e pela expansão de esferas de interesse para o capital europeu em regiões não europeias, pela obtenção de concessões para construir estradas de ferro em países atrasados e pelo cumprimento das obrigações para com o capital europeu, como credor internacional. Finalmente, o militarismo é uma arma na luta competitiva entre países capitalistas por áreas de civilização não capitalista.[38]

Além de reconhecer esse papel essencial do militarismo na criação e na expansão do capitalismo, ela também foi, dentre os economistas, a primeira a ver claramente que, no século XX, o militarismo estava transformando-se rapidamente em uma importante fonte de compensação parcial da deficiência crônica de demanda que assolava o capitalismo maduro. A tese central do último capítulo de *A Acumulação de Capital* era que "o militarismo tem mais uma função fundamental. Do ponto de vista puramente econômico, é um meio importante para se conseguir a mais-valia". Desempenhava essa função porque agia "como comprador da massa de produtos que continham a mais-valia capitalizada".[39]

Essa era uma visão notável da natureza essencial do capitalismo em sua fase madura. Quando Luxemburg escreveu seu livro (1913), quase todos os países capitalistas tinham Forças Armadas muito menores do que as que viriam a ter nas décadas que se seguiram à Segunda Guerra Mundial. Só depois de as ideias de John Maynard Keynes (que discutiremos no Capítulo 15) terem exercido uma influência generalizada, nas décadas de 1940 e 1950, e depois de o "complexo industrial militar" ter-se agigantado tanto e passado a dominar intensamente em termos econômicos as economias capitalistas posteriores à Segunda Guerra Mundial, é que um grande número de economistas passou a ver claramente que Luxemburg estava certa em sua avaliação sobre a importância do militarismo.

Todavia, nesta avaliação e em sua análise do imperialismo, as descobertas exatas e perspicazes de Luxemburg foram além de sua capacidade teórica. Argumentava ela que, por meio da tributação indireta, quase todos os custos de manutenção das Forças Armadas eram pagos, forçosamente, pela classe operária.[40] Mas esta, conforme ela própria reconhecera, gastava praticamente toda a sua renda em consumo. Portanto, na medida em que o militarismo era financiado por impostos cobrados à classe operária, não contribuía para a demanda agregada. Os *insights* perceptivos de Luxemburg sobre a importância do militarismo como sustentáculo da demanda agregada poderiam ter sido calcados em bases teóricas mais sólidas se ela tivesse percebido que uma parcela considerável dos lucros se destina ao financiamento do militarismo. A esse respeito, o militarismo funciona quase que da mesma maneira que os gastos com artigos de luxo da classe dos proprietários de terras, segundo Malthus: eles representam uma fonte de demanda que canaliza parte dos lucros para um investimento economicamente improdutivo. Isso permite a manutenção das desigualdades existentes na distribuição da riqueza e da renda, aumenta a

História do Pensamento Econômico

demanda agregada sem, contudo, aumentar a capacidade produtiva da economia, que tende sempre a crescer mais rapidamente do que a demanda agregada.

Luxemburg também deu uma interpretação extraordinariamente perspicaz e antecipada de como o militarismo tendia a diminuir a instabilidade do capitalismo. Como tinham percebido muitos economistas, a partir de William Thompson, mesmo quando não havia qualquer deficiência na demanda agregada em uma economia capitalista, a anarquia do mercado criava instabilidade econômica e ciclos econômicos. Isso era devido ao fato de os lucros do capitalista dependerem das decisões de compra e venda de milhares de outros capitalistas e consumidores, decisões que não podiam ser conhecidas de antemão pelo capitalista. Como consequência, os capitalistas, inevitavelmente, calculavam errado, às vezes, investindo muito em um setor e pouco em outro. Esses erros, quase sempre, se agravavam quando outros capitalistas pensavam que os capitalistas, mesmo estando errados, continuariam com esses padrões errados de investimento. Portanto, as decisões de investimento baseavam-se em hipóteses erradas, e cada erro agravava o outro. Não raro, o resultado era uma crise econômica ou um colapso econômico (resultando, assim, no uso irracional e ineficiente dos recursos da sociedade).

Luxemburg percebeu isso, e também percebeu que essa anarquia do mercado era particularmente cara, numa época em que corporações gigantescas tomavam decisões de investimento que envolviam centenas de milhões (ou, mais tarde, bilhões) de dólares. Nessa situação, o militarismo representava, para as corporações gigantescas, um alívio bem-vindo e lucrativo da anarquia do mercado. Segundo as próprias palavras de Luxemburg, quando existe militarismo,

> o sem-número de demandas individuais e insignificantes de toda uma gama de mercadorias, que se tornarão demanda efetiva em diferentes ocasiões... é, agora, substituído por uma demanda ampla e homogênea do Estado, e a satisfação dessa demanda pressupõe uma grande indústria, do mais alto nível. Requer as condições mais favoráveis à produção de mais-valia e à acumulação. Sob a forma de contratos do governo para o fornecimento de material bélico, o poder de compra disperso dos consumidores se concentra em grandes quantidades e, livre das oscilações e flutuações subjetivas do consumo pessoal, consegue uma regularidade quase que automática e um crescimento ritmado. O próprio capital, em última instância, controla esse movimento automático e rítmico da produção militarista por intermédio do Legislativo e de um tipo de imprensa cuja função é moldar a chamada "opinião pública". É por isso que essa área particular da acumulação capitalista parece, à primeira vista, capaz de se expandir indefinidamente. Todas as outras tentativas de expandir mercados e estabelecer bases operacionais para o capital dependem, em grande parte, de fatores históricos, sociais e políticos fora do controle do capital, ao passo que a produção para o militarismo representa uma área cuja expansão regular e progressiva parece, basicamente, determinada pelo próprio capital. Assim, o capital transforma a necessidade histórica em uma virtude.[41]

Não é preciso dizer que Rosa Luxemburg não acreditava que o capitalismo pudesse ser reformado de maneira tal que deixasse intactas as relações de propriedade capitalistas (e, portanto, as relações de classes capitalistas) e, ao mesmo tempo, eliminasse o imperialismo, o militarismo, a opressão e a exploração. Esses quatro males eram inerentes à própria estrutura social e econômica do capitalismo como sistema. Mas Luxemburg estava convencida de que o capitalismo não continuaria existindo indefinidamente:

> Em determinado estágio do desenvolvimento, não haverá outra saída que não a aplicação de princípios socialistas. O objetivo do socialismo não é a acumulação, mas a satisfação das necessidades dos que trabalham por meio do desenvolvimento das forças produtivas de todo o mundo. Assim,

316

verificamos que o socialismo é, por sua própria natureza, um sistema econômico harmonioso e universal.[42]

A Teoria do Imperialismo Capitalista, de Lênin

V. I. Lênin (1870-1924) foi o líder mais influente do Partido Bolchevique e suas ideias continuam influenciando quase todos os partidos comunistas contemporâneos. Entre seus trabalhos mais lidos e citados está *Imperialismo: Fase Superior do Capitalismo*, escrito em 1916. No prefácio desse livro, Lênin reconheceu a influência que o livro de Hobson tinha exercido sobre ele. Em seu livro, Lênin dirigiu-se aos leitores com as seguintes palavras: "Usei o principal livro inglês sobre imperialismo – o livro de J. A. Hobson, com todo o cuidado que, em minha opinião, essa obra merece."[43] Em muitos aspectos essenciais, a interpretação de Lênin era impressionantemente semelhante à de Hobson, apesar de muitas afirmativas em contrário feitas pelos discípulos posteriores de Lênin. Faremos um resumo da teoria do imperialismo, de Lênin, mostrando suas semelhanças com a teoria de Hobson e, depois, discutindo suas diferenças, tanto com relação à teoria de Hobson quanto à de Luxemburg.

Lênin, como Hobson, começou enfatizando a enorme concentração industrial que ocorrera em todos os países capitalistas industrializados em fins do século XIX e início do século XX. "O enorme crescimento da indústria" – escreveu ele – "e a concentração impressionantemente rápida da produção em empresas cada vez maiores são uma das características mais marcantes do capitalismo."[44] Depois, apresentou muitas estatísticas e dados descritivos e explicações sobre o aparecimento dos monopólios, oligopólios, cartéis e trustes nos principais países capitalistas. Como Hobson, Lênin também ressaltou a importância dos bancos e do capital financeiro na criação do fenômeno do imperialismo capitalista:

> *Com o desenvolvimento das operações bancárias e sua concentração em um pequeno número de estabelecimentos, os bancos crescem, passando de modestos intermediários para poderosos monopólios, que controlam quase todo o capital financeiro dos capitalistas e dos pequenos empresários e, também, a maior parte dos meios de produção e das fontes de matérias-primas, em um país determinado e em muitos países. Esta transformação de muitos intermediários modestos em uns poucos monopólios é um dos processos fundamentais do crescimento do capitalismo e de sua transformação em capitalismo imperialista.[45]*

Na opinião de Lênin, a importância dos bancos ou do capital financeiro advinha da tendência histórica do afastamento dos capitalistas da administração diária das firmas industriais. Cada vez mais essa administração era entregue a uma classe de administradores profissionais, e a maioria dos capitalistas tinha se transformado meramente em uma classe que vivia de rendas, parasitária e sem função e dada ao luxo. A classe dos administradores, porém, tinha de continuar subserviente à classe capitalista. Portanto, alguns capitalistas tinham de dirigir e controlar os administradores que não eram capitalistas, em benefício de toda a classe capitalista. Era, na opinião de Lênin, o setor bancário ou financeiro que desempenhava essa função de supervisionar os interesses de todos os capitalistas. Esse controle do capital financeiro sobre o capital industrial era, na opinião de Lênin, uma característica distintiva do estágio imperialista do desenvolvimento capitalista – um estágio que, para Lênin, era nítida e significativamente diferente dos estágios anteriores do desenvolvimento capitalista:

> *É característico do capitalismo em geral que a propriedade do capital seja separada da aplicação deste capital na produção, que o capital financeiro seja separado do capital industrial ou produtivo e*

que o rentista que vive inteiramente da renda auferida com o capital financeiro seja afastado do empresário e de todos os que estejam diretamente ligados à administração do capital. O imperialismo, ou o domínio do capital financeiro, é o estágio mais elevado do capitalismo em que esta separação atinge enormes proporções. A supremacia do capital financeiro sobre todas as demais formas de capital significa a predominância do rentista e da oligarquia financeira.[46]

O controle exercido pelos bancos constituía uma oligarquia financeira, porque os bancos criavam uma rede complexa e interligada de controles sobre as empresas industriais e comerciais, por meio da propriedade de ações e – o que era mais importante – por intermédio da criação de diretorias interligadas dos bancos e das outras empresas e de muitas outras empresas fora do setor bancário:

Estabelece-se, por assim dizer, uma vinculação pessoal entre os bancos e as maiores empresas industriais e comerciais, a fusão entre eles pela aquisição de ações, pela nomeação de diretores de bancos para os conselhos deliberativos (ou diretorias) de empresas industriais e comerciais e vice-versa.[47]

Era dessa maneira que o "capital financeiro, concentrado em poucas mãos e exercendo um monopólio virtual, auferia lucros enormes e cada vez maiores com a venda de ações de empresas, a emissão de ações, empréstimos aos Estados etc., fortalecia o domínio da oligarquia financeira e cobrava um tributo a toda a sociedade em benefício dos monopólios".[48]

A análise de Lênin sobre os fundamentos econômicos do capitalismo foi quase que idêntica à "raiz mestra", de Hobson:

No limiar do século XIX vemos a formação de um novo tipo de monopólio: primeiramente, associações monopolistas de capitalistas em todos os países desenvolvidos sob o capitalismo; em segundo lugar, a posição monopolista de alguns países ricos, em que a acumulação de capital atingiu proporções gigantescas. Surgiu um enorme "capital excedente" nos países avançados.

Não é preciso dizer que se o capitalismo pudesse elevar os padrões de vida das massas que, apesar do espantoso progresso técnico, continuam em toda parte... empobrecidas não haveria capital excedente... mas, se o capitalismo fizesse isso, não seria capitalismo... Enquanto o capitalismo continuar como é, o capital excedente será usado não para elevar o padrão de vida das massas de um país, pois isto implicaria uma queda dos lucros dos capitalistas, mas com o fito de aumentar esses lucros, exportando capital para os países atrasados. Nestes países atrasados, os lucros, geralmente, são elevados, pois o capital é escasso, o preço da terra é relativamente baixo, os salários são baixos e as matérias-primas são baratas.[49]

Desse modo, Lênin e Hobson concluíram que a necessidade econômica premente que levava ao imperialismo era a necessidade de encontrar oportunidades de investimento lucrativo para o capital excedente. Ambos concordavam que a exportação de capital era mais importante do que a exportação de mercadorias e viam que a exportação de capital levava a um aumento relacionado ou induzido do volume de exportações de mercadorias.

Surgiram duas "divisões do mundo", distintas e bastantes separadas, com essa exportação de capital, no estágio imperialista do capitalismo. Primeiro, havia uma "divisão do mundo entre associações capitalistas", como os cartéis de empresas internacionais ou as colossais firmas multinacionais.

As associações capitalistas monopolistas, os cartéis, os grupos e os trustes, primeiro, dividiram o mercado interno entre eles e se apossaram quase por completo da indústria de seu próprio país. Mas, no capitalismo, o mercado interno está inevitavelmente ligado ao mercado externo. O capitalismo já tinha criado um mercado mundial há muito tempo. Com o aumento da exportação de capital e

Teorias do Imperialismo: Os Escritos de Hobson, Luxemburg e Lênin

com as diversas formas de expansão das relações externas e coloniais e das "esferas de influência" das grandes associações capitalistas monopolistas, as coisas gravitaram "naturalmente" para um acordo internacional entre estas associações e para a formação de cartéis internacionais.[50]

Contudo, a fonte última do poder de qualquer capitalista ou empreendimento capitalista, fosse ele nacional ou internacional, era o poder coercitivo do Estado. Assim, o domínio do capital financeiro dependia não só do controle das empresas industriais e comerciais, mas também do controle do governo. "O 'vínculo pessoal' entre os bancos e a indústria é complementado pelo vínculo pessoal entre ambos e o governo."[51] Como a maioria dos cartéis de empresas internacionais era dominada por muito poucas empresas com sede em um ou dois países, seguia-se que a divisão econômica do mundo entre os cartéis de empresas se refletiria e seria promovida pela 'divisão' política do mundo entre as grandes potências".

A época do último estágio do capitalismo mostra-nos que certas relações entre associações capitalistas se desenvolveram com base na divisão econômica do mundo, ao passo que, paralelamente e relacionadas a isso, certas relações se desenvolveram entre as alianças políticas, entre os estados, com base na divisão territorial do mundo, da luta pelas colônias, da "luta por esferas de influência".[52]

Desse modo, a segunda divisão do mundo era entre os governos capitalistas e não só refletia como também promovia a primeira divisão do mundo entre os grandes trustes e cartéis. Isso levou muitos apologistas do imperialismo (e alguns críticos brandos do imperialismo, como o influente marxista alemão Karl Kautsky) a concluir que essa partilha política do mundo acabaria levando a uma era prolongada de paz mundial. Lênin, escrevendo durante a Primeira Guerra Mundial, sabia que isso não era verdade. Percebeu claramente que a guerra era uma consequência dos conflitos imperialistas entre as grandes potências capitalistas. Além do mais, para ele, tais conflitos eram, inevitavelmente, inerentes à própria natureza do imperialismo.

A fonte dos conflitos era o fato de que nenhum capitalista, empresa, truste ou cartel capitalista ficava satisfeito com seu nível de lucro. O capitalismo sempre engendrava uma obsessão insaciável, incessante e frenética por lucros cada vez maiores, em todo empreendimento capitalista. Por essa razão, qualquer grande truste só se contentaria pacificamente com uma determinada participação no mercado mundial, quando seus diretores estivessem convencidos de que qualquer tentativa de tomar parte do território de um truste rival resultaria em prejuízos maiores que os ganhos financeiros. Em sua rivalidade, cada truste estava sempre alerta com relação a qualquer indício de mudança no poder que tornasse lucrativa a tomada de um território rival. O conflito era inevitável, enquanto houvesse, pelo menos, dois trustes rivais dividindo o mercado mundial: "A divisão do mundo entre dois trustes poderosos não impede uma *redivisão*, se a relação de forças se alterar em decorrência de um fenômeno desigual, de uma guerra, de uma falência etc."[53]

Portanto, a afirmação de que o imperialismo e a divisão do mundo em "esferas de influência" levariam a um equilíbrio do poder, que, por sua vez, promoveria a paz mundial, era uma apologia ideológica do imperialismo e se baseava num sofisma:

Certos autores burgueses (aos quais se juntou, agora, Karl Kautsky, que abandonou completamente sua posição marxista anterior, que defendera, por exemplo, em 1909) expressaram a opinião de que os cartéis internacionais, como uma das expressões mais marcantes da internacionalização do capital, acenam com a esperança de paz entre as nações e o capitalismo. Teoricamente, esta opinião é absolutamente absurda e, na prática, é um sofisma e uma defesa desonesta e altamente oportunista. Os cartéis internacionais mostram a que ponto chegaram os monopólios capitalistas e o objeto da

319

luta entre as várias associações capitalistas... As formas desta luta podem mudar e estão constantemente mudando, de acordo com as causas variáveis, relativamente específicas e temporárias, mas a essência desta luta, seu conteúdo de classe não pode, positivamente, mudar enquanto existirem classes. Naturalmente, é do interesse da... burguesia... obscurecer a essência desta luta econômica (a divisão do mundo) e enfatizar, agora, outra forma da luta... Os capitalistas dividem o mundo, não por qualquer malícia, mas porque o grau de concentração atingido obriga-os a adotar este método, a fim de auferir lucros, e eles o dividem "proporcionalmente ao capital", "proporcionalmente à força", porque não pode haver qualquer outro método de divisão na produção de mercadorias e no capitalismo. Mas a força varia com o grau de desenvolvimento econômico e político. Para entender o que está ocorrendo é preciso conhecer as questões resolvidas pelas mudanças de força. A questão de se determinar se estas mudanças são "puramente" econômicas ou não econômicas (por exemplo, militares) é secundária, não podendo, nem um pouco, afetar as ideias fundamentais sobre a última época do capitalismo. Substituir a questão da essência da luta e dos acordos entre as associações capitalistas pela questão da forma desta luta e destes acordos (hoje pacíficos, amanhã beligerantes, no dia seguinte beligerantes novamente) é sofismar.[54]

A essência da luta era o controle do mundo e de todos os seus recursos e da força de trabalho de todos os seus habitantes. O capitalismo, na opinião de Lênin, não podia parar enquanto houvesse perspectivas de investimentos mais lucrativos. Portanto, os conflitos internacionais e as guerras frequentes eram inevitáveis no estágio mais elevado, ou imperialista, do capitalismo. Entre as potências capitalistas imperialistas, "as alianças, independente da forma por elas assumida... nada mais são, *inevitavelmente,* do que uma 'trégua' nos períodos entre as guerras".[55]

Apesar do então recente surto de crescimento econômico e do poder mundial dos países capitalistas, Lênin insistia em que o imperialismo representava o último estágio do capitalismo – ou, segundo sua própria expressão, do "capitalismo moribundo".[56] As principais potências capitalistas se estavam transformando no que Lênin chamara de "estados rentistas".[57] Além do mais, o "estado rentista é um estado de capitalismo parasitário e decadente".[58] É difícil entender, porém, precisamente o que Lênin quis dizer, quando afirmou que o capitalismo estava "decadente" e "moribundo", porque ele escreveu que

seria um erro supor que esta tendência à decadência impediria o rápido crescimento do capitalismo. Ela não impediria. Na época do imperialismo, certos ramos de indústria, certos estratos da burguesia e certos países se afastam, em maior ou menor grau, de várias dessas tendências. De modo geral, o capitalismo está crescendo muito mais depressa do que antes, e este crescimento não só está ficando, de modo geral, cada vez mais desigual, como também esta desigualdade se está manifestando, em particular, na decadência dos países mais ricos em capital (a Inglaterra).[59]

Lênin parecia estar descrevendo um sistema capitalista mundial em crescimento e que demonstrava um equilíbrio mutável de poder entre os diferentes países capitalistas, mas insistia em que esse era o último estágio do capitalismo e um prelúdio do colapso inevitável do sistema.[60]

Comparação das Teorias de Hobson, Luxemburg e Lênin

Rosa Luxemburg achava que sua teoria tinha mostrado a necessidade absoluta e lógica da expansão do imperialismo para o capitalismo, mas sua teoria tinha erros e hipóteses irrealistas. Se deixarmos de lado os aspectos indefensáveis da teoria de Luxemburg, a explicação que ela deu sobre as raízes do imperialismo era essencialmente a mesma que tinha sido dada por Hobson. Além disso, a teoria de Lênin

Teorias do Imperialismo: Os Escritos de Hobson, Luxemburg e Lênin

sobre as origens do imperialismo acrescentou muito pouca coisa às ideias de Hobson. Havia, porém, uma diferença crucial e importante entre a teoria de Hobson, de um lado, e as teorias de Luxemburg e Lênin, de outro. Essa diferença foi claramente percebida e apresentada por Lênin: "A questão de se saber se é possível modificar a base do imperialismo, de se prosseguir com maior intensificação ainda e com maior aprofundamento dos antagonismos por ele criados ou de se caminhar para trás, contendo esses antagonismos, é fundamental na crítica do imperialismo."[61]

Tanto Lênin quanto Luxemburg achavam que as forças do imperialismo eram inerentes ao sistema capitalista e que nenhuma reforma do capitalismo que deixasse intacta suas bases (as leis da propriedade privada, o mercado e a divisão de classe) poderia eliminar os males do imperialismo. Eles achavam que só uma revolução socialista que acabasse com as bases do capitalismo poderia eliminar o imperialismo. Embora Hobson fosse socialista e achasse que, no socialismo, não haveria motivo algum para a conquista imperialista, acreditava que as reformas do capitalismo poderiam diminuir os males do imperialismo e fazer do capitalismo uma sociedade um pouco mais humana. De fato, Hobson apoiava ativamente os movimentos de protesto social e os movimentos de reforma voltados para a eliminação ou a diminuição do imperialismo e para tornar o capitalismo uma sociedade mais justa.

As teorias de Luxemburg e de Lênin tinham erros. Já dissemos quais eram os erros da teoria de Luxemburg. Da mesma forma, descrevemos a crença de Lênin de que o capitalismo estava em decadência e moribundo, apesar de ele ter admitido que estava crescendo mais depressa do que em qualquer período de sua história.

Em relação a Luxemburg e Lênin, assim como a tantos outros teóricos por nós examinados neste livro, tais erros nos esclarecem quanto aos preconceitos ideológicos de suas teorias. Tanto Luxemburg como Lênin aprenderam o marxismo por meio de sua participação na Segunda Internacional (organização mundial marxista da classe operária de fins do século XIX e início do século XX). O marxismo da Segunda Internacional tendia a reduzir a rica complexidade e as sutilezas das ideias de Marx a uma visão mecanicista e determinista da morte inevitável e iminente do capitalismo. Tanto Luxemburg quanto Lênin formularam suas teorias para mostrar que essa morte inevitável estava realmente muito próxima, e, quanto a isso, estavam errados.

O erro de Lênin custaria muito aos membros da Terceira Internacional (movimento comunista internacional, formado logo após a Revolução Bolchevique, do qual Lênin foi um dos líderes mais importantes). Em uma história acadêmica rigorosa do movimento comunista, Fernando Claudín mostrou como a noção de capitalismo moribundo de Lênin contribuiu para muitos erros organizacionais e táticos importantes por parte dos líderes da Terceira Internacional. Esses erros foram, na opinião de Claudín, pelo menos em parte, consequência do fato de que "Lênin, como Rosa Luxemburg,... via o capitalismo mundial no estágio do imperialismo monopolista como tendo atingido uma situação final".[62] Sempre que esse elemento de ideologia mecanicista e determinista encontrou eco no marxismo, o efeito foi um sério enfraquecimento das análises profundas e ricas do capitalismo, feitas por Marx e por outros pensadores posteriores, de acordo com a tradição marxista.[63]

No entanto, apesar dessas fraquezas, temos de concluir que tanto Luxemburg quanto Lênin aumentaram significativamente nossos conhecimentos sobre como e por que o imperialismo capitalista funciona. As principais forças de seus respectivos *insights* eram nitidamente diferentes. Lênin aperfeiçoou a análise do imperialismo, de Hobson, demonstrando de maneira convincente que o crescimento das corporações gigantescas, dos trustes e dos cartéis, bem como a extrema desigualdade de distribuição da renda – fatores que tanto Hobson quanto Lênin viam como formadores da base do imperialismo capitalista – pareciam inerentes à própria natureza do capitalismo maduro. Lênin mostrou por que, em seu estágio maduro, o capitalismo era, de fato, um sistema social e econômico muitíssimo alterado

321

em relação ao que tinha sido em suas fases iniciais. Embora não se possa dizer que Lênin tenha demonstrado a absoluta impossibilidade de reformar o capitalismo, tornando-o, com isso, um sistema econômico mais humano e menos imperialista, ele, sem dúvida alguma, demonstrou que essa reforma teria de afetar os próprios fundamentos da base econômica e social de todo o sistema capitalista, e que isso se defrontaria com a oposição, por todos os meios possíveis, dos governos capitalistas e das corporações, ou seja, da classe capitalista em geral.

A força da análise de Luxemburg era, em muitos aspectos, oposta à da análise de Lênin. Enquanto ele mostrou as características singulares do estágio monopolista do capitalismo que acentuavam e intensificavam a exploração capitalista das áreas economicamente menos desenvolvidas do mundo, ela mostrou a continuidade entre o imperialismo do início do século XX e as transformações sociais sangrentas e opressivas do período inicial da acumulação capitalista. Enquanto a análise de Lênin sobre o imperialismo não permitia qualquer refutação direta da visão neoclássica conservadora dominante de que o investimento estrangeiro em países menos desenvolvidos beneficiaria esses países, aumentando seu capital, e, com isso, aumentando a produtividade e o bem-estar econômico geral, Luxemburg mostrou, convincentemente, que esse investimento só era possível depois de as instituições sociais e os padrões de relações humanas tradicionais terem sido destruídos. Luxemburg, Lênin e Hobson mostraram que, em realidade, o investimento capitalista nos países menos desenvolvidos era feito à força, raramente trazia qualquer benefício imediato para a maioria do povo, visava exclusivamente retirar as matérias-primas desses países, dando pouca coisa em troca, além de explorar sobremaneira a mão de obra desses países. Entretanto, só Luxemburg mostrou os extremos de destruição social atingidos inevitavelmente para se transformar sociedades tradicionais em países capitalistas.

Notas do Capítulo 13

1. HOBSON, J.A. *Imperialism: A Study*. Ann Arbor: University of Michigan Press, 1965, p. 367.
2. Ibid., p. 203.
3. Ibid., p. 197.
4. Ibid., p. 198.
5. Ibid., 50.
6. Ibid., 215.
7. Ibid., p. 221.
8. Ibid., p. 47.
9. Ibid., p. 55.
10. Ibid., p. 56-58.
11. Ibid., p. 53.
12. Ibid., p. 59.
13. Ibid., p. 49.
14. Ibid.
15. Ibid., p. 74-75.
16. Ibid., p. 81-82.
17. Ibid., p. 83.
18. Ibid., p. 81.
19. Ibid., p. 53.
20. Ibid., p. 90.
21. Ibid., p. 47.
22. Ver Caps. 9.

Teorias do Imperialismo: Os Escritos de Hobson, Luxemburg e Lênin

23. ROBINSON, Joan. "Introduction". In: Rosa Luxemburg, *The Accumulation of Capital*. Nova York: Monthly Review Press, 1964, p. 13-28.

24. Ibid., p. 25-26.

25. LUXEMBURG, Rosa. *The Accumulation of Capital – An Anti-Critique*. Nova York: Monthly Review Press, 1972, p. 25-26.

26. Ibid.

27. Ibid., p. 56.

28. Ibid.

29. ROBINSON. "Introduction", p. 20-21.

30. LUXEMBURG, Rosa. *The Accumulation of Capital*. Nova York: Monthly Review Press, 1964, p. 368.

31. (N.T.) Trabalho gratuito e obrigatório que, em certas ocasiões, os camponeses tinham de executar, tanto na agricultura quanto na construção de estradas, pontes etc., nos domínios de seu senhor feudal.

32. Ibid., p. 368-369.

33. Ibid., p. 370-371.

34. Ibid., p. 352.

35. Ibid.

36. Ibid., p. 358.

37. Ibid., p. 435.

38. Ibid., p. 454.

39. Ibid.

40. Ibid., p. 455.

41. Ibid., p. 466.

42. Ibid., p. 467.

43. LÊNIN, V.I. "Imperialism, The Highest Stage of Capitalism". In: LÊNIN, V.I. *V. I. Lenin: Selected Works*. 3 v., Moscou: Progress, 1967. 1:677.

44. Ibid., 1:685.

45. Ibid., 1:697.

46. Ibid., 1:721.

47. Ibid., 1:706.

48. Ibid., 1:716.

49. Ibid., 1:723-724.

50. Ibid., 1:728.

51. Ibid., 1:706.

52. Ibid., 1:734.

53. Ibid., 1:730.

54. Ibid., 1:733-734.

55. Ibid., 1:770.

56. Ibid., 1:776.

57. Ibid., 1:774.

58. Ibid., 1:774.

59. Ibid., 1:774.

60. Ibid., 1:776.

61. Ibid., 1:763.

62. CLAUDÍN, Fernando. *The Communist Movement*. Nova York: Monthly Review Press, 1975, 2 v., 1:58.

63. Exemplos de como o determinismo mercanicista enfraqueceu a análise marxista podem ser encontrados em COLLETTI, Lucio. *From Rousseau to Lenin: Studies in Ideology and Society*. Nova York: Monthly Review Press, 1972, p. 45-108, e em HUNT, E.K. "Socialism and the Nature of Soviet Society". In: *Socialist Revolution*, mar.-abr. 1977, n. 32, p. 143-160.

CAPÍTULO 14

Consumação, Consagração e Destruição da "Mão Invisível": a Economia Neoclássica do Bem-estar

No primeiro meio século após a publicação dos livros de Jevon, Menger e Walras, o capitalismo passou por uma rápida mudança e por um período extraordinariamente turbulento. A primeira e mais óbvia mudança foi o movimento que levou à concentração industrial e à constituição de corporações gigantescas, com trustes e cartéis em escala mundial. A segunda mudança foi o frenesi imperialista dos principais países capitalistas. A terceira mudança foi meramente uma questão de intensidade: embora o capitalismo tivesse sido sempre um sistema econômico instável, passando constantemente por períodos de prosperidade e de depressão que se alternavam, a duração e a gravidade dessas depressões aumentaram, culminando com a *Grande Depressão Mundial* dos anos 1930. Juntamente com essas mudanças e com o caos e a inquietação social que resultaram da instabilidade cada vez maior do capitalismo, havia a turbulência social do mundo, que se manifestou na grande convulsão da Primeira Guerra Mundial, na Revolução Soviética e no aparecimento do fascismo na Itália e na Alemanha.

Os teóricos cujas ideias examinamos nos dois últimos capítulos analisaram e tentaram compreender essas grandes mudanças. A maior instabilidade econômica e, em particular, a *Grande Depressão* fizeram com que John Maynard Keynes (cujas ideias examinaremos no próximo capítulo) reavaliasse as teorias neoclássicas que tinha aprendido e reorientasse seu próprio pensamento no sentido de compreender a natureza e as causas das depressões em um sistema capitalista.

No entanto, se examinarmos os escritos dos economistas que seguiam estritamente a tradição utilitarista e neoclássica daquela época, verificaremos que raramente eles reconheciam que o capitalismo estava passando por um período de mudanças turbulentas. Say, Senior e Bastiat tinham depurado as

325

História do Pensamento Econômico

teorias de Smith e Ricardo, rejeitando todos os elementos da perspectiva da teoria do valor-trabalho na economia clássica. Tinham-se concentrado inteiramente na perspectiva utilitarista, enfatizando: a troca no mercado; o comportamento calculista, racional e maximizador; a semelhança essencial entre todos os tipos de renda (e, portanto, a inexistência de diferentes classes no capitalismo); a harmonia universalmente benéfica criada pela "mão invisível" da troca no livre-mercado. Bastiat dissera que "a Economia Política é troca". Com a descoberta do método de análise marginalista, por Jevon, Menger e Walras, o lema de Bastiat passou a descrever quase toda a teoria neoclássica ortodoxa. Cada vez mais, a teoria neoclássica lembrava o escolasticismo medieval, com muitos estudiosos trabalhando incessantemente para aperfeiçoar, desenvolver, elaborar e embelezar a interpretação utilitarista de uma sociedade formada por maximizadores da utilidade numerosos, pequenos, relativamente fracos e racionais, que repetiam, incessantemente, o mesmo processo social harmonioso.

Talvez os três aspectos mais obscurantistas da teoria fossem as concepções de empresário, da natureza da produção e do processo pelo qual os preços de equilíbrio concorrenciais eram determinados. Já discutimos a figura do empresário no Capítulo 11: era o indivíduo que sempre contratava fatores de produção, transformava-os em mercadorias acabadas e vendia essas mercadorias; o empresário só se motivava pelo desejo de maximizar os lucros, embora, no esquema neoclássico, nunca houvesse lucros, quando a economia estava em equilíbrio concorrencial. O empresário, porém, nunca reconhecia esse triste fato e ficava sempre comprando fatores de produção e vendendo mercadorias em busca desses lucros inexistentes. No fim de cada período de produção (na hipótese de haver equilíbrio), ele verificava que o pagamento, a cada proprietário de fator, de um valor equivalente ao que tinha sido criado por ele no processo produtivo equivalia exatamente ao valor total do que tinha sido produzido. A única remuneração do empresário era o retorno normal por ele recebido por seus próprios fatores usados no processo de produção. Não tinha lucro algum e, portanto, teria ficado na mesma situação, se se tivesse limitado a vender seu fator a outro empresário, não tendo o trabalho de se preocupar com lucros.

Tão obscurantista quanto a concepção neoclássica do empresário era sua concepção de processo produtivo. Quando os economistas neoclássicos escreviam sobre produção, nunca mencionavam patrões e empregados, greves, locautes, lutas por condições de segurança ou pela duração da jornada de trabalho, tentativas de fazer os operários trabalharem mais depressa, disciplina nas fábricas, linhas de montagem, locautes, taylorismo ou qualquer das outras inúmeras características negativas do processo produtivo no capitalismo. A produção, segundo a teoria neoclássica, era uma espécie de alquimia. O empresário tinha uma fórmula matemática complicada, chamada *função de produção*, que lhe dizia como várias combinações de quantidades dos fatores de produção podiam ser transformadas em diferentes quantidades de mercadorias acabadas. O empresário verificava os preços dos fatores (que, para ele, eram dados pelo mercado ou pelo "leiloeiro", de Walras) e os preços das mercadorias acabadas (determinados pela mesma fonte) e escolhia os fatores a serem empregados e as mercadorias a serem vendidas com base no que constatasse. Sempre fazia essa escolha, com as restrições anteriormente descritas, de modo a maximizar os lucros. Uma vez feita a escolha, estava terminado o problema da produção. A alquimia da função de produção, simplesmente, transformava insumos em produtos, de modo que o ciclo de trocas pudesse se completar. Quando havia equilíbrio em concorrência, a combinação de insumos e produtos maximizadora dos lucros não dava lucro algum. Qualquer outra combinação daria prejuízo.

Era essa a natureza do empresário e do processo de produção, segundo a teoria neoclássica. Baseava-se em suposições úteis, que permitiam que o processo de troca no mercado, universalmente benéfico e harmonioso, se repetisse perpetuamente. Por essa razão, dissemos que, apesar da teorização sobre produção e funções de produção, a teoria econômica neoclássica era a versão contemporânea da interpretação utilitarista de Bastiat. Era uma teoria da troca e, como tal, era uma versão elaborada e

Consumação, Consagração e Destruição da "Mão Invisível"

esotérica do argumento da "mão invisível", de Adam Smith, de acordo com o qual havia muito pouca preocupação com os verdadeiros processos de produção.

O terceiro aspecto obscurantista principal da teoria neoclássica era sua concepção acerca do processo pelo qual eram determinados os preços de equilíbrio em concorrência. De acordo com essa teoria, cada consumidor, cada dono de um fator de produção e cada empresário eram "tomadores de preços" passivos. Todos os preços eram determinados pelo mercado em concorrência, de modo completamente independente dos atos praticados por qualquer indivíduo ou firma. Apesar da grande atenção dispensada a esse problema após a publicação do livro *Elementos*, de Walras, os teóricos neoclássicos não aperfeiçoaram substancialmente as tentativas de Walras de solucioná-lo. Chegaram a dizer que esses preços de equilíbrio eram determinados por um processo de "tateamento", mas nunca foram capazes de apresentar um argumento empírico ou teórico convincente para mostrar que esse tateamento não afastaria mais ainda a economia do equilíbrio em vez de aproximá-los. Podiam recorrer à ficção útil do leiloeiro Walrasiano, mas tal recurso óbvio a uma ficção útil de um deus *ex machina*, que existia simplesmente para manter a coesão da teoria, diminuía a eficácia de sua defesa ideológica do capitalismo de livre-mercado.

Na literatura mais esotérica das publicações profissionais, os neoclássicos demonstraram que a existência desse conjunto de preços de equilíbrio não era logicamente impossível, dadas as suas premissas iniciais. Essa demonstração foi aceita para justificar razoavelmente a prática seguida pelos livros didáticos, de simplesmente supor que esse conjunto de preços de equilíbrio existia e era conhecido por todos os indivíduos e firmas.

Essa premissa era particularmente crítica, porque os três pilares da defesa ideológica neoclássica do capitalismo de livre-mercado eram a teoria da distribuição baseada na produtividade marginal (que será mais discutida no Capítulo 16), o argumento da "mão-invisível" e a crença, *baseada puramente na fé*, de que as forças da oferta e da demanda no livre-mercado levariam, automática e eficazmente, a economia ao equilíbrio com pleno emprego (embora, conforme veremos, um ramo da teoria econômica neoclássica, em resposta às ideias de Keynes, tenha, pelo menos parcialmente, abandonado esse terceiro ponto). Nenhuma dessas três defesas ideológicas do capitalismo poderia ser mantida, se o mercado não criasse automaticamente preços de equilíbrio. Portanto, a terceira suposição, com referência ao leiloeiro, era tão importante quanto as duas primeiras.

Antes de prosseguirmos com um resumo da economia neoclássica do bem-estar – que é a apoteose final e mais bem elaborada do argumento da "mão-invisível", de Adam Smith –, é preciso fazer três comentários a respeito da diferença do estilo usado neste capítulo e nos capítulos anteriores, bem como a respeito da posição que a economia neoclássica do bem-estar ocupa no contexto de toda a escola neoclássica. Em primeiro lugar, neste capítulo, raramente faremos referência aos escritos de qualquer teórico importante, porque a economia neoclássica do bem-estar é, em essência, uma elaboração, com modificações relativamente insignificantes, da análise de Walras, e porque nenhum teórico acrescentou muita coisa importante à versão dada por Walras a essa teoria, a ponto de merecer um tratamento individualizado. Faremos uma exceção ao que acabamos de dizer, pois abordaremos os aperfeiçoamentos introduzidos pelo discípulo de Walras, Vilfredo Pareto (1848-1923). Alguns economistas consideram a contribuição de Pareto tão importante, que se referem à economia neoclássica do bem-estar como economia "paretiana" do bem-estar. Entretanto, a principal realização de Pareto foi reformular as ideias de Walras em termos das "curvas de indiferença", que tinham sido formuladas pela primeira vez pelo inglês Francis Y. Edgeworth (1845-1926).

Em nossa explicação sobre a economia neoclássica do bem-estar, seguiremos Pareto (como faz a maioria dos livros didáticos modernos) e usaremos as curvas de indiferença – e suas análogas na teoria neoclássica da produção, as "isoquantas" – para ilustrar os conceitos. Concordamos, porém, com a afirmação feita pelo eminente historiador de ideias econômicas, Joseph A. Schumpeter, que escreveu: "como teoria pura, a teoria de Pareto é a de Walras – tanto em sua base quanto em quase todos os seus detalhes".[1] Assim, as ideias de Pareto, bem como as de todos os outros teóricos posteriores que aperfeiçoaram a versão de Walras do argumento da "mão invisível", não serão destacadas, devido à nossa limitação de espaço. Assim, nos limitaremos a apresentar um resumo geral da economia neoclássica do bem-estar, sem entrar em detalhes quanto aos refinamentos particulares introduzidos por diferentes economistas neoclássicos.

Em segundo lugar, embora quase todos os aperfeiçoamentos da teoria já tivessem sido feitos na década de 1940 (com exceção das "externalidades", cuja conceituação seria mais aperfeiçoada ainda nas décadas de 1950 e 1960), de modo geral usaremos os verbos no tempo presente, porque esta análise ainda constitui o âmago da análise neoclássica até hoje.

Em terceiro lugar, nos últimos cem anos, a economia de Walras tornou-se o ramo dominante da economia neoclássica (principalmente nos Estados Unidos). Não obstante, existem duas versões um tanto distintas da economia neoclássica do bem-estar. A que aqui apresentaremos é a versão dominante. Existe, porém, até hoje, uma minoria de importantes economistas que foram fortemente influenciados (em especial em questões metodológicas) por Menger tanto como por Walras. Esses economistas têm uma perspectiva um pouco diferente; nas primeiras décadas do século XX, esse grupo de economistas era conhecido como "escola austríaca" e, a partir da década de 1950, como a "escola de Chicago". Consideraremos suas ideias no Capítulo 17.

Maximização da Utilidade e Maximização do Lucro

A teoria microeconômica neoclássica serve de base para a teoria neoclássica do bem-estar e é, em geral, dividida em duas partes separadas (mas análogas e simétricas): a "teoria" da maximização da utilidade pelo consumidor e a "teoria" da maximização do lucro pela firma. Ambas as "teorias" são simples demonstrações da lógica da maximização sujeita a restrições.

Nas explicações dadas em livros didáticos, as teorias levam a várias conclusões. A teoria da maximização da utilidade pelo consumidor, por exemplo, mostra, dedutivamente, que uma variação do preço de uma mercadoria, em geral (mas nem sempre), leva uma variação em direção oposta da quantidade demandada dessa mercadoria. A teoria mostra como a variação da quantidade demandada pode ser separada conceitualmente em uma parte causada pelo "efeito substituição" e em outra parte causada pelo "efeito renda". Os estudantes de Economia, geralmente, são obrigados a aprender uma prova matemática uma tanto esotérica da possibilidade de identificar de forma conceitual esses dois efeitos, mas, raramente, se lhes diz por que essa separação tem qualquer importância prática ou teórica. Trata-se meramente de um exercício de análise, pelo qual se demonstra a competência de alguém como teórico neoclássico. Acontece o mesmo com quase todas as outras deduções analíticas baseadas nas premissas das teorias da utilidade e da maximização do lucro.

Existem, porém, algumas conclusões acerca dessas teorias microeconômicas que são importantes. São as conclusões que formam as bases da economia neoclássica do bem-estar, e sua importância é puramente ideológica. Só esses aspectos da teoria neoclássica serão considerados neste capítulo.

O uso das curvas de indiferença permite que as análises sobre a utilidade marginal da maximização da utilidade pelo consumidor deixem de lado a hipótese de que a utilidade possa ser quantificada. Basta que o consumidor seja capaz de listar, segundo um escalonamento de preferências, as diferentes mercadorias. Isso representa apenas uma quantificação ordinal (ou escalonamento) de utilidade e

Consumação, Consagração e Destruição da "Mão Invisível"

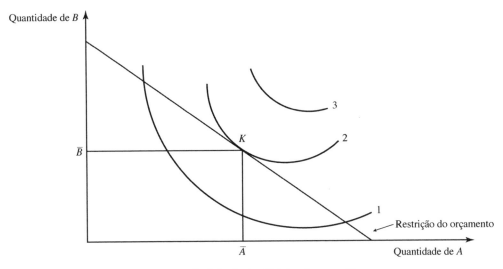

FIGURA 14.1 **Maximização da utilidade pelo consumidor.**

dispensa comparações interpessoais de utilidade, que, conforme argumentamos, são conceitualmente impossíveis. As únicas exigências necessárias para se chegar aos resultados neoclássicos implicam que as curvas de indiferença tenham a configuração geral exemplificada na Figura 14.1 e que o consumidor aja "consistentemente". Define-se consistência da seguinte maneira: se um indivíduo preferir X a Y e Y a Z, terá de preferir X a Z.

As curvas de indiferença permitem que o economista neoclássico ilustre graficamente o modo como o consumidor maximiza sua utilidade, quando existem apenas duas mercadorias para ele comprar e consumir. As mesmas conclusões matemáticas podem ser tiradas para muitas mercadorias, mas o caso de duas mercadorias é muito mais simples, sendo suficiente para ilustrar este ponto. Na Figura 14.1, os eixos do gráfico medem quantidades das mercadorias A e B. Presume-se que o indivíduo seja capaz de escalonar todas as possíveis combinações de A e B que possa consumir. Se o indivíduo obtiver maior quantidade de A e menor de B (ou vice-versa), supõe-se que ele sempre possa determinar quando a utilidade adicional de A compensa exatamente a utilidade perdida com a diminuição de B. As três curvas da Figura 14.1 são curvas de indiferença. Em cada curva, existem pontos que representam "cestas" de A e B que têm o mesmo grau de utilidade. À medida que passamos de um para outro ponto da mesma curva, a utilidade conseguida com uma quantidade maior de uma mercadoria é exatamente compensada pela utilidade que se perde. Portanto, o consumidor é indiferente em relação a ter qualquer das cestas de A e B representadas pelos vários pontos em uma única curva de indiferença.

O gráfico de um indivíduo poderia representar um número indeterminado de curvas de indiferença. Na Figura 14.1, temos três curvas de indiferença. A curva 1 representa o nível mais baixo de utilidade; a curva 2 representa um nível de utilidade mais alto (pois é possível obter maior quantidade de A e B passando-se da curva 1 para a curva 2); a curva 3 representa um nível mais alto ainda de utilidade.

A linha reta da figura é a linha da "restrição orçamentária" do consumidor, que mostra as combinações de A e B que o indivíduo pode comprar com a renda recebida pela venda de seus fatores de produção. A distância entre a linha de restrição orçamentária e a origem do gráfico indica o valor ou o poder aquisitivo da renda do indivíduo. A inclinação da linha de restrição orçamentária é Pa/Pb, ou o preço de A dividido pelo preço de B.

Está claro, na situação retratada na Figura 14.1, que o consumidor maximiza sua utilidade comprando e consumindo as quantidades A e B na curva de indiferença 2. Nenhuma curva de indiferença mais alta pode ser atingida, dada a restrição orçamentária do consumidor. Qualquer outro ponto atingível dentro desta restrição fica em uma curva de indiferença abaixo da curva 2. Portanto, o ponto K maximiza a utilidade do indivíduo e este, de acordo com a teoria econômica neoclássica, sempre escolherá este ponto.

A inclinação de uma curva de indiferença, em qualquer ponto, mede a razão entre a utilidade marginal de A e a utilidade marginal de B (UM_a/UM_b) naquele ponto. A inclinação da linha de restrição orçamentária mede a razão P_a/P_b. No ponto K, a curva de indiferença 2 é exatamente tangente à linha de restrição orçamentária. Portanto, no ponto K, para esse consumidor, a relação $(UM_a/UM_b) = (P_a/P_b)$ tem de ser verdadeira, ou, o que equivale à mesma coisa, $(UM_a/P_a) = (UM_b/P_b)$. Vemos, então, que o ponto K satisfaz a condição de maximização da utilidade formulada por Jevons e Walras.

Além disso, como todo indivíduo, em um sistema de concorrência perfeita, tem de pagar o mesmo preço por A e B, conclui-se que todo indivíduo ficará num ponto de uma dessas curvas de indiferença em que seja satisfeita a mesma condição de maximização. Portanto, os preços de equilíbrio de mercado de A e B, tal como determinados pelo mercado em concorrência (ou pelo leiloeiro), *refletem perfeitamente a avaliação psíquica marginal de A e B para cada consumidor*, quer dizer, se o preço de equilíbrio de A, por exemplo, for o dobro do preço de equilíbrio de B, todo indivíduo achará, em termos físicos, que A trará o dobro da utilidade marginal de B, após ter atingido seu nível ótimo de consumo. Desse modo, os preços refletem perfeitamente a utilidade marginal de todo consumidor – e a observação desse resultado, em um mercado-livre, é exatamente o que os economistas neoclássicos querem dizer com a expressão "soberania do consumidor".

A demonstração da maximização do lucro por uma firma é quase idêntica à demonstração da utilidade por um indivíduo. Na Figura 14.2, os eixos do gráfico medem quantidades de trabalho (L) e de capital (C) usadas no processo de produção de uma firma. As curvas 1, 2 e 3 são, agora, isoquantas, que mostram as várias combinações de trabalho e capital necessárias para a produção de determinado nível

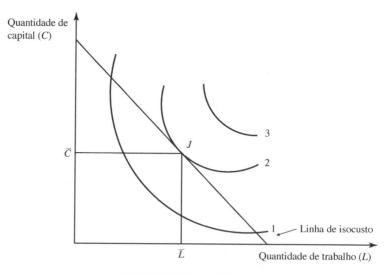

FIGURA 14.2 **Maximização do lucro.**

de produto (esse produto pode ser a mercadoria *A* ou a mercadoria *B*). Cada curva representa um nível de produto e é determinada com base na função de produção da firma; quanto mais perto uma curva estiver da origem do gráfico, menor a quantidade do produto representada. A linha reta é uma linha de "isocusto", que mostra várias combinações de trabalho e capital que uma firma pode comprar com determinada quantia de dinheiro.

A firma da Figura 14.2 produz na isoquanta 2, no ponto *J*. Emprega uma quantidade *C* de capital e *L* de trabalho. Essa solução pode ser interpretada de duas maneiras: primeiramente, se a firma resolver produzir segundo o nível de produção representado pela isoquanta 2, a linha de isocusto mostrará o custo mais baixo com o qual é possível produzir essa quantidade. Em segundo lugar, se a firma resolver gastar apenas a quantia representada pela linha de isocusto, a isoquanta 2 representará a produção máxima possível para esse nível de despesa, e *C* e *L* representarão as quantidades de capital e de trabalho, respectivamente, que poderão ser compradas com essa despesa e que maximizarão a quantidade de produto que a firma poderá produzir com essa despesa.

Todas as firmas em uma situação de equilíbrio em concorrência perfeita terão de pagar os mesmos preços pelo capital e pelo trabalho (que, mais uma vez, são determinados pelo mercado ou pelo leiloeiro). Por isso, todas as firmas produzirão em um ponto como o ponto *J*, em suas curvas de isoquanta. A inclinação da linha de isocusto é P_L/P_C (ou a razão entre o preço do trabalho – os salários – e o preço do capital – os juros). A inclinação da isoquanta é MP_L/MP_C (ou a razão entre o produto marginal do trabalho e o produto marginal do capital). Portanto, em equilíbrio, para cada firma, a relação $(MP_L/MP_C) = (P_L/P_C)$ é verdadeira. É relativamente simples demonstrar ainda que, se houver concorrência perfeita, tanto $VMP_L = P_L$ quanto $VMP_C = P_C$ serão relações verdadeiras, quer dizer, o valor do produto marginal de cada fator é exatamente igual ao preço de cada fator. A teoria da distribuição baseada na produtividade marginal é válida. Cada fator recebe exatamente o equivalente ao que produz dentro de determinada margem. A produção é maximizada e cada dono de fator recebe exatamente a renda da contribuição marginal de seus fatores.

A Visão Beatífica e a Felicidade Eterna

Com base nas condições de maximização da utilidade e do lucro, os economistas neoclássicos construíram um edifício bem organizado, simétrico e esteticamente agradável, dedutivo e matemático, que "prova" que, em condições de concorrência, os consumidores que maximizem a utilidade e que façam trocas, bem como os empresários que maximizem os lucros e que façam trocas, automaticamente agirão e interagirão de maneira a maximizar o bem-estar social. Não examinaremos as "provas" matemáticas ou geométricas desta conclusão; nos limitaremos a indicar a natureza das etapas envolvidas e a importância que se quer dar à análise. O leitor interessado poderá ler um artigo elegantemente analítico, em que Francis M. Bator faz uma demonstração completa de como uma sociedade concorrencial, de livre-mercado e capitalista, atingirá um ponto de "bem-aventurança", em que o bem-estar social total seja maximizado.[2]

A demonstração começa tomando-se a quantidade total de capital e trabalho existente em determinado momento. Usando-se isoquantas determinadas com base nas funções de produção de cada uma das mercadorias de consumo produzidas, pode-se provar que a condição de maximização do lucro descrita anteriormente é uma condição necessária e suficiente para se atingir o que se conhece por "fronteira de possibilidade de produção", que é uma fórmula matemática complexa, que mostra todas as possíveis combinações de mercadorias que podem ser produzidas, quando o trabalho e o capital de toda a sociedade são utilizados *eficientemente*. A eficiência é atingida quando, para qualquer combinação

História do Pensamento Econômico

de mercadorias produzidas, o aumento da produção de qualquer mercadoria implica, obrigatoriamente, a diminuição da produção de outras mercadorias.

Qualquer ponto na fronteira de possibilidade de produção representa um produto total que compreende uma determinada combinação de quantidades de cada uma das mercadorias produzidas. Em determinado ponto, pode-se calcular a "taxa marginal de transformação na produção" de duas mercadorias quaisquer. Por exemplo, a taxa marginal de transformação das mercadorias A e B pode ser 2:1, o que significa que, se desistirmos de duas unidades de A, poderemos produzir mais uma unidade de B.

Pode-se provar que, em condições de concorrência, o ponto mencionado sobre a fronteira de possibilidade de produção (onde a taxa marginal de transformação é de 2:1) será atingido quando o preço de equilíbrio do mercado de B for o dobro do preço correspondente de A. Portanto, em concorrência, a taxa marginal de transformação em produção das mercadorias A e B sempre refletirá seus preços. Uma vez produzido esse nível de produto com essa composição, os consumidores trocarão e adquirirão o conjunto de mercadorias que maximize sua utilidade. Se a razão 2:1 dos preços for uma razão de preços de equilíbrio, todos os consumidores poderão trocar qualquer quantidade que quiserem de ambas as mercadorias (dada a sua restrição orçamentária) e todos os mercados estarão em equilíbrio, quer dizer, a oferta será exatamente igual à demanda, em todos os mercados.

Vimos que, quando os consumidores trocam de modo a maximizar sua utilidade, a razão de preços 2:1 de B e A reflete exatamente as razões entre a utilidade marginal de B e A para todos os consumidores. Portanto, em concorrência, a taxa marginal de transformação de A e B bem como a razão entre as utilidades marginais de A e B, para cada consumidor, refletem a razão de preços de A e B. Se não fosse assim, e se a taxa de transformação e a razão entre as utilidades marginais não fossem iguais, a utilidade para pelo menos um consumidor poderia ser aumentada, sem diminuir a utilidade para qualquer outro consumidor, fosse por mais troca ou por uma mudança de composição do produto. Contudo, como é possível provar que, em concorrência perfeita, todas essas razões serão iguais, se a economia estiver em equilíbrio, isso é uma prova de que o nível de equilíbrio e a composição da produção e a troca resultante dessa produção terão levado a um ponto na *fronteira de possibilidade de utilidade* da sociedade.

Cada ponto na fronteira de possibilidade de utilidade representa uma situação na qual nenhuma mudança na produção e nenhuma quantidade adicional de mercadorias trocadas poderiam fazer com que um indivíduo melhorasse, sem piorar a posição de outro. Dada a "dotação" inicial de fatores de produção (ou a distribuição inicial da riqueza), a utilidade terá sido aumentada por meio da produção e da troca, até atingir o ponto máximo possível, compatível com aquela distribuição inicial de riqueza.

Esse ponto sobre a fronteira de possibilidades de utilidade é o que os economistas neoclássicos chamam de "(ponto) ótimo de Pareto". Representa o bem-estar máximo que a sociedade pode conseguir com uma certa distribuição de riqueza. Foi "demonstrado" que o comportamento de maximização da utilidade e dos lucros em concorrência leva, automaticamente, a esse ponto. Existe, porém, um ponto ótimo de Pareto diferente para cada distribuição inicial possível da riqueza. Assim, alguns indivíduos podem preferir outros pontos da fronteira de possibilidades de utilidade, representando outras distribuições iniciais de riqueza.

Essa preferência, conforme vimos em nossa discussão das ideias de Thompson, envolve uma comparação interpessoal das utilidades para indivíduos diferentes, e isso é intrinsecamente impossível. É, na opinião da maioria dos economistas neoclássicos, meramente uma questão de inclinação ou preconceito pessoal o fato de uma pessoa preferir uma distribuição mais igual ou menos igual da riqueza. Não é uma questão de "economia científica". Não é de admirar que os economistas neoclássicos nunca tenham conseguido propor um critério "objetivo" ou "científico" para julgar a distribuição apropriada da riqueza que fosse, ao mesmo tempo, logicamente compatível com as premissas individualistas de sua filosofia

332

Consumação, Consagração e Destruição da "Mão Invisível"

utilitarista. Repetindo o que dissemos várias vezes em nossas discussões sobre a economia utilitarista, o hedonismo, ou utilitarismo, não dá qualquer base para comparações invejosas entre os desejos e os prazeres de indivíduos diferentes.

Todavia, se se gostar da distribuição existente da riqueza, o ponto ótimo de Pareto, para onde o comportamento maximizador individual leva a sociedade automaticamente, é chamado, nos escritos neoclássicos, de "ponto de bem-aventurança" ou "ponto de bem-aventurança restrita".[3] Como a maioria dos economistas neoclássicos tende a achar muito pouca coisa fundamentalmente errada na sociedade capitalista existente, pode-se dizer, com justiça, que a economia neoclássica do bem-estar representa a versão contemporânea da "visão beatífica" de "felicidade eterna", de Santo Agostinho.[4]

Teoria Microeconômica, Economia Neoclássica e Economia do Bem-estar

A seção anterior foi necessariamente sucinta e um pouco difícil de ser entendida por quem não estivesse familiarizado com a economia neoclássica do bem-estar. A razão disso é que a *teoria microeconômica ortodoxa contemporânea, tal como ensinada na maioria das escolas e universidades, é a economia neoclássica. Além do mais, o próprio cerne da teoria microeconômica ortodoxa e o principal fim para o qual ela se orienta quase inevitavelmente é a economia neoclássica do bem-estar.* Esse é um fato tão importante para a compreensão da teoria econômica contemporânea, que não pode ser aqui resumido. Dar ao leitor cuidadoso uma explicação completa e sofisticada da economia neoclássica do bem-estar exigiria que se escrevesse um livro inteiro sobre a teoria microeconômica ortodoxa contemporânea em nível médio. Já existem muitos desses livros, organizados de forma coerente e razoavelmente bem escritos, à disposição do leitor que se interessar por esse assunto.

Enquanto isso, para desenvolver o que queremos mostrar, discutiremos um desses livros, escolhido não só porque é um exemplo típico do tratamento acadêmico ortodoxo da teoria microeconômica (e, portanto, representando um resumo preciso da situação atual da economia utilitarista neoclássica), como também porque é muito bem organizado e bem escrito. O livro é a edição revista de *Teoria Microeconômica*, de C. E. Ferguson, com 16 capítulos. O último capítulo intitula-se *Teoria da Economia do Bem-Estar*,[5] e é óbvio que quase todos os 15 capítulos antecedentes se destinam a estabelecer as bases do último capítulo sobre a economia neoclássica do bem-estar, que é o clímax e o desfecho de todo o livro.

No início do último capítulo, Ferguson escreveu:

> *Agora, queremos mostrar... que um sistema de concorrência perfeita e de livre iniciativa garante o máximo bem-estar social. A prova disso está no comportamento* maximizador *dos produtores e consumidores. Lembrando o que disse Adam Smith, cada indivíduo, buscando seu próprio interesse pessoal, é levado por uma "mão invisível" a agir de modo tal que promova o bem-estar geral de todos.*[6]

Seguem-se nove páginas de explicação resumida em que o autor faz um esboço do que resumimos na última seção. O aspecto mais importante dessas nove páginas é o seguinte: Ferguson é capaz de juntar sua demonstração da economia neoclássica do bem-estar e a possibilidade de atingir um estado de satisfação de modo coerente e sucinto, porque, a cada argumento apresentado, faz referência a capítulos ou partes anteriores do livro. Sua explicação básica da teoria microeconômica ortodoxa desenvolveu as ideias e instrumentos de análise *que levam inevitavelmente às conclusões da economia neoclássica*

História do Pensamento Econômico

do bem-estar. Na verdade, examinando os 15 capítulos anteriores, encontramos muito pouca coisa a acrescentar. A demonstração feita em nove páginas representa a síntese de todo o livro; o autor conclui com a seguinte afirmação: "Este equilíbrio único... chama-se ponto de felicidade restrita, porque representa a organização única da produção, distribuição e troca que leva ao máximo bem-estar social atingível".[7]

Além do mais, a escola neoclássica é a escola dominante (e talvez a maior, em termos numéricos) da Economia contemporânea. Para os economistas neoclássicos, a teoria microeconômica (isto é, a economia do bem-estar) permeia todo subcampo teórico de especialização e toda conclusão teórica, prática e voltada para a política econômica a que chegam. Todas as suas análises de custos e benefícios, suas demonstrações dos ganhos universais com o comércio internacional, suas noções de eficiência de mercado encontradas em todos os ramos da economia aplicada, bem como sua noção de preços racionais, *não têm absolutamente sentido algum* além do manifestado em sua fé de que um sistema de mercado concorrencial e de livre iniciativa tenderá à situação ótima de Pareto. Sem essa situação ótima, esses termos e essas noções não podem ser defendidos. De fato, na ausência de uma situação ótima, esses termos *não têm sentido algum*. Só passam a ter sentido quando os economistas neoclássicos, primeiro, postulam a existência de um ponto ótimo de Pareto; depois, *por definição*, diz-se que todos os agentes de troca auferem vantagens, que os recursos são "alocados eficientemente", que os preços são "racionais" e que, por isso, levam a avaliações exatas – em bases utilitaristas – dos custos e benefícios sociais de vários projetos do governo. A economia utilitarista neoclássica do bem-estar está presente em quase todas as análises neoclássicas de todos os assuntos teóricos e práticos, e as domina.

A teoria econômica neoclássica descende diretamente das ideias de Smith e de Ricardo dominadas pela perspectiva da utilidade ou da troca, tal como desenvolvida e elaborada nos trabalhos de Malthus, Say, Senior, Bastiat, Jevons, Menger, Walras, Marshall e Clark. Todavia, a economia neoclássica tem cada vez mais assumido a forma de análises matemáticas esotéricas, a ponto de um estudante de Economia poder passar anos, simplesmente, aprendendo os instrumentos e as técnicas de análise, sem conseguir perceber os valores filosóficos e sociais subjacentes à análise. Essa é uma das razões pelas quais é muitíssimo útil e importante examinar as ideias dos autores citados, pois a "cortina de fumaça" da matemática esotérica não oculta esses valores. Esses valores filosóficos, sociais e morais, que são obscurecidos pelas ideias dos economistas neoclássicos contemporâneos, embora sejam a elas incorporados, continuam essencialmente idênticos aos valores refletidos sem qualquer ambiguidade nos escritos de Malthus, Say, Senior e Bastiat. As ideias de Jevons, Menger, Walras, Marshall e Clark deram início ao obscurecimento progressivo desses valores, culminando por disfarçá-los por trás de um monumento esteticamente deslumbrante, construído com elegância matemática esotérica e elaborada.

Por essa razão, é importante fazer uma crítica à economia neoclássica contemporânea do bem-estar, de modo a ampliar e elaborar mais ainda muitas das conclusões a que chegamos aqui, tanto explícitas como implícitas. O restante deste capítulo será dedicado a essa crítica.

Bases Hedonistas da Economia do Bem-estar

A economia neoclássica do bem-estar baseia-se pura e simplesmente em preconceitos hedonistas. Encerra tanto um hedonismo psicológico quanto um hedonismo ético. O hedonismo psicológico era, em fins do século XIX, uma teoria bastante grosseira do comportamento humano. A utilidade era concebida como uma relação cardinalmente mensurável entre uma pessoa e os objetos externos de

Consumação, Consagração e Destruição da "Mão Invisível"

consumo. Essa relação era tratada como se fosse metafisicamente fixa e determinada e não como um assunto que merecesse uma investigação mais profunda. Todo comportamento humano era, então, reduzido a tentativas de maximização da utilidade por meio do uso ou da troca das mercadorias e dos recursos de produção de que o indivíduo dispusesse (a fonte e a propriedade desses recursos, assim como a relação de utilidade, não eram consideradas na análise).

Entretanto, o hedonismo psicológico já caíra em total descrédito em fins do século XIX. O desenvolvimento e o refinamento das premissas comportamentais da economia do bem-estar, na última metade do século, representam tentativas de remediar as objeções ao hedonismo psicológico e, ao mesmo tempo, continuar tirando conclusões idênticas às que se tinha chegado por intermédio de teoria que caíra em descrédito. As curvas de indiferença permitem a substituição da quantificação cardinal pela quantificação ordinal da utilidade. Além disso, a palavra *utilidade* é quase sempre omitida em favor da palavra *preferência*. As preferências – argumentam os economistas neoclássicos – podem ser observadas empiricamente desde que se suponha que as escolhas feitas pelos indivíduos sejam coerentes. No entanto, essa coerência é meramente a premissa de que as escolhas refletem um "ordenamento de preferências" preexistente e metafísico (é claro que a observação empírica sempre mostrou o que o bom senso deveria ter mostrado a esses economistas – que as escolhas não têm este tipo de coerência). A utilidade cardinalmente quantificável ou as preferências ordinalmente quantificáveis têm a mesma natureza psicológica e ética, e a economia do bem-estar continua sendo uma teoria hedonista de maximização do homem econômico comportando-se de modo totalmente predeterminado ou programado por duas entidades metafisicamente dadas e, em consequência, imutáveis: seu ordenamento de preferências e sua dotação inicial de ativos.

O hedonismo ético da economia do bem-estar foi chamado de "princípio do porco" pelo professor S. S. Alexander. O "princípio do porco" é, simplesmente, o de que, "se você gosta de alguma coisa, o melhor é ter mais".[8] Assim, o princípio normativo último da economia do bem-estar pode ser afirmado de várias maneiras: mais prazer é, eticamente, melhor do que menos prazer (versão de Bentham); mais utilidade é, eticamente, melhor do que menos utilidade (versão neoclássica de fins do século XIX); uma posição preferida no ordenamento de preferências de um indivíduo é, eticamente, melhor do que uma posição não preferida (versão neoclássica contemporânea). Em cada caso, o indivíduo isolado, atomizado, é o único juiz com capacidade de avaliar o prazer, a utilidade ou a preferência de um objeto, porque se presume que esses níveis de bem-estar dependam somente da relação entre o indivíduo e o objeto de consumo. Os desejos individuais, ponderados pelo poder de compra do mercado, são os critérios últimos dos valores sociais. Sempre que a utilidade para um indivíduo não seja uma questão puramente pessoal, individual, quer dizer, sempre que a utilidade para uma pessoa seja afetada pelo consumo de outras pessoas (ou pela produção das firmas), esses efeitos interpessoais são chamados de "externalidades". As externalidades causadas por interdependências de ordenamentos de preferência (quer dizer, o consumo considerado uma atividade social) só podem ser tratadas como exceções isoladas (que analisaremos a seguir). A economia do bem-estar ignora o fato de que os desejos dos indivíduos são produto de um processo social específico e do lugar que o indivíduo ocupa neste processo. Se os economistas neoclássicos não ignorassem isso, teriam que reconhecer o fato de que se podem fazer avaliações normativas de sistemas sociais e econômicos totalmente diferentes, bem como dos padrões de desejos individuais resultantes. A economia do bem-estar descende diretamente das doutrinas que Marx chamava de "economia vulgar", um ponto de vista que "se restringe à sistematização, de forma pedante, e à proclamação, como verdades eternas, de ideias vulgares da burguesia autocomplacente sobre o seu próprio mundo, para ela o melhor mundo possível".[9]

335

Natureza Essencial da Norma do *Ótimo*, de Pareto

Com base nestes fundamentos do hedonismo psicológico e ético é que se formulou a norma do *ótimo*, de Pareto – o conceito básico da economia do bem-estar. Já vimos como a teoria microeconômica neoclássica culmina inevitavelmente na norma do *ótimo*, de Pareto. Esta teoria leva à conclusão de que um sistema de concorrência e de livre mercado, inevitavelmente, aloca recursos, distribui renda e distribui os bens de consumo entre os consumidores de tal modo que nenhuma redistribuição de recursos por meio de mudanças no consumo, nas trocas ou na produção possa *visivelmente* aumentar o valor das mercadorias produzidas e trocadas. Este é o *ótimo*, de Pareto – a norma fundamental da economia neoclássica.

A regra fundamental do *ótimo*, de Pareto, afirma que a situação econômica é ótima, quando nenhuma mudança pode melhorar a posição de um indivíduo (avaliada por ele próprio) sem prejudicar ou piorar a posição de outro indivíduo (avaliada por este outro). Uma melhora, segundo Pareto, é uma mudança que tira a sociedade de uma posição não ótima e a aproxima mais de uma posição ótima: "Qualquer mudança que não prejudique quem quer que seja e que melhore a situação de alguém (avaliada por estas pessoas) tem que ser considerada uma melhora".[10]

O aspecto mais significativo a ser observado na regra de Pareto é seu caráter consensual conservador. Todas as situações de conflito são, por definição, deixadas de lado. Em um mundo de conflitos de classes, de imperialismo, exploração, alienação, racismo, preconceito sexual e diversos outros conflitos humanos, onde estão as mudanças que poderiam melhorar a situação de alguns, sem piorar a de outros? *A melhora da situação dos oprimidos significava a piora da situação dos opressores* (tal como percebida pelos opressores, é claro)! Situações sociais, políticas e econômicas importantes, em que a melhora da situação de uma unidade social não sofre a oposição de unidades sociais naturalmente antagônicas, são, de fato, raras. O domínio dessa teoria parece, na verdade, tão restritivo, que dificilmente mereceria uma investigação séria, não fosse o fato de a teoria ser considerada tão importante pela esmagadora maioria dos economistas neoclássicos, bem como por muitos economistas desatentos que escrevem segundo a tradição de Marx e Veblen.[11]

Valores Sociais Subjacentes à Economia do Bem-estar

Já dissemos que o significado das noções neoclássicas de eficiência e racionalidade está inevitavelmente ligado ao *ótimo* de Pareto. A aceitação da eficiência ou da racionalidade da solução do livre-mercado para o problema da alocação de recursos exige que se aceitem os valores sociais e as premissas empíricas e comportamentais subjacentes a essa análise neoclássica. A discussão anterior sobre o hedonismo faz alusão a alguns desses valores sociais. Todos eles devem ser explicitados.

Os únicos valores que contam na análise de Pareto são as preferências de cada indivíduo isolado, ponderadas por seu poder de compra. O individualismo e a premissa da distribuição serão considerados separadamente.

O axioma das preferências individuais é extraordinariamente restritivo. Como, na análise neoclássica, não temos como avaliar os méritos relativos das preferências de diferentes pessoas, também não temos critério para a avaliação das mudanças das preferências de determinado indivíduo. Para podermos fazer isso, teríamos de poder avaliar aqueles méritos. No nível de abstração em que essa teoria foi formulada, os indivíduos só diferem em seus ordenamentos de preferências; não existe diferença alguma, de um lado, entre uma mudança no ordenamento de preferências de um indivíduo e, de outro, a completa retirada de um indivíduo da sociedade e sua substituição por outro indivíduo. Por essa razão, a teoria não

Consumação, Consagração e Destruição da "Mão Invisível"

pode considerar a evolução histórica dos valores individuais e sociais, nem tampouco suas flutuações de um dia para outro. Fazê-lo seria admitir a impossibilidade de uma comparação normativa de dois eventos ou situações que estão afastados no tempo, quer dizer, admitir a necessidade de excluir quase todos os fenômenos da vida real do domínio ao qual se aplica a teoria. Inversamente, permitir tais comparações normativas seria voltar às conclusões igualitárias de radicais utilitaristas e de socialistas como William Thompson, enfraquecendo, com isso, seriamente, a economia neoclássica como um suporte intelectual do *status quo*.

Fica, portanto, óbvio que todo indivíduo, inclusive os fanáticos, os lunáticos, os sádicos, os masoquistas e os mentalmente incapazes, as crianças e até os recém-nascidos sempre são os melhores juízes do seu próprio bem-estar. (É possível acrescentar também que todas as decisões teriam de ser tomadas individualmente e nunca simplesmente por chefes de família ou líderes de outros agrupamentos sociais.) Toda pessoa tem de ter um conhecimento perfeito de todas as alternativas possíveis, sem qualquer incerteza quanto ao futuro. A menos que essas condições se verifiquem, as pessoas concluirão que a utilidade que elas esperam antes de agir não terá, necessariamente, relação alguma com a utilidade obtida depois da ação, e as escolhas ou preferências dos indivíduos não terão qualquer ligação demonstrável com o bem-estar do indivíduo. Esse individualismo extremo também se anula quando admitimos a existência da inveja e da autocomiseração, que fazem com que a percepção do indivíduo quanto ao próprio bem-estar dependa da percepção do indivíduo quanto ao bem-estar dos outros (é claro que isso é um caso especial do problema geral das externalidades, que será elaborado a seguir).

O fato de qualquer ponto ótimo de Pareto só poder ser defendido em relação a uma distribuição específica de riqueza e de renda talvez seja o ponto fraco, em termos normativos, mais decisivo da teoria. Embora os economistas neoclássicos, em geral, admitam a relatividade extremamente restritiva do ponto ótimo de Pareto, tendem a ignorar essa restrição, apressando-se em tratar de questões mais seguras. Partindo-se das premissas normativas da análise de Pareto, pode-se mostrar que, a menos que as distribuições de riqueza e de renda existentes sejam socialmente ótimas, uma situação ótima de Pareto pode ser socialmente inferior a muitas situações que *não* são ótimas, segundo Pareto, mas que apresentam distribuições preferíveis da renda e da riqueza. Os economistas neoclássicos contra-argumentaram essa questão introduzindo uma frase estereotipada: "Suponhamos que a distribuição da riqueza e da renda seja ideal ou que o *governo tenha um sistema de impostos e subsídios para torná-la ideal*".

Após essa advertência, o economista neoclássico prossegue em sua análise da política empregando técnicas de custos e benefícios que pressupõem a adequação normativa e empírica da análise-padrão, feita por Pareto. O fato de o governo *nunca* ter usado seus poderes de tributação nem fazer gastos para obter uma distribuição justa da riqueza e do poder nunca é admitido. Essa omissão não é de admirar, pois isso obrigaria os economistas ortodoxos a discutir a natureza do poder social, econômico e político; porém, uma análise dos interesses econômicos investidos e de sua relação com o poder político sempre foi tabu para os economistas neoclássicos (e é claro que essa é uma das muitas diferenças importantes entre as suas teorias e as de Smith, Ricardo, Thompson, Hodgskin, Marx, Veblen, Hobson, Luxemburgo e Lênin). A razão pela qual, até hoje, não se faz um esforço sério para conseguir uma distribuição mais justa da riqueza e da renda – e essa razão parece penosamente óbvia – é que os meios sociais, legais e políticos comuns de fazer essa distribuição são, eles próprios, parte integrante da distribuição de renda existente. Possuir riqueza é ter poder político em um sistema capitalista. Para os economistas neoclássicos que não concordam com a distribuição desigual da riqueza, a esperança de que os que hoje possuem poder político acertem as desigualdades econômicas existentes talvez seja seu ponto cego mais notório.[12]

História do Pensamento Econômico

Na prática, a maioria dos economistas neoclássicos meramente aceita, sem questionar, a distribuição da riqueza existente. Só raramente admitem que a aceitação da distribuição da riqueza existente implica a aceitação do sistema vigente de regras legais e morais (inclusive as leis da propriedade privada) e, de um modo mais geral, na aceitação de todo o sistema de poder social, de todos os papéis de superioridade e subordinação, bem como das instituições e instrumentos de coação através dos quais esse poder é assegurado e perpetuado. Assim, a maioria das questões importantes que interessam os economistas orientados para uma abordagem que considere os conflitos de classes é eliminada das análises dos economistas neoclássicos pelas premissas iniciais da abordagem de Pareto.

Premissas Analíticas e Empíricas da Economia do Bem-estar

Além das premissas de individualismo e de justiça com relação à distribuição, a teoria neoclássica do bem-estar requer muitas outras premissas empíricas e analíticas. Elas constituem a fundamentação dos livros-texto de nível intermediário sobre teoria microeconômica, cujos autores citam as condições necessárias para o equilíbrio em concorrência pura (e nenhum economista neoclássico jamais argumentou a favor de outro meio de se atingir o *ótimo*, de Pareto, em uma economia capitalista). Incluem as premissas de que, em uma economia capitalista, existem: (1) um grande número de compradores e vendedores que não têm poder para afetar de modo significativo o mercado; (2) facilidade de qualquer firma entrar em qualquer setor ou dele sair; (3) insumos e produtos homogêneos, cada um dos quais podendo ser dividido em unidades de qualquer tamanho desejado; (4) nenhuma incerteza quanto ao futuro; (5) conhecimento perfeito de todas as alternativas possíveis de produção e consumo; (6) funções de produção com as "condições apropriadas de *optimalidade* de segunda ordem" (quer dizer, com uma curva pouco acentuada, sem rendimentos crescentes de escala e com taxas marginais de substituição decrescentes ao longo de qualquer curva de isoquanta); (7) funções de utilidade analogamente apropriadas e estáveis no tempo; (8) produtividade geralmente insensível à distribuição de riqueza, renda e poder; (9) apenas as economias e deseconomias externas (ou "externalidades") que possam ser corrigidas ou anuladas com impostos, subsídios ou com a criação de novos direitos de propriedade; (10) mercados sempre em equilíbrio, com toda mudança representando mudanças instantâneas de uma situação de equilíbrio estático para outro.

Essas premissas vão além de limitar o domínio da aplicabilidade das análises neoclássicas do equilíbrio em concorrência; dominam toda a análise. As premissas 1 e 2 são os fundamentos do conceito ortodoxo de concorrência, embora, no desenvolvimento histórico do capitalismo, elas tenham sido as primeiras vítimas da concorrência. A verdadeira concorrência capitalista, diversamente do tipo apresentado nos livros didáticos neoclássicos, é uma guerra – uma luta mortal para eliminar rivais e para conseguir o monopólio. O equilíbrio neoclássico em concorrência é, muitas vezes, chamado de "equilíbrio no longo prazo", mas o verdadeiro desenvolvimento capitalista caminha inexoravelmente na direção oposta da existência mais generalizada do monopólio e do oligopólio.

A premissa 10, relativa à continuidade da existência do equilíbrio, é um sinal da incapacidade geral da economia neoclássica em tratar do desenvolvimento histórico dos fenômenos econômicos. Apesar das inúmeras tentativas de formular teorias do crescimento econômico, os economistas neoclássicos não têm sido capazes de integrar, coerentemente, a análise do bem-estar e do desenvolvimento. Uma vez admitido o crescimento econômico, a própria análise neoclássica, muitas vezes, mostra que a instabilidade é o resultado inevitável.[13] Quando se admitem a instabilidade e o desemprego, o critério de

Consumação, Consagração e Destruição da "Mão Invisível"

Pareto parece perder sua importância, mesmo para os economistas neoclássicos. Além de não existir nada no sistema que garanta o crescimento econômico sem sobressaltos, equilibrado e com pleno emprego, a questão essencial de *o que* maximiza o bem-estar numa economia em crescimento também não está clara. Será a maximização da taxa de crescimento, a maximização do lucro, a maximização do consumo total ou a maximização do consumo por pessoa? Além disso, nenhuma das respostas propostas a essas perguntas ajuda a resolver a questão relativa à natureza e ao significado de um método para se considerar ou atribuir um peso ao bem-estar das gerações futuras, que está sendo decisivamente afetado pelas atuais decisões de consumo e investimento. Cada critério possível para julgar o bem-estar, em uma economia em crescimento, não tem, necessariamente, qualquer ligação com a economia neoclássica do bem-estar, nem é coerente com as premissas da teoria estática.[14] O critério neoclássico de Pareto simplesmente não pode resolver esses problemas. Ele constitui, por sua própria natureza, uma teoria estática, que não pode ser ampliada de modo a descrever uma economia em crescimento ou em modificação.

As outras premissas (3 a 9) também envolvem dificuldades semelhantes. As premissas 4 e 5, sobre certeza e conhecimento perfeito, abstraem-se de duas consequências inevitáveis do capitalismo de livre-mercado, que são de importância singular para o entendimento dos custos humanos da instabilidade e da má alocação de recursos do sistema. A premissa 3, sobre homogeneidade de insumos (particularmente de capital), e a premissa 6, sobre "funções de produção com comportamento apropriado", foram, comprovadamente, consideradas insustentáveis em trabalho teórico de Piero Sraffa (que discutiremos no Capítulo 16). Finalmente, a premissa 9, sobre externalidades, talvez seja a parte mais indefensável de toda a análise. Examiná-la-emos a seguir com mais detalhes.

A Economia Neoclássica do Bem-estar como Guia para a Formulação de Políticas

Poucos economistas neoclássicos argumentariam que as premissas em que se baseia a teoria do equilíbrio em concorrência são realistas, mas quase todos aceitariam os fundamentos sociais, morais e filosóficos do critério de bem-estar de Pareto. Essa falta de realismo, porém, não impede que os economistas neoclássicos advoguem o modelo teórico como base para a formulação de políticas por representantes dos governos. Argumentam eles que a análise não deve ser considerada uma descrição da realidade, mas um modelo normativo que possa ser usado para guiar as intervenções do governo no mercado, sempre que não se verifique qualquer das premissas citadas, necessárias para o equilíbrio em concorrência.[15] Devem-se fazer duas críticas com relação a essa ideia de intervencionismo do governo em uma economia capitalista.

Em primeiro lugar, a visão neoclássica confere ao governo uma existência precária. Desde que exista o *ótimo*, de Pareto, o governo nunca é mencionado. Quando ocorre uma imperfeição (que, em geral, é considerada uma ocorrência isolada num mundo sob outros aspectos perfeito), o governo se transforma em um *deus ex machina* que restabelece o estado de satisfação do sistema. É um árbitro afastado, imparcial, que entra em cena e baixa um imposto sobre o consumo supérfluo ou dá um subsídio para restabelecer o *ótimo* de Pareto. Se os economistas neoclássicos forem indagados a respeito de interesses investidos, corrupção (que, afinal de contas, é simplesmente outro aspecto do funcionamento do mercado), poder econômico e político ou controle dos processos governamentais por uma classe, responderão, com desdém, que esses assuntos interessam aos sociólogos e aos cientistas políticos (embora se busquem em vão tais preocupações em quase toda a Ciência Social conservadora e ortodoxa).

História do Pensamento Econômico

A segunda crítica ao *ótimo*, de Pareto, como norma de política governamental, é mais contundente ainda. Examinando-se cuidadosamente as várias premissas e contemplando-se as centenas de milhares de mercados interdependentes na economia capitalista contemporânea, fica-se impressionado com a certeza de que, em qualquer ocasião, existem inúmeros desvios do *ótimo* de Pareto. Os próprios economistas neoclássicos, em resposta às inúmeras críticas sobre a falta de realismo das premissas de sua teoria, modificaram-na com o intuito de torná-la mais realista. A modificação foi chamada "teoria do segundo melhor" e ainda se baseava estritamente nos mesmos fundamentos utilitaristas da versão neoclássica original da economia do bem-estar. Mas a versão modificada da teoria levou a conclusões lógicas imprevistas. De acordo com "a teoria do segundo melhor", as políticas voltadas para remediar apenas alguns, e não todos os defeitos (pois remediar, ao mesmo tempo, todos os defeitos seria obviamente impossível), quase sempre resultariam em efeitos diametralmente opostos aos desejados. Segundo as palavras do eminente teórico de Economia, William J. Baumol,

> Em suma, essa teoria (do segundo melhor) afirma, com base em argumento matemático, que, numa situação concreta caracterizada por qualquer desvio da optimalidade "perfeita", medidas parciais de política que só eliminassem alguns desvios do esquema ótimo poderiam resultar em uma diminuição líquida do bem-estar social.[16]

Onde fica, então, a teoria normativa do *ótimo*, de Pareto, em que se baseiam as noções neoclássicas de eficiência de mercado e de preços racionais (isto sem falar no argumento clássico liberal do capitalismo *laissez-faire*)? A resposta é óbvia: é um ideal normativo, construído sobre bases extremamente implausíveis e irrealistas, cujos adeptos não conseguem mostrar (nem em teoria) se uma dada decisão política aproximará ou afastará a economia desse ideal; está cheio de contradições, mais agudas ainda que a realidade econômica de onde provém, que procura ocultar e defender ideologicamente.

Economia do Bem-estar e Externalidades

O calcanhar de aquiles da economia do bem-estar é seu modo de tratar as externalidades. De todas as premissas irrealistas da teoria neoclássica, as menos plausíveis são aquelas em que se baseia esse tratamento. Segundo a abordagem neoclássica habitual, os processos de produção e consumo têm, presumivelmente, efeitos "diretos" apenas sobre uma ou poucas pessoas que estão produzindo ou consumindo.[17] Ocorrem externalidades quando a função de utilidade de uma firma é afetada pela produção de outra firma ou – o que é mais importante – quando a utilidade para um indivíduo é afetada por um processo de produção com o qual ele não tenha qualquer ligação direta. De acordo com a abordagem neoclássica tradicional, supõe-se que, exceto para uma única externalidade, o *ótimo*, de Pareto existe em toda parte. Com todos os preços – que não os do mercado em questão – refletindo "a racionalidade perfeita do mercado", os economistas do bem-estar afirmam ser capazes de simular qual teria sido o preço de mercado racional, correto, do efeito não precificado da externalidade, através de um processo de extrapolação ou de interpolação (comumente chamado de *análise de custo-benefício*).

A análise do custo-benefício que pode ser feita para corrigir as externalidades é, ela própria, uma mera extensão da teoria da eficiência alocativa, de Pareto. Como disse um importante teórico neoclássico contemporâneo:

> Uma pessoa que concorde em aplicar os princípios da eficiência alocativa não precisa de premissa alguma para estender sua concordância à aplicação da análise de custo-benefício existente. Em

Consumação, Consagração e Destruição da "Mão Invisível"

suma, tanto os princípios de eficiência econômica quanto os da análise de custo-benefício se inspiram no critério de Pareto, e uma pessoa não pode, coerentemente, aceitar um e negar o outro.[18]

A externalidade analisada não é realmente concebida como o único desvio real do *ótimo* de Pareto. Pelo contrário, afirma-se que esse método é apenas uma aproximação tolerável da realidade. O mesmo teórico neoclássico afirma ainda que, "embora não se espere que a economia, em momento algum, atinja uma posição ótima, em seus ajustes contínuos às mudanças das condições da oferta e da demanda, ela pode não estar muito longe de se manter em uma posição geral ótima por um período prolongado".[19]

Então, quando encontramos uma externalidade, recorremos ao governo bem intencionado e imparcial, dessa vez para tributar ou subsidiar, de maneira a anular ou neutralizar a externalidade isolada. O *ótimo* de Pareto é restabelecido, mas a análise de custo-benefício que serve de base para a abordagem de tributos-subsídios das externalidades é tão irrealista quanto a afirmação simples de que não existe externalidade alguma, porque se baseia no pressuposto de preços ótimos, de Pareto, em todos os mercados, exceto no mercado em questão.[20]

Uma crítica mais destrutiva ainda pode ser feita quando percebemos que as externalidades afetam tudo.[21] Quando se faz referência às externalidades, um exemplo típico é uma fábrica que emite grandes quantidades de óxido de enxofre e materiais particulados que possam provocar doenças respiratórias nos residentes das proximidades ou uma atividade de mineração que deixe uma cicatriz irreparável e antiestética no campo. O fato é que a maioria dos milhões de atos de produção e consumo que praticamos todos os dias envolvem externalidades. A falta de realismo da economia do bem-estar é tão-somente uma manifestação do hedonismo individualista do utilitarismo. Como Veblen demonstrou convincentemente, a produção é um processo social e cultural – e não o processo de um único indivíduo ou mesmo de um grupo isolado de indivíduos (mesmo quando o grupo tenha centenas de milhares de indivíduos, como no caso das grandes corporações modernas). De forma análoga, todos os atos humanos, inclusive o consumo, são sociais. O bem-estar de todo indivíduo é afetado de inúmeras maneiras pelos padrões sociais e pelas instituições que determinam *quem, o que* e *de que forma* consome. Os seres humanos são predominantemente criaturas sociais e não átomos isolados e sem relação uns com os outros.

Em uma economia de mercado, qualquer ato de um indivíduo ou empresa que induza ao prazer ou à dor de qualquer outro indivíduo ou empresa e que não tenha preço num mercado constitui uma externalidade na economia neoclássica do bem-estar. Como os atos produtivos e de consumo, em sua grande maioria, são sociais, isto é, envolvem, até certo ponto, muita gente, conclui-se que tais atos envolvem externalidades. Nossas maneiras à mesa de um restaurante; a aparência geral de nossa casa, de nosso quintal ou de nossa pessoa; nossa higiene pessoal; o caminho que tomamos para um passeio agradável; a hora do dia em que cuidamos do jardim – tudo o que fazemos afeta os prazeres ou a felicidade dos outros. Além do mais, quase todas as nossas atividades produtivas têm influências mais generalizadas e decisivas ainda sobre muita gente que não está diretamente envolvida nelas. A decisão de uma empresa de mudar a localização de uma fábrica pode deixar toda uma comunidade em má situação econômica. A poluição do ar por uma fábrica pode incomodar as pessoas, acarretar despesas altas com a limpeza, doenças e até a morte de inúmeras pessoas que não tenham ligação direta com a fábrica. A poluição da água e a prática da mineração predatória podem destruir valiosos recursos sociais e perturbar o equilíbrio ecológico de toda uma região geográfica onde as pessoas vivem. Entretanto, no mundo da "mão invisível" dos utilitaristas neoclássicos, cada um só se preocupa com seus próprios atos, e todos os atos egoístas promovem o bem-estar geral.

Com o reconhecimento da presença das externalidades em toda parte, a solução do tipo imposto-subsídio é claramente percebida como uma fantasia. Essa solução exigiria, literalmente, centenas de milhões de impostos e subsídios (somente nos Estados Unidos). Além do mais, a cobrança de um único imposto ou a concessão de um subsídio, sem dúvida alguma, criaria externalidades inteiramente novas, porque criaria novos padrões de inveja e simpatia. Essa inveja e essa simpatia constituiriam novas externalidades, para as quais teria de haver novos impostos e novos subsídios. Esse processo não terminaria nunca, com uma infinidade de impostos e subsídios, que nunca permitiriam que nós nos aproximássemos da mais ilusória de todas as quimeras individualistas utilitaristas – o *ótimo* de Pareto.

No entanto, os elementos mais reacionários dos teóricos neoclássicos ortodoxos – as escolas austríaca e de Chicago (que discutiremos no Capítulo 17) – nunca aceitaram o princípio da intervenção discricionária do governo em qualquer processo de mercado. Desse modo, durante muitos anos, simplesmente ignoraram as externalidades. Em fins da década de 1950 e início da década de 1960, porém, imaginaram novas formulações de suas doutrinas, que lhes permitiram participar dos debates sobre externalidades que entraram em voga em fins da década de 1960, quando nem os teóricos ortodoxos podiam mais ignorar a degradação do ambiente pelo capitalismo norte-americano. Durante os anos 60, os teóricos da Escola de Chicago formularam uma recomendação de política para lidar com as externalidades. Esta recomendação permanece intacta até os dias de hoje.

A política dos neoclássicos da Escola de Chicago era criar novos direitos de propriedade para poluir o ambiente e, depois, criar novos mercados nos quais esses direitos de poluir pudessem ser livremente comprados e vendidos.[22] Presumivelmente, esse comércio continuaria até a utilidade marginal, para o poluidor, acrescida de mais um dólar por causa da poluição, igualar-se à desutilidade marginal para os que sofressem com a poluição. Nesse ponto, seria impossível conseguir uma melhora pornô sentido de Pareto, aumentando ou diminuindo a poluição, e seria atingido um novo ponto ótimo, de Pareto, concorrencial e *laissez-faire* com poluição.

Seria possível perguntar a esses neoclássicos ultraconservadores: A quem o governo neutro e imparcial daria esses direitos de poluir? Aos pobres moradores das favelas poluídas? As pessoas escolhidas aleatoriamente? Ou aos monopólios e oligopólios gigantescos que provocam a poluição? A resposta a essa pergunta poderia ser prevista, caso se soubesse a resposta das escolas austríaca e de Chicago a todas as questões de políticas dos últimos cem anos: *se* supusermos que haja concorrência perfeita, *se* supusermos um conhecimento perfeito por parte de todos os produtores e consumidores e *se* supusermos que não existam custos de transação (por exemplo, se as vítimas de um agente poluidor de uma empresa pudessem organizar-se para negociar com a empresa *sem custo*), *então* poderíamos demonstrar que a "alocação inicial dos direitos de propriedade não teria efeito algum sobre a eficiência alocativa". Com essas premissas, a conclusão inevitável é que, em um mercado capitalista *laissez-faire*, a "incapacidade de se chegar a um acordo mútuo... pode ser considerada uma evidência *prima facie* de que... não é possível chegara uma melhora líquida no sentido de Pareto".[23] Isso, todavia, é uma apologia muito clara para os economistas neoclássicos mais ingênuos. Um dos teóricos neoclássicos mais importantes (que não é membro da Escola de Chicago), por exemplo, escreve o seguinte: "Esse tipo de racionalização do *status quo* aproxima o economista perigosamente de sua defesa".[24] De fato, uma aproximação muito perigosa! Contudo, o que esse teórico neoclássico não menciona é que os teóricos neoclássicos mais moderados do bem-estar (como ele mesmo) apresentam uma racionalização mais eficaz ainda do *status quo* – mais eficaz por ser muito menos gritante e, apesar disso, conseguir resultados quase idênticos.

A orientação extremamente individualista das escolas austríaca e de Chicago reflete-se em sua ideia acerca da natureza das externalidades. Elas, simplesmente, consideram as externalidades, para as quais advogam o estabelecimento de direitos de propriedade e mercados, como sendo, de certa maneira, dadas metafisicamente e fixas. Ignorando os aspectos das relações da vida social, sua teoria ignora o

Consumação, Consagração e Destruição da "Mão Invisível"

fato de que os indivíduos podem criar externalidades quase à vontade. Se supusermos o homem econômico maximizador da economia utilitarista e se supusermos que o governo estabelece direitos de propriedade e mercados para esses direitos sempre que se descobre uma deseconomia externa, cada pessoa pode, intencionalmente, impor certas deseconomias externas a outras, sabendo que a negociação no novo mercado que o governo logo estabelecerá certamente fará com que ela fique em melhor situação. Quanto mais significativo e desagradável o custo social imposto ao vizinho, maior a recompensa do processo de negociação. Conclui-se, da hipótese ortodoxa de agentes econômicos de troca maximizadores, que cada pessoa criará o máximo de custos sociais nocivos e perniciosos que puder impor aos outros. Esse processo geral pode, bastante apropriadamente, ser chamado de o "pé invisível" do mercado capitalista *laissez-faire*. O "pé invisível" nos garante que, em um mercado livre de uma economia capitalista, todos os que busquem apenas seu próprio ganho máximo farão sua parte automaticamente e com o máximo de eficiência para maximizar a miséria pública geral.

Para verificar por que esse princípio tem alguma validade, observe-se que uma pessoa que busque seus próprios interesses, calculista e maximizadora, maximizará o valor da participação nesses novos mercados organizados inventando uma nova função que crie mercadorias fora do mercado ou deseconomias externas que prejudiquem os outros. Com esse conjunto de possibilidades de produção para a criação de deseconomias externas ou mercadorias fora do mercado que perturbem, prejudiquem ou mutilem os outros, a pessoa selecionará apenas as deseconomias com um retorno marginal maior do que o retorno marginal que poderia conseguir em transações de mercado. No entanto, ao fazer isso, maximizará o sofrimento, a dor e a miséria ou, simplesmente, o custo dos outros, porque seu ganho sempre acarretará perda para outra pessoa. O beneficiário dessas atrocidades sociais racionalmente calculadas, ou deseconomias externas, imediatamente fará despesas defensivas ou pagará subornos, até as condições marginais comuns de eficiência de Pareto serem satisfeitas. Assim, o custo para o beneficiário será minimizado, surgindo um padrão eficiente de deseconomias externas ou mutilação social mútua.

Contudo, se essas deseconomias externas, em termos de valor para seu gerador, forem maximizadas na sociedade e se forem eficientemente enfrentadas por seus receptores, teremos um funcionamento completamente invertido da eficiência de Pareto e do indivíduo racional e maximizador, quer dizer, em vez de termos os bens produzidos com a máxima utilidade e com um mínimo de custos, teremos criado bens com uma desutilidade máxima, uma dor máxima e um sofrimento máximo, alocados de forma tal que terão o maior impacto que seu autor puder infligir, impacto que será minimizado para o beneficiário em termos de custo para ele próprio e de custos de produção. A economia – como confirmarão os princípios aceitos da teoria microeconômica neoclássica – é eficiente, mas só para provocar a miséria. Parafraseando um conhecido precursor dessa teoria, *todo indivíduo age necessariamente de modo a tornar os custos externos anuais da sociedade os maiores possíveis. Na verdade, ele nem pretende promover a miséria pública nem sabe até que ponto a está promovendo. Visa apenas ao seu próprio ganho e é, neste e em muitos outros casos, levado por uma espécie de "pé invisível" a promover um fim que não fazia parte de suas intenções. Tampouco é melhor para a sociedade se ele não o fizesse. Buscando seus próprios interesses, ele, muitas vezes, promove a miséria social de modo mais eficaz do que quando realmente pretende promovê-la.*

Esse é o princípio do "pé invisível" do capitalismo, tal como funcionaria, se as escolas austríaca e de Chicago de economistas neoclássicos conservadores conseguissem, um dia, persuadir o governo a adotar seu método de lidar com as externalidades.[25]

O insucesso gritante dos economistas neoclássicos com relação à abordagem correta desses problemas advém de sua incapacidade de reconhecer que, no capitalismo, embora todos os atos de

343

produção e consumo sejam sociais (como são em todos os outros tipos de sistema econômico), o sistema de incentivos que governa a produção e o consumo é quase inteiramente individual (o que não ocorre obrigatoriamente em outros tipos de sistema econômico). É claro que é de todo impossível estabelecer direitos legais de propriedade para todos os tipos de interdependência física, biológica e social ou criar um sistema de tributação racional que elimine os aspectos sociais da produção e do consumo (ou deseconomias externas). Pelo contrário, para se caminhar para um sistema econômico que satisfaça mais adequadamente e com mais justiça às necessidades humanas, o sistema de incentivo que está por trás do próprio capitalismo precisa ser alterado, bem como o sistema de propriedade privada. Desnecessário se faz dizer, porém, que essa é uma tarefa que ultrapassa o campo das preocupações da economia neoclássica ortodoxa.

A absoluta incapacidade de essa teoria tratar das onipresentes externalidades deve ser mais do que suficiente para convencer qualquer pessoa razoável de sua irrelevância, particularmente diante da conclusão da "teoria do segundo melhor" – de que tentativas de se atingir parcialmente o *ótimo* de Pareto podem ter até efeitos diametralmente opostos aos pretendidos. Entretanto, a teoria é muito mais que irrelevante. Alguns economistas ortodoxos mais sinceros admitem isso. Um dos mais eminentes deles escreveu:

> *As realizações da teoria econômica nas duas últimas décadas são impressionantes e, de muitas formas, lindas. Mas não se pode negar que existe algo de escandaloso no espetáculo de tantas pessoas refinando a análise de estados econômicos para os quais não apresentam razão alguma que permita supor que venham ocorrer ou que tenham ocorrido. Isto talvez seja também perigoso. A economia do equilíbrio, por causa de sua conhecida implicação na economia do bem-estar, é facilmente transformada numa apologia dos esquemas econômicos vigentes, e, quase sempre, o é. Na outra extremidade desta escala, a análise recente e razoavelmente bem feita dos planos ótimos para uma economia que esteja sempre em equilíbrio levou – pelo menos é o que se suspeita – as pessoas a acreditar, erroneamente, que, em realidade, sabemos como uma economia deve ser controlada... Esta é uma situação insatisfatória e... desonesta.*[26]

A Crítica Normativa da Análise de Pareto

Alguns economistas neoclássicos mais progressistas lamentam esse estado de coisas. "É muito ruim" – dizem eles – "admitir que a teoria seja tão irrelevante. Ela é bastante elegante e sofisticada, em termos de análise, e parece conter um apelo universal." Esse lamento, como procuramos mostrar em todo este livro, é mal direcionado. As objeções normativas à teoria utilitarista neoclássica são mais contundentes do que todas as objeções práticas, empíricas e analíticas feitas com relação a este ponto. A economia neoclássica do bem-estar aceita como critérios éticos últimos do valor social os desejos pessoais *existentes*, gerados por instituições, valores e processos sociais da sociedade *existente* e ponderados pelas distribuições de renda, riqueza e poder *existentes*. Assim, a teoria torna-se incapaz de indagar sobre a natureza de uma sociedade eticamente boa e da pessoa eticamente boa que seriam seus produtos. A plausibilidade dos critérios normativos da teoria utilitarista advém da repugnância moral generalizada diante da noção de um governo central onipotente que dite, arbitrária e caprichosamente, as escolhas e os padrões de comportamento dos indivíduos. A rejeição moral deste espectro orwelliano não deve, porém, levar à ilusão de que a sociedade existente reflete a antítese deste espectro. O livro *1984*, de Orwell, foi, afinal de contas, meramente a extensão das tendências por ele percebidas nas economias capitalistas de sua época e ele permanece sendo uma descrição razoável da maioria dos países capitalistas, no século XXI.

Consumação, Consagração e Destruição da "Mão Invisível"

Como os desejos pessoais de cada pessoa socializada no sistema capitalista constituem as bases de todos os julgamentos morais no utilitarismo, devemos começar discutindo esses desejos. Fazendo um comentário sobre sua vida inteira dedicada à psicanálise de pessoas prejudicas pelo sistema de desejos gerados pela sociedade capitalista, Erich Fromm escreveu o seguinte:

O homem, hoje em dia, está fascinado pela possibilidade de comprar mais coisas, coisas melhores e, principalmente, coisas novas. Está sedento de consumo. O ato de comprar e consumir tornou-se um objetivo compulsivo e irracional, porque é um fim em si mesmo, com pouca relação com o uso ou o prazer que se sinta com as coisas compradas e consumidas. Comprar o último aparelho, o último modelo de qualquer coisa que esteja no mercado é o sonho de todo o mundo, e, em comparação com este sonho, o verdadeiro prazer do uso é bastante secundário. O homem moderno, se instado a expressar seu conceito de paraíso, descrevê-lo-ia como algo semelhante à maior loja de departamentos do mundo, exibindo novas coisas e aparelhos, e ele tendo muito dinheiro para comprá-los. Ele andaria boquiaberto pela loja, em seu paraíso de aparelhos e mercadorias, pensando que o melhor seria ter sempre cada vez mais coisas e coisas novas para comprar e, talvez, desejando que seus vizinhos fossem um pouco menos privilegiados do que ele.[27]

A natureza humana não produz naturalmente o autômato sedento de consumo e maximizador, tão necessário para o funcionamento sem sobressaltos e lucrativo de nosso sistema econômico. O homem capitalista e quase todos os seus desejos são criados por um sistema sofisticado de controle social, manipulação, logro e poluição verbal generalizada.

Nesse sistema econômico e político, baseado na corrupção e no dolo, cada indivíduo solitário e isolado enfrenta todos os outros indivíduos, numa concorrência impiedosa. Será surpresa constatar que o resultado seja a apatia, a desorientação e o desespero quase que universais? A base sobre a qual os executivos de propaganda criam os desejos do homem capitalista é um senso onipresente de vazio e futilidade da vida. Esse homem vê anúncios onde gente radiante, feliz e esperta compra carros novos, casas novas e aparelhos de som novos. Luta, então, para vencer sua própria infelicidade e suas ansiedades, comprando-os. Comprar, comprar cada vez mais torna-se seu lema e os lucros dos capitalistas. Mas isso não lhe dá alívio algum, de modo que ele passa a querer um carro maior, uma casa mais cara e assim por diante, numa roda-viva de consumismo, como *Alice no País das Maravilhas*.

São esses os desejos do homem capitalista solitário, egoísta, alienado e manipulado, criado pelo sistema social capitalista. Esses desejos formam a base moral na qual se assenta a economia neoclássica do bem-estar. E o valor moral atribuído aos desejos de cada pessoa é, obviamente, determinado apenas pela riqueza e pela renda dessa pessoa. Muitos economistas neoclássicos, quando diante de argumentos como os apresentados neste capítulo (bem como de muitas outras críticas que poderiam ser feitas), admitem que a economia do bem-estar não pode ser defendida em bases normativas, empíricas ou analíticas. Não obstante, continuam usando conceitos que só podem ser defendidos quando se aceita a análise de Pareto em quase todas as linhas de economia aplicada. As noções de eficiência, de Pareto, estão por trás (1) da teoria das vantagens comparativas, na teoria do comércio internacional; (2) da maioria das conclusões normativas da teoria neoclássica das finanças públicas; (3) de quase todas as análises de custo-benefício e (4) de quase todas as outras áreas em que a economia neoclássica afeta as recomendações de políticas. Piores ainda são os lugares-comuns extraordinariamente defendidos e as frases repetidas doutrinariamente sobre "preços racionais" e "eficiência de mercado" na área de especialização mais permeada pela ideologia de toda a economia neoclássica – os sistemas econômicos comparados – ou na análise das economias socialistas.

Concluímos este capítulo repetindo nossa afirmativa anterior de que a moderna economia neoclássica do bem-estar descende diretamente das ideias de Senior e Bastiat. Como aqueles dois pensadores do século XIX, os economistas neoclássicos veem o sistema capitalista como um sistema de harmonia natural e vantagens universais. O preço dessa ideia sempre foi deixar de lado ou negar todos os problemas sociais e todos os conflitos sociais importantes. A recompensa dessa ideia é, obviamente, poder sentar-se e descansar, esquecer todos os aspectos desagradáveis do mundo e aproveitar os sonhos da visão beatífica e da felicidade eterna.

Notas do Capítulo 14

1. SCHUMPETER, Joseph A. *History of Economic Analysis*. Nova York: Oxford University Press, 1954, p. 860.
2. BATOR, Francis M. "The Simple Analytics of Welfare Maximization". In: *American Economic Review*, 47:22-59, 1957.
3. O crítico neoclássico pode fazer objeção a esta afirmação. O "ponto de bem-aventurança", na literatura neoclássica, é definido como o ponto na fronteira de possibilidade de utilidade situado no ponto mais alto possível de alguma "função de bem-estar social". Mas, como a própria literatura neoclássica mostrou que não se pode formular uma "função de bem-estar social" como esta, que encerre um princípio claro e sem ambiguidades e que sirva de base para o julgamento da distribuição da riqueza, e que, ao mesmo tempo, não contradiga logicamente os pilares do utilitarismo individualista, existe uma justificativa para afirmarmos que estas "funções de bem-estar social" da teoria neoclássica se limitam a meras afirmações dos próprios preconceitos do indivíduo.
4. O título desta seção foi retirado dos títulos de dois capítulos do livro *A Cidade de Deus*, escrito pelo influente filósofo cristão Santo Agostinho, no século V. Como Bentham considerava sua própria filosofia o "cálculo da felicidade" e como a elaboração neoclássica das ideias de Bentham é um modelo atemporal, "eterno", o título parece apropriado.
5. FERGUSON, C.E. *Microeconomic Theory*. Ed. rev. Homewood, Ill.: Irwin, 1969, p. 442-466.
6. Ibid., p. 444-445.
7. Ibid., p. 454.
8. ALEXANDER, S.S. "Human Value and Economists' Values". In: *Human Values and Economic Policy*. Nova York: New York University Press, 1967, p. 107. Organizado por S. Hood.
9. MARX, Karl. *O Capital*. Moscou: Foreign Languages Publishing House, 1961, 3 v., 1:81.
10. BAUMOL, W.J . *Economic Theory and Operations Analysis*. 2 ed. Englewood Cliffs, N.J.: Prentice-Hall, 1965, p. 376.
11. Ver HUNT, E.K. "Orthodox and Marxists Economics in a Theory of Socialism". *Monthly Review*, 24 (8):50-56, 1973.
12. Este ponto é melhor elaborado por SAMUELS, W.J. "Welfare Economics, Power and Property". In: *Perspectives on Property*. Philadelphia: Pennsylvania State University Press, 1972. Organizado por Gene Wunderlich.
13. HAHN, F.H. e MATTHEWS, R.C. O. "The Theory of Economic Growth: A Survey". In: *Surveys of Economic Theory*. Nova York: Macmillan, 1966, v. 2, p. 95-99.
14. Ibid., p. 99-113. Ver também GOODWIN, Richard. *Elementary Economics from the Higher Standpoint*. Nova York: Cambridge University Press, 1972.
15. Uma discussão desta ideia pode ser encontrada em HUNT, E.K. "Orthodox Economic Theory and Capitalist Ideology". *Monthly Review*, 19:50-55, 1968.
16. BAUMOL, William J. "Informal Judgement, Rigorous Theory and Public Policy". *Southern Economic Journal*, out. 1965, 32:138. A formulação definitiva da teoria do segundo melhor pode ser encontrada em LIPSEY, R.G. e LANCASTER, Kelvin. "The General Theory of the Second Best". *Review of Economic Studies*. 24:63, 64, 65, 1956-57.
17. Empregando o adjetivo *direto*, estou seguindo MISHAN, E.J. "The Postwar Literature on Externalities: An Interpretative Essay". *Journal of Economic Literature*, mar. 1971, p. 2. Foram excluídos os "efeitos indiretos", que são conseguidos através de variações dos preços relativos no sistema de equilíbrio geral Walrasiano.
18. MISHAN, E.J. *Economics for Social Decisions: Elements of Cost-Benefit Analysis*. Nova York: Praeger, 1973, p. 17.
19. Ibid., p. 80.

346

Consumação, Consagração e Destruição da "Mão Invisível"

20. Ibid., p. 79-83.
21. Uma análise das implicações e externalidades generalizadas pode ser encontrada em d'ARGE, R.C. e HUNT, E.K. "Environmental Pollution, Externalities, and Conventional Economic Wisdom: A Critique". In: *Environmental Affairs,* jun. 1971, p. 266-286.
22. Uma formulação clara deste ponto de vista pode ser encontrada em CROCKER, Thomas e ROGERS, A.J. *Environmental Economics III*. Nova York: Holt, Rinehart and Winston, 1971.
23. MISHAN. *Economics for Social Decisions*, p. 17.
24. Ibid.
25. O princípio do "pé invisível" foi elaborado, pela primeira vez, por HUNT, E.K. e d'ARGE, R.C. "On Lemmings and Other Acquisitive Animals: Propositions on Consumption". *Journal of Economic Issues*, jun. 1973, p. 337-353.
26. HAHN, F.H. "Some Adjustment Problems". *Econometrica,* 38(1) : 1-2, 1970.
27. FROMM, Erich. *The Sane Society*. Nova York: Fawcett, 1965, p. 123.

CAPÍTULO 15

A Ideologia Neoclássica e o Mito do Mercado Autorregulador: Os Escritos de John Maynard Keynes

A economia utilitarista atingiu seu estado mais elevado, mais complexo e esteticamente mais elegante na defesa ideológica neoclássica do capitalismo *laissez-faire*. Os três principais elementos ideológicos do utilitarismo neoclássico eram: (1) a teoria da distribuição baseada na produtividade marginal, que retratava o capitalismo concorrencial como um ideal de justiça distributiva; (2) o argumento da "mão invisível", que retratava o capitalismo como um ideal de racionalidade e eficiência e (3) a fé na natureza automática e autorregulável do mercado, que demonstrava que as principais funções do governo deveriam ser fazer cumprir os contratos e defender os poderes e os privilégios da propriedade privada.

Cada um desses três pilares do conservadorismo utilitarista representava um disfarce das realidades do capitalismo, mas promovia a aceitação geral da busca incontida do lucro. Os dois primeiros princípios eram uma bênção pura e simples para os capitalistas. Obscureciam a realidade de modo tal que promoviam a fé do povo em suas vantagens e que não prejudicava de forma alguma o funcionamento do capitalismo ou a obtenção dos lucros. O terceiro princípio (a automaticidade do mercado) era uma bênção pela metade.

Nos primórdios da industrialização capitalista, a busca de lucros industriais pelos capitalistas era frequentemente obstruída por governos que representavam os antigos interesses dos comerciantes e dos proprietários de terras. Além disso, grande parte da antipatia que os primeiros capitalistas tinham dos governos era uma consequência direta dos muitos atos corruptos, despóticos, caprichosos e tirânicos de vários reis europeus, bem como de atos do Parlamento inglês, que, nitidamente, não era representativo, sendo muitas vezes despótico. Portanto, sob o estandarte do *laissez-faire*, os capitalistas puderam fazer

349

História do Pensamento Econômico

uma campanha em favor de governos que promovessem mais efetivamente a busca irrestrita do lucro, fazendo, contudo, com que tais campanhas parecessem esforços humanitários, cujos fins eram libertar o povo do abuso de governos tirânicos. O argumento em favor dos mercados autoajustáveis (*Lei de Say*) era um argumento eficaz para a limitação das funções dos governos da época. No entanto, o sistema capitalista de mercado nunca se ajustou tranquila e automaticamente ao equilíbrio com pleno emprego. Nunca houve, em realidade, um "leiloeiro" Walrasiano, e o sistema capitalista de mercado sempre foi anárquico: a história do capitalismo é uma história de instabilidade econômica.

Além do mais, em fins do século XIX, o desenvolvimento de mercados de capitais mundiais e os progressos na produção e nos transportes provocaram imensas concentrações de poder industrial em corporações gigantescas, trustes e cartéis. Houve duas consequências importantes dessa maior concentração industrial: primeiro, a concorrência não regulamentada tornou-se extremamente custosa e prejudicial para essas empresas gigantescas. Segundo, a anarquia do mercado ficou mais grave, porque as corporações gigantescas reduziram significativamente qualquer grau de flexibilidade e capacidade de ajuste que o mercado apresentava anteriormente. As depressões ficaram mais longas e mais graves e passaram a ocorrer com mais frequência.

Por conseguinte, a crença no mercado autorregulado, que influenciava as políticas dos governos, se tornou cada vez mais custosa para os capitalistas. Além disso, embora no século XVIII e no começo do século XIX os capitalistas ainda não tivessem controlado inteiramente os governos existentes, a situação tinha mudado em fins do século XIX e início do século XX. Os governos dos países capitalistas estavam, firmemente, nas mãos dos capitalistas. Nessas circunstâncias, não é de admirar que os capitalistas se tenham voltado para o governo como o único meio possível de escapar da concorrência ruinosa de fins do século XIX e das depressões extremamente custosas resultantes da anarquia do mercado.

Nos Estados Unidos, por exemplo, a Lei do Comércio Interestadual, de 1887, criou a Comissão de Comércio Interestadual, que se destinava, ostensivamente, a regulamentar as estradas de ferro, a fim de promover o interesse público. Essa foi apenas a primeira de uma longa série de comissões reguladoras do governo, supostamente criadas para o mesmo fim. De fato, nos órgãos reguladores, trabalhavam, desde o início, antigos administradores dos setores que teriam de ser controlados, e eles se tornavam, com isso, órgãos públicos que promoviam os interesses desses setores. Da mesma forma, a *Lei Sherman* contra os trustes, de 1890 (aprovada em ambas as Casas do Congresso com apenas um voto contrário) foi a primeira de uma série de leis antitruste ostensivamente voltadas para a promoção da concorrência, mas que, de fato, acabou sendo meramente um meio de restringir as organizações trabalhistas e de salvar as grandes empresas daquilo que os tribunais passaram a chamar de "concorrências desleal".

Essas extensões dos deveres do governo puderam ser racionalizadas muito facilmente no contexto da economia neoclássica do *laissez-faire*. De fato, essas extensões dos deveres do governo podiam ser usadas para demonstrar que o argumento da "mão invisível", que pressupunha inúmeros concorrentes, pequenos e relativamente fracos em cada setor, era empiricamente relevante para uma situação econômica dominada por corporações gigantescas. Os órgãos de regulamentação e as leis antitruste – diziam – obrigavam esses gigantes a agir como se fossem pequenos concorrentes e criavam a chamada "concorrência funcional", que era considerada uma aproximação tolerável da concorrência perfeita. Argumentava-se, às vezes, que o governo só intervinha na situação econômica para assegurar o funcionamento harmonioso e benéfico da "mão invisível".

Enquanto isso, a instabilidade do capitalismo piorou e a fé no mercado autoajustado ficou cada vez mais custosa para os capitalistas (bem como para o resto da sociedade). Na primeira metade do século XIX, por exemplo, os Estados Unidos só tiveram duas crises econômicas graves (que começaram em 1819 e em 1837) e a Inglaterra teve quatro (que começaram em 1815, 1825, 1836 e 1847). Na última metade

A Ideologia Neoclássica e o Mito do Mercado Autorregulador

do século, as crises ficaram mais graves e aumentaram para cinco, nos Estados Unidos (começando em 1854, 1857, 1873, 1884 e 1893), e seis, na Inglaterra (começando em 1857, 1866, 1873, 1882, 1890 e 1900). No século XX, a situação ficou pior. Depressões cada vez mais frequentes assolaram o capitalismo, tendo culminado com a *Grande Depressão* dos anos 1930.

A Grande Depressão dos anos 30 foi um fenômeno mundial, que afetou todas as grandes economias capitalistas. Nos Estados Unidos, por exemplo, em 24 de outubro de 1929 (um dia que ficou conhecido como a "quinta-feira negra"), a Bolsa de Valores de Nova York teve uma queda brusca nas cotações dos títulos, fenômeno que acabou destruindo toda a confiança na economia. Com isso, os empresários reduziram a produção e os investimentos, o que causou a diminuição da renda nacional e do número de empregos, diminuindo mais ainda a confiança na economia. Antes de encerrado o processo, milhares de empresas tinham ido à falência, milhões de pessoas tinham ficado sem emprego e tinha início uma das maiores catástrofes da História dos Estados Unidos.

Entre 1929 e 1932, houve mais de 85.000 falências de empresas; mais de 5.000 bancos suspenderam suas operações; os valores das ações na Bolsa de Valores de Nova York caíram de US$87 bilhões para US$19 bilhões; o desemprego aumentou para 12 milhões, com quase um quarto da população sem meios de se sustentar; a renda agrícola caiu a menos da metade e o produto industrial caiu quase 50%.[1]

Os Estados Unidos tinham passado do mais próspero país do mundo a um país em que dezenas de milhões de pessoas viviam em estado de pobreza desesperada e abjeta. Os negros e outros grupos minoritários foram os mais atingidos. A proporção de negros desempregados era de 60% a 400% maior do que a proporção de negros da população total.[2] Certas áreas geográficas sofreram mais do que outras. O congressista George Huddleston, do estado de Alabama, escreveu o seguinte, em janeiro de 1932:

> *Temos mais ou menos 108.000 trabalhadores assalariados em nosso distrito. Desse total, acho que não mais de 8.000 têm suas rendas normais. Pelo menos 25.000 estão inteiramente sem trabalho. Alguns não trabalham há mais de 12 meses e cerca de 60 a 75.000 estão trabalhando de um a cinco dias por semana; praticamente todos tiveram grandes reduções em seus salários, muitos deles nem chegando mesmo a receber US$1,50 por dia.[3]*

Muitas cidades só tinham recursos suficientes para pagar salários de assistência durante um curto período, muitas vezes durante apenas uma semana. O diretor-executivo do Conselho do Bem-Estar da cidade de Nova York descreveu assim a situação dos desempregados:

> *Quando quem ganha o pão para a família está desempregado, geralmente gasta toda a sua poupança, se a tem. Se tiver uma apólice de seguro, provavelmente fará empréstimos até o limite de seu valor. Toma emprestado de amigos e de parentes, até eles não suportarem mais. Consegue comprar fiado na quitanda da esquina e no açougue, e o senhorio deixa de cobrar o aluguel até ter que pagar os impostos e taxas ou até precisar do dinheiro para fazer qualquer coisa. Todos esses recursos acabam se esgotando depois de algum tempo e estas pessoas, que nunca passaram necessidade antes, são obrigadas a pedir auxílio.*
>
> *O espectro da fome ameaça milhões de pessoas que nunca souberam o que era ficar sem emprego durante um período considerável e que, certamente, nunca souberam o que era estar em dificuldades.[4]*

O desespero abjeto desses milhões de pessoas é sugerido por um relatório de 1932, que descrevia o trabalho de descarga de lixo nos depósitos de Chicago: "À volta do caminhão que estava jogando fora o lixo e restos, estavam cerca de 35 homens, mulheres e crianças. Logo que o caminhão se afastou do

História do Pensamento Econômico

monte de lixo, todos eles começaram a escavar com paus, alguns com as mãos, pegando sobras de alimentos e legumes".[5]

O que tinha acontecido para diminuir tanto a produção de bens e serviços? Os recursos naturais ainda eram tão abundantes quanto antes. A nação ainda tinha tantas fábricas, instrumentos e máquinas quanto antes. O povo tinha a mesma capacidade e queria aproveitá-la no trabalho. No entanto, milhões de trabalhadores e suas famílias mendigavam, pediam dinheiro emprestado, roubavam e faziam fila para ganhar alguma coisa dada por caridade, enquanto milhares de fábricas ficavam ociosas ou funcionavam muito abaixo de sua capacidade. A explicação estava nas instituições do sistema capitalista de mercado. Poderiam ter sido abertas fábricas, dando emprego aos homens, mas elas não foram abertas nem os homens foram empregados, porque, para os empresários, *não dava lucro* fazer isso. Em uma economia capitalista, as decisões de produção baseiam-se, principalmente, nos lucros – e não nas necessidades das pessoas.

Nesta situação desastrosa, ficou claro, para muitos economistas neoclássicos (mas, de forma alguma, para todos eles), que o mito do mercado autoajustado tinha perdido sua utilidade ideológica. A anarquia desregrada do mercado estava se transformando em uma ameaça à própria existência do capitalismo. Era óbvio, para muitos economistas de todos os credos, que era preciso tomar medidas drásticas, em escala que só poderia ser posta em prática pelo governo.

Entretanto, a economia neoclássica, que dava ênfase ao automatismo do mercado, não oferecia cura alguma para a moléstia do capitalismo. De acordo com a teoria neoclássica, as depressões não ocorriam, de modo que não era preciso remediá-las. Se a economia neoclássica, com sua defesa bem elaborada do *status quo*, quisesse ter alguma utilidade para resolver essa crise, teria de ser drasticamente modificada. A essa tarefa dedicou-se um dos mais brilhantes economistas conservadores do século XX: John Maynard Keynes (1883-1946). Em sua obra intitulada *A Teoria Geral do Emprego, do Juro e da Moeda*, publicada em 1936, Keynes procurou mostrar o que tinha acontecido com o capitalismo, para que se pudessem tomar medidas com vistas a preservar o sistema.

No esforço de entender as depressões, Keynes poderia ter examinado as obras de Malthus ou de quase todos os economistas da tradição socialista, particularmente Marx. Embora Keynes tenha escrito sobre Marx várias vezes, não existe qualquer indício, em qualquer de seus escritos, de que ele tenha lido Marx. Keynes sabia muito bem de que lado estava Marx na luta de classes e de que lado estava Malthus. Keynes concluiu *a priori* que as ideias de Marx eram "caracterizadas... pela mera falácia lógica".[6] O marxismo não tinha qualquer interesse para ele como teoria científica; era interessante meramente como um fenômeno social: "O socialismo marxista sempre será um prodígio para os historiadores opiniosos – como pode uma doutrina tão ilógica e tão obscura ter exercido uma influência tão poderosa e duradoura sobre a mente dos homens e, através deles, sobre os acontecimentos da História?"[7]

Keynes não tinha o menor interesse em usar o marxismo, porque tinha horror a qualquer doutrina que contivesse um apelo socialista revolucionário.

> *Não acredito que haja qualquer progresso econômico para o qual a revolução seja um instrumento necessário. Por outro lado, só temos a perder com métodos de mudança violentos. Nas condições industriais do Ocidente, a tática da Revolução Vermelha mergulharia toda a população num mar de pobreza e de morte.[8]*

Além do mais, Keynes achava que reconhecer de alguma forma que Marx entenderia a instabilidade do capitalismo seria promover a derrubada do capitalismo, em vez de contribuir para sua salvação. Acreditava que "eram as ideias e não os interesses investidos, que eram perigosas para o bem ou para o mal".[9]

A Ideologia Neoclássica e o Mito do Mercado Autorregulador

Malthus também tinha elaborado uma teoria sobre as depressões capitalistas; era um economista muito mais seguro que Marx. Malthus – é bom lembrar – tinha mostrado, em sua teoria, a necessidade de "uma sociedade dividida em uma classe de proprietários e uma classe de trabalhadores, com o amor a si próprio como a mola mestra da grande máquina".[10] Embora Keynes não endossasse, de modo algum, todas as ideias de Malthus, essa crença na inevitabilidade do capitalismo lhe era cômoda:

> *Da minha parte, acho que existe uma justificativa social e psicológica para as grandes desigualdades de renda e de riqueza, mas não para tão grandes disparidades como as que existem hoje. Existem atividades humanas valiosas que, para serem plenamente desenvolvidas, requerem a motivação de ganhar dinheiro e um ambiente onde exista a propriedade privada da riqueza. Além do mais, as inclinações humanas perigosas podem ser canalizadas para fins relativamente inofensivos, dando-se aos homens oportunidades de ganhar dinheiro e ter riqueza.[11]*

É surpreendente que, após ter rejeitado as ideias de Marx por serem inevitavelmente ilógicas, Keynes tenha podido exclamar: "se apenas Malthus, em vez de Ricardo, tivesse sido a raiz mestra da economia do século XIX, como o mundo seria mais sábio e rico hoje".[12]

O Contexto Teórico da Análise de Keynes

A teoria de Keynes foi formulada num contexto conceitual basicamente idêntico à teoria do equilíbrio geral, de Walras. É uma análise de um processo contínuo de produção, circulação e consumo. Em determinado período de produção, uma firma produz um determinado valor em dólares de mercadorias. Com a receita da venda dessas mercadorias, a firma paga seus custos de produção, que incluem salários, ordenados, aluguéis, materiais e matérias-primas, além dos juros pelo dinheiro tomado emprestado. O que sobra após esses custos terem sido pagos é lucro.

A questão importante a ser lembrada é a seguinte: um custo de produção para uma firma representa renda para um indivíduo ou para outra firma. O lucro também é renda – a renda dos donos da firma. Como o valor da produção se resume aos custos do que foi produzido e aos lucros, e como tudo isso é renda, conclui-se que o valor do que foi produzido tem de ser igual às rendas geradas em sua produção.

Em termos da economia como um todo o quadro agregado é o mesmo que para cada firma individualmente: o valor de tudo produzido na economia durante qualquer período é igual à renda total recebida no mesmo período. Portanto, para as firmas venderem tudo o que produzirem, as pessoas terão de gastar, no agregado, todas as suas rendas. Se for gasta uma quantia igual a toda a renda da sociedade em bens e serviços, o valor da produção estará compreendido nas vendas. Nesse caso, os lucros permanecem altos e os empresários se disporão a produzir a mesma quantidade ou mais no período seguinte.

Esse processo pode ser visto como um *fluxo circular*: o dinheiro vai das firmas para o público sob a forma de salários, ordenados, aluguéis, juros e lucros; esse dinheiro retorna depois às firmas, quando o público lhes compra bens e serviços. Enquanto as firmas venderem tudo o que produzirem e tiverem lucros satisfatórios, o processo terá continuidade.

Contudo, isso não acontece automaticamente. Quando o dinheiro vai das firmas para o público, parte dele não retorna diretamente às firmas. O fluxo circular tem vazamentos. Para começar, nem todas as pessoas gastam toda a sua renda. Uma determinada porcentagem é poupada, em geral, nos bancos e, portanto, retirada da corrente dos gastos. Também há dois outros vazamentos: as pessoas compram

353

bens e serviços de empresas estrangeiras, de modo que o dinheiro gasto nessas importações não é gasto com bens produzidos no país, e os impostos que as pessoas pagam são retirados do fluxo renda-gastos.

Esses três vazamentos (poupança, importações e impostos) podem ser contrabalançados por três injeções de gastos no fluxo renda-gastos. Primeiro, as importações podem ser contrabalançadas por exportações. No caso norte-americano, elas são exatamente compensadas, quando os estrangeiros compram bens produzidos nos Estados Unidos em valores iguais às importações feitas pelos Estados Unidos. Em segundo lugar, o governo usa impostos para financiar a compra de bens e serviços. Se usar todos os impostos para esse fim e equilibrar o orçamento, os gastos do governo serão exatamente iguais aos impostos, na corrente dos gastos. Em terceiro lugar, se os empresários quiserem expandir seu capital, poderão financiar investimentos em bens de capital, tomando emprestados os recursos que foram poupados. O investimento poderá, então, ser exatamente igual ao vazamento da poupança.

Se essas três injeções no fluxo renda-gastos forem exatamente equivalentes aos três vazamentos, os gastos serão iguais ao valor da produção. Na hipótese de que a estrutura de todos os preços relativos distribua a demanda pelas várias indústrias de tal maneira que a demanda e a oferta sejam iguais, em cada indústria, tudo aquilo produzido poderá ser vendido e, assim, reinará a prosperidade.

Essa era a visão neoclássica ortodoxa do funcionamento normal do capitalismo. Os níveis de emprego total e do produto total eram determinados pela função de produção e pelas livres escolhas dos donos dos fatores de produção. No curto prazo, com determinado volume de capital já existente, a demanda por trabalho era determinada, conforme vimos no Capítulo 11, pelo valor do produto marginal do trabalho. Sendo essa demanda por trabalho dada, a teoria neoclássica explicava tanto o nível de salários quanto o nível de produto total, pela oferta de trabalho. Essa análise é ilustrada na Figura 15.1, onde *VPM* é o valor do produto marginal do trabalho e *S* é a oferta de trabalho.

Na Figura 15.1, se 100 trabalhadores quiserem trabalhar, terão de aceitar um salário (determinado pelo valor de seu produto marginal) de $2,00 por trabalhador. Nesse caso, os salários totais serão $200 e os lucros serão de $50 (no Capítulo 11, poderá ser encontrada uma explicação para isso).

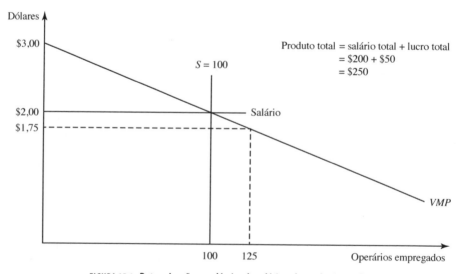

FIGURA 15.1 **Determinação neoclássica do salário e da produção total.**

A Ideologia Neoclássica e o Mito do Mercado Autorregulador

O produto total, neste exemplo, vale $250. Todavia, se 125 trabalhadores quiserem trabalhar, o valor do produto marginal do trabalho baixará para $1,75. Para que mais trabalhadores sejam empregados, *o nível de salários tem de baixar*. Se forem empregados 125 trabalhadores, os salários totais serão de $218,75 (125 3 $1,75), o lucro total será de $78,12 e o produto total será $296,87. Assim, na análise neoclássica no curto prazo, dada uma função de produção e a curva de demanda por trabalho resultante (remunerando-se o trabalho de acordo com o valor de seu produto marginal), a oferta de trabalho determina o salário e o nível total de produção (bem como os salários totais e os lucros totais). Essa era a análise padrão dos níveis de produto e de emprego feita pela maioria dos economistas neoclássicos ortodoxos na década de 1930.

Se o desemprego existia, segundo essa análise, era porque os trabalhadores se recusavam a trabalhar, se não recebessem *mais* do que o valor de seu produto marginal. Por exemplo, na Figura 15.1, se o salário fosse de $2,00, só 100 trabalhadores seriam empregados. Se 125 trabalhadores quisessem trabalhar, teriam de aceitar um salário de $1,75. Se estivessem dispostos a fazer isso, o comportamento maximizador dos lucros dos capitalistas asseguraria que 125 empregados seriam contratados. Se os trabalhadores se recusassem a aceitar um corte salarial e 25 ficassem desempregados, os economistas neoclássicos *definiam* esses trabalhadores como desempregados voluntários e insistiam em que havia pleno emprego.

Só quando os trabalhadores estivessem dispostos a trabalhar recebendo um salário igual ao valor de seu produto marginal e não conseguissem encontrar emprego recebendo esse salário é que os economistas neoclássicos se dispunham a admitir que existia desemprego involuntário. No entanto, os capitalistas maximizavam os lucros, quando contratavam empregados, até o ponto em que o valor de seu produto marginal fosse igual ao salário. Portanto, a maximização do lucro – concluíam os neoclássicos – assegurava que nunca haveria desemprego involuntário. Quando parecia existir desemprego, era apenas porque os trabalhadores se recusavam a aceitar os cortes salariais necessários para igualar o salário ao menor valor do produto marginal que resultaria quando fossem empregados mais trabalhadores.

Se os trabalhadores não quisessem aceitar um salário igual ao valor de seu produto marginal, normalmente nunca haveria problema algum de igualdade entre demanda e oferta agregada. Toda a renda seria normalmente gasta. As três injeções no fluxo renda-gastos seriam normalmente iguais aos três vazamentos. Isso acontecia porque: (1) a teoria neoclássica mostra que o livre jogo da oferta e da demanda equilibraria as transações internacionais; (2) uma "política fiscal bem conduzida", na opinião dos economistas neoclássicos e da maioria dos políticos, ditava que o governo deveria manter um orçamento equilibrado, no qual os impostos fossem iguais aos gastos do governo; (3) a taxa de juros sempre igualaria a poupança e o investimento.

Esse último ponto representava uma diferença crucial entre os economistas neoclássicos e Keynes, de modo que analisaremos um pouco mais a interpretação neoclássica, segundo a qual as pessoas sempre prefeririam o consumo presente ao consumo futuro (ver Capítulo 11). Portanto, as pessoas só poupariam quando recebessem uma recompensa para fazer isso, e essa recompensa eram os juros recebidos sobre a poupança. Quanto mais alta a taxa de juros, mais elas poupariam, e quanto mais baixa a taxa de juros, menos elas poupariam. As pessoas que investissem em uma nova fábrica e em equipamentos ou em outros bens de capital tinham de pagar pelos recursos investidos. A quantia que tinham de pagar era determinada pela taxa de juros (se elas estivessem aplicando recursos próprios, a taxa de juros seria uma medida da renda de que elas teriam de abrir mão, não emprestando esse dinheiro e optando por investi-lo em bens de capital). Quanto mais baixa a taxa de juros, mais baratos seriam os recursos para investimento e mais investimentos seriam feitos. A Figura 15.2 ilustra essas duas relações entre a taxa de juros e a poupança e a taxa de juros e o investimento.

História do Pensamento Econômico

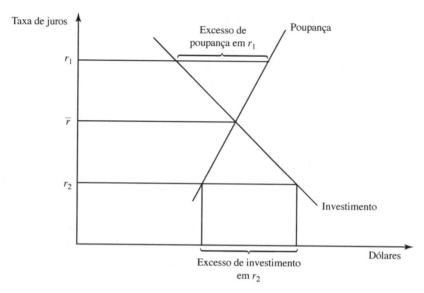

FIGURA 15.2 Juros, poupança e investimento.

Na Figura 15.2, se r_1 for a taxa de juros vigente, a poupança será maior do que o investimento; os poupadores não poderão encontrar investimentos suficientes para absorver todos os recursos que pouparam. Competirão para achar tomadores de empréstimos e farão, com isso, baixar a taxa de juros para $\bar{r}$. Com a taxa de juros caindo para igualar a poupança ao investimento, o excesso de oferta agregada de mercadorias será eliminado. Se a taxa de juros vigente for r_2, os investidores não poderão encontrar poupança suficiente para financiar seus investimentos. Competirão pelos fundos disponíveis e farão com que a taxa de juros suba para $\bar{r}$. Em $\bar{r}$, a poupança será igual ao investimento.

Portanto, segundo a teoria neoclássica, a concorrência criava automaticamente uma taxa de juros em que poupança e investimento eram iguais. Isso significava que todos os três vazamentos do fluxo renda-gastos seriam automaticamente igualados a todas as três injeções no fluxo, e a demanda agregada seria automaticamente igual à oferta agregada.

Para quase todos os economistas neoclássicos, a única causa concebível do que parecia desemprego involuntário era a recusa dos trabalhadores em aceitar reduções suficientes em seus salários. Assim, durante a *Grande Depressão*, quando os economistas neoclássicos foram consultados pelos governos quanto à maneira mais eficaz de combater a depressão econômica, até os neoclássicos mais humanitários e que mais simpatizavam com a situação dos trabalhadores recomendaram nada mais que um corte em todos os salários.[13]

Keynes e a Defesa da Teoria da Distribuição, Segundo a Produtividade Marginal

Keynes concordava basicamente com a teoria da distribuição neoclássica fundamentada na produtividade marginal (de fato, como veremos, ele concordava com quase todos os princípios da teoria neoclássica, exceto a crença de que a demanda agregada sempre seria igual à oferta agregada, no nível

A Ideologia Neoclássica e o Mito do Mercado Autorregulador

de renda de pleno emprego). Começou a *Teoria Geral* afirmando que a "teoria do emprego" neoclássica (ou clássica, como ele se referia a ela) se baseava "em dois postulados fundamentais". O primeiro deles era que "o salário é igual ao produto marginal do trabalho".[14] Quando afirmou que discordava da economia neoclássica, Keynes teve o cuidado de reafirmar ao leitor que concordava com seu primeiro postulado – de que os trabalhadores recebiam o valor de seu produto marginal:

> *Ao enfatizar nossa divergência do sistema clássico, precisamos não nos esquecer de um ponto importante, com o qual concordamos. Mantemos o primeiro postulado, sujeito apenas às mesmas ressalvas que na teoria clássica, e temos que parar um momento para examinar o que isto acarreta.*
>
> *Isto significa que, com determinada organização, com determinados equipamentos e com determinada técnica, os salários reais e o volume de produção (e, portanto, o emprego) estão correlacionados de modo singular, de tal maneira que, de modo geral, o aumento do emprego só pode ocorrer acompanhado de uma queda dos salários reais. Desse modo, não estou duvidando deste fato vital que os economistas clássicos declararam (acertadamente) ser irrevogável... Assim, se o emprego aumentar, então a remuneração por unidade de trabalho, em termos de mercadoria-salário, terá, a curto prazo e de modo geral, que baixar e os lucros terão que aumentar.[15]*

Pode parecer que Keynes propusera uma teoria do emprego idêntica à de seus contemporâneos neoclássicos e que sua recomendação para aumentar o emprego era idêntica à deles, quer dizer, que os salários deveriam diminuir e que os lucros deveriam aumentar. Isso é verdade em parte. Keynes caiu em contradição. Como os neoclássicos, Keynes argumentou que, para aumentar o emprego, os salários teriam de baixar e os lucros teriam de aumentar (e muitos conservadores ignorantes da época achavam que Keynes era um radical!). Se o comportamento maximizador dos lucros motivasse os capitalistas a empregar trabalhadores até seu salário igualar o valor de seu produto marginal (como achavam Keynes e todos os economistas neoclássicos), a diminuição do salário real dos trabalhadores seria a única resposta para o desemprego. Keynes queria concordar com os neoclássicos e, ao mesmo tempo, discordar deles.

Fez isso de uma forma muito pouco convincente. Argumentou que os salários reais poderiam ser diminuídos de duas maneiras. Primeiramente, o salário nominal poderia ser baixado e os preços dos bens-salário poderiam permanecer constantes ou baixarem mais lentamente (o que a maioria dos economistas neoclássicos recomendava). Em segundo lugar, o preço dos bens-salário poderia aumentar e os salários nominais permanecerem constantes ou aumentar mais lentamente. Keynes argumentava que os trabalhadores nunca aceitariam o primeiro método de redução de seus salários reais, mas aceitariam o segundo método de modo mais ou menos pacífico.[16]

O argumento não é convincente, porque, em suas negociações salariais, os trabalhadores, de modo geral, estão tão preocupados com o custo de vida quanto com seus salários nominais. Quando os trabalhadores têm força nas negociações, em geral insistem em que os aumentos dos salários nominais compensam qualquer aumento do custo de vida. Além do mais, na situação de desamparo em que se encontravam na década de 1930, milhões de trabalhadores estavam procurando, com unhas e dentes, agarrar qualquer emprego que lhes pagasse um salário com que pudessem manter-se.

Se os trabalhadores que estavam empregados em 1929, antes do começo da depressão, estivessem recebendo o equivalente ao valor de seu produto marginal, como Keynes achava que estavam, a queda brusca de empregos na década de 1930, com um nível relativamente constante de capital físico, *teria de ter resultado em um aumento substancial da produtividade marginal do trabalho*, de acordo com a lógica da teoria da distribuição segundo a produtividade marginal, que era plenamente aceita por Keynes. Entretanto, como os salários reais não tinham aumentado na década de 1930 – tendo mesmo, em muitos casos, diminuído – concluía-se logicamente, com base na teoria da produtividade marginal, que os trabalhadores empregados estavam *recebendo salários reais substancialmente menores do que sua produtividade marginal*. Ademais, milhões de trabalhadores estavam ansiosos para trabalhar, mesmo recebendo os salários vigentes, mas não conseguiam achar emprego.

Keynes e a Análise das Depressões Capitalistas

Em todo o restante da *Teoria Geral*, Keynes supôs consistentemente que a taxa de utilização da capacidade produtiva do capital físico declinava rapidamente nas épocas de depressão e que o número de trabalhadores empregados também diminuía rapidamente. A teoria de Keynes estava voltada para as realidades óbvias da depressão, de maneira esclarecedora e coerente. Contudo, como nas depressões capitalistas também é um fato igualmente óbvio que os salários reais dos trabalhadores não aumentavam quando o emprego diminuía, a crença de Keynes na teoria da produtividade marginal contradizia o resto de sua teoria.

Como mostramos muitas vezes neste livro, as contradições da teoria de um grande pensador (e Keynes era um lógico de primeira linha) são os melhores sinais de sua orientação ideológica. Keynes queria dar aos governos capitalistas *insights* teóricos que os ajudassem a salvar o capitalismo. Para isso, foi preciso abandonar alguns princípios da teoria neoclássica. Mas, como veremos, ele queria conservar ao máximo a teoria neoclássica. Assim, aceitou não só a teoria da distribuição baseada na produtividade marginal, como também a crença de que o livre-mercado alocava eficientemente os recursos (uma vez atingido o pleno emprego), apesar de esses dois princípios da ideologia neoclássica estarem logicamente associados à crença de que o livre-mercado criava automaticamente uma situação ótima, de Pareto, com pleno emprego. Mesmo no caso de teóricos com extraordinária capacidade lógica, como Keynes, a ideologia, muitas vezes, vence a lógica.

Keynes rejeitava a noção de que, se uma economia capitalista partisse de uma situação de pleno emprego, a taxa de juros igualaria, automaticamente, a poupança ao investimento, fazendo, com isso, com que a demanda agregada igualasse a oferta agregada. Suas grandes divergências das doutrinas que formavam a teoria neoclássica da automaticidade eram duas: em primeiro lugar, embora aceitasse a noção neoclássica de que a poupança era influenciada pela taxa de juros, insistia em que o nível de renda agregada era uma influência muito mais importante sobre o volume de poupança do que a taxa de juros. Em segundo lugar, argumentava que a poupança e o investimento não determinavam a taxa de juros. Esta representava um preço que igualava a demanda e a oferta de moeda – uma coisa bastante diferente de investimento e poupança (embora não deixasse de estar a elas relacionada).

Essas divergências eram, de fato, muito importantes, porque, embora Keynes não soubesse, elas destruíam não só a teoria neoclássica da automaticidade do mercado, como também os dois outros pilares da ideologia neoclássica: a teoria da distribuição baseada na produtividade marginal e a teoria de que um mercado livre e concorrencial resultaria em uma alocação ótima de recursos, segundo Pareto. Keynes queria chegar ao primeiro resultado (a destruição da crença na automaticidade do mercado), mas deixando os outros dois conceitos intactos.

O princípio subjacente ao seu abandono da teoria neoclássica da poupança era chamado por Keynes de "função consumo". Ele insistia em que o nível de consumo e o nível de poupança eram, basicamente, "função do nível de renda", quer dizer, eram determinados basicamente pelo nível de renda. Admitia que "variações substanciais da taxa de juros... podem fazer alguma difererença"[17] no nível de poupança, mas essa influência era muito menos importante do que a influência exercida pelo nível de renda:

A Ideologia Neoclássica e o Mito do Mercado Autorregulador

Para um homem, seu padrão de vida habitual tem prioridade sobre sua renda, e ele, provavelmente, poupará a diferença entre sua renda real e as despesas que tem com a manutenção de seu padrão de vida habitual... Também é óbvio que um nível de renda absoluta mais alto tenderá, em geral, a ampliar o hiato entre renda e consumo. Isso porque a satisfação das necessidades primárias imediatas de um homem e de sua família, geralmente, é um motivo mais forte do que os motivos de acumulação... Estas razões levarão, em geral, à poupança de uma parcela maior da renda com o aumento da renda real.[18]

A função consumo descrevia a relação entre poupança, consumo e nível de renda. A relação entre uma variação da renda e a variação resultante na poupança (ou a razão entre a variação da poupança e a variação da renda) era definida como "propensão marginal a poupar". A relação entre uma variação da renda e a variação resultante do consumo (ou a razão entre a variação do consumo e a variação da renda) era definida como "propensão marginal a consumir". A propensão marginal a consumir e a propensão marginal a poupar eram, ambas, por hipótese, menores que um e nenhuma delas era determinadas fundamentalmente pela taxa de juros. Tampouco eram os principais determinantes da taxa de juros.

A segunda grande diferença entre Keynes e a teoria neoclássica da automaticidade do mercado era sua rejeição da teoria neoclássica da determinação da taxa de juros.

A propensão a consumir... determina, para cada indivíduo, que quantidade de sua renda ele gastará em consumo e quanto reservará (poupará) para poder, de alguma forma, exercer o consumo futuro.

Mas, uma vez tomada esta decisão, existe outra decisão que o indivíduo ainda tem que tomar, que se refere à maneira segundo a qual ele controlará o consumo futuro... Será que ele o fará sob a forma líquida imediata (isto é, em moeda ou equivalente)? Ou está preparado para abrir mão deste exercício por um prazo determinado ou indefinido? Em outras palavras, qual é o grau de preferência pela liquidez – em que a preferência pela liquidez de um indivíduo é dada por uma curva representando os volumes de seus recursos... que ele quererá reter sob a forma de moeda, em diferentes circunstâncias?

É óbvio que a taxa de juros não pode ser um retorno sobre a poupança ou da espera como tal. Isto porque, se um homem guardar sua poupança em dinheiro, não ganhará juro algum, embora possa poupar tanto quanto antes. Pelo contrário, a mera definição de taxa de juros nos diz, claramente, que a taxa de juros é a recompensa pela desistência da liquidez durante certo tempo. Pois a taxa de juros é, em si mesma, nada mais que a proporção inversa entre uma quantia e o que se pode obter com a desistência do controle da moeda em troca de dívida, durante um certo período.

Assim, a taxa de juros, por ser, em qualquer ocasião, a recompensa pela desistência da liquidez, é uma medida da falta de interesse dos que possuem moeda em abrir mão do controle líquido sobre ela. A taxa de juros não é o "preço" que equilibra a demanda por recursos para investimento e a disposição de se abster do consumo presente. É o "preço" que equilibra a vontade de reter riqueza sob a forma de moeda e a quantidade de moeda disponível... Se esta explicação estiver correta, a quantidade de moeda é o outro fator que, em conjunto com a preferência pela liquidez, determina a taxa de juros de fato, em determinadas circunstâncias.[19]

A taxa de juros era determinada, então, pela demanda e pela oferta de moeda. Em qualquer ocasião, a oferta de moeda era constante, em um nível determinado pelas ações do Banco Central ou das autoridades monetárias do país. A demanda por moeda – que era a mesma coisa que preferência pela liquidez – era, segundo Keynes, determinada por três motivos:

359

(1) o motivo-transação, isto é, a necessidade de moeda para as transações correntes pessoais e comerciais; (2) o motivo-precaução, isto é, o desejo de se ter segurança quanto ao equivalente, em moeda, de uma certa proporção dos recursos totais; (3) o motivo-especulação, isto é, o objetivo de auferir lucros, sabendo-se, melhor do que o mercado, o que o futuro traria.[20]

A parcela da demanda por moeda derivada do motivo-especulação estava relacionada com a taxa de juros. Para entendermos essa relação temos de entender como o preço de uma obrigação (de um título ou, ainda, de qualquer tipo de papel que pagasse juros) reflete a taxa de juros. Se comprarmos uma obrigação que nos possibilite receber $1.000 em um ano e a taxa de juros for de 3%, o valor atual dessa obrigação será de aproximadamente $970 (e os $30 extras serão os juros que receberemos em um ano). Se, porém, no dia seguinte ao da compra daquela obrigação, a taxa de juros subir para 6%, o valor de uma obrigação de $1.000 cairá para, aproximadamente, $940 (e os $60 extras serão os juros que podem ser obtidos a 6%). É óbvio que, se formos, então, forçados a vender a obrigação, teremos prejuízo. Além do mais, mesmo que não estejamos prevendo a necessidade de vender a obrigação, mas esperarmos que a taxa de juros suba para 6%, será melhor não comprarmos a obrigação, quando a taxa de juros for de 3%. Se ficarmos com o dinheiro e esperarmos a taxa de juros subir, poderemos (se nossas expectativas quanto à variação da taxa de juros se confirmarem) comprar a obrigação por $940, em vez de comprá-la por $970, e aplicar os outros $30 na compra de outra obrigação, com a qual poderemos ganhar mais juros.

Assim, na opinião de Keynes, parte da demanda por moeda dependia das expectativas quanto ao que aconteceria com a taxa de juros no futuro. Quando a taxa de juros estava muito alta (em relação às taxas anteriores, ou o que seria considerada uma taxa normal), muito poucas pessoas esperavam que ela subisse mais ainda no futuro; consequentemente, muito pouca gente ficaria com dinheiro para fins especulativos. Com taxas de juros mais baixas, mais pessoas se inclinariam a acreditar que a taxa de juros subiria; consequentemente, os que esperavam que a taxa de juros subisse no futuro guardariam mais dinheiro para fins especulativos. Portanto, a quantidade de moeda demandada para fins especulativos diminuía com o aumento da taxa de juros e aumentava com a queda da taxa de juros.

A Figura 15.3 ilustra a teoria da taxa de juros de Keynes e sua relação com a poupança e com o investimento. Ela pode ser comparada com a interpretação neoclássica ortodoxa, ilustrada na Figura 15.2. Na parte (a) da figura, a demanda por moeda reflete, em parte, o motivo-especulação e, por isso, diminui com o aumento da taxa de juros. Com a oferta de moeda inicial (determinada pelas autoridades monetárias), r_1 era a taxa de juros que igualava a demanda e a oferta de moeda. Entretanto, em r_1, havia um excesso de poupança em relação ao investimento, conforme ilustrado na parte (b). Se essa situação persistisse, a demanda agregada seria menor do que a oferta agregada. Nem todo o produto poderia ser vendido. As empresas, incapazes de vender tudo o que tivessem produzido, verificariam que seus estoques de mercadorias não vendidas estavam aumentando. Cada empresa via apenas seu problema: produzira mais do que poderia vender. Portanto, diminuía a produção no período seguinte. A maioria das empresas, na mesma situação, fazia a mesma coisa. Os resultados eram uma grande redução da produção, uma queda do emprego e da renda. Contudo, com a queda da renda, se gastaria menos ainda em bens e serviços no período seguinte. Então, os empresários verificavam que, mesmo com o nível mais baixo de produção, não conseguiam vender tudo o que tinham produzido. Novamente reduziam a produção e a espiral baixista continuava.

Nessas circunstâncias, as empresas tinham pouco ou nenhum incentivo para expandir seus bens de capital (porque já estavam com excesso de capacidade) e, portanto, o investimento diminuía sensivelmente. Os gastos de todos os tipos baixavam. Com a queda da renda, a poupança diminuía mais do

A Ideologia Neoclássica e o Mito do Mercado Autorregulador

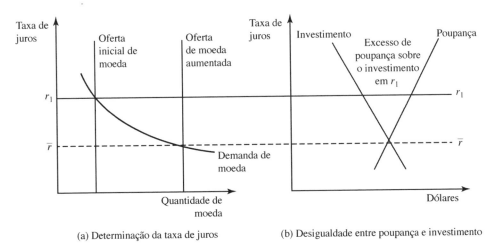

FIGURA 15.3 **Determinação da taxa de juros e a desigualdade entre poupança e investimento.**

que proporcionalmente. Esse processo continuava até as quedas da renda terem reduzido a poupança a ponto de ela não ser mais superior ao nível mais baixo de investimento. Com esse nível baixo de renda, restabelecia-se o equilíbrio. Os vazamentos do fluxo renda-despesas eram, uma vez mais, iguais às injeções feitas nesse fluxo. A economia se estabilizava, mas a um nível de alto desemprego e muita capacidade ociosa.

O problema, tal como colocado na Figura 15.3, era facilmente remediado. As autoridades monetárias poderiam aumentar a oferta monetária até o ponto onde estava a taxa de juros vigente (na Figura 15.3). Com essa taxa de juros, a poupança era igual ao investimento, a demanda agregada era igual à oferta agregada e não havia problema algum. Havia algumas situações, na opinião de Keynes, em que a política monetária (a diminuição ou o aumento da oferta de moeda) era suficiente para manter o pleno emprego. Havia, porém, algumas situações em que não bastava a política monetária. Keynes estava mais interessado nessas situações, porque achava que eram caracterizações mais realistas das verdadeiras condições que não só precipitavam, como também mantinham as depressões nas economias capitalistas.

A primeira dessas situações ocorria quando a distribuição da renda era tão desigual (aumentando, assim, a poupança, concentrando mais renda nas mãos dos ricos, que poupavam muito mais que os trabalhadores) e o nível de produção e de renda a pleno emprego era tão alto que, independente de quanto baixasse a taxa de juros, a poupança e o investimento não pudessem ser igualados. Essa situação é ilustrada na Figura 15.4, que se explica por si mesma.

Todavia, Keynes não acreditava que fosse necessário haver uma discrepância tão drástica entre poupança e investimento, para se criar uma situação em que a política monetária fosse incapaz de impedir uma depressão desastrosa. Argumentava que, se a taxa de juros que igualasse os níveis de poupança e investimento a pleno emprego fosse muito baixa, a política monetária poderia não ser capaz de baixar a taxa de juros o bastante. Se as autoridades monetárias baixassem tanto a taxa de juros, que quase todo o mundo esperasse que ela subisse muito no futuro, as pessoas prefeririam reter dinheiro, em vez de títulos, mesmo quando as autoridades monetárias aumentassem muitíssimo a quantidade de moeda no sistema:

História do Pensamento Econômico

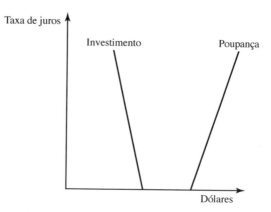

FIGURA 15.4 Situação em que a taxa de juros não consegue igualar os níveis de poupança e de investimento de pleno emprego.

> *Podem surgir circunstâncias em que até um grande aumento da quantidade de moeda pode exercer uma influência relativamente pequena sobre a taxa de juros... As opiniões quanto ao futuro da taxa de juros podem ser tão unânimes que uma pequena variação das taxas atuais poderá provocar um movimento monetário em massa (no sentido do entesouramento privado).*[21]

Esta situação é retratada na Figura 15.5. Pode-se ver que, quando a taxa de juros se aproxima de um ponto mínimo, a demanda por moeda se torna achatada, indicando que, até com grandes aumentos da oferta de moeda, quase toda a maior oferta de moeda será entesourada pelas pessoas. Na Figura 15.5, um grande aumento da oferta de moeda resulta numa queda muito pequena da taxa de juros e ainda deixa um excesso de poupança em relação ao investimento.

Em qualquer das situações retratadas nas Figuras 15.4 e 15.5, o mercado livre e concorrencial levaria a sociedade a uma depressão desastrosa; a política monetária seria inútil para impedir a calamidade pública. Era óbvia a necessidade de fazer alguma coisa mais profunda e mais poderosa.

A análise de Keynes não era, em seus aspectos essenciais, muito diferente das de Marx (Capítulo 9) e Hobson (Capítulo 13). A principal causa de uma depressão era, na opinião de todos os três pensadores, a incapacidade de os capitalistas encontrarem oportunidades de investimento suficientes para compensar os níveis cada vez mais altos de poupança gerados pelo crescimento econômico. A contribuição singular de Keynes foi mostrar como a relação entre poupança e renda poderia levar a um nível de renda estável, porém, em depressão e com desemprego generalizado.

Marx acreditara que a doença era incurável. Hobson tinha receitado, como cura, medidas para igualar a distribuição de renda, diminuindo, assim, a poupança. A receita de Hobson poderia dar certo? Talvez essa pergunta não tenha muito sentido. Na maioria dos países capitalistas industrializados, a riqueza e o poder econômico determinam o poder político, e os que têm poder nunca se dispuseram a sacrificá-lo para salvar o sistema econômico.

Nos Estados Unidos, por exemplo, das 300.000 empresas não financeiras existentes em 1925, as 200 maiores tinham muito mais lucro que as outras 299.800 juntas. Os 5% mais ricos da população possuíam praticamente todas as ações e obrigações e recebiam mais de 30% da renda. Desnecessário dizer que esses 5% dominavam a política americana. Nessas circunstâncias, a especulação quanto ao que aconteceria se a renda e a riqueza fossem radicalmente redistribuídas equivaleria a sonhar acordado. A resposta de Keynes ao problema era mais realista. O governo poderia interferir, quando

A Ideologia Neoclássica e o Mito do Mercado Autorregulador

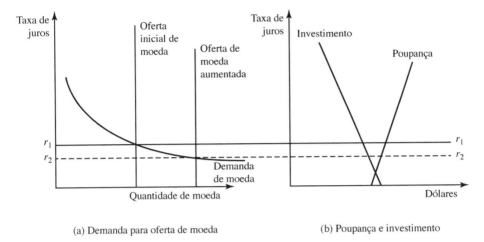

(a) Demanda para oferta de moeda   (b) Poupança e investimento

FIGURA 15.5 Situação em que a política monetária não consegue igualar os níveis de poupança e de investimento de pleno emprego.

a poupança superasse o investimento, tomar emprestado o excesso de poupança e gastar o dinheiro em projetos socialmente úteis, que não aumentassem a capacidade produtiva da economia nem diminuíssem as oportunidades de investimento no futuro. Esses gastos do governo aumentariam as injeções de recursos na corrente de gastos e criariam o equilíbrio a pleno emprego. Fazendo isso, o governo não aumentaria o estoque de capital. Portanto, diversamente dos investimentos, isso não dificultaria atingir-se um nível de produção a pleno emprego no período seguinte. Keynes resumiu sua posição da seguinte maneira:

> O antigo Egito foi, duplamente, afortunado e, sem dúvida, devia a isto sua fabulosa riqueza, pois tinha duas atividades, a saber, a construção das pirâmides e a busca de metais preciosos, cujos frutos, como não podiam servir para atender às necessidades do homem pelo consumo, não se deterioravam com a abundância. A Idade Média construía catedrais e entoava cantos fúnebres. Duas pirâmides, duas missas para os mortos são duas vezes melhor do que uma: mas isso não acontece com duas estradas de ferro de Londres a York.[22]

Que tipo de gastos o governo deveria fazer? O próprio Keynes tinha uma predileção pelas obras públicas úteis, como construção de escolas, hospitais, parques e outras comodidades para o público, embora percebesse que, provavelmente, beneficiariam muito mais aos indivíduos de renda média e mais baixa do que aos ricos. Como eles tinham o poder político, provavelmente insistiriam em políticas que não redistribuíssem sua renda. Keynes sabia que poderia ser politicamente necessário canalizar esses gastos para as mãos das grandes empresas, mesmo que trouxessem pouco diretamente em benefício da sociedade.

> Se o Tesouro enchesse garrafas velhas de dinheiro, as enterrasse bem fundo, em minas antigas, enchesse estas minas com lixo da cidade e deixasse as empresas privadas – dentro dos princípios do *laissez-faire* – desenterrarem o dinheiro... não haveria mais desemprego... Na verdade, teria mais sentido construir casas ou executar obras do mesmo gênero, mas, se houver dificuldades políticas e práticas para se realizar isso, fazer o que acabamos de propor seria melhor do que nada.[23]

Eficácia das Políticas Keynesianas

A depressão da década de 1930 arrastou-se até a eclosão da Segunda Guerra Mundial. De 1936 (o ano em que foi publicada a *Teoria Geral*) a 1940, os economistas debateram acaloradamente os méritos da teoria e das receitas de políticas de Keynes. Entretanto, quando os vários governos começaram a aumentar rapidamente a produção de armas, o desemprego começou a diminuir. Durante os anos da guerra, sob o estímulo de enormes gastos governamentais, a maioria das economias capitalistas se transformou rapidamente, passando de uma situação de grave desemprego para uma escassez aguda de mão de obra.

As Forças Armadas norte-americanas mobilizaram 14 milhões de pessoas que precisavam ser armadas, aquarteladas e alimentadas. De 1939 a 1944, o produto das indústrias de mineração, transformação e construção duplicou, e a capacidade de produção aumentou em 50%. A economia norte-americana produziu 296.000 aviões, 5.400 navios cargueiros, 6.500 navios de guerra, 64.500 navios de desembarque, 86.000 tanques, 2.500.000 caminhões e enormes quantidades de outros suprimentos e materiais bélicos.[24] Em 1939, cerca de 20% da mão de obra estava desempregada. O desemprego persistente e grave tinha durado uma década inteira. Com o início da guerra, o problema inverteu-se quase imediatamente, e a economia americana experimentou uma forte e aguda *escassez* de mão de obra.

A maioria dos economistas achava que essa experiência durante a guerra comprovou as ideias de Keynes. O capitalismo – proclamavam eles – podia ser salvo, se o governo usasse corretamente seu poder de tributar, tomar emprestado e gastar dinheiro. O capitalismo era tido, uma vez mais, como um sistema econômico e social viável. A confiança do público tinha sido restabelecida.

Depois de 1945, a maioria dos políticos se juntou aos economistas, proclamando a nova ortodoxia keynesiana. Em 1946, o Congresso aprovou a *Lei do Emprego*, que obrigava o governo a usar seus poderes de tributar, tomar emprestado e gastar, para manter o pleno emprego. Reinava o otimismo. Houve conferências para discutir as "prioridades sociais" e "os objetivos nacionais" que deveriam guiar a política do governo nessa nova era keynesiana, na qual as depressões deveriam ser abolidas e a prosperidade deveria ser o estado normal das coisas.

Não há dúvida de que os gastos maciços do governo no tempo da guerra tiraram a economia norte-americana de sua década de estagnação e depressão, mas o otimismo dos economistas keynesianos do pós-guerra revelou-se não de todo justificado. Sem dúvida, as depressões ocorridas nos Estados Unidos depois da Segunda Guerra Mundial foram bastante menos severas do que a *Grande Depressão* da década de 1930 (dando, com isso, origem ao moderno eufemismo *recessão*, que substitui o termo *depressão* no vocabulário de quase todos os economistas e políticos). Em 1948-1949, uma "recessão" durou 11 meses; em 1953-1954, durou 13 meses; em 1957-1958, nove meses; em 1960-1961, nove meses; Embora a guerra do Vietnã tenha estimulado mais ainda a economia americana na década de 1960, no fim daquela década, o antigo padrão tinha sido restabelecido. A recessão de 1969-1971 durou mais ou menos dois anos. Entre 1973 e o início dos anos de 1980, uma nova crise, mais grave e muito mais surpreendente, atingiu o capitalismo norte-americano. Nesse período, a economia norte-americana (e quase todos os outros países capitalistas industrializados e avançados) sofreu tanto uma recessão grave (com o desemprego, de acordo com as estatísticas conservadoras do governo dos Estados Unidos, oscilando entre 6% e quase 10%), como uma inflação alta (com o nível médio de preços, nos Estados Unidos, aumentando de 5% a 11% por ano – com os preços dos alimentos, da habitação, da assistência médica e de outras necessidades de classe trabalhadora aumentando num ritmo mais rápido ainda). A situação era pior em muitos outros países capitalistas.

A Ideologia Neoclássica e o Mito do Mercado Autorregulador

Após a recessão de 1981-1982, que foi a pior desde aquela registrada na década de 1930, a taxa de inflação caiu e as condições econômicas melhoraram no restante da década. A recessão de 1990-1991 durou oito meses e foi seguida por uma expansão modesta mas prolongada.

Em fins da década de 1980, os acontecimentos na União Soviética e na Europa Oriental foram saudados como o fim da Guerra Fria e parecia que o incentivo às despesas militares poderia diminuir. Contudo, os gastos militares permaneceram muito altos e "estados delinquentes" e "redes terroristas" substituíram a União Soviética como justificativa para os maciços gastos militares.

Mesmo assim, desde a Segunda Guerra Mundial, as taxas de desemprego nunca se aproximaram da taxas que se verificaram na *Grande Depressão* (que atingiram 20 a 25%, pelos dados oficiais, e que provavelmente teriam chegado a 30 ou 35%, se tivessem sido adotados métodos mais realistas de definição de desemprego e de levantamento de dados estatísticos). O desemprego na década de 1950 e no início da década de 1960 era, em média, de 4,6%. Com o estímulo da guerra do Vietnã, em meados da de 1960, a taxa de desemprego caiu para 3,5%. Nos anos 1970 e 1980, oscilou entre 5% e 10%. Nos anos 1990 a taxa atingiu um pico de 7,9% logo após a recessão de 1990-1991 e, a partir daí, caiu continuamente até 3,9% ao final da década. A taxa subiria, novamente, para 6,3% em 2003, na recessão do início dos anos 2000. Na recessão mais recente, começando no final de 2007, a taxa de desemprego nos Estados Unidos passou de 10%.

Embora o que aconteceu depois da Segunda Guerra Mundial seja, sem dúvida, menos impressionante do que a visão otimista de muitos keynesianos que escreveram na década de 1940, dada a estagnação e a quase desintegração do capitalismo na década de 1930, pode-se dizer que, durante três décadas, as políticas keynesianas funcionaram razoavelmente bem. Contudo, como ocorre às vezes em medicina, uma curva nova e ainda não experimentada tem efeitos colaterais que podem ser tão nocivos quanto a doença original. Quando se enxerga além das estatísticas do PNB e do emprego, percebe-se que as políticas keynesianas só diminuíram uma forma de crise capitalista para gerar duas novas formas, ou seja, uma mudança estrutural na direção de uma economia militar, ou de guerra permanente, e a criação de uma estrutura precária de endividamento, sobre a qual se assenta toda a economia, criando, ainda, a possibilidade de um colapso econômico maior e mais grave ainda que o da década de 1930. A crise das instituições de poupança e empréstimos de 1989-1991 parece um tanto quanto prosaica, hoje em dia, comparada ao recente colapso do sistema financeiro. Embora as causas da crise financeira mais recente ainda estejam sendo debatidas, parece haver pouca dúvida de que um dos principais fatores – se não o principal – tenha sido a precária estrutura de endividamento. E o suposto fim da Guerra Fria não teve qualquer efeito sobre a dependência das economia nos gastos militares.

A Economia Militar

Entre 1947 e meados da década de 1970, o governo americano gastou quase US$2 trilhões (é difícil imaginar números tão grandes: esse número equivale a US$2.000 bilhões) em despesas militares.[25] Os gastos totais com guerras e preparativos para possíveis guerras, passadas, presentes e futuras, inclusive gastos com operações de guerra e atividades afins, passaram de US$27,9 bilhões por ano, em 1947, para US$112,3 bilhões, em 1971.[26] Esses números representam um total de 12,2% do PNB, em 1947, e 11,1%, em 1971. Além do mais, se se analisar o efeito "multiplicador" do aumento da demanda agregada criada por esses gastos militares, o impacto será muito maior. O estudo mais cuidadoso desses efeitos resultou em duas estimativas que constituíam um limite inferior e um limite superior. A estimativa conservadora mostrou que os gastos militares representaram, direta e indiretamente (por meio do efeito induzido ou multiplicador), 24,4% da demanda agregada, em 1947, e 22,2%, em 1971. Usando-se a estimativa mais alta, o militarismo representou 30,5% da demanda agregada, em 1947, e 27,8%, em 1971.[27] Apenas em alguns anos intermediários essas porcentagens foram um pouco mais baixas e, em vários anos intermediários, foram mais altas. Na década de 1970, os gastos militares aumentaram a uma taxa algo menor, mas praticamente explodiram na década seguinte.

Em fins dos anos de 1970, muitos economistas previam a aproximação de uma grave recessão. De fato, a recessão de 1981-1982 foi a pior desde a década de 1930. Contudo não chegou a ser tão rigorosa quanto alguns economistas imaginaram. Seguiram-se anos de prosperidade. Entre 1980 e 1987, os gastos militares dos Estados Unidos mais do que duplicaram. Os gastos com defesa que eram de US$134 bilhões em 1980 chegaram a US$210 bilhões em 1983. Em 1982, a construção de dois porta-aviões nucleares, dois submarinos atômicos e cinco navios de guerra, a concorrência do caça a jato F-15 e o projeto dos bombardeiros B-1B e Stealth e do míssil MX propiciaram a criação de cerca de 300 mil novos empregos. A General Dynamics contratou 7 mil novos empregados para trabalhar no projeto do tanque M1. A Rockwell International aumentou em 4.000 o número de seu empregados para trabalhar no bombardeiro B-1B. A Boeing, Lockheed, Raytheon, McDonnell Douglass, United Technologies e General Electric foram outras das empresas que aumentaram substancialmente sua força de trabalho para produzir novos equipamentos militares. O Departamento de Defesa dos Estados Unidos aumentou a sua força de trabalho em 255 mil postos novos entre 1981 e 1985.[28] Também não há dúvida de que a prosperidade da década de 1980 decorreu principalmente do substancial aumento do militarismo. A proposta orçamentária do presidente Bush para o ano fiscal de 1991 incluiu mais de US$303 bilhões diretamente destinados à defesa e outros US$65 bilhões para "assuntos internacionais", ciência, espaço e tecnologia bem como "benefícios para os veteranos", que são em sua maior parte gastos militares disfarçados.

Os gastos militares permaneceram elevados entre 1990 e 1999, atingindo uma média anual de US$280 bilhões. Contudo, olhando-se para trás, os anos 1990 constituem uma certa moratória no padrão típico de gastos militares. De acordo com dados do Office of Management and Budget (OMB), o crescimento médio do gasto militar nos anos 1990 foi, praticamente, zero, comparado a 9,6% na década anterior. Além disso, os gastos militares como proporção do total das despesas governamentais, na verdade, caíram de forma consistente, de 23,9% em 1990 para 16,1% em 1999, comparado a um crescimento igualmente consistente de 22,7% em 1980 para 26,5% em 1989. Uma outra forma de se aquilatar o tamanho dos gastos em defesa é na sua relação com o PIB. Durante a maior parte dos anos 1980, os gastos militares como proporção do PIB variaram de 5% a 6%, com uma média de 5,8% na década. A relação caiu ao longo de toda a década de 1990, chegando a 3% em 1999, com uma média anual de 4% para a década. Desde 2000, porém, estas tendências sofreram uma reversão. O crescimento anual dos gastos em defesa tornou a subir rapidamente, com uma média de 9,5% entre 2000 e 2009 (uma proporção comparável à dos anos 1980). Os gastos militares como proporção do total das despesas do governo aumentaram, novamente de forma consistente, de 16,5% em 2000 para cerca de 21,7% em 2009. A tendência foi semelhante no que toca a relação gastos militares/PIB, que aumentou de 3% no início da década para 4,5% em 2009. De uma perspectiva histórica mais longa, começando nos anos 1940, a década de 1990 parece ter representado um vale nos gastos militares como proporção do orçamento total e do PIB. Infelizmente, nos dias atuais os Estados Unidos parecem estar retornando, gradativamente, aos padrões mais típicos.

Além do mais, a correlação entre variações dos gastos militares e instabilidade cíclica do capitalismo é muito significativa.[29] Parece haver pouca dúvida de que o militarismo tem sido o equivalente capitalista contemporâneo das pirâmides do Egito e das catedrais da Idade Média.

A Ideologia Neoclássica e o Mito do Mercado Autorregulador

É esse militarismo uma resposta necessária às exigências internacionais ou os gastos militares têm características peculiares que os tornam particularmente eficazes como formas desejáveis de gastos governamentais? Uma resposta completa a essa pergunta precisaria de uma discussão ampla da Guerra Fria – o que não pode ser feito, dadas as limitações deste livro. Todavia, um volume cada vez maior de literatura histórica vem acumulando provas convincentes que mostram que a Guerra Fria foi criada deliberada e fraudulentamente pelos políticos, pelos capitalistas e pela imprensa controlada pelo capitalismo norte-americano.[30] Se essa posição for correta, então a Guerra Fria deve ser ressuscitada ou um novo substituto adequado deve ser encontrado. As guerras contra o Iraque e o Afeganistão podem ser o protótipo do papel de nova polícia do mundo para os Estados Unidos. Essa poderia ser nossa nova Guerra Fria. Qualquer que seja a posição que se tome quanto à natureza da Guerra Fria, porém, o estudo do militarismo americano revela claramente dois fatos. Primeiramente, o militarismo oferece várias vantagens distintas aos capitalistas, em comparação com quase todas as outras formas de gastos do governo; em segundo lugar, o militarismo tornou-se tão arraigado à estrutura da economia norte-americana, que é cada vez mais inconcebível que ele venha um dia a ser extirpado sem uma reestruturação completa de todo o sistema social, econômico e político norte-americano.

O militarismo oferece inúmeras vantagens para as grandes empresas: (1) estimula a demanda agregada, sem redistribuir a renda dos ricos para os pobres; (2) nunca poderá haver quantidade excessiva de armamentos muito sofisticados; as pesquisas financiadas pelo governo estão sempre tornando obsoletos os armamentos, e histórias de horror convencem quase todo o povo de que a continuação da escalada da corrida armamentista é absolutamente necessária para a sobrevivência; (3) a indústria de bens de capital – o mais volátil e instável segmento de uma economia capitalista – continua funcionando quase que à plena capacidade pela produção militar; no entanto, isso não aumenta a capacidade produtiva da economia capitalista. Consequentemente, o militarismo não piora o problema persistente do excesso de capacidade de produção agregada; (4) como praticamente toda a produção militar é feita por empresas privadas gigantescas (ou subcontratadas com empresas privadas menores), não concorre com os lucros privados; pelo contrário, reduz a anarquia do mercado livre, dando às empresas uma demanda básica e estável, não sujeita às oscilações do mercado; (5) embora não se possam obter estatísticas precisas para fundamentar essa afirmativa, quase toda a evidência sugere que a produção militar dá mais lucro do que a produção para o mercado livre; (6) como mostrou Rosa Luxemburg, é preciso ter grandes aparatos militares para manter e aumentar a "esfera de influência" dos países capitalistas no mundo, com o que se pode assegurar investimentos lucrativos no exterior e termos de troca muito favoráveis; (7) como mostrou Veblen, o chauvinismo, o patriotismo e o militarismo são, talvez, os meios mais eficazes de manter os empregados dóceis e promover, entre os operários, a ideia de que seus interesses estão em harmonia com os interesses dos capitalistas.

O preço que temos pago por esse militarismo reflete-se, porém, na evolução do complexo industrial-militar, no qual o militarismo tornou-se um câncer permanente e inteiramente integrado no âmago da estrutura da indústria norte-americana.

Muitas das maiores e mais poderosas corporações norte-americanas dependem muitíssimo de contratos militares. Igualmente importante é o fato de que um grande número de cidades, regiões e até estados inteiros são extremamente dependentes, em termos econômicos, dessas empresas ou de grandes bases militares, para manter suas economias locais e o nível de empregos, quando a economia é assolada por um desemprego persistentemente alto. Uma grande redução da produção de armamentos ou do número ou do tamanho dessas bases militares poderá arruinar economicamente comunidades inteiras. Portanto, o menor sinal de redução do militarismo gera protestos dos líderes militares, das grandes empresas, dos políticos e dos líderes sindicais.

367

História do Pensamento Econômico

Em 1989 e 1990, falou-se muito sobre o fim da Guerra Fria. Como a maioria das economias do leste da Europa, incluindo a União Soviética, estavam empreendendo reformas que as levariam ao capitalismo de mercado, ficou difícil usar os horrores do comunismo como pretexto para a realização de maciços gastos militares. Contudo, há uma poderosa resistência à redução desses gastos, como visto com a volta do crescimento mais rápido e a proporção crescente do orçamento dedicada aos gastos militares a partir de 2000. Se as despesas militares fossem reduzidas significativamente, a economia dos Estados Unidos enfrentaria perspectivas de estagnação e depressão. É como se os Estados Unidos não pudessem permitir um substancial "esfriamento" da Guerra Fria sem encontrar alguma alternativa aos "perigos do comunismo". O Iraque, o Afeganistão ou qualquer outro país não industrializado não poderão nunca, isoladamente, substituir a União Soviética como um novo inimigo, pois podem ser destruídos. O problema de se encontrar um inimigo que justifique as despesas militares tende a piorar.

A Economia da Dívida

O desempenho um pouco melhor da economia norte-americana a partir da Segunda Guerra Mundial pode ser, em grande parte, atribuído a uma expansão do endividamento. Keynes demonstrou de que forma a demanda e não os recursos poderiam limitar a produção de uma economia. Uma economia capitalista poderia operar abaixo de seu potencial durante um período de tempo considerável. As empresas aumentariam a produção e sua utilização dos recursos existentes (inclusive, o trabalho) apenas se houvesse uma elevada probabilidade de realizarem vendas que se traduzissem em lucros. Na terminologia de Marx, existe sempre uma diferença entre a capacidade de se extrair mais-valia na esfera da produção e a realização da mais-valia na esfera da circulação. Keynes identificou como o investimento poderia ficar aquém da quantidade de poupança possível ao nível de renda potencial da economia, daí impondo uma restrição de demanda à economia. Além disso, se a taxa de juros não pudesse cair o suficiente a fim de corrigir esta situação outras fontes de demanda teriam que ser encontradas de forma a preencher esta lacuna. Esta é a base para a política fiscal keynesiana. A expansão dos gastos do governo financiados pelo endividamento seria mais efetiva do que via impostos (na medida em que a tributação retirava alguns fundos que seriam gastos de qualquer forma, parte da elevação dos gastos do governo seria compensada por uma queda do gasto privado). Também notamos como os gastos de consumo financiados por dívida podem servir para aumentar a demanda. Por outro lado, as economias têm sentido os efeitos adversos decorrentes da dependência da dívida, seja privada ou pública, para financiar a demanda que assegure o pleno emprego de seus recursos.

O governo dos Estados Unidos saiu da Segunda Guerra Mundial com uma dívida enorme. Em 1946, a dívida do governo federal como proporção do PIB era de 109%.[31] Embora o valor nominal da dívida federal tenha continuado a crescer, ele caiu mais ou menos consistentemente como percentagem do PIB até meados dos anos 1970, chegando a apenas pouco menos de 24% em 1974. Em grande medida a queda da dívida federal como proporção do PIB deveu-se a uma economia relativamente robusta. Entre 1946 e 1974 os Estados Unidos experimentaram um crescimento médio do PIB da ordem de 7% (em termos nominais, pois estamos interessados em compará-lo com a dívida nominal). A tendência da dívida, porém, mudou dramaticamente no início da década de 1980. Em 1980, quando o Presidente Reagan assumiu o poder, a dívida federal como percentagem do PIB estava em 26%. Quando o Presidente Reagan deixou o cargo, apenas oito anos mais tarde, a relação havia aumentado para 41%. Durante alguns anos neste período, a taxa de crescimento anual da dívida variou de 16% a quase 20%. Embora os aumentos dos gastos do governo devidos à Segunda Guerra, juntamente com a recuperação da Grande

368

A Ideologia Neoclássica e o Mito do Mercado Autorregulador

Depressão, sejam, frequentemente, apontados como evidência a favor de políticas fiscais keynesianas, pode-se, certamente, argumentar que a expansão da dívida na Era Reagan, da mesma forma, serve de apoio a estas políticas, na medida em que também foi acompanhada da recuperação daquilo que, à época, fora a pior recessão desde os anos 1930.

A dívida federal como proporção do PIB continuou a crescer até 1993. Após ser convencido por seus conselheiros econômicos (sendo uma voz destacada a de Robert Rubin, antigo copresidente da Goldman Sachs) e pelo estimado presidente do Federal Reserve (Alan Greenspan) de que a redução da dívida iria forçar a queda da taxa de juros e estimular a economia, o Presidente Clinton adotou medidas para alterar a trajetória da dívida. A relação dívida federal/PIB permaneceu constante em 49% entre 1993 e 1995, antes de começar a cair dramaticamente, chegando a 32,5% em 2001. A queda da razão dívida/PIB não foi resultado, simplesmente, do forte crescimento do PIB. A taxa de crescimento anual da dívida federal caiu consistentemente desde 1992, chegando a tornar-se negativa em 1998.

À primeira vista, a desaceleração do endividamento do governo, juntamente com uma economia em expansão após 1992, parece refutar a análise keynesiana. Embora a dívida federal tenha, de fato, sofrido uma inflexão neste período, a dívida total como proporção do PIB permaneceu razoavelmente constante. A dívida total (incluindo famílias, empresas e governo) relativamente ao PIB era de 186% em 1992 e terminou a década em 185%.[32] Justamente quando o crescimento da dívida federal começava a desacelerar, ocorreu um aumento significativo na taxa de crescimento da dívida das empresas, de -2% em 1992 para 11% em 1998. Havia, ainda, outro setor da economia americana que iria ter um papel importante na manutenção da dívida total.

As famílias americanas haviam saído da Segunda Guerra com uma carga de dívida baixa (22% da renda disponível), que cresceu consistentemente até meados dos anos 1960 (68% em 1965) antes de se estabilizar em meados dos anos 1980. A relação dívida/renda disponível das famílias aumentou de 67% em 1984 para 94% ao final dos anos 1990. Crucialmente, o aumento do endividamento das famílias ocorreu em uma época em que a dívida hipotecária como parcela da renda disponível permaneceu, relativamente, constante, indicando que o aumento se deveu ao crédito ao consumidor. Em 1992, o crédito ao consumidor como proporção da renda disponível era de cerca de 17% e ao final dos anos 1990 a proporção aumentara para 23%. Portanto, podemos afirmar que a década de 1990, longe de representar uma refutação da análise keynesiana, representou, simplesmente, uma mudança na composição da dívida americana necessária para impulsionar a economia.

Embora Keynes enfatizasse a importância da demanda na determinação do produto e do emprego, ele era, na realidade, bastante conservador do ponto de vista fiscal. Os déficits públicos durante as recessões, ainda que necessários às vezes, deveriam ser eliminados no longo prazo através da geração de superávits durante as recuperações. Keynes tinha uma visão, justificada ou não à época, do burocrata governamental como um técnico imparcial quando chegava a hora de tomar uma decisão de política econômica. Contudo, ao menos que a situação fiscal atinja um ponto próximo do de crise, os políticos não irão desejar implementar medidas de austeridade, reduzindo os gastos e/ou elevando os impostos, necessários para equilibrar o orçamento. Além disso, conforme destacamos em diversos lugares, no capitalismo o governo tende a ser influenciado pelos indivíduos ricos e pelas empresas poderosas. Fora dos Estados Unidos, países têm experimentado as consequências desastrosas de dívidas públicas que se tornaram tão elevadas que o mercado para os seus títulos secou, levando a taxas de juros crescentes e alimentando o temor de um *default*.

Em termos do crescimento da dívida privada, mais uma vez Keynes parecia um tanto quanto míope. Após demonstrar as implicações para uma economia limitada pela demanda, Keynes não deu os passos seguintes para analisar as respostas de longo prazo das empresas. Para tanto, poderia ter partido da

História do Pensamento Econômico

distinção, feita por Veblen, entre "capacidade de venda" e "capacidade de trabalho", prosseguindo, então, à análise de como os capitalistas manipulam a população na direção do consumismo (ou consumo emulativo). Uma vez estabelecido o consumismo, as empresas teriam que inventar formas de os consumidores potenciais financiarem as comprar desejadas. Daí as enormes campanhas publicitárias para gerar o consumismo terem sido acompanhadas da expansão do crédito ao consumidor para financiá-lo. Ao não dar estes passos seguintes em sua análise, Keynes não pôde identificar os perigos que podem resultar de uma expansão da dívida privada. Por exemplo, uma pirâmide de crédito é criada dentro das instituições de crédito. Uns tomam emprestados de outros a fim de emprestar este dinheiro a uma taxa mais elevada para terceiros. A inadimplência de um grande devedor pode tornar credores (que também são grandes devedores) incapazes de honrar seus pagamentos de juros e amortização. Dado que seus credores também são devedores e assim por diante, pode ter início uma reação em cadeia mundial. Algo exatamente nestes moldes parece ter ocorrido na crise financeira mais recente.

O endividamento das famílias nos Estados Unidos começou a crescer de forma dramática em 2000, a uma taxa média anual de 10% até 2007. Como fração da renda disponível, a dívida das famílias aumentou de 95% em 2000 para quase 133% em 2007. A maior parte da explicação para este aumento do endividamento se encontra na dívida hipotecária. As famílias iniciaram a década com uma dívida hipotecária como proporção da renda disponível de cerca de 65%, mas em 2007 esta proporção já havia subido para mais de 101%. Não há como entrarmos em detalhes sobre os eventos que levaram à crise. Contudo, está claro que as empresas – os bancos, em particular – encontraram novas formas de estruturar dívidas hipotecárias. Ademais, os credores encontraram formas de mitigar o risco para eles, ou, pelo menos, achavam que tinham encontrado, ao "empacotar" e vender esta dívida ao redor do mundo, permitindo que continuassem a auferir lucros enormes até que a crise estourasse.

Uma vez iniciada a crise, o crescimento do endividamento das famílias caiu para zero, à medida que o mercado de crédito secava, tornando-se negativo em 2009. A resposta de política à crise seguiu as linhas keynesianas, com os bancos centrais injetando moeda em suas economias e as taxas de juros sendo reduzidas. Além dessas medidas, a falta de crescimento da dívida privada (empresas e famílias) foi preenchida pela expansão da dívida pública. Após atingir um mínimo, em 2001, de 32,5% do PIB a dívida pública federal começou a aumentar (sobretudo, como resultado dos cortes de impostos promovidos pelo Presidente Bush). Em 2007 a dívida federal como proporção do PIB estava em 36%. Contudo, com os socorros aos bancos e pacotes de estímulo, a relação rapidamente subiu para 53%, crescendo bem mais que 20% anuais em 2008 e 2009. As medidas de política extraordinárias, tanto fiscais como monetárias, tomadas nesta época a fim de evitar um colapso completo do sistema financeiro e um retorno a uma depressão ao estilo daquela da década de 1930 ilustram o quão devastadora foi a crise financeira para a economia. Houve, obviamente, diversas razões para a crise. Contudo, é claro que a situação não teria se tornado tão precária se não fosse pela enorme acumulação de dívidas interligadas.

Assim, podemos concluir esta parte repetindo o fato de que grandes aumentos dos gastos governamentais, justificados por seus defensores com base na teoria keynesiana, têm diminuído a gravidade das depressões a partir da Segunda Guerra Mundial. No entanto, essa prosperidade (se pudermos chamar de prosperidade taxas de desemprego que se aproximam dos 10%) tem custado muito caro. Em primeiro lugar, foi erigida sobre a base de uma estrutura de crédito mundial que está sempre correndo o perigo de um colapso econômico desastroso. Em segundo lugar, tem levado a uma economia orientada permanentemente para a guerra, na qual grande parte dos recursos produtivos da sociedade se destina a métodos e meios cada vez mais sofisticados de destruição da raça humana.

Se um governo capitalista seguisse seu conselho de criar o pleno emprego, Keynes não "veria razão alguma para supor que o sistema vigente empregasse muito mal os fatores de produção".[33] Em

A Ideologia Neoclássica e o Mito do Mercado Autorregulador

retrospecto, após mais de 60 anos de políticas keynesianas, seu otimismo parece, quando muito, sem fundamento.

Fundamentos Ideológicos das Ideias de Keynes

Já mostramos que a teoria da distribuição da renda baseada na produtividade marginal não pode explicar logicamente os aumentos repentinos de desemprego em uma sociedade capitalista, quando os salários reais permanecem constantes ou diminuem. Além disso, se os salários não refletem a produtividade marginal do trabalho (coisa que eles não refletem nessas circunstâncias) e se houver fatores de produção ociosos (como sempre há, durante uma depressão), é impossível, com base nos fundamentos estritamente lógicos da própria teoria neoclássica, argumentar que as noções de uma alocação de recursos eficiente e ótima, de Pareto, e que os preços racionais (em suma, todo o argumento da "mão invisível") tenham qualquer sentido real ou empírico.

No início deste capítulo argumentamos que a defesa ideológica neoclássica do capitalismo tinha três elementos principais: a fé em que mercados livres automaticamente se ajustariam a um nível de produto a pleno emprego; a teoria da distribuição baseada na produtividade marginal, tanto como um modelo de justiça distributiva ideal quanto como uma teoria de como era feita na prática a distribuição da renda; e o argumento da "mão invisível", ou a crença de que uma economia capitalista concorrencial atingiria automaticamente o ponto ótimo, de Pareto, em que os preços seriam "racionais" e os recursos seriam "alocados eficientemente". Vimos como a propagação de uma crença nesses dois últimos elementos só trouxe benefícios para a classe capitalista, embora o primeiro elemento tenha sido uma bênção pela metade. Ensinar os benefícios universais do sistema capitalista de mercado era uma coisa, mas acreditar nessa ideologia e ficar esperando passivamente enquanto o sistema capitalista passava por uma série de convulsões rumo à morte era outra coisa muito diferente. Mas, conforme afirmamos no parágrafo anterior, todos os três elementos da ideologia neoclássica formam um sistema intelectual logicamente integrado, mutuamente coerente, no qual é logicamente impossível manter-se dois elementos sem se manter o terceiro.

Todavia, foi exatamente isso que Keynes tentou fazer. Ele quis abandonar a premissa da automaticidade do mercado para salvar o capitalismo da autodestruição. Quis, porém, manter a fé na teoria da distribuição baseada na produtividade marginal e a fé na eficiência alocativa do mercado. Quis que o governo interviesse o mínimo possível na busca de lucros por parte dos capitalistas e, mesmo assim, só para impedir o desastre. Contudo, realmente fez referência, à margem, ao fato de que preferia um grau menos extremo de desigualdade da distribuição da riqueza e da renda (também nesse caso, com um suspiro, podemos repetir aquele lema universal do utilitarismo: apertar parafusos é tão bom quanto fazer poesia).

Alguns economistas neoclássicos tinham expressado sua preocupação com relação às ideias de Keynes, quando leram seu manuscrito antes de sua publicação. Por isso, Keynes terminou a *Teoria Geral* com uma nota de solidariedade ideológica com os neoclássicos:

> *Se nossos controles centrais tiverem êxito em criar um volume de produto agregado que corresponda, o mais de perto possível, ao pleno emprego, a teoria clássica (quer dizer, a teoria neoclássica) torna a ser válida deste ponto em diante. Se supusermos que o volume de produto seja dado, isto é, seja determinado por forças fora do esquema do pensamento clássico, não haverá objeção alguma a ser feita à análise clássica da maneira pela qual o interesse pessoal determinará o que será produzido, em que proporções os fatores de produção serão combinados para produzi-lo e como o valor do*

371

História do Pensamento Econômico

produto final será distribuído. Mais uma vez, embora tenhamos tratado de modo diverso o problema da poupança, não se pode levantar qualquer objeção à moderna teoria clássica quanto ao grau de compatibilidade entre o interesse privado e o interesse público...

Analisando a questão concretamente, não vejo razão alguma para supor que o sistema vigente empregue muito mal os fatores de produção em uso. É claro que existem erros de previsão; mas esses erros não seriam evitados pela centralização das decisões... Quanto a esse aspecto, as vantagens tradicionais do individualismo ainda são válidas.

Assim, enquanto a ampliação das funções do governo, envolvido na tarefa de ajustar a propensão a consumir e a propensão a investir, pareceria a um jornalista do século XIX ou a um financista americano contemporâneo um ataque terrível ao individualismo, eu a defendo não só como o único meio praticável de se evitar a destruição das formas econômicas existentes, como também como a condição para o bom funcionamento da iniciativa individual (quer dizer, a busca do lucro).[34]

Alguns autores que, enganados, tentaram retratar Keynes como um reformador radical deram muito valor a uma expressão vazia de significado cunhada por Keynes: "a eutanásia dos rentistas". Já vimos que Keynes achava que havia uma "justificativa social e psicológica para as grandes desigualdades de renda e riqueza",[35] mas tinha fé em que houvesse forças atuando num sistema capitalista que tenderiam automaticamente, no longo prazo, a diminuir os extremos de desigualdade. Seguindo a lógica da teoria da distribuição baseada na produtividade marginal, concluiu que a taxa de retorno do capital baixaria inevitavelmente com o acúmulo de capital. Sua crença de que isso tenderia a diminuir o grau de desigualdade da renda era quase idêntica à de Bastiat (que criticamos no Capítulo 8). A falácia dessa ideia, como mostrou Marx no contexto de sua própria teoria da tendência à queda da taxa de lucro, era o fato de ser inteiramente possível a participação da renda dos donos do capital aumentar, apesar da queda da taxa de retorno do capital (ver Capítulo 9). Essa era a única esperança de maior igualdade expressa explicitamente por Keynes com relação ao capitalismo. Além do mais, como vimos, Keynes achava que, no curto prazo, para estimular o emprego, os salários reais teriam de baixar e os lucros teriam de aumentar.

A passagem de Keynes que descrevia a "eutanásia dos rentistas" é citada a seguir. O leitor interessado poderá reler a discussão do Capítulo 8, sobre as ideias de Bastiat – talvez o economista mais conservador do século XIX – para comparar esta passagem dos escritos de Keynes com uma passagem quase idêntica de Bastiat:

Tenho certeza de que... não seria difícil aumentar o estoque de capital até sua eficiência marginal cair muito. Isso não significaria que o uso dos instrumentos de capital custaria quase nada, mas apenas que seu retorno teria que cobrir pouco mais do que sua exaustão pelo desgaste e pela obsolescência, juntamente com alguma margem para cobrir o risco e o uso de qualificações e da capacidade de discernimento...

Ora, conquanto esse estado de coisas seja bastante compatível com um certo grau de individualismo (quer dizer, capitalismo), significaria a eutanásia dos rentistas e, consequentemente, uma eutanásia do poder de opressão acumulado dos capitalistas para a exploração do valor da escassez do capital.[36]

É difícil imaginar uma passagem mais obscura do que essa. É claro que Keynes sabia (por ser um excelente lógico) que uma queda da taxa de retorno do capital era bastante compatível com um aumento da participação da renda dos capitalistas. É claro que ele sabia que a maioria dos capitalistas e muitos

372

A Ideologia Neoclássica e o Mito do Mercado Autorregulador

economistas conservadores acreditavam que o capitalismo já tinha passado, há muito tempo, do ponto em que os capitalistas recebiam apenas o retorno de seu capital que "cobria pouco mais do que sua exaustão... e sua obsolescência, juntamente com uma certa margem para cobrir o risco e o uso de qualificações e da capacidade de discernimento". É claro que ele sabia que o emprego do termo *eutanásia* era puro obscurantismo ideológico. Como pôde Keynes, então, escrever que, no *atual* sistema capitalista, "não há objeção a ser feita à análise clássica de... como o valor do produto final será distribuído" e, ao mesmo tempo, referir-se ao "poder opressivo do capitalismo de explorar o valor da escassez do capital?"

Com tanta confusão e obscurantismo de ideias, não é de admirar que Keynes tenha logo reafirmado aos capitalistas sem função e que viviam de rendas "que a eutanásia dos rentistas, dos investidores sem função, não seria repentina, mas uma continuação meramente gradual, porém prolongada, do que vimos recentemente na Grã-Bretanha, não precisando de revolução alguma".[37] Ainda ansioso para convencer esses capitalistas de que tinha em alta conta seus interesses, Keynes assegurou aos rentistas que "não havia como defender o socialismo de Estado... Não é a propriedade dos instrumentos de produção que é importante para o Estado".[38] Ele só queria que o governo agisse de maneira a possibilitar a continuação do lucro. E essas funções do governo podiam – Keynes prometia – "ser introduzidas gradualmente e sem uma ruptura das tradições gerais da sociedade".[39]

Apêndice

Pouco após a publicação da *Teoria Geral*, Keynes debateu com os críticos vários aspectos de sua nova teoria. Um conjunto importante de debates dizia respeito à sua teoria da taxa de juros. Keynes também publicou um longo artigo resumindo aquilo que sentia ser uma novidade de sua teoria da determinação do nível de emprego. Contudo, devido a inúmeras obrigações profissionais e atividades durante a Guerra, bem como seu importante papel na Conferência de Bretton Woods, que estabeleceu o regime monetário internacional para o período do pós-guerra, ele nunca tornaria a realizar novos trabalhos significativos na área de teoria econômica. Felizmente, havia um grupo de jovens economistas que se identificava com Keynes e que assumiu a tarefa de disseminar as novas ideias e de construir a partir de seus alicerces teóricos.

Muitos dos jovens seguidores de Keynes iriam fazer contribuições próprias importantes para a teoria econômica. Joan Robinson (1903-1983) e Nicholas Kaldor (1908-1986) foram, possivelmente, os economistas mais influentes dentre os primeiros discípulos de Keynes. Ainda que tenham escrito sobre diversos assuntos em Economia, foram duas as áreas de particular interesse nas quais elaboraram ideias de Keynes. Primeiro, admitiu-se desde o início que a teoria da distribuição usada na *Teoria Geral* teria que ser revista. O próprio Keynes reconheceu suas dúvidas quanto à teoria da distribuição, ao ser confrontado com evidências empíricas contradizendo a relação presumida entre os salários reais e o emprego (conforme discutido anteriormente neste capítulo).[40]

Segundo, a *Teoria Geral*, praticamente, ignorou qualquer discussão sobre crescimento e era necessário estudar se o seu arcabouço era flexível o suficiente para se investigar questões da teoria do crescimento. Tanto Robinson como Kaldor dariam contribuições nestas áreas (veremos alguns de seus resultados no capítulo 18). Porém, foi Roy Harrod (1900-1978) quem estendeu *Teoria Geral* para o universo de uma economia em crescimento. Evsey Domar (1914-1997), embora não fizesse parte daqueles primeiros seguidores de Keynes, iria desenvolver um método de análise semelhante. Seus trabalhos se tornaram tão importantes nas teorias do desenvolvimento e crescimento econômico que

373

foram reunidos sob o título de "modelo Harrod-Domar". Iremos apresentar neste Apêndice os pontos essenciais de seus respectivos trabalhos.

O livro de Harrod sobre ciclos econômicos havia sido publicado mais ou menos à mesma época que a *Teoria Geral*, de Keynes. Embora Keynes tivesse apresentado versões preliminares de seu trabalho a Harrod, isso ocorreu tarde demais para que as novas ideias fossem incorporadas a *Trade Cycle* (1936), de Harrod. Em vez disso, Harrod havia se beneficiado grandemente do livro anterior de Keynes, o *Tratado sobre a Moeda* (1930), e continuou a acreditar que esse livro era uma fonte importante de inspiração para uma "teoria dinâmica". Em 1939, Harrod já havia reformulado de maneira mais simples a parte formal de seu argumento, valendo-se do arcabouço básico da *Teoria Geral*, de Keynes. Iremos discutir aqui em algum detalhe "An Essay in Dynamic Theory" (1939), de Harrod.[41] O objetivo deste "Ensaio" era assentar as bases para um novo método na Economia (isto é, dinâmico), que ajudaria a explicar os ciclos econômicos. Ao final, muito do que ele apresentou serviu de estímulo para trabalhos de teoria do crescimento de autores posteriores.

Para Harrod, havia três taxas de crescimento importantes: a taxa efetiva (*actual*), a desejada (*warranted*) e a natural. Harrod dedicou a maior parte do "Ensaio" às duas primeiras taxas de crescimento, somente introduzindo a taxa natural ao final do trabalho. A ideia essencial pode ser entendida como a tentativa de Harrod de combinar o multiplicador do investimento com aquilo que ele denotou de princípio do acelerador. Podemos ilustrar cada um deles com uma equação.

$$Y = \frac{1}{s} \times 1 \tag{15.A1}$$

$$I = \alpha \times \Delta Y \tag{15.A2}$$

A primeira equação é uma versão simples do multiplicador, onde Y é o produto total (renda), s é a propensão a poupar e I é o montante de investimento. A segunda equação é o princípio do acelerador, que afirma que o investimento (I) depende da variação do produto (ΔY). O termo α (discutido em maior detalhe a seguir) representa o montante de investimentos que as empresas desejariam fazer, agregadamente, como proporção do produto. Combinando estas duas equações, por exemplo, ao substituir I na equação do multiplicador pela equação do acelerador e rearrumando, chegamos à equação fundamental de Harrod.

$$\frac{\Delta Y}{Y} = \frac{s}{\alpha} \tag{15.A3}$$

A equação fundamental afirma que a taxa de crescimento (o lado direito) depende da propensão a poupar (α) e o montante de investimento por produto adicional (α).

A definição das duas variáveis na equação 15.A3 que determinam a taxa de crescimento leva a entendimentos distintos da equação fundamental. Por um lado, podemos definir as variáveis em termos *ex post*, daí resultando que a equação fundamental é um mero truísmo. Assim, a propensão a poupar mede a fração da renda que é poupada, qualquer que seja o nível de renda em determinado período de tempo. O termo α mede o quanto de investimento efetivo houve em relação à variação do produto. Com este entendimento das variáveis, a equação (ou truísmo) mede a taxa de crescimento efetiva do produto que ocorre. Por outro lado, as variáveis podem ser definidas em termos *ex ante*. Seguindo Harrod, iremos nos concentrar na variável α, ainda que muito do que se segue poderia ser explicado em termos da distinção entre a propensão a poupar *ex ante* e *ex post*. Podemos rearrumar a

A Ideologia Neoclássica e o Mito do Mercado Autorregulador

equação 15.A2 de forma a definir o valor do investimento "necessário" ou "desejado" para determinada variação do produto (isto é, $I/\Delta Y$). O valor efetivo de α pode terminar desviando deste nível desejável por causa de aumentos ou reduções indesejadas dos estoques, ou equipamentos que não se encontram nos níveis desejados (embora no que se segue iremos concentrar nossa atenção nos estoques). Com esta definição de α, a equação fundamental define a taxa de crescimento "desejada", de Harrod. Isto é, a taxa de crescimento que deixaria as firmas satisfeitas com a quantidade de investimento (incluindo estoques), dada a produção atual.

O sentido destas definições da taxa de crescimento pode ser discutido agora. Suponhamos que, por qualquer razão, a taxa de crescimento efetiva crescesse mais que a taxa desejada. Supondo que a propensão a poupar estivesse no nível desejado, ou *ex ante*, isso implicaria que o montante de investimento efetivo por produto adicional teria que ser menor que o nível desejado. Em outras palavras, o aumento da taxa de crescimento levou a uma redução indesejada do nível de estoques, à medida que as firmas procuravam atender a um nível maior de demanda. A resposta esperada das firmas seria a de aumentar a taxa de crescimento de sua produção de maneira a atender à demanda aumentada e recompor os seus estoques, até que o nível de investimento como proporção do produto retornasse ao desejado. Contudo, tal resposta significaria que a taxa efetiva de crescimento aumentou ainda mais acima da taxa desejada. Um exercício semelhante poderia ser conduzido com uma taxa de crescimento efetiva abaixo da taxa desejada. As firmas iriam se deparar com um valor de α mais elevado do que o desejado (aumentos indesejados dos estoques) e tentariam se ajustar reduzindo sua taxa de crescimento do produto, fazendo com que a taxa efetiva caísse mais abaixo da taxa desejada. Apenas se a taxa efetiva de crescimento fosse exatamente igual à desejada pelas firmas o valor desejado de investimentos por incremento do produto seria igual ao que efetivamente ocorreu, deixando-as satisfeitas para continuar crescendo a esta taxa. Esta é a base para aquilo que ficaria conhecido como o "fio da navalha", de Harrod, embora o próprio Harrod fosse radicalmente contra esta terminologia, preferindo discuti-la em termos da instabilidade da taxa desejada.

O "Ensaio" não apresentou um modelo completo da instabilidade do capitalismo. Em vez disso, Harrod procurara lançar as bases para um método de análise dinâmico. A fim de se compreender este objetivo, consideremos a lógica da natureza estática do modelo keynesiano. Quando, por exemplo, a demanda agregada por bens excede a oferta agregada, as firmas veem seus estoques caírem abaixo do nível desejado e respondem aumentando a produção. A produção maior cria renda adicional, levando à demanda maior, mas dado que se assume que a propensão marginal a consumir é inferior a 1, a demanda adicional será apenas uma fração do aumento da renda. Logo, a economia eventualmente atinge um nível de equilíbrio da produção e do emprego – ainda que não, necessariamente, um equilíbrio de pleno emprego. O equilíbrio será estável, no sentido de que qualquer desvio do nível de produto atual em relação ao nível de equilíbrio irá retornar ao equilíbrio por meio das respostas de ajuste supostas das firmas, à medida que elas procuram alcançar o nível de estoques desejado. O arcabouço keynesiano, portanto, determinou o *nível* de produto e emprego. O método dinâmico de Harrod foi desenvolvido em termos de taxas de crescimento. O arcabouço que ele desenvolveu buscava descrever os determinantes da taxa de crescimento do produto de equilíbrio (ou desejada), e não o nível de produto de equilíbrio. Ao fazê-lo, ele acreditava que na análise dinâmica seria frequentemente constatado que a taxa de crescimento de equilíbrio era instável, no sentido de que qualquer desvio seria autossustentável, Note-se que dentro do quadro dinâmico de Harrod, a mesma resposta que assegura um equilíbrio estável em um contexto estático (reagindo a variações indesejáveis nos estoques) é a que torna o equilíbrio dinâmico instável.

A taxa de crescimento desejada estabeleceu a taxa de crescimento de equilíbrio "única" para a economia, dada a atual propensão a poupar desejada e o montante desejado de investimento por incremento do produto. Esta taxa de crescimento, porém, era instável, no sentido de que qualquer desvio da taxa de crescimento efetiva em relação a ela tenderia a afastar a economia ainda mais dela. Para tornar as coisas ainda mais complicadas, mesmo se as taxas de crescimento efetiva e desejada fossem iguais, ainda assim não havia garantia de que seriam equivalentes à taxa de crescimento natural. A taxa de crescimento natural representava a taxa máxima de crescimento potencial, determinada pelos recursos e pelo progresso técnico. De forma simplificada, podemos pensar a taxa de crescimento natural como sendo determinada pelo crescimento da força de trabalho. Dado este máximo, a economia experimentaria um resultado, aparentemente, paradoxal de que quando a força de trabalho aumentasse (isto é, a taxa natural) a um ritmo inferior ao da taxa desejada, o resultado seria o desemprego. Porém, tal resultado não é tão paradoxal assim quando se reconhece que a taxa natural impõe um máximo à taxa efetiva de crescimento. Assim, a taxa efetiva de crescimento teria que ser inferior, também, à desejada e, dado o princípio da instabilidade, afastando-se ainda mais dela. Por outro lado, se a taxa natural de crescimento excedesse a taxa desejada, então seria possível que a taxa efetiva de crescimento também fosse superior à taxa desejada e estivesse encostando na taxa natural, causando inflação. No "Ensaio" de 1939, Harrod não procurou oferecer explicações detalhadas para a determinação da taxa natural, nem para os possíveis ajustes induzidos pelos desvios em relação às taxas de crescimento efetiva e desejada. Não há qualquer teoria do crescimento populacional análoga a algo como o uso feito pelos economistas clássicos da teoria populacional malthusiana. Tampouco existe qualquer tentativa, exceto referências de passagem, de desenvolver algo como a ideia de Marx de que, diante de um mercado de trabalho aquecido, os capitalistas irão introduzir técnicas produtivas poupadoras de mão de obra. Mais do que qualquer outra coisa, a falta de elaboração serve para indicar que Harrod ainda se encontrava nos estágios iniciais de desenvolvimento de seu método dinâmico de análise.

Domar abordou a instabilidade do capitalismo a partir de um ângulo ligeiramente diferente do de Harrod.[42] Domar perguntou qual seria a taxa de acumulação de capital necessária para que o produto efetivo de uma economia atingisse o seu potencial. Embora mais sofisticada do que se apresenta aqui, podemos, rapidamente, obter a resposta de Domar. A abordagem reconhecia que o investimento tinha um impacto sobre o produto tanto pelo lado da oferta como da demanda. O lado da demanda era caracterizado por um multiplicador simples.

$$\Delta Y = \frac{1}{s} \times \Delta I \qquad (15.A4)$$

Portanto, a mudança no produto efetivo (ΔY) era determinada pela propensão a poupar (s) e pela mudança nos gastos em investimento (ΔI). Por outro lado, investimento implicava acumulação de capital, o que faria aumentar o produto potencial da economia. Domar supôs que existia uma relação (σ) entre o investimento (ou mudanças no estoque de capital) e mudanças no produto potencial (ΔY_p).

$$\Delta Y_p = \sigma \times 1 \qquad (15.A5)$$

Keynes enfatizara apenas o impacto do investimento pelo lado da oferta. Isso se devia ao fato de a teoria keynesiana ser conduzida no curto prazo, no qual o efeito do investimento sobre a capacidade produtiva ainda não se fazia sentir. Em suma, Keynes supunha uma capacidade produtiva constante, ao passo que Domar procurou estudar as implicações do investimento ao causar mudanças na capacidade produtiva da economia.

A Ideologia Neoclássica e o Mito do Mercado Autorregulador

Supondo, para facilitar a explicação, que a economia partiu de uma posição na qual o produto efetivo é igual ao potencial, podemos chegar à taxa necessária de acumulação de capital a partir de nossas duas equações. A fim de continuar a operar em seu potencial, a mudança no produto efetivo deve ser igual à mudança no produto potencial. Podemos, portanto, igualar o lado direito das equações 15.A4 e 15.A5.

$$\frac{1}{s} \times \Delta I = \sigma \times I \qquad (15.A6)$$

Rearrumando os termos da equação, obtemos a taxa de crescimento necessária.

$$\frac{\Delta I}{I} = s \times \sigma \qquad (15.A7)$$

Utilizando o exemplo original de Domar, podemos supor que a propensão a poupar é 12% e o termo da produtividade do investimento é 30%. O investimento teria que crescer 3,6% para que o produto efetivo e o potencial permanecessem iguais. Caso isso ocorresse, o produto efetivo e potencial também cresceriam à taxa de 3,6%.

Em comentários posteriores ao modelo de Domar, Harrod observou que a sua equação de crescimento de equilíbrio e a de Domar eram idênticas. Ambas as equações utilizam a mesma definição de propensão a poupar. Além disso, ao enfatizar que o termo α na equação da taxa de crescimento desejada é apresentado em termos do nível desejado (ou *ex ante*) de investimento por unidade adicional de produto, ele se torna o inverso do termo de Domar (isto é, $\sigma = 1/\alpha$), o que torna as duas equações idênticas. Portanto, poderemos discutir a instabilidade inerente dentro da abordagem de Domar tal como o fizemos na de Harrod. De fato, podemos seguir a abordagem algo modificada de Domar para fazermos uma análise direta da instabilidade. A utilização da capacidade pode ser apresentada em termos da relação entre o produto efetivo e o potencial, Y/Y_p. Supondo que o produto potencial *per capita* assume a mesma razão que o produto potencial incremental por investimento, chegamos à seguinte relação:

$$\frac{Y}{Y_p} = \frac{I/K}{s \times \sigma} \qquad (15.A8)$$

O numerador do lado direito é a taxa efetiva de acumulação de capital, ao passo que o denominador indica a taxa necessária (ou desejada). Se a taxa efetiva, por alguma razão, fica aquém da taxa necessária, o produto efetivo ficará abaixo do potencial, daí resultando capacidade ociosa. Com capacidade ociosa, parece certo que o ritmo de acumulação de capital cairá ainda mais. Embora Domar note que se o ritmo atual de acumulação de capital continuar, então haverá, simplesmente, capacidade ociosa contínua, sem que, necessariamente, ela caia mais ainda abaixo da taxa necessária. Por outro lado, se a taxa efetiva for maior que a necessária, ocorrerá superutilização (isto é, pressões inflacionárias) e as empresas poderão sentir a necessidade de mais capital ainda para criarem capacidade, daí causando pressão adicional sobre os preços. Caímos, novamente, na instabilidade da taxa necessária (ou desejada), no sentido de que se a economia se afastar dela, haverá pressões afastando-a ainda mais.

Keynes procurou mostrar porque os mercados não eram, automaticamente, autoajustáveis. Sua teoria da taxa de juros demonstrou como a taxa de juros pode não se ajustar, de forma que o potencial de uma economia para gerar poupança pode permanecer acima de sua capacidade de encontrar

377

oportunidades de investimento lucrativas. Além disso, era possível que a relação entre a poupança e a renda levasse a um nível estável, porém deprimido, de renda, com desemprego generalizado. Tudo isso, porém, foi feito em termos estáticos, de curto prazo, de forma que a análise daquilo que ocorreria quando a capacidade da economia mudasse não foi explorada. Coube a Harrod, seguido por Domar e muitos outros, realizar esta exploração.

Está claro que nem Harrod nem Domar apresentaram modelos completos estendendo os fundamentos keynesianos para questões de dinâmica e crescimento. Harrod continuou a trabalhar em seu método dinâmico (publicando um livro sobre o assunto e um ensaio complementar). Excetuando-se a escola de pensamento pós-keynesiana (discutida no capítulo 18), este trabalho posterior não chegou a impressionar os economistas. O chamado modelo Harrod-Domar continua a ser ensinado, ou ao menos mencionado, mas, geralmente, apenas como um pequeno ponto de entrada para a teoria de crescimento neoclássica, que, ostensivamente, superou a sugestão inicial de uma trajetória instável de crescimento de equilíbrio (ver o Apêndice no capítulo 16). A história da Economia possui várias estradas que jamais foram seguidas. As contribuições iniciais de Harrod e de Domar são um caso típico. Ao darem início a suas teorias com uma trajetória instável do crescimento de equilíbrio, eles conseguiram capturar a imagem do capitalismo como um sistema em permanente mudança, com altos e baixos. Deveria haver explicações de por que ele não esteve sempre em mudança, ou de por que os altos se transformaram em baixos e baixos em altos. Esta tarefa poderia, certamente, ser realizada e, em alguns círculos, ela o foi.

Contudo, a teoria neoclássica tomaria uma estrada diferente, domando a instabilidade e retornando a uma trajetória estável de crescimento de equilíbrio, na qual mudanças só poderiam vir a partir de fatores exógenos.

Notas do Capítulo 15

1. Estes números foram retirados de HACKER, Louis M. *The Course of American Economic Growth and Development*. Nova York: Wiley, 1970, p. 300-301.
2. Ver CHANDLER, Lester V. *America's Greatest Depression*. Nova York: Harper Row, 1970, p. 40-41.
3. US. CONGRESS. *Senat Hearings before a Subcommittee of the Committee on Manufactures*. 72° Congresso, 1.ª sessão. Washington, D. C.: Government Printing Office, 1932, p. 239.
4. Citado por CHANDLER, *America's Greatest Depression*, p. 41-42.
5. Citado por HUBERMAN, Leo. *We the People*. Nova York: Monthly Review Press, 1964, p. 260.
6. KEYNES, John Maynard. *Laissez-Faire and Communism*. Nova York: New Republic, 1926, p. 47.
7. Ibid., p. 47-48.
8. Ibid., p. 130-131.
9. KEYNES, John Maynard. *The General Theory of Employment, Interest and Money*. Nova York: Harcourt, Brace and World, 1936, p. 384.
10. 1MALTHUS, T. R. *An Essay on the Principle of Population and a Summary View of the Principle of Population*. Baltimore: Penguin, 1970, p. 144. Organizado por A. Flew.
11. KEYNES. *General Theory*, p. 374.
12. KEYNES, John Maynard. *Essays in Biography*. Nova York: Norton, 1963, p. 120.
13. Exemplos podem ser encontrados em LEKACHMAN, Robert. *The Age of Keynes*. Nova York: McGraw-Hill, 1975, p. 59-61.
14. KEYNES. *General Theory*, p. 5.
15. Ibid., p. 17.
16. Ibid., p. 13-14.

A Ideologia Neoclássica e o Mito do Mercado Autorregulador

17. Ibid., p. 95-96.

18. Ibid., p. 97.

19. Ibid., p. 166-168.

20. Ibid., p. 170.

21. Ibid., p. 172.

22. Ibid., p. 131.

23. Ibid., p. 129.

24. HACKER, *Economic Growth and Development*, p. 325.

25. Os dados sobre gastos militares são difíceis de calcular, porque grande parte deste dinheiro é empregado em despesas classificadas pelos estatísticos do governo como gastos não militares. Este número, bem como grande parte dos outros dados usados nesta parte, foi retirado do estudo mais amplo e completo dos gastos militares dos Estados Unidos feito até hoje por um economista americano: CYPHER, James M. "Military Expenditures and the Performance of the Postwar U. S. Economy: 1947-1971". (Dissertação de Ph.D.) Riverside, Universidade da Califórnia, 1973.

26. Ibid., p. 136-137.

27. Ibid., p. 164-165.

28. Dados de FRIEDMAN, Benjamin. *Days of Reckoning*. Nova York: Random House, 1988. p. 273-274.

29. Ibid., p. 328-332.

30. Ver por exemplo, FLEMING, D. F. *The Cold War and Its Origins*. Nova York: Doubleday, 1961. 2 v.; ALPEROVITZ, Gar. *Atomic Diplomacy: Hiroshima and Potsdam*. Nova York: Simon & Schuster, 1965; *Corporations and the Cold War*. Nova York: Monthly Review Press, 1969. Organizado por David Horowitz; HOROWITZ, David. *Empire and Revolution*. Nova York: Random House, 1969; KOLKO, Gabriel. *The Politics of War*. Nova York: Vintage, 1970; STONE, I. F. *The Hidden History of the Korean War*. Nova York: Monthly Review Press, 1952; AMBROSE, Stephen E. *Rise to Globalism*. Londres: Penguin, 1971.

31. Os dados de dívida pública federal dos Estados Unidos utilizados nesta parte são do Office of Management and Budget.

32. Os dados da dívida total e seus diversos componentes provêm das tabelas de Fluxos de Fundos, do Federal Reserve.

33. KEYNES. *General Theory*, p. 379.

34. Ibid., p. 378-380.

35. Ibid., p. 374.

36. Ibid., p. 375-376.

37. Ibid., p. 376.

38. Ibid., p. 378.

39. Ibid.

40. John Maynard Keynes, "Relative Movements in Real Wages and Output", *The Economic Journal*, vol. 49, March 1939, p. 34-51.

41. R.F. Harrod, "An Essay in Dynamic Theory", *The Economic Journal*, vol. 49, March 1939, p. 14-33.

42. A discussão aqui segue Evsey D. Domar, "Capital Expansion, Rate of Growth, and Employment", *Econometrica*, vol. 14, April 1946, p. 137-47.

CAPÍTULO 16

A Negação do Mito da Produtividade Mensurável do Capital: Os Escritos de Sraffa

Os três princípios fundamentais da ideologia utilitarista neoclássica são: a fé no poder da "mão invisível" do mercado concorrencial em harmonizar todos os interesses por meio da livre-troca, de criar preços racionais e de levar a uma alocação eficiente dos recursos; a fé em que o livre-mercado criará, automaticamente, um equilíbrio a pleno emprego; a crença em que os salários são iguais ao valor do produto marginal do trabalho e que a taxa de lucro (ou a taxa de juros) é igual ao valor do produto marginal do capital; daí, por inferência, cada classe social receber o equivalente ao valor gerado pelos fatores que possui. Nos Capítulos 14 e 15, discutimos os dois primeiros desses princípios. Neste capítulo, discutiremos o último – a teoria da distribuição baseada na produtividade marginal.

Estado Atual da Teoria Neoclássica da Distribuição

A economia neoclássica domina inteiramente a economia acadêmica contemporânea convencional. A economia keynesiana ortodoxa tornou-se um mero ramo da teoria neoclássica, ainda que, conforme veremos no Capítulo 18, outra tradição – o pós-keynesianismo – oponha-se ferrenhamente ao neoclassicismo. A teoria da distribuição baseada na produtividade marginal é um assunto estabelecido com base na fé e não questionado por quase todos os economistas neoclássicos (com algumas exceções, que discutiremos no próximo capítulo). A teoria neoclássica contemporânea da distribuição não se modificou essencialmente em relação às formulações de Clark e Böhm-Bawerk (Capítulo 11), embora

381

essas formulações tenham recebido um tratamento matemático mais elegante nos escritos dos neo-clássicos contemporâneos.

O estado atual da teoria neoclássica da distribuição foi resumido num livro do professor Martin Bronfenbrenner intitulado *Income Distribution Theory*. O livro é uma reflexão precisa sobre a ortodoxia econômica vigente. O autor começa o prefácio dizendo o seguinte:

> Este é um livro sobre a distribuição da renda à moda antiga. Foi escrito por um economista teórico e se concentra em teoria econômica. Segue a tradição do livro Distribuition of Wealth, de John Bates Clark (1899)...
>
> O que torna o livro antiquado é, principalmente, sua natureza "reformuladora e confirmadora"... Não estou disposto a abandonar a economia neoclássica, seja o marginalismo, seja a função de produção, a nível microeconômico ou a nível macroeconômico.[1]

Bronfenbrenner segue realmente a ortodoxia neoclássica, tanto no conteúdo quanto na sequência da argumentação. Começa com a teoria da firma maximizadora dos lucros que compra insumos, junta esses insumos para produzir (de acordo com a "função de produção" neoclássica padronizada e "bem comportada") um produto a ser vendido no mercado. A função de produção permite a substituição sem sobressaltos e contínua dos fatores de produção, para poder escolher a combinação de fatores maximizadoras do lucro. Em termos microeconômicos, não existem trabalhadores nem capitalistas, mas somente proprietários de insumos, chamados *a, b, c* e assim por diante.

> Um processo microeconômico de produção levado a cabo por uma única firma será representado por uma função de produção:
>
> x 5 F(a, b, c,...)
>
> ... As primeiras derivadas parciais da... (função de produção) são os produtos marginais ou as produtividades marginais dos insumos a, b, c,... Normalmente, supõe-se que dois insumos quaisquer a e b possam ser substituídos um pelo outro na produção... As segundas derivadas parciais da função de produção são, normalmente, negativas... Essa é uma das formas do princípio dos rendimentos decrescentes dos insumos.[2]

Essas premissas dão as conhecidas curvas do valor do produto marginal (*VPM*) de cada insumo. Essas curvas, como vimos em nossa discussão sobre Clark, são negativamente inclinadas e constituem a curva de demanda de um fator da firma maximizadora de lucros. Trata-se então do caso "conhecidos todos os preços, os empregos ótimos (isto é, maximizadores do lucro) dos insumos produtivos são determinados pela igualdade entre os preços dos insumos e seus respectivos valores do produto marginal".[3] Quer dizer, cada fator obtém exatamente o que ele cria à margem.

Assim, a análise passa para o nível macroeconômico. Os insumos *a, b* e *c*, que, no nível microeconômico, não tinham qualquer significado social, político ou econômico atribuído à sua diferenciação, transformam-se, agora, em capital e trabalho. Suas remunerações tornam-se, agora, juros e salários. Segundo Bronfenbrenner, "os economistas clássicos e neoclássicos se unem no tratamento da economia como uma firma ou uma indústria ampliada".[4] Não existe problema algum de a demanda agregada ser suficiente para comprar o produto dessa "firma ampliada", porque o valor ideológico da teoria da distribuição baseada na produtividade marginal é igualmente grande, segundo a tradição da automaticidade de Say ou a tradição keynesiana: "A manutenção da demanda e do gasto agregados dá-se naturalmente de acordo com a *Lei de Say*... ou se dá pela ação de outro ramo da administração econômica, como a política monetária ou a política fiscal".[5]

A Negação do Mito da Produtividade Mensurável do Capital

Nessas circunstâncias, capital e trabalho são meros fatores de produção a serem usados por nossa gigantesca "firma ampliada" de modo a maximizar os lucros. A demanda por trabalho, como os insumos *a, b* e *c* da análise microeconômica, é negativamente inclinada e reflete o valor da contribuição marginal do trabalho: "A função de demanda por trabalho... é negativamente inclinada por causa da produtividade marginal".[6] Conclui-se, logicamente, que os trabalhadores recebem o valor de seu produto marginal. A análise do capital é idêntica. Tanto o trabalho quanto o capital poderiam ter sido *a, b* ou *c*, na análise microeconômica. Ambos recebem o valor de seu produto marginal.

Nesse ponto, surge, porém, um problema. Embora esteja perfeitamente claro o que queremos dizer quando agregamos a quantidade de trabalho empregada (para verificar sua produtividade marginal), não está de modo algum claro o que queremos dizer quando agregamos o capital. Se dissermos que 100 empregados trabalharam uma semana, o sentido é claro, mas o que significa a afirmação de que 100 capitalistas trabalharam uma semana? Cem fábricas? De vários tamanhos? Cem pás? 50 fábricas, 25 pás e 25 refinarias de petróleo? É óbvio que isso não tem sentido. Um instrumento de capital pode ser qualquer coisa, desde uma chave de parafuso até uma fábrica gigantesca, que empregue dezenas de milhares de operários. A resposta óbvia para os capitalistas de mentalidade prática e maximizadores dos lucros é agregar os equipamentos de capital de acordo com o preço de cada item. Se a chave de parafuso tiver um preço de um dólar e a fábrica gigantesca tiver um preço de US$ 500 milhões, o valor desse capital será US$ 500.000.001. Para o capitalista prático basta saber isso para ter lucro. Mas enquanto o capitalista tem lucro, o economista neoclássico constrói a ideologia.

A medida do capital total usado pelo capitalista não serve para os fins da ideologia neoclássica. De acordo com a teoria da produtividade marginal, *o preço do capital é determinado por sua lucratividade e sua lucratividade depende de sua produtividade*. Então, como mostra corretamente Bronfenbrenner, na teoria neoclássica do capital "falamos de um preço de um ativo... como o *valor capitalizado* de sua renda".[7] Em outras palavras, o preço de um bem capitalizado é o valor presente descontado (ou valor capitalizado) de toda a renda que ele poderá gerar. Contudo, segundo a teoria neoclássica, a renda que o capital poderá gerar é determinada por sua produtividade.

Portanto, os economistas neoclássicos têm, primeiro, de agregar o capital a fim de verificar qual é a sua produtividade, mas não podem agregar bens de capital diferentes de acordo com seus preços, porque o preço do capital depende de sua produtividade (que só pode ser calculada depois de o capital ter sido agregado). O problema é idêntico ao problema apresentado por Clark, criticado por Veblen. Clark disse que havia bens de capital e capital geral, que consistiam num *continuum* de uma "entidade física permanente". Veblen mostrou corretamente que

> O continuum *representado pela "entidade permanente" do capital é uma continuidade de pro-priedade e não um fato físico. De fato, esta continuidade é de natureza imaterial, uma questão de direitos legais, de contrato, de compra e venda. Não é fácil perceber exatamente por que esta situação clara passa despercebida, às vezes intencionalmente... (Não deixar despercebido este fato óbvio) atrapalharia, obviamente... a lei da remuneração "natural" do trabalho e do capital, a que se destina o argumento de Clark desde o início.[8]*

O volume de capital tem de ser quantificado de modo totalmente independente de qualquer recurso a preços; caso contrário, a teoria da distribuição baseada na produtividade marginal, com sua explicação e racionalização dos salários e lucros existentes, fica completamente sem defesa. Böhm-Bawerk sugeriu o uso do "período médio de produção" como medida do capital. A maioria dos economistas neoclássicos rejeitou o uso dessa medida por duas razões: em primeiro lugar, ela é um número-índice complexo, formado por quatro grandezas separadas e não relacionadas – a quantidade de terra, a quantidade de trabalho, a duração do período e a distribuição do uso da terra e do trabalho em diferentes períodos do tempo total. A solução apresentada por Böhm-Bawerk era confusa e a maioria dos economistas neoclássicos percebeu, desde o início, que ela envolvia "problemas de números-índices" insuperáveis. Desse modo, quase todos os economistas neoclássicos se ativeram à noção de capital, de Clark, como um *continuum* de alguma entidade física misteriosa. A soma dos elementos dessa entidade daria ao economista neoclássico a quantidade total de capital, capacitando-o, assim, a calcular a produtividade marginal, as rendas e o valor presente do capital.

A segunda razão da rejeição da solução de Böhm-Bawerk era que ela se aproximava perigosamente, em sua concepção básica de capital, da perspectiva da teoria do valor-trabalho. Segundo a concepção de Böhm-Bawerk, só a terra e o trabalho eram, originariamente ou em última análise, fatores de produção. O capital só existia por causa do elemento temporal da produção. Essa concepção da produção está a apenas um passo de uma concepção que vê a produção como a transformação dos recursos naturais preexistentes, transformação efetuada única e exclusivamente pelo trabalho.

Assim, Bronfenbrenner segue a escola dominante dos neoclássicos, ao rejeitar a definição de capital, de Böhm-Bawerk: "Não... seguimos a tradição que considera o trabalho e a terra insumos ou fatores de produção 'originais', cuja produtividade deve incorporar a produtividade de insumos "derivados" como capital. Em outras palavras, a produtividade marginal do capital tem um sentido distinto das produtividades do trabalho e da terra".[9]

Qual era, então, o *continuum* ou a "entidade física permanente" em virtude da qual o capital podia ser agregado, independente de qualquer conhecimento dos preços? Clark acreditava que essa entidade existia, embora não tivesse um nome. Economistas neoclássicos posteriores continuaram tendo a mesma fé, mas se aventuraram a dar à entidade uma variedade de nomes. Bronfenbrenner lista quatro dos nomes que vários neoclássicos deram à entidade, três dos quais são: "massa de modelar", "geleia", e "joguinhos de montar" dando continuidade a seu argumento como se o fato de inventar um nome (ou mesmo quatro nomes) para uma entidade pudesse realmente criá-la. Disse ao leitor que sua teoria se assenta sobre várias premissas. Entre elas está a premissa de que "os instrumentos de capital... serão homogeneizados... em máquinas para todos os fins, com durações de vida uniformes, quer dizer, o capital será tratado como se fosse maleável e elástico no longo prazo, e como se sua produtividade marginal fosse uniforme".[10] Com base nessa premissa, o capital recebe, tal como o trabalho, uma remuneração igual à sua produtividade marginal.

No resumo mais completo e coerente, matemático e textual, da teoria neoclássica da produção e da distribuição já escrito, C. E. Ferguson segue exatamente a sequência de argumentações de Bronfenbrenner. Ferguson começa com a teoria microeconômica, na qual os fatores de produção são chamados meramente de x_i. Passa, então, à teoria macroeconômica:

> *A teoria da demanda derivada dos insumos, formulada nos Capítulos 6, 8 e 9 (do livro de Ferguson), constitui a teoria microeconômica da distribuição. Por analogia, a teoria macroeconômica da distribuição pode ser formulada, juntamente com as "regras" convencionais, como a igualdade do produto marginal e do salário real em concorrência perfeita. Para especificar a teoria para dois insumos homogêneos, trabalho e capital, basta substituir os x_i dos Capítulos 6 e 9 por K e L.*[11]

Uma vez mais (e uma análise equivalente poderia ser citada de centenas de livros contemporâneos escritos por neoclássicos), Ferguson simplesmente passou dos x_i não especificados e não diferenciados de sua teoria microeconômica para um agregado de capital puro e não diferenciado, contendo uma "entidade física" que permitia sua agregação, independente de qualquer conhecimento dos preços.

A Negação do Mito da Produtividade Mensurável do Capital

A necessidade de calcular um agregado puramente físico para o capital está no cerne das teorias neoclássicas da distribuição agregada, que procuram mostrar que os juros (todos os lucros são, por hipótese, juros, quando a economia está em uma posição de equilíbrio geral) são o mero retorno do capital – um retorno que reflete a produtividade do capital e que é por ela determinado. Entretanto, a agregação do capital e a determinação de sua produtividade marginal têm uma importância na teoria econômica neoclássica que vai muito além dos limites da teoria da distribuição baseada na produtividade marginal. No capítulo anterior, quando discutimos as tentativas de Keynes rejeitar a noção da automaticidade do mercado e, ao mesmo tempo, continuar defendendo a teoria da "mão invisível" e a teoria da distribuição, dissemos que não se pode rejeitar qualquer desses princípios ideológicos do neoclassicismo e, ao mesmo tempo, manter logicamente os outros dois. Os três princípios estão teórica e logicamente interligados, e a mais importante ligação teórica entre os três princípios ideológicos é a teoria neoclássica do capital.

Na teoria da distribuição, a importância de agregar o capital (independente dos preços) é óbvia: sem essa agregação não se pode derivar as curvas de produto marginal do capital ou do trabalho (pois, segundo sua teoria, a produtividade do trabalho depende, em parte, da quantidade de capital em uso). Na teoria em que o livre-mercado se ajustará automaticamente ao pleno emprego, uma proposição central é que, para a poupança aumentar muito, reduzindo, assim, a taxa de juros, seria preciso haver grandes volumes de investimento, a fim de aumentar a quantidade de capital ou aumentar a razão capital/trabalhador até a produtividade marginal do capital igualar a taxa de juros. Em outras palavras, a teoria neoclássica da automaticidade do mercado depende inteiramente de uma relação *inversa* universalmente presente entre a taxa de juros e a razão capital/trabalhador. Essa teoria não tem sentido algum, se não se puder agregar o capital e determinar sua produtividade marginal. Finalmente, de acordo com a teoria da "mão invisível", ou com a economia neoclássica do bem-estar, a noção de alocação eficiente do capital entre diferentes setores e a noção de alocação eficiente de recursos em diferentes ocasiões (ambas absolutamente necessárias para a economia neoclássica do bem-estar) não têm sentido algum e apresentam incoerências lógicas, (1) se não se puder agregar ó capital e determinar sua produtividade marginal, (2) se a produtividade marginal do capital não diminuir com o aumento da quantidade de capital (em relação à quantidade de trabalho) e (3) se as taxas de juros mais baixas não levarem invariavelmente a maiores razões capital/trabalho.

Assim, a noção de que o capital representa um *continuum* físico formado por uma entidade permanente é o ponto central de toda a ideologia neoclássica. Isso é reconhecido pelos economistas neoclássicos que realmente compreendem o sentido da estrutura matemática bem elaborada que constitui a teoria. Assim, Ferguson afirma, corretamente, que:

> As teorias neoclássicas da distribuição e do crescimento são, claramente, teoria derivadas, aquela dependendo em grande parte da teoria da produção e a última, da teoria do capital. As teorias do capital e da produção são mais integradas e mais fundamentais, mas, em última análise, a teoria neoclássica, em suas formas simples ou não tão simples, depende da natureza básica da "coisa" chamada capital.[12]

Qual é a natureza básica do capital? Desde a publicação de *The Distribution of Wealth*, de Clark, até a década de 1950, os economistas neoclássicos se contentaram em deixar sem qualquer exame a questão da natureza básica da entidade permanente de capital. Tudo isso mudou drasticamente na década de 1960, quando os economistas neoclássicos foram sacudidos em sua complacência conservadora e postos em posição defensiva.

História do Pensamento Econômico

Em 1962, Paul Samuelson, o mais influente de todos os economistas neoclássicos contemporâneos (e que discutiremos no próximo capítulo) achou necessário rotular a noção de capital, de Clark, com a expressão "conto de fadas neoclássico de J. B. Clark". Samuelson admitia que a noção de capital, de Clark, não podia ser defendida lógica ou empiricamente, mas argumentou que ela era uma "parábola" utilíssima, que poderia, por analogia, ilustrar "verdades" que não podiam ser formuladas diretamente nem defendidas. O artigo de Samuelson, escrito em 1962, intitulou-se *Parábola e Realismo na Teoria do Capital: a Função de Produção Substituta.*[13] Argumentou que as teorias neoclássicas da produção e do capital não eram verdades científicas, mas parábolas que podiam ilustrar verdades.

Ferguson, como um dos economistas neoclássicos mais perspicazes e de maior discernimento, reconheceu que Samuelson estava certo; essas teorias eram meras parábolas; mas também reconheceu que essas parábolas constituíam o próprio âmago de toda a teoria neoclássica:

> Usando a analogia feita por Clark, o capital é como uma cachoeira. A cada segundo, passa uma água diferente na cachoeira, mas a cachoeira continua sendo a mesma. Quer dizer... existe uma substância real, chamada capital, cujo esgotamento é continuamente reposto, de modo que a substância continue homogênea.
>
> Com esta noção simples, uma série de economistas, muito numerosa para ser aqui mencionada, elaborou a versão moderna da teoria neoclássica simples, o "conto de fadas neoclássico de J. B. Clark". É claro que se podem elaborar versões elaboradas da teoria, mas a versão simples leva às parábolas simples em que nos baseamos para entender grande parte do mundo econômico real. Em particular, estas parábolas nos dão uma relação direta entre a esfera de produção e o mercado e estabelecem a base de toda a teoria microeconômica da determinação de preços, que é, obviamente, o âmago da teoria neoclássica.[14]

No entanto, nem Samuelson nem Ferguson criticam o neoclassicismo. Pelo contrário, eles *defendem* a teoria. Ferguson afirma que sua teoria é "uma forma generalizada da teoria neoclássica da produção (agregada)... e da distribuição, ou o que Samuelson chama de o 'conto de fadas de J. B. Clark'. No que diz respeito à produção e à distribuição, o modelo parece uma aproximação útil e satisfatória da realidade".[15]

O que ocorrera, então, para que os economistas neoclássicos ficassem em posição defensiva na década de 1960? Por que os defensores mais capazes da teoria neoclássica admitiram que suas verdades eram baseadas em contos de fadas e parábolas? A resposta a essas perguntas é que, em 1960, foi publicado um dos livros mais importantes da história do pensamento econômico – *A Produção de Mercadorias por Meio de Mercadorias*, de Piero Sraffa.[16] A finalidade inicial do livro era resolver o problema apresentado por Ricardo, de encontrar uma medida invariável de valor, problema que sempre perseguiu a teoria do valor-trabalho (como vimos no Capítulo 10). O livro teve um período de gestação incrivelmente demorado – quase 40 anos –[17] mas, depois de publicado, não só conseguiu cumprir sua finalidade inicial (encontrar uma medida invariável de valor), como também veio a constituir-se em uma crítica arrasadora e decisiva às teorias neoclássicas do capital e da distribuição – tudo isso em 87 páginas de texto e três apêndices. Ambos os feitos são de grande significado na história do desenvolvimento das teorias econômicas. No restante deste capítulo, consideraremos sua crítica da teoria neoclássica e, no Capítulo 18, examinaremos a construção, por Sraffa, de uma medida invariável de valor.

Sraffa e a Crítica à Economia Neoclássica

Os economistas neoclássicos têm procurado basear sua teoria da distribuição nas proposições gerais de troca no mercado e nas condições técnicas de produção incorporadas à função de produção. Acham eles que isso torna sua teoria tão geral que não requer conhecimento algum das instituições

A Negação do Mito da Produtividade Mensurável do Capital

econômicas, de história econômica ou das instituições sociais e políticas para se explicar como a renda é distribuída. No nível microeconômico, eles tentaram mostrar como o valor atribuído (baseado na utilidade) aos bens finais de consumo cria uma curva de demanda de fatores de produção (com base em suas produtividades marginais determinadas pela função de produção). Essa demanda por fatores, associada à oferta desses fatores (em geral considerada fixa e constante), determina os preços dos fatores – e, daí, as rendas dos donos dos fatores.

A crítica mais óbvia feita diversas vezes há décadas (e sempre ignorada) é que a demanda por mercadorias e a oferta de fatores são significativamente influenciadas pela distribuição da renda. Isso envolve uma circularidade, da qual a teoria nunca conseguiu escapar, no nível microeconômico. Não obstante, os teóricos nunca hesitaram em agregar as categorias da teoria da distribuição baseada na produtividade marginal para ter uma ideologia macroeconômica que justificasse a distribuição da renda das classes sob a forma de lucros e salários.

A teoria neoclássica da distribuição foi bastante aperfeiçoada, desde a época de John Bates Clark, mas a linha mestra ainda é, como era no tempo de Clark, demonstrar que neste mundo, que é o mais justo possível, "uma classe social recebe, pela lei natural, o equivalente à sua contribuição para o produto geral da indústria".[18]

Um dos primeiros ataques a essa teoria foi o da professora Joan Robinson.[19] Embora tenhamos que admitiu o mérito de Robinson quanto ao ressurgimento da crítica à teoria, ela própria reconheceu sua dívida para com Sraffa em relação a alguns dos mais importantes aspectos teóricos por ela abordados.[20] O aspecto mais importante apontado por Robinson foi o de que é impossível "encontrar uma unidade em que o capital possa ser medido com um número, isto é, como um índice, independente dos preços relativos e da distribuição, de modo que possa ser introduzido em uma função de produção, onde, ao lado do trabalho... possa explicar o nível do produto nacional".[21]

O capital, como vimos, tem de poder ser reduzido a uma única quantidade homogênea para poder calcular sua produtividade marginal na função de produção. G.C. Harcourt escreveu o estudo mais completo e esclarecedor sobre teoria do capital da literatura econômica contemporânea. Descobriu, de acordo com o que afirmamos na primeira parte deste capítulo, que os economistas neoclássicos simplesmente supõem a existência dessa entidade homogênea e lhe dão um nome. Essa substância é supostamente transformável, à vontade e sem custo, em qualquer forma concreta de capital. Essas premissas claramente absurdas deram origem ao debate sobre os métodos de quantificação do capital, que partem do reconhecimento de que o capital é heterogêneo e de que a função de produção não é uma função regular, continuamente derivável.[22]

O primeiro passo na investigação dessa questão é substituir a "função de produção" neoclássica por uma lista das "receitas" de todas as combinações possíveis de insumos produtivos e de seus produtos resultantes. Aceitamos, então, a noção de que a maximização dos lucros é a força motivadora que determina a escolha das técnicas de produção que os capitalistas adotarão. Essa premissa é aceita pelos economistas neoclássicos e pelos economistas marxistas (e por quase todos os outros).

A maximização do lucro levará à escolha de uma única técnica de produção (que maximizará os lucros), determinada – dadas as diferentes receitas de produção – pela taxa de juros e pelo salário. Surge, logo, a questão relacionada às trocas das técnicas de produção ou das receitas de produção que podem ser esperadas das variações dos salários e da taxa de juros.

Sraffa, primeiro, demonstrou efetivamente a resposta a essa pergunta na terceira parte de seu livro intitulado *Troca dos Métodos de Produção*.[23] Essa demonstração levou a uma avalanche de artigos que debatiam a questão da "troca das técnicas" (*switching*).[24] Embora os argumentos fossem muito esotéricos, os princípios gerais estabelecidos são bastante simples e de enorme importância na história das doutrinas econômicas. Representam a destruição lógica e teórica de toda a tradição intelectual da economia utilitarista incorporada à teoria neoclássica ortodoxa e dominante nos últimos cem anos.

Nossa demonstração da troca (ou, mais apropriadamente, da retroca – *reswitching*) das técnicas de produção será feita em duas partes. Primeiro, trataremos do capital como um conceito de "período de produção", acompanhando a definição de Böhm-Bawerk. Nesse caso, nossa demonstração da retroca pode ser puramente textual. Em seguida, discutiremos os insumos de mercadorias existentes como se fossem capital e demonstraremos o fenômeno da retroca. Essa demonstração exigirá fórmulas matemáticas e gráficos simples.

Ao demonstrarmos a incoerência lógica da noção de Böhm-Bawerk sobre o período de produção como medida de capital, primeiro descreveremos uma possível situação na qual a definição de capital, de Böhm-Bawerk, possa dar resultados compatíveis com as conclusões da teoria da distribuição baseada na produtividade marginal. Depois, descreveremos uma situação em que a definição de capital, de Böhm-Bawerk, leve a contradições lógicas, considerando-se a teoria da produtividade marginal.

Suponhamos que haja duas técnicas de produção para a fabricação de uma mercadoria. A técnica *A* envolve muita mão de obra, mas esse tempo de trabalho se concentra nos últimos estágios do processo de produção. A técnica *B* envolve menos mão de obra, e o tempo de trabalho concentra-se nas primeiras fases do processo de produção. Se os salários forem muito baixos e a taxa de juros for muito alta, a técnica *A* dará mais lucro e será, por isso, a escolhida. Se os salários começarem a subir e a taxa de juros começar a cair, é óbvio que chegará um momento em que a técnica *B* dará mais lucro. Com a continuação dessa tendência das taxas de juros e dos salários, a técnica *B* continuará dando mais lucro, independente de quanto os salários subam (ou de até que ponto as taxas de juros baixem). Esse é o caso ortodoxo e é perfeitamente compatível com as conclusões da teoria neoclássica.

Mas suponhamos, agora, que, na técnica *A*, quase toda a mão de obra seja usada muito cedo no processo de produção. Vamos supor que na técnica *B* tenhamos um período de produção *mais longo*, com uma pequena quantidade de trabalho empregado no início do período e uma grande quantidade no fim do período. O emprego total de trabalho na técnica *B* é maior do que na técnica *A*, mas o emprego de trabalho na técnica *A* é maior do que o emprego pequeno inicial de trabalho ou que o emprego grande final de trabalho da técnica *B*, considerados isoladamente.

Com taxas de juros muito altas (e com salários baixos) o efeito composto das taxas de juros torna o custo do trabalho empregado no início da técnica *B* (lembrando que essa técnica tem um período de produção mais longo do que o da técnica *A*) tão grande que ele se torna maior que os custos de salários e juros da técnica *A*. Portanto, a técnica *A* é a técnica de baixo custo e, por isso, será a adotada.

Com a queda da taxa de juros (e com o aumento dos salários), se chegará a um ponto em que o custo total da técnica *B* será menor do que o custo total da técnica *A*, porque quase todo o trabalho da técnica *B* é empregado no fim do período, e o efeito composto da pequena quantidade de trabalho empregado inicialmente não é tão significativo. Portanto, o capitalista que maximiza seus lucros mudará para a técnica *B*.

Entretanto se a taxa de juros continuar caindo e os salários continuarem aumentando, o efeito composto da taxa de juros ficará menos importante ainda. Inversamente, o aumento dos salários passa a ser mais importante. A maior quantidade de trabalho total da técnica *B* acabará tornado-a o meio de produção mais caro. O capitalista mudará novamente para a técnica *A*. É esta nova troca de técnicas que é impossível, segundo a teoria neoclássica da distribuição e do capital. A comprovação de que as retrocas são possíveis é uma prova de que a teoria neoclássica do capital e da distribuição é falsa, quer dizer, nenhuma das conclusões da teoria neoclássica da distribuição pode ser válida.

A Negação do Mito da Produtividade Mensurável do Capital

Quando a taxa de juros abaixa, a firma que maximiza seus lucros sempre emprega, segundo a teoria neoclássica, mais capital. Da mesma forma, quando os salários aumentam, a economia neoclássica (e a economia keynesiana) nos diz que a firma que maximiza seus lucros sempre contratará menos mão de obra. A um dado nível de produção, como reconheceram quase todos os economistas a partir de Ricardo, um aumento dos salários sempre envolve (ou necessita de) uma queda da taxa de juros. De acordo com a teoria neoclássica da produtividade marginal (e com a economia neoclássica do bem-estar e com a teoria dos mercados autorregulados), um aumento dos salários acompanhado de uma queda da taxa de juros *sempre terá* (e não pode haver exceção) que levar a firma maximizadora dos lucros a aumentar a razão capital/trabalho usada no processo de produção, quer dizer, ele *terá* de substituir trabalho por capital e mudar para uma técnica de produção mais intensiva em capital.

No exemplo que acabamos de descrever, é óbvia a impossibilidade lógica de usar a definição de capital, de Böhm-Bawerk, na teoria neoclássica. Como já dissemos, a medida de capital proposta por Böhm-Bawerk – o período médio de produção – é um índice que mede *tanto* o tempo que se leva no processo de produção *quanto* a quantidade de trabalho empregada em vários pontos daquele período. Para que a teoria neoclássica tenha algum sentido (usando-se essa medida de capital), é absolutamente necessário que a teoria nos diga, em nosso exemplo, que técnica de produção – *A* ou *B* – é a mais intensiva em capital. A técnica *B* envolve não só um período mais longo de produção como também mais trabalho. Isso a torna mais intensiva em capital ou mais intensiva em trabalho? A resposta a essa pergunta tem de ser dada de modo claro, lógico e sem ambiguidades; caso contrário, toda a estrutura complexa da teoria econômica neoclássica se desintegrará.

Contudo, a resposta não é nada óbvia. A teoria neoclássica nunca propôs critério algum que possibilitasse saber se a técnica *A* ou a técnica *B* era mais intensiva em capital, *a não ser* pelo fato de, quando a taxa de juros baixa e os salários aumentam, a firma maximizadora dos lucros sempre irá passar de uma técnica menos intensiva para uma técnica mais intensiva em capital. Em nosso exemplo, vimos que, com taxas de juros muito altas (e, da mesma forma, com salários baixos), a técnica *A* envolvia custos mais baixos, sendo, portanto, a técnica que maximizava os lucros. Com a queda da taxa de juros (e um aumento dos salários), a técnica *B* ficava mais barata. Portanto, a firma maximizadora dos lucros mudava da técnica *A* para a técnica *B*. Como uma queda da taxa de juros (e um aumento dos salários) leva uma firma maximizadora dos lucros a passar da técnica *A* para a técnica *B*, a teoria neoclássica *tem*, se quiser ter sentido ou alguma coerência lógica, de concluir que a técnica *B* é mais intensiva em capital que a técnica *A*.

No entanto, vimos também, em nosso exemplo, que, enquanto a taxa de juros continuasse caindo até atingir níveis muito baixos (e os salários continuassem subindo), chegava-se a um ponto em que a técnica *A* passava a ser mais uma vez a técnica maximizadora dos lucros. A firma mudava novamente da técnica *B* para a *A*. Ora, com uma queda da taxa de juros provocando uma volta de *B* para *A*, torna-se absolutamente necessário que a teoria neoclássica defina a técnica *A* com sendo mais intensiva de capital do que a técnica *B*.

Durante todo o processo, as técnicas *A* e *B* continuavam sendo as mesmas. Todavia, vimos que a teoria neoclássica exige que definamos *B* como mais intensiva em capital do que *A* e que também definamos *A* como mais intensiva em capital do que *B*. Demonstra-se, assim, que a teoria neoclássica se baseia em uma contradição lógica da qual não existe qualquer escapatória.

A questão é que os mesmos tipos de bens de capital físicos, usados em ocasiões idênticas e em condições idênticas, criam valores do capital muito diferentes, dependendo das taxas de juros e dos salários vigentes. Além disso, os custos relativos da produção de diferentes mercadorias variam, apesar de as condições físicas de produção poderem ser idênticas. Sraffa concluiu, corretamente, que tinha tido êxito em *mostrar a impossibilidade de agregar os "períodos" referentes às várias quantidades de trabalho em uma única grandeza que pudesse ser considerada como representando a quantidade de capital.*

As inversões de direção do movimento dos preços relativos, diante das trocas dos métodos de produção, não podem ser compatibilizadas com qualquer noção de capital como quantidade mensurável independente da distribuição e dos preços.[25]

Contudo, embora a medida de capital proposta por Böhm-Bawerk se tenha revelado, comprovadamente, uma medida com contradições lógicas, precisamos levar também em conta a concepção de capital, de Clark, e considerar apenas o período imediato de produção, em que o trabalho é empregado juntamente com o capital, que compreende mercadorias já produzidas, para vermos se é possível chegar a uma medida de capital com coerência lógica. Precisamos usar algumas equações e alguns gráficos simples para ilustrar este caso.

Para simplificarmos ao máximo possível, vamos supor que uma economia só produza um bem de capital e um bem de consumo (a demonstração pode ser estendida matematicamente para incluir qualquer número de bens de capital e de bens de consumo). Também vamos supor que haja duas técnicas de produção diferentes, cada uma delas envolvendo receitas para a produção de ambos os bens.

Em equilíbrio, o preço de cada bem será igual ao custo do salário mais os juros sobre o capital empregado na produção e mais uma quantia igual ao capital consumido ou destruído no processo produtivo. Portanto, podemos ter duas equações de preço (ou custo) para os dois bens.[26] Estas equações serão válidas, qualquer que seja a técnica de produção empregada:

$$1 = l_a w + c_a P_c (r + d) \tag{16.1}$$

e

$$P_c = l_c w + c_c P_c (r + d) \tag{16.2}$$

em que 1 é o preço do bem de consumo (quer dizer, o *numerário*); l_a e c_a são as quantidades de trabalho e de capital usadas na produção do bem de consumo; P_c é o preço do bem de capital; l_c e c_c são as quantidades de trabalho e de capital empregadas na produção do bem de capital; w é o salário e r é a taxa de juros; d é a porcentagem do capital realmente usada ou destruída no processo de produção.

Dessas duas equações, pode-se deduzir uma relação matemática entre os salários e a taxa de juros:

$$w = \frac{1 - c_c (r+d)}{l_a + (l_c c_a - l_a c_c)(r+d)} \tag{16.3}$$

Pode-se mostrar esta relação matemática entre o salário (w) e a taxa de juros (r) com uma reta, num gráfico. A reta que mostra a relação entre r e w pode ter qualquer uma das três formas possíveis, ilustradas nas três partes da Figura 16.1. A forma que terá a reta r-w (a reta que mostra a relação entre r e w) depende inteiramente das razões entre o capital físico e o trabalho nas duas indústrias (ou, segundo a terminologia de Marx, as composições orgânicas do capital nas duas indústrias). A razão entre capital físico e trabalho, na indústria de bens de capital, é c_c/l_c; na indústria de bens de consumo é c_a/l_a. Quando as razões são iguais, a linha é reta, como aparece na parte (a) da Figura 16.1. Quando as razões são diferentes, a linha é côncava ou convexa, como ilustrado nas partes (b) e (c).

A Figura 16.2 ilustra como se pode saber qual das duas técnicas terá os menores custos, sendo, portanto, a escolhida pela firma maximizadora dos lucros. A curva mais afastada da origem do gráfico

A Negação do Mito da Produtividade Mensurável do Capital

(a) Quando $\frac{c_r}{\ell_r} = \frac{c_a}{\ell_a}$, a linha é reta.

(b) Quando $\frac{c_r}{\ell_r} > \frac{c_a}{\ell_a}$, a linha é côncava.

(c) Quando $\frac{c_r}{\ell_r} < \frac{c_a}{\ell_a}$, a linha é convexa.

FIGURA 16.1 Três relações possíveis entre r e w.

sempre representará a técnica de produção menos cara (porque, para qualquer salário, a curva mais afastada da origem produz uma taxa de juros mais alta). Na figura, as duas curvas designadas M e N representam os dois processos de produção diferentes.

Com taxas de juros acima de r_1 (e, portanto, salários abaixo de w_1), N é a técnica menos cara e será a escolhida pela firma maximizadora dos lucros. O segmento da reta N, que representa as taxas de juros entre r_1 e r_0, é retratado por uma linha cheia, que indica que, a essas taxas de juros, a técnica N será escolhida, por ser a menos cara e a mais lucrativa. A taxa de juros nunca pode atingir r_0, porque, com essa taxa, os salários seriam iguais a zero. O segmento da reta M, que representa taxas de juros entre zero e r_1, é representado por uma linha cheia, que indica que, com essas taxas de juros, a técnica M será escolhida como a menos cara e a mais lucrativa.

Se partirmos de uma taxa de juros acima de r_1, na Figura 16.2 a técnica N será a escolhida. Se a taxa de juros baixar para qualquer valor abaixo de r_1, a firma maximizadora de lucros passará a empregar a técnica M. O ponto Q, com a taxa de juros r_1, é chamado *ponto de troca*. Nesse ponto, fica mais lucrativo para uma firma trocar as técnicas de produção.

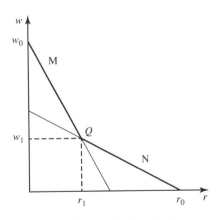

FIGURA 16.2 **A escolha da técnica de produção menos cara.**

Na Figura 16.2, a teoria neoclássica dá resultados perfeitamente coerentes. A técnica M é claramente mais intensiva em capital do que a técnica N (pois, com a queda da taxa de juros, a firma muda de N para M). Ambas as técnicas de produção devem envolver razões iguais entre capital e trabalho, nas duas indústrias. Por isso, essas técnicas têm linhas retas de r-w, como ilustrado na parte (a) da Figura 16.1.

Consideremos, agora, a Figura 16.3. Nessa figura, supõe-se que a técnica M envolve as condições ilustradas na parte (b) da Figura 16.1, quer dizer, (c_c/l_c), (c_d/l_a), e a técnica N envolve as condições ilustradas na parte (c) da Figura 16.1, quer dizer, (c_c/l_c), (c_d/l_a). Para as várias taxas de juros possíveis, representamos novamente a técnica menos cara por uma linha cheia. Agora, existem dois pontos de troca, Q e P. Nesse caso, há uma retroca; novamente, mostra-se que a teoria neoclássica é logicamente incoerente.

Com taxas de juros acima de r_1, será escolhida a técnica N. Quando a taxa de juros cai abaixo de r_1 (porém, ainda acima de r_2), escolhe-se a técnica M. Portanto, a lógica da análise neoclássica exige que definamos a técnica M como mais intensiva em capital do que a técnica N (já que a firma maximizadora de lucros mudará de N para M, com as quedas da taxa de juros). Mas se a taxa de juros continuar caindo até ficar abaixo de r_2, a firma maximizadora de lucros mudará novamente para a técnica N. Por conseguinte, a lógica da análise neoclássica também exige que definamos a técnica N como mais intensiva em capital do que a técnica M, envolvendo-nos em uma contradição insolúvel: temos de definir, ao mesmo tempo, N como mais intensiva em capital do que M e esta como mais intensiva em capital do que aquela.

Surge, agora, a questão de se determinar se essa retroca de técnicas, que leva os economistas neoclássicos a uma contradição lógica insolúvel, é um caso especial e incomum, que pode ser tratado como uma exceção isolada a que a teoria não se aplica, ou se a possibilidade de se mudar novamente de técnica é o caso geral. Se for o caso geral, todas as teorias neoclássicas que acreditam na possibilidade de mensuração do capital e de sua produtividade marginal (e os três princípios básicos da ideologia neoclássica, de modo geral, dependem de ambas as noções) são logicamente contraditórias e, por isso, logicamente sem valor.

Na Figura 16.2, mostramos o único caso em que é impossível mudar novamente de técnica, que ocorre quando ambas as técnicas de produção têm razões capital/trabalho idênticas, nas duas indústrias. Em todos os demais casos, é possível mudar novamente de técnica, e a teoria econômica neoclássica cai em contradição lógica.

Existe aí uma grande ironia histórica. Os economistas neoclássicos, quase sempre, identificaram a teoria do valor-trabalho com a proposição de que os preços são proporcionais aos valores do trabalho.

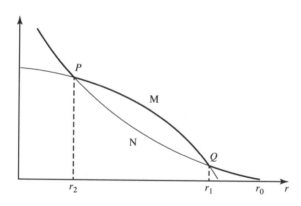

FIGURA 16.3 **Retroca de técnicas de produção.**

A Negação do Mito da Produtividade Mensurável do Capital

Conforme vimos nos Capítulos 5 e 9, quando as composições orgânicas do capital (ou as razões entre o capital físico e o trabalho) diferem de uma indústria para outra, o princípio básico da teoria do valor-trabalho exige um princípio modificador, que mostre que os preços, realmente, se desviam dessa proporcionalidade tão estrita com os valores do trabalho. Entretanto, esse princípio modificador foi desenvolvido bastante coerentemente pelos proponentes da teoria do valor-trabalho.

A ironia da crítica à teoria neoclássica, inspirada em Sraffa, é a seguinte: os neoclássicos sempre se recusaram a admitir que o princípio modificador da teoria do valor-trabalho fosse lógica e teoricamente válido; menosprezaram a teoria do valor-trabalho e a rejeitaram porque, supostamente, a teoria requer a existência de composições orgânicas do capital iguais em todas as indústrias; essa premissa – asseveravam (corretamente) os neoclássicos – é ridícula como descrição da realidade econômica, tal como ela é. Contudo, com a crítica de Sraffa as coisas se invertem. *A teoria do valor-trabalho não requer composições orgânicas iguais do capital, mas a teoria neoclássica requer.* Os economistas neoclássicos só podem escapar do dilema da reversibilidade das técnicas de produção quando as composições orgânicas do capital são iguais em todas as indústrias. Nesse caso, o princípio básico da teoria do valor-trabalho (tal como usado por Marx, no vol. 1 de *O Capital*) não requer qualquer princípio modificador, sendo possível demonstrar que ele é sempre válido. Os teóricos do trabalho, porém, sempre reconheceram que o princípio não é válido e elaboraram o princípio modificador da teoria do valor-trabalho.

Como os neoclássicos e também os marxistas reconheceram que as composições orgânicas do capital nunca serão iguais em todas as indústrias, temos de concluir que a possibilidade de reversibilidade das técnicas de produção é o caso geral e que toda a teoria neoclássica que confia na noção da produtividade marginal do capital não é válida.

Na Figura 16.4, ilustramos por que a possibilidade de reversibilidade é o caso geral. Com duas técnicas de produção, cada qual representada por um dos três tipos de reta *r-w* ilustrados na Figura 16.1, só o caso especial ilustrado na Figura 16.2 é que não tem possibilidade alguma de dois pontos de troca (e, por isso, não tem qualquer possibilidade de reversibilidade). Todos os outros casos possíveis são ilustrados nas três partes da Figura 16.4. Em cada uma dessas partes, existem dois pontos de troca, podendo ocorrer reversibilidade, e a teoria neoclássica cai em contradição lógica.

Os economistas neoclássicos recorreram a seus melhores matemáticos para tentar salvar sua teoria, mas toda tentativa meramente reforçou o ponto de vista de Sraffa, de que é *impossível* tirar conclusões dedutivas sobre a relação entre a razão capital/trabalho agregada e a razão taxa de juros/salários – o próprio âmago da teoria neoclássica do valor e da distribuição.

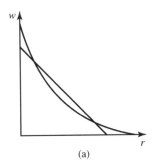 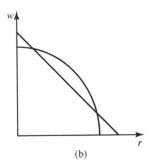 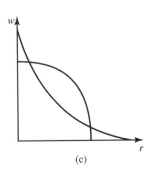

(a)　　　　　　　　　(b)　　　　　　　　　(c)

FIGURA 16.4 **A generalidade da reversibilidade nos métodos de proteção.**

393

História do Pensamento Econômico

Paul Samuelson fez uma nobre tentativa de salvar a teoria neoclássica (e sua ideologia) em sua obra intitulada *Parábola e Realismo na Teoria do Capital: A Função de Produção Substituta*. Aceitou a crítica de Sraffa, mas achava que podia inventar uma "parábola" simples e reconhecidamente irreal, que fosse logicamente coerente e que, por analogia, pudesse ilustrar as "verdades" de J. B. Clark. Essas verdades não podiam, por si mesmas, resistir às críticas empíricas ou lógicas. Sobre isso, vale a pena citar Harcourt:

> A tradição neoclássica, como a tradição cristã, acredita que verdades profundas possam ser contadas por meio de parábolas. As parábolas neoclássicas visam iluminar os crentes e os céticos sobre as forças que determinam a distribuição da renda entre os que auferem lucros e os que recebem salários, o padrão de acumulação de capital e de crescimento econômico no tempo, e a escolha das técnicas de produção associadas a estes fenômenos... (Estas) verdades... eram tidas como estabelecidas... antes das revelações dos falsos e verdadeiros profetas, durante o recente debate sobre a reversibilidade.[27]

A parábola de Samuelson baseava-se em uma série de premissas e simplificações tão extremas que teriam sido ridicularizadas por quem quer que fosse, não tivesse sido ela a última tentativa desesperada de salvar uma ideologia que justificava tão conveniente e sofisticadamente a distribuição de renda existente. Samuelson descobriu, como seria de esperar com base em nossa discussão da reversibilidade, que sua parábola só poderia ser logicamente coerente se ele supusesse que as razões capital/trabalho e os padrões de tempo dos insumos "fossem uniformes em todos os processos de produção" e que, portanto, todos os preços fossem proporcionais ao tempo de trabalho".[28]

Samuelson entendeu, porém, a gravidade da crise neoclássica, quando escreveu um resumo do simpósio de 1966 sobre a controvérsia da reversibilidade de técnicas de produção para o *Quarterly Journal of Economics*:

> A patologia ilumina a fisiologia sã. Pasinetti, Morishima, Bruno-Burmeister-Sheshinski e Garegnani merecem nossa gratidão, por terem demonstrado que a reversibilidade de técnicas de produção é uma possibilidade lógica em qualquer tecnologia, possa ela ser decomposta ou não. A reversibilidade, qualquer que seja sua probabilidade empírica, nos alerta para várias possibilidades vitais.
>
> Taxas de juros mais baixas podem levar a um consumo estacionário em níveis mais baixos e a menores razões capital/produto, e a transição para estas taxas de juros mais baixas pode envolver a negação dos rendimentos decrescentes e implicar o inverso do maior uso do capital, sendo o consumo corrente aumentado em vez de sacrificado.
>
> Muitas vezes, acaba não havendo uma maneira que não seja ambígua de se caracterizar diferentes processos como mais "intensivos de capital", mais "mecanizados", mais "indiretos", exceto no sentido tautológico ex post de eles serem adotados a uma taxa de juros mais baixa e de envolverem salários reais mais altos. Mostra-se, no caso da reversibilidade das técnicas de produção, que este rótulo tautológico leva a um escalonamento incompatível de pares de tecnologias inalteradas, dependendo da taxa de juros em vigor no mercado.
>
> Se tudo isso causa dores de cabeça aos que sentem saudades dos tempos antigos das parábolas dos textos neoclássicos, temos que ter em mente que os estudiosos não nascem para levar uma vida fácil. Temos que respeitar e avaliar os fatos da vida.[29]

Entretanto, o valor ideológico da teoria neoclássica é muito grande para seus adeptos o abandonarem simplesmente porque ela é teoricamente incoerente. Harcourt, após ter demonstrado convincentemente a inadequação lógica da teoria neoclássica da distribuição e do valor, concluiu: "É a *metodologia geral* da análise neoclássica, e não qualquer resultado particular, que está sendo basicamente atacada... Por

394

A Negação do Mito da Produtividade Mensurável do Capital

palpite, sei a quem entregar meu dinheiro; mas, como um homem de Deus, nunca esperei que a virtude triunfasse deste lado da sepultura."[30]

C.E. Ferguson, em seu prefácio ao livro já discutido neste capítulo, revelou uma sinceridade raramente encontrada entre os defensores da teoria neoclássica: "Confiar na teoria econômica neoclássica é uma questão de fé. Eu, pessoalmente, tenho fé; mas, atualmente, o máximo que posso fazer para convencer os outros é invocar o peso da autoridade de Samuelson."[31]

Joan Robinson concluiu sua análise do livro de Ferguson com as seguintes palavras:

> Não há dúvida de que a nova proposição do Prof. Ferguson da teoria do "capital" será usada para treinar novas gerações de alunos que irão preparar argumentos elegantes, em termos que eles não podem definir, e para corroborar a busca dos econometristas de respostas a perguntas que não podem ser feitas. A crítica podem não ter efeito algum. Como ele mesmo diz, é uma questão de fé.[32]

Apêndice

A história do desenvolvimento da moderna teoria do crescimento normalmente tem início com o modelo Harrod-Domar (ver o Apêndice ao Capítulo 15), mas rapidamente se volta para a contribuição de Robert Solow, de 1956.[33] Solow desempenha um papel heroico na história, ao banir o chamado "fio da navalha" do modelo Harrod-Domar. Ele pôde fazer isso, reza a lenda, ao permitir tecnologias de produção flexíveis. Vale lembrar que tanto Harrod como Domar haviam suposto coeficientes de capital dados exogenamente em suas equações fundamentais. Solow, por sua vez, utilizou a função de produção neoclássica padrão com escolha de substituição entre capital e trabalho. Com a introdução da escolha de tecnologias de produção, e mudanças associadas nos preços dos fatores de produção, o fio da navalha desapareceu e o crescimento econômico pode ser caracterizado por pleno emprego, com a taxa de crescimento do produto ajustando-se à taxa de crescimento da força de trabalho.

Em geral, existe alguma verdade em qualquer boa história. Nesta história, é verdade que tanto Harrod como Domar usaram coeficientes fixos em suas equações fundamentais. A bem da verdade, Harrod discutiu possíveis mudanças no coeficiente (α) de capital (investimento), mas concluiu que a mudança provável não ajudaria a eliminar a instabilidade do sistema. De modo geral, porém, Harrod queria concentrar sua atenção na taxa de crescimento de suas variáveis em um determinado ponto no tempo, embora estivesse disposto a considerar possíveis implicações futuras resultantes de mudanças da renda. Um ponto semelhante pode ser feito no caso do arcabouço de Domar. Isto é, a provável mudança no coeficiente de capital agravaria a situação, no sentido de gerar afastamentos adicionais em relação à trajetória de crescimento de equilíbrio.

Por que, então, a introdução, por parte de Solow, de técnicas de produção flexíveis no modelo Harrod-Domar eliminou o fio da navalha? Simplesmente, porque Solow redefiniu o fio da navalha (ou princípio da instabilidade). Solow interpreta o problema da seguinte forma:

> Nos termos de Harrod, a questão crítica de equilíbrio se resume a uma comparação entre a taxa natural de crescimento, que depende, na ausência de progresso técnico, do aumento da força de trabalho, e da taxa desejada de crescimento, que depende dos hábitos de poupança e de investimento das famílias e firmas.[34]

Estes são, é claro, os termos de Harrod, mas, certamente, não era a sua questão crítica. Se essa fosse, verdadeiramente, a "questão crítica" de Harrod, então ele levou um tempo enorme para abordá-la. O conceito de taxa natural de crescimento foi introduzido apenas na página 17 de um ensaio de 20 páginas, muito após a discussão sobre a instabilidade. A questão principal de Harrod dizia respeito aos desvios entre as taxas de crescimento efetiva e desejada. Solow reinterpreta o fio da navalha em termos dos desvios entre as taxas de crescimento natural e desejada. Veremos que isso significa que, por hipótese, as taxas de crescimento efetiva e desejada eram tomadas como iguais. Era perfeitamente legítimo que Solow fizesse isto, no contexto de desenvolver uma teoria do crescimento. Cabe lembrar que Harrod estava interessado em lançar as bases para o método dinâmico na Economia, e formulou suas ideias em termos do início de uma explicação do ciclo econômico em uma economia com uma tendência ao crescimento. Ao fundir as taxas efetiva e desejada de crescimento em apenas uma, Solow estava, simplesmente, descartando quaisquer problemas (de curto prazo) de demanda efetiva. Esta era uma hipótese que já havia sido feita por muitos economistas, desde a aceitação, por parte de Ricardo, da Lei de Say como sendo uma tendência no longo prazo. Com efeito, o modelo de crescimento de Solow tende a apresentar características bastante clássicas.

A lógica do modelo de Solow pode ser apreendida com a ajuda de um gráfico. Iremos nos concentrar apenas na essência do modelo de Solow, ao mesmo tempo em que alertamos o leitor que seu artigo original contém a discussão de hipóteses alternativas e várias qualificações. Solow se afasta de Harrod e Domar logo no início, ao tomar a relação entre a poupança e o investimento como sendo sempre igual e supor que a poupança determina o investimento; assim, a lei de Say é válida. Com a introdução de uma função de produção e a propensão a poupar, a relação básica pode ser escrita como $I = sF(K,L)$. É mais conveniente seguir Solow e escrever a função de produção por trabalhador. Assim, o produto por trabalhador (y) é função do capital por trabalhador (k). Esta função é apresentada no gráfico 16.1. Solow parte de um modelo de uma mercadoria, no qual a referida mercadoria pode ser consumida ou utilizada como capital adicional. Podemos observar a relação poupança-investimento também em termos de trabalhadores, de forma que o capital adicional por trabalhador é $sf(k)$, com s sendo a propensão a poupar. A distância vertical entre qualquer ponto no eixo horizontal e a função de produção mede o produto por trabalhador, desse ponto até a função poupança $sf(k)$ mede o capital (investimento) adicional por trabalhador, e entre as duas funções o montante de consumo por trabalhador.

Suponhamos que a força de trabalho cresce a uma taxa dada n (portanto, a taxa natural de crescimento, de Harrod). Em qualquer ponto particular no eixo horizontal o estoque de capital teria que crescer à mesma taxa que a força de trabalho, de forma a se manter no ponto original. O capital adicional por trabalhador necessário aparece como uma reta na Figura 16.5. Da forma como é desenhada, existe

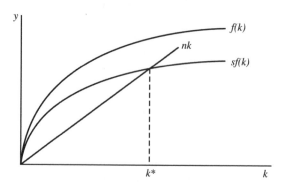

FIGURA 16.5 O Modelo de Crescimento de Solow.

A Negação do Mito da Produtividade Mensurável do Capital

apenas um valor do capital por trabalhador no qual o capital incremental por trabalhador é exatamente igual àquele exigido pelo crescimento da força de trabalho. Isso ocorre onde a função poupança, $sf(k)$, intercepta a reta nk. Neste ponto, a taxa desejada de crescimento iguala a taxa natural de crescimento.

A "questão crítica" para Solow era se a economia iria se equilibrar, no sentido de uma tendência das taxas natural e desejada convergirem. É aqui que a possibilidade de substituir capital e trabalho na produção se torna importante. Discutiremos agora o ajuste meramente mecânico e, em seguida, o raciocínio econômico. Primeiro, suponhamos que a economia estivesse operando com uma relação capital-trabalho (ou, em nossa terminologia anterior, a quantidade de capital por trabalhador) à direita de k^*. Baseados no gráfico, podemos ver que o incremento efetivo de capital por trabalhador é inferior ao exigido para permanecer neste ponto. O crescimento da força de trabalho é maior que o crescimento do estoque de trabalho, levando a uma relação capital-trabalho mais baixa. Isso continuará até que se atinja k^*. Um experimento semelhante pode ser feito para qualquer relação capital-produto inicial à esquerda de k^*. O montante de capital adicional por trabalhador, $sf(k)$, será maior que o montante exigido pelo crescimento da força de trabalho, nk, levando a um aumento da relação capital-trabalho. Portanto, independente do ponto inicial daquela economia, haverá uma tendência de se dirigir a k^*, onde as taxas de crescimento desejada e natural coincidem.

O raciocínio econômico por detrás do movimento em direção a uma trajetória de crescimento estável decorre diretamente da teoria de distribuição baseada na produtividade marginal. Quando começamos à esquerda de k^*, o capital incremental por trabalhador era inferior ao montante necessário para equipar a força de trabalho adicional. Dado que o capital adicional não é ofertado em quantidade suficiente para equipar os trabalhadores adicionais com o mesmo montante de capital como antes, a produtividade marginal do trabalho irá cair, o que deverá levar a uma queda no salário médio. Alternativamente, haverá mais trabalho para o capital adicional, levando a um aumento da produtividade do capital e, portanto, para um aumento da taxa de juros. Este processo também pode ser descrito em termos das respostas de mercado. À direita de k^*, o trabalho é abundante e o capital escasso, dada a relação capital-trabalho existente. Logo, esperaríamos observar uma queda no preço do trabalho (salários) e um aumento no preço do capital (taxa de juros). O movimento dos preços de fatores coincide com a escolha, por parte das firmas, de técnicas de produção mais trabalho-intensivas (isto é, com uma relação capital-trabalhador mais baixa). Uma explicação semelhante pode ser dada para os pontos à esquerda de k^*.

O modelo de Solow parte de um aspecto do modelo Harrod-Domar. Ele demonstra como a taxa desejada de crescimento irá convergir para a taxa natural. Ao descartar qualquer divergência possível entre as taxas efetiva e desejada de crescimento, Solow traz a teoria de crescimento de volta para a visão dos economistas clássicos resumida na lei de Say. A produção que não é consumida se torna poupança, que diretamente se soma ao estoque de capital. A diferença entre o modelo de Solow e a teoria clássica se concentra na causalidade. Na visão clássica, a taxa natural de salários dependia de um nível determinado pela subsistência biológica ou socialmente aceito. Dada a tecnologia de produção existente, uma vez determinado o salário, então a taxa de lucros seria determinada. Supondo, da mesma forma como tendiam a fazer os economistas clássicos, que apenas os capitalistas poupavam, então a taxa de lucros e a propensão a poupar determinariam a taxa de crescimento do estoque de capital e o produto. De novo, toda e qualquer poupança a partir dos lucros seria utilizada para o investimento em capital adicional. O crescimento da força de trabalho tenderia a ajustar-se a qualquer que fosse a taxa de crescimento do estoque de capital via a teoria de população de Malthus. Ao tomar como dada a taxa de crescimento da força de trabalho, Solow demonstra como a taxa de crescimento do estoque de capital irá se ajustar a ela alterando a relação capital-trabalho utilizada por meio de mudanças nos preços relativos do capital e do trabalho. Uma última diferença em relação ao caso clássico reside nas implicações de uma mudança na propensão a poupar. Para os economistas clássicos, um aumento da propensão a poupar levaria a uma taxa de crescimento do estoque de capital permanentemente mais elevada. Porém, no modelo de Solow, este efeito é apenas temporário. Na Figura 16.5 podemos ver que uma propensão a poupar mais elevada deslocará a função $sf(k)$ para cima, levando a uma relação capital-trabalho mais elevada. Durante o processo de ajuste, as taxas de crescimento do estoque de capital e do produto serão mais altas. Contudo, uma vez alcançado o novo nível da relação capital-trabalho todas as taxas de crescimento retornarão à taxa natural. Observamos mais uma vez o papel importante desempenhado, no modelo de Solow, pela taxa natural de crescimento.

O modelo de Solow explicitamente incorpora dois dos três pilares da Economia neoclássica. Primeiro, a fé na natureza automática, autoajustável, do mercado é tornada explícita ao se descartar quaisquer problemas de demanda no longo prazo. Segundo, supõe-se que a teoria da distribuição segundo a produtividade marginal determina os retornos relativos do capital e do trabalho. Fica claro neste modelo que estes dois pilares estão, intimamente, imbricados. O mercado se ajusta automaticamente ao pleno emprego porque os preços do capital e do trabalho se ajustam em resposta a sua escassez relativa e produtividades marginais. Se, por exemplo, as famílias decidissem consumir menos e poupar mais, não surgiria qualquer problema de desemprego associado à falta de demanda. A taxa de poupança mais elevada, simplesmente, se traduz em uma elevação da demanda por investimento, aumentando a taxa de acumulação de capital. O capital passa a crescer a uma taxa superior à da força de trabalho. A taxa de juros cai em relação aos salários, à medida que as firmas adotam técnicas de produção mais capital-intensivas. Eventualmente, o sistema se estabiliza com uma relação capital-trabalho mais elevada e uma taxa de juros menor, refletindo uma produtividade marginal do trabalho mais alta (com cada trabalhador sendo equipado com mais capital). Obviamente, a taxa de crescimento retornou à taxa natural de crescimento original. Quaisquer problemas seriam apenas temporários, durando apenas o tempo necessário para os preços dos fatores se ajustarem e as firmas ajustarem suas técnicas de produção.

Dois dos três pilares da Economia neoclássica, discutidos neste capítulo e no anterior, estão, explicitamente, presentes no modelo de Solow. O pilar ausente dizia respeito à fé na mão invisível do mercado competitivo, harmonizando todos os interesses através da livre troca e criando preços racionais, que levam a uma alocação eficiente dos recursos. Este pilar não poderia se fazer explícito no modelo de Solow porque ele supõe um modelo de uma mercadoria. Contudo, desconfia-se, ao ler o artigo de Solow ou os diversos aos quais ele deu origem, que no fundo da mente do teórico estava este pilar. Para a modelagem matemática, ao menos na macroeconomia, é frequentemente útil supor um modelo de uma mercadoria. Basta considerar o modelo do trigo, de Ricardo, que lhe permitiu avançar por uma análise complicada, para compreendermos o quão recuado no tempo se dá este tipo de simplificação. Ricardo, conforme discutido no capítulo 5, descobriu que estender seu modelo para mais de uma mercadoria levou-o às minúcias da teoria do valor-trabalho. Os debates sobre o capital demonstram que, de forma geral, o modelo de Solow não pode ser estendido para além do caso de uma mercadoria.

Após os longos debates acerca da teoria neoclássica do capital discutidos neste capítulo, torna-se claro que a hipótese de Solow de um modelo de uma mercadoria era muito mais do que uma mera simplificação. Antes de continuarmos, deixemos o próprio Solow falar do papel das hipóteses ao desenvolver a sua teoria:

> Toda teoria depende de hipóteses que não são, exatamente, verdadeiras; é isso que faz dela uma teoria. A arte da teorização simplificadora envolve fazer as hipóteses inevitavelmente simplificadoras de tal forma que os resultados finais não sejam muito sensíveis (a elas). Uma hipótese "crucial" é aquela das quais as conclusões não são sensivelmente dependentes, e é importante que as hipóteses

A Negação do Mito da Produtividade Mensurável do Capital

cruciais sejam, razoavelmente, realísticas. Quando os resultados de uma teoria parecem decorrer especificamente de uma hipótese crucial especial, então se a hipótese for duvidosa, os resultados se tornam suspeitos.[35]

Isso provém do parágrafo de abertura do artigo de 1956, de Solow. Tinha como objetivo preparar o terreno para demonstrar que a hipótese de coeficientes de produção fixos no modelo Harrod-Domar representava uma "hipótese crucial" que não era "razoavelmente realística" e das quais "as conclusões dependiam, sim, crucialmente". Usando-se os critérios de Solow, podemos facilmente confirmar que a hipótese de uma economia com uma mercadoria não é razoavelmente realística. Mais importante, as conclusões do modelo, de fato, dependem sensivelmente desta hipótese. Primeiro, fora de um modelo de uma mercadoria, torna-se necessário agregar o capital na função de produção. Vimos que isso não é possível de ser feito em um modelo com mais de uma mercadoria sem agregarmos em termos de valores nominais. Segundo, ao caminharmos da esquerda para a direita ao longo do eixo horizontal da Figura 16.1, as relações capital-produto mais elevadas estarão, sem sombra de dúvidas, associadas a razões mais baixas entre a taxa de juros e os salários. A demonstração da retroca, exceto sob o caso especial de composição do capital igual, viola esta relação inversa estrita, com isso anulando o processo de ajuste presumido. Uma vez que se relaxa a hipótese de uma mercadoria, então os resultados do modelo não podem mais ser obtidos – exceto se acrescentarmos a hipótese irrealista adicional de composições do capital iguais.

Passou-se quase meio século desde o famoso "Resumo", feito por Samuelson, da controvérsia do capital. Não obstante, o aluno cursando disciplinas de macroeconomia, economia internacional ou economia do desenvolvimento será, com quase certeza, apresentado a uma função de produção agregada, com uma variável representando "o" estoque de capital, e ensinado que a produtividade marginal e a quantidade da coisa chamada capital determina a taxa de juros. É provável que o aluno de macroeconomia seja apresentado ao modelo de Solow, e contarão a ele a história de como ele aboliu o fio da navalha, de Harrod. Caso se tenha a disposição de pegar um artigo acadêmico recente na área de macroeconomia, de curto ou longo prazo, aparecerão ferramentas semelhantes (por exemplo, função de produção, capital agregado, preços de fatores iguais e determinados pelas produtividades marginais). De fato, é bem provável que o uso de modelos de uma mercadoria na macroeconomia tenha aumentado, em vez de diminuído, com o passar do tempo; supostamente, o terceiro pilar da Economia neoclássica ainda vive em algum lugar nos bastidores, seguro na crença de que uma mercadoria é uma mera hipótese simplificadora.

Uma explicação plausível para o uso continuado das ferramentas criticadas nas controvérsias do capital é que elas parecem funcionar. Isto é, o critério mais razoável, de Solow, para julgar uma hipótese foi substituído por outro, mais pragmático: *se funciona, então use-a.* Ainda em 1957, Solow publicara um artigo inovador sobre como distinguir entre movimentos ao longo de uma função de produção e deslocamentos da função de produção devidos ao progresso técnico.[36] Este procedimento tinha a vantagem adicional de permitir a ele, e a outros pesquisadores, estimar funções de produção. Solow estimou a função de produção da economia americana, cobrindo a primeira metade do século XX, que parecia corresponder a uma parábola simples. Desde então, as funções de produção continuaram a ser utilizadas em trabalhos empíricos, com grande sucesso, no sentido de prover bons ajustes aos dados e à distribuição da renda de acordo com a produtividade marginal. Logo, uma vez que as parábolas simples pareciam ajustar-se aos dados da realidade, as questões da mensuração do capital e da retroca podiam ser vistas como meros pontos teóricos obscuros, e o trabalho sério poderia seguir em frente como sempre.

História do Pensamento Econômico

Os alertas sobre a legitimidade da pesquisa empírica realizada com as funções de produção foram feitos logo no início por E.H. Phelps-Brown, seguido de Ferdinand Levy e o vencedor do Prêmio Nobel,[37] Herbert Simon. A explicação mais sofisticada, em bases semelhantes, para o sucesso empírico das funções de produção agregadas e a teoria da distribuição baseada na produtividade partiu de Anwar Shaikh, com uma crítica explícita à contribuição de 1957, de Solow.[38] Shaikh demonstrou que a função de produção mais frequentemente utilizada (isto é, a Cobb-Douglas) era idêntica a uma identidade de renda matematicamente manipulada. Portanto, para usar o título do artigo de Shaikh, as leis da produção, supostamente confirmadas pela pesquisa empírica, eram, meramente, leis da álgebra. A pesquisa empírica utilizando funções de produção agregadas parecia bem-sucedida simplesmente porque estimava uma identidade.

Podemos oferecer apenas uma amostra do raciocínio por detrás das explicações de Shaikh e, agora, de outros. Existem duas questões subjacentes que podem ser discutidas a fim de introduzirmos o raciocínio. Primeiro, a pesquisa empírica, na verdade, não consegue replicar a lógica de uma função de produção agregada. Da mesma forma que um capitalista com uma mente prática utiliza o preço para agregar o seu estoque de capital e produção, também o economista com uma mente prática deve fazê-lo na pesquisa empírica. É claro que o economista fará os ajustes necessários nos dados de mudança dos níveis de preços. Independente destes ajustes, o fato é que os dados de produção e estoque de capital permanecem expressos em unidades monetárias. Olhando-se os dados de Solow, por exemplo, vê-se a produção por homem-hora de 1909 a 1949 expressa em dólares de 1939 (os cabeçalhos das colunas de produção e capital estão marcados com um sinal de cifrão). Isso é, aparentemente, uma questão menor, facilmente tratada neste tipo de trabalho, embora, como veremos, ela tenha uma implicação surpreendente.

Segundo, e decorrendo diretamente da primeira questão, uma vez que os dados devem ser apresentados em unidades monetárias, então existe uma identidade da renda sob a superfície de todos os resultados empíricos. A identidade da renda afirma que o valor da produção deve ser igual à distribuição da renda entre salários e lucros. Isto pode ser escrito como $Y = wL + rK$, em que Y é o valor da renda, w o salário médio, L o número de trabalhadores, r o retorno sobre o capital, e K o valor do capital. O que Shaikh fez foi demonstrar como esta identidade da renda pode ser manipulada de forma a resultar em uma expressão matematicamente idêntica a uma função de produção. No caso da famosa função de produção Cobb-Douglas, Shaikh mostrou que uma hipótese crucial necessária para esta transformação era de que salários e lucros fossem uma fração constante da renda. Assim, se os dados verdadeiros mostrassem frações relativamente constantes da renda (o que, frequentemente, ocorre) então os resultados empíricos seriam robustos (perfeitos, no caso das frações serem completamente constantes) para todo e qualquer dado com tal característica. Além disso, a teoria da distribuição baseada na produtividade marginal aparentemente se confirmaria. Porém, tais resultados decorriam diretamente da identidade da renda, e não de qualquer teoria da produção. A fim de enfatizar este ponto, Shaikh utilizou dados extremamente irrealistas para gerar uma curva que descrevia a palavra HUMBUG ("enganação", em inglês) em um gráfico como o da Figura 16.5 e mostrou que os resultados aparentavam confirmar uma função Cobb-Douglas subjacente, com as propriedades de produtividade marginal adequadas. Os *insights* básicos de Phelps-Brown, Levy e Simon, e Shaikh foram desenvolvidos mais ainda por J.S.L. McCombie e Jesus Felipe. Em inúmeros trabalhos, McCombie e Felipe demonstraram como a pesquisa empírica recente, usando diversas funções de produção, padecem do mesmo problema de meramente recuperar a identidade da renda básica sob hipóteses específicas e comuns com relação aos dados verdadeiros.[39]

400

A Negação do Mito da Produtividade Mensurável do Capital

Notas do Capítulo 16

1. BRONFENBRENNER, Martin. *Income Distribution Theory*. Chicago: Aldine-Atherton, 1971, p. xi.
2. Ibid., p. 122.
3. Ibid., p. 134.
4. Ibid., p. 268.
5. Ibid., p. 271.
6. Ibid., p. 269.
7. Ibid., p. 301.
8. VEBLEN, Thorstein. "Professor Clark's Economics". In: *The Place of Science in Modern Civilization, and Other Essays*. Nova York: Russell and Russell, 1961, p. 197.
9. BRONFENBRENNER. *Income Distribution Theory*, p. 299.
10. Ibid., p. 298.
11. FERGUSON, C.E. *The Neoclassical Theory of Production and Distribution*. Cambridge: Cambridge University Press, 1969, p. 235.
12. Ibid., p. 251.
13. SAMUELSON, Paul. "Parable and Realism in Capital Theory: The Surrogate Production Function". *Review of Economic Studies*, 29(3):193-206, 1962.
14. FERGUSON. *Neoclassical Theory*, p. 252.
15. Ibid., p. 250.
16. SRAFFA, Piero. *Production of Commodities by Means of Commodities*. Cambridge: Cambridge University Press, 1960.
17. Ibid., p. vi.
18. CLARK, John Bates. "Distribution as Determined By Rent." *Quarterly Journal of Economics*, 5:313, 1891.
19. ROBINSON, Joan. "The Production Function and the Theory of Capital". *Review of Economic Studies*, 21(2):81-106, 1953-54.
20. ROBINSON, Joan. "Capital Theory up to Date." *Canadian Journal of Economics*, 3(2):309-310, 1970.
21. HARCOURT, G.C. "Some Cambridge Controversies in the Theory of Capital". *Journal of Economic Literature*, 7:370, 1969.
22. Ibid., p. 369-405.
23. SRAFFA. *Production of Commodities*, p. 81-88.
24. Muitos dos artigos são matematicamente complexos. Recomenda-se que o leitor interessado consulte HARCOURT, *Some Cambridge Controversies*, p. 386-395. A discussão que se segue baseia-se muito na explicação de Harcourt.
25. SRAFFA. *Production of Commodities*, p. 38.
26. A demonstração que se segue, envolvendo princípios comprovados pela primeira vez por Sraffa, baseia-se em uma extensão muito importante da análise das ideias de Sraffa feita por GAREGNANI, P. "Heterogeneous Capital, the Production Function and the Theory of Distribution". In: *A Critique of Economic Theory*. Baltimore: Penguin, 1972. Organizado por E. K. Hunt e Jesse G. Schwartz.
27. HARCOURT. *Some Cambridge Controversies*, p. 387.
28. ROBINSON. *Capital Theory up to Date*, p. 311.
29. SAMUELSON, Paul A. "A Summing Up." *Quarterly Journal of Economics*, 80 (4):582-583, 1966.
30. HARCOURT. *Some Cambridge Controversies*, p. 398.
31. FERGUSON. *Neoclassical Theory*, p. xvii-xviii.
32. ROBINSON. *Capital Theory up to Date*, p. 317.
33. Robert M. Solow, "Technical Change and the Aggregate Production Function", *The Review of Economics and Statistics*, vol. 39, n. 3, 1957, p. 312-320.
34. Ibid., p. 65.

História do Pensamento Econômico

35. Ibid., p. 65.
36. Robert M. Solow, "Technical Change and the Aggregate Production Function", *The Review of Economics and Statistics*, vol. 39, n. 3, 1957, p. 312-320.
37. E. H. Phelps-Brown, "The Meaning of the Fitted Cobb-Douglas Function", *The Quarterly Journal of Economics*, vol. 71, n. 4, 1957, p. 546-60. Herbert A. Simon e Ferdinand K. Levy, "A Note on the Cobb-Douglas Function", *The Review of Economic Studies*, vol. 30, n. 2, 1963, p. 93-94. Herbert A. Simon, "On Parsimonious Explanations of Production Relations", *The Scandinavian Journal of Economics*, vol. 81, n. 4, 1979, p. 115-20.
38. Anwar Shaikh, "Laws of Production and Laws of Algebra: the Humbug Production Function", *The Review of Economics and Statistics*, vol. 56, n. 1, 1974, p. 115-20.
39. A discussão nesta seção foi influenciada pelo excelente trabalho de McCombie e Felipe, "Endogenous Growth, Increasing Returns and Externalities: an Alternative Interpretation of the Evidence", *Metroeconomica*, vol. 52, n. 4, 2001, p. 391-427. Jesus Felipe e J.S.L. McCombie, "Some Methodological Problems with the Neoclassical Analysis of the East Asian Miracle", *Cambridge Journal of Economics*, 27, 2003, p. 695-721. Jesus Felipe e J.S.L. McCombie, "How Sound Are the Foundations of the Aggregate Production Function?", *Eastern Economic Journal*, vol. 31, n. 3, 2005, p. 467-88.

CAPÍTULO 17

Economia Contemporânea I: A Bifurcação da Ortodoxia

No período entre as duas guerras mundiais, dois acontecimentos históricos destacados exerceram profunda influência sobre o curso das ideias econômicas do restante do século XX. O primeiro foi a Revolução Bolchevique de 1917 (e a guerra civil que se seguiu) e a industrialização da União Soviética nas décadas seguintes, que se deu com rapidez sem precedentes. O ritmo dessa industrialização foi particularmente impressionante porque aconteceu a despeito dos obstáculos do que pode ser comparado a uma segunda guerra civil na década de 1930 e da impressionante devastação infligida à União Soviética pela Alemanha durante a Segunda Guerra Mundial. O segundo evento que influenciou significativamente a teoria econômica subsequente foi a Grande Depressão da década de 1930. Neste capítulo examinaremos resumidamente cada um destes acontecimentos históricos e então, neste e nos dois capítulos finais, mostraremos o impacto que exerceram na teoria econômica do período subsequente.

A Revolução Bolchevique e a Industrialização Soviética

A Primeira Guerra Mundial enfraqueceu de tal modo a estrutura econômica e política da Rússia que o governo tzarista caiu em 1917. Foi substituído por um governo provisório, que também se mostrou incapaz de lidar com a situação caótica. Em outubro de 1917, os bolcheviques liderados por Lênin tomaram o poder, em nome do marxismo, num golpe quase sem derramamento de sangue. Contudo, os problemas que tinham assoberbado o tzar e o governo provisório eram de magnitude impressionante

403

História do Pensamento Econômico

e os bolcheviques, em sua maioria ativistas políticos sem experiência de governo, tiveram imensas dificuldades em confrontá-los ao assumir o poder.

O novo governo se viu em meio a uma guerra que devastara os alicerces da economia, quase paralisara os transportes e as comunicações e criara algo muito próximo da anarquia social. As forças reacionárias eram apoiadas pelos principais poderes capitalistas. Não apenas seu exército, o chamado Exército Branco, recebeu ajuda financeira e material como a maioria dos grandes governos capitalistas enviou tropas para destruir o governo soviético. Poucos americanos perceberam isso na época, mas o presidente Wilson enviou milhares de soldados americanos e gastou milhões de dólares numa guerra que, como a guerra do Vietnã, quase meio século mais tarde, não foi declarada. O exército dos bolcheviques, o Exército Vermelho, acabou vencendo a guerra, mas somente depois de três anos de combates árduos e muito onerosos.

Marx acreditava que o comunismo seria criado sobre a base industrial de um sistema capitalista já industrializado. A economia russa, porém, era uma mistura pré-industrial de feudalismo decadente e capitalismo nascente. Era o tipo de economia que, segundo Marx, não poderia sustentar uma sociedade comunista. Todos os comunistas concordavam que a industrialização acelerada era uma necessidade. Apesar desse consenso, após a morte de Lênin, travou-se, em fins de década de 1920, um debate quanto ao método mais eficiente de financiar essa industrialização. A fim de alimentar e vestir os trabalhadores que produziam os bens de capital e acumular os recursos materiais necessários à construção de fábricas e máquinas, era necessário pôr em mãos do governo significativos excedentes. Bens de capital estrangeiros também poderiam ser comprados, se os excedentes pudessem ser vendidos no Ocidente. Com a grande maioria da força de trabalho empregada na agricultura (e desta, boa parte na agricultura de subsistência), era óbvio que a maior parte do excedente deveria ser gerada na agricultura. Mas os economistas e líderes políticos soviéticos estavam divididos quanto à melhor forma de apropriar esse excedente agrícola.

Um grupo de comunistas conservadores era liderado pelo economista Nikolai Bukharin. Ele acreditava que o planejamento industrial deveria destacar o aumento da produção de máquinas agrícolas e de bens de consumo a serem vendidos para os camponeses. Os camponeses deveriam receber altos preços pelos cereais e deveriam contar com bens de consumo e máquinas baratas para incentivá-los a expandir a produção e comercializar excedentes sempre crescentes. Bukharin acreditava que o desenvolvimento industrial era limitado pela taxa de expansão da produção agrícola.

Um outro grupo, de comunistas mais radicais, era liderado por Leon Trotsky, ex-comandante do Exército Vermelho e tenente chefe de Lênin durante a guerra civil, e Eugenii Preobrazhensky, o principal economista marxista da época. Eles eram favoráveis à extração do excedente máximo da agricultura por meio do pagamento de preços baixos pelos produtos dos agricultores e pela imposição de pesados impostos aos lucros agrícolas. A agricultura, em sua opinião, deveria ser organizada de modo mais eficiente, consolidando lotes privados em grandes fazendas coletivas. Muitos setores da economia deveriam ser negligenciados propositadamente a fim de dedicar o máximo de recursos e força de trabalho à rápida expansão da indústria pesada, que, quando em plena operação, geraria eficientemente o capital necessário à retomada dos ramos negligenciados nas fases iniciais da industrialização.

Josef Stalin usou os antagonismos surgidos nos debates como meio de conquistar poder. No início se alinhou com os conservadores para formar uma coalizão que isolou Trotsky e seus simpatizantes esquerdistas. Então se voltou para Bukharin e seus seguidores e lhes tirou o poder, ficando com o controle total. Uma vez obtido o poder, ele começou a agir de acordo com as linhas defendidas por Trotsky e Preobrazhensky, embora num ritmo muito mais rápido e truculento.

Em novembro de 1929, o governo anunciou uma política de coletivização destinada a aumentar a produção agrícola. No início a coletivização seria voluntária. Contudo, de repente, no início de 1930, o

Economia Contemporânea I: A Bifurcação da Ortodoxia

governo resolveu forçar a coletivização com a maior amplitude possível e eliminar os camponeses mais ricos como classe, transformando suas propriedades em fazendas coletivas. A mudança resultante foi profunda. Os eventos do período 1929-1934 constituem um dos grandes dramas da história.

Somente os camponeses pobres foram convencidos a aderir voluntariamente à coletivização, mas eles possuíam tão poucos animais e tão pouco capital que as fazendas coletivas não poderiam obter sucesso contando apenas com eles. Já os camponeses de renda média e alta resistiram à coletivização forçada com determinação. Em certos momentos essa resistência foi tão difundida que poderia ser considerada quase como uma segunda guerra civil. Quando os camponeses mais ricos perceberam que não poderiam derrotar diretamente o governo, começaram a queimar prédios, destruir equipamentos e abater animais. Por volta de 1931, um terço do rebanho russo, metade do qual formado por ovelhas e cabras, e um quarto dos cavalos tinham sido abatidos.

O drama da batalha pela coletivização foi tema de muitos livros. Aqui basta dizer que embora tenha envolvido um imenso custo social, ele conseguiu promover a revolução da agricultura soviética que tornou possível a industrialização. A coletivização teve sucesso em aumentar significativamente a arrecadação de cereais por parte do governo. Os 22,1 milhões de toneladas da safra 1930-1931 representaram mais do dobro do arrecadado pelo governo em 1928-1929.

Quando a coletivização colocou um significativo excedente econômico nas mãos do governo, na década de 1930, a industrialização soviética avançou aceleradamente por meio de sucessivos planos quinquenais. Na verdade, esse rápido ritmo de crescimento industrial foi um fato sem precedentes na história. Dados soviéticos oficiais mostram que nessa década a taxa média anual de crescimento da produção industrial girou em torno de 16%. Estudos de economistas ocidentais que usaram métodos diferentes obtiveram índices de produção industrial que revelam taxas algo menores (entre 9% e 14%), mas qualquer que seja a estimativa adotada, esse desempenho não teve precedentes históricos.

A maior realização soviética não foi simplesmente a elevada taxa de crescimento industrial; foi a significativa transformação de toda a sociedade que permitiu que o crescimento industrial começasse e continuasse. Antes de 1928, a União Soviética era predominantemente rural; em 1938, a população urbana triplicara – verificou-se um fluxo contínuo de pessoas que iam do campo para a cidade e um fluxo constante de ideias que iam da cidade para o campo. Antes de 1928, a taxa de analfabetismo era de 80%; em 1938, 90% da população podia ler e escrever. Houve um grande movimento pela educação de adultos e todos os jovens estavam na escola. Em outras palavras, a União Soviética se transformou de um país subdesenvolvido, em 1928, em um dos principais países desenvolvidos, em 1938. Esta espetacular taxa de crescimento foi interrompida pela Segunda Guerra Mundial, período em que a União Soviética sofreu perdas sem paralelo. As estimativas dos cidadãos soviéticos mortos na Segunda Guerra Mundial se situam no geral nos 20 milhões, embora alguns especialistas considerem que chegaram aos 30 milhões. No início da guerra, Hitler conquistou rapidamente a área onde se concentrava mais da metade da capacidade de produção da União Soviética. O território ocupado pelos alemães era responsável por 70% das minas de carvão, 60% da produção de minério de ferro, 50% da produção siderúrgica e 33% da área de plantio de cereais.

Quando o exército soviético recuou, destruiu grande parte das instalações produtivas para impedir que fossem utilizadas pelos alemães. Quando, mais tarde, os alemães foram repelidos, também eles adotaram uma política de terra arrasada, destruindo na sua retirada qualquer coisa de valor que encontrassem. As fábricas e casas foram especialmente atingidas. Além de matarem mais de 20 milhões de soviéticos, os alemães destruíram os lares de outros 25 milhões, arrasando totalmente cerca de 2 mil cidades e 70 mil aldeias.

A destruição desses milhões de pessoas, casas, fábricas, animais sem conta e dos sistemas de ferrovias, transportes e comunicações fez da União Soviética um "vencedor" quase totalmente devastado na

Segunda Guerra Mundial. O progresso econômico da década de 1930, obtido com um alto custo social e humano, foi em larga medida apagado pela tentativa nazista de conquistar a União Soviética.

Contudo, apesar dessas perdas os soviéticos mantiveram sua organização econômica e suas capacidades gerais, e com a experiência adquirida no planejamento econômico dos anos 1930, se recuperaram com velocidade miraculosa. Em 1950, a produção industrial bruta era muito mais alta do que antes da guerra e a agricultura voltara aos níveis anteriores à guerra. Como a economia soviética era muito subdesenvolvida, em comparação com as sociedades capitalistas avançadas que Marx considerava o único alicerce possível para a construção do comunismo, essa economia não pôde, seja por seu desempenho nessa era ou mais recentemente, servir como teste real da possibilidade de construção de um socialismo marxista. Não obstante, essa industrialização acelerada teve um poderoso efeito demonstração para as economias economicamente subdesenvolvidas do Terceiro Mundo. A velocidade da industrialização soviética não teve precedentes. Quando se consideram os obstáculos que tiveram que ser superados nesse processo, torna-se óbvio que a experiência soviética serviria como um modelo desejável de industrialização nos países pobres do Terceiro Mundo que nos anos seguintes à Segunda Guerra Mundial experimentavam um poderoso levante nacionalista, anticolonial e anti-imperialista.

A Grande Depressão

No período que acabamos de examinar, os defensores do capitalismo estavam muito preocupados com o exemplo que a industrialização soviética apresentava aos países capitalistas do Terceiro Mundo. Essa preocupação foi aumentada pelo segundo grande acontecimento histórico já mencionado, a Grande Depressão da década de 1930.

Durante as três primeiras décadas do século XX, a economia capitalista mundial passou por vários ciclos econômicos. Contudo, as fases de depressão desses ciclos foram relativamente amenas e, em geral, estas foram décadas prósperas para a maioria dos países capitalistas.

Entretanto, na década de 1930, essa era foi interrompida. Nos Estados Unidos se registraram mais de 85 mil falências de empresas entre 1929 e 1932, quando a economia americana mergulhou numa devastadora depressão. Nesses três anos, mais de cinco mil bancos suspenderam suas operações; o valor das ações negociadas na Bolsa de Nova York caiu de US$87 bilhões para US$19 bilhões; 12 milhões de trabalhadores perderam o emprego e um quarto da população americana ficou sem meios de sustento; a renda agrícola caiu mais da metade e a produção da indústria de transformação caiu quase 50%.

A depressão atingiu primeiramente os Estados Unidos mas se espalhou rapidamente pelo mundo capitalista. A renda real caiu de um índice 100, nos Estados Unidos em 1929, para 68 em 1931. Os países capitalistas da Europa ocidental registraram quedas semelhantes. Lá o desemprego aumentou de pouco mais de 3 milhões para um número recorde de 15 milhões de desempregados em 1932. Na Alemanha, 43% da força de trabalho estava sem emprego em 1932. O comércio mundial desabou e todo o mundo capitalista mergulhou numa crise de pobreza, fome e desespero econômico generalizado.

O sofrimento econômico desse período foi pior do que o verificado durante a maioria das guerras e desastres naturais, embora os recursos naturais fossem tão abundantes como sempre, a força de trabalho continuasse tão numerosa e desejosa de emprego produtivo como sempre; as fábricas, oficinas e outras instalações produtivas permanecessem prontas para serem usadas e as necessidades e desejos de mercadorias fossem certamente tão numerosos e fortes quanto sempre. Contudo, recursos, fábricas, ferramentas e máquinas permaneciam ociosos enquanto os trabalhadores desempregados perdiam suas moradias e não podiam alimentar nem a si nem a suas famílias.

Economia Contemporânea I: A Bifurcação da Ortodoxia

A fé na automaticidade do livre-mercado e na economia capitalista despencou. Milhões se voltaram para a direita e defenderam o nazismo ou o fascismo ou se voltaram para a esquerda, defendendo o socialismo ou o comunismo. O capitalismo do *laissez-faire* tinha poucos partidários entusiasmados. Quase todos os economistas e políticos apoiavam uma ampla intervenção governamental no mercado. Isto se refletiu no extraordinário sucesso do livro de Keynes, *Teoria Geral da Moeda, do Juro e do Emprego*, quando de seu lançamento em 1936.

Contudo, a economia capitalista foi resgatada desta situação precária pela Segunda Guerra Mundial. Quase todas as principais economias capitalistas registraram maciça intervenção governamental no sistema de mercado à medida que a produção de armas, munições e materiais de guerra aumentou significativa e continuamente durante vários anos. Nos Estados Unidos, por exemplo, as despesas militares alcançaram US$ 3,2 bilhões, ou 3,2% do PIB em 1940. Em 1943, no auge da Segunda Guerra Mundial, os gastos militares foram de quase 40% de um PIB bem maior. Os lucros atingiram alturas sem precedentes e os capitalistas perceberam que gastos militares maciços poderiam pôr fim às depressões e assegurar altos retornos para seu capital.

No início da década de 1950, a teoria econômica neoclássica estava na defensiva. Já vimos que a teoria econômica neoclássica apresentava três defesas ideológicas básicas do capitalismo. A primeira era o argumento da mão invisível, segundo o qual as trocas no livre-mercado harmonizavam os interesses de todas as pessoas, determinando "preços racionais" e resultavam numa eficiente alocação de recursos. O trabalho teórico da economia do bem-estar que formava a base da crítica da economia do bem-estar (ver Capítulo 14) foi desenvolvido principalmente nas décadas de 1930 e 1940. Esse trabalho pôs os ideólogos neoclássicos na defensiva. O segundo princípio ideológico neoclássico era a fé em que o livre-mercado conduziria automaticamente ao equilíbrio de pleno emprego. A Grande Depressão da década de 1930 e o trabalho de Keynes lançaram uma dúvida profunda quanto a essa proposição. O terceiro pilar ideológico era a convicção de que a distribuição da renda era determinada pela produtividade marginal dos diferentes fatores de produção e que cada pessoa receberia como renda apenas o valor criado, na margem da produção, pelos fatores dessa pessoa. Embora esta proposição não recebesse o golpe de graça teórico até 1960, com a publicação da obra de Sraffa, *Produção de Mercadorias por meio de Mercadorias*, a teoria marginalista da distribuição nunca fora convincente para os críticos do capitalismo. Nos países capitalistas do Terceiro Mundo, a pobreza abjeta da maioria da população e seu forte contraste com a opulência da elite endinheirada era tão extrema que dificilmente alguém poderia acreditar que a teoria pudesse ser aplicada a essas economias. Portanto, a ideologia estava num estado de confusão intelectual e o capitalismo (principalmente no Terceiro Mundo, mas também nos países industrializados) corria o risco de enfrentar uma grave crise de legitimidade.

Os precursores da teoria neoclássica — Say, Senior e Bastiat — usaram essas doutrinas ideológicas para argumentar em favor de uma política de extremo *laissez-faire*. Eles queriam que o governo usasse seu poder apenas para proteger as desigualdades de poder e riqueza existentes, cuidando da aplicação das leis relativas aos contratos e à propriedade privada. Uma vez que essas desigualdades vigentes fossem protegidas coercitivamente pelo governo, as trocas no livre-mercado seriam suficientes para perpetuá-las. Se o trabalhador não tivesse meios de subsistir exceto pela venda de sua força de trabalho no mercado, e se um conjunto substancial de desempregados pudesse ser mantido em estado de constante concorrência pelos postos de trabalho disponíveis (como quase sempre ocorre sob o capitalismo), então o livre-mercado perpetuaria a riqueza e o poder extremos da numericamente pequena classe dos capitalistas. Contudo, sob essas condições básicas do capitalismo, o livre-mercado era apenas um matadouro financeiro, onde os ricos aumentavam sua riqueza abatendo os pobres.

História do Pensamento Econômico

Os economistas neoclássicos sempre adotaram essas três defesas ideológicas do capitalismo. Contudo, no século XX, a economia neoclássica se dividiu em duas tradições bem distintas (e frequentemente hostis). A divisão foi o resultado tanto da força das circunstâncias sociais, econômicas e políticas vigentes quanto da persistente barragem de críticas lançadas à ideologia neoclássica. A divisão existe pelo menos desde a década de 1870. Contudo, as consequências sociais, políticas e econômicas da industrialização soviética, a Grande Depressão, a Guerra Fria e o movimento antiimperialista no Terceiro Mundo a exacerbaram significativamente.

O problema era que enquanto a economia neoclássica continuava sendo o alicerce intelectual de ideologias intelectualmente sofisticadas do capitalismo, a maioria dos economistas e políticos tinha perdido a fé na conclusão favorável às políticas de livre-mercado, *laissez-faire,* que decorre da teoria. Essa perda de fé pode ser vista mais claramente na rápida evolução, nas décadas de 1940 e 1950, de duas tendências importantes da teoria econômica. A primeira foi a aceitação instantânea e quase unânime da economia keynesiana e a segunda o surgimento e o crescimento explosivo de uma vasta literatura no novo campo da economia do "desenvolvimento". A economia keynesiana e a nova economia do desenvolvimento tinham em comum um abandono geral da fé no capitalismo de *laissez-faire* e a defesa de políticas que envolvessem ampla e profunda participação do governo nos processos econômicos.

Os argumentos neoclássicos favoráveis ao *laissez-faire* permaneceram, contudo, relevantes durante todo o período. Eles sempre constituíram a mais elaborada e aparentemente científica defesa do capitalismo. Há outra razão relevante para a persistência da doutrina neoclássica do *laissez-faire* durante o período em que a confiança no capitalismo de livre-mercado estava em baixa. Nos Estados Unidos, por exemplo, a intervenção do governo assumiu a forma de várias agências regulatórias ou do "keynesianismo militar" dos gastos em programas espaciais e militares. Essas intervenções afetam de modo muito diferente as várias empresas capitalistas. As agências regulatórias, em geral, agiram no sentido de proteger e expandir o poder das empresas oligopolistas gigantes, não poucas vezes à custa das pequenas e médias empresas. A grande parte dos lucros dos contratos espaciais e militares coube a grandes empresas que estavam entre as mais poderosas da economia. Além disso, os lucros colhidos em todo o mundo pelo império econômico americano foram sempre para as maiores e mais poderosas empresas multinacionais.

Para muitos milhares de pequenas e médias empresas capitalistas, a expansão do governo na economia minou persistentemente sua capacidade de concorrer com os gigantes corporativos. Elas em geral consideram que colhem poucos, ou nenhum, dos benefícios da crescente atividade econômica do governo. Para eles, um governo grande significa uma deterioração de sua posição competitiva em faces das empresas gigantes, muita burocracia e impostos sempre mais altos. Essas pequenas e médias empresas são geralmente controladas por pessoas que apoiam com firmeza uma filosofia política de *laissez-faire* ultraconservadora que defende uma redução da magnitude e da extensão do papel do governo na economia. Já as empresas gigantes em geral são controladas por pessoas mais "realistas" e "liberais" em sua filosofia política. No jargão da política americana, a defesa de mais governo em geral está associada ao liberalismo e a defesa de menos governo ao conservadorismo. A base econômica dessas tendências políticas, dentro dos partidos Democrata e Republicano, é principalmente a comunidade empresarial.

As grandes corporações, com o respaldo dos burocratas sindicais, em geral, apoiam os liberais dos dois partidos. As pequenas empresas, com o respaldo de profissionais liberais e outros integrantes da classe média, em geral, apoiam os conservadores. Na política americana, nem liberais nem conservadores questionam ou criticam os fundamentos institucionais do capitalismo, isto é, são profundamente conservadores, mas representam grupos diferentes — e frequentemente hostis — dentro da classe capitalista.

Os elementos comuns na obra de todos os economistas neoclássicos, que lhes permite ainda serem chamados a "escola neoclássica" apesar de suas diferenças são: (1) todos defendem, ou simplesmente

Economia Contemporânea I: A Bifurcação da Ortodoxia

consideram natural, o sistema capitalista de propriedade privada e todas as instituições fundamentais do capitalismo; (2) sua concepção do comportamento econômico continua sendo a do maximizador de utilidade isolado, egoísta, calculista, ou o "glóbulo homogêneo de desejo de felicidade" de Veblen; e (3) todos eles defendem alguma versão dos três princípios básicos da ideologia neoclássica ou algo muito próximo disso. Portanto, apesar de suas diferenças, esta visão geral do indivíduo e da sociedade continua refletindo a perspectiva social do rentista absenteísta (tal como visto no Capítulo 10).

No restante deste capítulo, examinaremos brevemente as ideias de três teóricos recentes da economia, todos eles ganhadores do prêmio Nobel de Economia e todos profundamente influentes na economia ortodoxa. W. Arthur Lewis (1915-1991) foi um dos pioneiros na criação da subdisciplina de economia do desenvolvimento. Milton Friedman (1912-2006) ignorou completamente as crises de confiança na política neoclássica de *laissez-faire*, causadas pela Grande Depressão, colocando a culpa inteiramente sobre os ombros do governo. Friedman permaneceu sendo um forte defensor de uma versão extrema da ideologia econômica ortodoxa. Talvez o mais importante desses três teóricos tenha sido Paul A. Samuelson (1915-2009), que fez muito para tornar a teoria neoclássica uma disciplina esotérica, somente compreensível para o economista neoclássico com rigorosa formação. Mais importante, ele criou o que viria a se tornar a conciliação neoclássica ortodoxa padrão da bifurcação polar entre a ideologia neoclássica tradicional e as novas economias keynesiana e do desenvolvimento.

W. Arthur Lewis e as Origens da Economia do Desenvolvimento

Antes de 1945 praticamente não encontramos qualquer menção à "economia do desenvolvimento". A ideia comum era que a teoria econômica se aplicava a todos os tempos e lugares (ver crítica de Veblen à teoria neoclássica no Capítulo 12). Em menos de dez anos, a economia do desenvolvimento no que os teóricos da época denominavam de países "atrasados" se tornara a área mais pesquisada e publicada da economia acadêmica.

Em fins da década de 1940, havia um amplo e poderoso movimento nos países do Terceiro Mundo da Ásia, África e América Latina. O movimento combinava nacionalismo com oposição ao imperialismo e ao colonialismo. A carta das Nações Unidas proclamava o objetivo da emancipação colonial. Em 1950, Índia, Paquistão, Ceilão, Burma, Filipinas, Indonésia, Jordânia, Síria, Líbano e Israel tinham se tornado nações nominalmente independentes. Durante década de 1950, a tendência prosseguiu e a independência nominal foi concedida ou prometida a Camboja, Laos, Vietnã, Malásia, Líbia, Somália, Sudão, Marrocos, Tunísia, Egito, Gana, Togo, República dos Camarões e Guiné. Embora o imperialismo não tivesse assumido a forma de um colonialismo explícito na América Latina, a onda de anti-imperialismo nacionalista era ali tão forte quanto nos antigos impérios coloniais da Ásia e da África.

Os cidadãos desses países do Terceiro Mundo reagiram contra o racismo e a exploração política e econômica que consideravam responsáveis pela devastadora pobreza que vigorava na maioria dos países. Contudo, tornou-se imediatamente óbvio que a independência nominal e a real não eram a mesma coisa, que a exploração econômica podia tomar novas formas e que significativas barreiras retardavam quando não impediam a desejada independência e o aumento dos padrões de vida. A maioria dos políticos e economistas que viviam em países do Terceiro Mundo estava convencida de que a depender apenas do livre-mercado sua situação nunca melhoraria. O exemplo da rápida industrialização da economia soviética exercia uma poderosa atração. Era tarefa da economia ortodoxa sugerir alguma forma de industrialização planejada, forçada, que pudesse dar esperanças de elevação dos padrões de vida às economias do Terceiro Mundo, assegurando que esses países conservassem as instituições jurídicas, econômicas e governamentais que garantissem investimentos seguros, lucrativos para as grandes empresas do mundo industrializado capitalista.

W. Arthur Lewis proporcionou a necessária estrutura teórica para esta tarefa numa série de artigos e livros, dos quais os mais famosos são um artigo de 1954, intitulado "Economic Development with Unlimited Supplies of Labour", e um livro publicado no ano seguinte, *Teoria do Crescimento Econômico*.[1] Lewis começou com o que já era conhecimento comum de historiadores e economistas: a industrialização exige uma reorientação da capacidade produtiva da economia. A economia deve substituir a produção de bens de consumo como alimentos, moradia, vestuário e outros produtos básicos por bens de produção como fábricas, máquinas e ferramentas. Em outras palavras, o excedente econômico, o que supera os bens de consumo necessários, deve aumentar encontrando-se um amplo segmento social que possa ser forçado a subsistir com um consumo mais restrito.

Na Inglaterra, exemplo clássico de industrialização capitalista, essa privação foi imposta às classes trabalhadoras urbanas e rurais numa expansão impiedosa da ganância da classe superior que foi descrita amplamente por vários historiadores. Já na União Soviética, embora os trabalhadores tivessem sofrido durante a industrialização, boa parte do excedente econômico necessário foi obtido mediante a expropriação de ativos e das altas rendas das classes dos capitalistas e dos proprietários de terras ricos.

Na maioria dos países do Terceiro Mundo, as classes camponesas e operárias eram incrivelmente pobres porque já estavam gerando um substancial excedente econômico que era dividido entre as elites nacionais e os capitalistas estrangeiros. O problema é que os capitalistas estrangeiros obtinham seus lucros mediante o controle da agricultura e da extração de recursos e pareciam não ter interesse em aplicar parte desses lucros à promoção da industrialização em outros setores dessas economias. As elites locais tinham muitas vezes uma mentalidade "pré-capitalista", lembrando mais senhores feudais do que capitalistas industriais. Assim parecia que as classes trabalhadoras já estavam submetidas ao máximo possível de exploração e que aqueles a quem cabia o excedente econômico gerado nunca o utilizariam como meio de industrialização geral. O grande apelo do modelo soviético neste período é assim fácil de entender.

Contudo, Lewis mudou o foco do debate. Argumentou que nos países capitalistas industrializados próximos do pleno emprego a teoria da distribuição neoclássica embasada na produtividade marginal estava correta e que os salários dos trabalhadores a refletiam. Já nos países do Terceiro Mundo, prosseguia seu argumento, o capitalismo ainda não se desenvolvera completamente e os salários não eram determinados pela produtividade marginal. Ali os salários eram determinados pela tradição: "Em economias onde a maioria do povo é constituída por trabalhadores rurais... [os empregadores capitalistas] terão que pagar no mínimo o equivalente ao produto médio do agricultor para obter trabalho".[2] Ele acreditava, contudo, que "os ganhos do setor de subsistência determinavam um piso para os salários do setor capitalista, mas na prática os salários tinham que ser maiores que isso e em geral se verifica um hiato de 30% ou mais entre os salários capitalistas e os ganhos de subsistência".[3]

A causa da pobreza dos países do Terceiro Mundo, na opinião de Lewis, era a escassez de capital. Como a maioria dos trabalhadores estava no setor de subsistência, Lewis acreditava que a produtividade marginal do trabalho nessas economias tradicionais era "negligenciável, igual a zero ou até negativa".[4] Lewis chegou a este resultado porque definia os trabalhadores que não estavam no setor capitalista como "improdutivos". Cometendo o erro essencial de que Marx acusou os economistas clássicos, Lewis confundiu os meios de produção produzidos anteriormente (ou reprodutíveis), que são usados por todas as pessoas em todas as épocas e lugares, com capital. O capital só passa a existir no modo de produção capitalista e, portanto, não pode ser idêntico aos meios de produção previamente produzidos. Esta é uma confusão que afeta quase todos os defensores ideológicos do capitalismo. Lewis mostrou que ele via a questão estritamente do ponto de vista do capitalista quando afirmou que os trabalhadores que não trabalham para os capitalistas eram improdutivos:

> O setor de subsistência é... a parte da economia que não utiliza capital reprodutível. O produto per capita é inferior neste setor porque não é tornado produtivo pelo capital... Na medida em que mais capital se torna disponível, mais trabalhadores podem ser levados do setor de subsistência para o setor capitalista e sua produção per capita aumenta quando passam de um setor para o outro.[5]

O problema então era simples. Os países do Terceiro Mundo precisavam de mais poupança para investir em capital que tiraria os trabalhadores improdutivos do setor tradicional onde eles tinham uma produtividade marginal "negligenciável, igual a zero ou até negativa", levando-os para o setor capitalista onde sua produtividade marginal seria muito mais elevada e onde aumentariam o produto da economia e, no final, o bem-estar econômico de todos.

> O problema básico desses países está nas baixas poupanças. O aumento do capital, numa economia capitalista, decorre das poupanças feitas a partir dos lucros dos capitalistas: a razão pela qual as poupanças são, nas economias subdesenvolvidas, tão baixas em relação à renda nacional não é a pobreza das pessoas, mas que os lucros dos capitalistas são baixos relativamente à renda nacional. À medida que o setor capitalista se expande os lucros aumentam relativamente e uma proporção crescente da renda nacional é reinvestida.[6]

O problema era promover o que Marx rotulara de "acumulação primitiva", isto é, expandir o setor controlado pelo capital e reduzir até finalmente destruir a economia tradicional. Isto se tornou o problema central da economia do desenvolvimento nas décadas de 1950 e 1960. Quase todo "economista do desenvolvimento" ortodoxo via o problema nesses termos, e, para combater a difusão do socialismo e do comunismo, quase todos eles propugnavam um abrangente envolvimento do governo capitalista – tanto do Primeiro quanto do Terceiro Mundo – como a única solução para o problema.

O estudo de quase todos os textos relevantes do período mostra que esta preocupação anticomunista dominava a maioria da economia do desenvolvimento. Talvez apareça de forma mais clara nos escritos de Walt W. Rostow, cujo *Estágios do Crescimento Econômico: um Manifesto Não Comunista* foi publicado em 1960 e pode-se dizer que foi a obra mais influente de um economista do desenvolvimento convencional naquela década. Em um texto de 1983, Rostow lembra seu compromisso com o combate ao comunismo. Ele acreditava que "a luta para deter e conter a força da expansão do poder comunista seria longa e que seriam necessários novos conceitos para fortalecer a política externa dos Estados Unidos".[7] Ele também admitiu claramente com uma sinceridade incomum entre os economistas conservadores que seus ataques intelectuais ao comunismo foram financiados pela CIA.[8]

Embora a economia do desenvolvimento, como a keynesiana, parecesse um abandono do conservadorismo do *laissez-faire* neoclássico, a maioria dos economistas do desenvolvimento argumentava que essa situação seria temporária. Uma vez que o sistema capitalista estivesse plenamente implantado nas economias do Terceiro Mundo, a teoria neoclássica se tornaria aplicável.

Economia Neoclássica Liberal e Conservadora

De fins do século XIX até o presente, há uma divisão na tradição intelectual neoclássica entre as alas liberal e conservadora. Estes termos às vezes provocam confusão porque a doutrina do *laissez-faire* no século XIX era considerada "liberal" enquanto hoje os defensores mais extremos do *laissez-faire* são chamados de conservadores e os economistas neoclássicos que moderam sua análise e defendem a intervenção do governo para corrigir "imperfeições do mercado" ou "falhas do mercado" são agora chamados de liberais.

Nas duas décadas que se seguiram à Segunda Guerra Mundial, ambos os ramos do neoclassicismo eram igualmente fervorosos em sua defesa de uma política externa dedicada à destruição do comunismo onde quer que existisse e à prevenção de qualquer forma de experiência socialista nas economias do Terceiro Mundo. Assim, até os firmes defensores conservadores de uma política de *laissez-faire* apoiavam um grande exército e uma política externa agressiva.

Os conservadores não se impressionaram profundamente com a Grande Depressão. Eles mantiveram sua fé no capitalismo de *laissez-faire*. Contudo os liberais tinham várias reservas ao capitalismo de *laissez-faire*. A instabilidade inerente do capitalismo, tal como vista por Keynes, era apenas uma das quatro áreas gerais em que acreditavam que o governo deveria intervir ativamente para promover o bem-estar econômico nacional. Os liberais acreditavam que o capitalismo poderia, com políticas monetária e fiscal ativas, se não eliminar, pelo menos mitigar essa instabilidade inerente.

Segundo, os liberais reconheciam a existência de empresas gigantes e poderosas que, se deixadas em paz, não se comportariam do modo proposto na teoria da concorrência perfeita. Portanto, os liberais acreditavam que a legislação antitruste e as agências regulatórias poderiam obrigar esses gigantes a agir em benefício do interesse público geral. Assim, com um pouco de ajuda do governo, a mão invisível faria sua tarefa benéfica de criar a harmonia.

Terceiro, os liberais reconheciam que alguns bens eram "consumidos socialmente" e eram desejáveis mesmo que os capitalistas privados não pudessem lucrar com sua produção. Mais uma vez, eles acreditavam que o governo poderia resolver o problema. Ele poderia produzir e distribuir esses bens a fim de que o bem-estar geral da sociedade fosse maximizado.

Quarto, os liberais reconheciam que "externalidades" (ver Capítulo 14) poderiam provocar uma divergência entre custos privados e sociais (onde se incluem coisas como a poluição). O governo também poderia sanar este problema, argumentavam, com um sistema de impostos que igualasse os custos privados e os sociais.

Assim, da década de 1950 até o presente, os economistas neoclássicos liberais não apenas não defendem o *laissez-faire* extremado, como apoiam com entusiasmo a intervenção do governo na economia. O governo se torna um *deus ex machina* que convenientemente permite aos liberais reconhecer a validade de muitas objeções à teoria neoclássica e ao mesmo tempo defender sua fé nos três princípios ideológicos fundamentais do neoclassicismo. Eles admitem que a mão invisível não é suficiente. Eles parecem aceitar as muitas objeções ao *laissez-faire*, mas eles sempre acabam defendendo aqueles três princípios da ideologia neoclássica. Eles concluem, com mais frequência implícita do que explicitamente, que embora a mão invisível, auxiliada pelo punho visível do governo, não seja perfeita, é a coisa mais próxima da perfeição que os atuais níveis do conhecimento humano propiciam. As dificuldades que permanecem poderiam ser resolvidas por uma simples continuação das reformas do século XX.

Paul A. Samuelson *Versus* Milton Friedman e os Neoclássicos Conservadores

Nas tradições liberal e conservadora da economia neoclássica, dois pensadores foram os mais influentes depois da Segunda Guerra Mundial. Paul A. Samuelson e Milton Friedman, respectivamente. O impacto de Samuelson foi mais poderoso do que o de qualquer outro economista. Ele dominou a evolução, e o ensino, da economia neoclássica liberal. Como os economistas deste grupo dominaram

Economia Contemporânea I: A Bifurcação da Ortodoxia

a economia acadêmica, pode-se dizer que Samuelson foi o economista mais influente a partir da Segunda Guerra Mundial.

A influência de Friedman, na tradição do extremo *laissez-faire* da economia, embora muito grande, não foi tão decisiva quanto a de Samuelson no ramo liberal. Por esta razão, na próxima seção apenas examinaremos as ideias de Samuelson como o único representante do neoclassicismo liberal contemporâneo e na seção seguinte veremos as ideias de Friedman bem como a de outros defensores do *laissez-faire* extremado.

A relação entre Samuelson e os neoclássicos conservadores é impressionantemente semelhante à que se deu em meados do século XIX entre John Stuart Mill e Frédéric Bastiat (examinada no Capítulo 8). Samuelson, como Mill, é um eclético, o que explica muitos de seus pontos fortes bem como algumas de suas fraquezas. Como o de Mill, seu estilo é afável, flexível e não dogmático. Ele considera e em geral concede alguma validade a muitas das objeções ao neoclassicismo. Quando lemos Samuelson, como acontece no caso de Mill, é inevitável perceber que ele preferiria que o capitalismo fosse um sistema um pouco mais humano do que de fato é. Como Mill, ele não hesita em admitir muitas das desigualdades como injustiças do capitalismo. Mas, também como Mill, ele tem fé na reforma gradual dentro das instituições do capitalismo e quando esmiuçamos o ecletismo de sua abordagem, suas ideias neoclássicas culminam numa aceitação geral de alguma versão dos três princípios ideológicos da economia utilitária.

Já os neoclássicos adeptos do *laissez-faire* revelam a coerência unilateral de Bastiat em sua defesa do utilitarismo. Como os de Bastiat, seus escritos são rígidos, dogmáticos e doutrinários. Eles simplesmente negam a realidade quando esta não se enquadra na teoria e lhes falta totalmente a flexibilidade e a abertura mental encontradas em Samuelson, para admitir as dificuldades que existem tanto na realidade do capitalismo quanto nas teorias neoclássicas do capitalismo. Mas, tal como Bastiat que, embora claramente inferior a Mill do ponto de vista intelectual, apresentava uma defesa mais logicamente coerente das conclusões inerentes às premissas utilitárias, os neoclássicos conservadores adeptos do *laissez-faire* são devotos mais consistentemente lógicos do utilitarismo do que Samuelson.

A Defesa do Utilitarismo, de Samuelson

Ainda muito jovem, Samuelson exerceu significativa influência na profissão do economista ao sistematizar e apresentar sob forma matemática as várias linhagens de análise neoclássica em seu *Fundamentos da Análise Econômica*.[9] Foi principalmente por este livro que, em 1947, a American Economics Association lhe concedeu a primeira medalha John Bates Clark pela mais destacada contribuição à teoria econômica feita por um economista com menos de 40 anos de idade. O livro também foi relevante para a concessão do prêmio Nobel de Economia que Samuelson recebeu em 1970.

Sua maior influência sobre a profissão de economista foi, contudo, a de seu livro texto *Introdução à Análise Econômica* que, lançado em 1948, teve 17 edições (a mais recente das quais em coautoria com William Nordhaus) e foi traduzido para quase todas as línguas principais e vendeu milhões de exemplares. A primeira edição visava principalmente explicar e simplificar as ideias de Keynes. Mas como vimos no Capítulo 15, Keynes era um economista neoclássico que pretendia apenas deslindar a ideologia utilitária da fé insustentável no caráter automático do mercado autoajustável. Samuelson teve sucesso admirável em levar adiante as intenções de Keynes. Cada uma das edições subsequentes da *Introdução à Análise Econômica* foi trazendo mais da tradicional ideologia neoclássica do capitalismo. Em 1955, Samuelson apresentou sua "grande síntese neoclássica", uma integração da teoria keynesiana à economia neoclássica. A teoria keynesiana iria fornecer os conhecimentos necessários para manter o pleno emprego e o sistema de mercado operaria dentro desse quadro keynesiano para alocar recursos e distribuir renda de acordo com os princípios tradicionais da ideologia neoclássica.

Samuelson reconheceu claramente, como a maioria dos economistas neoclássicos liberais, que, em pelo menos quatro áreas, a ideologia do *laissez-faire* é claramente inadequada: (1) o sistema capitalista de livre-mercado parece ser inerentemente instável; (2) a existência de oligopólios e monopólios torna a visão neoclássica de eficiência concorrencial totalmente irrealista; (3) há bens "públicos" que precisam ser consumidos socialmente e não podem ser produzidos de forma eficiente por indivíduos; e (4) um problema estreitamente relacionado aos bens públicos é a questão das onipresentes economias e deseconomias externas, que fazem com que os indivíduos em todo tempo e lugar sejam afetados por milhares de atos de produção e consumo sobre os quais não têm qualquer controle. Contudo, Samuelson acredita que essas quatro áreas problemáticas não deveriam minar nossa fé na ideologia neoclássica.

Primeiro, o capitalismo de *laissez-faire* é economicamente instável. Mas a ampliação do governo criou, argumenta, uma "economia mista – a combinação da mão invisível de mercado com o punho visível do governo". A economia mista não eliminou totalmente a instabilidade mas a tornou moderada e tolerável:

> O ciclo econômico foi domado, embora não se tenha tornado completamente um fato do passado. Embora não seja provável que as economias mistas democráticas experimentem as antigas depressões prolongadas, as recessões e os períodos de relativa estagnação sem dúvida ainda ocorrerão embora as políticas fiscal e monetária possam moderar sua frequência, intensidade e duração.[10]

Em suma, alguma versão tolerável da Lei de Say, sancionada pelas políticas fiscal e monetária, pode ser mantida.

Segundo, Samuelson admite a existência de empresas gigantes oligopolísticas. "Ao avaliar o oligopólio", escreve, "devemos notar que o desejo das grandes empresas de auferir um retorno justo pelos seus investimentos passados pode às vezes estar em conflito com o bem-estar do consumidor".[11] Como seria de se esperar, ele assegura ao leitor que "a regulamentação do governo e a legislação antitruste são as principais armas de uma economia mista para aprimorar o funcionamento do sistema de preços".[12] Assim, em sua segunda qualificação da doutrina do *laissez-faire* utilitário, ele conclui:

> Não podemos esperar que a concorrência se torne em todo lugar "perfeitamente perfeita" no sentido estrito que lhe dão os economistas. Mas o que precisamos almejar é o que o falecido J. M. Clark denominou há alguns anos uma "concorrência viável". ... Mas isto não pode ser deixado ao arbítrio do laissez-faire. A vigilância pública e o apoio da legislação antitruste se farão necessários.[13]

Assim a segunda objeção é mais uma vez obviada pelo *deus ex machina* do governo e algo chamado "concorrência viável" é alcançado por meio da "vigilância pública" e da intervenção do governo.

Terceiro, Samuelson reconhece a existência de "bens públicos" que são socialmente necessários mas que os capitalistas não podem produzir e vender de forma lucrativa. Na economia mista, escreve, expressamos nossas necessidades desses bens pela forma como "votamos nas eleições e como aceitamos as determinações coercitivas da legislação do nosso governo responsivo em vez de fazê-lo por meio de aquisições privadas *cotidianas*".[14] Mais uma vez, a ideologia utilitária é resgatada pelo governo imparcial e benevolente.

Quarto, Samuelson não ignora que os atos de consumo e produção têm importantes efeitos sobre pessoas que não estão diretamente envolvidas nesses atos. Estas externalidades resultam no que os economistas neoclássicos denominam de divergência entre custos privados e sociais. Como vimos no Capítulo 14, quanto mais essas divergências existem, tanto mais é impossível argumentar que a mão invisível do mercado estabelece preços racionais e uma alocação de recursos eficiente (vimos também que isso é impossível por várias outras razões). Não surpreende que Samuelson argumente que "já que nenhum empresário individual tem incentivo, ou mesmo o poder, de resolver problemas envolvendo 'externalidades', este é um caso claro em que se faz necessário algum tipo de intervenção pública".[15] Mais uma vez, contudo, o benevolente *deus ex machina* pode restaurar uma aproximação aceitável do "ponto de bem-aventurança" da economia do bem-estar neoclássica (ver Capítulo 14) por meio de "subsídios ou controle público, para expandir situações repletas de economias externas e para contrair, mediante impostos ou determinações, atividades que envolvem deseconomias externas".[16] Naturalmente, Samuelson não diz ao leitor que isso envolveria literalmente milhões de impostos e subsídios diferentes, como vimos no Capítulo 14. Ele simplesmente tem fé em que o governo pode e quer criar uma situação toleravelmente próxima do ótimo de Pareto.

Tendo assim reconhecido a necessidade absoluta de literalmente milhões de instâncias de intervenção do governo na economia e tendo fé na imparcial benevolência dos governos capitalistas, Samuelson defende alguma variação de cada um dos três princípios fundamentais da ideologia neoclássica.

Primeiro, como vimos, o mercado pode ser guiado pelo governo armado de *insights* keynesianos até uma situação toleravelmente próxima do pleno emprego automático.

Segundo, com milhões de intervenções benevolentes discretas no mercado, pode-se alcançar algo razoavelmente próximo de preços racionais e alocação eficiente em termos de ótimo de Pareto. Nas palavras de Samuelson:

> *Adam Smith ao falar de uma Mão Invisível que conduz as ações egoístas dos indivíduos na direção de um resultado final harmonioso tinha alguma razão. Smith nunca pôde dizer ou comprovar exatamente qual era essa razão, mas a moderna economia pode definir esta propriedade da formação concorrencial dos preços: na concorrência perfeitamente perfeita, onde todos os preços se igualam aos custos marginais, onde todos os preços de fatores se igualam aos valores dos produtos marginais e onde todos os custos totais são minimizados, onde os desejos autênticos e o bem-estar das pessoas são todos representados pelas suas utilidades marginais tal como manifestado por seu voto em dólares[17] – então o equilíbrio resultante tem a propriedade de eficiência segundo a qual "não se pode melhorar a situação de ninguém sem prejudicar alguma outra pessoa".*
>
> *O que significa isso exatamente? Significa que um planejador não poderia chegar com sua régua de cálculo e encontrar uma solução diferente da de* laissez-faire, *que pudesse aprimorar o bem-estar de todos.[18]*

Mas Samuelson, como vimos, não afirma que o livre-mercado possa alcançar automaticamente esse estado de bem-aventurança harmonioso. Para isso se exige a ajuda desse benevolente *deus ex machina* – o governo. O leitor deveria voltar ao exame feito no Capítulo 14 para ver a premissa incrivelmente irreal e espúria que está subjacente à economia neoclássica do bem-estar e então julgar se o *deus ex machina* de Samuelson pode encarregar-se da tarefa (ou até se seria desejável que a tarefa fosse feita). No início da *Introdução à Análise Econômica*, antes de ter demonstrado que ações benevolentes do governo podem resultar em correções aceitáveis de cada desvio da concorrência perfeita, Samuelson diz:

> *Desnecessário dizer, as exigências para uma concorrência perfeita absoluta são tão rigorosas quanto, na física, os pressupostos para um movimento pendular perfeito sem atrito. Podemos chegar cada vez mais perto da perfeição, mas nunca a alcançaremos. Contudo, este fato não prejudica seriamente a utilidade do emprego do conceito idealizado....*
>
> *Certamente, nem todos os mercados de nossos dias estão perto de ser perfeitamente concorrenciais no sentido que o economista dá ao termo. Veremos mais adiante... que elementos de*

História do Pensamento Econômico

poder monopolista ou de imperfeição de mercado podem entrar e essas imperfeições exigirão que modifiquemos o modelo concorrencial. Depois de aprendermos a lidar com tais casos (recorrendo ao benevolente deus ex máquina do governo), iremos reconhecer... que a análise concorrencial, devidamente qualificada, ainda é uma ferramenta indispensável para interpretar a realidade.[19]

O terceiro princípio da ideologia neoclássica é a teoria da distribuição conforme a produtividade marginal. Aqui pareceria que a retratação de Samuelson no debate da retroca (*reswitching*) exigiria que ele abandonasse esta teoria (ver Capítulo 16). Mas ele, como Ferguson, acredita que seus "contos de fadas" e "parábolas" ilustram profundas verdades do capitalismo. De modo que ele diz ao leitor que "a demanda por capital é sua curva de *produtividade líquida*".[20] De forma semelhante, as demandas por todos os fatores são derivadas a partir da produtividade de cada fator, onde os capitalistas "quererão contratar mais e mais de... [qualquer fator] até o ponto em que sua curva de receita-produto marginal seja igual a seu aluguel de mercado".[21]

Fiel a sua "isenção" e ecletismo, Samuelson dedica duas páginas de um breve apêndice a examinar a retroca.[22] Ele conclui seu apêndice com uma afirmação que elude totalmente a questão: "A ciência da economia política ainda não tem conhecimento empírico para decidir se o mundo real está mais próximo dos idealizados casos extremos representados (a) pela parábola neoclássica ou (b) pelo simples paradigma da retroca".[23]

Isto é uma confusão deliberada da questão por duas razões: primeira, como vimos no capítulo anterior, o próprio Samuelson admitiu que a controvérsia da retroca comprovou que em muitos casos (e, como vimos, esses casos são a regra geral) não há um método logicamente coerente de nem sequer *definir* qual das diferentes técnicas de produção utiliza mais intensivamente o capital. Isto significa que, por mais pesquisas empíricas que se faça, será impossível mostrar que "a maior intensidade de capital" conduz aos resultados previstos pela parábola neoclássica. Isso foi, de fato, admitido por Samuelson em seu esotérico artigo. Mas em sua *Introdução à Análise Econômica*, com a qual ele influencia milhões de leitores, ele o nega. A segunda confusão de Samuelson, que novamente contradiz a retratação feita no esotérico artigo, é ter deixado de mostrar ao leitor que a demonstração da *retroca* destrói totalmente os fundamentos da parábola neoclássica, bem como a maioria das versões neoclássicas do argumento da mão invisível.

Contudo, é inquestionável que a mais significativa e generalizada ofuscação da realidade está em seu tratamento do governo como um *deus ex machina* benevolente, neutro, que conserta qualquer afastamento da bem-aventurança concorrencial de modo aceitável, se não perfeito. Ele deixa de examinar o fato de que as agências regulatórias do governo em geral promovem os interesses dos ramos oligopolistas que deveriam regular. Ele deixa de mencionar que o imperialismo e o militarismo têm sido as principais ferramentas de política keynesiana. Ele deixa de mencionar o fato de que essas ferramentas criaram o potencial para uma crise que pode ser pior do que as crises que evitaram. Ele deixa de mencionar o fato de que o governo nunca tentou anular equitativamente as externalidades mediante um sistema de impostos e subsídios. A lista poderia continuar, mas citaremos apenas mais um elemento: ele deixa de mencionar o fato de que raramente, se é que o fez, o governo empreende qualquer ação que diminua significativamente as extremas desigualdades de renda e riqueza.

Todas estas omissões estão no cerne da confusão neoclássica liberal – sua visão da natureza do governo no sistema capitalista. Estas omissões e sua concepção errônea do governo mascaram o extremo conservadorismo que, na verdade, é subjacente à análise liberal. Ilustremos isto tomando apenas a última omissão mencionada – a questão de o governo criar uma distribuição equitativa da riqueza e da renda.

416

Economia Contemporânea I: A Bifurcação da Ortodoxia

Em seu livro Samuelson repetidamente tempera seu entusiástico apreço pelo mercado declarando que a "eficiência de mercado" ignora a questão da equidade da distribuição de riqueza e renda. Mas nunca explica ao leitor que essa iniquidade vicia totalmente a significação normativa da eficiência do livre-mercado – mesmo que esse conceito pudesse ser defendido, o que, conforme argumentamos no Capítulo 14, não é o caso. Além disso, Samuelson nunca faz qualquer recomendação concreta de medidas específicas que venham a redistribuir de forma significativa a riqueza, o poder e a renda. Antes, ele apenas declara sua fé em que "quando uma sociedade democrática não gosta da distribuição dos votos em dólar sob o *laissez-faire*, ela recorre à tributação redistributiva para retificar a situação".[24] Quando, poderíamos perguntar, o governo fez isso de forma sistemática e significativa? A resposta é nunca.

Mas pode-se perguntar se Samuelson reconhece o fato de que é apenas porque a riqueza (e especialmente os meios de produção) é monopolizada por um segmento da população que as pessoas podem auferir rendas gigantescas apenas dos juros sobre seus ativos. Apenas quando a maioria das pessoas que produzem não têm meios independentes de sustentar seu consumo ou de exercer qualquer controle sobre o processo por meio do qual produzem, é que elas podem ser forçadas a pagar grande parte do que produzem em juros para os que monopolizaram a propriedade. Esses fatos elementares do capitalismo são totalmente ignorados por Samuelson.

Numa seção de seu livro intitulada "Equidade e inevitabilidade dos juros", Samuelson pergunta se o pagamento de juros não é um pagamento justo a uma pessoa pela prestação de um serviço valioso. Sua resposta é a seguinte:

> Façamos a premissa realista de que quando peço dinheiro emprestado a você, meu propósito não é ficar com o dinheiro, antes empregarei o dinheiro para comprar bens de capital; e, como vimos, esses bens de capital intermediários são tão escassos que geram um produto líquido superior a seu custo de reposição. Portanto, se eu não lhe pagasse juros, eu estaria de fato privando-o do retorno que você poderia obter se aplicasse diretamente seu dinheiro nesses projetos de investimento produtivo![25]

Justo, sem dúvida! Quando pensamos no que está por trás da verbiagem liberal, vemos por que Samuelson não examina o monopólio de classe dos meios de produção e por que ele esconde a importância da demonstração da retroca – para poder defender como justa a natureza de classe da distribuição de renda na sociedade capitalista. A defesa ideológica que Samuelson faz da propriedade não difere essencialmente daquela feita por Say, Senior, Bastiat, Clark e os neoclássicos conservadores em geral.

A Escola Austríaca e a Escola de Chicago

A escola de economistas neoclássicos que defende o capitalismo de *laissez-faire* extremado representa a contrapartida contemporânea de Senior e Bastiat. Em certo sentido, este grupo representa duas escolas distintas mas semelhantes – as escolas austríaca e de Chicago. A linhagem da escola austríaca remonta diretamente a Carl Menger (ver Capítulo 10). O extremado individualismo metodológico de Menger é a base da filosofia social da escola austríaca.

Embora a primeira geração de discípulos de Menger incluísse tanto reformadores sociais quanto conservadores, a natureza ultraconservadora da escola austríaca é descrita mais adequadamente como o produto de dois pensadores da segunda geração de discípulos de Menger, Ludwig von Mises e Friederich A. Hayek. Tanto von Mises quanto Hayek lecionaram na Universidade de Chicago em vários períodos. Junto com Frank H. Knight, que também ensinou ali por vários anos, eles foram as influências mais significativas para a formação da Escola de Chicago. Para a geração passada, Milton

Friedman foi o representante mais influente dessa escola. Em 1976, Friedman recebeu o prêmio Nobel de Economia.

O problema de juntar a escola austríaca e a de Chicago numa mesma classificação é que, embora ambas destaquem os benefícios universais da troca, o individualismo extremado e a defesa doutrinária do *laissez-faire*, elas têm diferenças metodológicas. De modo geral os austríacos defendem uma abordagem racionalista à teoria econômica, enquanto Milton Friedman e seus seguidores defendam a abordagem empírica. Embora atualmente seja muito comum entre os profissionais da economia acadêmica denominar todos os defensores do *laissez-faire* extremamente individualista como sendo da "Escola de Chicago", seria provavelmente mais exato dizer que a ala mais conservadora do neoclassicismo contemporâneo se divide igualmente entre os que, em termos metodológicos, seguem a escola austríaca e os que seguem a Escola de Chicago de Milton Friedman. Não acreditamos que essas diferenças metodológicas sejam demasiado significativas,[26] de modo que consideraremos esses defensores contemporâneos do *laissez-faire* em conjunto.

Uma das afirmações mais frequentes dessas escolas, que é quase idêntica à de Senior e Bastiat, é que sua teoria é ciência pura, isenta de valores, sem qualquer julgamento normativo. Friedman, por exemplo, argumenta "que, em princípio, não há juízo de valor na teoria econômica".[27] Da mesma maneira, Richard McKenzie e Gordon Tullock escreveram: "A abordagem econômica é *amoral*. A economia não se preocupa com o que deveria ser... mas antes como entender por que as pessoas se comportam do modo como o fazem".[28] Eles sustentam que sua "análise é isenta (tanto quanto possível) de nossos valores pessoais".[29] Num livro didático muito utilizado e escrito sob a ótica dos austríacos e de Chicago, Armen Alchian e William Allen declararam: "A teoria econômica é 'positiva' ou 'não normativa'.[30]

A teoria dessas escolas não apenas é tomada como ciência pura isenta de valores, mas também é aclamada como a única teoria que merece ser chamada de economia e que é igualmente válida para todas as pessoas, em todos os sistemas sociais, em todas as épocas. No capítulo introdutório, por exemplo, McKenzie e Tullock declaram: "De fato, é o processo de pensamento ou a habilidade mental desenvolvida adiante [no livro deles] que define um economista".[31] A modéstia dos devotos dessas escolas só é igualada pelo escopo proposto para sua teoria. Esta "é um núcleo válido de teoria econômica aplicável a *todos* os sistemas econômicos e a todos os países".[32]

Antes que o leitor fique demasiadamente impressionado pela afirmação de que as escolas austríaca e de Chicago constituem a única teoria econômica isenta de valores que explica todos os comportamentos, em todas as sociedades, em todos os lugares, e em todas as épocas, sugerimos uma atenta consideração à seguinte manifestação de Joan Robinson (que fez muitas contribuições originais à teoria neoclássica – sem dúvida da variedade liberal – na década de 1930, antes de abandonar o neoclassicismo):

> Houve muitas controvérsias confusas sobre a questão dos "juízos de valor" nas ciências sociais. Todo ser humano tem opiniões ideológicas, morais e políticas. Fingir que não se tem nenhuma e que se é puramente objetivo deve ser necessariamente uma autoilusão ou um artifício para iludir os outros. Um autor sincero deixará claros seus pressupostos e permitirá que o leitor não os leve em conta se não os aceita. Isso diz respeito à integridade profissional do cientista.[33]

Uma leitura dos textos da escola austríaca e da de Chicago mostra que suas análises são tão isentas de valor quanto os escritos de Senior, Bastiat e Menger (que fizeram a mesma afirmação). De fato, mostra que os valores que sempre estiveram na base da tradição conservadora, utilitária e partidária do *laissez-faire* mais extremado fazem claramente parte do alicerce dessas escolas. As obras dessas escolas podem ser caracterizadas exatamente como a ideologia de Bastiat expressa em termos de cálculo marginal maximizador.

Economia Contemporânea I: A Bifurcação da Ortodoxia

As escolas austríaca e de Chicago em geral não estão muito preocupadas com as quatro áreas principais (listadas anteriormente) cujo tratamento na teoria do *laissez-faire* não era muito realista na opinião dos neoclássicos liberais e, assim, ao contrário destes últimos, elas veem pouca razão para estender o escopo da atividade do governo além da proteção do sistema existente de poder de mercado (isto é, a proteção da propriedade privada e a garantia do cumprimento dos contratos). Como veremos, em geral eles reduzem todo o comportamento humano a atos de troca. Como Marx disse de Bastiat e de outros precursores destas escolas, quando se olha apenas para a troca, fica-se na ilusão de que o capitalismo é um verdadeiro éden dos direitos do homem – liberdade, igualdade, propriedade e Bentham (ver citação de Marx no Capítulo 9).

As quatro objeções dos neoclássicos liberais ao *laissez-faire* extremado são tratadas sumariamente pelas escolas austríaca e de Chicago.

Primeiro, eles mantêm a fé na Lei de Say do automatismo do mercado. Eles simplesmente constatam que qualquer instabilidade observada no capitalismo é totalmente culpa do *excesso de governo*. Assim, Friedman afirma: "A verdade é que a Grande Depressão, como muitos outros períodos de grande desemprego, decorreu da má administração do governo mais do que de qualquer instabilidade inerente à economia privada".[34]

Segundo, eles simplesmente negam que as empresas gigantes tenham qualquer poder de mercado significativo. Novamente, Friedman afirma: "O fato mais importante sobre as empresas monopolistas é que elas são relativamente sem importância do ponto de vista da economia como um todo".[35] O pequeno e insignificante poder de monopólio que existe quase nunca decorre da ação dos capitalistas. Friedman assegura ao leitor que quaisquer tentativas de assegurar poder de monopólio por parte dos capitalistas privados "são em geral instáveis e de curta duração a menos que possam contar com a assistência do governo".[36] Mais uma vez, o culpado é o governo, não o capitalista (embora o mal seja pequeno e insignificante): "Provavelmente a mais importante fonte de poder monopolista seja a assistência do governo".[37]

Terceiro, o único bem "legitimamente" consumido de modo social que, segundo essas escolas, o governo deveria oferecer é a defesa. "Não posso ter o grau de defesa nacional que quero e outra pessoa ter um grau diferente".[38] Neste caso particular, o governo pode nos proporcionar defesa, mas em quase todos os demais casos "a intervenção do governo limita a área da liberdade individual"[39] e é, portanto, indesejável.

Quarto, já examinamos a reação destas escolas às externalidades (ver Capítulo 14). Sua resposta é criar direitos de propriedade para a poluição e então estabelecer um mercado para a livre compra e venda desses direitos. Vimos que esta recomendação se alicerça na convicção individualista dessas escolas de que as externalidades são dadas metafisicamente. Uma vez que se reconheça que os indivíduos podem, de fato, criar externalidades (porque na realidade vivemos num mundo social e não em milhões de mundos individuais), então vemos que a recomendação destas escolas nos assegura que o livre-mercado se tornará um "pé invisível" que automaticamente maximizará a desgraça humana (ver Capítulo 14).

Assim, as escolas austríaca e de Chicago descartam todas as preocupações dos economistas neoclássicos liberais e defendem o *laissez-faire* extremado. Em *Capitalism and Freedom*, por exemplo, Milton Friedman propugna a eliminação de (1) os impostos sobre as empresas, (2) o imposto de renda progressivo, (3) a escola pública, (4) a seguridade social, (5) as normas governamentais relativamente à qualidade dos alimentos e dos medicamentos, (6) das licenças e qualificações de médicos e dentistas, (7) o monopólio do correio postal, (8) o auxílio governamental em caso de desastres naturais, (9) a legislação relativa ao salário mínimo, (10) os tetos aos juros cobrados por credores usurários, (11) as leis

História do Pensamento Econômico

que proíbem a venda de heroína e quase todas as demais formas de intervenção do governo que vão além da garantia dos direitos de propriedade e do cumprimento dos contratos e da defesa nacional. São essas as conclusões da ciência isenta de valores dos descendentes intelectuais de Bastiat. A mão invisível, acreditam, fará quase tudo de modo racional e eficiente preservando ao mesmo tempo o máximo de liberdade.

A maioria dos teóricos destas escolas se furta a levar em consideração as conclusões devastadoras da demonstração da retroca (ver Capítulo 16), mas o fazem a um custo intelectual muito alto: negam a existência do capitalismo. Não há, em sua opinião, uma coisa geral chamada capital e, portanto, não precisam calcular a produtividade do capital. Essas escolas completaram o processo, iniciado por Say, Senior e Bastiat, de obscurecer as diferenças entre trabalho e capital. Em sua teoria não há trabalhadores e capitalistas; só há indivíduos que fazem trocas. Alchian e Allen, por exemplo, escrevem: "Toda pessoa... é uma forma de bem de capital. E quase toda forma de bem físico é uma forma de trabalho, no sentido que o trabalho de alguém esteve envolvido em dar-lhe o valor que tem hoje".[40]

A perspectiva social utilitária de cada pessoa ou família como um realizador de trocas maximizadoras, autônomas, calculistas e racionais é desenvolvida do modo mais completo e coerente pelas escolas austríaca e de Chicago. De acordo com Friedman:

> Um modelo funcional de uma sociedade organizada mediante trocas voluntárias é a economia de troca de livre iniciativa – o que chamamos de capitalismo concorrencial.
>
> Em sua forma mais simples, tal sociedade consiste em várias unidades independentes – como se fosse uma coleção de Robinson Crusoes. Cada unidade utiliza os recursos que controla para produzir bens e serviços que troca por bens e serviços produzidos por outras unidades em termos mutuamente aceitáveis pelas duas partes da transação.[41]

Que pitoresco e encantador. Cada unidade independente é uma pequena fábrica gerenciada por uma família. Sem capitalistas, sem trabalhadores – só indivíduos em unidades que maximizam sua utilidade por meio da troca. Nada de greves, nada de locautes, nada de conflitos; só indivíduos maximizadores em harmonia.

Então, o que é a taxa de juros? De acordo com estas escolas, a taxa de juros é apenas um preço que rege trocas. As pessoas trocam mercadorias num ponto do tempo e as trocam no correr do tempo, isto é, elas compram e vendem bens agora para entregá-los no futuro. A taxa de juros é uma medida dessas duas magnitudes quantitativas (que, no equilíbrio, são iguais): a medida subjetiva da preferência pessoal pelo consumo presente em relação ao consumo futuro e a medida objetiva da capacidade que as mercadorias têm (isto é quase uma mágica) de aumentar no correr do tempo se não forem consumidas no presente. Assim, segundo esta ótica, não há necessidade de agregar o capital porque, dependendo da perspectiva de cada um, ou tudo é capital, ou nada é capital.

A frase de Bastiat "a economia política é troca" é levada ao seu extremo lógico nesta teoria: todas as ações e interações humanas se reduzem a trocas simples, racionais, maximizadoras de utilidade. O mundo está, pelas definições e pressuposições de sua teoria, sempre num estado de bem-aventurança consubstanciado pelo ótimo de Pareto. Tudo é sempre racional e eficiente.

Essa redução de todas as ações e interações humanas a uma simples troca começa com a concepção que os seguidores dessas escolas têm da firma e do processo de produção. A versão mais definitiva desta teoria dos juros, *Investment, Interest and Capital*, de J. Hirshleifer, começa pela Providência (ou talvez a grande loteria da vida de Malthus) dando a cada pessoa uma "dotação inicial" que é uma "combinação de bens que serve como ponto de partida [que conveniente!] para a otimização das escolhas".[42] A pessoa então pode adquirir os bens que maximizem sua utilidade individual – ou permitem à pessoa alcançar

Economia Contemporânea I: A Bifurcação da Ortodoxia

seu ponto de bem-aventurança –, seja trocando diretamente esta "dotação inicial" de bens com outros agentes de troca maximizadores ou seja produzindo.

Uma empresa é definida como "um grupo de um ou mais indivíduos especializado em atividades produtivas (transformação de combinações de mercadorias aproveitando-se a natureza, em vez de por meio de trocas com outros agentes econômicos)".[43] Assim, das duas divisões principais da teoria neoclássica – as teorias do consumo e da produção –, o consumo envolve apenas trocas entre pessoas enquanto a "produção é 'troca' com a natureza".[44] Portanto, toda atividade econômica é apenas troca. Como vimos muitas vezes no correr deste livro, a grande "profundidade" da economia utilitarista consiste inteiramente na observação de que se a troca é voluntária, então as duas partes da troca se beneficiam e a harmonia prevalece. A teoria, obviamente, ignora completamente o modo como o sistema capitalista cria uma situação na qual alguns agentes da troca têm maior poder de barganha (embora fazendo poucas coisas socialmente úteis) e outros tenham que realizar as trocas numa posição de fraqueza ou até desespero. Mas dadas as "dotações iniciais" – expressão mistificadora da economia utilitarista –, os dois agentes da troca se beneficiam; isto é, trabalhar por qualquer salário, sob quaisquer condições, é geralmente preferível a morrer de fome. Na abordagem das escolas austríaca e de Chicago relativa ao capital e aos juros, há preços presentes e preços futuros para todas as mercadorias; o salário (da mão de obra usada agora ou no futuro) é um preço como o de qualquer outra mercadoria. O investimento é apenas uma troca, com a natureza ou com outros indivíduos, de bens presentes por bens futuros. O capital é definido como o valor presente de todos os bens de consumo futuros (cujo valor futuro é descontado à taxa de juros vigente no período que vai do presente até o momento em que possam ser consumidos). Assim, por definição, todas as pessoas terão capital (se quiserem desfrutar de algum bem no futuro) e, em consequência, todos são capitalistas porque todos realizam as mesmas trocas intertemporais maximizadoras de utilidade.

A natureza essencial desta teoria foi melhor descrita por um crítico do neoclassicismo, D. M. Nuti:

> *As limitações desta abordagem podem ser resumidas numa frase: "a produção é 'troca' com a natureza", e o investimento produtivo é tratado como uma troca futura com a natureza. Isto restringe a validade da análise aos seguintes casos: uma tecnologia onde a produção é o crescimento no tempo de uma semente lançada sem esforço à terra e colhida igualmente sem esforço; uma economia escravagista em que os trabalhadores são como cavalos (isto é, podem ser comprados e vendidos tanto no presente quanto para entrega futura); uma economia de robôs trabalhadores que se produzam a si mesmos; uma economia de produtores individuais ou em cooperativa (isto é, uma economia em que a força de trabalho não é comprada e vendida e em que os produtores controlam os próprios meios de produção). Fora desses casos, os trabalhadores são contratados e nenhum trabalho além do próprio faz parte da dotação inicial; portanto o conjunto de possibilidades de produção correspondente (seja esta uma cesta de bens ou "financiamento") mudará com [uma mudança] no correr do tempo do salário do trabalhador. Se, por outro lado, o próprio trabalho é parte da dotação inicial, é preciso lembrar que de todas as mercadorias, o trabalho é a única para a qual não há, no sistema capitalista, mercados futuros concebíveis. Isto devido a uma característica especial do trabalho como insumo: os trabalhadores – diferentemente de cativos, de escravos, de cavalos ou de robôs – podem deixar o emprego sempre que quiserem.*[45]

Esta crítica arrasa a teoria das escolas austríaca e de Chicago. A existência do trabalhador "livre" é, como vimos, um dos aspectos que define o capitalismo. A "liberdade" do trabalho está em que o trabalhador pode vender sua força de trabalho apenas por períodos limitados definidos contratualmente – o trabalhador não pode vender-se como escravo — e em que a maioria dos trabalhadores são "livres"

História do Pensamento Econômico

de qualquer conexão de controle com os meios de produção, isto é, eles precisam vender sua força de trabalho nesse período desse modo limitado, um período por vez, a fim de viver. Esta não é apenas uma das características que define o capitalismo, é também a condição necessária, na teoria clássica, de um mercado de trabalho "perfeito" em cada período.

Assim o custo de se evitar a crítica devastadora contida na demonstração da retroca de técnicas de produção (ver Capítulo 16) é que a teoria destas escolas não apenas *não* é universal, ela não é aplicável ao capitalismo. Ela só pode descrever uma economia escravagista de orientação comercial, ou uma economia formada inteiramente de pequenos produtores independentes que são donos dos próprios meios de produção. É esta última visão de inúmeros pequenos produtores independentes que caracteriza estas escolas como vimos em nossa citação anterior de Friedman.

Mas elas desejam que seus leitores acreditem que estão descrevendo o capitalismo. A saída para este dilema é em geral a ofuscação desta inaplicabilidade da teoria ao capitalismo. Isto é ilustrado pela seguinte passagem de Alchian e Allen:

> *Consideramos conveniente falar de apenas dois tipos de insumo embora na realidade exista uma infinita variedade de tipos. Em vez de identificar os insumos particulares de cada caso, poderíamos chamar os insumos de A e B. Contudo, em geral os nomes padrão dados às duas classes mais amplas de insumos são trabalho e capital.[46]*

Para Alchian e Allen é particularmente "conveniente" usar os "nomes padrão", trabalho e capital, porque em seu exame da distribuição, que se segue a essa citação, eles mostram o capital como uma grandeza que pode ser agregada, tem um produto marginal definível e tem uma "remuneração" determinada pela sua produtividade marginal.[47]

Alchian e Allen concluem seu exame fazendo "alguns comentários de advertência". Dentre eles, este: "A presente análise não exige a premissa de que existem conjuntos de recursos ... diferentes mas internamente homogêneos".[48] O que esquecem de dizer ao leitor é que se abandonarmos a premissa de que o capital contém alguma entidade homogênea "permanente", então a teoria não se aplica mais ao capitalismo. E se a premissa for mantida, então a devastadora crítica da retroca é aplicável.

Em lugar de encarar essa questão de modo direto, Alchian e Allen, na página seguinte, afirmam dogmaticamente que "a teoria da produtividade marginal é válida em todas as economias".[49] Se, ao ler a crítica feita por Veblen a John Bates Clark, o leitor pensou que o irônico exemplo de Veblen (no qual "um bando de nativos das ilhas Aleutas revolvendo a beira da praia com ancinhos e invocações mágicas" poderia ser visto como um grupo harmonioso de maximizadores neoclássicos) era um tanto ou quanto extremado, então deveria ler Alchian e Allen, ou qualquer dos autores das escolas austríaca ou de Chicago que apregoam piamente a universalidade de sua ciência isenta de valores.

Sua ciência se aplica a todas as situações, então não se aplica a nenhuma. A maior parte da teorização dessas escolas é puramente tautológica. O argumento tem a seguinte sequência:

1. Todo comportamento humano envolve troca.
2. Em qualquer situação de escolha, qualquer que seja a alternativa escolhida, há ganhos e custos (sejam custos explícitos ou implícitos, custos de "oportunidade").
3. Portanto, todo comportamento humano envolve troca, na medida em que envolve a obtenção de ganhos em troca de custos.
4. Todos os seres humanos fazem escolhas racionais, isto é, realizam as trocas de modo a maximizar o excesso de utilidade do ganho em relação à desutilidade do custo (ou da utilidade perdida, no caso do custo de oportunidade).

Economia Contemporânea I: A Bifurcação da Ortodoxia

5. Portanto, todas as escolhas são racionais e representam a melhor alternativa possível dentre aquelas disponíveis no processo de troca (os neoclássicos utilitaristas sempre evitaram enfrentar a questão de como a sociedade capitalista dá a algumas pessoas tantas alternativas e a outras tão poucas).

6. Como todas as escolhas, ou trocas (elas são a mesma coisa), são racionais, maximizam a utilidade dos envolvidos na escolha ou troca, então a utilidade total é sempre maximizada.

7. Em consequência, a livre troca em uma sociedade capitalista harmoniza todos os interesses, maximiza a utilidade, resulta em preços racionais, em alocação eficiente de recursos e, em geral, cria o melhor dos mundos possíveis.

8. Além disso, como toda atividade humana é na realidade uma troca, todo e qualquer aspecto da sociedade capitalista é racional e feliz.

Talvez estes oito pontos possam parecer exagerados a alguns leitores. Será que os teóricos realmente acreditam que toda troca entre um capitalista e um trabalhador beneficia significativamente o trabalhador? Será que acreditam realmente que toda ação humana é uma busca racional, calculista de maximização da utilidade? Recorreremos a citações para deixar que as duas escolas respondam a estas perguntas com suas palavras.

Para discutir os grandes benefícios obtidos pelos trabalhadores porque os capitalistas monopolizaram os meios de produção, veremos o que diz um dos fundadores das escolas austríaca e de Chicago, Ludwig von Mises. Este economista acreditava que havia três classes "progressistas" que eram responsáveis por todos os avanços do bem-estar humano – os poupadores, os investidores proprietários do capital e os inovadores. Ele escreveu:

> Todos são livres para se juntar a estas três classes progressistas de uma sociedade capitalista.... O que é necessário para tornar-se um capitalista [um poupador], um empresário [um investidor ou proprietário de bens de capital] ou um inventor de novos métodos tecnológicos é inteligência e força de vontade. O herdeiro de um homem rico pode ter uma certa vantagem porque começa em condições mais favoráveis do que outros. Mas sua tarefa na rivalidade do mercado não é fácil, e às vezes até mais desgastante e menos remunerativa do que a de um recém-chegado.[50]

Lamentemos o pobre herdeiro da riqueza capitalista, cuja tarefa é mais "desgastante" e "menos remunerativa" do que a do resto de nós. De alguma maneira (sem dúvida por sua superioridade genética) famílias como os Rockefeller parecem ter sucesso geração após geração, apesar dessas dificuldades. Como os trabalhadores podem trocar sua força de trabalho, vendendo-a a esses "progressistas" possuidores de "inteligência e força de vontade", os trabalhadores são muito beneficiados. De fato, eles podem até dizer, invertendo a expressão de Adam Smith, que os trabalhadores colhem o que não semeiam. Os trabalhadores podem, por meio da harmoniosa benevolência do mercado, "desfrutar dos frutos" das "realizações" dos capitalistas. Von Mises escreveu:

> O aspecto característico da economia de mercado é o fato de que ela distribui a maior parte das melhorias geradas pelas realizações das três classes progressistas – os que poupam, os que investem em bens de capital e os que elaboram novos métodos de emprego do capital – à maioria não progressista das pessoas... O processo de mercado oferece ao homem comum a oportunidade de desfrutar dos frutos das realizações de outras pessoas. Ele força as três classes progressistas a servir a maioria não progressista da melhor maneira possível.[51]

Que felicidade para as pessoas comuns, que fazem tudo na produção, que, como trabalhadores, sejam capazes de "desfrutar os frutos" das "realizações" de donos de obrigações, recebedores de dividendos

423

História do Pensamento Econômico

e outros rentistas sem função, cujas rendas generosas sejam simplesmente a "justa remuneração" do "desgastante" exercício de sua "inteligência e força de vontade". Na verdade, como esses trabalhadores poderiam sobreviver sem essa benéfica classe de rentistas sem função? Von Mises não acreditava que fosse possível. Thompson, Hodgskin, Marx, Hobson, Luxemburg, Lênin e Veblem pensavam de modo diferente.

Finalmente, as escolas austríaca e de Chicago reduzem todo o comportamento humano a trocas maximizadoras racionais e, por conseguinte, são capazes de provar que sob todos os aspectos, econômicos e não econômicos, um sistema capitalista de livre-mercado é o melhor de todos os mundos possíveis.

McKenzie e Tullock, que, como se recordará, nos informaram que suas ideias eram a única economia verdadeira, nos demonstram essas verdades profundas e duradouras. Numa seção de seu livro, intitulada "Por que as pessoas pisam na grama", eles descrevem um indivíduo que está a ponto de escolher (ou de envolver-se na troca que daí resultará) pisar na grama: "Antes de pôr o pé na grama ele precisa refletir rapidamente nos benefícios e então calcular os custos envolvidos... Consequentemente, os benefícios calculados excedem os custos, de modo que pisa – e o faz racionalmente!"[52] Como é reconfortante saber que, no capitalismo, até pisar na grama é um ato maximizador, racional, que contribui para nossa harmoniosa bem-aventurança.

Mas será que esses utilitaristas acreditam realmente que os seres humanos são unicamente máquinas de prazer calculistas e racionais, até quando agem por aquilo que a maioria de nós considera paixão? McKenzie e Tullock nos asseguram que tudo é resultado de trocas racionais maximizadoras. Eles nos apresentam o comportamento sexual como outro exemplo. Nos dizem que "o sexo é um serviço produzido e procurado [isto é, obtido em troca]. Como todos os demais processos de produção... a experiência sexual envolve custos".[53] Portanto, para todos nós, autômatos racionais, maximizadores de utilidade,

> Segue-se que a quantidade de sexo demandada é uma função inversa do preço... A razão desta relação é simplesmente que um indivíduo racional consumirá sexo até o ponto em que os benefícios marginais igualem os custos marginais... Se o preço do sexo aumentar em relação ao de outros bens, o consumidor optará "racionalmente" por consumir mais dos outros bens e menos sexo. (O sorvete, bem como muitos outros bens, pode substituir o sexo se os preços relativos assim o exigirem.)[54]

McKenzie e Tullock se referem a "relações sexuais comuns" e à prostituição. Na prostituição o pagamento é "monetário" e nas "relações sexuais comuns" o pagamento é "não monetário".[55] Todo o sexo, em princípio, é idêntico para as máquinas de prazer maximizadoras, racionais. Os autores continuam dizendo-nos que fazemos o mesmo tipo de trocas maximizadoras, racionais, escolhendo com quem iremos casar e também no que eles chamam de "produção de bebês". "Os filhos", nos dizem, "também são bens econômicos".[56] Todo o processo de criação de filhos – até as surras – é apenas uma série de trocas racionais, maximizadoras de utilidade.

Smith e Ricardo, na grandeza de sua visão geral da economia capitalista, viram a economia, como foi visto, tanto da perspectiva da utilidade (ou troca) como da do trabalho (ou produção). A economia neoclássica representa a extensão final e última da perspectiva da utilidade. No desenvolvimento dessa perspectiva vimos no correr deste livro uma degeneração intelectual a partir de Ricardo. Somente os ecléticos, como Mill, Keynes e Samuelson conseguiram escapar à força dessa degeneração, porque tinham suficiente bom-senso para combinar perspectivas mais realistas com sua ótica utilitária. Contudo, agora a degeneração está completa. Pode-se dizer que as banalidades de McKenzie e Tullock são o triunfo final e o resultado inevitável da evolução do utilitarismo individualista puro e logicamente coerente.

Parece-nos haver uma profunda tristeza nas banalidades prejudiciais de McKenzie e Tullock, não apenas porque são banalidades – sempre houve e talvez sempre haverá pessoas que abraçam ideias

Economia Contemporânea I: A Bifurcação da Ortodoxia

insípidas – mas pelo que essas banalidades representam. O triste é que a alienação de nossa sociedade é tão intensa que as "teorias" de McKenzie e Tullock descrevem em parte o comportamento de algumas pessoas sob o capitalismo – pessoas que sofreram tal repressão psíquica que estão próximas de serem apenas autômatos racionais, calculistas.

O marginalismo utilitarista é, sem dúvida, um sintoma social dessa intensa alienação. É uma filosofia que pega o comportamento humano mais alienado, reprimido, emocionalmente fragmentado e patologicamente danificado e pressupõe que esse comportamento seja a natureza humana universal e o eleva a uma apoteose do potencial humano.

A questão, como visto na tradição de Marx e Veblen, não está em como fazer a compra mais vantajosa de sexo ou em como fazer o mais perspicaz investimento em "produção de bebês". A questão é como criar uma sociedade em que as pessoas alcancem seu pleno potencial emocional, estético, intelectual e físico e nesse processo as pessoas terão certamente que tratar a si e aos outros como seres humanos preciosos, únicos, isto é, como fins em si e não como mercadorias. A interação humana que preenche adequadamente nossas mais verdadeiras necessidades humanas é a verdadeira antítese do tratamento comercializado, racional dos seres humanos como mercadorias que é exaltado pelas escolas austríaca e de Chicago. É também triste que a alienação tenha atingido tal proporção que essas escolas prosperem e constituam um dos principais segmentos da economia acadêmica. Apenas numa sociedade na qual a alienação aguda e crônica seja extensa essa avaliação injuriosa do valor humano poderia se passar por ciência pura, isenta de valores.

A Batalha Continua

A bifurcação da Economia ortodoxa, remontando a Mill e Bastiat, em meados do século XIX, e por meio dos trabalhos de Samuelson e Friedman em meados para final do século XX, continua até os dias de hoje. A bifurcação atual é vista claramente na macroeconomia. É aqui que se encontra o ressurgimento da divergência de opinião sobre se as economias capitalistas, sob condições de *laissez-faire*, são inerentemente instáveis. Embora esta seja uma questão que surge no contexto da macroeconomia, a ortodoxia atual tende a lidar com a divergência de opiniões em termos dos "microfundamentos" de seus modelos.

O pêndulo começou a balançar na direção do ramo mais conservador da Economia ortodoxa nos anos 1970. A combinação de inflação com desemprego, experimentada pelas economias capitalistas avançadas (especialmente, os Estados Unidos) foi difícil de ser explicada pelo ramo mais progressista, mas fora prevista por Friedman. A Economia ortodoxa, já há muito tempo, desejava prover a macroeconomia com microfundamentos rigorosos. Microfundamentos rigorosos significavam, é claro, os indivíduos maximizadores de utilidade que encontramos diversas vezes neste livro. A incapacidade do ramo progressista – seguindo a síntese neoclássica, de Samuelson – de oferecer explicações convincentes para a experiência dos anos 1970 abriu as portas para os indivíduos maximizadores de utilidade adentrarem as teorias macroeconômicas da ortodoxia.

Robert E. Lucas, um economista da Universidade de Chicago, futuramente agraciado com o Prêmio Nobel, introduziu as expectativas racionais na macroeconomia, dando início ao que passou a ser chamado de Economia Novo-Clássica.[57] Não mais se iria supor que os indivíduos, simplesmente, maximizavam utilidade, como também eles jamais errariam consistentemente de novo. Logo, você poderia enganar estes indivíduos uma vez, mas nunca duas. Estes indivíduos parecem mais supercomputadores, comparados aos prosaicos calculadores de prazer e dor, de Bentham. Os indivíduos colhem toda a informação relevante, compreendem o modelo quantitativamente sofisticado nos quais vivem, e chegam a uma

425

História do Pensamento Econômico

decisão maximizadora da utilidade mesmo que alguns resultados sejam incertos (em um sentido probabilístico). Mais impressionante ainda, tais indivíduos não se contentam, meramente, em tomar decisões maximizadoras de utilidade para um dia; em vez disso, podem tomar estas decisões atuais para o restante de seus dias. O resultado de se introduzir tais indivíduos impressionantes em seus modelos foi que o salvador da instabilidade do capitalismo, de Samuelson, o governo como o *deus ex machina*, deixou de ser viável. Qualquer ação tomada pelo governo sob a forma seja de política monetária ou fiscal seria rapidamente incluída e computada no conjunto de informações do indivíduo, resultando em uma nova decisão. Por exemplo, uma política monetária expansionista visando estimular uma economia em recessão levaria os indivíduos a anteciparem os impactos da nova política sobre os preços e os salários, daí ajustando as suas próprias expectativas imediatamente e fazendo com que não se sentisse qualquer impacto sobre variáveis reais, como o emprego e o produto. As políticas de governo não mais teriam os impactos benéficos imaginados por Samuelson e seus seguidores na ala progressista.

Os anos 1980 testemunharam o avanço contínuo da ala mais conservadora da ortodoxia. O ambiente econômico e político proveu o pano de fundo quase perfeito para este avanço. A inflação do início dos anos 1980 seria eliminada com uma severa recessão, seguida de uma recuperação. O Presidente Reagan nos Estados Unidos e a Primeira Ministra Margaret Thatcher no Reino Unido inauguraram o movimento conservador na política. Sua intensa retórica anticomunista combinou-se com uma visão de governo menor e menos regulação na esfera econômica. As novas teorias econômicas conservadoras, construídas sobre o trabalho de Lucas, forneceram as justificativas teóricas rigorosas para estas decisões de política. Durante os anos 1980, e adentrando os 1990, outro modelo conservador da economia foi introduzido pelos vencedores do Prêmio Nobel Finn Kydman e Edward Prescott, em uma série de artigos.[58] Este modelo ficou conhecido como o modelo dos Ciclos Reais de Negócios. O modelo utiliza a perspectiva de longo prazo do modelo de crescimento de Solow (discutido no Apêndice ao Capítulo 16) para analisar os problemas de curto prazo dos ciclos econômicos. O modelo de crescimento de Solow ignorou, deliberadamente, quaisquer problemas de demanda agregada, supondo que a economia iria se autocorrigir no longo prazo, assim reafirmando a lei de Say. Portanto, o modelo dos Ciclos Reais de Negócios combina os indivíduos maximizadores de utilidade ultrainteligentes com a estrutura de um modelo de crescimento no qual não existem mais problemas de demanda. As flutuações de curto prazo do ciclo econômico, ou a instabilidade do capitalismo, são explicadas pelas respostas racionais dos indivíduos a choques tecnológicos. Embora a teoria como um todo não tenha tido um amplo e duradouro sucesso, as técnicas de modelagem têm sido influentes.

A ala mais progressista da ortodoxia jamais desistiu por completo da batalha. Em vez disso, e crucialmente, decidiu confrontar a nova teoria conservadora em seu próprio terreno. À medida que as ideias de Lucas se espalhavam e o modelo dos Ciclos Reais de Negócios se desenvolviam, economistas que seguiam a tradição de Samuelson começaram a inserir seus próprios microfundamentos na macroeconomia. A teoria resultante é denominada Economia Novo-Keynesiana.[59] Os modelos dentro da Economia Novo Keynesiana colocam o indivíduo inteligente, maximizador da utilidade, dos modelos conservadores em um ambiente um tanto quanto imperfeito. Os economistas novo-keynesianos seguem Samuelson ao reconhecer algumas imperfeições do capitalismo que podem levar a resultados subótimos mesmo quando todos os indivíduos estão maximizando a sua utilidade. Exemplos das imperfeições introduzidas são firmas com poder de mercado, contratos nominais implícitos ou explícitos, e informação assimétrica. Os ganhadores do Prêmio Nobel, Joseph Stiglitz e George Akerloff, fizeram, de forma independente, avanços importantes no estudo da informação assimétrica.[60] O tópico da informação assimétrica, a partir dos exemplos das imperfeições introduzidas, fornece um modo útil para se entender a tática empregada pelos novos-keynesianos. No exemplo de Akerloff, o vendedor de um carro usado sempre

Economia Contemporânea I: A Bifurcação da Ortodoxia

possui mais informação que um comprador potencial. Este problema informacional seria um possível impedimento para a precificação "correta" no mercado de carros usados. Stiglitz demonstrou como um problema semelhante surge nos mercados financeiros, resultando em mercados de capitais imperfeitos e racionamento de crédito. O ponto metodológico maior era que os economistas novo-keynesianos podiam construir modelos macroeconômicos com microfundamentos rigorosos. A distinção essencial, porém, era a do tipo de microfundamentos que supunham existir na economia. Os novos-keynesianos tendiam a enfatizar a microeconomia que estuda as imperfeições de mercado. Assim, conseguem chegar a resultados da velha escola keynesiana, tais como flutuações da demanda causando flutuações no emprego e produto, dentro de um arcabouço teórico tão rigorosamente microespecificado quanto nos modelos novo-clássicos ou dos ciclos reais de negócios. O resultado foi sua capacidade de defender mais consistentemente o envolvimento do governo na economia.

Recentemente, esta batalha se tornou mais branda. Cada um dos lados se assentou, utilizando um modelo comum como arcabouço para suas discussões. Este modelo (isto é, o de equilíbrio geral dinâmico estocástico) permite a cada lado incorporar os seus próprios microfundamentos com a característica em comum de indivíduos maximizadores de utilidade.[61] O lado mais progressista pode inserir o poder de mercado e outras características (por exemplo, informação assimétrica), resultando em salários e preços rígidos. Dadas as hipóteses de microperfeições ou microimperfeições, as implicações para as políticas de governo seguem naturalmente. O debate pode, então, ser conduzido em termos da relevância empírica das imperfeições assumidas. O uso de um modelo geralmente aceito para conduzir suas pesquisas desempenha um papel análogo ao da síntese neoclássica, de Samuelson. Permite a cada participante comunicar-se entre si. Além disso, estabelece o padrão para a pesquisa academicamente aceitável na área de macroeconomia. Questões de viés ideológico são colocadas apenas em termos da força empírica das microimperfeições assumidas. Assim, o pesquisador ou a pesquisadora pode se ver como sendo completamente livre de ideologia, pois estará apenas utilizando um modelo aceito e que pode ser mexido a fim de chegar a resultados mais progressistas ou mais conservadores. O próprio modelo define o espaço em que se dão as discussões de macroeconomia e questões que não aparecem naquele espaço (por exemplo, os direitos de propriedade) jamais são levantadas.

Não pretendemos dar a impressão que o que vai acima constitui o único desenvolvimento na Economia ortodoxa. Muitos outros, necessariamente, tiveram que ser excluídos. Nosso objetivo neste capítulo foi o de prover o pano de fundo histórico daquilo que se encontra nos livros-texto atuais. Porém, parece apropriado tocar, ainda que de forma muito breve, em uma última área de pesquisa que vem tomando a ortodoxia. Conforme acabamos de ver, ambos os lados do debate macroeconômico aceitaram a visão de um indivíduo maximizador muito inteligente. Contudo, na mesma época em que aqueles indivíduos inteligentes estavam sendo introduzidos nos modelos macroeconômicos, vinham sendo feitos trabalhos que testavam como os indivíduos tomavam decisões. Muito destes trabalhos eram conduzidos com base em metodologia retirada da psicologia. De fato, muito do ímpeto destes trabalhos proveio de estudos conduzidos pelos psicólogos Daniel Kahneman e Amos Tversky.[62] Os economistas Vernon Smith, Richard Thaler e Robert Shiller, para ficar apenas nestes, tornaram-se figuras importantes nesta linha de pesquisa, que levou ao novo campo da Economia Experimental.

A Economia Experimental procura compreender como indivíduos de verdade tomam decisões. Isto é, tipicamente, feito colocando-se pessoas em um ambiente controlado, diante de um problema específico. Experimentos repetidos têm demonstrado que indivíduos de verdade tendem a incorrer em um conjunto comum de erros. Isto é, eles não tomam decisões consistentes com o indivíduo supostamente inteligente e maximizador de utilidade da teoria ortodoxa. Indivíduos de verdade frequentemente usam regras de bolso para tomarem decisões, tendem a ser excessivamente confiantes

História do Pensamento Econômico

em suas habilidades, são capazes de ser enganados dependendo de como uma questão é colocada, têm dificuldade de lidar com probabilidades, considerar aspectos de justiça, e a lista continua. O ponto importante que tiramos desta linha de pesquisa é que, ao identificar comportamentos consistentes de tomada de decisão, abandonar o indivíduo irrealista, superinteligente e maximizador de utilidade não significaria que toda ação seria completamente aleatória. Em vez disso, seria possível fazer teoria fundada no comportamento esperado dentro de determinado contexto, baseada nos resultados de seres humanos reais que se deparam com problemas semelhantes.

É difícil dizer a esta altura o quão significativo será o impacto da Economia Experimental sobre a Economia ortodoxa. Certamente, ela mudou a forma como parte da ortodoxia sai por aí conduzindo sua pesquisa econômica. Porém, dado o valor que a ortodoxia conferiu à modelagem matemática, há um desafio em saber se os resultados obtidos em estudos experimentais podem ser incorporados em modelos sofisticados.[63] No mínimo, esperamos que os agentes individuais empregados na teoria ortodoxa possam parecer mais como seres humanos de verdade, ao invés das tristes caricaturas descritas pela teoria no passado. Uma esperança mais ambiciosa seria que a ortodoxia eventualmente desse o passo seguinte e procurasse compreender como o sistema econômico atual pode causar repressão psíquica e sentimentos de alienação que, em última instância, impedem que pessoas de verdade alcancem o seu potencial humano pleno.

Notas do Capítulo 17

1. W.A. Lewis, "Economic Development with Unlimited Supplies of Labour", Manchester School, Maio 1954; e W.A. Lewis, *Theory of Economic Growth*. Londres: Allen and Unwin, 1955. (Foi traduzido pela Zahar Editores. [N. T.])
2. Lewis, "Economic Development," p. 148.
3. Ibid., p. 150.
4. Ibid., p. 141.
5. Ibid., p. 147.
6. Ibid., p. 190.
7. W.W. Rostow, "The Marshallian Long Period," in *Pioneers in Development*, organizado por G.N. Meier e D. Seers. Nova York: Oxford University Press, 1983, p. 240.
8. Ibid., p.241.
9. Paul A. Samuelson, The *Foundations of Economic Analysis*. Cambridge, MA: Harvard University Press, 1947. (Existe tradução brasileira publicada na coleção Os Economistas da Abril Cultural. [N. T.]).
10. Paul A. Samuelson, *Economics,* 10ª ed. Nova York: McGraw-Hill, 1976, p. 267. (Há traduções em português, uma da Agir publicada com o título de *Introdução à Análise Econômica* e outra da versão em coautoria com Nordhaus, editada pela McGraw Hill de Portugal, sob o título *Economia*. [N.T.]).
11. Ibid., p. 521.
12. Ibid., p. 523.
13. Ibid., p. 531.
14. Ibid., p. 160.
15. Ibid., p. 811.
16. Ibid., p. 479.
17. Nota da tradução: Samuelson considera que ao destinar dinheiro à compra de produtos, os consumidores estão "votando" por esses produtos.
18. Ibid., p. 634.
19. Ibid., p. 69-79.
20. Ibid., p. 603.
21. Ibid., p. 560.

Economia Contemporânea I: A Bifurcação da Ortodoxia

22. Ibid., p. 617-18.
23. Ibid., p. 618.
24. Ibid., p. 47.
25. Ibid., p. 605.
26. Ver E.K. Hunt, "Rationalism and Empiricism in Economic Theories of Value," *Social Science Journal* 14, n 3 (1977): 11-26.
27. Milton Friedman, "Value Judgments in Economics," in *Human Values and Economic Policy,* organizado por S. Hook. Nova York: New York University Press, 1967, p. 86.
28. Richard B. McKenzie e Gordon Tullock, *The New World of Economics, Explorations in Human Experience.* Homewood, Ill: Irwin, 1975, p. 6.
29. Ibid., p. 7.
30. Armen A. Alchian e William R. Allen, *University Economics.* Belmont, CA: Wadsworth, 1964, p. 5.
31. McKenzie e Tullock, *New World of Economics,* p. 5.
32. Alchian e Allen, *University Economics,* p. 5.
33. Joan Robinson, *Freedom and Necessity.* Nova York: Pantheon, 1970, p. 122.
34. Milton Friedman, *Capitalism and Freedom.* Chicago: University of Chicago Press, 1962, p. 38.
35. Ibid., p. 121.
36. Ibid., p. 131.
37. Ibid., p. 129.
38. Ibid., p. 23.
39. Ibid., p. 32.
40. Alchian e Allen, *University Economics,* p. 433.
41. Friedman, Capitalism and Freedom, p. 13.
42. J. Hirshleifer, *Investment, Interest and Capital.* Englewood Cliffs, NJ: Prentice-Hall, 1970, p. 2.
43. Ibid., p. 12.
44. Ibid.
45. D.M. Nuti, "Vulgar Economy in the Theory of Income Distribution," *in A Critique of Economic Theory,* organizado por E.K. Hunt e Jesse G. Schwartz. Baltimore: Penguin, 1972, p. 230-36.
46. Alchian e Allen, *University Economics,* p. 433.
47. Ibid., p. 433-51.
48. Ibid., p. 452.
49. Ibid., p. 453.
50. Ludwig von Mises, *The Anti-Capitalistic Mentality.* Nova York: Van Nostrand, 1956, p. 40-41.
51. Ibid., p. 40.
52. McKenzie e Tullock, *New World of Economics,* p. 28.
53. Ibid., p. 52.
54. Ibid., p. 51-52.
55. Ibid., p. 52.
56. Ibid., p. 108.
57. Para um bom exemplo dos trabalhos iniciais de Lucas, ver Robert E. Lucas, "Expectations and the Neutrality of Money", *Journal of Economic Theory,* 4, 1972, p. 103-124. Para um entendimento mais amplo do projeto dse Lucas, ver Robert E. Lucas, "Methods and Problems in Business Cycle Theory", *Journal of Money, Credit, and Banking,* 12, 1980, p. 696-715.
58. Um dos artigos iniciais foi F. E. Kydland e E. C. Prescott, "Time to Build and Aggregate Fluctuations", *Econometrica,* 50, n. 6, 1982, p. 1345-1369. Para uma apresentação mais metodológica, ver F. E. Kydland e E. C. Prescott, "Business Cycles: Real factors and a Monetary Myth", *Federal Reserve Bank of Minneapolis Quarterly Review,* 14, n. 2, 1990, p. 3-18. Os autores também se beneficiaram do excelente resumo oferecido por James E. Hartely, "Kydland and Prescott's Nobel Prize: The Methodology of Time Consistency and Real Business Cycle Models", *Review of Political Economy,* 18, n. 1, 2006, p. 1-28.

59. Para um dos primeiros panoramas do desenvolvimento da Economia Novo Keynesiana, ver B. Greenwald e J. E. Stiglitz, "Keynesian, New Keynesian and New Classical Economics", *Oxford Economic Papers*, 39, n. 1, 1987, p. 119-133. Para uma resenha mais recente, ver N. Gregory Mankiw, "The Macroeconomist as Scientist and Engineer", *The Journal of Economic Perspectives*, 20, n. 4, 2006, p. 29-46.

60. Ver Joseph E. Stiglitz, "The Contributions of the Economics of Information to Twentieth Century Economics", *The Quarterly Journal of Economics*, 115, n. 4, 2000, p. 1441-1478. Para a contribuição original de Akerloff, ver George A. Akerloff, "The Market for 'Lemons': Quality Uncertainty and the Market Mechanism", *The Quarterly Journal of Economics*, 84, n. 3, 1970, p. 488-500.

61. Para uma introdução excelente e acessível ao modelo comum, ver Jordi Gali e Mark Gertler, "Macroeconomic Modeling for Monetary Policy Evaluation", *The Journal of Economic Perspectives*, 21, n. 4, 2007, p. 25-46.

62. Amos Tversky e Daniel Kahneman, "Judgment under Uncertainty: Heuristics and Biases", Science, 185, n. 4157, 1974, p. 1124-31. Daniel Kahneman e Amos Tversky, "Prospect Theory: An Analysis of Decision Under Risk", *Econometrica*, 47, n. 2, 1979, p. 262-93. Richard H. Thaler, Amos Tversky, Daniel Kahneman e Alan Schwartz, "The Effect of Myopia and Loss Aversion on Risk Taking: An Experimental Test". *The Quarterly Journal of Economics*, 112, n. 2, 1997, p. 647-61.

63. Akerlof, por exemplo, começou a incorporar questões de identidade em seus modelos. Ver, por exemplo, George A. Akerlof e Rachel E. Kranton, "Economics and Identity", *The Quarterly Journal of Economics*, 115, n. 3, 2000, p. 715-53. Para uma boa introdução de como estas ideias podem influenciar a macroeconomia, ver George A. Akerlof, "Behavioral Macroeconomics and Macroeconomic Behavior", *The American Economic Review*, 92, n. 3, 2002, p. 411-33.

CAPÍTULO 18

Economia Contemporânea II: Institucionalistas e Pós-keynesianos

Quando a Grande Depressão da década de 1930 e a rápida industrialização da economia soviética dessa era geraram uma crise de confiança na teoria neoclássica, prosperaram teorias alternativas, heterodoxas. Já mencionamos que a economia keynesiana teve tão rápida aceitação que sua influência entre os economistas quase superou a dos neoclássicos.

Uma das realizações significativas de Paul Samuelson foi tornar supérflua a luta entre os partidários dessas duas perspectivas teóricas nos corações e mentes dos economistas, convencendo-os de que a economia neoclássica (agora conhecida como teoria microeconômica) e a economia keynesiana (que passou a ser conhecida como teoria macroeconômica) não eram concorrentes. Eram os pilares gêmeos da ortodoxia. As diferenças – na verdade, em muitos casos, as contradições – entre elas poderiam ser tranquilamente ignoradas se, ao se examinar as questões microeconômicas, as ideias keynesianas fossem ignoradas e, ao examinar as questões macroeconômicas, as ideias neoclássicas fossem deixadas de lado. A *Introdução à Análise Econômica* de Samuelson alçou a macroeconomia (keynesiana) e a microeconomia (neoclássica) à condição de pilares gêmeos da ortodoxia.

Nem todos ficaram satisfeitos com esta conciliação. Na verdade, desde o início ela foi atacada por muitos defensores da economia neoclássica e também por seus críticos. Economistas institucionalistas e marxistas rejeitaram a teoria clássica praticamente em sua totalidade. Eles substituíram a visão neoclássica por visões sociais completamente diferentes da natureza e do funcionamento de uma economia de mercado capitalista e sua rejeição se alicerçou em críticas profundas e (se aceitas) devastadoras do neoclassicismo.

431

História do Pensamento Econômico

E embora a maioria dos keynesianos se contentasse em ser elevada a um dos dois pilares da ortodoxia (Joan Robinson é uma destacada exceção a essa postura), muitos neoclássicos conservadores defensores do capitalismo de *laissez-faire* ficaram muito insatisfeitos com a fusão feita por Samuelson de sua tradição teórica com outra que viam como incoerente sob os aspectos lógicos e teóricos e hostil do ponto de vista político e ideológico.

Ironicamente, a origem do ataque neoclássico a Keynes saiu da pena de um socialista declarado, Oscar Lange. Logo após a publicação da *Teoria Geral* de Keynes, Lange fez um esforço de conciliação das ideias de Keynes com a abordagem do equilíbrio geral walrasiano na teoria neoclássica. Keynes procurara explicar um equilíbrio econômico no qual existia um considerável desemprego involuntário, isto é, um equilíbrio geral no qual um mercado muito grande e economicamente significativo – o mercado de trabalho – estava em desequilíbrio.

Lange concluiu que a noção keynesiana de equilíbrio era incompatível com a walrasiana – nesta última, um equilíbrio geral dos preços implica equilíbrio de todos e cada um dos mercados. Em 1940, Lange publicou seu *Price Flexibility and Employment*, no qual tentava retomar os argumentos keynesianos dentro do contexto de um modelo de equilíbrio geral walrasiano. Basicamente, Lange argumentava que Keynes identificara situações especiais que envolviam desemprego involuntário – e, portanto, desequilíbrios num sistema walrasiano – nas quais as forças de mercado não tenderiam a estabelecer o equilíbrio, com o que o desequilíbrio persistiria. A influência de Lange pode ser vista numa linha de teóricos que inclui Don Patinkin, Robert Clower e Axel Leijonhufvud e se estende dos anos de 1940 à década de 1970. Nas décadas de 1970 e 1980, a teoria keynesiana ortodoxa perdeu sua posição favorecida e as ideias desses teóricos tiveram significativo impacto na profissão econômica. Muitos economistas começaram a ver a economia keynesiana como um simples caso especial da economia neoclássica. A macroeconomia foi se tornando o estudo das condições gerais em que um mercado atingiria mais ou menos automaticamente um equilíbrio geral walrasiano e das condições sob as quais os problemas poderiam surgir. A abordagem dominante à macroeconomia, conhecida como teoria das "expectativas racionais", destacava o caráter automático do mercado. As implicações disto para uma defesa renovada da ideologia do *laissez-faire* são óbvias. Embora alguns livros-texto continuassem dedicando um ou dois capítulos à economia keynesiana tradicional, por volta de 1990 esta já não ocupava o espaço privilegiado de um dos dois pilares gêmeos da ortodoxia. A teoria neoclássica voltara a dominar totalmente a ortodoxia. A mais recente crise financeira e a recessão prolongada subsequente que atingiu a maior parte da economia global levaram a um leve ressurgimento da economia keynesiana. Por outro lado, pouco após a crise mais recente, muitos dentro da profissão dos economistas deram início a uma defesa contundente da ortodoxia. Levará tempo até que se determine o impacto desta recente crise sobre a economia neoclássica.

No período que se seguiu à Segunda Guerra Mundial, duas tradições econômicas heterodoxas – a marxista e a institucionalista – continuaram evoluindo de forma mais ou menos independente da economia neoclássica ou keynesiana. A economia marxista será examinada no próximo capítulo. Na primeira metade deste capítulo examinaremos uma tendência ou ramo dentre as várias correntes de teoria econômica que se abrigam sob a denominação geral de economia institucional. Examinaremos a tradição que se alicerça nas teorias de Thorstein Veblen, John Dewey e Clarence E. Ayres. Na segunda parte do capítulo, trataremos da economia "pós-keynesiana" – uma nova tradição de economistas heterodoxos fundada nas décadas de 1970 e 1980 pelos discípulos de Keynes que discordavam da economia neoclássica e resistiam à incorporação das ideias do mestre a um marco de referência neoclássico.

432

A Economia Institucionalista de Clarence E. Ayres

O rompimento de Veblen com a teoria econômica tradicional fora brusco e extremado. Ele havia rejeitado a análise do equilíbrio e a visão neoclássica de uma sociedade repleta de agentes de troca maximizadores de utilidade. Ele procurara entender a natureza biológica dos seres humanos e destacara que essa natureza biológica fazia dos seres humanos criaturas sociais interdependentes. Contudo, a natureza social dos seres humanos não implicava que as relações sociais ou o comportamento social fossem determinados biologicamente. As pessoas existiam sob condições sociais muito variadas. E os seres humanos individuais eram muito maleáveis. Essa maleabilidade lhes permitia tornarem-se condicionados e habituados a atitudes, valores e ações radicalmente diferentes e que eram exigidas para um comportamento social adequado a, ou coerente com, instituições sociais radicalmente diferentes.

À medida que os indivíduos maximizadores de utilidade da teoria neoclássica se tornavam mais e mais esotéricos, a teoria também se tornava muito mais difícil de dominar. Para conceder o doutorado em economia, a maioria das universidades exigia dos candidatos uma sólida formação matemática e anos de estudo dos esotéricos construtos analíticos da teoria neoclássica. Isto deixava à maioria dos estudantes da pós-graduação pouco ou nenhum tempo para o estudo de filosofia, antropologia, história e sociologia – as disciplinas onde Veblen foi buscar muitas de suas ideias. Além disso, em muitos departamentos de economia, a dominação ideológica dos economistas neoclássicos conservadores resultava numa situação em que o estudo dos textos de Veblen se tornava "pouco prudente", do ponto de vista pessoal, político e ideológico, tal como acontecia com o estudo da obra de Marx. Indícios de que um jovem economista levava a sério Marx ou Veblen eram muitas vezes tomados como evidência de incompetência intelectual. Consequentemente, as escolas marxista e institucionalista da teoria econômica permaneceram pequenas – mas também influentes.

Clarence E. Ayres (1891-1972) obteve o título de Ph.D. em filosofia na Universidade de Chicago em 1917. Ayres era um pensador sistemático interessado em todas as facetas da existência humana. Desde o início ele mostrou o mesmo interesse pela economia e pela filosofia. Um ano após obter seu título publicou um instigante artigo intitulado "The function and problems of economic theory".[1] Em seu primeiro posto de magistério, no Amherst College, ele foi muito influenciado por Walton Hamilton, um jovem e brilhante economista que cunhou o termo institucionalismo. Ayres estudara a economia neoclássica padrão e foi designado assistente de ensino de Hamilton. Ayres descreveu a influência inicial que as ideias de Hamilton tiveram em seu pensamento:

> Enquanto o professor Hamilton discursava para os calouros... eu começava a pensar quando ele ia começar a desvendar para os estudantes ideias básicas como "utilidade marginal". Finalmente, criei coragem para perguntar, e apesar dos 44 anos que já se passaram, não consigo esquecer o brilho brincalhão que havia em seus olhos quando respondeu, "Se eu conseguisse entender de que se trata começaria agora mesmo!" Fiquei impressionado, pois eu já admirava imensamente os processos mentais desse professor extraordinariamente jovem. Seria mesmo verdade que todo o elaborado aparato da análise marginal não tinha sentido?[2]

Ayres de fato concluiu que a teoria neoclássica não tinha sentido. Reconheceu que o conceito de utilidade e a teoria de que no capitalismo de mercado os indivíduos maximizadores de utilidade *automaticamente* criam uma situação ótima era o centro intelectual da economia neoclássica. Também reconheceu a natureza oca, tautológica, dos fundamentos dessa teoria:

História do Pensamento Econômico

... o conceito de utilidade está particularmente aberto às críticas com base na tautologia... Está certo dizer que utilidade é o que desejamos – qualidade satisfatória, o que quer que seja isso. Mas se não temos forma de saber, quanto mais de medir, os desejos, como sabemos o que é utilidade – como a medimos? Está certo dizer que o preço é a medida da utilidade. Mas se não temos uma medida independente da utilidade (e não há nenhuma) isso só quer dizer que igualamos preço e utilidade por definição? Sendo esse o caso, nada se pode inferir dessa correspondência.[3]

A economia neoclássica era, na opinião de Ayres, apenas folclore destinado a preservar o *status quo* do poder social, político e econômico.

Em um de seus primeiros livros, *Holier than Thou*, as ideias de Ayres revelavam a clara influência de Veblen. Ele perguntava como pessoas aparentemente inteligentes adotavam ideias, atitudes, mores[4] e costumes que se embasavam na superstição e que uma pessoa mais distanciada e racional consideraria inaceitáveis. A resposta, acreditava, estaria na funcionalidade dessas ideias, atitudes, mores e costumes no que dizia respeito a sustentar o poder da rica classe social dominante.

O ponto de partida de Ayres foi o exame que Veblen faz das razões que levam às rápidas mudanças de estilo no vestuário. Veblen argumentava que o vestuário dos ricos visava separá-los claramente dos pobres. A motivação dos estilistas era apenas criar diferenças marcantes e fortes no vestuário de ricos e pobres. Os estilistas raramente estavam motivados por quaisquer preocupações ou padrões autenticamente estéticos. A feiura estética dos estilos deste ano provocaria uma revolta que levaria a mudanças drásticas no ano seguinte, e no outro e assim sucessivamente. Enquanto uma distinção hostil e não a beleza for a força motivadora, sempre haverá essas revoltas levando a mudanças permanentes nos estilos de vestuário dos ricos.

Ayres, embora fortemente influenciado por Veblen, a quem devotava o maior respeito, objetava a esta análise por duas razões. Primeiro, ele negava que existissem padrões inerente ou transcendentemente estéticos que permitissem julgar se o estilo é feio. Segundo, ele argumentava que a taxa de mudança dos estilos de vestuário dos ricos dependia inteiramente da taxa à qual os capitalistas que vendem roupas baratas para os trabalhadores podiam imitar esses estilos e vender essas imitações a pessoas pobres que desejam imitar os ricos. Isto reduziria a distinção entre os ricos e os pobres se os ricos deixassem de fazer mudanças novas e drásticas em seus estilos.

Ayres continuou argumentando que não apenas inexistiam padrões gerais de beleza como também não havia padrões gerais de retidão moral ou de bondade. As atitudes das pessoas a esse respeito eram apenas acidentes dos mores e do folclore de suas sociedades. Além disso, as atitudes da maioria das pessoas em relação à verdade ou à ciência eram também simples superstições.

Mas Ayres não estava interessado em ser niilista ou em promover alguma forma de relativismo cultural extremado. Havia ainda a questão de saber se haveria razões compreensíveis para as crenças das pessoas no folclore cultural e nas superstições e também se algumas crenças seriam mais verdadeiras que outras. Neste ponto a segunda grande influência recebida por Ayres se torna óbvia – a filosofia de John Dewey.

Dewey rejeitara a ideia, dominante na filosofia e nas ciências sociais de sua época, de que fins e meios são qualitativamente diferentes e podem ser sempre distinguidos com clareza. Ayres foi influenciado pelo argumento de Dewey de que os meios e os fins nunca podem ser totalmente separáveis. Os meios são escolhidos, segundo Dewey, porque promovem o fim desejado. Mas se pesquisarmos as razões que fazem do fim em questão o objeto do desejo, quase sempre verificamos que ele é desejado porque parece o meio para outro fim. Assim, se meu fim for ir ao armazém, posso escolher entre vários meios de transporte para chegar lá. Isso significa que esses meios de transporte são "meios" e contudo são tomados como fins porque sabemos que periodicamente precisaremos deles para ir até o armazém (ou

Economia Contemporânea II: Institucionalistas e Pós-keynesianos

qualquer outro lugar). Ir até o armazém parece ser o fim. Contudo, não tem um valor intrínseco. Ir ao armazém é o *meio* para adquirir alimentos. A aquisição de alimentos parece ser o fim. Mas, novamente, isso não tem qualquer valor intrínseco. Seu único valor é que se trata de um meio de aplacar nossa fome. Dewey argumentava que se examinarmos a maioria dos fins veremos que eles são desejados porque servem como meios para alcançar outros fins. Além disso, a maioria dos meios, pelas mesmas razões, é também vista como fim. A vida, para Dewey, é constituída de um *continuum* de causas e efeitos e de meios e fins. Qualquer evento é o efeito de causas anteriores e a causa de consequências subsequentes. Nenhum evento em particular pode ser chamado apenas de causa ou apenas de efeito mas, antes, deve ser visto tanto como efeito quanto como causa. Do mesmo modo, coisas, circunstâncias, situações e ações quase nunca são vistas somente como causas ou somente como meios. Se são meios para algo a que se atribui valor, então têm valor. De modo semelhante, o valor de quase todo fim decorre do fato de que serve como meio para outro fim ou fins.

Ayres adotou essa visão: "A experiência cotidiana revela que não há diferença genérica entre 'fins' e 'meios'. Todo elemento de nossa experiência é tanto um fim quanto um meio. Não há diferença de 'substância' ou de 'essência' que permita, no *continuum* das experiências cotidianas, distinguir 'meios' de 'fins'".[5]

Ayres acompanhou a crença de Veblen de que a maior parte das ações e valores humanos se enquadra em duas categorias dicotômicas e antagônicas. Num extremo estão superstições, valores cerimoniais e ações. Esses valores e ações têm como função social a criação e a preservação de distinções hierárquicas de status social e econômico e são o alicerce de todas as distinções baseadas em status social. No outro extremo da dicotomia estão os valores e ações tecnológicos. Estes são instrumentais para o fornecimento dos meios necessários à promoção do que Ayres denominou de "processo geral da vida".

Ayres rejeitou o absolutismo e o relativismo niilista tanto na epistemologia quanto na ética. Ele acreditava, como Dewey, ter encontrado um terreno intermediário que preservava as vantagens tanto do absolutismo quanto do relativismo sem as desvantagens de qualquer um deles.

> Sabemos que a evolução social é um processo contínuo, e que é em termos de sua continuidade que o valor e o bem-estar podem ser definidos e entendidos com bastante objetividade. Pois o processo social não é apenas um continuum em sentido cronológico; do lado tecnológico é um continuum lógico, uma progressão temporal em que cada elemento implica uma sucessão de elementos que seguem o mesmo processo pelo qual foram gerados a partir do elemento precedente da série. É neste continuum *tecnológico* que se encontra o locus *da verdade e do valor.*[6]

A verdade e o valor se derivam da dominação tecnológica da natureza para fazer avançar o "processo geral da vida". "Quando julgamos se uma coisa é boa ou má, ou uma ação é certa ou errada, o que queremos dizer é que, em nossa opinião, a coisa ou ato em questão servirá ou não para fazer progredir o processo da vida tal como o enxergamos."[7] Em seu último grande trabalho, Ayres argumentou que "é a dissociação da verdade e do valor que define a crise moral do século XX".[8] Quando esta dissociação ocorreu, a verdade foi substituída pela superstição. As superstições mais amplamente aceitas, acreditava, eram o resultado de valores e ações cerimoniais que funcionavam para preservar distinções hierárquicas de status social. Embora a natureza dicotômica da tecnologia e dos valores cerimoniais perpasse os escritos de Ayres, ela é exposta de forma mais sucinta por um destacado discípulo de Ayres:

> A estrutura de valores... deriva sua justificação social de um de dois sistemas de formação de valores. Os valores são justificados de modo cerimonial ou de modo instrumental. A essência da dicotomia institucional está contida nesta distinção entre os dois modos de valoração social existentes na sociedade.

História do Pensamento Econômico

> *Os valores cerimoniais são justificados pelos mores e costumes que incorporam hierarquias de status e distinções injustas quanto ao "valor" relativo das pessoas nas classes da comunidade. Eles racionalizam relações de poder e padrões de autoridade imbricados no status quo.*
>
> *Assim, padrões de comportamento correlacionados a valores cerimoniais são observados nas práticas sociais que manifestam seu uso do poder e da coerção na condução das questões humanas: práticas sociais que exigem distinções injustas e relações de status para justificar sua existência. Por outro lado, padrões de comportamento correlacionados aos valores instrumentais se manifestam nas atividades voltadas à solução de problemas dos quais depende o processo de vida da comunidade.[9]*

As ideias de Veblen e Ayres foram desenvolvidas, refinadas e estendidas por vários economistas contemporâneos, incluindo, mas não limitados a, Paul D. Bush, Thomas R. DeGregory, William M. Dugger, David Hamilton, F. Gregory Hayden, Louis Junker, Phillip Klein, Anne Mayhew, Walter C. Neale, Baldwin Ranson, Warren Samuels, Robert Solo e Mark Tool. Bush e Junker desenvolveram uma importante extensão desta análise institucionalista em seu conceito de "encapsulamento cerimonial". Nas palavras de Bush:

> *A força dinâmica que traz à tona o ajustamento institucional é uma expansão do conhecimento adquirido por meio dos processos de resolução de problemas da comunidade. De acordo com o princípio do encapsulamento cerimonial, o novo conhecimento será incorporado na estrutura institucional apenas na medida em que possa tornar-se adequado em termos cerimoniais, isto é, apenas na medida em que sua incorporação possa ser feita sem tumultuar o grau vigente de dominação cerimonial imbricado na estrutura de valores da comunidade.[10]*

Em outras palavras, a capacidade de uma dada sociedade de utilizar novos conhecimentos para a solução de problemas é limitada pelos padrões de dominação social, política e econômica exercidos pelos poderosos e ricos dessa sociedade. E como os interesses próprios das elites dominantes estão incorporados às instituições dominantes de uma sociedade, milhões de pessoas comuns cujos meios de vida dependem dessas instituições se tornam defensores dos valores cerimoniais que dependem do *status quo*. Bush mostra o exemplo do complexo militar-industrial dos Estados Unidos:

> *A desmilitarização da economia americana é uma grave ameaça não apenas para os interesses próprios das grandes empresas do complexo militar-industrial, mas também para a base econômica de centenas de comunidades, pequenas e grandes, de toda a nação que se tornaram extremamente dependentes dos contratos militares.*
>
> *O desperdício econômico inerente ao encapsulamento cerimonial de recursos e tecnologia por parte do complexo militar-industrial é também uma segura fonte de renda para milhões de americanos enquanto a ideologia da Guerra Fria dominar a Weltanschauung[11] americana. A continuidade econômica das vidas de milhões de americanos está encapsulada pelo nexo cerimonial da demonologia anticomunista, garantidora dos lucros dos contratos militares, e do patriotismo que serve a seus interesses.[12]*

De modo semelhante, F. Gregory Hayden mostrou que as empresas gigantes dos ramos da química, das máquinas agrícolas e do agronegócio assumiram o controle da ciência e da tecnologia em seus ramos com o propósito de aumentar seus lucros e o controle setorial. O aumento dos lucros muitas vezes foi obtido às expensas da conservação do solo e da preservação de sistemas sociais e ecológicos vitais.[13]

Economia Contemporânea II: Institucionalistas e Pós-keynesianos

William M. Dugger mostrou que nos Estados Unidos de hoje a grande empresa é o bastião central do cerimonialismo. É a principal instituição que assegura e preserva as relações sociais e os comportamentos individuais necessários à manutenção e à perpetuação da hierarquia americana de poder, privilégios e distinção individual. Em consequência, a grande empresa tende a dominar todas as outras instituições da vida americana. Esta hegemonia corporativa é mantida por meio de quatro mecanismos sociais: subordinação, contaminação, emulação e mistificação. Nas palavras de Dugger:

> A subordinação amarra todas as instituições de modo que instituições não empresariais são usadas como meios para fins empresariais. A contaminação atribui motivos de papéis empresariais a papéis não empresariais. A emulação permite aos líderes das empresas obter aceitação e até respeito em funções de liderança não empresarial. E a mistificação oculta a hegemonia corporativa com um manto protetor (mágico).[14]

Por meio destes mecanismos, as grandes empresas obtêm o controle da tecnologia e descartam o que não podem usar enquanto subordinam os aspectos remanescentes da tecnologia a seu próprio uso. Em consequência, o encapsulamento cerimonial subordina os valores tecnológicos aos valores cerimoniais que perpetuam a estrutura de poder e privilégio.

Neste processo a propaganda e o controle do pensamento são de fundamental importância. A este respeito, Dugger mostra como faculdades e universidades são subordinadas a interesses empresariais. Os objetivos universitários, assegurados instrumentalmente, de liberdade de pesquisa e a expansão dos horizontes intelectuais dos corpos docente e discente são em geral subordinados ao ensino de uma ideologia conservadora mantida por meios cerimoniais, ao treinamento vocacional e à promoção de pesquisas necessárias a indústrias específicas. Assim, a missão social da universidade se subordina às necessidades da indústria em detrimento da comunidade.

O mundo acadêmico é de fato um sistema rigidamente hierárquico imbuído e impregnado de distinções injustas – um sistema ideal para a perpetuação da propaganda cerimonial da ideologia conservadora. No topo da hierarquia estão as universidades de elite e algumas outras instituições privadas e estaduais menores. São elas que determinam quais ideias serão "respeitáveis" dentro da academia. Elas também formam os professores que ensinam nas principais universidades estaduais e outras instituições de ensino e pesquisa privadas. Estas últimas são as que formam os professores que ensinam no degrau inferior da escala universitária.

No topo da hierarquia, a pureza ideológica é mantida. A ideologia conservadora é considerada, do ponto de vista acadêmico e intelectual, como sendo "científica" enquanto as críticas são ignoradas. Vemos isso claramente ao examinar a economia acadêmica. As escolas de pensamento dissidentes como o institucionalismo, o pós-keynesianismo e o marxismo praticamente estão ausentes do currículo das universidades de elite. Por outro lado, é aí que a maioria dos teóricos e autores mais influentes da escola neoclássica leciona. Os institucionalistas, pós-keynesianos e marxistas estão sempre lutando para manter a "respeitabilidade". Assim, na medida em que a hierarquia acadêmica promove os valores cerimoniais de preferência aos valores instrumentais, ela também promove e defende as hierarquias sociais, econômicas e políticas sobre as quais repousam o poder diferencial e os privilégios, e em que distinções injustas, socialmente importantes, entre indivíduos se apoiam.

Finalmente, John Munkirs mostrou que o domínio das grandes organizações nos Estados Unidos repousa no que ele denomina de sistema de planejamento centralizado do setor privado (CPSP, sigla em inglês). Este sistema de planejamento econômico é dominado por empresas gigantes dos setores financeiro e industrial. Munkirs argumenta que a função da ideologia capitalista conservadora é ocultar esse domínio. Em suas palavras:

História do Pensamento Econômico

> *Infelizmente, na América, as escolhas reais que nosso conhecimento tecnológico torna possíveis (escolhas entre diferentes sistemas de produção e de distribuição, por exemplo, centralização versus descentralização) foram circunscritas por nossa ideologia capitalista, ou encapsuladas dentro dela, e em particular pelos valores do autointeresse, da busca do lucro e do laissez-faire. Em resumo, o tipo particular de planejamento centralizado que existe hoje na América não decorre de um determinismo tecnológico nem de maquinações conspiratórias. Antes o CPSP é o resultado direto da combinação dos valores do autointeresse, da busca do lucro e do laissez-faire com algumas possibilidades tecnológicas.[15]*

Neste breve resumo das ideias de C. E. Ayres e vários de seus discípulos contemporâneos examinamos apenas algumas das muitas facetas do institucionalismo contemporâneo. Os economistas desta escola procuram entender muito mais do que o simples funcionamento da oferta e da demanda no mercado. Estão interessados na evolução de toda a sociedade. Examinam os fundamentos institucionais do poder econômico, social e político e como este poder é afetado pelo mercado e, por sua vez, exerce controle sobre ele. Como mostramos, os economistas institucionalistas veem o mercado como parte de um processo mais amplo de valoração social que é maior e bem mais importante do que o processo de formação de preços das mercadorias. Mais uma vez, eles retratam duas bases sociais de valoração dicotômicas – a instrumental e a cerimonial. Embora o progresso humano dependa da ascendência de valores instrumentais, a ordem econômica presente se caracteriza pelo predomínio do processo de valoração cerimonial. A economia neoclássica ortodoxa será de pouco auxílio a este respeito porque muitos de seus princípios têm como função social o reforço dos valores cerimoniais que estão subjacentes ao *status quo* e o protegem com sua ênfase no poder diferencial e na distinção injusta.

Os institucionalistas têm pesquisado amplamente campos como a economia do trabalho, a organização industrial, leis e economia, sistemas econômicos comparados, escolha pública, economia agrícola e regulamentação pública das empresas. Como escola de pensamento econômico contemporâneo, o institucionalismo permanece vivo e saudável.

A Economia Pós-keynesiana

Keynes via sua teoria como uma crítica à economia neoclássica. Na década de 1940 e começo da década de 1950, as pessoas falavam da "revolução keynesiana". Contudo, como vimos no início deste capítulo, os economistas neoclássicos selecionaram algumas ideias da *Teoria Geral* de Keynes e trabalharam e desenvolveram essas ideias até que, na década de 1970, as ideias de Keynes passaram a ser vistas pelos economistas neoclássicos ortodoxos como apenas um caso especial da teoria neoclássica mais geral.

Nas décadas de 1970 e 1980, um grupo de economistas deu nova vida às ideias de Keynes que não eram compatíveis com a economia neoclássica. Eles combinaram essas ideias com as teorias de Michal Kalecki, Joan Robinson e Piero Sraffa e reafirmaram o lado radical da tradição keynesiana no que se tornou uma nova escola econômica conhecida como "economia pós-keynesiana".

Os pós-keynesianos têm no desenvolvimento econômico uma preocupação central. Quase todas as teorias do crescimento econômico partem da fórmula de "Harrod-Domar", $G = s/v$, em que G é a taxa de crescimento, s é a propensão média a poupar (ou o quociente entre poupança e renda ou produto nacional) e v é a relação capital/produto (ou o número médio de unidades de capital exigido para produzir uma unidade de produto). Para explicar essa fórmula, podemos começar com a hipótese simplificadora de que a demanda é igual à oferta em todos os mercados, bem como na economia agregada. Isso significa que toda a poupança da economia é imediatamente incorporada aos bens de capital

Economia Contemporânea II: Institucionalistas e Pós-keynesianos

recentemente produzidos. Sob essa hipótese, o quociente entre poupança e renda, s, automaticamente seria igual ao quociente entre investimento e renda, ou igual à razão entre o aumento do estoque de capital (isto é, o investimento) e a renda.

Contudo, o aumento do estoque de capital expande a capacidade produtiva da economia. Portanto, para que todos os mercados permaneçam em equilíbrio, toda a capacidade produtiva precisa ser utilizada e a produção e a renda terão de ser maiores do que eram no período anterior. A taxa de crescimento expressa o tamanho desse aumento necessário na produção e na renda, expresso como percentual da renda total.

Se v, a relação capital/produto, fosse igual a *um*, isto é, se cada dólar de novo investimento resultasse num aumento do estoque de capital exatamente suficiente para gerar um dólar de produto adicional, então o total em dólares de capacidade produtiva adicional (e, por conseguinte, sob nossas pressuposições, de nova produção e renda) seria exatamente igual à poupança total. Portanto, sob esta premissa, a taxa de crescimento seria igual à propensão média a poupar.

Se v fosse igual a *dois*, isto é, se para cada dois dólares de aumento no estoque de capital, a capacidade de produção aumentasse apenas no equivalente a um dólar de novas mercadorias, então o total da poupança aumentaria a capacidade produtiva em apenas metade de seu valor em dólares. Assim, sob esta hipótese, a propensão média a poupar teria que ser dividida por dois para se obter a taxa de crescimento da economia (a evolução histórica destas ideias pode ser vista no Apêndice do capítulo 15).

A fórmula de Harrod-Domar não é uma teoria. É apenas um marco conceitual que permite aos economistas examinar quantitativamente as relações entre as variáveis poupança, investimento, estoque de capital, produto, renda e taxa de crescimento. O quadro de referência geral é usado pelos economistas de quase todas as escolas de pensamento. Os economistas neoclássicos, por exemplo, utilizam este quadro para mostrar que os pilares da ideologia capitalista que estão no núcleo de sua teoria (isto é, automaticidade, eficiência e a teoria da distribuição de acordo com a produtividade marginal) são válidos para uma economia que está crescendo no tempo. Dadas preferências determinadas de modo exógeno (que, junto com a distribuição de renda, determinam a poupança) e funções de produção e dotações de recursos determinados exogenamente (que, junto com as preferências e a distribuição da renda, determinam a quantidade e a composição da produção), com um conjunto de premissas irrealistas, pode-se mostrar como a economia se ajusta de forma automática à taxa de crescimento de pleno emprego adequada. Também se pode mostrar como esta taxa de crescimento utiliza os recursos de maneira eficiente e como cada categoria de fator de produção (recursos naturais, trabalho e capital) é remunerada de acordo com sua produtividade marginal.

Toda a demonstração é um exercício abstrato de lógica analítica. O "tempo" envolvido é um "tempo lógico", não um tempo verdadeiro. O período é definido como sendo suficiente para que todas as relações lógicas e matemáticas funcionem da forma que os economistas neoclássicos desejam que funcionem.

Já a teoria pós-keynesiana se preocupa com a economia real que existe numa situação histórica concreta e que se ajusta a forças de desequilíbrio num processo que ocorre em tempo verdadeiro, tempo histórico. O ajustamento depende, dentre outras coisas, de como os agentes econômicos interpretam o passado e do que esperam do futuro. A exatidão de suas expectativas depende não apenas da adequação de sua avaliação do passado e do presente mas também da compatibilidade ou incompatibilidade de suas decisões, baseadas nessas expectativas, com as decisões de centenas de milhares de outros agentes econômicos com que são economicamente interdependentes. Assim, um empresário pode estar muito atento, fazer cálculos exatos e investir com cautela, mas o sucesso desse investimento dependerá sempre em parte das decisões tomadas simultaneamente por concorrentes, fornecedores

História do Pensamento Econômico

e clientes, bem como de outros fatores que são imprevisíveis. Concorrentes, fornecedores ou clientes podem agir de acordo com expectativas menos sólidas ou totalmente irracionais. Nesses casos, até as projeções elaboradas com o maior cuidado pelo empresário podem estar equivocadas.

Um dos mais ilustres economistas pós-keynesianos, o professor J. A. Kregel, resumiu assim este aspecto da teoria:

> *O método que Keynes escolheu para atacar a análise de um mundo incerto foi o de recorrer a especificações alternativas a respeito dos efeitos da incerteza e do desapontamento... De fato, Keynes argumentou que sua abordagem não poderia pressupor previsões perfeitas e informação completa, pois, desse modo, sua principal contribuição teórica, a demanda efetiva, não teria sentido.*
>
> *Além disso, a própria opinião de Keynes sobre sua abordagem teórica geral era a de que ela poderia ser utilizada para analisar um leque de problemas além daqueles que ele considerou mais prementes, isto é, a determinação do nível de produto e de emprego. Contudo, problemas diferentes exigiriam premissas básicas sobre as variáveis dependentes, dadas, e independentes do sistema.*
>
> *Finalmente,... o que veio a ser chamado... teoria "pós-keynesiana" pode ser visto como uma tentativa de analisar vários problemas econômicos diferentes, como acumulação de capital, distribuição da renda etc. de acordo com o método de Keynes.[16]*

Em particular, de acordo com as teorias tanto de Keynes quanto de Kalecki, os pós-keynesianos analisaram a relação entre distribuição de renda e crescimento econômico. Na formulação de N. Kaldor, voltamos a supor que a poupança é igual ao investimento. Na formulação de Keynes, "s" era a propensão a poupar, onde S e Y eram a poupança e a renda de um período. Assim, $S = sY$ era a "função poupança" que especificava como a poupança variava com as variações da renda. Kaldor dividiu a renda da economia em duas categorias: a renda dos trabalhadores, que eram os salários e ordenados recebidos pelo trabalho, e a renda dos capitalistas, constituída por aluguéis, juros, dividendos e lucros recebidos em função da propriedade dos meios de produção.

Agora, no lugar da função poupança keynesiana temos

$$S = s_w Y + (s_p - s_w)P \tag{18.1}$$

em que s_w é a propensão a poupar dos trabalhadores e sp é a propensão a poupar dos capitalistas. Pressupondo que o investimento é igual à poupança, como ocorre no equilíbrio, temos

$$I = s_w Y + (s_p - s_w)P \tag{18.2}$$

Podemos dividir a equação por Y e rearrumar os termos, com o que obtemos

$$\frac{P}{Y} = \frac{1}{(s_p - s_w)} \cdot \frac{I}{Y} - \frac{s_w}{(s_p - s_w)} \tag{18.3}$$

Os economistas clássicos argumentaram que os trabalhadores vivem próximos do nível de subsistência e que, portanto, devem consumir toda sua renda. Portanto, eles acreditavam que os capitalistas faziam toda a poupança. Sob esta premissa, então $s_w = 0$. Se pressupormos ainda que os capitalistas recebem tanta renda que seu consumo é parte insignificante de sua renda e que, portanto, eles poupam quase toda sua renda, podemos nos aproximar dessa hipótese fazendo $s_p = 1$. Se $s_w = 0$ e $s_p = 1$, então a equação (18.3) se reduz a

Economia Contemporânea II: Institucionalistas e Pós-keynesianos

$$\frac{P}{Y} = \frac{I}{Y} \tag{18.4}$$

Esta formulação tem a vantagem de mostrar a relação básica na economia capitalista entre a taxa de investimento e a participação dos capitalistas na renda nacional. Quanto maior for o nível de investimento, maior será a parcela da renda dos capitalistas e menor será a dos trabalhadores.

Uma formulação mais realista é pressupor que a propensão a poupar do capitalista é menor do que um. Neste caso a equação (18.3) se torna

$$\frac{P}{Y} = \frac{1}{s_p} \bullet \frac{I}{Y} \tag{18.5}$$

Esta fórmula nos permite ver uma das mais significativas conclusões da economia pós-keynesiana. Para dado nível de investimento, quanto menor a propensão a poupar dos capitalistas, mais alta será sua parcela da renda nacional e mais baixa a parcela dos trabalhadores. Isto vai de encontro ao velho mito de que os capitalistas desfrutam de rendas mais altas devido ao sacrifício que fazem para poupar. Nesta formulação, vemos que quanto menos poupam, mais alta sua participação na renda. Esse resultado paradoxal decorre da maneira como os pós-keynesianos consideram os determinantes do investimento e da poupança. O investimento, argumentam, é determinado pelas expectativas dos capitalistas sobre a lucratividade futura dos projetos de investimento, bem como sobre seu otimismo ou pessimismo quanto ao futuro em geral. A poupança, por outro lado, se altera de modo um tanto quanto passivo em resposta a mudanças no nível de renda.

Assim, vemos que, se os capitalistas estiverem muito otimistas quanto ao futuro e decidem aumentar o nível de investimento, este investimento estimulará o crescimento da produção e da renda (e da participação dos capitalistas na renda). À medida que a renda dos capitalistas aumenta, suas poupanças aumentam. Este processo continua até que a renda dos capitalistas seja suficiente para gerar uma poupança que compense exatamente o aumento do investimento, resultando num equilíbrio keynesiano. Se a propensão a poupar dos capitalistas for muito alta, então será preciso um aumento relativamente pequeno para gerar o aumento de poupanças necessário. Se sua propensão a poupar for muito baixa, então será necessário um aumento relativamente grande de sua renda para propiciar um equilíbrio do nível de poupança.

Desse modo, dadas as expectativas quanto ao futuro e o nível de investimento resultante, quanto mais generosamente os capitalistas gastarem sua renda em consumo maior será sua fatia da renda nacional. Um comportamento frugal e abstêmio diminuirá sua participação na renda nacional. A opinião neoclássica, que remonta pelo menos a Nassau Senior, de que a desutilidade do comportamento abstêmio justifica moralmente as altas rendas dos capitalistas é aqui virada de ponta-cabeça.

Uma forma útil de se colocar a abordagem pós-keynesiana em perspectiva histórica envolve manipular a equação (18.5). Se substituirmos a renda (Y) pelo estoque de capital (K) na equação (18.5), então a taxa de crescimento do estoque de capital ($g = I/K$) aparece como determinando a taxa de lucros ($r = P/K$), dada a propensão a poupar. Após manipulação, chegamos à equação de Cambridge, $rs = g$. Tal como na análise anterior de Harrod-Domar e Kaldor, a equação de Cambridge parte da condição de equilíbrio poupança-investimento e adota as hipóteses adequadas para chegar ao resultado (ainda que existam versões e derivações mais sofisticadas desta equação, a que se fez acima atende nossos objetivos presentes). A equação de Cambridge pode ser pensada como o equivalente dinâmico do equilíbrio poupança-investimento.

A equação de Cambridge ilustra, em seus contornos mais nítidos, o caráter distinto da teoria de crescimento e distribuição pós-keynesiana. Economistas clássicos, como Ricardo, afirmavam que o salário natural determinava a taxa de lucros. Assim, um aumento (diminuição) do salário causaria uma queda (aumento) da taxa de lucros. Dada a propensão a poupar (e, portanto, a investir) capitalista, a taxa de crescimento seria determinada pela taxa de lucros. A equação de Cambridge, lida da esquerda para a direita, resume esta visão como o produto da taxa de lucros e da propensão a poupar (rs) determinando a taxa de crescimento (g). Os pós-keynesianos, porém, inverteram esta causalidade ao decidirem ler esta equação da direita para a esquerda. Os capitalistas escolhem, sob incerteza, a taxa à qual desejam acrescentar a seu estoque de capital (g) e a propensão a poupar (s), daí determinando a taxa de lucros (r) e a equação se torna $r = (1/s)/g$, semelhante à equação (18.5), exceto que em termos da taxa de lucros e taxa de crescimento. O salário, mais uma vez, se torna um mero resíduo a ser determinado após a taxa de lucros.

Não disposta a deixar a taxa de crescimento escolhida pelos capitalistas depender completamente dos "espíritos animais", Joan Robinson sugeriu tornar a decisão uma função da taxa de lucros (esperada). O resultado foi uma versão completa mais dinâmica do equilíbrio poupança-investimento. A equação de Cambridge agora servia de uma contrapartida dinâmica da função poupança, $g^s = rs$, com g^s representando a taxa de crescimento da poupança. A decisão de investir dos capitalistas determinava a sua taxa desejada de crescimento do investimento sendo $g^I = f(r)$, de tal modo que um aumento na taxa de lucros (esperada) levava a um aumento na taxa de crescimento do investimento. A Figura 18.1 ilustra o modelo, no já famoso "diagrama da banana".

Se os capitalistas começam esperando uma taxa de lucros inferior a r*, a taxa escolhida de crescimento será menor que g*, dada pela curva g^I. Contudo, dado a sua taxa escolhida de crescimento, os capitalistas notarão que a taxa de lucros realizada é superior à esperada, determinada pela linha g^s. A taxa de lucros realizada mais elevada levará os capitalistas a aumentarem sua taxa de crescimento, levando a uma taxa de lucros ainda maior. O processo também pode ser visto em termos do crescimento da poupança e do investimento. Por exemplo, a qualquer taxa de lucros abaixo de r*, o crescimento do investimento será maior que o da poupança, levando a uma expansão. O processo irá continuar até que se alcance o equilíbrio, em g* e r*. O processo contrário ocorrerá a qualquer taxa de lucros acima de r*. A qualquer taxa de lucros acima de r*, o crescimento da poupança excede o crescimento do investimento, colocando pressão para baixo nas variáveis. O equilíbrio será estável, no sentido de atrair a taxa de lucros e de crescimento para a interseção, desde que a poupança dos capitalistas responda mais a mudanças na taxa de lucros que os investimentos.

Podemos usar a Figura 18.1 para ilustrarmos uma das implicações mais intrigantes da teoria de crescimento pós-keynesiana. Se, por exemplo, os capitalistas desejarem aumentar a sua poupança

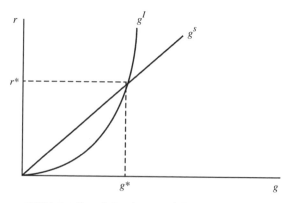

FIGURA 18.1 Taxas de Crescimento e de Lucros de Equilíbrio.

Economia Contemporânea II: Institucionalistas e Pós-keynesianos

aumentando a sua propensão a poupar a partir dos lucros, o resultado será uma queda da taxa de lucros e de crescimento. Graficamente, o aumento da propensão a poupar inclina a linha gs para a direita, de forma que para qualquer taxa de lucros o crescimento na poupança será maior. Porém, o maior crescimento da poupança se traduz em uma deficiência na demanda agregada, reduzindo os lucros até que o equilíbrio seja restabelecido a uma taxa de lucros mais baixa e taxa de crescimento a ela associada também menor. Este é o equivalente dinâmico do "paradoxo da parcimônia", de Keynes. O resultado contradiz, praticamente, todas as outras teorias de crescimento. Em versões contemporâneas da teoria de crescimento clássica, por exemplo, um aumento na propensão a poupar leva diretamente a um aumento do investimento, assim elevando a taxa de acumulação. Na teoria neoclássica, um aumento na propensão a poupar aumentará o crescimento seja temporariamente ou, em algumas versões mais recentes, permanentemente. A razão para o resultado ímpar da teoria pós-keynesiana se encontra na introdução de uma função investimento independente. Enquanto teorias alternativas supõem um caminho de mão única indo da poupança para o investimento, os pós-keynesianos apresentam uma função investimento que inverte a direção de causalidade.

A importância de uma função investimento independente para a teoria pós-keynesiana pode ser vista ao se estudar as implicações de expectativas mais otimistas. Se os capitalistas, por qualquer razão, estiverem mais otimistas, a curva g^i se deslocará para fora a partir da origem – ilustrando um desejo maior de aumentar a acumulação de capital, para qualquer taxa de juros (esperada) dada. O resultado será taxas de lucros e de crescimento mais altas. Podem ser oferecidas duas explicações para este resultado. Primeiro, se a economia estava operando a plena capacidade antes da mudança nas expectativas, então a elevação da demanda trazida pelas expectativas mais otimistas aumentará o nível de preços. O nível de preços mais elevado irá transferir renda real dos trabalhadores para os capitalistas – supondo salários nominais fixos ou, ao menos, que respondam menos que os preços. Esta é a base da teoria de distribuição de Kaldor, resultante da equação (18.5). Assim, o nível de preços deve aumentar o suficiente para elevar a parcela dos lucros, de modo que a poupança possa subir a uma taxa mais rápida a fim de igualar a elevação da taxa de investimento. Neste caso, os recursos são redirecionados da produção de bens de consumo, ao reduzir a parcela da renda que cabe aos trabalhadores, de forma a tornar possível uma maior produção de bens de capital. Uma segunda explicação surgiria se a economia calhasse de estar operando abaixo da plena capacidade antes da mudança das expectativas. O excesso de capacidade permite um aumento da produção de bens de consumo. A demanda adicional por bens de capital pode ser atendida mediante um aumento da utilização de recursos atuais. A parcela da renda não precisa mudar, neste caso. Os lucros continuarão sendo determinados pelas decisões de consumo e investimento e, portanto, irão aumentar com um aumento na demanda por investimentos. A parcela dos lucros não aumentaria, necessariamente, pois a renda geral sobe junto com os lucros.

Versões contemporâneas da teoria de crescimento pós-keynesiana, tipicamente, incluem na função investimento alguma combinação da taxa de lucros, parcela dos lucros, e taxa de utilização da capacidade (juntamente com uma relação capital-capacidade, que tende a desempenhar um papel secundário). O termo referente à parcela dos lucros pode ser diretamente ligado ao *mark-up* em versões de precificação por custos, de forma a amarrar crescimento, distribuição e precificação. Na hora de definir estas variáveis em um equilíbrio de longo prazo surgem discordâncias. Por exemplo, se um equilíbrio de longo prazo pode ser definido quando a taxa de utilização não se encontra em seu nível normal ou desejado isso suscita questões interessantes. De forma semelhante, existem dúvidas se a taxa de lucros de equilíbrio (e, portanto, a margem de lucro) será, ou precisa ser, consistente com as taxas e margens de lucro em um equilíbrio competitivo. Em geral, a distinção entre o curto e o longo prazo cria dificuldades que devem ser enfrentadas, de forma a prover coerência à teoria.

História do Pensamento Econômico

A ênfase no tempo histórico, na teoria pós-keynesiana, implica uma ênfase adicional na incerteza, o que leva diretamente a um papel importante para a moeda e os ativos em geral – as diversas formas de se reter riqueza no futuro. Esta abordagem geral tende a colocar a análise da demanda, sobretudo o componente do investimento, em um papel central e leva a seu entendimento da relação entre a poupança e o investimento sendo uma na qual o último determina a primeira – tanto no curto como no longo prazo, conforme acabamos de ver. Quando se enfatiza esta linha de causalidade, porém, o financiamento do investimento se torna importante – em vez de, simplesmente, supor-se que o investimento flui da poupança. A análise completa o círculo neste ponto, ao destacar a importância da moeda e do sistema financeiro em geral como um meio de financiar os gastos sob condições de incerteza, dado que a teoria opera no tempo histórico.

Os economistas pós-keynesiano, portanto, sempre procuraram integrar os mercados monetários e financeiros em suas teorias. Eles destacam o fato de que os fluxos reais de mercadorias e trabalho são expressos na economia como fluxos monetários. A moeda tem para eles uma característica singular: tem uma elasticidade de substituição negligenciável em relação a qualquer outra reserva de valor ou a qualquer outro meio de troca. Essas premissas diferenciam os economistas pós-keynesianos dos teóricos monetaristas neoclássicos e permitem aos primeiros mostrar com considerável sofisticação como o leque de instituições financeiras, de bancos comerciais a corretores de investimento podem coletivamente ou esterilizar ou ativar os estoques de moeda disponíveis e, ao fazê-lo, aumentarem ou diminuírem a gravidade dos choques exógenos ao sistema econômico. Os economistas pós-keynesianos mostraram como esses ajustamentos monetários podem levar a uma situação em que o salário nominal varia independentemente do salário real.[17]

A Teoria dos Preços de Sraffa

Os economistas pós-keynesianos apoiaram sua teoria do valor nos fundamentos estabelecidos por Piero Sraffa. No Capítulo 16 deste livro examinamos a poderosa crítica de Sraffa às teorias neoclássicas do crescimento, da distribuição e da eficiência do capital. Se Sraffa não tivesse feito nada mais do que formular esta crítica, ele teria dado uma contribuição monumental à teoria econômica. Contudo, ele foi além, oferecendo uma nova versão, mais sofisticada, da teoria do valor clássica. O principal objetivo de Sraffa, ao escrever o livro *Produção de Mercadorias por Meio de Mercadorias*, foi desenvolver a teoria do preço, de Ricardo, como uma alternativa para a teoria neoclássica da utilidade marginal. Ao fazê-lo, resolveu o problema proposto por Ricardo, de encontrar uma medida invariável de valor.

A análise de Sraffa começa com um modelo simples de economia de subsistência que só produzia duas mercadorias.[18] Cada mercadoria servia como insumo necessário para a produção das duas. As duas mercadorias, trigo e ferro, são produzidas em quantidades que mal dão para serem usadas como insumos na produção da mesma quantidade de cada uma delas, a cada período sucessivo. "Suponhamos que, de modo geral e incluindo as necessidades dos trabalhadores, sejam usados 280 quilogramas de trigo e 12 toneladas de ferro para produzir 400 kg de trigo, e que sejam usados 120 kg de trigo e 8 t de ferro para produzir 20 t de ferro".[19] A produção de um período pode ser assim resumida:

$$280 \text{ kg de trigo} + 12 \text{ t de ferro} \rightarrow 400 \text{ kg de trigo}$$

$$\frac{120}{400} \text{ kg de trigo} + \frac{8}{20} \text{ t de ferro} \rightarrow 20 \text{ t de ferro} \qquad (18.6)$$

Economia Contemporânea II: Institucionalistas e Pós-keynesianos

A quantidade total produzida tem que ser usada como insumo produtivo, para manter para sempre o mesmo nível de produção.

É evidente que, para que esse processo tenha continuidade, os plantadores de trigo têm de trocar 120 kg de trigo por 12 t de ferro. O preço de uma tonelada de ferro tem, portanto, que ser dez vezes o preço de um quilograma de trigo. Nem a utilidade nem qualquer tipo de marginalismo entram no cálculo. Contudo, não fica imediatamente claro como o trabalho entra na análise. Já dissemos que os insumos-mercadoria incluíam as necessidades da mão de obra. Em outro capítulo, intitulado "Redução a Quantidades Datadas de Trabalho",[20] Sraffa nos mostra como a análise pode ser modificada, passando-se das mercadorias como únicos insumos ao trabalho como o único insumo.

Para fazer esta passagem, começamos com a quantidade de trabalho usado diretamente na produção de uma mercadoria. As mercadorias que entram diretamente na produção podem ser desdobradas em trabalho direto e outras mercadorias usadas em sua produção. Estas mercadorias, por sua vez, também podem ser subdivididas. O processo pode continuar retroagindo, até as mercadorias restantes que entraram no cálculo representarem apenas uma parcela insignificante do valor da mercadoria em questão, podendo ser eliminadas. O que sobra, então, representa apenas as quantidades de trabalho datado, que culminaram com a produção da mercadoria em questão. Entretanto, o argumento é mais simples e mais fácil de se entender, quando é formulado em termos de mercadorias. A análise pode ser facilmente generalizada para uma economia de subsistência que produz n mercadorias, cada uma delas servindo como insumo, pelo menos, para algumas outras. Soluções únicas de preço de cada mercadoria serão determinadas por n equações semelhantes às do ferro e do trigo.

Sraffa prossegue, considerando uma economia em que se produz um excedente além do nível de subsistência. As condições de produção hipotéticas poderiam ser as seguintes:

$$280 \text{ kg de trigo} + 12 \text{ t de ferro} \rightarrow 575 \text{ kg de trigo}$$
$$\frac{120}{400} \text{ kg de trigo} + \frac{8}{20} \text{ t de ferro} \rightarrow 20 \text{ t de ferro} \tag{18.7}$$

Novamente, supondo-se que a subsistência da mão-de-obra esteja incluída nos 400 kg de trigo e nas 20 t de ferro, existe um excedente de 175 kg de trigo. Suponhamos que o excedente total seja distribuído como lucro e que a concorrência iguale a taxa de lucro, em ambos os ramos de atividade. Se o preço do trigo for 1, o preço do ferro for p_i, e a taxa de lucro for r as equações acima tornam-se:

$$(280+12p_i)(1+r) = 575$$
$$(120+8p_i)(1+r) = 20p_i \tag{18.8}$$

As soluções destas equações são $p_i = 15$ e $r = 0,25$.

Mais uma vez podemos generalizar. Com n mercadorias, temos n equações para determinar n incógnitas (um preço é a unidade, o que permite que $n-1$ preços e a taxa de lucro sejam incógnitas). Essa é a "solução clássica e marxista", pois salários são predeterminados, no nível de subsistência.

Contudo, o problema é mais complexo. Na teoria de Marx, o salário de subsistência é determinado socialmente, e não biologicamente. Na luta de classes entre capitalistas e trabalhadores, o nível do salário real que constitui o salário de subsistência varia de acordo com o equilíbrio do poder entre as duas classes. Além disso, como os trabalhadores não consomem qualquer parte dos insumos-mercadoria, uma mudança nas condições de produção entre as várias mercadorias (e, consequentemente, uma mudança

História do Pensamento Econômico

de seus preços relativos) pode exigir uma alteração dos salários nominais para manter o mesmo nível de salários reais dos trabalhadores. Portanto, na teoria de Marx, o salário nominal pode variar em decorrência de uma variação do salário real ou de uma variação dos preços relativos de outras mercadorias, enquanto o salário real permanece constante.

As mudanças nos salários têm uma importância especial na teoria marxista do valor-trabalho. No exemplo acima, todos os preços são expressos em termos de trigo, isto é, o trigo é o numerário. Se, contudo, o trigo não for produzido com a composição orgânica do capital socialmente média, então uma alteração do salário terá dois efeitos: primeiro, ela provocará uma divergência entre o preço do trigo e seu valor-trabalho. Segundo, levará, no setor de trigo, a uma divergência entre o lucro monetário e a mais-valia em termos de trabalho (esses dois efeitos decorrem das diferenças na composição orgânica do capital nos vários setores, que já foram examinadas nos Capítulos 5 e 9).

Isso cria um problema para a teoria do valor-trabalho marxista, porque o princípio secundário que pode explicar a divergência dos preços em relação ao valor-trabalho (ver Capítulo 9) exige que essas divergências sejam explicáveis em termos de diferenças na composição orgânica do capital dos vários setores. Mas *se* o preço do trigo não refletir apenas seu valor-trabalho, e *se* todos os demais preços forem expressos em termos de trigo, *então* a divergência dos preços em relação ao valor-trabalho não refletirá simplesmente as diferenças na composição orgânica do capital dos diferentes setores. Nesse caso, as divergências dos preços em relação ao valor-trabalho refletirão tanto divergências na composição orgânica do capital quanto o grau de divergência dos preços do trigo em relação ao valor-trabalho do trigo (porque todos os demais preços são expressos em termos do preço do trigo). Nesse caso, ficaria impossível verificar até que ponto as divergências dos preços em relação ao valor-trabalho podem ser explicadas pelo princípio secundário da teoria do valor-trabalho e até que ponto essas divergências são provocadas por uma alteração do instrumento de medição – o preço do trigo. Portanto, estamos de volta à conclusão a que chegamos nos Capítulos 5 e 9 de que a teoria do valor-trabalho parece exigir uma medida invariante de valor cujo preço reflita sempre seu valor-trabalho, ou (como veremos no Capítulo 19) a teoria do valor-trabalho precisa abandonar um dos dois elos específicos entre valor-trabalho e preço que foram sugeridos por Marx (isto é, que o valor total é igual ao preço total e que a mais-valia total é igual ao lucro) e encontrar uma nova forma de ligar a análise em termos de valor-trabalho com a análise em termos de preço.

Contudo, nesse ponto, Sraffa se afasta tanto de Ricardo quanto de Marx. Ele abandona a noção de um salário de subsistência definido socialmente:

> Até este ponto consideramos os salários como consistindo no necessário à subsistência dos trabalhadores e assim estando no mesmo pé do combustível para motores ou da ração do gado. Agora precisamos levar em conta o outro aspecto dos salários já que, além do sempre presente elemento de subsistência, eles podem incluir uma parte do produto excedente. Em vista desse duplo caráter do salário, seria adequado, ao considerar a divisão do excedente entre capitalistas e trabalhadores, separar as duas partes componentes do salário e olhar só a parte "excedente" como variável; enquanto isso, os bens essenciais à sobrevivência dos trabalhadores permaneceriam, junto com o combustível etc., entre os meios de produção.
>
> Contudo, neste livro, nos absteremos de mexer com o conceito tradicional do salário e seguiremos a prática usual de tratar todo o salário como uma variável.[21]

Com essa passagem, Sraffa se afasta drasticamente de Marx. A força de trabalho não é, para Sraffa, uma mercadoria cujo valor é determinado do mesmo modo que o das demais mercadorias. Como não pode haver divisão entre trabalho necessário e trabalho excedente, não se pode demonstrar que o trabalho

Economia Contemporânea II: Institucionalistas e Pós-keynesianos

excedente é a fonte da mais-valia. Sraffa define o total de salários e lucros como excedente. Toda a produção que excede a reposição das mercadorias usadas na produção é definida como excedente. Portanto, Sraffa não apenas não tem uma teoria marxista, como não tem uma teoria ricardiana (pelo menos a esse respeito) ou até uma teoria do valor em termos de trabalho. Mas ele, como veremos, oferece à teoria do valor-trabalho, em suas versões ricardiana ou marxista, uma ferramenta analítica indispensável.

Tendo definido o excedente como composto de salários e lucros, os salários, w, agora se tornam uma incógnita e o sistema tem mais incógnitas do que equações. Para que o sistema possa ser determinado, é necessário pressupor uma magnitude fixa para uma das variáveis. "O sistema", conclui Sraffa, "pode funcionar com um grau de liberdade, e se uma das variáveis for fixa, as demais também o serão".[22]

Sraffa então examina o que acontece com os preços relativos e os lucros quando o salário passa de um ponto em que o trabalho não recebe parte alguma do excedente até o ponto em que recebe todo o excedente. Essa seção do livro de Sraffa é crucial para a teoria do valor-trabalho porque aqui Sraffa encontra a origem lógica da teoria do valor-trabalho – os efeitos de diferentes proporções entre o trabalho e os meios de produção, ou, nos termos usados por Marx, diferentes composições orgânicas do capital. É óbvio que, quando os salários aumentam, os efeitos relativos sobre os custos de produção das diferentes mercadorias dependerão das proporções de trabalho e de insumos-mercadoria usados em sua produção (nos Capítulos 5 e 9 há uma análise mais completa desse ponto). O custo das mercadorias que utilizam relativamente mais trabalho aumentará num percentual maior do que o daquelas mercadorias que utilizam menos trabalho. Mas as mercadorias também servem de insumo para a produção de outras mercadorias. Se a produção de uma dada mercadoria utiliza intensamente o trabalho, mas seus insumos utilizam mais intensivamente o capital, o aumento dos salários elevará os custos do trabalho dessa mercadoria, mas baratiará relativamente os custos dos insumos-mercadoria utilizados em sua produção. É óbvio que o preço dependerá do resultado líquido dessas forças opostas. É, assim, impossível decidir *a priori* qual será o efeito de um aumento dos salários. Como tal, um conhecimento dos insumos-trabalho e dos insumos-mercadoria de todas as mercadorias não será por si só suficiente para determinar os preços relativos.

Também é óbvio que mesmo se encontrássemos uma mercadoria produzida com a razão socialmente média entre trabalho e meios de produção, as alterações no salário afetariam os valores das mercadorias usadas como meios de produção para essa mercadoria a menos que esses insumos fossem produzidos sob condições socialmente médias. Portanto, para que os preços de uma mercadoria reflitam somente seus insumos-trabalho e não variem quando o salário se altera, é necessário que a mercadoria (1) seja produzida com uma razão socialmente média entre o trabalho e os demais insumos-mercadoria, (2) use como insumos-mercadoria apenas outras mercadorias produzidas sob essas condições socialmente médias de produção, e (3) tenha as mesmas condições socialmente médias de produção aplicáveis a todos os insumos-mercadoria que, em qualquer ocasião, tenham feito parte da cadeia de produção de mercadorias que culminou como a produção da mercadoria que vai servir de medida invariável de valor.

Sraffa demonstra que a dificuldade de encontrar uma medida invariável de valor é muito maior do que a imaginada por Ricardo, Marx ou qualquer outro dos teóricos posteriores da tradição do valor-trabalho. O método de Sraffa para lidar com esta dificuldade é a contribuição mais engenhosa de seu livro. Infelizmente, os pormenores da argumentação são demasiado complexos e extensos para serem examinados aqui.[23]

O produto final das manipulações teóricas de Sraffa é uma prova de que, quaisquer que sejam as proporções em que o trabalho e várias mercadorias se combinem no processo de produção dos diversos ramos de atividade, sempre existe o que é chamado de setor "composto" ou "padrão" que nos

447

História do Pensamento Econômico

permite resolver o sistema de equações. Nas palavras de Meek: "a taxa de lucro da *economia como um todo* é determinada logo que conhecemos R (a razão entre a produção líquida [excedente] e os meios de produção do setor 'padrão') e w (a proporção da produção líquida do setor 'padrão' destinado aos salários)".[24] É essa determinação da taxa de lucro para a *economia como um todo* que é fundamental para a teoria do valor-trabalho. Nos Capítulos 5 e 9 vimos que tanto Ricardo quanto Marx acreditavam que as empresas capitalistas competitivas chegavam aos "preços naturais" e aos "preços de produção" somando seus custos e acrescentando uma margem de lucro determinada pela taxa de lucro vigente na economia como um todo.

Contudo, esses custos e lucros não podem, como perceberam Ricardo e Marx, ser explicados simplesmente com base em preços preexistentes, senão não teríamos uma verdadeira teoria do valor. Os custos de produção incluem os custos do trabalho e os custos dos bens de produção usados na produção. Os custos do trabalho são determinados, como vimos no Capítulo 9, pela quantidade de trabalho necessária para produzir os bens de subsistência dos trabalhadores. O capital, como vimos em todo o exame prévio da teoria do valor-trabalho, pode ser reduzido a uma sequência de esforços de trabalho previamente feitos e expandidos. Mas a fim de agregar esse trabalho passado de modo a chegar aos custos presentes do capital, é necessário compor os custos do trabalho anteriores à taxa de lucro vigente no período que separa sua ocorrência e seu encerramento no processo de produção. Finalmente, temos de acrescentar aos custos do trabalho e do capital o lucro (determinado pela taxa de lucro concorrencial geral) que cabe ao capitalista no período final do processo de produção. Somente depois de fazer todos esses cálculos chegamos ao preço de equilíbrio final (ou preço natural, ou preço de produção) de uma dada mercadoria.

É óbvio que se esse preço de equilíbrio final tiver de ser explicado pela quantidade de trabalho e sua sequência temporal no processo de produção, então temos de ser capazes de explicar a taxa de lucro com base nas condições técnicas de produção (isto é, com base na quantidade e na sequência temporal do trabalho usado no processo de produção). É exatamente isso o que Sraffa fez (pelo menos dentro do modelo em que ele considerou o consumo dos trabalhadores como constituído das mercadorias necessárias incluídas no processo de produção). As condições técnicas de produção em seu setor padrão nos permitem determinar a taxa de lucro na economia como um todo sem qualquer conhecimento anterior dos preços. Obviamente, a existência e a possibilidade de identificar o setor padrão são fundamentais para a teoria. Um dos destaques mais significativos do livro de Sraffa é sua prova elegante de que esse "setor" (na verdade, um composto de setores) existe e pode ser identificado em qualquer economia concreta.[25]

Para construir seu setor padrão, Sraffa isola o que denomina de "mercadorias básicas". Uma mercadoria básica é a que entra direta ou indiretamente na produção de todas as mercadorias. A partir dos coeficientes técnicos de produção de todas as mercadorias básicas, Sraffa identifica porções de cada mercadoria básica de modo que, dentro do setor padrão, cada mercadoria entra como um meio de produção na mesma proporção em que aparece como produto.

Dentro desse setor padrão, a razão entre o valor do excedente e o valor dos meios de produção permanecerá inalterada quando os salários aumentam. Isso porque o aumento nos custos (devido ao processo de produção intensivo em trabalho) é compensado exatamente pela redução nos custos (devido ao processo de produção intensivo em capital). Assim, Sraffa determina tecnicamente a razão entre o excedente e os meios de produção independente das flutuações nos salários e nas taxas de lucro.

O ponto importante é que toda a economia apresenta as mesmas equações básicas do setor padrão, mas em proporções diferentes. Portanto, o conhecimento dos insumos de trabalho e mercadoria nos vários setores, junto com um conhecimento da fatia dos trabalhadores no excedente, nos permite

Economia Contemporânea II: Institucionalistas e Pós-keynesianos

determinar a taxa de lucro vigente na economia como um todo e consequentemente determinar todos os preços sem precisar levar em conta a utilidade ou a análise marginal. Esse sistema tem ainda a vantagem de que não depende de qualquer premissa relativa aos retornos de escala.

A mercadoria padrão de Sraffa parece assim funcionar como a "mercadoria média" ideal que Ricardo e Marx procuraram em vão. Embora a contribuição de Sraffa seja importante para a teoria do valor-trabalho (como veremos no Capítulo 19), ela não nos proporciona a solução para o problema da transformação exatamente da mesma forma ou no contexto da solução proposta por Marx. Isso porque a mercadoria padrão só é invariável num sentido limitado, específico. Quando o preço da mercadoria padrão é expresso em termos de seus próprios meios de produção, então o preço não varia com alterações do salário e da taxa de lucro. O preço da mercadoria padrão, quando expresso em termos de qualquer outra mercadoria, muda quando a distribuição de renda muda. Além disso, as mudanças tecnológicas resultam numa modificação da forma da mercadoria padrão. Contudo, o método de Sraffa para construir a mercadoria padrão forneceu a chave para estabelecer o elo entre a análise de Marx da natureza e a origem do lucro (uma análise empreendida no volume 1 de *O Capital* apenas em termos de valor-trabalho) e sua análise dos preços de produção (uma análise feita no volume 3 da mesma obra em termos de preços monetários). Descreveremos brevemente a relação entre valor-trabalho e preços de produção no Capítulo 19.

Não está claro se existe alguma relação entre a teoria dos preços de Sraffa e as teorias macroeconômicas dos pós-keynesianos. Nem todos eles adotam a teoria de Sraffa, mas muitos dos que desenvolveram, elaboraram e estenderam a teoria de Sraffa são os mesmos que deram contribuições relevantes à análise pós-keynesiana. Talvez a conexão seja simplesmente que essas duas evoluções tenham ocorrido dentro de uma tradição intelectual comum centrada em torno da Universidade de Cambridge.

Notas do Capítulo 18

1. CE. Ayres, "The Function and Problems of Economic Theory", *Journal of Political Economy* 26 (janeiro 1918): 69-90.
2. CE. Ayres, *Toward a Reasonable Society*. Austin: University of Texas Press, 1961, p. 28.
3. CE. Ayres, *The Industrial Economy*. Boston: Houghton Mifflin, 1952, p. 337-338.
4. Conceito sociológico relativo a costumes considerados, pelos membros do grupo, absolutamente essenciais, invioláveis, de caráter sagrado e indiscutíveis.
5. CE. Ayres, "Instrumental Economics," *New Republic*, outubro 1949, p. 19.
6. CE. Ayres, "The Significance of Economic Planning", *in Development of Collective enterprise*, organizador: S. Eldridge. Lawrence: University of Kansas Press, 1943, p. 477.
7. Ayres, *Toward a Reasonable Society*, p. 113.
8. Ibid., p. 49.
9. Paul D. Bush, "An Exploration of the Structural Characteristics of a Veblen-Ayres-Foster Defined Institutional Domain", *Journal of Economic Issues* 17, n. 1 (março 1983): 36-37.
10. Paul D. Bush. "On the Concept of Ceremonial Encapsulation", *Review of Institutional Thought*, 3 (dezembro 1986): 30.
11. Nota da tradutora: *Weltanschauung* palavra do idioma alemão que significa visão de mundo. Conceito sociológico relativo a costumes considerados, pelos membros do grupo, absolutamente essenciais, invioláveis, de caráter sagrado e indiscutíveis.
12. Paul D. Bush, "The Concept of Progressive Institutional Change and Its Implications for Economic Policy Formation", *Journal of Economic Issues* 23, n. 2 (junho 1989): 460,461.
13. F. Gregory Hayden, "A Geobased National Agricultural Policy for Rural Community Enhancement, Environmental Vitality, and Income Stabilization", *Journal of Economic Issues* 18 (março 1984): 181-221.

História do Pensamento Econômico

14. William M. Dugger, *An Alternative to Economic Retrenchment*. Nova York: Petrocelli Books, 1984, p. 57.

15. John Munkirs, *The Transformation of American Capitalism*. Armonk, NY: M.E. Sharpe, 1985, p. 179.

16. J.A. Kregel, "Economic Methodology in the Face of Uncertainty: The Modelling Methods of Keynes and the Post-Keynesians", *Economic Journal* 86 (junho 1976): 222.

17. Alguns dos trabalhos pós-keynesianos mais importantes sobre teoria monetária são os de Paul Davidson, *Money and the Real World*. Londres: Macmillan, 1972; J.A. Kregel, *The Reconstruction of Political Economy: An Introduction to Post-Keynesian Economics*. Nova York: Wiley, Halsted Press, 1973; e Hyman Minsky, *John Maynard Keynes*. Nova York: Columbia University Press, 1975.

18. Este resumo se beneficiou significativamente da excelente exposição de Meek sobre a teoria de Sraffa: Ronald Meek, "Mr. Sraffa's Rehabilitation of Classical Economics", *in* R. Meek, *Economics and Ideology and Other Essays*. Londres: Chapman and Hall, 1967.

19. Piero Sraffa, *Production of Commodities by Means of Commodities*. Cambridge, UK: Cambridge University Press, 1960, p. 3.

20. Ibid., p. 34-42.

21. Ibid., p. 9-10.

22. Ibid., p. 11.

23. O leitor interessado encontrará uma prova matemática concisa da conclusão de Sraffa em Peter Newman, "Production of Commodities, a Review" *in The Subtle Anatomy of Capitalism*, organizador Jesse Schwartz. Santa Monica, CA: Goodyear, 1977, p. 346-362.

24. R. Meek, *Economics and Ideology*, p. 173.

25. Sraffa, *Production of Commodities by Means of Commodities*, p. 26-33.

CAPÍTULO 19

Economia Contemporânea III: O Renascimento da Economia Política Crítica

Os 15 anos que se seguiram imediatamente à Segunda Guerra Mundial foram um período de profundo conservadorismo em quase todos os países capitalistas. Aqueles mais prejudicados pela guerra obtiveram o que passou a ser descrito como uma recuperação econômica milagrosa. Os países capitalistas vitoriosos fizeram progressos econômicos mais ou menos constantes (e, quando comparados à Grande Depressão, bastante satisfatórios). Na maioria das colônias do Terceiro Mundo registrou-se um amplo e poderoso movimento político que resultou, em muitas delas, numa independência política nominal que foi saudada como o fim do imperialismo capitalista.

Na maioria dos países europeus, os partidos trabalhistas, socialistas, social-democratas e comunistas se tornaram mais conservadores, adaptando-se à estrutura institucional básica, social e econômica, do capitalismo e tornando-se, sobretudo, defensores de reformas destinadas a melhorar a vida dos trabalhadores dentro do sistema capitalista. Nos Estados Unidos, uma rápida difusão de um anticomunismo virulento, a Guerra Fria e a expansão da repressão social, política e intelectual do macarthismo resultaram na quase destruição dos movimentos radicais e socialistas nas organizações sindicais, nas universidades e em quase todas as demais áreas onde exerciam influência.

Foi uma era de pessimismo e, ao mesmo tempo, otimismo. Por um lado, a propaganda da Guerra Fria convenceu muita gente de que era inevitável um Armagedon destrutivo entre países comunistas e capitalistas. Por outro lado, a maioria das pessoas estava convencida de que se, deixado em paz, o capitalismo estava num caminho que inevitavelmente culminaria na eliminação da pobreza, das diferenças de classe, do imperialismo e da instabilidade econômica. Os intelectuais liberais argumentavam que o termo

451

capitalismo perdera o sentido. Os países do Atlântico Norte, argumentavam, estavam se convertendo rapidamente em democracias políticas e econômicas sem classes sociais e, em consequência, sem interesses de classe. Apregoavam que a era marcaria o "fim das ideologias". O debate político e intelectual se confinava, em grande medida, aos liberais defendendo as reformas da década de 1930, que tinham se tornado parte da estrutura do capitalismo, e os conservadores, argumentando em favor da rejeição dessas reformas e da volta às condições vigentes antes da Grande Depressão. Os liberais predominaram.

Na economia acadêmica esta situação social geral se refletiu no esmagador domínio das ideias de Keynes e Samuelson. Os teóricos que escreviam e ensinava na tradição de Marx e Veblen ficaram reduzidos a um número ínfimo e frequentemente tinham que ocultar suas ideias para manter suas posições acadêmicas.[1] As escolas austríaca e de Chicago, embora bem maiores do que a escola radical, dominavam apenas alguns poucos departamentos de pequeno número de universidades, mas seus integrantes eram em geral vistos como extremistas, quando não excêntricos. As universidades de elite eram dominadas por pessoas que seguiam Samuelson em sua síntese de economia neoclássica liberal na área da microeconomia e a economia keynesiana na macroeconomia.

Tudo isso mudou de modo impressionante nas décadas de 1960 e 1970. Foram décadas de crise social, econômica, política e ideológica crônica, quando não aguda. Essas crises afetaram todos os países capitalistas, embora nem sempre com os mesmos efeitos. As crises econômicas internas, com a coincidência de alto desemprego e inflação crônica bem como as recorrentes crises monetárias erodiram profundamente o que fora uma crença quase universal na eficácia das políticas keynesianas. As crises sociais, tipificadas, nos Estados Unidos, pelo movimento dos direitos civis, as revoltas nos guetos urbanos da década de 1960 e o movimento contra a guerra minaram a fé na harmonia social do capitalismo. Inúmeros atos clandestinos de subversão e invasões militares aos países do Terceiro Mundo enfraqueceram a fé no fim da era do imperialismo capitalista. A derrota americana no Vietnã abalou profundamente a confiança do público na ideologia da Guerra Fria. Finalmente, inúmeras revelações de logros, mentiras e fraudes do governo durante todo o período, culminando no escândalo de Watergate, destruíram a convicção de muitos de que os governos capitalistas serviam ao povo de forma neutra, benevolente e democrática, interessados apenas em maximizar o bem-estar da população e promover a paz, a harmonia e a fraternidade em todo o mundo.

Essas crises econômicas, sociais e políticas contribuíram para, e se refletiram em, uma grave crise na ideologia liberal da Guerra Fria. Na economia acadêmica, a crise da ideologia liberal levou a um rápido aumento no número e na influência dos seguidores das escolas austríaca e de Chicago e um renascimento das tradições críticas de Marx e Veblen. Este capítulo final apresenta um breve retrospecto de alguns dos progressos desse renascimento da economia política crítica.

Renascimento e Desenvolvimento da Teoria do Valor-trabalho

Apesar de uma solução conceitualmente adequada ao "problema da transformação" ter sido formulada no início do século XX, a teoria do valor-trabalho foi quase que universalmente descartada (e em geral tratada com muito desprezo) pelos economistas acadêmicos ortodoxos até quase o fim da década de 1960. Para os economistas ortodoxos menos preparados, esse abandono foi decorrência de um desconhecimento da literatura. Para eles, a teoria do valor-trabalho afirmava simplesmente que os preços sempre seriam proporcionais ao valor-trabalho – uma afirmação que eles rejeitavam com desprezo. Portanto, acreditavam equivocadamente que a teoria não poderia ser levada a sério.

Economia Contemporânea III: O Renascimento da Economia Política Crítica

Contudo, os economistas ortodoxos mais preparados estavam cientes de que uma solução conceitualmente adequada ao problema da transformação já tinha sido formulada. Eles rejeitavam a teoria do valor sob o argumento de que ela exigia a identificação de uma medida invariável de valor. Como vimos nos Capítulos 5 e 9, a necessidade de encontrar uma medida invariável de valor era uma dificuldade que assombrara os teóricos desde a época de Ricardo até meados da década de 1950. Mas como vimos no Capítulo 18, Piero Sraffa, trabalhando no contexto da formulação ricardiana da teoria do trabalho, demonstrou a real existência e a possibilidade de identificar uma medida invariável de valor em qualquer economia capitalista.

Embora a importância da demonstração de Sraffa para a teoria econômica marxista fosse imediatamente óbvia para alguns economistas, a natureza exata (bem como a importância) da diferença entre a formulação teórica de Sraffa e a formulação marxista foi debatida tanto pelos economistas ortodoxos quanto pelos marxistas. Alfredo Medio, em um artigo de 1972, intitulado "Profits and Surplus Value: Appearance and Reality in Capitalist Production",[2] argumentou que havia uma relação importante entre a formulação de Sraffa da teoria e a formulação marxista.

Medio isolou a diferença mais essencial entre a teoria de Marx e a teoria "neorricardiana" (isto é, a de Sraffa). Então ele destacou que

A derivação dos preços a partir dos valores, a solução do "problema da transformação", é apenas uma prova subsidiária e formal da coerência da teoria do valor de Marx. Mesmo que isso funcione, falta explicar por que os lucros existem. Em certo sentido, a teoria neorricardiana levou a análise econômica de volta a um estágio pré-marxista – embora de forma muito mais sofisticada e rigorosa. Contudo, o lucro desempenha um papel essencial na sociedade capitalista e se faz necessária alguma teoria do lucro – tal como num estado baseado no apartheid é necessária alguma teoria sobre a raça. A este respeito, a teoria da mais-valia de Marx é significativa e ainda constitui a única alternativa válida à explicação neoclássica sobre a origem e a natureza dos ganhos capitalistas.[3]

Mas o que Sraffa fez foi definir como excedente toda a produção acima dos meios físicos de produção usados no processo de produção e então mostrar como, dadas as condições técnicas de produção, variações nos salários e nos lucros afetavam os preços. Assim, Sraffa não precisava do valor-trabalho para sua análise e, em consequência, não tinha um problema da transformação. Se aceitarmos a ideia de "que o objeto de uma teoria do valor 'adequada' é estudar as relações quantitativas entre salários, taxa de lucro e preços relativos, a análise do valor e os conceitos relacionados de valor e mais-valia se tornam um desvio desnecessário e toda a discussão sobre o 'problema da transformação' é 'muito barulho por nada'".[4]

Mas, como vimos no Capítulo 9, as análises de Marx sobre a natureza da estrutura de classes do capitalismo e a natureza e as origens do lucro exigem os conceitos de valor e de mais-valia. Logo, diferente da análise de Sraffa, a teoria de Marx exige a transformação de valores em preços porque é uma teoria muito mais ampla, preocupada com questões mais importantes. Medio expôs sucintamente sua visão da relação entre as ideias de Sraffa e de Marx quando escreveu que "a teoria [de Sraffa], embora ofereça ferramentas analíticas para uma solução correta para o 'problema da transformação' simultaneamente nega sua relevância".[5]

Medio apresenta então uma demonstração matemática de que a solução ao problema da transformação, tendo a maioria das características das soluções tradicionais, pode ser formulada de modo a que a mercadoria padrão de Sraffa (que, como vimos no Capítulo 18, é identificável em qualquer economia) proporcione um elo crucial entre a análise de Marx sobre a natureza e as origens dos lucros em termos de valor-trabalho e a análise de Marx sobre os preços de produção.

História do Pensamento Econômico

Tanto Ricardo quanto Mill mostraram que, dados o salário e uma taxa média de lucro, as condições técnicas de produção determinam os preços. Os preços incluem os custos de produção mais o lucro à taxa média. Marx percebeu que nem Ricardo nem Mil tinham explicado a natureza e as origens dos lucros. Considerando as mercadorias como apenas valor-trabalho, Marx desenvolveu uma análise percuciente e esclarecedora das bases sociais e econômicas dos lucros.

Marx acreditava que a teoria dos preços determinados pelos custos de produção, como desenvolvida por Ricardo e Mill, era a melhor análise da determinação dos preços de produção se, e somente se, tivesse sido desenvolvida antes uma teoria do valor da força de trabalho e uma teoria dos lucros. Esses dois pré-requisitos foram desenvolvidos no volume I do *Capital*, considerando as mercadorias em termos de valor-trabalho. Mas Marx também estava ciente de que tinha que relacionar sua análise em termos de valor a sua análise dos preços. No Capítulo 9, vimos que Marx percebeu que os preços se desviariam dos valores sempre que houvesse diferenças na composição orgânica do capital nos vários setores. Seguindo Ricardo, ele mostrou que a magnitude das divergências das razões de preços relativamente às razões de valor dependeria das diferenças nas composições orgânicas do capital dos vários setores.

Marx tentou estabelecer o elo entre preços e valores de dois modos: primeiro, pressupôs que os preços totais eram iguais aos valores totais. Segundo, pressupôs que o lucro total era igual à mais-valia total. No entanto, em sua demonstração da solução ao problema da transformação, Marx não transformou os valores dos insumos em preços. Esse esquecimento foi corrigido por teóricos posteriores. Estes, todavia, descobriram que o problema em geral não poderia ser resolvido de modo a deixar intactos os dois elos entre valor e preços, tal como propostos por Marx. Se o problema fosse resolvido de modo a que os valores-trabalho totais igualassem os preços totais, então a mais-valia total não seria, em geral, igual ao lucro total. De modo semelhante, se a solução igualasse a mais-valia total ao lucro total, então os preços totais não seriam, em geral, iguais aos valores totais. Além disso, vimos no Capítulo 9 que para obter qualquer dessas igualdades, após transformar os valores em preços, era preciso encontrar um numerário para fazer as agregações. Essa medida só poderia ser uma mercadoria cujo preço fosse sempre igual a seu valor após efetuada a transformação.

No Capítulo 18, vimos que mercadoria padrão de Sraffa era, num sentido limitado, uma medida invariável de valor (isto é, quando o preço da mercadoria padrão era expresso em termos de seus próprios meios de produção, ela seria invariável a mudanças nos salários e taxas de lucro). Entretanto, essa constância muito específica e limitada é demasiado restritiva para permitir que a mercadoria padrão de Sraffa sirva como o numerário ideal em termos do qual os valores-trabalho totais sejam iguais aos preços totais ou o valor total da mais-valia seja igual ao lucro total (exceto sob premissas extremamente restritivas e muito pouco realistas). Portanto, a abordagem de Medio é levada a rejeitar as duas igualdades mediante as quais Marx relacionava os valores-trabalho aos preços.

Marx, porém, sugeriu um terceiro método para relacionar os preços aos valores. No contexto deste terceiro método, Medio demonstrou que a mercadoria padrão de Sraffa fornece uma importante ferramenta analítica para a teoria do valor-trabalho marxista. Marx percebeu que se fosse possível encontrar uma mercadoria produzida com a composição orgânica do capital socialmente média (e, seguindo o caminho de Sraffa, precisamos acrescentar a condição de que cada insumo que culmina na produção desta mercadoria média também deve ser produzido sob as mesmas condições socialmente médias), então a taxa de lucro obtida na produção e venda dessa mercadoria seria idêntica caso todas as mercadorias fossem vendidas pelo seu valor-trabalho ou por seus preços monetários transformados. Portanto, a taxa de lucro dessa mercadoria seria inteiramente determinada pelos valores. Além disso, como a concorrência tende a igualar todas as taxas de lucro, poderia mostrar-se que a taxa de lucro socialmente média (em função da qual todos os cálculos de preços podem ser feitos dentro de uma

Economia Contemporânea III: O Renascimento da Economia Política Crítica

teoria dos preços fundamentada no custo de produção) corresponderia à taxa de lucro da mercadoria média – uma taxa de lucro totalmente determinada pelos cálculos do valor-trabalho.

Medio acreditava que este seria o único elo necessário entre valor-trabalho e preços na teoria do valor marxista. A análise baseada no trabalho pretende não apenas mostrar a natureza e as origens do lucro como mais-valia. A teoria dos preços fundamentada no custo de produção mostra então como a concorrência tende a redistribuir a mais-valia entre os capitalistas (mediante variações nos preços) de modo a igualar as taxas de lucro nos diferentes setores. Se não for possível encontrar um numerário que iguale o lucro agregado e a mais-valia agregada, então um ramo de atividade médio, cuja taxa de lucro seja determinada pelo valor-trabalho, é suficiente para ligar a análise do valor-trabalho à análise dos preços.

Medio demonstrou que num setor que produz a mercadoria padrão de Sraffa a fórmula marxiana da taxa de lucro, $p = (s/v)/(c/v + 1)$, é sempre verdadeira. Na demonstração de Medio, a taxa de lucro (p) é taxa de lucro nominal sobre a qual os capitalistas acrescentam seus custos nominais para chegar aos preços.

A taxa de exploração, ou taxa de mais-valia, (s/v), é definida em termos de valor-trabalho. É a taxa à qual a mais-valia é criada na esfera da produção e, em consequência, é igual em todos os setores. A composição orgânica do capital (c/v), porém, tem um significado especial na formulação de Medio. É determinada apenas pelo valor-trabalho, mas é uma espécie de média ponderada de todos os processos de produção da indústria que produz a mercadoria padrão. É atribuído um peso a cada processo que é determinado pelo multiplicador matemático pelo qual esse processo foi incorporado no setor que produz a mercadoria padrão. Esse setor, naturalmente, é teórico e não existe no mundo real. Mas Sraffa demonstrou que o procedimento para chegar ao cálculo daquilo que constitui o setor padrão se aplica a qualquer economia do mundo real. Portanto, o cálculo de Medio da média ponderada da composição orgânica do capital no setor padrão nos fornece um índice da composição orgânica do capital agregada de toda a economia (definida rigorosamente em termos de valor-trabalho) e deu à teoria do valor-trabalho um elo da maior importância entre a análise do valor e a análise dos preços. Isso completa a última etapa da cadeia de argumentação da teoria do valor-trabalho – uma etapa que só foi parcialmente completada quase um século e meio depois da publicação dos *Princípios* de Ricardo.

A análise de Sraffa é significativa para a teoria econômica marxista porque tornou a teoria do valor-trabalho mais rigorosa e convincente, e também mostrou que a teoria neoclássica só é defensável quando as composições orgânicas do capital são iguais em todos os setores. Assim, o princípio que foi erroneamente utilizado para desbancar a teoria do valor de Marx acabou sendo evidenciado como uma condição necessária para a economia neoclássica. Isso significou que os economistas acadêmicos não mais poderiam discriminar a contratação ou demissão de economistas marxistas com base em argumentos científicos ou imparciais. Essa discriminação sempre será, com base no reconhecimento dos próprios neoclássicos, um reflexo de preconceito ideológico e intolerância.

Na década de 1980, surgiram outras soluções para o problema da transformação. Uma das mais influentes foi aquela proposta por Anwar Shaikh. Sua solução foi publicada em dois importantes trabalhos, um de 1977 e outro de 1984.[6] No trabalho de 1977 sobre o problema da transformação, Shaikh estava preocupado em estabelecer uma relação entre o método de Marx e o que ele considerava os preços "corretos" obtidos por Ladislaus von Bortkiewicz num artigo clássico escrito em 1907. Em seu artigo, Bortkiewicz partia da premissa de que todo o ouro era produzido por um setor cujas condições permitiam que o valor fosse igual ao preço de produção, servindo assim de numerário. Com essa premissa, ele mostrou como poderia ser calculada uma solução coerente para o problema da transformação. Sua solução mostrava que a mais-valia total era sempre igual ao valor monetário total dos lucros, mas o valor total da produção não era necessariamente igual ao preço de produção total.

455

História do Pensamento Econômico

Em lugar de desenvolver um novo aparato matemático, bastava-nos, de acordo com Shaikh, pegar o procedimento de Marx e calcular várias iterações sucessivas usando esse procedimento. Se tomarmos os preços de produção de Marx e os usarmos como insumos, e então repetirmos o procedimento de Marx para obter novos preços de produção, e, assim por diante, convergiremos ao conjunto de preços de Bortkiewicz. Entretanto, o procedimento de Shaikh faz uma série de hipóteses encontradas em Bortkiewicz mas não em Marx. Ele iguala, em cada etapa, a soma dos preços à soma dos valores e ajusta o salário monetário, em cada etapa, de modo que os trabalhadores consomem certa cesta de mercadorias aos preços do período anterior. O procedimento de Shaikh gera um conjunto de preços coerente com o método de Bortkiewicz, mas também, como Bortkiewicz, ele só chega a um dos agregados de Marx. Na solução de Shaikh, o valor total da mais-valia não é igual ao lucro total. Esta foi a questão examinada no trabalho de 1984.

Nesse trabalho, Shaikh argumenta que a solução ao problema da transformação não deveria adotar premissas *ad hoc* para obter os dois agregados de Marx. Em vez disso, ele raciocina, deveríamos esperar que o valor total da mais-valia e o lucro total difiram. Essa diferença se deve aos desvios do preço em relação ao valor e à magnitude do setor de bens de luxo. Quando há desvios de preço-valor no segmento de mercadorias de luxo, a mais-valia pode ser ganha ou perdida em decorrência dos circuitos da receita. Para provar este argumento, Shaikh recorre à premissa do crescimento equilibrado. Numa situação de crescimento equilibrado, mostra, as diferenças entre mais-valia e lucro são proporcionais aos desvios dos preços-valor no setor que produz artigos de luxo.

Uma terceira nova abordagem ao problema da transformação é chamada de "solução nova" ou, quem sabe mais precisamente, de a "nova interpretação", por um pequeno, mas crescente, grupo de economistas marxistas. Ela foi apresentada pela primeira vez aos leitores de língua inglesa por Lipiez em 1982, mas a solução original foi formulada por Duménil em 1980 e depois "descoberta" independentemente por Duncan Foley em 1982.[7] A nova solução implicava duas hipóteses importantes que remontam a Marx. A primeira é que a afirmação "a soma dos preços é igual à soma dos valores" deveria ser modificada para ser lida como "a soma dos preços da produção líquida (definida com o valor adicionado) deveria ser a soma dos valores do produto líquido". A segunda premissa é que a distribuição deve ser definida *ex post*, seja como o valor do salário nominal que os trabalhadores recebem ou a cesta de bens de consumo que os trabalhadores compram valorada aos preços vigentes. Uma vez que essas premissas estão postas, qualquer conjunto de valores pode ser transformado em qualquer conjunto de preços com a propriedade de que os dois agregados de Marx se sustentam.

Duménil e Foley apresentaram dois argumentos para a adoção de seu procedimento de normalização do produto líquido. Primeiro, eles afirmam que essa normalização evita a dupla contagem. Além disso, ambos argumentam que essa normalização está de acordo com a visão de Marx sobre o que é o valor. Valor "é a relação do trabalho total efetuado em dado período com a produção associada a ele, isto é o produto líquido".[8] Além disso, eles argumentam que os salários devem ser valorados com base nos preços e não com o valor de uma cesta de mercadorias. Esta visão da distribuição evita o problema de que quando os preços se desviam dos valores, a taxa de exploração em termos de preço depende do conjunto específico de bens que os trabalhadores compram e não é estabelecida no processo de produção. Eles argumentam ainda que, nas formulações anteriores, se parte do salário for poupada, a taxa de mais-valia não pode mais ser calculada. Foley, diferentemente de Duménil, continua argumentando que o salário não deveria de forma alguma ser considerado como uma cesta de mercadorias. Os salários, afirma Foley, são uma soma de dinheiro que pode ser usada para comprar quaisquer bens aos preços vigentes. Além disso, diferentemente da cesta de mercadorias, o salário nominal oculta a natureza exploradora das relações capitalistas e assim confirma a afirmação de Marx de que o funcionamento normal do mercado tende a ocultar a natureza real das relações sociais no capitalismo.

Economia Contemporânea III: O Renascimento da Economia Política Crítica

Um argumento contrário a essa visão considera que no conjunto de preços de produção da "nova solução", a soma dos valores do capital constante não é igual à soma total de seus preços. É necessário estabelecer um argumento convincente para justificar este resultado. Além disso, a premissa da distribuição exige conhecimentos *ex post*. O conjunto de preços vigente deve ser conhecido antes que os salários possam ser estabelecidos. Não se pode ir passo a passo dos valores para os preços. Os dois domínios devem ser considerados separadamente, mas a nova solução só oferece um procedimento que mapeia a passagem de um para outro.

Esses desenvolvimentos da teoria do valor-trabalho tiveram lugar num período em que estava ocorrendo um grande renascimento da teoria econômica marxista (parte do qual será brevemente examinado aqui). Esse renascimento geral também conduziu a um grande aprimoramento em outro elemento da teoria do valor-trabalho – o problema da redução do trabalho qualificado a trabalho não qualificado, "simples". Embora vários economistas marxistas desenvolvessem abordagens mais rigorosas e sistemáticas a este problema, talvez a mais sofisticada, do ponto de vista analítico, esteja contida num artigo de Bob Rowthorn intitulado "Skilled Labour in the Marxist System".[9] Nele o autor demonstra, verbal e matematicamente, que o trabalho qualificado pode ser considerado simplesmente como uma combinação de trabalho não qualificado e de atividades de capacitação. Desse modo, o trabalho qualificado pode ser considerado como uma mercadoria produzida cujas despesas para treinamento e educação são parte integral dos custos de produção. Rowthorn demonstrou que a teoria do valor marxista pode explicar o valor do trabalho qualificado (e, em consequência, reduzir o trabalho qualificado a trabalho não qualificado) exatamente da mesma forma como explica o valor de outras mercadorias.

Mudanças no Processo de Trabalho sob o Capitalismo

A teoria do capitalismo de Marx se fundamenta em sua teoria do valor-trabalho, que afirma que não há sentido em falar de fatores de produção separados, independentes, metafisicamente dados. A produção é a atividade social, humana de transformar um meio ambiente inútil em produtos do trabalho humano úteis. A terra, que precede a existência humana em milhões de anos, é onde as pessoas existem. Ela lhes fornece as matérias-primas que devem ser transformadas pelo trabalho humano a fim de sustentar a vida. Essa afirmação dispensaria explicações e seria até banal se não fosse por dois séculos de ideologia utilitarista. Ela nos treinou para pensar que a terra e o capital podem produzir mercadoria exatamente do mesmo modo que o trabalho e que os proprietários de terra e os capitalistas merecem receber um valor equivalente ao produto de seus fatores exatamente como os trabalhadores merecem seus salários.

A visão utilitarista obscurece inteiramente o fato evidente de que a produção é um processo de trabalho humano que transforma a crosta terrestre, preexistente e não utilizável, em produtos capazes de sustentar a humanidade e de lhe proporcionar satisfação. A noção de que a terra produz ou de alguma forma se transforma é risível. Quando o capital é visto como um meio físico de produção é óbvio que ele é apenas o produto de trabalho passado. A noção de que há alguma "entidade permanente" nos meios de produção em virtude da qual a produtividade do capital pode ser medida é absurda. A própria noção de que o capital produz é igualmente absurda e, quando examinada de perto, ela simplesmente se reduz à noção de que processos indiretos que consomem tempo do trabalho humano são frequentemente mais efetivos do que processos de trabalho humano mais breves e imediatos.

Somente numa sociedade como a capitalista, na qual o trabalho humano é degradado ao status de mercadoria, outras mercadorias poderiam ser elevadas a um plano humano e ser consideradas como produzindo da mesma forma que os seres humanos produzem. Mas esse é o obscurantismo que resulta da economia utilitarista.

457

O capital, como insistiu Marx, é uma relação social – o poder de um segmento improdutivo da sociedade de extorquir dos produtores diretos uma parte substancial do que é produzido. O surgimento do capital como uma relação social apresenta vários pré-requisitos históricos, sociais e técnicos. Um deles, a ampla divisão do trabalho, é da maior importância. Se a divisão do trabalho progride até um ponto, por exemplo, em que os sapateiros não produzem couro ou ferramentas para fabricar calçado, os tecelões não produzem lã e teares, e muitos outros processos produtivos são de forma semelhante inter-relacionados e interdependentes, então os trabalhadores podem se tornar incapazes de produzir se lhes é negado sistematicamente o acesso aos meios físicos (produzidos por outros trabalhadores) necessários para a produção. A propriedade capitalista dos meios de produção constitui essa negação. O poder de negar aos trabalhadores a capacidade de produzir dá aos capitalistas o poder de extorquir-lhes parte do que é produzido. A maior parte das rendas de uma sociedade capitalista que são classificadas como lucros, juros ou aluguéis são simplesmente o fruto dessa extorsão.

A renda da classe capitalista decorre inteiramente do estado, coercitivamente criado e mantido, de dependência e desamparo dos trabalhadores. No início do capitalismo a tomada forçada e sangrenta de todos os meios de produção (acumulação primitiva) foi suficiente para dar o poder aos capitalistas. Mas enquanto os trabalhadores conservaram seu conhecimento e suas qualificações, eles mantiveram algum vestígio de poder e independência. O poder último dos capitalistas precisava da separação desse conhecimento e dessa qualificação dos que executavam o trabalho. A Revolução Industrial e o surgimento da produção fabril aprofundaram a dependência e o desamparo dos trabalhadores.

No volume I do *Capital*, Marx descreveu a industrialização capitalista como um processo que envolveu uma mudança dramática e sem precedentes históricos da natureza da divisão do trabalho no processo de produção. Antes do capitalismo, a divisão do trabalho correspondia às habilidades e ao conhecimento necessários para produzir um ou dois produtos. O sapateiro conhecia tudo o que era necessário para fabricar sapatos, por exemplo, mas dependia de outros produtores especializados para produzir roupa, alimentos e outros produtos necessários. O trabalho em qualquer empreendimento especializado era uma combinação do exercício de faculdades mentais e físicas. Contudo, na fábrica capitalista ocorria uma forma de especialização radicalmente diferente – o trabalho mental foi separado do trabalho físico.

O trabalho nas fábricas que produziam apenas um tipo de mercadoria foi dividido em muitas tarefas curtas, repetitivas. Um trabalhador executava a mesma operação monótona todos os minutos de cada hora de cada dia de trabalho. Este tipo de produção beneficiava duplamente os capitalistas. Primeiro, lhes permitia manter uma disciplina bem mais dura e efetiva. Segundo, ele despojava o trabalhador dos conhecimentos e das qualificações necessárias para produzir uma mercadoria e reforçava grandemente o desamparo e a dependência dos trabalhadores. Não é de surpreender que os luditas destruíssem máquinas e instalações e que os governos capitalistas sancionassem leis que previam a pena de morte para os envolvidos nesses atos.

À medida que esse processo de especialização separava o trabalho físico do mental, ele degradava muitas formas de trabalho fabril a níveis subumanos. E também deu origem à noção de que os trabalhadores de escritório ou os que desenvolviam atividades mentais eram um estrato privilegiado da classe trabalhadora. Embora essa noção tenha um considerável elemento de verdade no que se refere ao sistema de fábricas capitalistas do início do século XIX, já no início do século seguinte esse *status* privilegiado dos trabalhadores burocráticos tinha se tornado um mito.

No renascimento da teoria econômica marxista, de fins dos anos de 1960 à década de 1980, destaca-se o livro de Harry Braverman, *Trabalho e Capital Monopolista: a degradação do trabalho no século XX*.[10] Fazendo um retrospecto dos diferentes estudos de vários tipos de processo de trabalho e coletando

Economia Contemporânea III: O Renascimento da Economia Política Crítica

inúmeros dados sobre as mudanças na natureza do processo de trabalho registradas no século XX, Braverman verificou que no trabalho de escritório (ou mental, ou burocrático), os esforços mais produtivos tinham reduzido a jornada de trabalho a uma repetição infindável de tarefas miúdas, monótonas, tão degradantes a seu modo quanto a alienação sofrida pelos operários da fábrica. Além disso, os trabalhadores burocráticos em geral recebiam salários menores do que os operários. Braverman escreveu:

> No início, o escritório era o local do trabalho mental e o chão de fábrica era o local do trabalho manual... A gestão científica deu ao escritório um monopólio sobre a concepção, o planejamento, a avaliação e a medição dos resultados, enquanto que no chão de fábrica não restava nada senão a execução física do que fora pensado no escritório. Na medida em que isso era verdade, a identificação do trabalho de escritório com o pensamento e a mão de obra formada e o processo produtivo propriamente dito com a mão de obra que não pensava nem tinha instrução tinha certa validade. Mas quando o próprio escritório ficou sujeito ao processo de racionalização, esse contraste perdeu a força. As funções de pensamento e planejamento se concentraram num grupo ainda menor de pessoas no escritório e para a massa dos empregados aí, o escritório se tornou um lugar de trabalho manual tal como o chão da fábrica. Com a transformação da gestão num processo de trabalho administrativo, o trabalho manual se espalha para o escritório e logo se torna característico das tarefas da massa dos trabalhadores burocráticos.[11]

Assim, Braverman estende a análise de Marx e mostra que, com o desenvolvimento do capitalismo, a degradação dos trabalhadores da indústria (que Marx descrevera com minúcias históricas) se torna a norma e se espalha em todas as ocupações. Nas palavras de Braverman:

> A transformação da humanidade numa "força de trabalho", num "fator de produção", num instrumento do capital é um processo incessante e infindável. A condição é repugnante para as vítimas, sejam bem ou mal remuneradas, porque violenta as condições humanas do trabalho; e como a humanidade dos trabalhadores não é destruída mas apenas usada de formas desumanas, suas faculdades críticas, intelectuais, conceituais, por mais adormecidas ou diminuídas, sempre representam em alguma medida uma ameaça ao capital.[12]

A ameaça, vinda do núcleo interno do potencial humano indestrutível dos trabalhadores, tinha de ser continuamente combatida pelo sistema capitalista. E a luta tem lugar no lar, nas escolas, na sociedade em geral bem como no local de trabalho. O objetivo dos capitalistas deve ser sempre a transformação de trabalhadores em autômatos sem pensamento, dóceis, submissos, obedientes. A luta dos trabalhadores visa proteger e alimentar as qualidades emocionais, físicas, estéticas e intelectuais que os tornam humanos. Quando os trabalhadores percebem isso inteiramente como uma luta de elementos que guerreiam entre si, seja como o resultado inevitável da "condição humana" ou como uma busca puramente individual para escapar do vazio, do tédio, da ansiedade, da frustração e dos sentimentos de inferioridade que os invadem, os capitalistas estão em posição de vantagem nessa luta – isto é, quando os trabalhadores veem essa luta como algo puramente individual mais do que uma luta de classes.

Uma das diferenças mais marcantes entre os economistas neoclássicos e os economistas radicais é que os primeiros tendem a acreditar que os aspectos econômicos da sociedade podem ser completamente entendidos sem qualquer auxílio da sociologia, da psicologia ou da política ou que a noção de "homem econômico", racional e maximizador, explica todos os aspectos do comportamento humano, enquanto os segundos embora se especializem no estudo dos aspectos econômicos da sociedade, reconhecem que na realidade os aspectos econômicos, psicológicos, sociológicos e políticos da sociedade se inter-relacionam. Nenhum aspecto da sociedade pode ser adequadamente apreendido ou entendido isoladamente de seu lugar na totalidade orgânica de toda a sociedade.

Portanto, embora o livro de Braverman analise o impacto e os efeitos da luta de classes no local de trabalho, ele imediatamente levanta as questões relativas à manifestação dessa luta nas escolas, no governo, e na sociedade em geral. Examinaremos brevemente alguns desses aspectos da luta de classes que se verificam fora do local de trabalho e então voltaremos à análise de Braverman dos efeitos da luta de classes no local de trabalho.

Partindo do trabalho pioneiro de Wilhelm Reich, datado da primeira metade da década de 1930 (e ignorando os escritos que datam da segunda metade dessa década e dos anos de 1940, quando o autor parece ter sofrido uma espécie de colapso mental), os teóricos marxistas contemporâneos tentaram mostrar como os mores culturais que dominam a vida familiar, especialmente o papel sexual na socialização, negam sistematicamente muitas das mais profundas necessidades humanas. Essa negação, argumentam, leva a uma repressão psíquica que é profundamente útil ao capitalista. Na visão de Reich, a forma mais fundamental da repressão era a sexual. Ele acreditava que no capitalismo a repressão sexual, que tinha suas raízes na socialização do papel sexual da vida familiar, criava um tipo de personalidade passiva, submissa. Esse tipo de personalidade era necessária no capitalismo para que a fachada institucional e ideológica da democracia pudesse existir e encobrir o funcionamento essencialmente coercitivo, não democrático e autoritário do sistema capitalista. De acordo com Reich:

> A repressão das necessidades sexuais determina um enfraquecimento geral das funções intelectuais e emocionais, faz com que falte às pessoas independência, força de vontade e faculdade crítica... Desse modo, a família patriarcal compulsiva, ancorada à moralidade sexual e às mudanças que ela traz ao organismo, cria essa estrutura psíquica específica que forma a base de uma psicologia de massas propícia a qualquer ordem social autoritária. A estrutura de vassalagem é uma mistura de impotência sexual, desamparo, anseio por um Fuhrer, medo da autoridade, medo da vida e misticismo... As pessoas com essa estrutura são incapazes de uma vida democrática.[13]

Nas últimas décadas, alguns teóricos marxistas foram além da ênfase de Reich na repressão sexual e tentaram mostrar que muitos dos aspectos dos mores que governam a vida familiar num sistema capitalista tendem a criar uma personalidade alienada, passiva e submissa, que é essencial ao sucesso do funcionamento do processo de produção capitalista. Representantes dessa corrente são obras como *Marx, Freud and the Critique of Everyday Life*, de Bruce Brown, e um ensaio de Eli Zaretsky intitulado "Capitalism, the Family and Personal Life".[14]

Os teóricos marxistas também estudaram extensamente o sistema educacional capitalista. Eles verificaram que a escolarização no sistema capitalista inibe sistematicamente a curiosidade, inculca atitudes passivas, submissas, obedientes, nos estudantes e cria continuamente o tipo de personalidade e os conhecimentos e habilidades necessários para a perpetuação da estrutura de classes, e suas subdivisões, existente no capitalismo. São representantes desta literatura *Demystifying School*, de Miriam Wasserman,[15] e *Schooling in Capitalist America*, de Samuel Bowles e Herbert Gintis.[16] O sistema escolar é de fundamental importância para perpetuar e inculcar as várias defesas intelectuais do *status quo* do capitalismo. Grande parte da análise deste livro representa uma tentativa de mostrar como a tradição acadêmica dominante em um campo de estudo, a economia, promove sistematicamente a aceitação da defesa ideológica do capitalismo.

Igualmente importante para a formação das atitudes de aceitação do capitalismo são os meios de comunicação de massa. As organizações que controlam a mídia estão, obviamente, interessadas de modo direto em manter o *status quo*, tal como os anunciantes que respondem pela maior parcela de seu

Economia Contemporânea III: O Renascimento da Economia Política Crítica

faturamento. Muitos escritores radicais mostraram pormenorizadamente como os meios de comunicação de massa distorceram e censuraram reportagens e outras matérias para manipular a opinião pública. Representantes dessa corrente são obras como *The Press and the Cold War*,[17] de James Aronson, e *Don't Blame the People*,[18] de Robert Cirino. Sem dúvida, o mais completo e erudito destes estudos é *Manufacturing Consent: The Political Economy of Mass Media*,[19] de Edward S. Herman e Noam Chomsky.

Finalmente, os intelectuais radicais estudaram e documentaram a extensão em que o governo, apesar de sua aparência democrática, está controlado pelos capitalistas e assim promove seus interesses. Um dos principais meios de perpetuar as relações sociais do capitalismo é limitar o debate político legítimo às questões que não contestam o controle autoritário dos processos econômicos e sociais que os capitalistas exercem. Representantes da pesquisa radical nesta área são *Who Rules America?*, de G. William Domhoff, e *Parties and Elections in Corporate America*,[20] de Howard L. Reiter.

Esses métodos não econômicos de condicionamento e controle da classe trabalhadora reforçam a estrutura de classes do capitalismo. Mas o alicerce mais importante do poder dos capitalistas e, portanto, o fim último ao qual conduzem essas formas de controle, é o controle sobre o processo de produção. O estudo de Braverman é um esforço de mostrar como esse controle, que começou no chão da fábrica e se estendeu a todas as áreas do trabalho, sistematicamente despojou o trabalho de todos os aspectos satisfatórios dos pontos de vista emocional, estético e intelectual. Ele reduziu até a maioria das atividades de escritório a tarefas monótonas, repetitivas, mecânicas degradando quase todos os trabalhadores ao papel subumano de apêndices das máquinas, sejam elas movidas por engrenagens, sejam simulações digitais de certos aspectos da inteligência humana. Para manter esse grau extremo de controle econômico, numerosas outras formas de controle emocional e intelectual são absolutamente necessárias.

O capitalismo representa, no nível da empresa individual, um sistema econômico caracterizado pela forma mais intrincada, racionalmente calculada, de planejamento econômico. Nas palavras de Braverman:

> O conceito de controle adotado pela gestão moderna exige que toda atividade na produção tenha várias atividades paralelas no centro gerencial: cada uma delas deve ser formulada, pré-calculada, testada, programada, atribuída e ordenada, verificada e inspecionada e registrada durante sua execução e ao seu término... Tal como o trabalho dos seres humanos exige que o processo de trabalho tenha lugar no cérebro e se reflita em atividade física, a imagem do processo, agora, é removida da produção para um local separado e um grupo diferente controla o próprio processo.[21]

Mas embora o capitalismo se caracterize por um planejamento calculado, racional, no nível da empresa individual, no nível agregado, toda a economia permanece, como sempre esteve, sujeita à anarquia e à irracionalidade do mercado.

Desempenho do Capitalismo no Nível Agregado

A estrutura de classes do capitalismo se apoia no monopólio dos capitalistas sobre a propriedade dos meios de produção. Essa monopolização resulta inevitavelmente numa extrema desigualdade na distribuição da renda. Muitos economistas, de Malthus a Marx e Keynes, estavam cientes de que essa desigualdade contribui para a instabilidade geral, para a tendência à estagnação, e para a irracionalidade e o caos que sempre caracterizaram o funcionamento do capitalismo. Depois de Keynes, muitos economistas ortodoxos acreditaram que essa instabilidade e irracionalidade teriam sido significativamente mitigadas, quando não eliminadas, pela intervenção do governo. Contudo, com o renascimento da economia

História do Pensamento Econômico

política crítica na década de 1960, muitos economistas começaram a perceber que o keynesianismo não tinha removido essa irracionalidade elementar do capitalismo, nem poderia fazê-lo.

Em 1966, Paul A. Baran e Paul M. Sweezy publicaram seu influente livro *Capital Monopolista*. Nessa obra os dois economistas argumentavam que sob o capitalismo a mais-valia (definida como "a diferença entre o que uma sociedade produz e o custo de produzi-lo")[22] tem uma persistente tendência a aumentar no correr do tempo. Devido à grande desigualdade na distribuição da renda, as empresas têm dificuldades para encontrar uma demanda agregada suficiente. Quando a demanda agregada é insuficiente, o excedente não pode ser vendido (ou "absorvido" ou utilizado). De acordo com Baran e Sweezy,

> *A magnitude do excedente é um indicador de produtividade e riqueza, de quanta liberdade a sociedade tem para atingir as metas que se propõe. A composição do excedente mostra como ela usa essa liberdade: quanto investe na expansão da capacidade produtiva, quanto consome sob várias formas, quanto desperdiça e de que modo.*[23]

Boa parte de *Capital Monopolista* é um esforço para entender como o capitalismo americano absorve seu excedente econômico. A primeira e mais óbvia fonte de absorção é o consumo e o investimento dos capitalistas. Numa análise semelhante à de Malthus, Marx e Hobson, Baran e Sweezy verificam que a desigualdade institucional que respalda a estrutura de classes do capitalismo é tão grande que à medida que o capitalismo cresce, as despesas dos capitalistas com consumo e investimento ficam cada vez mais aquém de serem suficientes para absorver o excedente.

> *Por mais que procuremos, não é possível evitar a conclusão de que o capitalismo monopolista é um sistema autocontraditório. Tende a gerar cada vez mais excedente e contudo não consegue proporcionar os meios de consumo e investimento necessários para a absorção do crescente excedente e, em consequência, para o funcionamento azeitado do sistema. Como um excedente que não pode ser absorvido não será gerado, segue-se que o estado normal da economia capitalista monopolista é a estagnação... E isto quer dizer subutilização crônica dos recursos humanos e materiais disponíveis... Deixado a si mesmo – isto é, na ausência de forças compensatórias que não sejam parte do que chamamos de "lógica elementar" do sistema –, o capitalismo monopolista aprofundará cada vez mais num pântano de depressões crônicas.*
>
> *Existem forças compensatórias. Se elas não existissem, o sistema teria há muito tempo caído sob seu próprio peso. Portanto entender a natureza e as implicações dessas forças compensatórias é uma questão da maior importância.*[24]

A primeira dessas forças compensatórias é o "esforço de vendas" das grandes empresas: "Num sistema econômico em que a concorrência é acirrada e incansável e em que o número reduzido de concorrentes exclui o corte de preços, a publicidade se torna cada vez mais a principal arma da guerra concorrencial".[25] Por "publicidade", Baran e Sweezy entendem todos os esforços para promover vendas. Esses métodos incluem "publicidade, alterações na aparência e embalagem dos produtos, 'obsolescência planejada', mudança de modelos, planos de financiamento e afins".[26]

O esforço de vendas resulta em maior absorção do excedente não porque induz aumento das despesas de pessoas ou instituições que de outra forma teriam poupado substancial montante de dinheiro (embora tenha, em certa medida, esse efeito); mas principalmente porque cria um desperdício em massa. Grandes gastos com obsolescência planejada, dispendiosas e desnecessárias alterações de modelos, milhões de trabalhadores dedicados a promoção e publicidade, tudo isso não contribui para a produção ou para facilitar a utilização dos produtos. De um ponto de vista social, todas estas

462

Economia Contemporânea III: O Renascimento da Economia Política Crítica

despesas são puro desperdício. Contudo, num sistema capitalista, essas despesas maciças e perdulárias são "denominadas adequadamente" de "uma necessidade de sobrevivência" para muitas empresas.[27] Todas essas formas de desperdício econômico absorvem uma parte do excedente: "Diferentemente do componente do excedente que toma a forma de lucro líquido, a fração que toma a forma de custos de venda não exige contrapartida em consumo dos capitalistas nem realização de investimentos. Ela proporciona, poderíamos dizer, suas próprias compensações e escoadouros".[28]

Uma segunda força compensatória é o governo. De acordo com Baran e Sweezy, na maioria dos países capitalistas "os votos são fonte nominal de poder político e o dinheiro é a fonte verdadeira: o sistema, em outras palavras, é democrático na forma e plutocrático no conteúdo".[29] Dada a substancial influência dos capitalistas nos governos, o governo gasta e, portanto, absorve o excedente de maneiras que promovem as desigualdades de riqueza e de renda vigentes, ou pelo menos não interferem nelas. Isto, para Baran e Sweezy, limita grandemente o escopo das "despesas civis do governo".

Os gastos do governo em coisas como parques públicos, bibliotecas, erradicação de cortiços e pagamento de benefícios sociais em geral deve se limitar a um patamar que assegure um estado emocional de docilidade por parte dos pobres e dos desempregados e ao mesmo tempo preserve a distribuição de riqueza e renda vigentes. De acordo com Baran e Sweezy, "dada a estrutura de poder do capitalismo monopolista dos Estados Unidos, o aumento dos gastos civis atingiram seu limite extremo em 1939. As forças que se opuseram a uma maior expansão foram fortes demais para serem superadas".[30] Depois dessa época, o grosso dos aumentos nos gastos do governo, em termos de participação no PIB, se deu nas áreas do militarismo e do imperialismo.

A importância das despesas militares é óbvia e foi examinada no Capítulo 15. Contudo, a importante análise de Baran e Sweezy sobre o imperialismo capitalista merece exame. Como o livro foi lançado no auge da Guerra do Vietnã, ele provocou um renovado interesse no tema do imperialismo capitalista. O tratamento foi sucinto mas poderoso e convincente. Ele levou a um ressurgimento de pesquisas e textos sobre o tema e mencionaremos alguns exemplos representativos.

Baran e Sweezy concluíram que embora essas despesas compensatórias tivessem sido suficientes para evitar uma depressão grave ou um desastre social, era muito questionável que isso fosse repetir-se no futuro. Na opinião desses autores, as forças mais importantes da oposição à contínua expansão dessas despesas eram os movimentos de liberação nacional dos países do Terceiro Mundo. Esses movimentos eram em geral dominados pelos socialistas e seu objetivo era eliminar a submissão de seus países ao domínio das multinacionais em busca de lucro.

Mas mesmo que o fim do capitalismo não estivesse no horizonte – e Baran e Sweezy não preveem seu iminente colapso –, essas forças contrárias, que impedem o capitalismo de afundar no pântano da estagnação e da depressão, aumentam significativamente o desperdício e a irracionalidade do capitalismo. Baran e Sweezy concluem que a

contradição entre a crescente racionalidade dos métodos de produção da sociedade e da organização que os executa de um lado e a irracionalidade e simplicidade do funcionamento e da percepção do todo criam um deserto ideológico que é o selo de qualidade do capitalismo monopolista. Mas temos que insistir que não se trata, como alguns apologistas do status quo querem nos fazer acreditar, do "fim da ideologia"; é um deslocamento da ideologia do capitalismo em crescimento pela ideologia da crise geral e do declínio da ordem capitalista mundial. O fato de que seu alicerce principal seja o anticomunismo não é acidental nem devido a uma conjunção transitória de forças políticas, da mesma forma que a essência das diretrizes políticas e econômicas são o armamentismo e a Guerra Fria. Essas políticas só podem ser anti; nada lhes resta para serem pró.[31]

História do Pensamento Econômico

Baran e Sweezy contribuíram para um amplo renascimento do interesse dos economistas no fenômeno do imperialismo capitalista. Talvez a obra mais importante desse renascimento seja *The Age of Imperialism: The Economics of U.S. Foreign Policy*,[32] de Harry Magdoff, publicada em 1969. A contribuição de Magdoff não foi tanto um avanço na teoria do imperialismo capitalista em relação às teorias examinadas no Capítulo 13, mas a coleta e interpretação de grande número de dados para demonstrar a relevância e aplicabilidade dessas teorias. Magdoff demonstra claramente que muitos dos dados sobre o imperialismo parecem relativamente insignificantes quando comparados, por exemplo, ao PIB total, mas podem ser de importância fundamental e estratégica quando se avaliam as necessidades de recursos da economia americana e os lucros das gigantescas multinacionais americanas.

Ao avaliar as relações econômicas e políticas do capitalismo americano com as economias do Terceiro Mundo, Magdoff chama atenção para o fato de que os Estados Unidos dependem das importações como fonte de mais de 62 tipos de materiais que o Departamento de Defesa classifica como "estratégicos e essenciais". No caso de 38 deles, de 80% a 100% dos novos suprimentos são importados e no de outros 14, as importações variam entre 40% e 79%. Além disso cita um estudo das economias do Terceiro Mundo que mostra que cada um de 37 países subdesenvolvidos aufere de 58% a 99% de suas receitas de exportação da venda de seis ou menos matérias-primas.[33]

Nessa situação, os Estados Unidos forçam a obtenção de termos de troca extremamente favoráveis (para os Estados Unidos) com essas economias e assim asseguram um fornecimento de matérias-primas baratas e um lucrativo escoadouro para seus investimentos. Uma proporção grande e crescente das vendas e lucros das grandes empresas americanas resulta das exportações e vendas das subsidiárias estrangeiras das empresas americanas, muitas das quais, naturalmente, localizadas em países do Terceiro Mundo.[34] Mas os termos de troca favoráveis são em geral obtidos à custa dos padrões de vida da população desses países. Em consequência, muitos dos movimentos de libertação nacional desses países são antiamericanos e anticapitalistas. Magdoff cita 53 "compromissos e garantias de defesa" que obrigam os Estados Unidos a usar forças militares para manter os governos desses países, na maioria dos casos contra seus próprios povos.[35]

Magdoff cita a seguinte declaração de um alto executivo da General Electric: "Portanto, nossa busca de lucros nos alinha diretamente com a política nacional de aumentar o comércio internacional como meio de fortalecer o mundo livre na Guerra Fria contra o comunismo". Magdoff conclui: "Tal como a luta contra o comunismo contribui para a obtenção de lucros, a busca de lucros contribui para a luta contra o comunismo. Poderia imaginar-se uma harmonia de interesses mais perfeita?".[36] Na década de 1890, o imperialismo era chamado de tentativa de "cristianizar, elevar e educar" os povos que viviam em países do Terceiro Mundo. No período posterior à Segunda Guerra Mundial, ele é chamado de tentativa de salvar essas almas do comunismo. As duas fachadas são igualmente obscurantistas e servem para justificar, do ponto de vista moral, a exploração dos países do Terceiro Mundo por parte da economia americana.

Na década de 1970 inúmeros estudos de caso e análises do imperialismo foram feitos por economistas radicais. O leitor interessado numa amostra representativa desses escritos pode consultar três números especiais da *Review of Radical Political Economics* (primavera de 1971, inverno de 1972 e primavera de 1973). Na década de 1980, também foram publicados numerosos artigos e livros que pormenorizavam a extensão e os métodos do imperialismo dos Estados Unidos. Um dos mais convincentes, e também o mais chocante, foi *The Real Terror Network: Terrorism in Fact and Propaganda*, de Edward S. Herman.[37] Herman cita inúmeros dados e escreve páginas e páginas baseadas em relatórios oficiais de vários órgãos e de outras fontes confiáveis que mostram, todas elas, com deprimente coerência as seguintes conclusões gerais: os Estados Unidos instalam e mantêm (econômica e militarmente) em numerosos países do Terceiro Mundo governos impopulares, corruptos e brutais; esses governos representam os interesses

464

Economia Contemporânea III: O Renascimento da Economia Política Crítica

de reduzidas elites locais e de grandes empresas multinacionais; esses governos adotam políticas que frequentemente pioram uma já obscena desigualdade na distribuição da riqueza e da renda vigente nesses países; eles mantêm seu controle impopular e repressivo pelo uso amplo e sistemático do terror, da tortura e do assassinato contra qualquer cidadão que seja suspeito de críticas ao governo. O governo dos Estados Unidos auxilia direta e indiretamente e apóia (e até ocasionalmente dirige e supervisiona) esses procedimentos, sempre em nome do combate ao "comunismo" e da defesa da "democracia". As pessoas mortas raramente são comunistas (embora mesmo que o fossem, qualquer país democrático deveria defender o direito delas a qualquer filosofia política) e os governos totalitários, militaristas que são defendidos quase nunca são democráticos. Numa palavra, os Estados Unidos sustentam os lucros e a busca de lucros por quaisquer meios necessários, incluindo a tortura e o assassinato.

Dando Continuidade à Tradição Heterodoxa

Os capítulos 18 e 19 procuraram oferecer uma amostra dos desenvolvimentos históricos na Economia fora do *mainstream*. O termo Economia heterodoxa é, atualmente, empregado como um guarda-chuva abrigando as diversas escolas de pensamento discutidas nestes dois últimos capítulos. Cada escola de pensamento encontra inspiração em economistas específicos e veículos de disseminação de pesquisas em periódicos acadêmicos próprios. O que mais chama atenção na situação atual é a falta de diálogo com os economistas ortodoxos. Em tempos passados, economistas ortodoxos, como Samuelson ou William J. Baumol, abordavam alguma questão importante para uma destas escolas (como o problema da transformação, por exemplo). Ou economistas de uma destas escolas heterodoxas alternativas, a exemplo de Joan Robinson ou Paul Davidson, seriam colaboradores bem-vindos em periódicos do *mainstream*. Pouco após a controvérsia do capital, porém, a comunicação entre a ortodoxia e os heterodoxos definhou. Os economistas que, até então, estavam dispostos a debater com outros fora de suas respectivas escolas de pensamento começaram a se aposentar sem que emergisse uma nova geração disposta a assumir o lugar deles. Houve retrospectivas da controvérsia do capital em publicações do *mainstream*, mas suas implicações são, em geral, ignoradas.[38] Os economistas heterodoxos pareciam ter aprendido dos debates do capital que era inútil continuar identificando falhas lógicas na teoria ortodoxa. Assim, em sua maioria, estes economistas tornaram a dirigir sua atenção a continuar desenvolvendo suas próprias teorias do capitalismo. Nesta seção tentaremos destacar apenas algumas poucas direções em que tais desenvolvimentos vêm ocorrendo. Não se trata, necessariamente, de uma compilação completa. Na verdade, a seção serve para indicar o quão vibrante é o estado da Economia heterodoxa.

A teoria do valor-trabalho continua a oferecer linhas de pesquisa frutíferas. Alguns economistas, seguindo essa linha de pesquisa, têm desenvolvido medidas empíricas da economia. Por exemplo, o livro *Measuring the Wealth of Nations* (1996), de Anwar Shaikh e Ahmet Tonak, trouxe uma contribuição significativa para o entendimento e apresentação alternativos da contabilidade social atual. Seguindo uma linha semelhante, Shaikh demonstrou a força empírica da teoria do valor-trabalho para explicar preços relativos.[39] Tem havido, também, trabalhos empíricos interessantes focados mais especificamente na taxa de mais-valia, de Marx. Estes trabalhos continuam a provar a importância do conceito de Marx, assim como a maneira como os economistas podem aplicá-lo em economias reais.[40] Uma das áreas mais estudadas na pesquisa recente tem sido a taxa de lucros em economias desenvolvidas. Conforme discutimos no Capítulo 9, Marx havia proposto, um tanto quanto timidamente, a ideia de que à medida que o capitalismo se desenvolvesse haveria uma tendência à queda da taxa de lucros. Muitos estudos têm demonstrado que a taxa de lucros, de fato, tende a cair durante um período considerável de tempo, em seguida se recupera, antes de tornar a cair. A pesquisa tem-se voltado a identificar as forças que causam a queda da taxa de lucros, bem como as tendências compensatórias que entram em cena e a levam a se recuperar. Gerard Duménil e Dominique Levy oferecem um estudo teórico e empírico abrangente da taxa de lucros, em seu livro *The Economics of the Profit Rate: Competition, Crises and Historical Tendencies in Capitalism* (1993). O periódico acadêmico *New Left Review* dedicou uma edição inteira ao trabalho de Robert Brenner sobre a taxa de lucros.[41] Seguiu-se, imediatamente, uma série de críticas e defesas de Brenner, revelando a permanente importância do tópico e o estímulo a estudá-lo no contexto de economias reais.

A teoria de preços, de Sraffa, continua inspirando muitos economistas que seguem as tradições clássica e marxista. Heinz D. Kurz e Neri Salvadori, por exemplo, em seu livro *Theory of Production: a Long-Period Analysis* (1995), apresentam um tratamento abrangente e sofisticado da teoria de preços, de Sraffa. A apresentação de Kurz e Salvadori é feita nos planos da história do pensamento econômico e da taoria pura. Eles conseguem demonstrar como tal sistema pode servir de base para uma nova microeconomia, assim como a ligação entre as teorias do crescimento e da distribuição. Duncan Foley e Thomas Michl deram continuidade, seguindo uma linha semelhante, em seu livro *Growth and Distribution* (1999). O livro de Foley e Michl apresenta a estrutura teórica das teorias do crescimento e distribuição nas tradições clássica-Marxista, neoclássica e pós-keynesiana.[42] Eles também utilizam dados da economia mundial a fim de estudarem as implicações destas teorias em termos, por exemplo, das relações entre a produtividade e a relação capital-trabalho, salários e taxas de lucros, e taxas de poupança e de investimento.

Os economistas heterodoxos também desenvolveram novas formas de conceber o crescimento de economias capitalistas em períodos longos de tempo. Por exemplo, o arcabouço das Estruturas Sociais de Acumulação se concentra nas instituições que surgem para facilitar o crescimento durante as "grandes ondas" de acumulação. Outro arcabouço, proposto por Edward J. Nell, denominado Crescimento Transformacional, combina os *insights* de Sraffa e de Keynes para explicar as fases de crescimento capitalista.[43] Cada uma destas novas teorias enfatiza mudanças que ocorrem dentro da esfera da produção no capitalismo. Por exemplo, Nell caracteriza uma fase inicial da produção capitalista como "artesanal", que se transformou em "produção em massa", à medida que os capitalistas procuraram exercer maior controle sobre o processo produtivo. Ele descobre que as mudanças na esfera da produção levaram a mudanças significativas em como as economias funcionavam ao nível agregado. Cada arcabouço combina uma história detalhada dos processos produtivos dominantes durante uma fase específica do desenvolvimento capitalista, e as instituições que promovem ou entram e conflito com o processo de acumulação quando ocorrem mudanças ao nível da produção. Logo, a produção é caracterizada por mais do que uma mera relação técnica capturada por uma função matemática (por exemplo, a função de produção neoclássica). A atenção se volta para aquilo que Marx denominou as relações de produção e segue adiante a fim de extrair as implicações, para a economia como um todo, de mudanças nestas relações.

Esta resenha dos desenvolvimentos recentes poderia se estender por muitas páginas mais. Um livro inteiro poderia ser dedicado a resenhar os trabalhos sendo feitos dentro da tradição heterodoxa. Temos ciência de que muitos dos trabalhos não foram incluídos. Porém, o ponto foi o de, meramente, oferecer alguma indicação ao leitor dos trabalhos variados e estimulantes que vêm sendo realizados. Estes trabalhos vêm sendo conduzidos de diversas formas, sendo teóricos, empíricos ou históricos. Os trabalhos teóricos e empíricos feitos por economistas heterodoxos podem, quando necessário, ser tão sofisticados matematicamente quanto os que se encontram na ortodoxia. Os trabalhos históricos concentram-se em diversas áreas, tais como os mercados enquanto uma instituição (sujeita a mudanças), instituições econômicas (tão variadas como bancos centrais e sindicatos), e o próprio processo de trabalho. Assim,

Economia Contemporânea III: O Renascimento da Economia Política Crítica

cada escola de pensamento tem continuado a desenvolver suas próprias teorias e metodologias a fim de abordar as questões prementes com que se deparam as pessoas vivendo no capitalismo. Por vezes, tais questões se sobrepõem àquilo que a ortodoxia considera importante (por exemplo, inflação, taxas de câmbio etc.), ao passo que, em outras vezes, as questões abordadas pouco interessam à ortodoxia. Como exemplo deste último tipo de questão, poderíamos destacar a pesquisa conduzida sobre as formas possíveis que o socialismo poderia assumir. John E. Romer publicou um livro influente chamado *A Future for Socialism* (1994), que utiliza um arcabouço de equilíbrio geral para estudar de que maneira poderia ser construído um socialismo baseado no mercado. O livro *The Political Economy of Participatory Economics* (1991), de Michael Albert e Robin Hahnel, apresenta uma versão alternativa do socialismo, que não exige um papel significativo para os mercados. Cada um destes trabalhos estimulou pesquisa adicional na área de alternativas ao capitalismo. Embora a pesquisa sobre sistemas econômicos ainda não existentes possa ser desafiadora, ela ajuda a manter viva e em aberto uma série de alternativas possíveis ao capitalismo, e ajuda a estimular as pessoas a considerarem que tipo de sistema econômico seria mais benéfico na promoção da realização do potencial humano de todos.

A seção final deste capítulo foi escrita pelo autor original do livro, a fim de tornar clara para o leitor a perspectiva metodológica, social e ética geral subjacente ao livro como um todo. Ela jamais pretendeu ser uma declaração que fosse representativa das visões de todos os economistas heterodoxos. Ao longo do livro identificamos lugares em que a teoria de um economista foi substancialmente influenciada por sua ideologia. Argumentamos que a Economia jamais foi ou poderia ser uma ciência livre de valores. Dado isto, era importante partilhar com o leitor as perspectivas pessoais que influenciam o autor (e, agora, os autores) da apresentação da história do pensamento econômico, no livro atual. A seção que se segue é, portanto, a declaração original que continua a servir como a perspectiva subjacente a este livro.

Comentários sobre a Perspectiva Social Implícita neste Livro

Toda teoria social se embasa em algumas premissas quanto à psicologia do comportamento humano e preconceitos sobre quais situações humanas são possíveis e eticamente desejáveis. A afirmação de que a economia utilitarista é livre de valores, que foi frequentemente feita por pensadores como Senior, Bastiat, Menger e Friedman, é absurda – como a leitura desses autores prontamente revela. Toda teoria social, se estudada atentamente, se apoia, implícita ou explicitamente, em alguma teoria psicológica e ética. A maioria dos economistas clássicos e todos os neoclássicos embasam sua teoria econômica numa concepção utilitarista, hedonista, da psicologia e da ética humanas.

A psicologia e a ética utilitaristas são especialmente bem adaptadas à tarefa de fornecer uma ideologia conservadora para o capitalismo. A grande força do capitalismo, numa visão histórica, é que aumentou substancialmente o domínio humano sobre a natureza, revolucionando a produção humana, e ao fazê-lo abriu a real possibilidade de que, pela primeira vez na história, todas pessoas possam viver com segurança e conforto materiais. Contudo, ao mesmo tempo, é um sistema social que provoca tais danos sociais, psicológicos, emocionais e estéticos que somos incapazes de organizar e usar essa maior produtividade de modo satisfatório sob os aspectos sociais ou pessoais.

O utilitarismo oferece uma defesa intelectual ideal para esse sistema social por duas razões. Primeiro, no utilitarismo os sentimentos, emoções, ideias, padrões de comportamento e desejos são tidos como metafisicamente dados. Os padrões de socialização, bem como os limites sociais impostos ao crescimento e desenvolvimento das pessoas como seres humanos são excluídos do domínio da investigação; e uma crítica normativa do capitalismo embasada em preocupações humanistas perde o sentido – porque está fora dos limites de qualquer ciência social alicerçada na psicologia e na ética utilitaristas. Segundo, o utilitarismo não apenas considera os desejos humanos como sendo independentes das interações sociais como identifica o bem-estar humano como a satisfação desses desejos e identifica essa satisfação com o consumo de mercadorias. Não surpreende, pois, que o capitalismo – que, como um todo, teve imenso sucesso na expansão contínua da produção de mercadorias – pareça ser um sistema econômico mais propício à promoção do bem-estar humano, na medida em que o bem-estar humano é concebido de forma tão estreita pela teoria econômica utilitarista.

Ao longo de todo este livro, a crítica do utilitarismo se alicerçou na convicção de que os desejos humanos são, em boa medida, determinados socialmente e, como tal, sua satisfação pode ou não aumentar o bem-estar humano; e que a produção é um fenômeno social em que nenhuma pessoa (quanto mais um objeto inanimado como um terreno ou uma máquina) pode ser considerada a única responsável por uma quantidade específica do que é produzido, e em que o destino e o uso dos frutos da produção são determinados socialmente e podem ser benéficos ou prejudiciais ao bem-estar humano.

Se nós, como cidadãos, não tivéssemos sido tão completamente doutrinados sobre o utilitarismo, as duas declarações acima pareceriam imediatamente evidentes. Todos sabemos que o atendimento de alguns dos desejos dos viciados em drogas, ou de pessoas patologicamente insanas, não promove o bem-estar humano. Também sabemos que as pessoas não se tornam viciadas em drogas ou patologicamente insanas por alguma determinação metafísica. Embora eu tenha ilustrado meu argumento com exemplos extremos, essa lógica tem uma aplicabilidade universal na avaliação do bem-estar humano. Podemos, devemos e de fato avaliamos eticamente os desejos em si bem como os meios sociais para seu atendimento. O utilitarismo, apesar de sua profunda influência em boa parte de nosso pensamento, é rejeitado a cada dia por quase todas as pessoas nas recorrentes necessidades práticas da vida comum. Os seres humanos sempre funcionam, pensam e escrevem com base em, dentre outras coisas, sentimentos, preceitos e conceitos morais. Apesar da difundida doutrinação utilitarista, que é tão útil para a manutenção do *status quo* do capitalismo, a reflexão sobre os sentimentos essenciais implícitos no comportamento cotidiano revela que muitos de nós não age ou pensa de modo coerente com o utilitarismo. Por essas razões, gostaria de explicitar algumas das premissas psicológicas e éticas que fundamentam este livro. Dadas as limitações de espaço, elas serão expostas brevemente e não serão defendidas adequadamente como poderiam ser num exame mais extenso.

A visão ética que embasa este livro se fundamenta em três ideias. Primeiro, seguindo Veblen e Marx, acredito que todas as pessoas em todas as sociedades têm algumas necessidades comuns simplesmente porque são seres humanos. Veblen deu a infeliz denominação de "instintos" a estas necessidades universais e com isso inadvertidamente propiciou a ocultação da diferença essencial entre essas necessidades e os instintos animais. As necessidades humanas universais afetam de modo inevitável e profundo a todos nós no correr de todas nossas vidas, mas são separadas e distintas dos desejos humanos conscientes. Por exemplo, o desejo consciente do alcoólatra de consumir pouco mais além de álcool não reduz, de forma alguma, a necessidade de nutrientes essenciais de seu corpo. Contudo, as necessidades humanas básicas se traduzem em desejos conscientes somente em um ambiente social e como consequência da participação individual no processo social.

A socialização pode, de fato, condicionar a pessoa de tal forma que ela não perceba qualquer desejo consciente decorrente de uma necessidade universal inata e que possa satisfazê-la. Essa situação em geral culmina em ansiedade neurótica. A socialização também pode levar a desejos conscientes que sistematicamente distorcem o atendimento de necessidades humanas universais. Novamente, o resultado é a ansiedade neurótica. De acordo com a psicóloga social Karen Horney, essa ansiedade se

Economia Contemporânea III: O Renascimento da Economia Política Crítica

revela como "um sentimento de pequenez, insignificância, desamparo".[44] Mas em certo sentido, o mundo, na forma da sociedade capitalista, está maltratando, trapaceando, atacando, humilhando e traindo a individualidade da pessoa. Esses sentimentos só são neuróticos porque a pessoa sente que a situação é "natural" e "inevitável" e decorre da própria "essência" de sua humanidade e da "essência" da sociedade, que são, ambas, fixas e imutáveis. Esses sentimentos não seriam neuróticos se a pessoa percebesse que eles decorrem da negação social da essência real dessa pessoa e que uma sociedade que nega aos seres humanos sua humanidade pode ser de fato mudada por uma ação humana coletiva.

Segundo, acredito que há uma hierarquia nas necessidades humanas universais. O fato de que algumas necessidades tendem a ter precedência em relação a outras é a única razão de classificá-las como "superiores" ou "inferiores". Todas as necessidades humanas universais têm uma integridade irredutível, básica, e autônoma e o atendimento adequado de cada necessidade universal é absolutamente vital e essencial para que a vida humana seja mantida.[45]

Na hierarquia das necessidades humanas, as inferiores, ou mais básicas, são as necessidades fisiológicas de alimento, água, moradia, vestuário, descanso, exercício e sexo. No nível seguinte estão as necessidades de segurança e proteção. Estes dois níveis devem ser adequadamente atendidos para a simples existência e sobrevivência do corpo. Se elas não forem minimamente satisfeitas, em geral interferirão significativamente com a gratificação das necessidades de nível mais elevado. Na verdade, a interferência pode ser tão grande que as necessidades mais elevadas permanecerão "muitas vezes em boa medida, inconscientes".[46] Assim Abraham Maslow escreveu que "indubitavelmente, essas necessidades fisiológicas são as mais prepotentes de todas as necessidades".[47] Se elas não forem satisfeitas, no nível do desejo consciente, "todas as demais necessidades se tornam simplesmente inexistentes".[48]

O terceiro nível de necessidades é o que Maslow denomina "necessidades de pertencimento e amor". São as necessidades de calor humano, afeição e amor. A satisfação destas necessidades exige que sejamos amados por nossa própria essência e rigorosamente como um fim, não como um *meio*, ou como uma mercadoria, como é tão comum no capitalismo (como louvado pela avaliação vulgar do valor humano nos escritos de McKenzie e Tullock). No capitalismo, a difusão das relações mercantis milita contra a satisfação dessas necessidades de tal forma que poucos de nós conseguimos vê-las atendidas de forma plena ou mesmo adequada. Além disso, de acordo com Maslow "em nossa sociedade a frustração dessas necessidades é a razão mais comum dos casos de desajustamentos e de psicopatologias ainda mais graves".[49]

No quarto nível se encontram as necessidades de reconhecimento, apreço e estima dos outros. Não são necessidades de fama ou de celebridade mas se embasam na importância para a pessoa de desenvolver traços que Veblen associa ao "instinto construtivo". Elas estão presentes no desejo de "maestria e competência, de confiança diante do mundo e de independência e liberdade".[50] Somente quando esses traços forem desenvolvidos, a estima dos que nos cercam pode ser coerente com uma saudável autoestima, que se embasa no "merecido respeito dos outros mais do que na fama ou celebridade externa e na adulação imerecida".[51] Como vimos nos capítulos referentes a Marx e Veblen, bem como na obra de Braverman aqui citada, a história do capitalismo se caracteriza pela redução progressiva, para a vasta maioria dos integrantes de nossa sociedade, da possibilidade de alcançar esta forma de autoestima e de estima social.

O quinto e mais alto nível de necessidades consiste na necessidade de vivenciar e apreender a beleza estética por si mesma e de adquirir e apreciar o conhecimento por ele mesmo e não como meio para alcançar outros fins. Desnecessário dizer, estas necessidades quase nunca são atendidas no capitalismo.

Na perspectiva ética deste livro também está implícita minha crença (a terceira a ser examinada) de que o que é bom para os seres humanos, ou o bem-estar humano, consiste em estruturar nossa vida

469

social, de tal forma, que cada ser humano seja visto por todos os demais seres humanos como um fim em si mesmo e não simplesmente como um meio, ou uma mercadoria. Ver cada pessoa como um fim só pode significar que há um desejo universal de que cada pessoa alcance o máximo de autorrealização ou que cada uma desenvolva na maior extensão possível seus potenciais biológico, emocional, intelectual, criativo e estético. Esse desenvolvimento individual só pode ser atingido mediante a interação com outros seres humanos num ambiente social dado. De fato, só pode ser atingido por meio de uma preocupação unificada consigo mesmo bem como com todos os outros seres humanos num ambiente social adequado, onde a preocupação com a própria pessoa e com a sociedade seja mutuamente promovida pelo funcionamento normal dessa sociedade. Segue-se que o bem para qualquer pessoa só poderá ser alcançado mediante a busca simultânea de sua realização pessoal e da participação numa reestruturação coletiva da sociedade visando tornar finalmente possível esta realização social e pessoal de todos os seres humanos.

É claro que por trás de todo este livro está a convicção de que uma ciência social livre de valores é impossível – e, mesmo que fosse possível, seria indesejável. Somos todos seres humanos, e, como tal, nenhum de nós é um observador objetivo, imparcial, desinteressado dos outros seres humanos ou da sociedade em geral. Não podemos pedir que um autor faça o impossível, isto é, seja um espectador imparcial, desinteressado. Qualquer pretensão de ter alcançado esse *status* é sempre ou uma tentativa de iludir a nós mesmos ou um esforço consciente de enganar os outros. O máximo que podemos pedir de um autor é que seja intelectualmente honesto.

Procurei comunicar honestamente ao leitor o que considero que sejam os aspectos mais importantes da obra dos vários autores cujas ideias resumi e critiquei. Mas não tentei me colocar no papel de um espectador imparcial, desinteressado. Sou parcial e sou interessado. Para que o leitor possa decidir quais das minhas críticas descartar, se o desejar, quero deixar explícitas minhas opiniões sobre a natureza do capitalismo, que é o resultado da soma total de minhas experiências de vida, observações empíricas, introspecções, leituras, discussões, pensamentos e sentimentos no correr de uma vida passada inteiramente no contexto do capitalismo americano.

Primeiro, o capitalismo é um sistema social alicerçado no conflito e na exploração.

Segundo, a relação social entre capitalistas e trabalhadores é a relação mais fundamental de todas as relações sociais que se estabelecem no capitalismo. Isto significa que para a grande maioria de nós, o atendimento das necessidades humanas universais mais básicas, ou de nível inferior, implica reduzir nosso potencial produtivo criativo a uma mercadoria, força de trabalho, que vendemos no mercado.

Terceiro, como nossas atividades criadoras de vida em geral exigem que vendamos nossa força de trabalho como uma mercadoria, somos vistos pelos outros e os vemos como mercadorias, isto é, apenas como meios e não como fins. No capitalismo, as pressões da socialização são quase totalmente direcionadas para a aplicação de relações mercantis a todos os aspectos das relações humanas. Na medida em que nossa humanidade básica se rebela (consciente ou inconscientemente) contra essa desumanização, os escritos de economistas como McKenzie e Tullock se reduzem a injúrias vulgares. Na medida em que prevalece a socialização voltada aos aspectos mercantis, suas ideias são, lamentavelmente, uma descrição de algumas situações do nosso cotidiano.

Quarto, a anarquia do mercado e a existência contínua de milhões de trabalhadores desempregados nos fazem viver na insegurança econômica e assim sistematicamente funcionam contra o atendimento de muitas de nossas necessidades humanas universais de mais alto nível.

Quinto, a redução das relações humanas a relações mercantis nega persistentemente nossas necessidades de autêntico e satisfatório calor humano, afeição e amor. O fato de que essas qualidades existam no capitalismo é uma prova da força da humanidade que existe em cada um de nós e que impede que sejamos finalmente reduzidos a meras mercadorias.

Economia Contemporânea III: O Renascimento da Economia Política Crítica

Sexto, a redução do processo de produção criativa a uma série de movimentos rigorosamente controlados, coagidos, tediosos, repetitivos rouba a muitos de nós a satisfação de nossa necessidade de maestria criativa e competência e a autoestima e o apreço social que acompanham essa criatividade.

Sétimo, essa alienação, com a fragmentação social e emocional que a acompanham, gera em muitos de nós uma ansiedade geral, um medo e uma desconfiança que muitas vezes são canalizados para sentimentos que dão origem ao racismo e ao sexismo e que são usados, como sabemos, para justificar e contribuir para a exploração sistemática das minorias raciais e das mulheres. Também leva a sentimentos patrióticos, nacionalistas e chauvinistas que são usados para justificar e promover o imperialismo econômico que oprime duramente milhões de seres humanos nos países do Terceiro Mundo. Todas estas atitudes psicológicas criam mais barreiras ao desenvolvimento pleno da essência da humanidade comum em cada um de nós.

Oitavo, nossa alienação e fragmentação também nos tornam alvos vulneráveis para a manipulação dos gerentes de publicidade das grandes empresas que nos empurram para o que Veblen denominou "consumo imitativo". Sentimos a solidão, o medo, a ansiedade e o tédio como necessidade de consumir mais mercadorias, para alcançar e superar o vizinho. Isso nos leva a ver nossa infelicidade não como o resultado da roda-viva capitalista do consumismo, mas como o resultado de nossa incapacidade de correr suficientemente rápido, de consumir cada vez mais mercadorias e de trabalhar esforçadamente para conseguir outro aumento de salário.

Nono, a dominação do processo de produção pelo motivo do lucro nos nega sistematicamente o uso de nossos recursos e de nossas capacidades produtivas humanas para a criação e defesa de parques, centros de recreação, creches, e sistemas de transporte de massa que são de uso social e, portanto, em geral, não geram lucros que incentivariam os capitalistas a produzi-los e vendê-los.

Décimo, como a venda da força de trabalho é a única forma que permite à maioria das pessoas viver decentemente no capitalismo, nosso sistema relega os que não a podem vender – os jovens, os velhos, os incapacitados, as mães solteiras que têm que cuidar de crianças pequenas e assim por diante – a uma vida de pobreza e – dificuldades.

Décimo primeiro, as necessidades do sistema capitalista tornam nosso sistema de ensino e outras instituições culturais órgãos de propagação de ideias, treinamento e padrões emocionais que conduzem à manutenção e à perpetuação da estrutura social e econômica do capitalismo em vez de serem centros em que as pessoas podem desenvolver seus potenciais estéticos e intelectuais independentemente de restrições externas.

Décimo segundo, em sua procura determinada por lucros, as empresas poluem nossa água, nosso ar e o meio ambiente em geral, tornando, assim, o espaço em que vivemos esteticamente repugnante, prejudicial à nossa saúde e potencialmente impróprio à vida.

A economia utilitarista nos ensina que, apesar do que nossos sentidos e nossos sentimentos nos digam, o capitalismo é um sistema racional, eficiente e justo. Diz que sempre será do interesse de todos que nossos recursos, atividades e interações sociais sejam influenciados significativamente, senão controlados com rigor, por uma pequena minoria de ricos que só são motivados pela ânsia de acumular mais riqueza.

Ao escrever este livro tentei apresentar honestamente o que me parecem ser as ideias mais importantes dos vários teóricos da economia. Mas não sou neutro ou imparcial. Não acredito que o capitalismo seja a apoteose da racionalidade humana. Acredito que ele desempenhou historicamente uma função muito importante e progressista ao aumentar o controle da humanidade sobre a natureza. Mas, ao fazê-lo, o que era progressista e racional no capitalismo acabou por se tornar regressivo e irracional. O sistema tal como agora existe nega sistematicamente o pleno desenvolvimento do potencial dos seres humanos. Por essa razão, o sistema é ineficiente e irracional.

História do Pensamento Econômico

Acredito, como Veblen e Marx, que o capitalismo não é o estágio mais alto do desenvolvimento humano e que se os seres humanos conseguirem afirmar sua humanidade coletiva sobre a irracionalidade do capitalismo, eles abrirão um horizonte de possibilidades apaixonantes dificilmente sonhadas sob o reinado do capitalismo.

Notas do Capítulo 19

1. Paul Baran, por exemplo, foi um influente economista marxista que lecionava na Universidade de Stanford. Na década de 1950 foi obrigado a publicar boa parte de seus escritos sob um pseudônimo. As revistas e periódicos esquerdistas dessa época muito frequentemente publicavam trabalhos escritos por acadêmicos que assinavam nomes fictícios.
2. Alfredo Medio, "Profits and Surplus-Value: Appearance and Reality in Capitalist Production", *in A Critique of Economic Theory*, organizadores: E.K. Hunt e Jesse G. Schwartz. Baltimore: Penguin, 1972, p. 312-46.
3. Ibid., p. 326.
4. Ibid., p. 325-26.
5. Ibid., p. 326.
6. A. Shaikh, "Marx's Theory of Value and the 'Transformation Problem'", *in The Subtle Anatomy of Capitalism*, organizador J. Schwartz. Santa Monica: Goodyear, 1977; e A. Shaikh, "The Transformation from Marx to Sraffa", *in Ricardo, Marx, Sraffa*, organizador E. Mandel. Londres: Verso, 1984.
7. A. Lipietz, "The So-called 'Transformation Problem' Revisited", *Journal of Economic Theory 26*, n. 1 (1982); G. Duménil, *De la valeur aux prix de production*. Paris: Economics, 1980; D. Foley, "The Value of Money, the Value of Labor Power and the Marxian Transformation Problem", *Review of Radical Political Economics 14*, n. 2 (verão 1982): 37-49.
8. G. Duménil, "Beyond the Transformation Riddle: A Labor Theory of Value", *Science and Society 47*, n. 4 (inverno 1983): 442.
9. Bob Rowthorn, "Skilled Labour in the Marxist System", *Bulletin of the Conference of Socialist Economists* (primavera 1974): 25-45.
10. Harry Bravernan, *Labor and Monopoly Capital, The Degradation of Work in the Twentieth Century*. Nova York: Monthly Review Press, 1974. Em Samuel Bowles e Richard Edwards, organizadores, *Radical Political Economy*, vol. 1. Hants, UK: Edward Elgar, 1990, encontramos exemplos de artigos que foram escritos na esteira do livro de Braverman.
11. Ibid., p. 315-16.
12. Ibid., p. 139.
13. Citado em Bruce Brown, *Marx, Freud, and the Critique of Everyday Life*. Nova York: Monthly Review Press, 1973), p. 56.
14. Eli Zaretsky, "Capitalism, the Family and Personal Life", *Socialist Revolution 3*, n. 3 (janeiro-abril 1973): 69-125.
15. Miriam Wassennan, comp., *Demystifying School*. Nova York: Praeger, 1974.
16. Samuel Bowles e Herbert Gintis, *Schooling in Capitalist America*. Nova York: Basic Books, 1976.
17. James Aronson, *The Press and the Cold War*. Indianapolis, IN: Bobbs-Merrill, 1970.
18. Robert Cirino, *Don't Blame the People*. Nova York: Vintage, 1971.
19. Edward S. Herman e Noam Chomsky, *Manufacturing Consent: The Political Economy of the Mass Media*. Nova York: Pantheon Books, 1988.
20. G. William Domhoff, Who Rules America?. Englewood Cliffs, NJ: Prentice-Hall, 1967, e Howard L. Reiter, *Parties and Elections in Corporate America*. Nova York: St. Martin's Press, 1987.
21. Braverman, *Labor and Monopoly Capital*, p. 125.
22. Paul A. Baran e Paul M. Sweezy, *Monopoly Capital*. Nova York: Monthly Review Press, 1966, p. 9.
23. Ibid., p. 9-10.
24. Ibid.
25. Ibid., p. 115-16.

26. Ibid., p. 115.
27. Ibid., p. 119.
28. Ibid., p. 126.
29. Ibid., p. 155.
30. Ibid., p. 161.
31. Ibid., p. 341.
32. Harry Magdoff, *The Age of Imperialism: The Economics of U.S. Foreign Policy*.Nova York: Monthly Review Press, 1969.
33. Ibid., p. 99-100.
34. Ibid., p. 57.
35. Ibid., p. 203-206.
36. Ibid., p. 200-201.
37. Edward S. Hennan, *The Real Terror Network: Terrorism in Fact and Propaganda*. Boston: South End Press, 1982.
38. Ver Avi J. Cohen e G. C. Harcourt, "Retrospectives: Whatever Happened to the Cambridge Capital Theory Controversies". *The Journal of Economic Perspectives*, 17, n. 1, 2003, p. 199-214.
39. Ver Anwar Shaikh, "The Empirical Strength of the Labor Theory of Value", *in Conference Proceedings of Marxian Economics: a Centenary Appraisal*, ed. Riccardo Bellofiore. Londres: Macmillan, 1998.
40. Para trabalhos pioneiros nesta área, ver Edward N. Wolff, "The Rate of Surplus Value, the Organic Composition, and the General Rate of Profit in the U.S. Economy, 1947-1967", *American Economic Review*, 69, 3, 1979. Para um estudo mais recente, ver Fred Moseley, "Estimates of the Rate of Surplus-Value in the United States: 1947-1997", Review of *Radical Political Economics*, Spring-Summer, 1986.
41. Robert Brenner, "The Boom and the Bubble", *New Left Review*, n. 6, 2000.
42. Para um tratamento anterior, porém mais avançado, de tópicos similares, ver Stephen A. Marglin, *Growth, Distribution and Prices*. Cambridge, MA: Harvard University Press, 1987.
43. Para uma introdução acessível às Estruturas Sociais de Acumulação, ver David Gordon, Richard Evans e Michael Reich, *Segmented Work, Divided Workers: the Historical Transformation of Labor in the United States*. Cambridge: Cambridge University Press, 1982. Para uma introdução à teoria do crescimento transformacional, ver Edward J. Nell, *The General Theory of Transformational Growth: Keynes After Sraffa*. Cambridge: Cambridge University Press, 2005.
44. Karen Horney, *The Neurotic Personality of Our Time*. Nova York: Norton, 1937, p. 92.
45. Neste exame e classificação das necessidades humanas universais sigo, de modo geral, os conceitos definidos por A.H. Maslow, *Motivation and Personality*. Nova York: Harper, 1954. Contudo, discordo de Maslow no que se refere aos meios de atender a essas necessidades.
46. Ibid., p. 101.
47. Ibid., p. 82.
48. Ibid.
49. Ibid., p. 89.
50. Ibid., p. 90.
51. Ibid., p. 91.

Sugestões para Leitura Complementar

Esta lista é um complemento ao material deste livro. Os principais trabalhos dos economistas discutidos no livro estão listados nas notas de rodapé dos capítulos. Esta lista contém apenas fontes secundárias que complementam o material no texto. Ela não é uma bibliografia completa, mas apenas algumas sugestões que acreditamos ser úteis para a aquisição do conhecimento dos assuntos discutidos neste livro.

Capítulo 1
ASTON, T.H.; PHILPIN, C.H.E. (eds.). *The Brenner Debate:* Agrarian Class Structure and Economic Development in Pre-industrial Europe. Cambridge, Reino Unido: Cambridge University Press, 1987.

DOBB, Maurice. *Studies in the Development of Capitalism*. Nova York: International Publishers, 1963.

EDWARDS, Richard C.; REICH, Michael; WEISSKOPF, Thomas E. (eds.).*The Capitalist System*. 2. ed. Englewood Cliffs, NJ: Prentice-Hall, 1978.

WOOD, Ellen Meiksins. *The Origin of Capitalism:* A Longer View. Reino Unido: Verso, 2002.

Capítulo 2
LETWIN, William. *The Origins of Scientific Economics*. Londres: Methuen, 1963.

MEEK, Ronald L. *Studies in the Labour Theory of Value*. 2. ed. Nova York: Monthly Review Press, 1976, capítulo 1.

Capítulo 3
DOBB, Maurice. *Theories of Value and Distribution since Adam Smith*. Cambridge, Reino Unido: Cambridge University Press, 1973, capítulo 2.

MACFIE, A.L. The Scottish Tradition in Economic Thought. *Scottish Journal of Political Economy* n. 2, jun. 1955, pp. 81-103.

MEEK, Ronald L. *Studies in the Labour Theory of Value*. 2. ed. Nova York: Monthly Review Press, 1976, capítulo 2.

ROGIN, Leo. *The Meaning and Validity of Economic Theory*. Nova York: Harper and Row. 1958, capítulo 3.

SAMUELS, Warren J. Adam Smith and the Economy as a System of Power. *Review of Social Economy* n. 31, out. 1973, pp. 123-37.

Capítulo 4
BLAUG, Mark. *Economic Theory in Retrospect*. 3. ed. Nova York: Cambridge University Press, 1978, capítulo 3.

ROGIN, Leo. *The Meaning and Validity of Economic Theory*. Nova York: Harper and Row, 1958, capítulo 5.

Capítulo 5
BLAUG, Mark. *Ricardian Economics*. New Haven, CT: Yale University Press, 1958. DOBB, Maurice. *Theories of Value and Distribution since Adam Smith*. Cambridge, Reino Unido:

Cambridge University Press, 1973, capítulos 3 e 4.

KURZ, Heinz D.; SALVADORI, Neri. *Theory of Production*: A Long-Period Analysis. Cambridge, Reino Unido: Cambridge University Press, 1997.

Capítulo 6
BOWLEY, Marian. *Nassau Senior and Classical Economics*. Londres: George Allen and Unwin, 1937.

HALEVY, Elie. *The Growth of Philosophical Radicalism*. Boston: Beacon Press, 1955.

HUTCHISON, T.W. Bentham as an Economist. *Economic Journal* n. 66, jun. 1956, pp. 288-306.

SCHUMPETER, Joseph. *History of Economic Analysis*. Oxford: Oxford University Press, 1954, pp. 615-25.

Capítulo 7
BLAUG, Mark. *Ricardian Economics*. New Haven, CT: Yale University Press, 1958, pp. 140-50.

HALEVY, Elie. *Thomas Hodgskin*. Londresn: Ernest Berm, 1956.

HUNT, E.K. Value Theory in the Writings of the Classical Economists, Thomas Hodgskin and Karl Marx. *History of*

História do Pensamento Econômico

Political Economy n. 9, 1977, pp. 322-45.

PANKHURST, R.K. P. *William Thompson*. Londres: Watts, 1954.

Capítulo 8

BLAUG, Mark. *Economic Theory in Retrospect*. 3. ed. Nova York: Cambridge University Press, 1978, capítulo 6.

MITCHELL, Wesley C. *Types of Economic Theory*. Nova York: Augustus M. Kelley, 1967, capítulo 5.

ROGIN, Leo. *The Meaning and Validity of Economic Theory*. Nova York: Harper and Row, 1958, capítulo 8.

Capítulo 9

CATEPHORES, George. *An introduction to Marxian Economics*. Nova York: New York University Press, 1989.

DOBB, Maurice. *Theories of Value and Distribution since Adam Smith*. Cambridge, Reino Unido: Cambridge University Press, 1973, capítulo 6.

FOLEY, Duncan K. *Understanding Capital*: Marx's Economic Theory. Cambridge, MA: Harvard University Press, 1986.

HUNT, E.K. Philosophy and Economics in the Writings ofKarl Marx. In : *Marx, Schumpter, Keynes, A., Centenary Celebration of Dissent*, S.W., Helbum e, D.F., Bramhall, (eds.). Nova York: M. E. Sharpe, 1986.

HUNT, E.K. Joan Robinson and the Labour Theory of Value. *Cambridge Journal of Economics* n. 7, 1983.

HUNT, E.K.; SCHWARTZ, Jesse (eds.). *A Critique of Economic Theory*. Baltimore: Penguin, 1972, capítulo 13.

MEEK, Ronald L. Some Notes on the Transformation Problem. *Economic Journal* n. 66, mar. 1956, pp. 94-107.

MEEK, Ronald L. *Studies in the Labour Theory of Value*. 2. ed. Nova York: Monthly Review Press, 1976, capítulos 4 e 5.

SCHWARTZ, Jesse (ed.). *The Subtle Anatomy of Capitalism*. Santa Monica, CA: Goodyear, 1977, capítulos 6 e 7.

SWEEZY, Paul M. *The Theory of Capitalist Development*. Nova York: Monthly Review Press, 1956.

Capítulo 10

DOBB, Maurice. *Theories of Value and Distribution since Adam Smith*. Cambridge, Reino Unido: Cambridge University Press, 1973, capítulo 7.

ROGIN, Leo. *The Meaning and Validity of Economic Theory*. Nova York: Harper and Row, 1958, capítulo 10-12.

SPENGLER, Joseph J.; ALLEN, William R. *Essays in Economic Thought*. Chicago: Rand Mc-Nally, 1960, pt. 6.

WALSH, Vivian; GRAM, Harvey. *Classical and Neoclassical Theories of General Equilibrium*. Nova York: Oxford University Press, 1980.

Capítulo 11

BLAUG, Mark. *Economic Theory in Retrospect*. 3. ed. Nova York: Cambridge University Press, 1978, capítulos 9 e 11.

ROGIN, Leo. *The Meaning and Validity of Economic Theory*. Nova York: Harper and Row, 1958, capítulo 13.

STIGLER, George. *Production and Distribution Theories*. Nova York: Macmillan, 1941.

Capítulo 12

DORFMAN, Joseph. *The Economic Mind in American Civilization*. v. 3. Nova York: Viking Press, 1949, capítulo 19.

DOWD, Douglas (ed.). *Thorstein Veblen*: A Critical Reappraisal. Ithaca: Cornell University Press, 1958.

Capítulo 13

FIELDHOUSE, D.K. *The Theory of Capitalist Imperialism*. Londres: Longmans, 1967.

KEMP, Tom. *Theories of Imperialism*. Londres: Dobson, 1967.

Capítulo 14

CARTER, CARTER, Michael. To Abstain or Not to Abstain (Is That the Question?). In: *The Subtle Anatomy of Capitalism*, Schwartz (ed.), pp. 36-50.

HUNT, E.K. A Radical Critique of Welfare Economics. In : Growth, Profits & Property, E.J., Neli, (ed.). Nova York: Cambridge University Press, 1980.

NATH, S.K. *A Reappraisal of Welfare Economics*. Nova York: Augustus M. Kelley, 1969.

Capítulo 15

BLAUG, Mark. *Economic Theory in Retrospect*. 3. ed. Nova York: Cambridge University Press, 1978, capítulo 15.

CHICK, Victoria. *Macroeconomics after Keynes*. Cambridge, MA: The MIT Press, 1984.

DAVIDSON, Paul. *Money and the Real World*. Londres: Macmillan Press, 1978.

MINSKY, Hyman P. *John Maynard Keynes*. Nova York: Columbia University Press, 1975.

ROSEN, Sumner. Keynes Without Gadflies. In: A. *Critique of Economic Theory*, Hunt e Schwartz, (ed.), pp. 397-419.

Sugestões para Leitura Complementar

SHAW, G.K. (ed.). *The Keynesian Heritage*, vols. 1 e 2. Reino Unido: Edward Edgar, 1988.

Capítulo 16
HARCOURT, G.C. *Some Cambridge Controversies in the Theory of Capital*. Reino Unido: Cambridge University Press, 1972.

HUNT, E.K.; SCHWARTZ, Jesse (eds.). *A Critique of Economic Theory*. Baltimore: Penguin, 1972, partes 3 e 4.

Capítulo 17
AKERLOF, George A.; SHILLER, Robert J. *Animal Spirits*: How Human Psychology Drives the Economy, and Why It Matters for Global Capitalism. Princeton: Princeton University Press, 2009.

LITTLECHILD, Stephen (ed.). *Austrian Economics*, vols. 1, 2 e 3. Reino Unido: Edward Elgar, 1990.

MAS-COLELL, Andreu; WHINSTON, Michael D.; GREEN, Jerry R. *Microeconomic Theory*. Nova York: Oxford University Press, 1995.

RICKETTS, Martin (ed.). *Neoclassical Microeconomics*, vols. 1 e 2. Reino Unido: Edward Elgar, 1988.

THALER, Richard H. *The Winner's Curse*: Paradoxes and Anomalies of Economic Life. Princeton: Princeton University Press, 1994.

Capítulo 18
HARRIS, Donald J. *Capital Accumulation and Income Distribution*. Palo Alto: Stanford University Press, 1978.

KING, J.E. *A History of Post Keynesian Economics since 1936*. Reino Unido: Edward Elgar, 2004.

SAMUELS, Warren J. (ed.). *Institutional Economics*, vols. 1, 2, e 3. Reino Unido: Edward Elgar, 1988.

SAWYER, Malcolm C. (ed.). *Post-Keynesian Economics*. Reino Unido: Edward Elgar, 1988.

Capítulo 19
BOWLES, Samuel; EDWARDS, Richard (eds.). *Radical Political Economy*, vols. 1 e 2. Reino Unido: Edward Elgar, 1990.

KING, J.E. (ed.). *Marxian Economics*, vols. 1, 2 e 3. Reino Unido: Edward Elgar, 1990.

Índice Remissivo

A

Abstinência, 125
Acumulação de Capital – uma anticrítica (Luxemburg), 310
Acumulação de Capital, A (Luxemburg), 310, 311
Acumulação de capital. *Ver* Capital, acumulação de
Acumulação primitiva, 200
África, 303, 304
Age of Imperialism, The (Magdoff), 464
Agricultura
  agronegócios, 436
  durante a Idade Média, 7
  fisiocratas, 29. *Ver também* Leis dos cereais
Alienação, 207; *Ver também* Instinto construtivo
Análise de custo-benefício, 340-341
Ansiedade neurótica, 468
Antitruste. *Ver* Monopólio
Atos de Navegação (1651 e 1660), 16
Ausente, propriedade, 282, 285, 287, 288

B

Bem-estar econômico. *Ver* Economia do bem-estar
Bens públicos, 414
Britannia Language (Petyt), 28
Bulionismo, 15

C

Capital
  circulação do, 185
  constante e variável, 190
  definição, 14
  diferentes composições do, 88
  escolas austríaca e de Chicago, 418, 419
  exportação de, 165
  fixo e circulante, 89, 95, 144
  formas de, 185
  industrial, 16, 185

Capital *(Cont.)*
  internacionalização do, 276
  mercantil, 20. *Ver também* Capital, acumulação de; Capitalismo; Preços; Produção; Lucro
Capital (Marx), 179
Capital Monopolista (Baran e Sweezy), 458, 462
Capital, acumulação de
  capitalismo e, 109
  e firmas, 375
  e superprodução, 78
  início, 14
  máquinas e, 109. *Ver também* Acumulação primitiva; Poupança; Salários
Capitalism and Freedom (Friedman), 419
"Capitalism, the Family and Personal Life" (Zaretsky), 472
Capitalismo
  classes de, 51
  comportamento humano, 107, 110
  costumes sociais do, 4-5
  definição, 1-5
  depressões e, 138
  destruição do, pelos trabalhadores, 201
  em nível agregado, 461
  escolas austríaca e de Chicago, 452
  expansão do comércio e, 8
  feudalismo vs., 285
  grandes empresas no, 257
  individualismo e, 110
  modo de produção, 111
  mudanças no processo de trabalho sob o, 457
  neoclássicos, 287
  relações sociais no, 470
  sistema doméstico de trabalho, 10
  surgimento do, 10, *Ver também* Capital; Capitalistas
Capitalista comerciante, 10

Capitalistas
  concorrência, 107, 110
  controle social dos, 296
  e concentração econômica, 202
  e propriedade da produção, 4
  estados-nação, 14-15
  evolução do, 258, 277
  na revolução industrial, 238
  padrão de gasto, 72
  práticas de exploração no, 312, 314
  Ricardo, 70, 74. *Ver também* Capital; Capitalismo; Classe
Cartéis internacionais, 319
Cerimonialismo, grandes empresas e, 437
Classe de administradores, 275, 317
Classe de rentistas, 276, 424
Classe ociosa, 294
Classe social. *Ver* Classe
Classe trabalhadora
  alienação da, 210
  concorrência entre, 195, 205
  criação da, 201
  exploração da, 191
  padrão de gasto, 72
  primórdios do período mercantilista, 21
  revoltas e levantes, 12, 57, 434
  Revolução Industrial, 56
  salários, 4, 89-92. *Ver também* Conflito de classes; Força de trabalho; Sindicatos; Pobreza; Economia do bem-estar
Classes, 2, 51
  Condorcet, 61
  fisiocratas, 29
  padrão de gasto, 72. *Ver também* Capitalistas; Conflito de classes; Proprietários de terra; Classe administrativa; Relações sociais; Classe operária
Coletivização, 404-405
Comércio
  aumento no, de longa distância, 8

Comércio *(Cont.)*
    internacional, 345
    mercantilismo, 15
    mercantilistas, 20
    monopólios, 15
    neoclássicos, 326-332
    regulamentação, 15
    vantagem comparativa e
      internacional, 100
Comportamento humano, 24, 110
    Ayres, 435
    escolas austríaca e de Chicago,
      452
    neoclássicos, 287
    teoria social e, 467
Comunismo, 167, 368
Concentração econômica, Marx,
    202
Concorrência
    capitalista, 338
    entre trabalhadores, 195
    não regulamentada, 350
    neoclássicos, 371
Conflito de classes, 51
    durante a Idade Média, 11
    fonte de renda e, 133
Conluios, de trabalhadores. *Ver*
    Sindicatos
Consumismo, 5, 296
Consumo por imitação, 297
Contenção moral, Malthus, 64
Controle social, 296
Cooperativas, 132, 133, 139
Corporação (ou sociedade por
    ação)
    Corporações de artífices, 17
    e cerimonialismo, 437
    escolas austríaca e de Chicago,
      419-421
    esforço de vendas das, 462
    imperialismo e, 316, 320-321
    militarismo e, 316
    planejamento central do setor
      privado e, 437-438
    publicidade, 462
Costumes sociais
    do capitalismo, 5
Crescimento urbano
    e nascimento do capitalismo, 8
    Revolução industrial, 37
    União Soviética, 405
Cruzadas, 9
Curto prazo, 255
Curva de oferta, 255

Curvas de custo, 255
Curvas de indiferença, 327, 328
Custo variável médio, 254
Custos fixos médios, 254

D

Demystifying School (Wassermann),
    460
Depressões, 5
    britânica (1818), 71
    causas das, 70-71
    desemprego e, 114, 371
    Grande Depressão, 325, 351,
      356, 365, 431, 451
Desemprego, 452
    depressões e, 114, 371
    máquinas e, 98
    primórdios do período
      mercantilista, 22
    taxas de, 370
Determinação dos preços, 144
Disciplina cultural, 293
Discourse on Trade, A (Barbon),
    20
Distribuição da renda
    e teoria do valor trabalho, 126
    governo e, 463
Distribuição da riqueza. *Ver*
    Distribuição da renda
Distribution of Wealth, The (Clark),
    133, 146, 271, 272
Don't Blame the People (Cirino),
    461
Doutrina do fundo de salários,
    164
Doutrina do *laissez-faire*
    escolas austríaca e de Chicago,
      432, 328
    neoclássicos, 425

E

Economia da dívida, 368
Economia de mercado, 48, 51
Economia do bem-estar, 333
    externalidades, 340
    fundamentos da, 333
    hedonismo e, 334
    políticas e, 345
    premissas da, 338
    Teoria da, de Smith, 45
    valores sociais subjacentes,
      336

Economia do desenvolvimento,
    409
Economia institucionalista, 433
Economia internacional, 305
Economia nacional (Menger), 226,
    227
Economia pós-keynesiana, 438
Economias externas, 256-257
Economias individuais (Menger),
    226, 227
Economias internas, 256
"Economic Development with
    Unlimited Supplies of
    Labor" (Lewis), 410
Economic Harmonies (Bastiat), 150
Elasticidade preço de demanda,
    249
Elements of Pure Economics
    (Walras), 244-245
Empresários, 264-265
Empresas. *Ver* Firmas
Equilíbrio econômico. *Ver* Teoria do
    equilíbrio
Escola austríaca, 417
    Escola de Chicago, 417
Esfera da circulação, 184
Esfera da produção, 184-185, 196
Especialização, 107-109, 182, 458;
    Ver também Alienação;
    Instinto construtivo
Espera. *Ver* Abstinência
*Esquisse d'un tableau historique des
    progres de l'esprit humain*
    (Condorcet), 61
Essay on Naval Discipline, An
    (Hodgskin), 142
Estados delinquentes, 365
Estados rentistas, 320
Estados-nação, capitalistas, 14-15
Estágio da caça, 37
Estágio pastoreio, 37
Estatuto dos Artífices (1563), 22, 59
Estatuto dos Monopólios (1624), 22
Estilo de vestuário, 434
Europa Oriental, 8, 365
Excedente do consumidor, 249, 256
Excedente do produtor, 256
Excedente social
    controle capitalista do, 4
    definição, 2
Expansão externa do imperialismo.
    Ver Imperialismo
Externalidades, 328, 335, 337, 338,
    414-416

Índice Remissivo

F

Fable of the Bees, The (Mandeville), 27
Faculdades. *Ver* Universidades
Famílias, 250
    maximização da utilidade, 250
    semelhantes a firmas, 252
Felicidade eterna, 331-333
Feudalismo, 5-6
    declínio do, 8
    expansão do comércio, 8-9
    fisiocratas e, 29
    revoltas camponesas, 11
    sistema de trabalho doméstico, 10
Firmas, 247
    concorrência entre, 256
    curto prazo, 253, 255
    e teoria da distribuição, 261
    escolas austríaca e de Chicago, 425
    longo prazo, 256
    semelhantes às famílias, 250
    teoria de Marshall, 252, 257
Fisiocratas, 29
Fluxo
    circular, 353
    real e monetário, 247
Força de trabalho, 4, 10, 470
    livre vs. sem liberdade, 136
Fórmula de crescimento de Harrod-Domar, 439
Fronteira de possibilidade de produção, 331-332
Fronteira de possibilidades de utilidade, 331-332
Função consumo, 358
"Function and Problems of Economic Theory, The" (Ayres), 433

G

General History of Trade, A (Defoe), 27
Governo
    agências regulatórias, 408
    e distribuição da renda, 463
    economia da dívida e, 368
    Lei do Emprego, 364
    militarismo, 366-367
Grande Depressão, 325, 351, 364, 365

Grundrisse (Marx), 176
Guerra fria, 365, 367

H

Harmonia social, 127
    utilitaristas, 158
Hedonismo, 134
    e economia do bem-estar, 334-335
Holier Than Thou (Ayres), 434

I

Igreja Católica, 21-22, 25
Imperialism: A Study (Hobson), 305
Imperialismo, 291
Imperialismo capitalista. *Ver* Imperialismo
Impostos
    comércio, 8, 9, 14
    Fisiocratas, 29
    Friedman, 419
    heranças, 169
    neoclássicos, 355
Impostos sobre heranças, Mill, 169
Income Distribution Theory (Bronfenbrenner), 382
Individualismo, 110
    mercantilismo e, 23
    políticas econômicas, 26
    Protestantismo e, 25
Indústria doméstica, 14
Indústria têxtil, Revolução industrial, 34
Industrialização
    conflito de classes, 56
    efeitos na classe trabalhadora, 56-57
    padrões de vida, 57
    resistência dos trabalhadores à, 131
    revoltas e levantes, 56-57
    União Soviética, 410
Inquiry into the Nature and Causes of Rent, An (Malthus), 33, 69
Inquiry into the Principles of the Distribution of Wealth, An (Thompson), 133
Instinto construtivo, 283-287, 291
Instinto predatório. *Ver* Instintos, teoria de Veblen
Instintos, teoria sobre, Veblen, 278, 468

Introdução à análise econômica (Samuelson), 415
Introduction to the Principles of Morals and Legislation, An (Bentham), 111
Introductory Lecture on Political Economy (Senior), 118
Investment, Interest and Capital (Hirshleifer), 420
Isoquantas, 328

J

Jornada de trabalho, 188-189
Juros
    escolas austríaca e de Chicago, 424-425

L

Labour Defended (Hodgskin), 148
Labour Defended against the Claims of Capital (Hodgskin), 144
Labour Rewarded (Thompson), 133, 146
Lei da miséria crescente, 208
Lei das proporções variáveis, 253
Lei de Say, 97, 117, 118, 165, 166
Lei de Walras, 231, 232
Lei do Comércio Interestadual (1887), 350
Lei do Conluio (1799), 59
Lei dos cereais, 60
Lei dos Pobres (1601), 23
Lei dos Pobres (1834), 121
Lei Sherman antitruste (1890), 350
Leis da herança, Bastiat, 157
Leis dos pobres, 22, 57
Liberalismo clássico, 24, 26
Longo prazo, 256
Lucro, 16, 122-123
    declínio da taxa de, 204
    e superprodução, 72-74
    mercantilistas, 20
    teoria clássica dos, 27

M

Macarthismo, 451
Mais valia
    Fisiocratas, 29
Manufacturing Consent (Herman and Chomsky), 461

Manufatura
durante a Idade Média, 7
Mão invisível, 36, 39, 50-53,
101-103, 108, 325
crítica à, 183
Maquinário
acumulação de capital e,
109
destruição do, pelos
trabalhadores, 125
e desemprego, 202
Marginalismo, 215
neoclássico, 238
Massacre de Peterloo, 71
Maximização da utilidade, 123,
328
Maximização do lucro, 328
Meios e fins, 437
Mercado autoajustável, 413
Mercadorias
básicas, 448
força de trabalho. *Ver* Força de
trabalho
natureza social da produção de,
182
pessoas como, 471
produção de, 3
simples vs. capitalista,
circulação de, 183
Mercantilismo, 15
individualismo, 23
valor e lucros, 21
Militarismo
capitalista, 315
Estados Unidos, 367
Minorias, exploração das, 471
Modos de produção. *Ver* Produção,
modos de
Moeda, circulação de e classes,
73
desequilíbrios, 71-73
Moeda, como meio de troca, 179
Monopólio
comércio, 16
escolas austríaca e de Chicago,
425
Lei Sherman antitruste (1890),
350
primórdios do período
mercantilista, 22
Movimento dos cercamentos, 13
Mulheres, exploração e opressão
das, 57, 137, 285, 471

N

*Natural and Artificial Rights of
Property Contrasted, The*
(Hodgskin), 145
Necessidades humanas, 470
Nova Ordem (Veblen), 287

O

Oligopólio, 414
Ótimo de Pareto, 332, 333, 336, 337
Ouro, 14-15
*Outline of the Science of Political
Economy, An* (Senior), 121

P

Padrões de vida
Revolução industrial, 56
Parties and Elections in Corporate
America (Reiter), 461
Pé invisível, 343
Período de mercado, 252
Perspectiva da produção. *Ver* Teoria
do valor trabalho
Perspectiva da troca, 263, 265
escolas austríaca e de Chicago,
425
teoria do valor trabalho vs., 141
Perspectiva de mercado. *Ver*
Teoria do valor baseada na
utilidade
Planejamento central do setor
privado, 437-438
Pobreza
erradicação, 168
na Revolução industrial, 63
primórdios do período
mercantilista, 22, 23
Popular Political Economy
(Hodgskin), 144
Poupança
definição, 71
Prata, 14-15
Preços
internacionais, 163
Marshall, 248
naturais vs. sociais, 162, 163
teoria clássica dos, 42-44. *Ver
também* Valor de troca; Lucro
Preços internacionais. *Ver* Preços,
internacionais

Press and the Cold War, The
(Aronson), 461
Price Flexibility and Employment
(Lange), 432
Princípio do porco, 335
Princípios de Economia (Marshall),
248
Princípios de Economia (Menger),
214, 220, 227
Problema da transformação,
192
*Problems of Economics and
Sociology* (Menger),
220
Produção
capitalista, 107-109
especialização, 107
fisiocratas, 29
força de, 2
Mercantilismo, 15
modos de, 2-5
propriedade privada, 3-4
relações sociais de, 2, 3
Revolução industrial, 57.
Ver também Conflito de
classes; Imperialismo,
Preços; Lucro
Produção de alimentos. *Ver*
Agricultura
Produto líquido, 79
Produto marginal do trabalho, 253,
254
Produto médio do trabalho, 253,
254
Produtores, relações sociais entre,
182, 193
"Profits and Surplus Value" (Medio),
453
Propriedade
ausente, 287, 288, 290
privada, 2, 150-151
Propriedade
escolas austríaca e de
Chicago, 425. *Ver também*
Proprietários de terra;
Renda da terra
Proprietários de terra
Leis dos cereais, 60
padrões de gasto, 72. *Ver
também* Propriedade;
Renda da terra
Protestantismo, 25
Publicidade, 462, 471

Índice Remissivo

Q

Quase renda, 255

R

Real Terror Network, Terrorism in Fact and Propaganda (Herman), 464

Recessões, 369

Redes terroristas, 365

Relações sociais
da produção, 2, 3

Religião, nas doutrinas de Bastiat, 151-152

Renda
do trabalho vs. da propriedade, 128
gasta. *Ver* Moeda, circulação da

Revoltas luditas, 458

Revolução bolchevique, 321, 403

Riqueza das Nações, A (Smith), 29, 33, 36, 44, 48

S

Salários
escolas austríaca e de Chicago, 425
poder de compra dos, 110. *Ver também* Força de trabalho; Preços; Lucro; Classe trabalhadora

Schooling in Capitalist America (Gintis e Bowles), 460

Servos. *Ver* Feudalismo

Sindicatos, 4, 119

Sistema doméstico de trabalho, 10

Sistema senhorial. *Ver* Feudalismo

Sistema Speenhamland, 59

"Skilled Labour in the Marxist System" (Rowthorn), 457

Socialismo
difusão do, 411

Socialismo de mercado, Thompson, 136

Socialização, 467, 468, 470

Sociedade. *Ver também* Comportamento humano

Sociedade produtora de mercadorias, 182

Superprodução. *Ver* Depressões

T

Tableau économique (Quesnay), 29, 30

Taylorismo, 294, 275

Tecnologia
da sociedade, 2. *Ver também* Maquinaria

Teoria da demanda, Marshall, 248

Teoria da distribuição baseada na produtividade marginal, 261, 356
Estado atual da, 381

Teoria da distribuição. *Ver* teoria da distribuição baseada na produtividade marginal

Teoria da população. *Ver também* Crescimento urbano

Teoria do equilíbrio
ausência de exploração sob o, 291
curto prazo, 282
geral, 262-266
longo prazo, 282-283
parcial, 275

Teoria do leiloeiro (Walras), 233, 350

Teoria do valor baseada na utilidade, 44. *Ver também* Perspectiva da troca; Teoria do valor trabalho

Teoria do valor baseada nos custos de produção. *Ver também* Perspectiva da troca; Teoria do valor trabalho; Preços; Lucro

Teoria do valor-trabalho, 94, 192
distribuição de renda e, 102-103
renascimento e desenvolvimento da, 452. *Ver também* Perspectiva da troca; Utilidade; teoria do valor

Teoria econômica clássica
crítica de Marx, 176

Teoria econômica neoclássica
capitalismo concorrencial, 349
crítica de Sraffa à, 448
crítica de Veblen à, 299
da firma, 300
economia internacional, 305
fundamentos da, 334

Comércio *(Cont.)*

liberal e conservadora, 411

marginalista, 263, 279

relações de classe capitalistas, 270. *Ver* Teoria da distribuição baseada na produtividade marginal; Economia do bem-estar

Teoria Geral da Moeda, do Juro e do Emprego (Keynes), 407

Teoria Macroeconômica, 384

Teoria Microeconômica (Ferguson), 333

Teoria microeconômica, 333

Terrorismo, 201

Three Lectures on the Rate of Wages (Senior), 119, 124

Trabalhadores. *Ver* Classe operária

Trabalhadores, superpopulação de, 204

Trabalho
abstrato vs. útil, 181
de mulheres e crianças, 57
especialização, 108, 458
excedente, 188
mercadorias e, 444
na Revolução industrial, 57
necessário, 188
privado vs. social, 193
produtivo e improdutivo, 49, 50
produtos do, humano, 3, 125
qualificado vs. não qualificado, 181. *Ver também* Força de trabalho; Jornada de trabalho

Trabalho, divisão do, 28
Revolução industrial, 57. *Ver também* Conflito de classes

Travels in the North of Germany, (Hodgskin), 142

Two Lectures on Population (Senior), 118

U

Universidades, influência das empresas nas, 451-452

Utilidade
dos serviços, 155
total vs. marginal, 217, 221

Utilidade marginal
decrescente, 217, 218

Utilitarismo, 213
    crítica de Mill, 177
    crítica de Thompson, 136
    neoclássico, 349

V

Valor
    médio, 252

Valor *(Cont.)*
    teoria clássica do, 27. *Ver também* Teoria do valor baseado nos custos de produção; Valor de troca; Teoria do valor-trabalho; Valor de uso; Teoria do valor baseado na utilidade
Valor de troca, 3, 44. *Ver também* Preços; Valor de uso

Valor de uso, 3, 44
Valores cerimoniais, 435
Valores humanos, 435
Vantagens comparativas, Ricardo e, 100
Visão beatífica, 331

W

Who Rules America? (Dornhoff), 461